J. von Staudingers
Kommentar zum Bürgerlichen Gesetzbuch
mit Einführungsgesetz und Nebengesetzen
Buch 2 · Recht der Schuldverhältnisse
§§ 249–254
(Schadensersatzrecht)

Kommentatorinnen und Kommentatoren

Dr. Thomas E. Abeltshauser, LL.M.
Professor an der Universität Hannover, Richter am Oberlandesgericht Celle

Dr. Karl-Dieter Albrecht
Vorsitzender Richter am Bayerischen Verwaltungsgerichtshof, München

Dr. Hermann Amann
Notar in Berchtesgaden

Dr. Georg Annuß
Rechtsanwalt in München

Dr. Christian Armbrüster
Professor an der Freien Universität Berlin

Dr. Martin Avenarius
Professor an der Universität zu Köln

Dr. Wolfgang Baumann
Notar in Wuppertal

Dr. Roland Michael Beckmann
Professor an der Universität des Saarlandes, Saarbrücken

Dr. Detlev W. Belling, M.C.L.
Professor an der Universität Potsdam

Dr. Andreas Bergmann
Wiss. Assistent an der Universität des Saarlandes, Saarbrücken

Dr. Werner Bienwald
Professor an der Evangelischen Fachhochschule Hannover

Dr. Claudia Bittner, LL.M.
Privatdozentin an der Universität Freiburg i. Br.

Dr. Dieter Blumenwitz
Professor an der Universität Würzburg

Dr. Reinhard Bork
Professor an der Universität Hamburg

Dr. Wolf-Rüdiger Bub
Rechtsanwalt in München, Professor an der Universität Potsdam

Dr. Elmar Bund
Professor an der Universität Freiburg i. Br.

Dr. Jan Busche
Professor an der Universität Düsseldorf

Dr. Michael Coester, LL.M.
Professor an der Universität München

Dr. Dagmar Coester-Waltjen, LL.M.
Professorin an der Universität München

Dr. Heinrich Dörner
Professor an der Universität Münster

Dr. Christina Eberl-Borges
Professorin an der Universität Siegen

Dr. Werner F. Ebke, LL.M.
Professor an der Universität Heidelberg

Dr. Jörn Eckert
Professor an der Universität zu Kiel, Richter am Schleswig-Holsteinischen Oberlandesgericht in Schleswig

Dr. Volker Emmerich
Professor an der Universität Bayreuth, Richter am Oberlandesgericht Nürnberg a. D.

Dipl.-Kfm. Dr. Norbert Engel
Ministerialdirigent im Thüringer Landtag, Erfurt

Dr. Helmut Engler
Professor an der Universität Freiburg i. Br., Minister in Baden-Württemberg a. D.

Dr. Karl-Heinz Fezer
Professor an der Universität Konstanz, Honorarprofessor an der Universität Leipzig, Richter am Oberlandesgericht Stuttgart

Dr. Johann Frank
Notar in Amberg

Dr. Rainer Frank
Professor an der Universität Freiburg i. Br.

Dr. Bernhard Großfeld, LL.M.
Professor an der Universität Münster

Dr. Beate Gsell
Professorin an der Universität Augsburg

Dr. Karl-Heinz Gursky
Professor an der Universität Osnabrück

Dr. Ulrich Haas
Professor an der Universität Mainz

Norbert Habermann
Richter am Amtsgericht Offenbach

Dr. Stefan Habermeier
Professor an der Universität Greifswald

Dr. Johannes Hager
Professor an der Universität München

Dr. Rainer Hausmann
Professor an der Universität Konstanz

Dr. Dr. h. c. mult. Dieter Henrich
Professor an der Universität Regensburg

Dr. Reinhard Hepting
Professor an der Universität Mainz

Dr. Elke Herrmann
Professorin an der Universität Siegen

Christian Hertel, LL.M.
Notar a. D., Geschäftsführer des Deutschen Notarinstituts, Würzburg

Joseph Hönle
Notar in Tittmoning

Dr. Bernd von Hoffmann
Professor an der Universität Trier

Dr. Heinrich Honsell
Professor an der Universität Zürich, Honorarprofessor an der Universität Salzburg

Dr. Dr. Dres. h. c. Klaus J. Hopt, M.C.J.
Professor, Direktor des Max-Planck-Instituts für Ausländisches und Internationales Privatrecht, Hamburg

Dr. Norbert Horn
Professor an der Universität zu Köln, Direktor des Rechtszentrums für europäische und internationale Zusammenarbeit, Köln

Dr. Heinz Hübner
Professor an der Universität zu Köln

Dr. Peter Huber, L.L.M.
Professor an der Universität Mainz

Dr. Rainer Jagmann
Vorsitzender Richter am Landgericht Freiburg i. Br.

Dr. Ulrich von Jeinsen
Rechtsanwalt und Notar in Hannover

Dr. Joachim Jickeli
Professor an der Universität zu Kiel

Dr. Dagmar Kaiser
Professorin an der Universität Mainz

Dr. Rainer Kanzleiter
Notar in Neu-Ulm, Professor an der Universität Augsburg

Dr. Sibylle Kessal-Wulf
Richterin am Bundesgerichtshof, Karlsruhe

Dr. Hans-Georg Knothe
Professor an der Universität Greifswald

Dr. Jürgen Kohler
Professor an der Universität Greifswald

Dr. Heinrich Kreuzer
Notar in München

Dr. Jan Kropholler
Professor an der Universität Hamburg, Wiss. Referent am Max-Planck-Institut für Ausländisches und Internationales Privatrecht, Hamburg

Dr. Hans-Dieter Kutter
Notar in Schweinfurt

Dr. Gerd-Hinrich Langhein
Notar in Hamburg

Dr. Dr. h. c. Manfred Löwisch
Professor an der Universität Freiburg i. Br., vorm. Richter am Oberlandesgericht Karlsruhe

Dr. Dirk Looschelders
Professor an der Universität Düsseldorf

Dr. Stephan Lorenz
Professor an der Universität München

Dr. Dr. h. c. Werner Lorenz
Professor an der Universität München

Dr. Stefan Koos
Professor an der Universität der Bundeswehr München

Dr. Peter Mader
Professor an der Universität Salzburg

Dr. Ulrich Magnus
Professor an der Universität Hamburg, Richter am Hanseatischen Oberlandesgericht zu Hamburg

Dr. Peter Mankowski
Professor an der Universität Hamburg

Dr. Heinz-Peter Mansel
Professor an der Universität zu Köln

Dr. Peter Marburger
Professor an der Universität Trier

Dr. Wolfgang Marotzke
Professor an der Universität Tübingen

Dr. Dr. Dr. h. c. Michael Martinek, M.C.J.
Professor an der Universität des Saarlandes, Saarbrücken

Dr. Annemarie Matusche-Beckmann
Privatdozentin an der Universität zu Köln

Dr. Jörg Mayer
Notar in Pottenstein

Dr. Dr. Detlef Merten
Professor an der Deutschen Hochschule für Verwaltungswissenschaften Speyer

Dr. Rudolf Meyer-Pritzl
Professor an der Universität zu Kiel

Dr. Peter O. Mülbert
Professor an der Universität Mainz

Dr. Dirk Neumann
Vizepräsident des Bundesarbeitsgerichts a. D., Kassel, Präsident des Landesarbeitsgerichts Chemnitz a. D.

Dr. Ulrich Noack
Professor an der Universität Düsseldorf

Dr. Hans-Heinrich Nöll
Rechtsanwalt in Hamburg

Dr. Jürgen Oechsler
Professor an der Universität Mainz

Dr. Hartmut Oetker
Professor an der Universität Jena, Richter am Thüringer Oberlandesgericht Jena

Wolfgang Olshausen
Notar in Rain am Lech

Dr. Dirk Olzen
Professor an der Universität Düsseldorf

Dr. Gerhard Otte
Professor an der Universität Bielefeld

Dr. Hansjörg Otto
Professor an der Universität Göttingen

Dr. Lore Maria Peschel-Gutzeit
Rechtsanwältin in Berlin, Senatorin für Justiz a. D. in Hamburg und Berlin, Vorsitzende Richterin am Hanseatischen Oberlandesgericht zu Hamburg i. R.

Dr. Frank Peters
Professor an der Universität Hamburg, Richter am Hanseatischen Oberlandesgericht zu Hamburg

Dr. Axel Pfeifer
Notar in Hamburg

Dr. Jörg Pirrung
Richter am Gericht erster Instanz der Europäischen Gemeinschaften, Luxemburg, Professor an der Universität Trier

Dr. Ulrich Preis
Professor an der Universität zu Köln

Dr. Manfred Rapp
Notar in Landsberg a. L.

Dr. Thomas Rauscher
Professor an der Universität Leipzig, Dipl. Math.

Dr. Peter Rawert, LL.M.
Notar in Hamburg, Professor an der Universität zu Kiel

Eckhard Rehme
Vorsitzender Richter am Oberlandesgericht Oldenburg

Dr. Wolfgang Reimann
Notar in Passau, Professor an der Universität Regensburg

Dr. Tilman Repgen
Professor an der Universität Hamburg

Dr. Dieter Reuter
Professor an der Universität zu Kiel, Richter am Schleswig-Holsteinischen Oberlandesgericht in Schleswig

Dr. Reinhard Richardi
Professor an der Universität Regensburg

Dr. Volker Rieble
Professor an der Universität München, Direktor des Zentrums für Arbeitsbeziehungen und Arbeitsrecht

Dr. Anne Röthel
Professorin an der Bucerius Law School, Hamburg

Dr. Christian Rolfs
Professor an der Universität Bielefeld

Dr. Herbert Roth
Professor an der Universität Regensburg

Dr. Rolf Sack
Professor an der Universität Mannheim

Dr. Ludwig Salgo
Professor an der Fachhochschule Frankfurt a. M., Apl. Professor an der Universität Frankfurt a. M.

Dr. Gottfried Schiemann
Professor an der Universität Tübingen

Dr. Eberhard Schilken
Professor an der Universität Bonn

Dr. Peter Schlosser
Professor an der Universität München

Dr. Dres. h. c. Karsten Schmidt
Vizepräsident der Bucerius Law School, Hamburg

Dr. Martin Schmidt-Kessel
Professor an der Universität Osnabrück

Dr. Günther Schotten
Notar in Köln, Professor an der Universität Bielefeld

Dr. Hans Schulte-Nölke
Professor an der Universität Bielefeld

Dr. Hans Hermann Seiler
Professor an der Universität Hamburg

Dr. Reinhard Singer
Professor an der Humboldt-Universität Berlin, vorm. Richter am Oberlandesgericht Rostock

Dr. Ulrich Spellenberg
Professor an der Universität Bayreuth

Dr. Sebastian Spiegelberger
Notar in Rosenheim

Dr. Malte Stieper
Akademischer Rat an der Universität zu Kiel

Dr. Markus Stoffels
Professor an der Universität Passau

Dr. Hans-Wolfgang Strätz
Professor an der Universität Konstanz

Dr. Dr. h. c. Fritz Sturm
Professor an der Universität Lausanne

Dr. Gudrun Sturm
Assessorin, Wiss. Mitarbeiterin

Burkhard Thiele
Präsident des Landesarbeitsgerichts Mecklenburg-Vorpommern, Rostock

Dr. Gregor Thüsing, LL.M.
Professor an der Bucerius Law School, Hamburg

Dr. Barbara Veit
Professorin an der Universität Göttingen

Dr. Bea Verschraegen, LL.M.
Professorin an der Universität Wien

Dr. Klaus Vieweg
Professor an der Universität Erlangen-Nürnberg

Dr. Reinhard Voppel
Rechtsanwalt in Köln

Dr. Günter Weick
Professor an der Universität Gießen

Gerd Weinreich
Vorsitzender Richter am Landgericht Oldenburg

Dr. Birgit Weitemeyer
Privatdozentin an der Universität zu Kiel

Dr. Joachim Wenzel
Vizepräsident des Bundesgerichtshofs, Karlsruhe

Dr. Olaf Werner
Professor an der Universität Jena, Richter am Thüringer Oberlandesgericht Jena

Dr. Wolfgang Wiegand
Professor an der Universität Bern

Dr. Susanne Wimmer-Leonhardt
Privatdozentin an der Universität des Saarlandes, Saarbrücken

Dr. Peter Winkler von Mohrenfels
Professor an der Universität Rostock, Richter am Oberlandesgericht Rostock

Dr. Hans Wolfsteiner
Notar in München

Dr. Eduard Wufka
Notar in Starnberg

Dr. Michael Wurm
Richter am Bundesgerichtshof, Karlsruhe

Redaktorinnen und Redaktoren

Dr. Dr. h. c. Christian von Bar, FBA
Dr. Wolf-Rüdiger Bub
Dr. Heinrich Dörner
Dr. Helmut Engler
Dr. Karl-Heinz Gursky
Norbert Habermann
Dr. Dr. h. c. mult. Dieter Henrich
Dr. Norbert Horn
Dr. Heinz Hübner
Dr. Jan Kropholler

Dr. Dr. h. c. Manfred Löwisch
Dr. Ulrich Magnus
Dr. Dr. Dr. h. c. Michael Martinek, M.C.J.
Dr. Gerhard Otte
Dr. Lore Maria Peschel-Gutzeit
Dr. Peter Rawert, LL.M.
Dr. Dieter Reuter
Dr. Herbert Roth
Dr. Hans-Wolfgang Strätz
Dr. Wolfgang Wiegand

J. von Staudingers
Kommentar zum Bürgerlichen Gesetzbuch
mit Einführungsgesetz und Nebengesetzen

Buch 2
Recht der Schuldverhältnisse
§§ 249–254
(Schadensersatzrecht)

Neubearbeitung 2005
von
Gottfried Schiemann

Redaktor
Michael Martinek

Sellier – de Gruyter · Berlin

Die Kommentatorinnen und Kommentatoren

Neubearbeitung 2005
GOTTFRIED SCHIEMANN

Dreizehnte Bearbeitung 1998
GOTTFRIED SCHIEMANN

12. Auflage
Professor Dr. DIETER MEDICUS (1980)

11. Auflage
Rechtsanwalt Dr. ALFRED WERNER (1967)

Sachregister

Rechtsanwalt Dr. Dr. VOLKER KLUGE, Berlin

Zitierweise

STAUDINGER/SCHIEMANN (2005) Vorbem 1 zu §§ 249 ff
STAUDINGER/SCHIEMANN (2005) § 249 Rn 1

Zitiert wird nach Paragraph bzw Artikel und Randnummer.

Hinweise

Das Vorläufige Abkürzungsverzeichnis 1993 für das „Gesamtwerk STAUDINGER" befindet sich in einer Broschüre, die den Abonnenten zusammen mit dem Band §§ 985–1011 (1993) bzw seit 2000 gesondert mitgeliefert wird. Eine aktualisierte Neubearbeitung befindet sich in Vorbereitung und wird den Abonnenten wiederum kostenlos geliefert werden.

Der Stand der Bearbeitung ist jeweils mit Monat und Jahr auf den linken Seiten unten angegeben.

Am Ende des Bandes befindet sich eine Übersicht über den aktuellen Stand des „Gesamtwerk STAUDINGER".

Die Deutsche Bibliothek verzeichnet diese Publikation in der Deutschen Nationalbibliografie; detaillierte bibliografische Daten sind im Internet über http://dnb.ddb.de abrufbar.

ISBN 3-8059-0980-2

© Copyright 2005 by Dr. Arthur L. Sellier & Co. – Walter de Gruyter GmbH & Co. KG, Berlin. – Printed in Germany.

Dieses Werk einschließlich aller seiner Teile ist urheberrechtlich geschützt. Jede Verwertung außerhalb der engen Grenzen des Urheberrechtsgesetzes ist ohne Zustimmung des Verlages unzulässig und strafbar. Das gilt insbesondere für Vervielfältigungen, Übersetzungen, Mikroverfilmungen und die Einspeicherung und Verarbeitung in elektronischen Systemen.

Satz: Federer & Krauß, Augsburg.

Druck: H. Heenemann GmbH & Co., Berlin.

Bindearbeiten: Lüderitz & Bauer classic GmbH, Berlin.

Umschlaggestaltung: Bib Wies, München.

∞ Gedruckt auf säurefreiem Papier, das die DIN ISO 9706 über Haltbarkeit erfüllt.

Inhaltsübersicht

Seite*

Buch 2 · Recht der Schuldverhältnisse

Abschnitt 1 · Inhalt der Schuldverhältnisse

Titel 1 · Verpflichtung zur Leistung (§§ 249–254) _____ 1

Sachregister _____ 363

---

* Zitiert wird nicht nach Seiten, sondern nach Paragraph bzw Artikel und Randnummer; siehe dazu auch S VI.

Vorbemerkungen zu §§ 249–254

Schrifttum

1. Zur Entwicklung
COHNFELDT, Die Lehre vom Interesse nach röm Recht (1865)
H HONSELL, Quod interest im bonae fidei iudicium (1969)
ders, Herkunft und Kritik des Interessebegriffs im Schadensersatzrecht, JuS 1973, 69
KASER, Quanti ea res est (1935)
LANGE, Schadensersatz und Privatstrafe in der mittelalterl Rechtstheorie (1955)
MATAJA, Das Schadensersatzrecht im Entwurf eines bürg Gesetzbuchs für das Deutsche Reich, ArchBürgR 1 (1889) 267
MEDICUS, Id quod interest. Studien zum röm Recht des Schadensersatzes (1962)
F MOMMSEN, Beiträge zum Obligationenrecht II: Zur Lehre von dem Interesse (1855)
SCHIEMANN, „Neues" allgemeines Schadensrecht durch Rückfall hinter Friedrich Mommsen?, in: FS Seiler (1999) 259
WIELING, Interesse und Privatstrafe vom Mittelalter bis zum BGB (1970).

2. Grundlegende ältere Darstellungen
H A FISCHER, Der Schaden nach dem BGB für das Deutsche Reich (1903), dazu vTUHR KrVjschr 47 (1907) 63
MATAJA, Das Recht des Schadensersatzes vom Standpunkt der Nationalökonomie (1888)
NEUNER, Interesse und Vermögensschaden, AcP 133 (1931) 277
RÜMELIN, Die Gründe der Schadenszurechnung und die Stellung des deutschen BGB zur objektiven Schadensersatzpflicht (1896)
WILBURG, Die Elemente des Schadensrechts (1941).

3. Neuere Literatur
ASSMANN, Schadenersatz in mehrfacher Höhe des Schadens, BB 1985, 15
ders, Inhalt des Schadensersatzanspruchs fehlerhaft informierter Kapitalanleger, in: FS Herm Lange (1992) 345

F BAUR, Entwicklung und Reform des Schadensersatzrechts (1935)
ders, Einige Bemerkungen zum Stand des Schadensausgleichsrechts, in: FS L Raiser (1974) 119
BRINKER, Die Dogmatik zum Vermögensschadensersatz (1982)
BUDEWIG/GEHRLEIN, Haftpflichtrecht nach der Reform (2003)
BUSL, Der Begriff des Vermögensschadens im BGB, JuS 1987, 108
CAHN, Einführung in das neue Schadensersatzrecht (2003)
DIEDERICHSEN, Argumentationsstrukturen in der Rechtsprechung zum Schadensersatzrecht, in: FS Klingmüller (1974) 65
ders, Grenzen richterlicher Rechtsfortbildung insbesondere im Haftungs- und Versicherungsrecht, Karlsruher Forum 1985, 4
DREIER, Kompensation und Prävention (2002)
EBERT, Pönale Elemente im deutschen Privatrecht (2004)
FUCHS, Gewillkürte Haftungsersetzung durch Versicherungsschutz, BB 1992, 1217
GÄRTNER, Wechselwirkungen zwischen Haftung und Versicherung bei KFZ-Schäden, BB 1993, 1454 ff
GEHRLEIN, Grundlagen des Schadensrechts, JA 1995, 69
GEIER, Neugewichtung bei den Schadensersatzleistungen für Personen- und Sachschäden?, VersR 1996, 1457
GIESEN, Schadensbegriff und Menschenwürde, JZ 1994, 286
GOEBEL/WILHELM-LENZ/ARNOLD, Das neue Verkehrszivilrecht (2002)
GOTTHARDT, Wandlungen schadensrechtlicher Wiedergutmachung (1996)
GROSS, Die Entwicklung der höchstrichterlichen Rechtsprechung im Haftungs- und Schadensrecht, VersR 1996, 657
GRUNSKY, Aktuelle Probleme zum Begriff des Vermögensschadens (1968)

ders, Neue höchstrichterliche Rechtsprechung zum Schadensersatzrecht, JZ 1983, 372 ff; 1986, 170 ff; 1997, 764 ff; 825
HAUSS, Entwicklungslinien des deutschen Schadensersatzrechts, ZVersWiss 1967, 151
E vHIPPEL, Schadensausgleich bei Verkehrsunfällen (1968)
HOHLOCH, §§ 249–255, in: BMJ (Hrsg), Gutachten und Vorschläge zur Überarbeitung des Schuldrechts, Bd I (1981) 375
H HONSELL, Entwicklungstendenzen im Haftpflichtrecht, in: Symposium E Stark (1991) 15
H HONSELL/HARRER, Entwicklungstendenzen im Schadensersatzrecht, JuS 1985, 161
dies, Schaden und Schadensberechnung, JuS 1991, 441
C HUBER, Fragen der Schadensberechnung (1993), dazu SCHIEMANN AcP 194 (1994) 414
ders, Das neue Schadensersatzrecht (2003)
HÜFFER, Fehlentwicklungen im Regressrecht, VersR 1984, 197
JAEGER/LUCKEY, Das neue Schadensersatzrecht (2002)
JANKER, Möglichkeiten und Grenzen einer Neugewichtung der Schadensersatzleistungen bei Verkehrsunfällen, ZRP 1997, 416
KADNER, Der Ersatz ökologischer Schäden: Ansprüche von Umweltverbänden (1995)
KEUK, Vermögensschaden und Interesse (1972), dazu SELB AcP 173 (1973) 366
KÖTZ, Sozialer Wandel im Unfallrecht (1976)
KÖTZ/SCHÄFER, Schadensverhütung durch ökonomische Anreize, AcP 189 (1989) 501
KULLMANN, Schadensersatz und Steuern, VersR 1993, 385
LANGE, Schadensersatz (2. Aufl 1990)
LANGE/HAGEN, Wandlungen des Schadenersatzrechtes (1987)
LANGE/SCHIEMANN, Schadensersatz (3. Aufl 2003)
LARENZ, Der Vermögensbegriff im Schadensersatzrecht, in: FS Nipperdey (1965) 489
LEPA, Der Schaden im Haftpflichtprozess (1994)
LOOSCHELDERS, Die Ausstrahlung der Grundrechte auf das Schadensrecht, in: WOLTER ua (Hrsg), Einwirkung der Grundrechte auf das Zivilrecht, öffentliche Recht und Strafrecht (1999) 93

MAGNUS, Schaden und Ersatz (1987)
MARSCHALL VON BIEBERSTEIN, Reflexschäden und Regreßrechte (1967)
ders, Der Einfluss von Versicherungsschutz auf die Haftpflicht, BB 1983, 467
MEDER, Schadenersatz als Enttäuschungsverarbeitung (1989)
MEDICUS, Schadenersatz und Billigkeit, VersR 1981, 593
ders, Schadensabwälzung beim Verkehrsunfall, JuS 1972, 553
ders, Unmittelbarer und mittelbarer Schaden (1977)
MERTENS, Der Begriff des Vermögensschadens im Bürgerlichen Recht (1967)
MICHAELIS, Beiträge zur Gliederung und Weiterbildung des Schadensrechts (1943 und in: FS Siber II 185 ff)
MÖLLER, Summen- und Einzelschaden (1937)
G MÜLLER, Der Ersatz entwerteter Aufwendungen als Vertragsstörungen (1991)
NEUMANN-DUESBERG, Der Zivilrechtsschaden, JherJb 86 (1936/7) 277
NIPPERDEY (Hrsg), Grundfragen der Reform des Schadensersatzrechts, Arbeitsberichte der Akademie für Deutsches Recht (1940)
NÜSSGENS, Im Spannungsfeld zwischen Erweiterung und Begrenzung der Haftung, in: 25 Jahre BGH (1975) 93
ders, Schaden und Schädiger, Karlsruher Forum 1964 (Beiheft zu VersR)
PAPAGEORGIOU, Schaden und Strafe (1994)
PASCHKE/WOLFRAM, Vermögensschaden, Beeinträchtigungen von vermögensrechtlicher Relevanz, Vermögensgefährdung, DZWiR 1995, 485
PÜTTNER, Schadenersatz im öffentlichen Recht, in: FS Herm Lange (1993) 697
RADAU, Gefährdungshaftung und Haftungsersetzung durch Versicherungsschutz, VersR 1991, 378
ROUSSOS, Schaden und Folgeschaden (1992), dazu SCHIEMANN AcP 194 (1994) 414
SCHACK, Schadensersatz nach Veräußerung beschädigter Sachen, in: FS Stoll (2001) 61
SCHIEMANN, Argumente und Prinzipien bei der Fortbildung des Schadensrechts (1981), dazu RÜSSMANN AcP 181 (1981) 435

ders, Respektiven des Rechts der Verkehrsunfallschäden, NZV 1996, 1
SCHLECHTRIEM, Schadenersatz und Schadensbegriff, ZEuP 1997, 232
M SCHULTZ, Schadensfortentwicklung und Prozessrecht, AcP 191 (1991) 433
A SCHULZ, Überlegungen zur ökonomischen Analyse des Haftungsrechts, VersR 1984, 608
P SCHWERDTNER, Grundzüge des Schadenersatzrechts, Jura 1987, 142; 304; 475
SELB, Schadensbegriff und Regreßmethoden. Eine Studie zur Wandlung der Denkformen des Regresses bei Schuldnermehrheit mit der Veränderung des Schadensbegriffes (1963), dazu FROTZ JZ 1964, 665 u RUD SCHMIDT AcP 163 (1963/64) 530
STARK, Entschädigungsrecht am Scheideweg: Haftpflichtrecht mit Haftpflichtversicherung oder Personen- und Sachversicherung, VersR 1981, 1
STEFFEN, Der normative Verkehrsunfallschaden, NJW 1995, 2057
STOLL, Begriff und Grenzen des Vermögensschadens (1973)
ders, Neuere Entwicklungen auf dem Gebiete des deutschen Schadensrechts, Acta Societatis Juridicae Ludensis Nr 12, Juridiska Föreningen (1976)
ders, Haftungsfolgen im Bürgerlichen Recht (1993)
STRÖFER, Schadenersatz und Kommerzialisierung (1982), dazu HAGEN AcP 182 (1982) 573
STÜDEMANN, Der bürgerlich-rechtliche Vermögensschaden in wirtschaftswissenschaftlicher Sicht, VersR 1990, 1048
STÜRNER, Zur Gerechtigkeit richterlicher Schadenszuweisungen, VersR 1984, 297
ders, Der Unfall im Straßenverkehr und der Umfang des Schadensersatzes ..., DAR 1986, 7
THÜSING, Wertende Schadensberechnung (2001)
WAGNER, Das neue Schadensersatzrecht (2002)
WALTERMANN, Änderungen im Schadensrecht durch das neue SGB VII, NJW 1997, 3401
WEITNAUER, Entwicklungslinien des Haftungsrechts, JurJB 4 (1963/4) 214
ders, Gedanken zu Stand und Reform des Schadensersatzrechts, VersR 1963, 101
ders, Schadenersatz, ein unerschöpfliches Thema mit immer neuen Variationen, in: 25 Jahre Karlsruher Forum (1983) 189
ders, Zur Entwicklung im Schadensrecht, in: FS Jur Fak der Universität Heidelberg (1986) 279
WENDEHORST, Anspruch und Ausgleich (1999)
WEYCHARDT, Wandlungen des Schadensbegriffs in der Rechtsprechung (Diss Frankfurt/M 1965)
WEYERS, Unfallschäden. Praxis und Ziele von Haftpflicht- und Vorsorgesystemen (1971)
ders, Der Begriff des Vermögensschadens im deutschen Recht, in: Vereinigg für den Gedankenaustausch zwischen deutschen und italienischen Juristen, Heft 8/9 (1973) 37
WILK, Die Erkenntnis des Schadens und seines Ersatzes (1983)
ERNST WOLF, Grundfragen des Schadensbegriffs und der Methode der Schadenserkenntnis, in: FS Schiedermair (1976) 545
WÜRTHWEIN, Schadensersatz für Verlust der Nutzungsmöglichkeit einer Sache oder für entgangene Gebrauchsvorteile? (2001)
ZEUNER, Schadensbegriff und Ersatz von Vermögensschäden, AcP 163 (1963/64) 380
ders, Gedanken zum Schadensproblem, in: Gedschr Dietz (1973) 99.

4. Darstellungen für den Praktiker
BECKER/BÖHME/BIELA, Kraftverkehrs-Haftpflichtschäden. Die Regulierung in der Praxis (22. Aufl 2002)
BUSCHBELL, Münchner Anwaltshandbuch Straßenverkehrsrecht (2001)
GEIGEL, Der Haftpflichtprozess mit Einschluss des materiellen Haftpflichtrechts, hrsg v SCHLEGELMILCH (24. Aufl 2004)
HIMMELREICH/HALM/BÜCKEN, Kfz-Schadensregulierung (Stand 2001)
HOFMANN, Der Schadensersatzprozess (2. Aufl 1999)
KÜPPERSBUSCH, Ersatzansprüche bei Personenschaden (8. Aufl 2004)
SANDEN/VOELTZ, Sachschadenrecht des Kraftverkehrs (7. Aufl 2000)
WUSSOW, Das Unfallhaftpflichtrecht (15. Aufl 2002).

5. Darstellungen des Haftungsrechts
DEUTSCH, Allgemeines Haftungsrecht (2. Aufl 1996)
FUCHS, Deliktsrecht (5. Aufl 2004)
KÖTZ/WAGNER, Deliktsrecht (9. Aufl 2001).

Systematische Übersicht

I.	**Inhalt und Funktion des Allgemeinen Schadensrechts**		
1.	Überblick und Grundgedanken		1
2.	Verhältnis zur Haftungsbegründung		4
II.	**Anwendungsbereich der §§ 249 ff**		
1.	Geltung im Privatrecht		5
2.	Abweichende gesetzliche Regeln		7
a)	Sonderregeln im Haftungsrecht		7
b)	Sonderregeln im Versicherungsrecht		9
3.	Abweichungen durch Vertrag		11
a)	im Individualvertrag		11
b)	in Allgemeinen Geschäftsbedingungen		12
4.	Anwendbarkeit der §§ 249 ff im öffentlichen Recht		15
a)	Amtshaftung		15
b)	Enteignung, Aufopferung und dgl		16
c)	Verwaltungsrechtliches Schuldverhältnis		21
d)	Folgenbeseitigungsanspruch		22
III.	**Entwicklung des Allgemeinen Schadensrechts**		
1.	Römisches Recht		23
2.	Älteres gemeines Recht		24
3.	Die Interessenlehre Friedrich Mommsens		25
4.	Gesetzliche Änderungen und Reformbestrebungen		26
a)	Änderung des § 251 Abs 2 und 2. SERÄndG		26
b)	Weitere Reformvorschläge für das Allgemeine Schadensrecht		27
c)	Reformen in Spezialgesetzen		29
d)	Zur Diskussion des Straßenverkehrsunfallrechts		30
5.	Fortentwicklung durch Rechtsprechung und Wissenschaft		31
IV.	**Der Streit um den Schadensbegriff**		
1.	Der Ausgangspunkt der hM		35
2.	Gegenpositionen zum natürlichen Schadensbegriff		37
3.	Würdigung		41
V.	**Formen und Gliederung des Schadens**		
1.	Unmittelbarer und mittelbarer Schaden		43
2.	Verletzungsschaden und Folgeschaden		44
3.	Positiver Schaden und entgangener Gewinn		45
4.	Vermögens- und Nichtvermögensschaden		46
5.	Positives und negatives Interesse		48
VI.	**Eigenschaden und Drittschaden**		
1.	Das Dogma des Gläubigerinteresses		49
2.	Gesetzliche Ausnahmen und deren entsprechende Anwendung		50
3.	Einfluss eines Gläubigerwechsels		51
4.	Ersatz für Einbußen Dritter durch Ausweitung des Ersatzes an den unmittelbar Geschädigten		55
5.	Drittschadensliquidation		62
a)	Dogmatische Einordnung		62
b)	Verhältnis zum Vertrag mit Schutzwirkung für Dritte		64
c)	Gläubiger der Drittschadensliquidation		67
d)	Drittschadensliquidation kraft Vereinbarung		68
e)	Drittschadensliquidation bei mittelbarer Stellvertretung		69
f)	Treuhandverhältnisse		71
g)	Obhutsverhältnisse		72
h)	Obligatorische Gefahrentlastung		74
i)	Drittschadensliquidation in anderen Fällen		76
VII.	**Zeitliche Grenzen für die Berücksichtigung des Schadens**		
1.	Prozessual		79

2.	Materiell-rechtlich	81	e)	Verletzung von Aufklärungs- und Beratungspflichten 97
VIII.	**Prozessuales, insbes Behauptungs- und Beweislast**		f)	Produkt- und Umwelthaftung 98
			g)	Der Anscheinsbeweis 99
1.	Grund- und Betragsverfahren	86	h)	Beweiserleichterungen nach § 287 ZPO 101
2.	Teilklage	87		
3.	Behauptungs- und Beweislast	88		
a)	Die Auffangregel	88	**IX.**	**Rechtsvergleichung und internationales Recht**
b)	Gesetzliche Beweisregeln	89		
c)	Hypothetische Kausalität und Vorteilsausgleichung	93	1.	Internationaler Vergleich 104
			2.	Schadensersatz nach CISG 106
d)	Sonderregeln des Arzthaftungsrechts	94	3.	Schadensersatz nach der EMRK 107

I. Inhalt und Funktion des Allgemeinen Schadensrechts

1. Überblick und Grundgedanken

Die §§ 249–254 regeln Inhalt und Umfang des Schadensersatzes. Sie gehören dadurch zu den wichtigsten Vorschriften des ganzen BGB. Vor allem durch die Zunahme des Straßenverkehrs, aber auch durch die Entwicklung immer neuer Haftpflichtbereiche (zB Integritätsschutz durch vertragliche Ansprüche aus positiver Forderungsverletzung nach § 280 Abs 1, allgemeine *culpa in contrahendo* nach § 311 Abs 2, Ausbau der Verkehrssicherungspflichten, Produkthaftung, Arzthaftung) hat die Bedeutung des allgemeinen Schadensrechts seit Inkrafttreten des BGB immens zugenommen. Der Gesetzeswortlaut ist dabei, abgesehen von der Einfügung der bloß klarstellenden Vorschrift des § 251 Abs 2 S 2, bis zum Zweiten Schadensersatzrechtsänderungsgesetz, in Kraft getreten am 1.8.2002, unverändert geblieben. Tatsächlich haben sich von den nur sechs Paragraphen dieses Abschnitts § 250 als praktisch bedeutungslos und § 252 als kaum nennenswerte Nuance zu § 287 ZPO erwiesen, so dass die gesamte Materie des relevanten allgemeinen Schadensersatzrechts von den nur vier Paragraphen §§ 249, 251, 253 und 254 erfasst wird. Dem Gesetz selbst sind daher nur wenige allgemeine Grundsätze zu entnehmen, die durch eine längst unübersehbar gewordene Fülle von Rspr und Lit konkretisiert werden.

Traditioneller **Ausgangspunkt zur Interpretation** der §§ 249 ff ist der Begriff des Schadens (vgl noch STAUDINGER/MEDICUS[12] Vorbem 1 zu §§ 249 ff). Das Gesetz selbst definiert den Schaden nicht, sondern setzt ihn in § 249 Abs 1 als den Maßstab voraus, an dem sich die Ersatzpflicht zu orientieren hat: Anstelle des wirklich eingetretenen Schadens ist durch die Erfüllung der Ersatzpflicht ein **hypothetischer schadensfreier Zustand** zu bewirken. Welche Beeinträchtigungen und Einbußen hierbei zu berücksichtigen sind, hat der Gesetzgeber aber teilweise bewusst der Entwicklung von Lehre und Rspr überlassen, so etwa bei den Fragen der haftungsausfüllenden Kausalität im allgemeinen und der hypothetischen Kausalität im besonderen sowie der Vorteilsausgleichung. Auch zB bei der Gewährung eines „Geldbetrages" nach § 249 Abs 2 S 1 oder der Entschädigung in Geld überhaupt nach § 251 Abs 1 ist die Ersatzleistung nicht einfach Spiegelbild eines gegebenen Schadens, sondern Ergebnis vielfältiger Überlegungen zur Festlegung einer angemessenen Ersatzleistung.

Diese Aufgaben werden eher verschleiert als gefördert, wenn man so tut, als könnten die Schadensersatzprobleme dadurch gelöst werden, dass man den „richtigen", womöglich rein rechnerisch zu ermittelnden Schadensbegriff verwendet (grundlegend anders aber insbes E Wolf, in: FS Schiedermaier 545 ff, u in Fortführung dieses Ansatzes Wilk). Rechnerische Überlegungen können freilich hilfreich sein, um zu überprüfen, ob der Geschädigte durch die Ersatzleistung einen Gewinn erzielen würde. Dieses schadensrechtliche **„Bereicherungsverbot"** ist zwar nicht ganz unbestritten (krit insbes MünchKomm/Grunsky[3] vor § 249 Rn 6a; wie hier jetzt aber MünchKomm/Oetker § 249 Rn 20; differenzierend Thüsing, Wertende Schadensberechnung [2001] 423 ff), gehört aber zum überkommenen Kern schadensrechtlichen Denkens auf dem europäischen Kontinent (vgl Pomponius D 50, 17, 206) und wird vom BGH (BGHZ 118, 312, 338) zu Recht als Element des deutschen ordre public im Schadensrecht behandelt. Auch und gerade das Bereicherungsverbot ermöglicht jedoch keine schematische Lösung aller schadensrechtlichen Probleme, sondern bildet eine Leitlinie, die jeweils bis zur überzeugenden Begründung einer abweichenden Wertung maßgeblich ist. Als Ausgangspunkt des Schadensersatzrechts ist sie geeigneter als der Schadensbegriff, weil sie die Wertungsgrundlage der Entschädigungen angibt und nicht das Schadensersatzrecht in eine Rechenaufgabe umzudeuten versucht.

3 Allgemeine Funktion des Schadensersatzes nach §§ 249 ff ist es hiernach, dem Geschädigten aus Gründen der ausgleichenden oder besser: **korrigierenden Gerechtigkeit** ein Surrogat für seinen Verlust zu gewähren (zuletzt etwa Wendehorst, Anspruch und Ausgleich [1999] 2, 4 f uö; Jansen, Die Struktur des Haftungsrechts [2003] 89 ff). Dieses Surrogat muss so bemessen sein, dass es möglichst zu einem Zustand hypothetischer Schadensfreiheit führt (§ 249 Abs 1), dem Geschädigten aber nichts darüber hinaus gewährt. Da das heute angewendete Schadensersatzrecht in besonderem Maße für eine Vielzahl gleicher und sehr ähnlicher Sachverhalte anwendbar gestaltet sein muss, haben neben diesem Grundprinzip insbes Erwägungen zur **Praktikabilität** der Schadensabwicklung Bedeutung. Zudem steht das Schadensrecht in vielfältigen Beziehungen zu anderen Rechtsmaterien, zB dem Arbeits- und Sozialrecht. Dort ist das Schadensrecht bei der Regelung der Regressfrage teilweise im Gegensatz zum Bereicherungsverbot ausgestaltet. Darauf muss das Allgemeine Schadensrecht Rücksicht nehmen, und zur Vermeidung von Wertungswidersprüchen müssen regressfreie Schadenslagen uU ebenfalls zu Lasten des Ersatzpflichtigen entschieden werden. Umgekehrt gebietet die ausgleichende Gerechtigkeit, dass der Beitrag zum Schadensgeschehen, der auf den Geschädigten selbst zurückgeht, in Entsprechung zu dem Grundsatz „*casum sentit dominus*" nicht auf den Ersatzpflichtigen überwälzt werden kann. Daher **begrenzt** § 254 den Ersatzumfang durch das „mitwirkende Verschulden" des Geschädigten. Schließlich gehört es zu den grundlegenden Wertentscheidungen der §§ 249 ff, dass Schadensersatz nicht schlechthin als Kompensation in Geld geschuldet wird, sondern dass zur vollständigen Erreichung des hypothetischen schadensfreien Zustandes vorrangig die unmittelbar geschädigten Güter in Natur hergestellt werden sollen. Der Schadensersatz ist somit nicht einheitlich geregelt, sondern zweispurig: **In erster Linie** schuldet der Ersatzpflichtige Restitution der Rechtsgüter selbst, erst in zweiter Linie finanzielle Kompensation.

2. Verhältnis zur Haftungsbegründung

4 Die §§ 249 ff enthalten ausschließlich Hilfsnormen für die Ausfüllung der Rechtsfolge Schadensersatz. Die **Gründe für den Schadensersatzanspruch** sind an anderen Stellen geregelt (Übersicht bei MEDICUS JuS 1986, 665 ff). In §§ 249 ff wird vorausgesetzt, dass solche Anspruchsgrundlagen gegeben sind. Die Art dieser Anspruchsnormen ist für das Allgemeine Schadensrecht gleichgültig: Vertragliche und vertragsähnliche Ansprüche kommen hierfür ebenso in Betracht wie Ansprüche aus unerlaubter Handlung oder Gefährdungshaftung. Auch sachen- und familienrechtliche Normen können durch §§ 249 ff ausgefüllt werden, etwa §§ 989f (vgl genauer unten Rn 5) und 1664. In der Regel sind die §§ 249 ff ohne Rücksicht auf die Art dieser Anspruchsgrundlagen anzuwenden. Der hypothetische schadensfreie Zustand kann freilich durch den Normbereich der Anspruchsgrundlage geprägt sein: Der gedachte Zustand ohne Vertrauen in den Schädiger ist Grundlage des Ersatzes für den Vertrauensschaden (negatives Interesse), die gedachte ordnungsgemäße Vertragserfüllung Grundlage des Schadensersatzes statt der Leistung (positives Interesse). Darüber hinaus kommt eine generelle Prägung der Ersatzpflicht durch den **Schutzbereich der** verletzten **Norm** in Betracht. Diese Begrenzung der Ersatzpflicht gilt für Vertragsverletzungen ebenso wie für die Verletzung von Schutzgesetzen nach § 823 Abs 2 oder von Verkehrspflichten im Rahmen des § 823 Abs 1 (dazu genauer unten Rn 49).

II. Anwendungsbereich der §§ 249 ff

1. Geltung im Privatrecht

Die privatrechtlichen Anspruchsgrundlagen, für die §§ 249 ff gelten, sind so zahlreich, dass sie kaum alle zusammengestellt werden können. Schon der Allgemeine Teil des **BGB** mit seinen insgesamt nur wenigen Anspruchsgrundlagen enthält folgende Schadensersatznormen: §§ 42 Abs 2 S 2, 53, 122, 160, 179, 231. Schadensersatzverbindlichkeiten aus dem Schuldrecht sind überaus häufig. Zu den ausdrücklichen Schadensersatzgrundlagen wie §§ 280–283, 311 Abs 2, 311a Abs 2 kommen Verweisungsketten, die ins Allgemeine Schadensrecht führen wie §§ 819 Abs 1, 818 Abs 4, 292, 989. Das Recht der vertraglichen Schuldverhältnisse enthält laufend Schadensersatzansprüche, zB §§ 437 Nr 3, 443 iVm §§ 276 Abs 1 S 1, 536a Abs 1, 634 Nr 4; im Recht der unerlaubten Handlung (§§ 823 ff) einschließlich der Beamten- und Staatshaftung (§ 839, Art 34 GG) ist Schadensersatz sogar weithin der einzige gesetzlich vorgesehene Anspruchsinhalt (außer § 850 und den durch Rechtsfortbildung geschaffenen Ansprüchen auf Beseitigung und Unterlassen). Weitere Schadensersatzpflichten aus gesetzlichen Schuldverhältnissen ergeben sich im Recht der Geschäftsführung ohne Auftrag (§§ 678, 687 Abs 2). Diese Ansprüche sind keineswegs immer vom Verschulden des Ersatzpflichtigen abhängig (vgl §§ 122, 179 Abs 2, 231, 276 Abs 1 S 1, 701, 833). Schon für das BGB ist daher die berühmte Behauptung JHERINGS überholt: „Nicht der Schaden verpflichtet zum Schadensersatz, sondern die Schuld" (Das Schuldmoment im römischen Privatrecht [1867] 40). Erst recht ist die moderne Gesetzgebung zur Gefährdungshaftung über diese Parömie hinweggegangen. Der Inhalt auch dieser Ersatzansprüche richtet sich weitgehend nach §§ 249 ff, vgl zB §§ 84 AMG, 25 AtomG, 32 GenTG, 1 HaftpflG, 33 LuftVG, 1 ProdHaftG, 7 StVG, 1 UmweltHG, 22 WHG.

Aus dem Hinweis auf die zuletzt genannten Vorschriften ergibt sich bereits, dass die §§ 249 ff in weitem Umfang **außerhalb des BGB** anwendbar sind und sogar im öffentlichen Recht (unten Rn 15 ff). Durchgehend gelten die §§ 249 ff ferner im Individualarbeitsrecht. Im HGB finden sich Schadensersatznormen zB in §§ 61 Abs 1, 376 Abs 1 S 1, 385 Abs 1, 388 Abs 1 HS 2, 425 (mit Besonderheiten in §§ 429 ff), in der ZPO in §§ 717 Abs 2 und 945, in der InsO §§ 60 Abs 1 S 2, 109 S 2.

2. Abweichende gesetzliche Regeln

7 a) Trotz der grundsätzlichen Anwendbarkeit der §§ 249 ff auf die beispielhaft aufgezählten Schadensersatznormen gelten für viele von ihnen **Sonderregeln**, die den allgemeinen Vorschriften vorgehen. In einer Hinsicht ist dies bereits im Wortlaut des Allgemeinen Schadensrechts angelegt: Nach § 253 Abs 1 bedarf es einer ausdrücklichen gesetzlichen Regelung zur Begründung eines Anspruchs auf Ersatz immaterieller Schäden in Geld für andere als die in § 253 Abs 2 genannten Rechtsgüter (Körper, Gesundheit, Bewegungsfreiheit und sexuelle Selbstbestimmung). Solche Vorschriften finden sich in § 651f Abs 2 für die reisevertragliche Haftung wegen verdorbenen Urlaubs und in § 611a Abs 2, 3 für Diskriminierungen des Arbeitnehmers durch den Arbeitgeber, ferner in § 97 Abs 2 UrhG und in § 7 Abs 3 StrEG. Während einige weitere Vorschriften zum Ersatz immateriellen Schadens wie § 35 Abs 1 S 2 aF GWB inzwischen aufgehoben worden sind, hat sich das „Hungergeld" nach § 40 Abs 3 SeemG gehalten. Das BGB selbst enthält im übrigen in §§ 842 ff Sonderregeln für den Schadensersatz aus unerlaubter Handlung, auf die in § 618 Abs 3 für den Arbeitsvertrag verwiesen wird. Hiervon ist § 843 Abs 4 zugleich für das Allgemeine Schadensrecht als Indiz der Wertungsgrundlage zur versagten Vorteilsausgleichung bedeutsam. §§ 844f begründen die Ersatzfähigkeit von Drittschäden, §§ 843–845 präzisieren zudem die Ersatzleistung durch Vorschriften über die Gewährung einer Schadensersatzrente. Gleichartige Regelungen enthalten etwa §§ 30 AtomG, 5 f, 8 HaftpflG, 35 f, 38 LuftVG, 11, 13 StVG.

8 Für sondergesetzliche Haftungen ist im allgemeinen ein Höchstbetrag vorgesehen, so nach §§ 88 AMG, 33 GenTG, 9 f HaftpflG, 37, 46 LuftVG, 10 ProdHaftG, 12, 12a StVG, 15 UmweltHG. § 11 ProdHaftG sieht zudem eine Selbstbeteiligung des Geschädigten bei Sachschäden vor. Andere **Begrenzungen** sind für das Transportrecht charakteristisch, §§ 431, 433, 434, 451e, 461 HGB. Eine andere Grenze bestimmt § 13 Nr 7 Abs 3 VOB/B mit dem Schaden an der baulichen Anlage (dazu STAUDINGER/PETERS [2003] Anh I zu § 638 Rn 45 ff).

9 b) Anders als nach Allgemeinem Schadensrecht ist im Recht der **Schadensversicherung** (als Gegenbegriff zur Summenversicherung) nicht Ersatz für jeglichen (adäquat kausalen) Schaden zu leisten, sondern allein für solche Einzelschäden, die Gegenstand des Versicherungsvertrages (vgl § 1 Abs 1 VVG) sind. Wirtschaftlich liegt diese Individualisierung an der für die Prämienkalkulation notwendigen Individualisierung der Risiken (grundlegend zur versicherungsrechtlichen Unterscheidung von Summen- und Einzelschaden war die gleichnamige Monographie von HANS MÖLLER 1937). IdR (vgl § 49 VVG) schuldet der Versicherer nicht Naturalrestitution, sondern Geldersatz. Der Direktanspruch des Dritten aus der Kfz-Haftpflichtversicherung ist nach § 3 Nr 1 S 2 PflVersG gesetzlich auf den Geldersatz beschränkt, der jedoch sowohl auf § 251 Abs 1 (Kompensation) als auch auf § 249 Abs 2 S 1 (Restitutionskosten) beruhen kann. Soweit Schadensersatzansprüche kraft Gesetzes auf kollektive Schadensträger übergehen, sind sie gleichfalls auch bei restituierbaren Schäden auf Geld gerichtet, weil die Restitution (oder der erforderliche Kostenbetrag) dann bereits vom Zessionar an den Geschädigten gewährt worden ist.

Einen von Grund auf anderen Weg geht jedoch das **Unfallversicherungsrecht** bei Personenschäden: Nach §§ 104 ff SGB VII ist in diesem Gebiet die Haftungsersetzung durch Versicherungsschutz (SIEG ZHR 113 [1950] 95 ff) vorgesehen. §§ 249 ff sind daher vollständig verdrängt. Erst bei vorsätzlicher Herbeiführung des Unfalles, oder wenn der Unfall bei der Teilnahme am allgemeinen Verkehr eingetreten ist, gilt das Haftungsprivileg der Arbeitgeber und Kollegen (Mitschüler, Kommilitonen usw) nicht mehr, so dass die zivilrechtlichen Haftungsregeln und daher auch §§ 249 ff wieder anzuwenden sind.

3. Abweichungen durch Vertrag

a) Die §§ 249 ff enthalten **dispositives Recht**. Daher sind sowohl Beschränkungen (zB auf einen Höchstbetrag) als auch Erweiterungen (zB Pauschalierungen ohne konkreten Aufwands- oder Schadensnachweis) im allgemeinen zulässig. Str ist nur, ob § 253 von vornherein ausdrücklich oder sogar stillschweigend abbedungen werden kann (dazu § 253 Rn 9 f). ZT ist dies aber eine bloß terminologische Frage, da immaterielle Interessen im Vertrag jedenfalls durch Vereinbarung einer Vertragsstrafe auch in Geld ausgeglichen werden können. Grenzen für **individualvertragliche** Schadensvereinbarungen ergeben sich sonst nur aus § 276 Abs 3 und den allgemeinen Schranken der Privatautonomie (§§ 138, 242), bei arglistigem Verschweigen eines Mangels oder Übernahme einer Garantie aus §§ 444, 639, ferner für Dienstverträge (nach BGHZ 26, 365, 372 entspr für Werkverträge) aus § 619, für Reiseverträge aus § 651h und für Überweisungen aufgrund von Bankverträgen aus § 676c Abs 3. Der Gastwirt kann sich für seine Haftung nach § 702a nur über die summenmäßige Beschränkung des § 702 hinaus und nur für leichte Fahrlässigkeit sowie an zur Aufbewahrung übergebenen Sachen freizeichnen. Zwingend sind ferner die Gefährdungshaftungen bei entgeltlich geschäftsmäßiger Personenbeförderung (§ 8a S 1 StVG), im Luftverkehr (§ 49 LuftVG) und nach § 7 HaftpflG.

b) Änderungen des Schadensersatzes in **Allgemeinen Geschäftsbedingungen** sind nur beschränkt zulässig. Nach § 309 Nr 7a BGB kann die Haftung wegen schuldhafter Verletzung der Rechtsgüter Leben, Körper und Gesundheit, nach § 309 Nr 7 b die Haftung für Vorsatz und grobe Fahrlässigkeit des Verwenders oder seiner Hilfspersonen nach § 278 bei sonstigen Schäden nicht ausgeschlossen oder begrenzt werden. Dasselbe gilt nach § 309 Nr 8 b für die Haftung wegen Mängeln. Aber auch über diese Spezialvorschriften hinaus kann § 307 einer Freizeichnung entgegenstehen, wenn sonst der Vertragszweck gefährdet würde oder wenn der Vertragspartner auf die ordnungsgemäße Erfüllung vertrauen darf, weil sie die Durchführung des Vertrages überhaupt erst ermöglicht (BGH NJW 1985, 3016, 3018; 1990, 761, 764). Dies kann schon bei leicht fahrlässiger Pflichtverletzung der Fall sein. Handelt es sich um die Verwendung von Freizeichnungsklauseln gegenüber Kaufleuten, gilt zwar ebenfalls (und nur) § 307; die Abwägung zur angemessenen Risikoverteilung kann hier jedoch insbes im Hinblick auf die Zumutbarkeit eines Versicherungsschutzes durch den Abnehmer eher zu einer Anerkennung der Freizeichnungsklauseln führen (vgl MünchKomm/BASEDOW § 309 Nr 7 Rn 31 ff).

13 Hinsichtlich denkbarer **Erweiterungen** der Schadensersatzpflicht durch Allgemeine Geschäftsbedingungen differenziert das Gesetz: Nach § 309 Nr 6 sind Vertragsstrafen zugunsten des Verwenders bei Nichtabnahme, bei Gläubiger- und Zahlungsverzug sowie bei Vertragslösung durch den Kunden schlechthin unwirksam. Schadenspauschalen zugunsten des Verwenders sind nach § 309 Nr 5 hingegen nur unwirksam, wenn sie den Betrag branchenüblicher Schäden oder Wertminderungen übersteigen oder den Gegenbeweis eines geringeren (oder überhaupt fehlenden) Schadens ausschließen (BGH NJW 1984, 2941; 1994, 1060; 1998, 592). Immer unwirksam sind Schadenspauschalen wiederum in Fernunterrichtsverträgen, uz sogar in Individualvereinbarungen, § 2 Abs 5 FernUSG. Für die Zulässigkeit von Ersatzerweiterungen durch AGB scheint demnach i d R die Vorfrage entscheidend wichtig zu sein, ob eine Vertragsstrafe oder eine Ersatzpauschale vorliegt. Nach h M ist eine Vertragsstrafe anzunehmen, wenn durch die Vereinbarung ein möglichst wirkungsvoller Druck auf den anderen Teil zur vertragsgemäßen Erfüllung ausgeübt werden soll (BGHZ 49, 84, 89; 105, 25, 27). Dies wird praktisch im allgemeinen nur zu erreichen sein, wenn der verfallene Betrag spürbar über dem zu erwartenden Schaden liegt. In einem solchen Falle wäre die Vereinbarung allerdings als „Schadenspauschale" nach § 309 Nr 5 genauso unwirksam. Daher wirkt sich die Unterscheidung von Ersatzpauschalen und Vertragsstrafen im Recht der AGB kaum aus, während sie für Individualverträge wegen der Möglichkeit der richterlichen Ermäßigung, die nach § 343 nur für Vertragsstrafen vorgesehen ist, viel wichtiger ist (berechtigte Kritik an der Ausgliederung der Schadenspauschale aus der gesetzlich allein geregelten Vertragsstrafe übt STOLL, Haftungsfolgen im bürgerlichen Recht [1993] 223 f).

14 Keine Anwendung finden §§ 307 ff nach § 310 Abs 4 S 1 u a auf **Gesellschaftsverträge**. Auch für sie bleibt jedoch nach st Rspr eine Inhaltskontrolle nach § 242 möglich (grundlegend BGHZ 64, 238). Praktisch geworden ist sie vor allem bei Publikumspersonengesellschaften (KG und BGB-Gesellschaften), ferner bei Vereinen (BGHZ 105, 306). Schon die Leitentscheidung hierzu (BGHZ 64, 238) betraf die Einschränkung einer Schadensersatzhaftung von Gesellschaftsorganen durch eine kurze Verjährungsfrist. Die Maßstäbe für eine Inhaltskontrolle von Haftungsausschlüssen oder -beschränkungen gleichen bei § 242 denjenigen bei § 307 (oben Rn 12). Auch eine Verwerfung von Schadenspauschalen ähnlich der Regelung des § 309 Nr 5 kann aus § 242 abgeleitet werden (vgl zur Moderation einer Schadenspauschale vor Inkrafttreten des AGBG BGHZ 63, 256 u dazu STAUDINGER/MEDICUS[12] Vorbem 10 zu §§ 249 ff mwNw). Unmittelbar anwendbar sind §§ 307 ff hingegen auf die mit dem Gesellschaftervertrag vielfach verbundenen Treuhandverträge zwischen dem Anleger und dem Treuhandgesellschafter (MünchKomm/BASEDOW § 310 Rn 83; WOLF/HORN/LINDACHER § 23 AGBG Rn 74).

4. Anwendbarkeit der §§ 249 ff im öffentlichen Recht

15 a) Für die **Amtshaftung**, § 839, Art 34 GG, sind die §§ 249 ff anwendbar, soweit dies dem Schutzbereich der verletzten Amtspflicht entspricht (MAURER, Allgemeines Verwaltungsrecht[14] [2002] § 26 Rn 44; ERICHSEN/EHLERS/RÜFNER, Allgemeines Verwaltungsrecht[12] [2002] § 47 Rn 40; OSSENBÜHL, Staatshaftungsrecht[5] [1998] 110 f). Der Anspruch ist jedoch immer nur auf Schadensersatz in Geld gerichtet. Naturalrestitution nach § 249 Abs 1 ist ausgeschlossen. Daher besteht kein Anspruch auf Vornahme oder Unterlassung einer Amtshandlung (zB Beförderung eines Beamten oder Widerruf einer

Erklärung; grundlegend BGHZ GS 34, 99, 105 aus Anlass einer Klage auf Widerruf einer ehrkränkenden Äusserung): Nach der rechtlichen Konstruktion haftet zunächst der Beamte persönlich nach § 839. Die Anstellungskörperschaft übernimmt diese Haftung nur aus Fürsorge für ihren Amtsträger. Als (Privat-)Person aber könnte der haftende Beamte die Amtshandlung gar nicht vornehmen. Für Angestellte gilt i E schon deshalb dasselbe, weil eine Haftungsübernahme durch den Staat nach Art 34 GG nur für vertretbare Leistungen möglich ist (MAURER aaO; ERICHSEN/EHLERS/RÜFNER § 47 Rn 41; OSSENBÜHL 2. Teil II). Als weiterer Grund wird darauf verwiesen, dass sonst das ordentliche Gericht nach Art 34 S 3 GG zur Vornahme einer Amtshandlung verurteilen könnte; dies wäre ein Eingriff in die Entscheidungskompetenz der Verwaltungsgerichte (BÜCHNER/REINERT, Einführung in das System der Staatshaftung [1988] Rn 100; BATTIS, Allgemeines Verwaltungsrecht[3] [2002] Rn 429).

b) Im Bereich von **Enteignung, Aufopferung, enteignungsgleichem oder enteignendem Eingriff und ausgleichspflichtiger Inhaltsbestimmung des Eigentums** kommt idR nur § 254 zu entsprechender Anwendung, da hier nach hM nicht voller Ersatz, sondern eine Entschädigung, die darunter liegen kann, geschuldet wird: **16**

Nach Art 14 Abs 3 S 3 GG ist die Entschädigung für eine **Enteignung** ausdrücklich unter gerechter Abwägung der Interessen der Allgemeinheit und der Beteiligten zu bestimmen (dazu ausführlich Bonner Kommentar/KIMMINICH [Stand Sept 1992] Art 14 Rn 437 ff mwNw; MAUNZ/DÜRIG/PAPIER [Stand Juni 2002] Art 14 Rn 592 ff). Nach der Rspr des BVerfG (BVerfGE 24, 367, 421; 46, 268, 284) ermöglicht es dieses Abwägungsgebot, auf die Besonderheiten des Sachverhalts Rücksicht zu nehmen. Der Gesetzgeber könne je nach den Umständen vollen Ersatz, aber auch eine darunter liegende Entschädigung anordnen. Auch der BGH, der vom Wiederbeschaffungswert als gerechter Entschädigung ausgeht (BGHZ 39, 198, 200; 41, 354, 358; 67, 190, 192), erkennt die Befugnis des Gesetzgebers an, in besonderen Fällen eine niedrigere Entschädigung vorzusehen (BGHZ 6, 270, 293; 13, 395, 397). Bei Fehlen solcher Vorschriften kann der Enteignete nicht verlangen, so gestellt zu werden, wie er stünde, wenn der Eingriff nicht stattgefunden hätte. Die Enteignungsentschädigung hat vielmehr nur eine eingeschränkte Ausgleichsfunktion (BGHZ 57, 359, 368; 61, 253, 256).

In der Lit wird jedenfalls für die Einzelenteignung als Ausgleich des besonderen Opfers des Enteigneten die volle Entschädigung befürwortet (MAURER § 27 Rn 68; ERICHSEN/EHLERS/RÜFNER § 48 Rn 26; OSSENBÜHL 4. Teil IV 2 b). Der BGH gewährt als Enteignungsentschädigung i d R den Verkehrswert des entzogenen Gegenstandes zum Zeitpunkt der Entziehung. Die hypothetische Wertentwicklung (zB künftige Entwicklung eines Grundstücks zum Bauland) bleibt unberücksichtigt (BGHZ 62, 96; 64, 382, 388 ff; BGH NJW 1975, 1966 f). Jedoch sind neben der Entschädigung für den Substanzverlust (vgl zB § 95 BauGB) auch andere durch die Enteignung eintretende Vermögensnachteile (Folgeschäden) auszugleichen, zB die Kosten einer Betriebsverlagerung, § 96 BauGB (ERICHSEN/EHLERS/RÜFNER § 48 Rn 27; OSSENBÜHL 4. Teil IV 2 b, beide mwNw). Nicht ersetzt werden hingegen die Nebenkosten für die Wiederbeschaffung eines Ersatzobjektes (zB Maklergebühren, Notarkosten; BGHZ 41, 354, 358 ff; 43, 300).

Rechtsfolge des **enteignungsgleichen Eingriffs** (zum Fortbestehen dieses Rechtsinstituts BVerfG NJW 1992, 36, 37; vgl auch § 48 Abs 6 VwVfG) ist gleichfalls eine Entschädi- **17** gung, nicht (voller) Schadensersatz. Ziel ist also nicht, den Eingriff i S von § 249 wirtschaftlich ungeschehen zu machen, sondern das Sonderopfer zu ersetzen. Die Rspr folgt darin dem allgemeinen Aufopferungsgedanken, wie er in §§ 74, 75 Einl Preuß ALR niedergelegt war (BGHZ 90, 17, 31 u seitdem stRspr). Konsequent zur Behandlung der Einzelenteignung führt dies zu Entschädigungen nach dem Muster spezialgesetzlicher Regelungen für die Enteignungsentschädigung (vgl oben Rn 16). Beim Eingriff in einen Gewerbebetrieb wird zum entschädigungsfähigen Substanzwert auch die Ertragsfähigkeit des Unternehmens gerechnet. Bei Eingriffen in den Gewerbebetrieb von begrenzter Dauer gewährt die Rspr daher eine Entschädigung (BGH NJW 1972, 1574 f; 1977, 1817). Für Eingriffe in Grundeigentum, die zu einem Nutzungsausfall geführt haben, wird Entschädigung in Form der sog Bodenrente gewährt. Für sie ist ein fiktiver Miet- oder Pachtzins maßgeblich, den ein Dritter für die Nutzung gezahlt hätte (BGHZ 30, 338, 351; 65, 182, 189; BGH NJW 1980, 1567, 1571). Bei der Bemessung der Entschädigung sind § 254 (BGHZ 56, 57, 64 ff) und die Grundsätze über Vorteilsausgleichung (BGHZ 54, 10, 14) anzuwenden. Gerade beim enteignungsgleichen Eingriff gilt jedoch nach BVerfGE 58, 300, 322: „Wer von den ihm durch das GG eingeräumten Möglichkeiten, sein Recht auf Herstellung des verfassungsmäßigen Zustands zu wahren, keinen Gebrauch macht, kann wegen eines etwaigen von ihm selbst herbeigeführten Rechtsverlusts nicht anschließend von der öffentlichen Hand Geldersatz verlangen" (Zur Tragweite dieses Grundsatzes, insbes unter dem Gesichtspunkt der Zumutbarkeit, vgl MAURER § 27 Rn 95 ff; ERICHSEN/EHLERS/RÜFNER § 48 Rn 73 f, beide mwNw; OSSENBÜHL 5. Teil III 6). Der BGH (BGHZ 92, 34, 50 f; 110, 12, 14 ff) wertet die Versäumung eines Rechtsmittels als Mitverschulden nach § 254, das Ersatzansprüche idR ausschließt.

18 Ein Entschädigungsanspruch aus **enteignendem Eingriff** kommt in Betracht, wenn rechtmäßige hoheitliche Maßnahmen bei einem Betroffenen zu Nachteilen führen, die er aus rechtlichen oder tatsächlichen Gründen hinnehmen muss, die aber die Schwelle des enteignungsrechtlich Zulässigen übersteigen (BGHZ 117, 240, 252). Die Rechtsfolgen entsprechen der Entschädigung für Enteignung (oben Rn 16). Allerdings kann zur Entschädigung auch die Erstattung von Vorsorgeaufwendungen gehören (für Hochwasserschutzmaßnahmen BGHZ 80, 111, 117). Bei der Entschädigung für Lärmbeeinträchtigungen durch Verkehrsimmissionen geht der Entschädigungsanspruch i d R auf Geldausgleich für Schallschutzeinrichtungen auf dem Grundstück des Betroffenen. Eine Entschädigung für den Minderwert des Grundstücks kommt nur in Betracht, wenn Lärmschutzmaßnahmen keine Abhilfe bringen oder unverhältnismäßige Aufwendungen erfordern (BGHZ 64, 220, 222). § 254 ist entspr anwendbar (BGH NJW 1983, 1663, 1664).

19 Eine unverhältnismäßig belastende und deshalb **ausgleichspflichtige** (BVerfGE 58, 137) Inhaltsbestimmung führt in einigen Fällen zu einem gesetzlich bestimmten Entschädigungsanspruch. Er besteht zB im Ausgleich des Wertunterschieds (§ 42 Abs 2 BauGB) oder allgemein in einer angemessenen Entschädigung in Geld (§ 74 Abs 2 S 3 VwVfG). Beim Fehlen einer gesetzlichen Entschädigungsregelung muss auf die Grundsätze zum enteignungsgleichen Eingriff zurückgegriffen werden (STEINBERG/LUBBERGER, Aufopferung, Enteignung und Staatshaftung [1991] 228 f).

20 Der Entschädigungsanspruch aus einer **Aufopferung** besteht nur im angemessenen Ausgleich des Vermögensschadens. Er umfasst bei Körperverletzungen kein

Schmerzensgeld (BGHZ 20, 61; 45, 46, 77; krit hierzu OSSENBÜHL 3. Teil IV 2). Gesetzlich besonders geregelt sind Impfschäden, für die nach §§ 51 ff BSeuchG ein Anspruch auf Versorgung gem § 9 BVG besteht.

c) Für **verwaltungsrechtliche Schuldverhältnisse** ist anerkannt, dass voller Schadensersatz, auch in Gestalt der Naturalrestitution, gefordert werden kann (MAURER § 29 Rn 8; ERICHSEN/EHLERS/RÜFNER § 49 Rn 10; OSSENBÜHL 8. Teil II 2 c). **21**

d) Der **Folgenbeseitigungsanspruch** geht in aller Regel nur auf Wiederherstellung des vor dem Eingriff bestehenden Zustands. Er entspricht hiermit nicht dem Anspruch auf Naturalrestitution i S des § 249 Abs 1, da kein hypothetisch schadensfreier Zustand hergestellt werden muss, sondern (nur) der *status quo ante*. Nach überwiegender Meinung in der Lit ist § 254 auf diesen Anspruch entspr anwendbar (MAURER § 30 Rn 18; OSSENBÜHL 7. Teil V 4; STEINBERG/LUBBERGER 390). Die Rspr stand früher auf dem Standpunkt, der Folgenbeseitigungsanspruch entfalle bei einer erheblichen Mitverantwortlichkeit des Betroffenen ganz, da der Anspruch unteilbar sei (BVerwG DÖV 1971, 1857, 1859; ebenso ERICHSEN VerwArch 63, 1972, 223 ff). In einer neueren Entscheidung räumt das BVerwG die Möglichkeit ein, den Schaden zu teilen und in entsprechender Anwendung von § 251 Abs 1 einen Ausgleich in Geld zu gewähren (BVerwGE 82, 24 = NJW 1989, 2484, 2485 u hierzu SCHENKE JuS 1990, 370 ff). **22**

III. Entwicklung des Allgemeinen Schadensrechts

1. Römisches Recht

Das Allgemeine Schadensrecht des BGB ist in besonderem Maße von der **Rezeption des Römischen Rechts** und der Entwicklung des gemeinen Rechts geprägt. Dabei ist das Römische Recht selbst zunächst nicht vom Gedanken des Schadensausgleichs bestimmt worden, sondern lebte in den „Resten des Racherechts" (ERNST RABEL). Daher stand dem Verletzten (ursprünglich wohl zur Abgeltung der Rache) eine Geldbuße zu. Nach den XII Tafeln betrug dies bei Verletzung der Person gem ausdrücklicher Überlieferung, bei Sachbeschädigungen aber wohl gleichfalls immer eine feststehende Summe (zB 150 As für die Zufügung eines Knochenbruchs an einem Sklaven). Solche Bußen dienten nicht der Wiedergutmachung eines Schadens, sondern der Sühne des getanen Unrechts. GAIUS (2. Jahrhundert n Chr) berichtet, dass es jedenfalls in klassischer Zeit neben den Bußansprüchen oder auch mit ihnen verbunden *(sog actiones mixtae)* sachverfolgende Klagen gab, die auf die Sache selbst oder deren Wert gerichtet werden konnten. Der Wert zu einem bestimmten Zeitpunkt war oft Maßstab für die Buße, die dann meist das Mehrfache des Sachwertes betrug. Der Sachwert wurde vom Richter geschätzt, wie es in der Formel für die auf ein *certum* gerichtete Klage zum Ausdruck kommt: *quanti ea res est*. Dieselbe Umschreibung kommt in klassischer Zeit aber auch vor, wenn eine Beziehung auf den Substanzwert einer bestimmten Sache fehlt, zB bei der Nutzungsmöglichkeit des Besitzers. Dann bedeutete die erwähnte Formel, dass der konkrete Vermögensschaden des Berechtigten zu ermitteln war, zB einschließlich eines entgangenen Gewinns, eines Haftungsschadens oder eines Mangelfolgeschadens. Erst recht galt dies für Klagen, die von vornherein auf ein *incertum* gerichtet waren, wie insbes die *bonae fidei iudicia* (zB die Konsensualverträge Kauf, Miete, Werk- und Dienstvertrag *[locatio conductio]*). Die Schätzung des subjektiven Inte- **23** resses des Geschädigten richtete sich nach dem *quod interest*. Die in diesem Bereich entwickelten Verfeinerungen dürften dann wieder auf deliktische Klagen ausgestrahlt haben (zu dem allen H Honsell, Quod interest im bonae fidei iudicium [1969]; Kaser, Quanti ea res est [1935]; Medicus, Id quod interest. Studien zum Römischen Recht des Schadensersatzes [1962]).

2. Älteres gemeines Recht

24 Insgesamt ergab sich hieraus für die Juristen des gemeinen Rechts eine sehr unübersichtliche Lage, die noch durch einen missglückten Bereinigungsversuch Justinians (Cod 7, 47, 1) verschärft wurde. Von einem „Allgemeinen Schadensrecht" konnte zunächst keine Rede sein. Die antiken Grundlagen mussten den auf einheitlich anwendbare Regeln bedachten Zivilrechtlern des Mittelalters und der frühen Neuzeit geradezu widersprüchlich erscheinen. Dies führte zu zahllosen, teilweise überaus künstlichen Differenzierungen und Distinktionen (vgl die 45 Arten des Interesses bei Rebuffus, nach Lange 30). Durch die Moralisierung der Strafe unter dem Einfluss der Kirche und durch die Monopolisierung des materiellen Strafanspruchs beim „absolutistischen" Staat trat aber im Deliktsrecht der pönale Charakter mehr und mehr zurück. Im 17. Jahrhundert hatte sich schließlich die Deliktsklage zur reinen Ersatzklage umgewandelt. Hier wie bei den Leistungsstörungen war nun freilich der Schadensersatz eng begrenzt: Er war nur auf das *interesse circa rem*, also etwa den Sachwert und den Wert entgangener Früchte, gerichtet. Entgangener Gewinn *(lucrum cessans)* stand im wesentlichen nur Kaufleuten zu, Ersatz für Folgeschäden im sonstigen Vermögen des Gläubigers nur bei schwerem Verschulden (vgl genauer Coing, Europäisches Privatrecht I 438 ff mwNw). Die Vereinheitlichung des Schadensrechts ist demgegenüber den neuzeitlichen Naturrechtlern zu danken (Coing aaO 442 f mwNw). Bei ihnen findet sich auch – in Säkularisierung der kirchlichen Restitutionslehre – der Gedanke, dass Schadensersatz in erster Linie auf Naturalherstellung gerichtet sei (Wolter, Das Prinzip der Naturalrestitution in § 249 BGB [1985] 60 ff mwNw). Dies wie auch die Differenzierung des Umfanges ersatzfähiger Positionen nach dem Verschuldensgrad hat seinen Niederschlag im preuß ALR von 1794 und im österreichischen ABGB von 1811 gefunden.

3. Die Interessenlehre Friedrich Mommsens

25 Auf eine wirklich neue dogmatische Grundlage hat erst Friedrich Mommsen das Schadensrecht 1855 mit seiner Monographie „Zur Lehre von dem Interesse" (Beiträge zum Obligationenrecht II) gestellt (dazu ausführl Schiemann, in: FS Seiler [1999] 259 ff). Mommsen hat das Schadensrecht in seiner Interessenlehre vereinheitlicht und zusammengefasst. Das Interesse definiert er als „die Differenz zwischen dem Betrage des Vermögens einer Person, wie der selbe in einem gegebenen Zeitpunkte ist, mit dem Betrage, welchen dieses Vermögen ohne die Dazwischenkunft eines bestimmten beschädigenden Ereignisses in dem zur Frage stehenden Zeitpunkt haben würde". Darin ist bereits der Grundsatz der Totalreparation, wie er in § 249 Abs 1 Gesetz geworden ist, niedergelegt. Die unübersichtlichen Unterscheidungen des älteren Rechts sind überwunden. Weder der Grund des Schadensersatzes, noch der Grad des Verschuldens bei der Herbeiführung des Schadens spielen für den Ersatzumfang eine Rolle. Entscheidend ist allein eine Kausalbetrachtung, die den wirklichen mit dem hypothetisch schadensfreien Verlauf vergleicht. Die von Momm-

SEN begründete „Differenzhypothese" enthält die Tendenz, den Richter im Schadensersatzprozess von Wertungen zu entlasten. Gerade dies hat freilich in den letzten Jahrzehnten Kritik bei den Anhängern des „normativen Schadensbegriffs" gefunden (vgl insbes H HONSELL JuS 1973, 69 ff).

4. Gesetzliche Änderungen und Reformbestrebungen

a) Die erste in Kraft getretene gesetzliche Änderung der §§ 249 ff seit 1900 war die Einfügung des **§ 251 Abs 2 S 2** durch das „Gesetz zur Verbesserung der Rechtsstellung des Tieres im bürgerlichen Recht" vom 20. 8. 1990 (BGBl I 1762). Mit dieser Ergänzung ist jedoch nur klargestellt worden, dass die Begrenzung der Restitutionsbefugnis des Geschädigten nach § 251 Abs 2 S 1 bei der Verletzung eines ihm gehörenden Tieres nicht gilt: Auch erheblich über dem Wiederbeschaffungswert liegende Heilaufwendungen können nach § 249 Abs 2 S 1 ersetzt verlangt werden. Dies war aber schon vor der Gesetzesänderung hM, so dass sich die Rechtslage durch diese Reform nicht geändert hat (so richtig MünchKomm/GRUNSKY³ § 251 Rn 23; vgl auch § 251 Rn 27). Weit bedeutsamer sind die Ergänzungen durch das **Zweite Schadensersatzrechtsänderungsgesetz** (2. SchadÄndG), das am 1. 8. 2002 in Kraft getreten ist. Seitdem wurde § 249 S 1 aF zu § 249 Abs 1 nF, § 249 S 2 aF mit der in der Praxis seit langem im Vordergrund stehenden Möglichkeit des Schadensersatzgläubigers, statt der realen Herstellung vom Schuldner die dafür erforderlichen Kosten zu verlangen, wurde § 249 Abs 2 S 1 nF, und diese Regelung wurde für die fiktive Kostenberechnung der Restitution von **Sachschäden** durch § 249 Abs 2 S 2 ergänzt, der die Berechnung von MWSt nur zulässt, wenn die Steuer tatsächlich angefallen ist. Gleichzeitig wurde der Ersatz **immaterieller Schäden** an den Persönlichkeitsgütern Körper, Gesundheit, Freiheit und sexuelle Selbstbestimmung durch Einfügung des § 253 Abs 2 grundlegend reformiert: Anstelle des aufgehobenen § 847 aF, der nur für unerlaubte Handlungen galt, ist der Anspruch auf Schmerzensgeld nunmehr unabhängig von der Anspruchsgrundlage. Dadurch ist die lange geforderte Ausdehnung des Anspruchs auf die Tatbestände der Gefährdungshaftung verwirklicht worden. Aber auch bei Vertragsverletzungen, zB aus Werkvertrag, gilt nunmehr der Anspruchsinhalt nach § 253 Abs 2. Infolgedessen kommt es insbesondere für das Schmerzensgeld innerhalb der Arzthaftung nicht mehr darauf an, ob die Haftung vertrags- oder deliktsrechtlich begründet wird.

b) Seit Jahrzehnten sind freilich immer wieder weitergehende **Reformvorschläge** erhoben worden. Schon die Arbeiten der nationalsozialistischen Zeit, die mehr den Haftungsgrund als die Haftungsfolgen betrafen, sind über Vorentwürfe nicht hinausgelangt (vgl die Monographie von F BAUR aus dem Jahre 1935 sowie die von NIPPERDEY herausgegebenen Erwägungen der Akademie für Deutsches Recht und die Arbeit von MICHAELIS, alle nach Lit-Verz, und dazu MOHNHAUPT-WOLF, Deliktsrecht und Rechtspolitik [2003]). Der schon damals erörterte Gedanke, nach dem Muster älterer Gesetze (vgl oben Rn 24 aE) zu einer Reduktion der Ersatzpflicht bei leicht fahrlässigem Verhalten des Schädigers zurückzukehren, ist im Referentenentwurf eines „Gesetzes zur Änderung und Ergänzung schadensersatzrechtlicher Vorschriften" 1967 als § 255a zu einem Gesetzesvorschlag verarbeitet worden (Wortlaut ua bei STAUDINGER/MEDICUS¹² Vorbem 29 zu §§ 249 ff; MOHNHAUPT-WOLF 300). Dieser Teil des Entwurfs ist jedoch nicht weiter verfolgt worden. Dennoch hat HOHLOCH im Rahmen der vom BMJ in Auftrag gegebenen und veröffentlichten Gutachten und Vorschläge zur Überarbeitung des Schuldrechts (Bd I 475) erneut eine Reduktionsklausel vorgeschlagen. In der Lit überwiegen die kritischen Stimmen (vgl die Nachw bei STAUDINGER/MEDICUS[12] aaO). Die Gefahr einer unkontrollierten Billigkeitsrechtsprechung bei Einführung einer derartigen Vorschrift ist nicht von der Hand zu weisen. Auch kann man die Notwendigkeit einer Reduktion wegen der Kanalisierung der Haftungsfolgen für den Ersatzpflichtigen durch den Ausbau des Versicherungsschutzes bezweifeln (vgl aber auch unten Rn 32 zur Moderation des Ersatzanspruchs aus verfassungsrechtlichen Gründen).

28 Zwei weitere Anliegen des Reformvorschlages von 1967 sind in dem Entwurf einer Gesetzesergänzung durch HOHLOCH aufgenommen worden: die Legalisierung der Rspr des BGH (seit BGHZ 26, 349, dazu genauer § 253 Rn 51 ff) zur Gewährung eines Schmerzensgeldes bei schweren Verletzungen des **Allgemeinen Persönlichkeitsrechts** sowie eine Erweiterung des § 254 aus Obliegenheitsverletzungen der sog **Bewahrungsgehilfen** (dazu § 254 Rn 108). Darüber hinaus hat HOHLOCH (aaO 474) innerhalb eines neu zu schaffenden § 253 Abs 4 Geldersatz für immaterielle Interessen aus „besonderer Vereinbarung" zu Schutz und Förderung immaterieller Interessen oder aus einer hierauf gerichteten Pflichtenstellung des Schädigers vorgeschlagen (dazu § 253 Rn 10).

29 c)   Gesetzgeberische Neuerungen im Schadensrecht finden sich ferner für **Spezialmaterien** in den Haftungsgesetzen der letzten Jahre und Jahrzehnte. Am wichtigsten ist die Ergänzung des Schadensrechts für den Bereich des Straßenverkehrs durch das PflVersG: Es erweitert nicht nur die Passivlegitimation hinsichtlich des Haftpflichtanspruchs auf den Versicherer, sondern modifiziert in § 3 Nr 1 S 2 den Herstellungsanspruch (vgl schon oben Rn 9). Vor allem erhöht die Pflichtversicherung mit der grösseren Sicherheit der Haftung zwangsläufig die Effektivität des Schadensrechts. Eine vergleichbare Wirkung hat die Anordnung der Deckungsvorsorge, zB in § 94 AMG und § 19 UmweltHG. Andere erwähnenswerte spezialgesetzliche Neuerungen des Schadensrechts sind: die durch Europarecht geprägte Selbstbeteiligung nach § 11 ProdHaftG und die Verdrängung des § 251 Abs 2 S 1 durch § 16 Abs 1 UmweltHG.

30 d)   Vor allem für die Versorgung von Verkehrsopfern gehen die rechtspolitischen Forderungen weit über solche Spezialregelungen hinaus. Unter dem Einfluss ausländischer Vorbilder in Gesetzgebung (Saskatchewan, Neuseeland) und Rechtswissenschaft (insbes das „Projet Tunc") ist vorgeschlagen worden, für den **Straßenverkehr** eine allgemeine Unfallversicherung einzuführen, die – ähnlich der geltenden Regelung bei Arbeitsunfällen (oben Rn 10) – an die Stelle des bürgerlichrechtlichen Haftungs- und Schadensrechts treten würde (insbes EIKE vHIPPEL, Schadensausgleich bei Verkehrsunfällen [1968] u GÜLLEMANN, Ausgleich der Verkehrsunfälle im Licht internationaler Reformprojekte [1969]). Hierdurch könnten Lücken im Verkehrsopferschutz nach dem heute geltenden System geschlossen werden (zB wenn kein Zurechnungsgrund zur Überwälzung des Schadens auf einen Verursacher besteht, Mitverschulden oder mitwirkende Betriebsgefahr vorliegt, der Geschädigte selbst keinem Versorgungskollektiv angehört). Auch würde das komplizierte System der Regresse, zumal eines Kollektivs (zB Arbeitgeber oder Sozialversicherung) bei einem anderen Kollektiv (idR eine Haftpflichtversicherung), wegfallen oder wenigstens wesentlich vereinfacht werden können. Die Diskussion über solche Vorschläge, die Mitte der siebziger Jahre ihren Höhepunkt erreicht hat (insbes KÖTZ, Sozialer Wandel im Unfallrecht

[1976]), ist aber inzwischen soweit abgeebbt, dass auf absehbare Zeit eine derartige Reform nicht zu erwarten ist. Für einen darauf gerichteten politischen Gestaltungswillen fehlt wohl auch schon der Anlass einer auffallenden Notlage, wie sie der Begründung der Sozialversicherung im 19. Jahrhundert zugrunde lag (umfassendste Darstellung des Problemfeldes bei WEYERS, Unfallschäden [1971]; neuere zurückhaltende bis abl Stellungnahmen etwa von MAGNUS, Schaden und Ersatz [1987], 22 ff; LANGE, Schadensersatz² [1990] 24 ff; STOLL, Haftungsfolgen im bürgerlichen Recht [1993] 112 ff; zum Versorgungsstandard bei Verkehrsunfällen in Deutschland zB LEMOR VersR 1992, 648).

5. Fortentwicklung durch Rechtsprechung und Wissenschaft

Auch ohne solche umfassenden Reformen hat das Schadensrecht seit dem Inkrafttreten des BGB sein Gesicht grundlegend geändert. Die Verarbeitung des **völlig gewandelten „Umfeldes"** (zB Motorisierung, Massenkonsum, weit vorangetriebene gesamtwirtschaftliche Arbeitsteilung, moderne Medizin, Zunahme von Umweltschäden) war Sache der Rspr, vor allem des VI. ZS des BGH. Sie hat dabei außer den neuen technischen und wirtschaftlichen Verhältnissen auch eine wesentliche Mentalitätsänderung der Rechtsuchenden verarbeiten müssen: Die Lebensanschauung des Bürgers im modernen Wohlfahrtsstaat wird mehr und mehr von der Vorstellung beherrscht, dass individuelle Nachteile nicht hingenommen oder durch persönliche Vorsorge ausgeglichen werden müssen, sondern Ersatzansprüche gegen andere begründen. Diese Erwartung konnte mindestens bisher wirtschaftlich auch meistens erfüllt werden, weil durch die moderne Versicherungstechnik die Pflicht zu Ersatzleistungen auf einen leistungsfähigen Schuldner weitergewälzt werden konnte. Um so schwerer trifft den Ersatzpflichtigen, dem ausnahmsweise kein Haftpflichtversicherungsschutz zur Seite steht, dann eine Entschädigungsforderung, die ihn wegen einer momentanen Unaufmerksamkeit („menschliches Versagen") für immer wirtschaftlich ruinieren kann.

Hieran knüpfen intensive **verfassungsrechtliche Erwägungen** zur Verhältnismäßigkeit des Schadensersatzrechtes an. Ein Vorlagebeschluss des OLG Celle hierzu (VersR 1989, 709) hat sich durch einen Vergleich der Parteien erledigt. Aber wahrscheinlich wird das BVerfG dennoch in absehbarer Zeit mit der Frage der Verfassungsmäßigkeit ruinöser Schadensersatzpflichten befasst werden (grundlegend zur Frage CANARIS JZ 1987, 993, 995 f; vgl auch ders JZ 1988, 494, 497 [gegen RAMM JZ 1988, 489, 491 f], ferner zB MEDICUS AcP 192 [1992] 35, 65 ff). Seitdem das BVerfG (NJW 1994, 36) zu den Grenzen der Interzession (Bürgschaft, Schuldmitübernahme) ausgesprochen hat, dass eine vertraglich übernommene ungewöhnlich hohe Belastung verfassungswidrig sein könne, fällt die Vorhersage nicht allzu schwer, dass bei sehr hohen Schadensersatzpflichten infolge leichter Fahrlässigkeit Ähnliches gilt. Das BVerfG selbst hat die Entscheidung der Sachfrage zu § 828 Abs 2 aF freilich dem Gesetzgeber überlassen, da es diese Vorschrift als vorkonstitutionelle Norm ansah (Kammer-Beschl v 13. 8. 1998 NJW 1998, 3557). Ob dies auch nach der Neufassung des § 828 Abs 2 nF noch so zu sehen wäre, ist zweifelhaft. Denn durch die Reform des § 828 hat der Gesetzgeber die ganze Vorschrift und so auch § 828 Abs 2 aF (828 Abs 3 nF) „in seinen Willen aufgenommen" (ähnlich MünchKomm/WAGNER § 828 Rn 12). Dadurch bleibt der Rspr aber erst recht aufgetragen, das Zivilrecht im Wege der **verfassungskonformen Auslegung** in der Weise weiter zu entwickeln, dass übermäßige Härten für den Ersatzschuldner vermieden werden. Dies gilt nicht nur für Minderjährige zwischen 10 und

18 Jahren sondern generell (MünchKomm/Wagner Rn 14). Fingerzeige dafür hat das BVerfG in seinem Beschluss (NJW 1998, 3557) gegeben: Bei Sozialversicherungsträgern, die den Schadensersatzanspruch aus übergegangenem Recht geltend machen, ist zunächst § 76 Abs 2 SGB IV anzuwenden (dazu vor allem Ahrens AcP 189 [1989] 526; VersR 1997, 1064). Hiernach hat der Regressgläubiger die Sozialverträglichkeit der Anspruchsverwirklichung zu prüfen und zu begrenzen. Sodann ist die Möglichkeit der insolvenzrechtlichen Restschuldbefreiung auszuloten (MünchKomm/Wagner Rn 15) und schließlich zu berücksichtigen, dass § 242 auch bei außervertraglicher Haftung und auch zur Begrenzung der Gläubigerrechte anzuwenden ist (Canaris JZ 1990, 294 ff; Grundrechte und Privatrecht [1999] 51 ff). Letzteres darf aber nicht als eine generelle ungeschriebene Reduktionsklausel verstanden werden sondern nur als Möglichkeit der Korrektur in äußersten **Härtefällen** (genauer Schiemann, Haftungsbeschränkungen, Karlsruher Forum 1999, 9 ff). Die Diskussion über eine „Moderation" des Schadensersatzanspruchs aus verfassungsrechtlichen Gründen ist freilich noch nicht abgeschlossen (vgl nur Looschelders VersR 1999, 141; Goecke, Die unbegrenzte Haftung Minderjähriger im Deliktsrecht [1997]). Sie bedarf auch als Gegenstück zur Erweiterung der Schadensersatzansprüche bei Verletzungen des Allgemeinen Persönlichkeitsrechts (oben Rn 28) weiterer Vertiefung.

33 Im übrigen haben sich die Änderungen der „Schadenslandschaft" bei verschiedenen Schadensarten unterschiedlich ausgewirkt. Für **Personenschäden** bildet das private Haftpflicht- und Schadensrecht vielfach nur noch eine Voraussetzung für die Erhebung von **Regressansprüchen** der Sozialversicherungsträger und Arbeitgeber gegen die Haftpflichtversicherungen der Schädiger. Da beide Seiten dieser Regulierungsbeziehung zT mit einer Vielzahl möglicher Regressfälle befasst sind, wird oft der Schaden nicht mehr individuell zwischen den Kollektiven abgewickelt, sondern von vornherein auf der Grundlage von Regressverzichts- und Schadensteilungsabkommen. Für diese Bereiche werden die Ergebnisse der Rspr zum Umfang des Schadensersatzes bloße Verhandlungsparameter bei der Kostenüberwälzung auf die Haftpflichtversicherung und Rechnungsposten bei deren Risikovorsorge und Prämienkalkulation. Der Standard der sozialen Sicherung hat sich als weitgehend stilprägend für den Umfang des Schadensersatzes erwiesen, so dass zwischen den Kollektiven über schadensrechtliche Fragen, gemessen an ihrem wirtschaftlichen Gewicht, nicht allzu häufig gerichtlich gestritten wird. Der Schwerpunkt der Rspr zu Personenschäden liegt vielmehr heute beim Schmerzensgeld sowie mit einigem Abstand bei weiteren Schadensposten, die nicht schon von der Sozialversicherung gedeckt sind. So erklärt sich zT, dass ein Hauptpunkt des Ersatzes für Heilungskosten in der neueren Rspr mit den Aufwendungen für Besuche naher Angehöriger einen auf den ersten Blick recht marginalen Posten betrifft (dazu § 249 Rn 239 ff). Weitere Schwerpunkte haben sich beim Ausfall von Arbeitsleistungen gebildet, die nicht in einem abhängigen Arbeitsverhältnis erbracht werden, also bei Selbständigen und für hauswirtschaftliche Tätigkeiten (dazu § 252 Rn 41 ff, 53 f). Ein praktisch nicht weniger bedeutsames Sonderproblem ergibt sich, wenn die körperliche Unversehrtheit zum Gegenstand vertraglicher Fürsorge geworden ist, also beim Arztvertrag: Die Unterhaltsverpflichtung für ein behindertes oder nicht gewünschtes Kind ist in den vergangenen 20 Jahren ein „Dauerthema" der Rspr geworden (dazu § 249 Rn 204 ff). In der großen Zahl hierzu ergangener Urteile spiegelt sich besonders deutlich der oben (Rn 31) erwähnte Mentalitätswandel von der Hinnahme eines als unabänderlich angesehenen Schicksals zur Abwälzung materieller Nachteile als

Haftungs- und Schadensfall. Zugleich zeigt diese Fallgruppe, wie moderne Wissenschaft und Technik nicht nur die Möglichkeiten der Schadensvermeidung (zB in Gestalt der Pränataldiagnostik) sehr erweitert, sondern zugleich neue Risiken der Schadensentstehung herbeigeführt hat. Darüber hinaus beleuchtet das unschöne und irreführende Schlagwort vom „Kind als Schaden" eine geradezu aporetische Dimension des Schadensrechts, die nicht weniger plakativ und polemisch mit dem Ausdruck „Leben als Schaden" beschrieben werden kann (vgl auch MünchKomm/WAGNER § 823 Rn 82 ff, insbes 90; ERMAN/SCHIEMANN § 823 Rn 22 jeweils mNw): Auch beim durch Unfall schwerstgeschädigten Komapatienten „bewirkt" vielfach erst die moderne Medizin, dass nicht (sogleich) das Leben des Opfers Schadensobjekt ist, sondern (zunächst noch) seine Gesundheit, sein Lebens**vollzug**. Für dessen Zerstörung hat selbstverständlich der Ersatzschuldner Entschädigung (für Behandlungskosten, Ersatz des immateriellen Schadens nach § 253 Abs 2) zu leisten. Beim schwerstgeschädigt zur Welt gekommenen Kind besteht beim gegenwärtigen Stand der Rspr hingegen die Gefahr, dass es rechtlich nicht in seiner Würde als Opfer, sondern als bloßes Objekt von (erhöhten) Unterhaltslasten betrachtet wird. Auch hier (wie beim Rn 32 beschriebenen Problem) ist die rechtliche und ethische Diskussion noch nicht abgeschlossen.

Vielleicht noch stärker betrifft die Beobachtung eines weitreichenden Mentalitäts- **34** wandels bei gleichzeitig erheblich gestiegener Möglichkeit zur technischen Besserung und Beseitigung des Schadens die Regulierung von **Sachschäden**. Der Kfz-Verkehr ist heute nicht nur die bei weitem wichtigste Haftungsursache, sondern das Kfz selbst ist auch das am meisten betroffene Schadensobjekt. Einige der wichtigsten Neuerungen des Schadensersatzrechtes haben sich daher an Kfz-Schäden entwickelt: der Ersatz des „merkantilen Minderwerts" (dazu § 251 Rn 5, 12, 34 ff), die Entschädigung für Vorhaltekosten (dazu § 249 Rn 110 ff), die abstrakte Vergütung für die entgangene Sachnutzung (dazu § 251 Rn 73 ff) und die Liquidierung fiktiver Reparaturkosten (dazu § 249 Rn 220 ff). Der Gesetzeswortlaut bietet für diese Entwicklungen kaum einen Anhaltspunkt; weder mit der Differenzhypothese MOMMSENS (oben Rn 25) noch mit dem Bereicherungsverbot sind sie vereinbar. In ihnen zeigt sich aber offenbar ein Wandel gesellschaftlicher Wertschätzung (SOERGEL/MERTENS vor § 249 Rn 13): Vermögen dient nicht mehr nur dem Aufbau einer „bürgerlichen" Existenz, sondern in weitem Umfang unmittelbar oder mittelbar dem Konsum oder – wie der BGH (BGHZ GS 98, 212, 218 f) formuliert – dem „eigenwirtschaftlichen Einsatz". Der Gesetzgeber selbst hat dieser Entwicklung für den Urlaubsbereich Rechnung getragen und in § 651f Abs 2 sogar einen Ersatz für die vertane Urlaubszeit eingeführt. Für Kraftfahrzeuge und schließlich für die selbstgenutzte Wohnung oder das Eigenheim hat die Rspr mit der abstrakten Nutzungsentschädigung Vergleichbares geschaffen. Darin zeigt sich gegenüber der Einschätzung in den Materialien zum BGB auch ein neues, gestalterisches Selbstbewusstsein der Richter (vgl bereits STAUDINGER/MEDICUS[12] Rn 30 mwNw): Sie sind zu den eigentlichen „Herren" des Schadensrechts geworden. Dies führt freilich immer wieder dazu, dass vor allem die höchstrichterliche Rspr keine „Schadensrechtspolitik aus einem Guss" betreibt. Stattdessen verfolgen einzelne Senate immer wieder verschiedene Entscheidungstendenzen, was sich bis heute etwa trotz ausdrücklicher Bemühungen um eine Angleichung (BGHZ 147, 320, 325) an der Rspr zu den fiktiven Reparaturkosten (VI. ZS bejahend, V. ZS teils verneinend, teils aber auch bejahend, ohne die Einschränkungen des VI. ZS zu beachten, in Grundstücksfällen und noch darüber hinausgehend der VII. ZS bei der Verletzung des Werkvertrages, dazu § 249 Rn 221) zeigt. Hierdurch ist immer wieder einmal der Eindruck entstanden, der für Kfz-Unfälle zuständige VI. ZS habe ein besonderes „Kfz-Schadensrecht" geschaffen. Man hat in diesem Zusammenhang auch von einem „Privileg des Kfz" gesprochen (LANGE, in: LANGE/SCHIEMANN 17 f). Der VI. ZS selbst aber verwendet auch im Bereich der fiktiven Kosten durchaus Begründungen, die über den Anwendungsfall der Schäden an Pkw hinausweisen: Die Dispositionsfreiheit des Verletzten über den nach § 249 Abs 2 S 1 gewährten Kostenbetrag (dazu § 249 Rn 221 f) entspricht für Sachschäden der noch immer deutlich überwiegenden Ansicht in der schadensrechtlichen Lit (vgl hier nur STAUDINGER/MEDICUS[12] § 249 Rn 226; MünchKomm/OETKER § 249 Rn 354 f, jeweils mwNw). Das vom Senat verwendete „Widerlager" zur Dispositionsfreiheit, das Wirtschaftlichkeitspostulat (dazu STEFFEN NZV 1991, 1 ff), ist gleichfalls kein Sonderargument, das nur für Kfz passt. Die Annahme eines „Kfz-Sonderrechts" entspricht somit erkennbar nicht den Absichten des dafür „zuständigen" Senats. Sie steht aber vor allem in Widerspruch zu der vom Gesetz selbst mit der Abstraktheit der Regelungen geforderten dogmatischen Verallgemeinerungsfähigkeit einzelner schadensrechtlicher Lösungen.

IV. Der Streit um den Schadensbegriff

1. Der Ausgangspunkt der hM

35 Obwohl das Gesetz den Begriff des Schadens nicht definiert und in der grundlegenden Vorschrift des § 249 auch nicht einmal verwendet und obwohl der Schadensbegriff obendrein zur Lösung der Aufgaben des Allgemeinen Schadensrechts überhaupt wenig geeignet ist (vgl oben Rn 2), sind die Grundfragen zur Gestaltung des Allgemeinen Schadensrechts in der Vergangenheit fast durchweg als Fragen der richtigen Definition des Schadens diskutiert worden. Dies ist historisch verständlich, weil MOMMSEN (oben Rn 25) die Zusammenfassung und Vereinfachung des Schadensrechts wirklich durch eine auf den Schaden bezogene allgemeine Definition erreicht hatte. In der „Lehre von dem Interesse" (3) definierte er den Schaden als **Differenz** zwischen dem gegenwärtigen, also schadensbehafteten Vermögen einer Person und dem **Betrag**, „welchen dieses Vermögen ohne die Dazwischenkunft dieses Ereignisses in dem zur Frage stehenden Zeitpunkt haben würde". Genau dieser Schaden als Betragsdifferenz sollte ersetzt werden. Der Betrag eines individuellen Vermögens ist nun aber seinerseits nicht ein für allemal und schon gar nicht rechtlich definiert. Er hängt von den persönlichen Absichten, Fähigkeiten, Chancen, überhaupt von vielen Verhältnissen ab. Sie sind dem Recht als Faktum vorgegeben. Daher definierte bereits der römische Jurist PAULUS: *Quatenus cuius intersit, in facto, non in iure consistit* (D 50, 17, 24). Dies betrachtete das gemeine Recht und daher auch MOMMSEN als selbstverständliche Grundlage. Sie war bei der Differenzhypothese mitgedacht und gehörte somit zur dogmatischen Infrastruktur des Gesetzgebers. Seit H A FISCHER (Der Schaden nach dem BGB [1903]) bezeichnet man sie als **„natürlichen Schaden"**. Die Kombination von Differenzhypothese und „natürlichem" Schadensverständnis beherrscht die Lit zum Schadensrecht weitgehend bis heute (Nachw bei LANGE, in: LANGE/SCHIEMANN 28 Fn 13; ferner zB PALANDT/HEINRICHS vor § 249 Rn 7 f, jedoch mit der Einschränkung, dass die „Kernfrage" des Schadensrechts nicht mit dem Schadensbegriff zu lösen sei). Die gebräuchlichen Formulierungen zur Umschreibung des Schadens sind meist so allgemein, dass sie nicht nur einen „natürlichen", son-

dern jeden Schadensbegriff umfassen (vgl die Definitionen bei STAUDINGER/MEDICUS[12] Vorbem 33 zu §§ 249 ff).

Nicht notwendig identisch mit dem Schadensbegriff ist der Begriff des **Interesses**. Im Zusammenhang mit der gebräuchlichen Unterscheidung zwischen positivem und negativem Interesse bezeichnet er den oberen Betrag bei der „Subtraktion" zur Schadensermittlung, also den Zustand bei hypothetischer Erfüllung oder hypothetischem Nichtbestehen der Sonderverbindung. Bei MOMMSEN zielt er allgemeiner auf die Differenz zwischen der hypothetischen und der wirklichen Güterlage, ist also mit dem „Schaden" identisch. Daran knüpfen bis heute Ausdrücke wie Integritäts- oder Interimsinteresse an. ZT wird mit dem Hinweis auf das Interesse aber auch die subjektive Färbung des Entschädigungsbedarfs („was ordentliches Verhalten dem Geschädigten genutzt hätte") gemeint. Angesichts dieser Bedeutungsvielfalt kann eine allgemeine „Interessenlehre" zur Erkenntnis des Schadensrechts ebenso wenig beitragen wie der „Schadensbegriff" (für das Interesse iE ebenso LANGE, in: LANGE/SCHIEMANN 28 f).

2. Gegenpositionen zum natürlichen Schadensbegriff

Schon früh ist in der Lehre erkannt worden, dass die Differenzhypothese MOMMSENS unter der Geltung des BGB schon deshalb nicht uneingeschränkt maßgeblich sein kann, weil in ihr der besondere Schutz des unmittelbar geschädigten Gutes durch den Anspruch auf Naturalherstellung noch nicht berücksichtigt war. Von den hierauf aufbauenden Meinungen hat bis heute die Theorie NEUNERS vom objektiven Schaden den nachhaltigsten Einfluss (AcP 133 [1931] 277 ff; hierzu u zu den vorangegangenen Ansichten WALSMANNS u OERTMANNS LANGE, in: LANGE/SCHIEMANN 29 f). NEUNER **gliedert den Schaden** in ein objektiv nach dem Erwerbs- oder Veräußerungswert zu bemessendes Interesse am unmittelbar verletzten Recht oder Rechtsgut und in den nach der Differenztheorie zu erfassenden mittelbaren Schaden. Der unmittelbare Schaden soll als Mindestschaden immer zu ersetzen sein. Im Handelsrecht und in einigen weiteren spezialgesetzlichen Vorschriften finden sich hierfür Anhaltspunkte, insbes durch die Gewährung eines Schadensersatzes in Höhe des „gemeinen Handelswertes" (LANGE, in: LANGE/SCHIEMANN 40 mit Fn 84). Im Allgemeinen Schadensrecht ist die Theorie des Mindestschadens vor allem für die Begründung eines Ersatzes des abstrakten Kfz-Gebrauchsvorteils (NEUNER AcP 133 [1931] 290 u ihm folgend BGHZ 45, 218), für die abstrakte Schadensberechnung im Immaterialgüterrecht (STEINDORFF AcP 158 [1959/60] 431 ff; ders JZ 1961, 12 ff), für die Versagung der Vorteilsausgleichung (THIELE AcP 167 [1967] 193 ff) und die Bewältigung des Drittschadenproblems (HAGEN, Drittschadenliquidation [1971] 140 ff) herangezogen worden. Gerade die §§ 249 ff stellen hinsichtlich der besonderen Schutzwürdigkeit des Verletzten aber nicht auf einen bestimmten Vermögenswert ab, sondern auf die Integrität des Gutes selbst; daher steht die Naturalherstellung in § 249 am Anfang der Regelung und hat insbes nach § 251 Abs 2 den Vorrang gegenüber dem bloßen Wertersatz. NEUNER (AcP 133 [1931] 291 f, 304 f) stützt seine Auffassung auf eine so im Gesetz nicht niedergelegte allgemeine Erwägung: Er weist dem Schadensersatzrecht eine Rechtsverfolgungs- oder Rechtsfortsetzungsfunktion zu, vermischt das Schadensersatzrecht dadurch aber mit Sanktionserwägungen, die das BGB im Gegensatz zum älteren gemeinen Recht gerade überwinden wollte (oben Rn 24; genauer zum „objektiven Wert als Mindestschaden" § 249 Rn 129 ff). Dennoch entspricht die Entschädigung der objektiven Wertminderung als Mindestschaden auch heute noch der überwiegenden Ansicht in der Lit (JAHR AcP 183 [1983] 725, 733; SOERGEL/MERTENS vor § 249 Rn 54; LARENZ I § 29 I b; vgl auch WENDEHORST Anspruch und Ausgleich [1999] 95 f). Die Rspr kommt dieser Auffassung vor allem beim Ersatz des merkantilen Minderwerts für Kfz (BGHZ 35, 396) nahe. Sie hat sich zur Begründung dieses Ergebnisses aber mit Recht nicht ausdrücklich auf die Theorie des „objektiven Schadens" berufen, da es, wenn überhaupt, eher aus der Geltung des Grundsatzes der (wirtschaftlichen) Totalreparation für den Wertersatz nach § 251 Abs 1 hergeleitet werden kann (dazu genauer § 251 Rn 34 f).

38 Schon für die Theorie NEUNERS ist die Ergänzung des rechnerisch zu ermittelnden Schadens durch eine besondere Wertung – in diesem Falle durch den Rechtsfortsetzungsgedanken – charakteristisch (WILK, Die Erkenntnis des Schadens [1983] 116 ff spricht daher insoweit einleuchtend von einem „objektiv-normativen Wert"). Diese **normativierende Tendenz** hat seit Beginn der sechziger Jahre in der Diskussion des Schadensrechts mächtig zugenommen. Programmatisch formuliert hat 1963 SELB (insbes in: Schadensbegriff und Regressmethoden) diese Richtung für die Regressproblematik. Der Große Senat des BGH hat den Begriff „normativer Schaden" 1968 in seiner Entscheidung zur Bemessung des „Hausfrauenschadens" (BGHZ 50, 204, 206) aufgenommen. Mit diesem Begriff werden außer den Regressfragen und dem Haushaltsführungsschaden insbes die Versagung der Vorteilsanrechnung und die Drittschadensliquidation, teilweise aber überhaupt alle Fragen, die mit der Differenzhypothese allein nicht mehr lösbar scheinen, behandelt (Überblick u Kritik bei MEDICUS JuS 1979, 233 ff). In dieser vielfältigen Verwendung spiegelt sich die Konturlosigkeit der Begriffsbildung (so ausdrücklich auch LOOSCHELDERS SchuldR AT² [2004] Rn 880): Die unter diesem Begriff angesprochenen Sach- und Rechtslagen lassen sich nicht auf einen Nenner bringen (LANGE, in: LANGE/SCHIEMANN 36). Mit der Postulierung eines „normativen Schadensbegriffs" ist daher nichts gewonnen (ähnlich MünchKomm/OETKER § 249 Rn 23: „Schlagwort, das die Wertungsabhängigkeit aufzeigt, ohne schlüssiges Gesamtkonzept zu liefern").

39 Dem Ansatz der Lehren zum normativen Schaden verwandt ist die Theorie des **„funktionalen Schadens"**, die ROUSSOS (Schaden und Folgeschaden [1992] insbes 234 ff) entwickelt hat. Nach ihr hängt die Ersatzfähigkeit vom „funktionalen Schutzinhalt" des betroffenen Rechts oder Interesses ab. Dies bedeutet im wesentlichen, dass bei Beeinträchtigungen, die über die Beschädigung oder Zerstörung des betroffenen Rechtsguts oder die Nichterfüllung der betroffenen Vertragspflicht hinausgehen, besondere wertende Entscheidungen über die Schutzwürdigkeit des Verletzten notwendig sein sollen. Vor allem bei konsumtiv genutzten Gütern ermöglicht die von ROUSSOS vorgeschlagene Betrachtungsweise ein flexibles Eingehen auf die aktuelle gesellschaftliche Wertschätzung und die persönlichen Gestaltungsziele. Eine gewisse Objektivierung des Schadens soll durch die Kriterien des Bedarfs und der Fühlbarkeit erreicht werden (270 ff). Insoweit folgt ROUSSOS der Rspr und insbes dem Großen Senat. Er überlässt das Schadensrecht hiermit aber iE einer reinen Fallrechts-Entwicklung: Nur wenig überspitzt ausgedrückt, ist ein Schaden nach dieser Theorie immer dann „funktional", wenn seine Entschädigung nur irgendwie vertretbar erscheint.

40 Grundlegend anders betrachtet C HUBER (Fragen der Schadensberechnung [1993]) das „Schadensproblem": Er knüpft an die Überlegungen zu einer **ökonomischen Analyse**

des Schadensrechts an, die freilich im allgemeinen auf den Haftungsgrund ausgerichtet sind und nicht auf die Folgen für den Ersatzanspruch, wenn eine Schadensüberwälzung durch eine Haftungsnorm überhaupt sinnvoll erscheint (im selben Sinne MünchKomm/OETKER § 249 Rn 12 mNw). Das allgemeine Wirtschaftlichkeitsprinzip (optimale Allokation der Ressourcen) lässt sich, wie C HUBER gezeigt hat, aber auch für die Schadensbemessung fruchtbar machen. Es berührt sich mindestens am Rande mit dem vom BGH für das Schadensrecht aufgestellten „Wirtschaftlichkeitspostulat" (oben Rn 34). Voraussetzung für die Integration solcher wirtschaftswissenschaftlicher Gesichtspunkte ist ein durch die gesetzliche Regelung nicht schon voll determinierter Raum für dogmatische Entscheidungen. Angesichts der Dürftigkeit der gesetzlichen Regelung und der vielen Aporien der schadensrechtlichen Diskussion kann für die §§ 249 ff eine solche Ausgangslage angenommen werden. Um die Vereinbarkeit des Kriteriums **wirtschaftlicher Effizienz** mit dem geltenden Recht zu unterstreichen, trägt C HUBER seine Auffassung als eine Antwort auf die Fragen der „Schadensberechnung" vor. In Wahrheit werden jedoch mit der von ihm vorgestellten Methode nicht Schäden berechnet, sondern wirtschaftlich sinnvolle Entscheidungen über Ersatzleistungen und deren Höhe getroffen: Entschädigungen sollen zu dem Zweck und in solcher Höhe gewährt werden, dass die gesamtwirtschaftlichen Kosten des im Schadensfall liegenden Wertverzehrs möglichst gering gehalten werden. Nach C HUBER (aaO 39) soll dies erreicht werden können, wenn das Schadensrecht Anreize für den Geschädigten bietet, seine eigenen Ressourcen einzusetzen. Hierzu wird er aber nur bereit sein, wenn ihm der Einsatz seiner Ressourcen objektiv iS einer betriebswirtschaftlich angemessenen Berechnungsweise vergütet wird. – Als entschiedener Anhänger einer ökonomischen Analyse des Schadensrechts hat ferner THÜSING (Wertende Schadensberechnung [2001]) das geltende Recht analysiert und vor allem für die Vorteilsausgleichung (aaO 334 ff, dazu genauer § 249 Rn 132 ff) detaillierte Ergebnisse erarbeitet, die allerdings weitgehend mit den „traditionell" gewonnenen Lösungen übereinstimmen. Trotz terminologischer Nähe zur ökonomischen Analyse des Rechts gehört in diesem Zusammenhang nicht das „Allokatorische Modell" zum schuldrechtlichen Ausgleich von Störungen in der Güterverteilung, das WENDEHORST (Anspruch und Ausgleich [1999] 7 ff, 596 ff) entwickelt und ua für das Schadensrecht als System von „Realausgleich" und „Wertausgleich" fruchtbar gemacht hat (56 ff). Durch die Rückbesinnung auf die Zugehörigkeit des Schadensrechts zur „korrigierenden" Gerechtigkeit der Nikomachischen Ethik von Aristoteles kann WENDEHORST ua den hohen Stellenwert des „Bereicherungsverbots" (oben Rn 2 f) plausibel machen und durch die Abschichtung der nach Anwendung dieses Prinzips verbleibenden „Restvorteile" des Verletzten und der „Reststörungen" im Verhältnis von Schädiger und Geschädigtem genauere Lösungen wiederum zur Vorteilsausgleichung, aber auch zur Frage der Gewinnabschöpfung durch Schadensrecht (dazu § 249 Rn 198 ff) entwickeln.

3. Würdigung

Überblickt man die Diskussion um den Schadensbegriff, bestätigt sich die oben (Rn 2) aufgestellte These, dass die Suche nach dem „richtigen" Schadensbegriff zur Lösung der Probleme des Allgemeinen Schadensrechts wenig beiträgt: Die „Naturalisten" haben es in dem Jahrhundert seit Verabschiedung des BGB nicht vermocht, die vom Gesetz offengelassenen Fragen der Vorteilsausgleichung, der hypothetischen Kausalität und des Ersatzes für Drittschäden befriedigend zu lösen.

Vollends vor den neuen Aufgaben des Regressrechts, der Schädigung des ungeborenen Lebens oder der Arbeitskraft und einer überzeugenden schadensrechtlichen Erfassung konsumtiver Güter und Gestaltungsziele hat der „natürliche Schadensbegriff" versagt. Aber auch der „normative Schadensbegriff" ist ein bloßes Schlagwort geblieben, das in höchst unterschiedlicher Weise eingesetzt wird (ebenso MünchKomm/OETKER § 249 Rn 23 mNw) und methodisch Münchhausen gleicht, der sich am eigenen Schopf aus dem Sumpf zieht (LANGE, in: LANGE/SCHIEMANN 40). Der Versuch schließlich, zwischen beiden Positionen zu vermitteln, den rechnerisch-natürlichen Schaden als Regel, dessen „normative" Durchdringung dann als Ausnahme zu behandeln (in dieser Richtung noch STAUDINGER/MEDICUS[12] § 249 Rn 5), vermag schon deshalb nicht voll zu überzeugen, weil auch die Anwendung der Differenzhypothese selbst die Folge wertender Entscheidungen ist: sowohl vielfach der Entscheidung, einen Posten überhaupt als Vermögenswert in die Differenzrechnung aufzunehmen, als auch immer der Anwendung des Bereicherungsverbots (oben Rn 2). Zudem sind die „rechnerischen" und die „normativen" Problemlösungen schon quantitativ so verteilt, dass ein Regel-Ausnahme-Verhältnis kaum und jedenfalls nicht zugunsten des „natürlichen Schadens" oder der Differenzhypothese ermittelt werden kann (ebenso MünchKomm/OETKER § 249 Rn 22).

42 Es gehört daher inzwischen fast zum Standard der neueren Lit (Nw bei MünchKomm/OETKER § 249 Fn 62 ff zu Rn 22), in Anknüpfung an ein Wort von SELB (AcP 173 [1973] 367 in der Rezension der Schrift von KEUK) den Versuch der überkommenen Dogmatik, die §§ 249 ff mit Hilfe eines Schadensbegriffes durchdringen zu wollen, als „Jugendsünde" zu erkennen. Schadensrechtliche Lösungen ergeben sich aus der wertenden Betrachtung der jeweiligen Probleme (MünchKomm/OETKER § 249 Rn 22; vgl auch den insoweit programmatischen Titel der Schrift von THÜSING, Wertende Schadensberechnung [2001]), ohne dass deshalb auf die Ermittlung grundlegender Prinzipien (vgl oben Rn 2 zum Bereicherungsverbot) verzichtet werden darf: Nur durch die **Verallgemeinerungsfähigkeit der Begründungen** lässt sich das unerlässliche Mindestmaß an Rationalität und Rechtssicherheit im Allgemeinen Schadensrecht bewahren.

V. Formen und Gliederung des Schadens

1. Unmittelbarer und mittelbarer Schaden

43 Im Gegensatz zu den gescheiterten Versuchen einer allgemeinen Definition des Schadens haben einige Schadensgliederungen praktische Bedeutung, weil sie nicht nur unterschiedliche Formen von Beeinträchtigungen bezeichnen, die in der Wirklichkeit vorkommen, sondern teilweise vom Gesetz selbst mit besonderen Rechtsfolgen versehen worden sind. Dies trifft freilich nicht zu für solche Begriffspaare oder Differenzierungen, mit denen gesetzlich nicht geregelte Probleme gleichsam „ontologisiert" werden, zB für den Ansatz, hypothetische Ursachen nur bei **mittelbaren**, aber nicht bei **unmittelbaren** Schäden zu berücksichtigen (dazu genauer § 249 Rn 97 ff). Ausserhalb des BGB spielt die Unterscheidung im Post- und Verkehrs-, Bau- und Versicherungsrecht eine Rolle (LANGE, in: LANGE/SCHIEMANN 60 ff mwNw). Für die Regelung der §§ 249 ff ist hingegen gerade kennzeichnend, dass Schadensersatz in voller Höhe ohne Differenzierung nach dem Grad der Verkettung mit dem schädigenden Ereignis gewährt wird (vgl § 249 Rn 2, 4 ff). Eine Beschränkung auf den Schaden am unmittelbar verletzten Rechtsgut oder auf das unmittelbar verletzte Vertragsinteresse ist nicht vorgesehen. Auch der Ertrag einer zeitlichen Unterscheidung zwischen dem sogleich vorhandenen (= unmittelbaren) und dem sich erst später hieraus entwickelnden (= mittelbaren) Schaden ist zweifelhaft geblieben (vgl dazu für die hypothetische Kausalität [Reserveursache] MEDICUS, Unmittelbarer und mittelbarer Schaden [1977] 30 ff).

2. Verletzungsschaden und Folgeschaden

Mit der zuletzt geschilderten Unterscheidung eng verwandt ist die Bezeichnung des durch eine Verletzung unmittelbar herbeigeführten Erfolgs als **Verletzungsschaden**, der sich daraus ergebenden weiteren Folgen als **Folgeschaden** (vgl LANGE, in: LANGE/ SCHIEMANN 67 ff). Teilweise dient diese Gliederung der Erörterung von Zurechnungsproblemen (vgl insbes STOLL, Kausalzusammenhang und Normzweck im Deliktsrecht [1968] 25 f, 28 ff). Darauf ist bei der Darstellung der Adäquanztheorie und des Schutzzwecks der Norm einzugehen (§ 249 Rn 12 ff, 27 ff). Erhebliche praktische Bedeutung hatte jedenfalls bis zur Schuldrechtsmodernisierung (zum 1. 1. 2002) die Gegenüberstellung von Mangel und Mangelschaden einerseits, Mangelfolgeschaden andererseits im Kauf- und Werkvertragsrecht. Trotz der Annäherung der Verjährungsfristen in §§ 438, 634a nF einerseits, 195 nF andererseits sind die Unterschiede zwischen der Behandlung beider Schadensarten auch danach geblieben. Nur die Unterscheidung von „näherem" und „entferneterem" Mangelfolgeschaden im Werkvertragsrecht hat sich erledigt. Der Mangel betrifft das Äquivalenzinteresse einschließlich des entgangenen Gewinns, der Mangelfolgeschaden das Integritätsinteresse des Verletzten. Hierbei geht es um die Anwendung des Gewährleistungsrechts oder einzelner Vorschriften daraus (insbes der Verjährung), nicht um den Ausschluss oder die Modifikation des Allgemeinen Schadensrechts. Ebenso in den Bereich der Haftungsgrundlagen und nicht der Haftungsfolgeregeln der §§ 249 ff gehört die von der Rspr (seit BGHZ 67, 359) vorgenommene Unterscheidung von stoffgleichen und „weiterfressenden" Schäden bei ursprünglicher Mangelhaftigkeit eines Teils und späterer Schadhaftigkeit einer ganzen zusammengesetzten Sache (dazu vor allem GSELL, Substanzverletzung und Herstellung [2003]). **44**

3. Positiver Schaden und entgangener Gewinn

Im Gesetz niedergelegt, dennoch von geringer praktischer Bedeutung ist die Hervorhebung des **entgangenen Gewinns** als einer besonderen Schadensart in § 252. Seinen Gegenbegriff bildet wenig anschaulich der **„positive Schaden"**. Unter der Geltung des Grundsatzes der Totalreparation ist diese Unterscheidung überflüssig. Sie erklärt sich aus der differenzierten Behandlung verschiedener Schadensarten im älteren gemeinen Recht, in dem nach römischem Vorbild *damnum emergens* (= positiver Schaden) immer, *lucrum cessans* (= entgangener Gewinn) nur unter besonderen Bedingungen ersetzt wurde (dazu COING, Europäisches Privatrecht I [1985] 441). Begrenzungen des Ersatzes für entgangenen Gewinn sind heute nur außerhalb des BGB vorgesehen (vgl LANGE, in: LANGE/SCHIEMANN 58 u die Erläuterungen zu § 252 Rn 8 f). **45**

4. Vermögens- und Nichtvermögensschaden

Von zentraler Bedeutung für das ganze Schadensrecht ist die Unterscheidung zwischen **Vermögens- und Nichtvermögensschaden**. Restitution nach § 249 schuldet der **46**

Schädiger freilich für jeden, also auch einen immateriellen Schaden. Soweit die Herstellung unmöglich ist oder die Beeinträchtigung des Verletzten nicht vollständig ausgleicht, wird Geldersatz nach § 251 Abs 1 unbeschränkt nur für Vermögensschäden gewährt; für einen Schaden, der nicht Vermögensschaden ist, kann nach § 253 hingegen Geldersatz nur in den gesetzlich bestimmten Fällen verlangt werden. Ausgeschlossen vom Geldersatz sind hiernach grundsätzlich Schäden, die an streng mit der Person verbundenen Gütern wie Wohlbefinden, Freizeitgenuss, allgemeiner Lebensfreude entstanden sind. Dass man sich diese Güter in gewissem Umfang „erkaufen" kann, eröffnet teilweise die Möglichkeit zur Restitution, begründet aber nicht die Qualifikation eines an ihnen eingetretenen Schadens als Vermögensschaden (LANGE, in: LANGE/SCHIEMANN 52 f). Dies hat erhebliche Bedeutung vor allem für die Frage, ob die Beeinträchtigung von Nutzungs- und Dispositionsmöglichkeiten ohne konkrete Ersatzaufwendungen entschädigt werden soll (dazu unten § 251 Rn 73 ff, 96 ff, 102 ff sowie § 253 Rn 12 ff).

47 § 253 steht ferner der Geldentschädigung von **Affektionswerten** entgegen. Ein nicht ersatzfähiges Affektionsinteresse liegt vor, wenn das beschädigte Gut gerade und nur für den Verletzten einen besonderen Wert hat. Die Qualifikation als Liebhaberstück genügt dafür nicht, da es vielfach auch Liebhabermärkte gibt, zB für Briefmarken oder Oldtimer (MünchKomm/OETKER § 249 Rn 25). Daraus ergeben sich besondere Abgrenzungsschwierigkeiten, wie der Fall des zerstörten Unikats gezeigt hat (BGHZ 92, 85 = JZ 1985, 39 mAnm von MEDICUS): Obwohl der BGH das betroffene Modell wegen seiner Herstellung in jahrelanger Freizeitarbeit zu Recht als nicht marktgängiges Unikat angesehen hat, hat er dennoch eine marktbezogene Entschädigungsberechnung vorgenommen. Daran ist richtig, dass für Modellboote wie für andere Liebhaberstücke ein „Marktpreis" besteht, so dass der Marktwert nach § 251 Abs 1 ersatzfähig ist. Nur wird dieser Wert der subjektiven Bedeutung des zerstörten Stückes für den Bastler nicht entfernt gerecht. Der rein subjektive Wert aus „Bastlerglück und Bastlerstolz" aber ist ein reines Affektionsinteresse (MEDICUS JZ 1985, 43) und daher in Geld nicht ersetzbar (dazu genauer § 253 Rn 14).

5. Positives und negatives Interesse

48 Ebenfalls dem Gesetz selbst zu entnehmen ist ferner die Unterscheidung von **Nichterfüllungs- und Vertrauensschaden** (positivem und negativem Interesse). Sieht das Gesetz Schadensersatz statt der Leistung vor, ist hiermit eine Verpflichtung des Schädigers gemeint, den Geschädigten wenigstens wertmäßig so zu stellen, als hätte der Schädiger ordentlich erfüllt. Die Differenz nach § 249 Abs 1 liegt hier im Unterschied zwischen der versprochenen, aber ausgebliebenen Vermögensmehrung und der gegenwärtigen Vermögenslage des Geschädigten. Ist der Geschädigte nur so zu stellen, wie er stünde, wenn er auf die Erklärung oder das sonstige Verhalten des Schädigers nicht vertraut hätte (Überblick über die Fälle bei LANGE, in: LANGE/SCHIEMANN 64 f), liegt die Differenz im Unterschied der Vermögenslage, in der sich der Geschädigte befände, wenn er mit dem Schädiger nie Kontakt gehabt hätte, zu seiner gegenwärtigen Vermögenslage. Dies ähnelt dem aus unerlaubter Handlung geschuldeten Integritäts- oder Erhaltungsinteresse, gilt aber auch ohne Beeinträchtigung von Rechten oder Rechtsgütern nach § 823 Abs 1 für die Nutzlosigkeit von freiwilligen Aufwendungen oder das Versäumen anderweitiger Gewinnchancen (genauer zu positivem u negativem Interesse § 249 Rn 194 ff).

VI. Eigenschaden und Drittschaden*

1. Das Dogma des Gläubigerinteresses

Die Entscheidung des Gesetzgebers, jedenfalls bei fahrlässig begangenen unerlaubten Handlungen die Ersatzpflicht nach § 823 Abs 1 von der Verletzung eines Rechtes oder Rechtsgutes oder nach § 823 Abs 2 von der Verletzung eines Schutzgesetzes abhängig zu machen, verfolgt vor allem das Ziel, den Kreis der Ersatzberechtigten auf die Inhaber des Rechtes oder Rechtsgutes und die unter dem Schutzzweck der verletzten Norm Stehenden zu beschränken („Tatbestandsprinzip" nach ESSER/SCHMIDT § 34 vor I). Die Gewährung von Schadensersatz an Dritte nach §§ 844, 845 ist daher als Ausnahme anzusehen. Dasselbe gilt für andere gesetzliche Vorschriften, die einen Drittschadensersatz anordnen, auch wenn ihnen ein vertragliches Schutzver-

49

---

* **Schrifttum:** BERG, Drittschadensliquidation und Vertrag mit Schutzwirkung für Dritte, MDR 1969, 613; ders, Verträge mit Drittschutzwirkung und Drittschadensliquidation, JuS 1977, 363; BÜDENBENDER, Vorteilsausgleichung und Drittschadensliquidation bei obligatorischer Gefahrentlastung (1995); ders, Wechselwirkungen zwischen Vorteilsausgleichung und Drittschadensliquidation, JZ 1995, 920 und NJW 2000, 986; vCAEMMERER, Das Problem des Drittschadensersatzes, ZHR 127 (1965) 241 = Ges Schriften I 597; DENCK, Schadensersatzansprüche Dritter bei Tötung ihnen nahestehender Personen im franz und deutschen Recht (Diss Freiburg 1975); DIEHLE, Rechtsträgerschaft für fremde Rechnung und Schadenseintritt bei Dritten (Diss Münster 1969); Einbeziehung Dritter in den Vertrag, Karlsruher Forum 1998 m Beiträgen v KOENDGEN und BAYER; GERNHUBER, Drittwirkungen im Schuldverhältnis kraft Leistungsnähe, in: FS Nikisch (1958) 249; HADDING, Drittschadensliquidation und „Schutzwirkung für Dritte" im bargeldlosen Zahlungsverkehr, in: FS W Werner (1984) 165; HAGEN, Drittschadensliquidation bei Gefahrentlastung?, JuS 1970, 42; ders, Die Drittschadensliquidation im Wandel der Rechtsdogmatik (1971); HOHLOCH, Ersatz von Vermögensschäden Dritter aus Vertrag, FamRZ 1977, 530; JUNKER, Die Vertretung im Vertrauen im Schadensrecht (1991), dazu HAGEN AcP 192 (1992) 568; ders, Das „wirtschaftliche Eigentum" als sonstiges Recht im Sinne des § 823 Abs 1 BGB, AcP 193 (1993) 348; H L KELLER, Der Drittschadensersatz bei Vertragsverletzung (Diss Freiburg 1966); KLUCKHOHN, Zum Problem der Schadensliquidation aus fremdem Interesse, AcP 111 (1914) 394; KRÜCKMANN, Schadensliquidation aus fremdem Interesse, JherJb 56 (1910) 245; W D LANGE, Zur Abgrenzung des Vertrages zugunsten Dritter von der Drittschadensliquidation (Diss Berlin 1957); W LORENZ, Die Einbeziehung Dritter in vertragliche Schuldverhältnisse, JZ 1960, 108; LÜBBE, Vertragsschutz Dritter und das allgemeine Haftungsrecht (Diss Kiel 1964); NIPPERDEY, Zur Frage des Ersatzes des Drittschadens, ZAkDR 1938, 262; F PETERS, Zum Problem der Drittschadensliquidation, AcP 180 (1980) 329; OBERSCHEIDT, Die Schadensforderung aus dem Interesse eines Dritten (1928); REINHARDT, Der Ersatz des Drittschadens (1933); vSCHROEDER, Die Haftung für Drittschäden, Jura 1997, 343; SELB, Kritik formaler Drittschadensthesen, NJW 1964, 1765; STAMM, Regressfiguren im Zivilrecht (2000); ders, Rechtsfortbildung der Drittschadensliquidation im Wege eines Schadensersatzanspruchs analog § 844 Abs 1 BGB, AcP 203 (2003) 366; STEDING, Die Drittschadensliquidation, JuS 1983, 29; STUCKART, Drittersatzansprüche (Diss Mainz 1964); TÄGERT, Die Geltendmachung des Drittschadens (1938); TRAUGOTT, Das Verhältnis von Drittschadensliquidation und vertraglichem Drittschutz (1996); vTUHR, Eigenes und fremdes Interesse bei Schadensersatz aus Verträgen, GrünhutsZ 25 (1898) 529; ZWICKLER, Die Abwicklung des Drittschadensliquidationsanspruchs im Konkurs (Diss Freiburg 1976).

hältnis zugrunde liegt, wie § 618 Abs 3 BGB und § 62 Abs 3 HGB (vgl aber sogleich Rn 50). IdR ist hiernach nicht nur die Schadensersatzpflicht aus Delikt auf die nach § 823 Abs 1 und 2 berechtigten Gläubiger, sondern auch die Ersatzpflicht aus einer Sonderverbindung **auf den Gläubiger** eben dieser Beziehung **beschränkt**. Aus § 249 ergibt sich eine solche Einschränkung des Kreises der Ersatzberechtigten zwar nicht ausdrücklich; § 251 zeigt aber mit dem Hinweis auf den „zu entschädigenden Gläubiger", dass im Allgemeinen Schadensrecht gleichfalls eine strenge Bindung der Ersatzberechtigung an die Person des Gläubigers vorausgesetzt wird. Hierdurch wird das Risiko (und zugleich dessen Versicherbarkeit) für den Handelnden etwas überschaubarer (LANGE, in: LANGE/SCHIEMANN 456). Dieser Gedanke entsprach nicht nur den rechtspolitischen Absichten des historischen Gesetzgebers, sondern findet in etwas anderem Zusammenhang auch im internationalen Kaufrecht seinen Niederschlag (vgl Art 74 CISG u hierzu STAUDINGER/MAGNUS [1999] Rn 14). Das Ziel einer Risikobegrenzung ist also keineswegs durch den Ausbau der Haftpflichtversicherung oder allgemein durch Tendenzen zu weitgehendem Opferschutz überholt. Vor allem die Kriterien der Unmittelbarkeit oder der Betriebsbezogenheit des Eingriffs in einen eingerichteten und ausgeübten Gewerbebetrieb dienen dazu, dieses rechtspolitische Ziel trotz der sachlichen Erweiterung des Schutzumfanges von § 823 Abs 1 weiter verfolgen zu können. Daher haftet zB der schuldhafte Verursacher eines Verkehrsunfalles wegen der Verletzung eines Künstlers nicht dem Theater als dessen Arbeitgeber (vgl die Beispiele bei MünchKomm/OETKER § 249 Rn 269; LANGE, in: LANGE/SCHIEMANN 457 mNw aus der Rspr).

2. Gesetzliche Ausnahmen und deren entsprechende Anwendung

50 Zu den Ausnahmeregelungen des § 844 Abs 2 über den deliktischen Unterhaltsersatzanspruch Dritter bei Tötung ihres Unterhaltspflichtigen und des (praktisch kaum noch bedeutsamen) § 845 gibt es eine Reihe von Parallelvorschriften: §§ 86 Abs 2 ArznmG, 28 Abs 2 AtomG, 32 Abs 2 GenTG, 5 Abs 2 HpflG, 35 Abs 2 LuftVG, 7 Abs 2 ProdHaftG, 10 Abs 2 StVG, 12 Abs 2 UmweltHG. Darüber hinaus kann § 844 Abs 2 analog auf Sonderverbindungen mit ähnlichem Charakter wie Dienstverträge und auf Aufopferungsverhältnisse angewandt werden, so auf die Fürsorgepflicht des Dienstherrn gegenüber dem Beamten (RGZ 111, 22) und die Heilbehandlung im Rahmen der Sozialhilfe (RGZ 112, 290 zur öffentlichen Wohlfahrtspflege), ferner auf Werkverträge mit dienstvertragsähnlichem Inhalt (RGZ 159, 268; BGHZ 5, 62) oder auf die Selbstopferung mit der Folge der §§ 683, 670 (RGZ 167, 85; vgl jetzt aber § 2 Abs 1 Nr 13 SGB VII u dazu MEDICUS, Bürgerliches Recht Rn 431) und auf tödliche Folgen von Zwangsimpfungen (BGHZ 18, 286 u jetzt § 51 Abs 4 BSeuchG). Eine gesetzliche Erweiterung auf Sachschäden Dritter kann sich seit 1966 aus § 701 Abs 1 ergeben, da es für diese Vorschrift nur noch darauf ankommt, dass der Gast die beschädigte Sache in den Beherbergungsbetrieb eingebracht, nicht dass er ein dingliches Recht an ihr hat. Inhaber des Anspruchs wegen der Sache eines Dritten ist aber der Gast als Vertragspartner des Gastwirts (str, wie hier zB MünchKomm/HÜFFER § 701 Rn 27). Nach § 1298 Abs 1 schließlich haben nicht nur der ehemalige Verlobte, sondern auch dessen Eltern und sogar weitere Personen Ansprüche wegen der im Vertrauen auf die Eheschließung gemachten Aufwendungen.

3. Einfluss eines Gläubigerwechsels

Im wirtschaftlichen Ergebnis erhalten geschädigte Dritte (wie Arbeitgeber oder **51** Sozialversicherungsträger) wenigstens dadurch zT Ersatz, dass der Anspruch des unmittelbar Geschädigten auf sie durch **Legalzession** übergeleitet wird. Hierfür kommt es in der Hauptsache aber allein auf den (wenn auch uU nur fiktiven) Schaden des Verletzten an. Deshalb kann zB der Arbeitgeber, der nach § 1 EFZG den bei einem hypothetischen Ausfall des Arbeitseinkommens eintretenden Gewinnverlust durch die Lohn- oder Gehaltsfortzahlung aufgefangen hat, aus übergegangenem Recht nach § 6 EFZG nur das gezahlte (Brutto-)Entgelt (dazu § 252 Rn 28 ff), nicht seinen eigenen darüber hinausgehenden Gewinnverlust verlangen (BGH Betrieb 1977, 395). Etwas anderes gilt nach § 116 Abs 8 SGB X dann, wenn der Sozialversicherungsträger für die Kosten ambulanter Heilbehandlung eine Pauschale geltend macht (zu den früher geltenden weitergehenden §§ 1542 Abs 2, 1524 Abs 1 S 2–4 RVO STAUDINGER/MEDICUS[12] § 249 Rn 141). Die Pauschale kann höher liegen als entsprechende Privatbehandlungskosten (dazu LANGE, in: LANGE/SCHIEMANN 709). Gerät der Ersatzpflichtige in Verzug, ist der zusätzliche Anspruch aus § 280 Abs 1 und 2 iVm § 286 auf Ersatz des Verzögerungsschadens nach den Verhältnissen des Zessionars zu beurteilen. Dies beruht einfach darauf, dass der Zessionar mit dem Anspruchsübergang Gläubiger ist und der Verletzte mit einer Legalzession generell rechnen muss.

Wird ein Dritter durch **rechtsgeschäftliche Abtretung** Gläubiger eines Schadensersatzanspruchs, ist zu unterscheiden: Bei der Sicherungszession kommt es bis zur Verwertungsreife allein auf den Zedenten an, weil idR nur bei ihm ein Schaden entstehen kann (hM, RGZ 155, 50, 52 = JW 1937, 2364 mAnm E PRÖLSS; F PETERS JZ 1977, 119, 120; SOERGEL/MERTENS vor § 249 Rn 20). Bei anderen Abtretungen ist allein der Schaden des Zessionars maßgeblich: Der Schädiger muss mit dem Gläubigerwechsel rechnen. Will er diesem Risiko entgehen, bleibt ihm nur die Vereinbarung der Unabtretbarkeit nach § 399. Auch ohne positive Kenntnis von der Abtretung ist eine Zession und somit der Schadenseintritt bei einem Zessionar für den Schädiger nicht unvorhersehbar (BGHZ 72, 147, 150 f = NJW 1978, 2148, 2149 gegen RGZ 107, 187, 188; wie der BGH bereits GERNHUBER, in: FS Raiser [1974] 57, 86 ff; s auch LANGE, in: LANGE/SCHIEMANN 468 f mNw Fn 68). Eine Beschränkung des Ersatzes auf den Betrag, den der Schaden höchstens beim Zedenten hätte ausmachen können (so F PETERS JZ 1977, 119 ff), ist demnach nicht gerechtfertigt (ebenso SOERGEL/MERTENS vor § 249 Rn 20; zu abweichenden Stellungnahmen bei der ähnlichen Frage, ob der Ersatz bei der Drittschadensliquidation nach der Person des mittelbaren Stellvertreters oder seines Hintermannes zu bestimmen ist, unten Rn 70).

Besondere Abgrenzungs- und Zuordnungsschwierigkeiten können sich ergeben, **53** wenn der unmittelbar Verletzte getötet worden oder an den Folgen des Schadensfalles gestorben ist. Ohne weiteres gehen allerdings die vererblichen Ersatzansprüche, die bereits aufgrund eigener Schäden beim Erblasser entstanden waren, **auf** den oder **die Erben** über. So vererbt der Getötete zB die Ansprüche wegen der ihm entstandenen (vergeblichen) Heilungskosten und seines immateriellen Schadens oder wegen des ihm selbst noch entgangenen Gewinns. Steht hingegen fest, dass der Erblasser auch in der Zeit nach seinem Tod Gewinne erzielt hätte, scheidet ein übergegangener Anspruch des Erben aus, weil ein solcher Anspruch in der Person des Erblassers nicht mehr begründet werden konnte; und der Erbe hat zwar einen

Schaden, da anzunehmen ist, dass die Erbschaft durch die Gewinne des Erblassers vergrössert worden wäre; er ist aber nicht selbst „unmittelbar" verletzt, so dass in seiner Person die Voraussetzungen für einen eigenen Ersatzanspruch nicht erfüllt sind (STOLL, in: FS Zepos II [1973] 681, 689 ff). Dies gilt gleichsam spiegelbildlich auch hinsichtlich der wirtschaftlichen Belastungen, für die der Erbe wegen des Todes des Erblassers aufkommen muss: Hat der Erbe für Nachlassgegenstände keine Verwendung und kann er sie überhaupt nicht oder nur unter Wert veräußern, kann er diesen Entwertungsschaden nicht ersetzt verlangen (STOLL 697 ff). Erleidet der Erbe einen Haftungsschaden, weil er einen Kauf des Erblassers rückgängig macht und dem Verkäufer daraufhin entgangenen Gewinn ersetzen muss, scheidet ein Ersatzanspruch gegenüber dem für den Tod des Erblassers Verantwortlichen gleichfalls aus (BGH NJW 1962, 911 = JZ 1962, 708 mAnm LARENZ). Ebenso wenig kann der Erbe Ausgleich für Verluste durch die Liquidation des Betriebes des Erblassers verlangen (BGH VersR 1965, 1077; 1972, 460; STOLL 698; KEUK, Vermögensschaden und Interesse 244 f; LANGE, in: LANGE/SCHIEMANN 457).

54 Ein Ersatz für das vorzeitige Ende **unvererblicher** Rechte (zB Nießbrauch oder Wohnrecht, dazu STOLL aaO 694 ff) scheitert hinsichtlich des Erblassers daran, dass allgemein bei „subjektbezogenen" Eingriffen Beeinträchtigungen durch die „Frustration" objektbezogener Aufwendungen entschädigungslos bleiben (vgl insbes BGHZ 55, 146 u dazu § 251 Rn 82); hinsichtlich des Erben fehlt es auch hier an einer eigenen Verletzung. Ist gleichzeitig mit der Verletzung des Erblassers ein ihm gehörender vererblicher Gegenstand, insbes sein Kfz beschädigt worden, dürfte (entgegen STAUDINGER/MEDICUS[12] § 249 Rn 188 im Anschluss an STOLL 687 ff) wiederum allein auf den beim Erblasser selbst entstandenen Schaden abzustellen sein: Hinsichtlich des Reparaturaufwandes (§ 249 Abs 2) und der Reparaturnebenkosten (Sachverständige, Finanzierung usw) sowie hinsichtlich der Wertminderung (§ 251 Abs 1) geht der Anspruch des Erblassers wegen seines Schadens auf den Erben über. Hinsichtlich der Gebrauchsmöglichkeit „als solcher" wird der Erblasser hingegen wegen seiner Körperverletzung, die zum Tode geführt hat, idR nicht zur Nutzung fähig und bereit sein (dazu § 251 Rn 77 f), so dass er keinen ersatzfähigen Schaden erlitten hat. Für den Erben wird ein Gegenstand, den er – jedenfalls zu diesem frühen Zeitpunkt – unerwartet erwirbt, nie von zentraler Bedeutung für die eigenwirtschaftliche Sphäre sein können (vgl BGHZ GS 98, 212 u hierzu § 251 Rn 75), so dass eine Orientierung der Ersatzpflicht an den Verhältnissen des Erben statt des Erblassers zu nichts führen würde. Dogmatisch gilt auch insoweit ohnehin, dass der Ersatz von Folgeschäden ohne eigene Verletzung als Ausnahme vom „Tatbestandsprinzip" (oben Rn 49) nur in den gesetzlich vorgesehenen Fällen möglich ist.

4. Ersatz für Einbußen Dritter durch Ausweitung des Ersatzes an den unmittelbar Geschädigten

55 Trotz der grundsätzlichen Anerkennung des Dogmas vom Gläubigerinteresse sind Schäden Dritter im Laufe der Zeit für das Schadensrecht immer wichtiger geworden. Ein Weg zur – wenigstens indirekten – Berücksichtigung von Einbußen Dritter ergibt sich schon aus der genauen Analyse des wirtschaftlichen Schadens des Verletzten. So besteht der Schaden aus einer fehlgeschlagenen Sterilisation in der Belastung des Gläubigers des Arztvertrages mit der Verpflichtung, einem ungewollten Kind Unterhalt zu leisten (dazu genauer § 249 Rn 204 ff). Die Ersatzfähigkeit dieses

Schadens unterstellt, wird so der Unterhaltsbedarf des Kindes, also eines Dritten, zum Maßstab für den Ersatzanspruch. Dies ändert aber nichts daran, dass ein solches **Haftungsinteresse** (altertümlich auch: koinzidierendes Interesse) als eigener Schaden des Haftenden (im Beispiel also des Elternteils) ersatzfähig ist, wie sich aus der Anwendung des Grundsatzes der Totalreparation nach § 249 Abs 1 ergibt: Ohne das schädigende Verhalten wäre der Schadensersatzgläubiger nun einmal nicht Schuldner gegenüber dem Dritten geworden. Der Haftungsschaden ist auch dann zu ersetzen, wenn der Gläubiger vermögenslos ist (BGHZ 59, 148 im Gegensatz zur älteren Rspr, vgl § 249 Rn 202).

Ebenso wenig durchbricht der Ersatz für **Besuchskosten** naher Angehöriger das **56** Dogma des Gläubigerinteresses: Nach gefestigter Rspr bilden sie einen Teil der Heilungskosten, die nach § 249 Abs 2 dem Krankenhauspatienten zu erstatten sind (§ 249 Rn 239 mNw). Wiederum liegt also ein eigener Schaden des „unmittelbar" Verletzten vor, dessen Umfang freilich durch die Aufwendungen Dritter – der Besucher – bestimmt wird (**aA** LARENZ/CANARIS II 2 § 83 I 1 b, die jedoch der Rspr iE als Rechtsfortbildung *praeter legem* folgen). Die Tatsache, dass die Angehörigen ihre Aufwendungen ohne die Ersatzpflicht des Schadensersatzschuldners idR vom Verletzten nicht erstattet bekommen würden, bleibt hierfür nach dem Rechtsgedanken des § 843 Abs 4 unbeachtlich (BGHZ 106, 28, 30 f). Problematisch, wenn auch offensichtlich von eher geringer praktischer Bedeutung ist dann die Konstruktion für eine „Weiterwälzung" der Ersatzleistung an die Angehörigen. Man kann ihnen als Nebenpflicht aus der Unterhaltsbeziehung einen Anspruch gegen den Verletzten auf Abtretung des diesem zustehenden Ersatzanspruchs gewähren (vgl SOERGEL/ZEUNER § 843 Rn 31; ERMAN/SCHIEMANN § 843 Rn 20; LANGE, in: LANGE/SCHIEMANN 754. Anders noch die Vorauf im Anschluss an SELB, Schadensbegriff und Regressmethoden [1963] 71 ff: aus dem Rechtsgedanken des § 255). Gegen eine Regressbegründung nach §§ 683, 670 spricht entscheidend, dass der Aufwand der Besucher den Schädiger nach § 843 Abs 4 analog gerade nicht befreit (LANGE, in: LANGE/SCHIEMANN 752 mNw Fn 478). Man müsste das „Interesse" des Schädigers nach § 683 daher schon sehr idealisiert auf den Heilerfolg beim Verletzten beziehen (gegen § 683 als Regressfigur ausführl STAMM Regressfiguren im Zivilrecht [2000] 95 ff).

IE führen trotz Wahrung des Grundsatzes, dass allein der Schaden des Verletzten **57** maßgeblich ist, auch die **Legalzessionen** zugunsten der kollektiven Schadensträger (§ 249 Rn 135) zu einer Erweiterung des Kreises der Ersatzberechtigten. Denn im allgemeinen bleibt ein ersatzfähiger Schaden entgegen der Differenztheorie überhaupt nur bestehen oder wird gar von Anfang an fingiert, um den Anspruch auf dessen Ersatz überleiten zu können. Umgekehrt hat die neuere Rspr bei den „**Hausfrauenschäden**" den gesetzlich vorgesehenen Ausnahmetatbestand des Drittschadenersatzes nach § 845 sogar „umgepolt" auf die unmittelbar verletzte Ehefrau (BGHZ 38, 55; BGHZ GS 50, 304).

Darüber hinaus ist der Kreis der schadensrechtlich Geschützten dadurch erweitert **58** worden, dass Geschädigte, die auf den ersten Blick nur als **Dritte** betroffen zu sein scheinen, im Wege der Erweiterung schadensrechtlicher Anspruchsgrundlagen als **unmittelbare Gläubiger** behandelt werden. Mit LANGE (in: LANGE/SCHIEMANN 458 ff) lässt sich der Ausbau des Vertrages mit Schutzwirkung für Dritte ebenso hierfür anführen wie die Gewährung von Ersatzansprüchen an zZ der Schädigung noch nicht Geborene (zB BGHZ 58, 48) oder nicht einmal Gezeugte (BGHZ 8, 243) und an die Opfer eines Schocks durch die Zeugenschaft beim Verkehrsunfall eines Angehörigen (dazu § 249 Rn 43 f). Vergleichbare Folgen hat die Erweiterung des Schutzumfanges von Verkehrspflichten sowie Amts- und Berufspflichten, aber auch generell die Ergänzung der deliktisch geschützten Rechtsgüter durch zusätzliche Positionen, zB bloßer Besitz, Anwartschaften und das Recht am eingerichteten und ausgeübten Gewerbebetrieb.

59 Eine besondere Erweiterung des Schadens beim unmittelbar Verletzten um den Schaden eines Dritten hat schließlich der BGH in seiner Rspr zum **„gesellschafterfreundlichen Durchgriff"** (K SCHMIDT, Gesellschaftsrecht [3. Aufl 1997] § 40 III 4) vorgenommen: Im ersten vom BGH hierzu entschiedenen Fall (BGHZ 61, 380 = NJW 1974, 134) war der Alleingesellschafter einer GmbH aus Verschulden seines privaten Rechtsanwalts mit einer geringfügigen Kostenforderung in Verzug geraten und nach der damaligen Rechtslage zum Offenbarungseid geladen worden sowie schließlich in die Schuldnerkartei nach § 915 Abs 1 ZPO gelangt. Für die hierdurch eingetretene Kreditschädigung der GmbH in Höhe von 463 000 DM (über 235 000 Euro) verlangte der Gesellschafter von dem Rechtsanwalt Ersatz. Der BGH sah diesen Schaden „nach Lage des Falles" im Verhältnis zum Schädiger so an, als habe den Gesellschafter persönlich der Schaden getroffen. Denn die GmbH sei „haftungsrechtlich nur ein in besonderer Form verwalteter Teil" des gesamten Vermögens des Gesellschafters. Diese Begründung hat in der Lit kaum Zustimmung gefunden (vgl K SCHMIDT aaO mNw Fn 61). IE wenigstens folgen dem BGH einige Autoren mit abweichenden Begründungen, insbes durch Annahme eines Vertrages mit Schutzwirkung für Dritte (K SCHMIDT aaO mNw Fn 65) oder einer Drittschadensliquidation (MANN NJW 1974, 492; ROLL NJW 1974, 492 f; WIEDEMANN WM-Beilage 4/1975, 25; HÜFFER JuS 1976, 86 f sowie NJW 1977, 1285). Der BGH hat diese Kritik in einer weiteren Entscheidung (NJW 1977, 1283) teilweise aufgenommen: Der mit 99,15% am Kapital „seiner" AG beteiligte Präsident des Verwaltungsrates war durch einen fremdverschuldeten Skiunfall arbeitsunfähig, und hierdurch war der Gesellschaft ein Gewinn in Höhe von 300 000 DM (über 150 000 Euro) entgangen. Ersatz für diesen Schaden sprach der BGH auch hier dem Gesellschafter persönlich zu. Dies geschah aber ausdrücklich nicht im Wege eines „Durchgriffs", sondern durch eine „richtige" Bemessung des dem Gesellschafter selbst entstandenen Schadens. Nur meinte der BGH, der Schaden der Gesellschaft „vermittele" zugleich einen eigenen Schaden des Gesellschafters, weil das Gesellschaftsvermögen als eine Art Sondervermögen des Gesellschafters anzusehen sei. IdR solle der vom Gesellschafter hiernach beanspruchte Schadensersatz zur Erhaltung des Gesellschaftskapitals in das Gesellschaftsvermögen geleistet werden. Im zu entscheidenden Fall sollte dann aber doch anders vorgegangen werden, weil die Gesellschaft gar keinen eigenen Anspruch hatte. Bei einer solchen Sachlage sei die Zahlung an die Gesellschaft statt an den Gesellschafter für den Schädiger „ohne schutzwertes Interesse". Diese Rechtsprechungslinie hat der BGH später (NJW-RR 1989, 684 = ZIP 1989, 98) nochmals bestätigt.

60 Die Erweiterung des Schadensersatzes an den Gesellschafter um einen bei der Gesellschaft entstandenen Schaden ist **abzulehnen** (ebenso ua PALANDT/HEINRICHS vor § 249 Rn 111; MünchKomm/OETKER § 275 mNw; ERMAN/KUCKUK vor § 249 Rn 147; AK-BGB/RÜSSMANN vor § 249 Rn 98; SCHULTE NJW 1979, 2230; LIEB, FS Fischer 1979, 385). Der Grundsatz der Trennung zwischen der Rechtsstellung des Gesellschafters und derjenigen der Gesellschaft als juristischer Person kann nicht durch den „Trick" einer Bemessung des Gesellschafterschadens nach dem Schaden der Gesellschaft überspielt werden. Der Wert der Gesellschaftsanteile hängt so sehr von den künftigen Gewinnerwartungen ab, dass ein kurzfristiger Gewinnausfall durchaus ohne Wirkung auf den Verkehrswert der Gesellschaftsanteile bleiben kann. Aber auch die Gewinnentnahmen des Gesellschafters sind nicht notwendigerweise von den Gewinnen abhängig, die der Gesellschaft durch den persönlichen Einsatz des Gesellschafters zufließen: Die Rücklagenpolitik, die – nicht zuletzt steuerrechtlich geprägten – Möglichkeiten von Abschreibungen und Verlustübertragungen bei der Gesellschaft und überhaupt die vielfältigen gesellschafts- und steuerrechtlichen Bestimmungsgrößen für Ausschüttungen und für – keineswegs immer nachhaltig auf den Gesellschaftswert durchschlagende – Thesaurierungen sprechen (entgegen BGH NJW 1977, 1283 u etwa MünchKomm/ REUTER vor § 21 Rn 30) entscheidend gegen die Vermutung einer Identität zwischen dem entgangenem Gewinn der Gesellschaft und des Gesellschafters. Auch eine Überwindung der Trennung zwischen Gesellschaft und Gesellschafter durch die Anwendung der Grundsätze zur Drittschadensliquidation (HÜFFER NJW 1977, 1285 mNw; SOERGEL/ MERTENS vor § 249 Rn 257) ist nicht angebracht, da hierfür der Anwendungsbereich dieser Rechtsfigur um eine eigene neue Fallgruppe erweitert werden müsste; die Drittschadensliquidation ist aber in letzter Zeit so grundlegend kritisiert worden (dazu unten Rn 62), dass eine Erweiterung über die vier wenigstens in der Rspr anerkannten Fallgruppen hinaus ohne eine zZ nicht erkennbare „aufbauende" Neubestimmung dieses Rechtsinstituts insgesamt nicht vertretbar erscheint.

Freilich gilt für den **Arbeitsausfallschaden** des Gesellschafters die Besonderheit, dass **61** der Wert des Einsatzes der eigenen Arbeitskraft des Gesellschafters nicht einfach aus der früheren Gewinnausschüttung oder zB aus den vertraglich niedergelegten Geschäftsführerbezügen zu entnehmen ist. Richtigerweise ist der Wert des eingesetzten „Humankapitals" in solchen Fällen im Anschluss an KNOBBE-KEUK (VersR 1976, 401, 408) nach einem kalkulatorischen Unternehmerlohn zu berechnen (dazu u zur Auseinandersetzung mit der teilweise abw Rspr, insbes BGHZ 54, 45, § 252 Rn 43). Hiermit ist der Schaden des Gesellschafters nicht notwendigerweise voll erfasst. Es bleibt ihm durchaus die Möglichkeit, einen Folgeschaden durch Schmälerungen der Gewinnausschüttung oder Entwertung der Gesellschaftsanteile darzulegen und zu beweisen. Eine Zahlung des Ausgleichs für diesen Schaden in das Gesellschaftsvermögen ist weder sachlich geboten noch dogmatisch zu begründen: Entgegen dem BGH (NJW 1977, 1283, 1284 rSp; NJW 1987, 1077; BGHZ 129, 136) wäre die Zahlung an die Gesellschaft statt an den Gesellschafter nicht die schadensrechtlich „richtige" Art, einen hypothetischen schadensfreien Zustand nach § 249 S 1 herzustellen (dem BGH folgend aber MünchKomm/REUTER vor § 21 Rn 30 mNw Fn 113; MünchKomm/OETKER § 249 Rn 276). Nach hM stünde es vielmehr dem Geschädigten bei einer Körper- oder Gesundheitsverletzung frei, ob er die Restitution in den als Folgeschaden betroffenen Gesellschaftsanteil oder nach § 249 Abs 2 in sein eigenes (Privat-)Vermögen verlangt (dazu § 249 Rn 210, 215). Aber selbst bei einem engeren Verständnis des § 249 Abs 2 (dazu § 249 Rn 226, 231) kommt eine Restitution an die Gesellschaft schon deswegen nicht in Betracht, weil die Gesellschaft keinen eigenen Anspruch hat und auch sonst nirgends eine Naturalrestitution durch Leistung an einen Dritten vorkommt. Vielmehr geht es gerade um die Entschädigung des Entwertungsschadens des Verletzten, der – wie alle Entwertungsschäden – nur als eigener Schaden nach § 251 Abs 1 rechtlich erfasst werden kann.

5. Drittschadensliquidation

a) Dogmatische Einordnung

62 Offen durchbrochen wird das Dogma vom Gläubigerinteresse in den Fällen der Drittschadensliquidation. Bei ihr verlangt der Gläubiger aus Sonderverbindung oder Delikt Ersatz für einen Schaden, den nicht er selbst sondern ein Dritter erlitten hat. Der Dritte kann seinerseits keinen Ersatzanspruch erheben, weil er entweder nicht selbst Partner der Sonderverbindung ist oder (noch) nicht Inhaber der verletzten Rechtsgutes war. Den Vorteil aus dieser Aufspaltung der potentiellen Gläubigerseite soll aber nicht der Schädiger haben (zur dogmatischen Nähe der Drittschadensliquidation zur Vorteilsausgleichung insbes BÜDENBENDER JZ 1995, 920 ff, und ausführlich: Vorteilsausgleichung und Drittschadensliquidation bei obligatorischer Gefahrentlastung [1995] passim). Denn das Ziel des Dogmas vom Gläubigerinteresse, die Risikobegrenzung (oben Rn 49), ist auch dann erreicht, wenn ein **Schaden** ersetzt wird, der nur durch besondere Umstände **verlagert** worden ist. Da dieser Gesichtspunkt jedoch im Gesetz nicht aufgegriffen worden ist, sind Begründung und Tragweite der Drittschadensliquidation bis heute umstritten. Die Diskussion um die dogmatische Begründung ist bereits etwa 150 Jahre alt (vgl OAG Lübeck SeuffArch 11 [1857] Nr 36 u hierzu ZIMMERMANN Neues Arch f HandelsR I [1858] 48 ff; letzte dogmengeschichtliche Übersicht bei JUNKER, Die Vertretung im Vertrauen im Schadensrecht [1991] 4 ff). Deshalb ist auch kaum zu erwarten, dass sich eines Tages eine einheitliche Formel für die Drittschadensliquidation oder sogar das Problem des Drittschadensersatzes insgesamt durchsetzen wird (vgl aus neuerer Zeit den Versuch von JUNKER, insbes 23 ff, 45, den Ersatz von Drittschäden auf eine analoge Anwendung der §§ 164 ff zurückzuführen, u hierzu die Kritik von HAGEN AcP 192 [1992] 568 ff; ferner KOENDGEN Karlsruher Forum 1998, 37 ff mit dem Vorschlag, die wichtigsten Fallgruppen einem „Vertrag auf Leistung an den, den es angeht," zuzuweisen).

63 Schon die älteren Ansätze in der Lit, **die Drittschadensliquidation zu überwinden**, haben sich mit Recht **nicht durchgesetzt** (LANGE, in: LANGE/SCHIEMANN 457 f). Dies gilt insbes für die Versuche, das Drittschadensproblem in der allgemeinen Lehre vom Rechtswidrigkeitszusammenhang aufzulösen (REINHARDT, Der Ersatz des Drittschadens [1933]; WILBURG JherJb 82 [1932] 51 ff, 100 ff; treffende Kritik an REINHARDT bei JUNKER aaO 6). Aber auch die neuere Auffassung der Drittschadensliquidation als Anwendungsfall der versagten Vorteilsausgleichung (in diese Richtung HAGEN, Die Drittschadensliquidation im Wandel der Rechtsdogmatik 1971; noch weitergehend F PETERS AcP 180 [1980] 329 ff; wenigstens für die Gruppe der obligatorischen Gefahrentlastung, unten Rn 74 f, auch BÜDENBENDER aaO) vermag nicht voll zu befriedigen, weil die Versagung der Vorteilsausgleichung ihrerseits nicht *a priori* formelhaft festgelegt ist, sondern durch eine Interessenbewertung des schadensrechtlichen Dreiecksverhältnisses erst zu begründen ist (dazu § 249 Rn 140). Für eine solche Begründung müsste dann doch wieder der Gesichtspunkt der Schadensverlagerung (grundlegend dazu TÄGERT, Die Geltendmachung des Drittschadens [1938] 35 ff) herangezogen werden.

b) Verhältnis zum Vertrag mit Schutzwirkung für Dritte

64 Die Unübersichtlichkeit des Drittschadensproblems wird noch dadurch wesentlich gesteigert, dass Rspr und Lit Drittinteressen außer durch die Drittschadensliquidation auch mit Hilfe des **Vertrages mit Schutzwirkung für Dritte** (dazu STAUDINGER/ JAGMANN [2004] Vorbem 93 ff zu §§ 328 ff) berücksichtigen. Beide Institute müssen daher gegeneinander abgegrenzt werden. Äusserlich unterscheiden sie sich gem der pla-

stischen Formulierung von MEDICUS (BürgR Rn 839) in der Weise, dass bei der Drittschadensliquidation der **Schaden zur Anspruchsgrundlage**, beim Vertrag mit Schutzwirkung für Dritte hingegen die **Anspruchsgrundlage zum Schaden gezogen** wird. Hinsichtlich der Interessenlage bedeutet die Drittschadensliquidation zwar eine Ausnahme vom Dogma des Gläubigerinteresses, aber keine Risikoerhöhung für den Schuldner; beim Vertrag mit Schutzwirkung für Dritte kommen hingegen der eigentliche Vertragspartner und der geschützte Dritte gleichzeitig als Gläubiger in Frage, so dass sich das den Schuldner treffende Risiko uU wesentlich erhöht. Dies wird zB deutlich am Vertrag zur Durchführung einer Sterilisation: Misslingt sie, wird der Arzt nach ständiger Rspr (BGHZ 76, 249; 259; NJW 1992, 2961) seinem primären Vertragsgläubiger gegenüber zu Schadensersatz wegen der Belastung mit Unterhalt sowie uU wegen Körperverletzung verpflichtet, obendrein aber auch dem unterhaltspflichtigen Lebenspartner für dessen Unterhaltsbelastung. Wegen dieser Risikoerweiterung kann ein Vertrag mit Schutzwirkung für Dritte nur ausnahmsweise angenommen werden, und wegen des Ausnahmecharakters mit erhöhten Anforderungen an die Begründung bleibt es sinnvoll, die Fallgruppen der Drittschadensliquidation hiervon zu unterscheiden, weil bei ihnen solche Begründungsanforderungen fehlen.

Nach der neueren Rspr genügt es freilich für den Ersatz von Vermögensschäden, wenn **nach der Auslegung des Vertrages** der Dritte nur überhaupt **in den Schutzbereich einbezogen** sein sollte (BGHZ 69, 82, 86; JZ 1985, 951; VersR 1986, 814; 1989, 375; NJW 1998, 1059). Auf diesem Wege ist insbes (so im „Konsulfall" BGH JZ 1985, 951) ein Drittschutz aus Auskunftsverträgen begründet worden, aber auch etwa die Außenwirkung des Lastschriftabkommens der Banken (BGHZ 69, 82). Darüber hinaus hat die Rspr Ansprüche Dritter zunehmend nicht nur auf Schadensersatz wegen der Verletzung von Schutzpflichten (§ 241 Abs 2) zuerkannt, sondern auch wegen der Schlechterfüllung der (Haupt-)Leistungspflicht, also auf Schadensersatz statt der Leistung (so insbes in den Fällen fehlerhafter Beratung von Erblassern, vgl BGH NJW 1965, 1955; 1995, 51). Da solche Wirkungen des Vertrages nach der Rspr zudem schon bei „stillschweigender" (richtiger: konkludenter) Vereinbarung möglich sind, hat sich der Anwendungsbereich des Vertrages mit Schutzwirkung für Dritte sehr weit ausgedehnt. Die zusätzlichen Kriterien der „Leistungsnähe" und der Erkennbarkeit für den Schuldner, die nach der neueren Rspr weiterhin gelten, setzen demgegenüber nur undeutliche Grenzen. Hält der Trend zur Abschwächung seiner Voraussetzungen an, verliert der Vertrag mit Schutzwirkung für Dritte den oben postulierten Ausnahmecharakter. Folgerichtig wären die bisher mit der Drittschadensliquidation gelösten Fallgruppen dann als Anwendungsfälle des Vertrages mit Schutzwirkung für Dritte anzusehen (so für wichtige Fallgruppen zB MünchKomm/OETKER § 249 Rn 290, 293 ff), so dass insbes der geschädigte Dritte selbst einen eigenen Ersatzanspruch geltend machen könnte. So weit ist die Rspr im Ergebnis bisher zwar noch nicht gegangen; aber wegen der Tendenz zur vollständigen Aufgabe des Grundsatzes des Gläubigerinteresses ist die geschilderte Ausweitung des Vertrages mit Schutzwirkung für Dritte sehr bedenklich (ähnlich zB LANGE, in: LANGE/SCHIEMANN 485).

Die **Abgrenzung** beider Rechtsinstitute nach Sachschäden (als Anwendungsbereich der Drittschadensliquidation) und Personenschäden (als Anwendungsbereich des Vertrages mit Schutzwirkung für Dritte) wird heute allgemein abgelehnt. Offenbar war es Zufall, dass die beiden Rechtsfiguren zunächst bei Fällen mit jeweils solchen Schäden entwickelt worden sind. Die lange Zeit herrschende Formel für den Vertrag mit Schutzwirkung für Dritte, wonach der (primäre) Gläubiger „sozusagen für das Wohl und Wehe des Dritten mitverantwortlich" sein müsse (BGHZ 51, 91, 96; 66, 51, 57), ist durch die geschilderten Ausweitungstendenzen (oben Rn 65) inzwischen wohl weitgehend überholt. Soweit die Voraussetzung eines derartigen, für den Schuldner erkennbaren Fürsorgeverhältnisses, zB aus dem Familien- oder Arbeitsrecht, erfüllt sind, wird man aber auch heute noch die Annahme eines Vertrages mit Schutzwirkung für Dritte unbedenklich hierauf als Indiz stützen können. Hiervon abgesehen kann beim gegenwärtigen Stand von Rspr und Dogmatik hingegen kein sicheres Kriterium dafür angegeben werden, wann Vertrag mit Schutzwirkung für Dritte, wann Drittschadensliquidation vorliegt und wann der Drittschaden überhaupt unberücksichtigt bleiben muss. Möglich sind sogar Überschneidungen des Anwendungsbereichs des drittschützenden Vertrages und der Schadensverlagerung. So hat der BGH zunächst (BGHZ 27, 241, 247; JZ 1977, 299) Störungen im bargeldlosen Zahlungsverkehr mit der Drittschadensliquidation, später dann (BGHZ 69, 82 u dazu oben Rn 65) mit dem Vertrag mit Schutzwirkung für Dritte gelöst, ohne dass hiermit ausdrücklich der frühere Lösungsweg aufgegeben worden wäre. Soweit hiernach tatbestandlich beide Rechtsfiguren in Betracht kommen, hat der Vertrag mit Schutzwirkung für Dritte trotz seines grundsätzlichen Ausnahmecharakters den Vorrang vor der Drittschadensliquidation, weil der Dritte nicht mehr durch die Schadensliquidation über den „Zweiten" geschützt zu werden braucht, wenn er einen unmittelbaren eigenen Anspruch gegen den Schädiger hat (LANGE, in: LANGE/ SCHIEMANN 485 im Anschluss vor allem an GERNHUBER, Schuldverhältnis § 21 I 5 b; zu weiteren Überschneidungen LANGE 483 f).

c) Gläubiger der Drittschadensliquidation

67 Gläubiger des Schadensersatzanspruchs bei der Drittschadensliquidation ist nicht der Geschädigte, sondern der unmittelbar Verletzte, also entweder der Vertragspartner des Schädigers oder der Inhaber des Rechtsgutes, in das der Ersatzpflichtige eingegriffen hat. Die Weiterleitung des Ersatzanspruchs vom „Zweiten" an den Dritten erfolgt, wenn eine Vertragsbeziehung zwischen diesen beiden besteht, nach § 285 durch Abtretung des Anspruchs (oder der auf den Anspruch erfolgten Leistung). Fehlt ausnahmsweise ein solcher Vertragsnexus, ist nach dem Rechtsgedanken der Drittschadensliquidation selbst genauso zu verfahren, weil dem „Zweiten" der Anspruch trotz Fehlens eines eigenen Schadens von der Rechtsordnung nur zu dem Zweck gewährt wird, dass er den Schaden des Dritten geltend macht. Er würde sich daher widersprüchlich verhalten, wenn er den Ersatzanspruch endgültig für sich selbst verwerten wollte. Umgekehrt ist es seit langem anerkannt, dass der Verletzte den Anspruch nicht erheben kann, wenn der Dritte dem Schädiger gegenüber auf sein Recht verzichtet (RGZ 115, 419, 426; BGH NJW 1985, 2411; PALANDT/HEINRICHS vor § 249 Rn 114). Allerdings hat der Schädiger darzulegen und zu beweisen, dass die Erhebung des Anspruchs durch den Verletzten dem Willen des Dritten nicht entspricht (BGH NJW 1998, 1864). Der Funktion einer Schadensliquidation im Interesse gerade eines Dritten entspricht es auch, dass der Gläubiger und Verletzte auf Leistung unmittelbar an den Dritten klagen kann (BGH NJW 1989, 3099; LANGE, in: LANGE/SCHIEMANN 481). Ferner kann der Gläubiger den Dritten ermächtigen, seinen Schaden im eigenen Namen einzuziehen. Aus dem eigenen Schaden des Dritten ergibt sich auch sein eigenes Interesse als Voraussetzung einer gewillkürten Prozessstandschaft (BGHZ 25, 250, 259 f; MünchKomm/Oetker § 249 Rn 282 mwNw; Lange aaO). Bei all diesen Konstruktionen zur Überleitung des Schadensersatzes auf den geschädigten Dritten muss sich der Dritte alle Einwendungen, die der Schädiger gegen den ursprünglichen Gläubiger hat, entgegenhalten lassen, insbes dessen etwaiges Mitverschulden (ohne auf §§ 254 Abs 2 S 2, 278, 831 zurückgreifen zu müssen, Medicus NJW 1962, 2081, 2085 Fn 47; Lange, in: Lange/Schiemann 481 Fn 136) sowie zwischen Gläubiger und Schuldner vereinbarte Haftungsbeschränkungen. Aus der Überleitung ergibt sich zudem wie bei der Abtretung nach §§ 404 ff eine Kumulation der Einwendungen, so dass ein eigenes Verschulden des Dritten oder seiner Hilfspersonen ebenfalls zu berücksichtigen ist (BGH NJW 1972, 289). Auch dies folgt aus der Funktion, den Dritten zwar vor ersatzlosem Verlust zu schützen, dies aber nur auf dem Weg über einen Anspruch des „Zweiten" erreichen zu können. Die Verdoppelung der Einwendungen gilt also zB bei der Klage des Verletzten auf Leistung an den Geschädigten oder der Prozessstandschaft des Dritten genauso wie bei einer Abtretung nach § 285.

d) Drittschadensliquidation kraft Vereinbarung

Grundlage einer Drittschadensliquidation kann zunächst eine hierauf gerichtete **Vereinbarung** zwischen den Vertragspartnern sein, wonach ein Schaden statt aus der Person des Vertragsgläubigers aus der Person eines Dritten berechnet werden soll (vgl Neuner JZ 1999, 126 ff). Praktisch relevant sind vor allem Fälle, in denen eine solche Vereinbarung **durch Auslegung** des Vertrages ermittelt werden kann (RGZ 170, 246, 251; BGH NJW 1974, 502; 1978, 1576 [zu § 701 aF]; grundlegend vCaemmerer, Gesammelte Schriften I 608 f). Die hierzu ergangenen Entscheidungen stammen freilich aus der Zeit, als der BGH für den Vertrag mit Schutzwirkung für Dritte noch ein personenrechtliches Verhältnis zwischen dem vertraglichen Hauptgläubiger und dem Dritten verlangte. Nach Aufgabe dieses Kriteriums liegt gerade bei der Fallgruppe vereinbarter Einbeziehung des Drittschadens die Auslegung nahe, der Dritte selbst solle Inhaber des Ersatzanspruchs sein. Folgt man der neueren Rspr, ist deshalb entspr dem oben (Rn 65) Gesagten vor der Annahme einer vereinbarten Drittschadensliquidation besonders sorgfältig zu prüfen, ob ein Vertrag mit Schutzwirkung für Dritte der Interessenlage und dem mutmaßlichen Parteiwillen besser gerecht wird (vgl auch unten Rn 78 zur Produzentenhaftung u zur Veräußerungskette). **68**

e) Drittschadensliquidation bei mittelbarer Stellvertretung

Eine weitere Fallgruppe der Drittschadensliquidation bildet die **mittelbare Stellvertretung**. Von ihr ist die Lehre der Drittschadensliquidation überhaupt ausgegangen (OAG Lübeck SeuffA 11 [1857] Nr 36). In diesem Bereich findet die Drittschadensliquidation zudem für den Fall des Kommissionsgeschäftes eine wichtige Stütze an der gesetzlichen Regelung des § 392 Abs 2 HGB: Nach dem Wortlaut dieser Vorschrift wird der mittelbar Vertretene zwar nur vor den Gläubigern seines Kommissionärs beschützt; deshalb gelten die Forderungen aus dem Kommissionsgeschäft als Forderungen des Kommittenten. Darin ist jedoch der allgemeinere Gedanke enthalten, dass die Rechtsordnung diese Art der Funktionsverteilung zwischen mittelbar Vertretenem und mittelbarem Stellvertreter anerkennt und den Kommittenten vor Nachteilen hieraus bewahrt. Dies gilt für andere Verhältnisse mittelbarer Stellvertretung entsprechend, zB bei der Einschaltung eines Spediteurs (zuletzt BGH NJW 1989, 3099: sowohl gegenüber dem Empfänger als auch gegenüber dem Absender), eines Beauftragten für ein Immobiliengeschäft (hier: Parzellierung, RGZ 90, 240, 246) oder eines **69**

Zessionars bei Inkassozession (RGZ 107, 132, 135). Für das Frachtgeschäft sieht § 421 Abs 1 S 2 und 3 HGB nunmehr gesetzlich für den Empfänger die Möglichkeit der Drittschadensliquidation vor. In den Fällen mittelbarer Stellvertretung kann der Stellvertreter den Schaden des Vertretenen geltend machen. Trotz der Einwände von F Peters (AcP 180 [1980] 350 ff; vgl auch M Junker 47 ff) gegen die Anwendung der Drittschadensliquidation auf diese Fallgruppe wird man das Liquidationsrecht des mittelbaren Stellvertreters als Gewohnheitsrecht ansehen können (genauer zur Entwicklung Lange, in: Lange/Schiemann 466 f). Die interne Abrede zur Maßgeblichkeit des Interesses des „Hintermannes" schlägt insoweit auf das Außenverhältnis durch, weil sich der Schädiger nicht darauf verlassen kann, dass sein unmittelbarer Partner für eigene Rechnung handelt (MünchKomm/Oetker § 249 Rn 284). M Junker (AcP 193 [1993] 348, 352 ff) nimmt deshalb sogar „wirtschaftliches Eigentum" des Vertretenen an und gibt ihm einen eigenen Anspruch aus § 823 Abs 1. Hiermit geht Junker in der Erweiterung des Kreises „sonstiger Rechte" nach § 823 Abs 1 noch über die Anerkennung des Rechts am eingerichteten und ausgeübten Gewerbebetrieb durch die Rspr hinaus. Dies ist schon deshalb abzulehnen, weil das – angebliche – Recht am Gewerbebetrieb seinerseits als Fehlentwicklung anzusehen ist, die dringend durch eine Rückkehr zum Regelungsmodell des BGB und zu dessen verfassungsrechtlichen Grundlagen ersetzt werden muss (Larenz/Canaris I 2 § 81 S 538 ff, 560 ff). Dann bleibt als Anwendungsfall des deliktischen Unternehmensschutzes allenfalls ein kleiner Bereich eng umgrenzter Analogiebildungen zum gesetzlichen Schutzkatalog, wie dies ansatzweise auch in der hL von der „Subsidiarität" des Rechts am Gewerbebetrieb zum Ausdruck kommt (vgl Erman/Schiemann § 823 Rn 51 f). An der grundlegenden Wertung zur Begründung des Drittschutzes überhaupt wollen allerdings auch F Peters und M Junker nicht rütteln. Nur die von ihnen eingeschlagenen Wege zur dogmatisch-konstruktiven Begründung (hypothetische Kausalität, Versagung der Vorteilsanrechnung, Vertrag mit Schutzwirkung für Dritte, Vertretung im Vertrauen, wirtschaftliches Eigentum), freilich auch zT die Zuweisung des Anspruchs an den Geschädigten selbst (statt über eine Einzugsermächtigung oder Abtretung), weichen von der hL und stRspr ab.

70 Zu unterschiedlichen Ergebnissen gelangen die verschiedenen Begründungsansätze hingegen beim **Umfang des Schadensersatzes**: Zweifelhaft ist, ob der wirkliche Schaden des Vertretenen oder ein hypothetischer Schaden des Vertreters maßgeblich ist. Der Gedanke, dass der Schädiger (nur gerade) keinen Vorteil haben soll, wenn sich der Schaden von seinem unmittelbaren Partner auf einen Dritten verlagert hat, spricht für die Maßgeblichkeit des „Zweiten" auch hinsichtlich des Ersatzumfanges (idS Hagen aaO 19 f; Keuk, Vermögensschaden und Interesse [1972], 196 f; F Peters aaO 352 ff; Köndgen Karlsruher Forum 1998, 39 f; Neuner JZ 1999, 131 ff). Der Schaden des „Zweiten" müsste aber rein fiktiv bleiben, da die Drittschadensliquidation gerade dann eingreift, wenn ihm selbst kein Schaden entstanden ist; und die Berechnung eines fiktiven Schadens ist zwangsläufig unsicher. Vor allem aber verdient der Schädiger insofern keinen „Vertrauensschutz": Bis zur Grenze der Adäquanz oder des Schutzzwecks des Vertrages haftet er auch sonst für von ihm nicht vorhergesehene Entwicklungen oder Eigenschaften auf der Seite des Geschädigten. Dies gilt insbes bei der Zession (oben Rn 52). Da das Liquidationsrecht überhaupt nur gewährt wird, um einem Dritten Ersatz zu verschaffen, ist es richtiger, den Anspruch idR am wirklichen Schaden dieses Dritten zu orientieren (vCaemmerer, Gesammelte Schriften I 617 Fn 44; Larenz I § 27 IV b 3 S 465 f; Lange, in: Lange/Schiemann 468 f). Dem Schädiger gegenüber ist dies auch deshalb gerechtfertigt, weil es ihm andererseits zugute kommt, wenn der Schaden des Dritten niedriger ist, als er beim unmittelbar Verletzten wäre, und weil er durch die Anrechnung des Mitverschuldens beider begünstigt wird (oben Rn 67).

f) Treuhandverhältnisse

Mit der mittelbaren Stellvertretung verwandt (von PALANDT/HEINRICHS vor § 249 Rn 115 nicht einmal von ihr unterschieden) ist die Fallgruppe der **Treuhandverhältnisse** (zur – freilich eher theoretisch bedeutsamen – Abgrenzung LANGE, in: LANGE/SCHIEMANN 469 f). Der Treuhänder kann die Ersatzansprüche für den Schaden am Treugut geltend machen, obwohl der Schaden im allgemeinen nicht ihn, sondern den Treugeber trifft. Im Unterschied zum mittelbar Vertretenen hat bei der Treuhand freilich vielfach der Treugeber einen eigenen Anspruch: ZB der Sicherungsgeber bei der Sicherungsübereignung beweglicher Sachen hat idR aus seinem Recht am Besitz des Sicherungsgutes, im Falle der Vereinbarung eines automatischen Rückfalls nach §§ 929, 158 Abs 2 auch aus seinem Anwartschaftsrecht eigene Ansprüche nach § 823 Abs 1 wegen Verletzung eines „sonstigen Rechts". Zusätzlich kann der Treuhänder selbst zB in seinem Sicherungsinteresse geschädigt sein, so dass uU Ansprüche des Treugebers und des Treuhänders gegen den Schädiger miteinander konkurrieren. Zuweilen werden im Sicherungsvertrag Surrogationsklauseln verwendet, durch die der Schadensersatzanspruch des Treugebers an Stelle des ursprünglichen Sicherungsgutes dem Treuhänder dient. Dann kann dieser unproblematisch den Schadensersatzanspruch geltend machen. Vielfach wird daher generell die Notwendigkeit (und somit wegen ihrer lückenschließenden Funktion die Zulässigkeit) der Drittschadensliquidation für Treuhandverhältnisse verneint (HAGEN aaO 270 ff; F PETERS aaO 367 ff; ESSER/SCHMIDT I 2 § 34 IV 1 c; M JUNKER AcP 193 [1993] 348, 362). Die Rspr ist dem mit Recht nicht gefolgt (RGZ 107, 132, 135 zur Inkassozession; BGH NJW 1967, 930 zu einer Sparkasse als Treuhänderin für die BRD; BGH NJW-RR 1982, 880 zu einem Treuhänder für Kapitalanleger): Vielfach kommt es dem Treugeber gerade darauf an, nach außen nicht in Erscheinung zu treten; bei unkörperlichen Gegenständen (Gesellschaftsanteilen, Forderungen) fehlt zudem die Besitzgrundlage für ein Anwartschaftsrecht oder ein sonstiges Recht, aus dem der Treugeber Ansprüche herleiten könnte (LANGE, in: LANGE/SCHIEMANN 470 f). Andererseits wird der Treuhänder bei der Verwaltungstreuhand im Innenverhältnis idR schadensfrei gestellt, so dass er wirtschaftlich durch die Beschädigung des Treugutes keinen eigenen Schaden erleidet. Dann aber wäre es ungerecht, wenn der Schädiger von der Trennung zwischen Rechtszuständigkeit (beim Treuhänder) und wirtschaftlicher Betroffenheit (beim Treugeber) den Vorteil hätte (MünchKomm/OETKER § 249 Rn 294). Kommt es infolgedessen zur Drittschadensliquidation, ist wie bei der mittelbaren Stellvertretung (oben Rn 70) der Schaden des Dritten, hier also des Treugebers, maßgeblich. UU kann der Treuhänder hiernach zugleich im eigenen (zB Provisions-)Interesse und im Interesse des Dritten, das dann um den eigenen Schaden des Treuhänders zu mindern ist, gegen den Schädiger vorgehen.

g) Obhutsverhältnisse

Für den Sonderfall der in einem Beherbergungsverhältnis eingebrachten Sachen sieht § 701 Abs 1 vor, dass der Gastwirt den an den Sachen entstandenen Schaden unabhängig davon zu ersetzen hat, ob die Sachen Eigentum des Gastes sind oder nicht. Als eingebracht gelten nach § 701 Abs 2 ausdrücklich die vom Gastwirt oder seinen Leuten **in Obhut** genommenen Sachen. Diese Vorschrift ist Ausdruck eines allgemeineren Gedankens: Wer über eine Sache, die er für den Eigentümer in Obhut hat, einen Vertrag schließt, kann auch ohne einen eigenen Schaden den Ersatzanspruch wegen der Sache geltend machen, wenn sein Vertragspartner oder dessen Hilfspersonen die Sache beschädigt haben. Keinen eigenen Schaden hat der Obhutspflichtige, wenn er seinerseits dem Obhutgeber nicht haftet, zB weil er vertraglich nur für *culpa in eligendo* einzustehen hat oder ähnlich wie in den Verwaltungstreuhandverhältnissen (oben Rn 71) von der Innenhaftung freigestellt ist. Der Obhutgeber hat insbes dann keinen eigenen Anspruch gegen den Vertragspartner des Obhutspflichtigen, wenn für diesen seine Verrichtungsgehilfen gehandelt haben und ihm die Entlastungsmöglichkeit nach § 831 Abs 1 S 2 zur Seite steht. Da die Schwäche des Deliktsanspruchs den Obhutgeber belastet, der als Ausgleich gewährte Vertragsanspruch aber dem Obhutspflichtigen zusteht, scheint sich eine unerfreuliche prozessuale Situation zu ergeben: Der Obhutspflichtige kann den zur Lückenfüllung dienenden Anspruch auf Ersatz des Drittschadens nur geltend machen, wenn der Obhutgeber mit seinem Deliktsanspruch wirklich scheitert (denn sonst besteht keine Anspruchslücke); und der Obhutgeber müsste wegen des Anspruchs aus § 831 einen Prozess mit ungewissem Ausgang (und hohem Kostenrisiko) führen, nur um anschließend auf dem Weg über den Obhutspflichtigen aus Drittschadensliquidation dennoch seinen Schaden ersetzt zu bekommen. Daher hat der BGH (NJW 1985, 2411; zust MünchKomm/OETKER § 249 Rn 293, der jedoch insgesamt eher zur Annahme eines Vertrages mit Schutzwirkung für Dritte neigt) entschieden, dass der Vertragsanspruch aus Drittschadensliquidation und der Deliktsanspruch des Obhutgebers unabhängig voneinander prozessual verfolgt werden können. Hiermit wird jedoch die Durchbrechung des Tatbestandprinzips durch die Drittschadensliquidation methodisch unzulässig ausgeweitet. Der Ausweg des BGH ist auch gar nicht nötig. Vielmehr ist der Anspruch des Obhutgebers ohne Beweisaufnahme begründet, weil er entweder aus eigenem Recht den Anspruch gem § 831 oder als Prozessstandschafter (oben Rn 67) den Anspruch aus Drittschadensliquidation geltend machen kann; der Obhutspflichtige hingegen kann sich, wenn er die Last, für den Dritten zu klagen, auf sich nimmt, dessen Deliktsanspruch abtreten lassen, so dass er dann – aber auch nur dann – von dem Rangverhältnis der möglichen Ansprüche prozessual nicht belastet wird. Bleibt es demnach bei dem materiellrechtlichen Grundsatz, dass der Anspruch aus Drittschadensliquidation auch in den Obhutsfällen allein dem Verletzten zusteht und er durch Abtretung oder Ermächtigung auf den geschädigten Dritten übergeleitet werden muss, hat für § 701 dasselbe zu gelten, weil der Gesetzgeber bei der Neufassung im Jahre 1966 die Handhabung der Gastwirtshaftung iSd Drittschadensliquidation gesetzlich übernehmen wollte, auch wenn er es unterlassen hat, die Aktivlegitimation für den Anspruch ausdrücklich festzulegen.

73 Eine weitere gesetzliche Regelung des Drittschadensproblems für ein Obhutsverhältnis findet sich in **§ 991 Abs 2**, jedoch in dem Sinne, dass der geschädigte Dritte (in diesem Fall der Eigentümer) selbst den Anspruch gegen den schädigenden (unrechtmäßigen) Besitzer hat. Nach der Formulierung von HAGEN (aaO 217) enthält die Vorschrift den auch außerhalb ihres eigentlichen Anwendungsbereichs tragfähigen Grundgedanken, „dass der Unterbesitzer sachbezogene Verhaltenspflichten verletzt hat und keinen Vorteil daraus ziehen soll, dass der Gläubiger des Leistungsverhältnisses ausnahmsweise nicht der Eigentümer ist". Dies bedeutet aber zunächst nur, dass der Schädiger keinen Vorteil aus der Schadensverlagerung haben soll. Die Möglichkeit des „Durchgriffes" des Eigentümers auf den Schädiger trotz fehlender vertraglicher Grundlage zwischen ihnen folgt daraus noch nicht unbedingt. Ist der unrechtmäßige Besitzer wie im Fall des § 991 Abs 2 der Vindikation des Eigentümers ausgesetzt, erscheint die Haftung des Besitzers für Hilfspersonen nach § 278 sach- und systemgerecht. Ist er gegenüber der Vindikation durch ein Recht zum Besitz geschützt, hat er sich hingegen nach den Regeln einer Sonderverbindung richtigerweise nur mit seinem Vertragspartner (also dem „Oberbesitzer") auseinander zu setzen. Er hat dann mithin denselben Gläubiger wie in den sicher überwiegenden Fällen, in denen der Obhutspflichtige im Innenverhältnis zum Obhutgeber nicht entlastet ist und daher zweifelsfrei seinen eigenen (Haftungs-) Schaden liquidieren kann. Es müssten schon zwingende Gründe dafür sprechen, dem Schädiger zB die Einwendung aus dem Mitverschulden seines Vertragspartners nur wegen des Innenverhältnisses zwischen Obhutspflichtigem und Obhutgeber abzuschneiden, wie es in der Konsequenz der Zuerkennung des originären Anspruches an den Eigentümer nach § 991 Abs 2 analog liegen würde (für einen Schutz des Ersatzpflichtigen, der die Eigentumsverhältnisse nicht kennt, wenigstens durch die analoge Anwendung des § 851 LANGE, in: LANGE/SCHIEMANN 476). Vorzugswürdig bleibt daher die Einordnung der Obhutsverhältnisse mit interner Entlastung des Obhutspflichtigen als Fälle der Drittschadensliquidation. Diese ergibt sich auch hier aus dem objektiven Recht (RGZ 93, 39; BGH LM Nr 3 zu § 510 HGB; SOERGEL/MERTENS vor § 249 Rn 254; vCAEMMERER Gesammelte Schriften I 619 ff; PALANDT/HEINRICHS vor § 249 Rn 116; ERMAN/KUCKUK vor § 249 Rn 143). Eine Begründung des Drittschadensersatzes durch Auslegung des Vertrages (BGHZ 15, 224, 228 f; BGH NJW 1969, 789) bleibt hingegen bloße Fiktion, wenn der Schuldner nicht damit rechnet (oder doch rechnen muss), dass der Vertragsgegenstand gar nicht seinem Vertragspartner gehört (LANGE, in: LANGE/SCHIEMANN 475).

h) Obligatorische Gefahrentlastung

Die letzte traditionelle Gruppe der Drittschadensliquidation bilden die Fälle **obligatorischer Gefahrentlastung**. Hier wird der Schaden aufgrund einer schuldrechtlichen Gefahrtragungsregel vom Verletzten auf einen Dritten verlagert. Gesetzlich niedergelegt sind solche Entlastungen des unmittelbar, insbes als Eigentümer, Verletzten in § 447 für den Versendungskauf und in § 644 für den Werkvertrag. Schon aus der allgemeinen Regel des § 275 Abs 1 kann sich dieselbe Folge bei der Schädigung eines Schenkungs- oder Vermächtnisgegenstandes vor Erfüllung des Schenkungsversprechens oder der Legatsverpflichtung ergeben. In all diesen Fällen erleidet der verletzte Eigentümer keinen Schaden, weil er schuldrechtlich entweder die Gegenleistung (in § 447 den Kaufpreis, in § 644 die nochmalige Herstellung des Werkes) weiter von seinem Vertragspartner verlangen kann oder von seiner Übereignungsverpflichtung ersatzlos befreit wird. Auch hier herrscht Einigkeit über das Ergebnis, dass zB die gerade durch die Risikoverteilung zwischen den Partnern des Vertrages über einen Versendungskauf entstandene Lücke im schadensrechtlichen Anspruchssystem dem außenstehenden Schädiger nicht zugute kommen soll. Die dispositiven Gefahrtragungsregeln enthalten die Rechtsfolgen, die vernünftige Vertragsparteien im allgemeinen untereinander vereinbaren würden; einen Dritten würden sie damit keinesfalls begünstigen wollen.

Diese Ausgangslage ähnelt sehr derjenigen bei vom Geschädigten durch eine günstige Vereinbarung mit Dritten **„erkauften" Vorteilen**. Entgegen der Differenzhypothese werden sie in die „Schadensrechnung" nicht einbezogen (§ 249 Rn 145 ff, 159 ff). Im Unterschied zu solchen Fällen ist bei der Gefahrentlastung freilich nicht erst ein Schaden entstanden, der anschließend durch den Vorteil wirtschaftlich ausgeglichen worden ist; vielmehr hat die Gefahrtragungsregel verhindert, dass ein Schaden beim Verletzten überhaupt entstehen konnte. Aber auch dies ist zB bei der Legalzession im Sozialversicherungs- und Entgeltfortzahlungsrecht (§ 249 Rn 135) nicht anders. Deshalb liegt es nahe, unter Heranziehung des Anspruchs auf eine Zession nach § 285 die Fälle der obligatorischen Gefahrentlastung ebenso zu behandeln wie die Fälle der Legalzession mit der Fiktion eines Schadens (so insbes MünchKomm/GRUNSKY[3] vor § 249 Rn 120 u ESSER/SCHMIDT I 2 § 34 IV 1 a; gegen eine Lösung über die Drittschadensliquidation mit verschiedenen Begründungen auch HAGEN aaO 185 ff; LARENZ I § 29 IV b 1 S 462 f; F PETERS aaO 335 ff; M JUNKER AcP 193 [1993] 348 ff; BÜDENBENDER aaO [oben Rn 62] und NJW 2000, 986 ff; STAMM, Regressfiguren [2000] 232 ff; zweifelnd MünchKomm/OETKER § 249 Rn 290 f). Schon methodisch ist freilich wenig damit gewonnen, die obligatorische Gefahrentlastung durch eine Ausweitung der versagten Vorteilsausgleichung von einer zugegebenermaßen dogmatisch nicht in jeder Hinsicht genau durchgearbeiteten Kategorie auf eine andere zu erfassen, die gleichfalls als Billigkeitskorrektur der Differenzhypothese bis heute nicht auf ein befriedigendes Grundprinzip zurückgeführt werden konnte (§ 249 Rn 140). Unbefriedigend bleibt aber vor allem die Rechtsfolge der versagten Vorteilsausgleichung: Während die sozialrechtlichen Legalzessionen als Ausgleich der Drittleistungen bei der Fingierung des Schadens an feststehende Entgelt- oder andere Leistungsbeträge anknüpfen können, müsste die Schadensfiktion bei der obligatorischen Gefahrentlastung ganz hypothetische individuelle Verhältnisse zugrunde legen. Realistischer und daher angemessener ist es, die Entschädigung nach den wirklichen Einbußen des geschädigten Dritten zu bemessen. Dies lässt sich durch Anwendung der versagten Vorteilsausgleichung nicht begründen, entspricht hingegen dem Grundgedanken der Drittschadensliquidation, den Schädiger nicht durch den Zufall der Verlagerung des Schadens auf den Dritten zu begünstigen (vgl zur parallelen Erwägung bei der Treuhand oben Rn 71, **aA** aber insbes BÜDENBENDER oben Rn 62 u zusammenfassend JZ 1995, 927 f und NJW 2000, 986 ff). Mit der Rspr (RGZ 62, 331, 334; BGHZ 40, 91, 100 f; BGH NJW 1970, 38; VersR 1972, 1138; 1979, 906, offengelassen in BGHZ 49, 356, 361) und einem Teil der Lehre (LANGE, in: LANGE/SCHIEMANN 473; SOERGEL/MERTENS vor § 249 Rn 251; PALANDT/HEINRICHS vor § 249 Rn 117; ERMAN/KUCKUK vor § 249 Rn 142) ist es daher auch für die obligatorische Gefahrentlastung bei der Abwicklung nach den Grundsätzen der Drittschadensliquidation zu belassen.

i) Drittschadensliquidation in anderen Fällen

76 In der Literatur wird vertreten, dass eine Drittschadensliquidation bei vergleichbarer Interessenlage auch **in anderen Fällen** zur Anwendung kommen könne (KOLLHOSSER AcP 166 [1966] 303 ff; MünchKomm/OETKER § 249 Rn 278). Wegen der anhaltenden Kritik am Rechtsinstitut der Drittschadensliquidation überhaupt sowie wegen der Uneinheitlichkeit der bezüglich der Fallgruppe vertretenen Meinungen ist diese Aussage jedoch **problematisch**. Eine Erweiterung des Anwendungsbereichs der Drittschadensliquidation erscheint freilich praktisch nicht erforderlich:

77 Der wichtigste weitere Fall, für den eine Anwendung erörtert wird, ist die Beschädigung oder Zerstörung eines **Leasinggegenstandes**, vor allem eines geleasten Kfz. Die AGB der Leasinggeber sehen – unter Billigung des BGH – idR vor, dass bei

Zerstörung des Kfz der Leasingnehmer alle ausstehenden Raten, abgezinst auf den Verfallszeitpunkt, sogleich an den Leasinggeber zu zahlen hat. Da der Leasinggeber mit dem vorzeitig zurückgezahlten Geld erneut ein Leasinggeschäft abschließen kann, entgeht ihm durch die Sachzerstörung meist kein Gewinn. Andererseits versagt BGHZ 116, 22 dem Leasingnehmer mit Recht gegenüber dem ersatzpflichtigen Drittschädiger einen Anspruch auf die Ratenrückzahlung als Haftungsschaden, da der Leasingnehmer hiermit nur seiner vertraglichen Erfüllungspflicht nachkommt. Hieraus scheint sich ein unverdienter Vorteil für den Drittschädiger zu ergeben. Ihn durch Anwendung der Drittschadensliquidation zu beseitigen, liegt nahe, da die erwähnte AGB-Klausel der kaufrechtlichen Gefahrtragungsregel entspricht, also dem weitgehend anerkannten Fall der Drittschadensliquidation bei obligatorischer Gefahrentlastung (idS REINKING ZIP 1984, 1319, 1321 f). Bei näherer Betrachtung passt die Drittschadensliquidation aber nicht, weil der Leasingnehmer einen eigenen Anspruch hat, zu dem auch der Ersatz für die entgangene Sachnutzung und den bei ihm vereitelten Gewinn gehört (BGHZ 116, 22, 28). Zusätzlich dem Leasinggeber aus der Liquidation eines Schadens des Leasingnehmers einen Anspruch wegen des Gewinnentganges zu gewähren, würde daher gerade keine wertende Berichtigung einer Schadensverlagerung, sondern eine Schadens- und Ersatzkumulation bedeuten (so i E jetzt auch LANGE, in: LANGE/SCHIEMANN 478). Hiervon zu unterscheiden ist die Rechtslage bei Insolvenz des Leasingnehmers: Dann ist dem Leasinggeber zugleich mit dem Leasinggut auch die Möglichkeit zum Rückerhalt der Leasingraten genommen. Aber in diesem Falle hat der Leasinggeber ohnehin einen Ersatzanspruch wegen der ihm selbst entstandenen Folgeschäden aus der Verletzung seines Eigentums (dazu noch § 249 Rn 236).

Überholt sind heute Erwägungen, die **Produzentenhaftung** mit Hilfe der Drittschadensliquidation zu begründen (vgl ausführlich DIEDERICHSEN, Die Haftung des Warenherstellers [1967] 106 ff; grundlegend ferner BGHZ 51, 91, 93 f). Anerkannt ist ferner, dass bei einer **Veräußerungskette** der Erstkäufer idR nicht die Schäden weiterer Abnehmer liquidieren kann (BGHZ 40, 91, 99 ff = NJW 1963, 2071; MünchKomm/OETKER § 249 Rn 296 mwNw Fn 1066; LANGE, in: LANGE/SCHIEMANN 476). ZB bei Schadensfreiheit des Käufers durch Freizeichnung gegenüber seinen Abnehmern kommt aber die Versagung der Vorteilsausgleichung mit der Pflicht zur Abtretung des Ersatzanspruchs an den Abnehmer nach § 285 in Betracht (OLG München NJW 1980, 1581). Dies ist anders, wenn der Käufer die gekaufte Sache verschenkt hat: Da der Käufer freigebig ist, hat er sich den Vorteil aus dem Geschäft mit dem Dritten nicht „erkauft", und die schlechte Stellung des Beschenkten ergibt sich aus einem allgemeinen Prinzip, vgl §§ 816 Abs 1 S 2, 822, 988. Dem Käufer bleiben aber die allgemeinen Gewährleistungsansprüche nach § 437 Nr 1 und 2 (Nacherfüllung gemäß § 439, Rücktritt gemäß §§ 440, 323, 326 oder Minderung gemäß § 441) bei Sach- und Rechtsmängeln. Soweit ihm Schadensersatz nach §§ 280 ff zusteht, kommt die Versagung der Anrechnung des ihm gegenüber dem Beschenkten zukommenden Vorteils in Betracht (LANGE, in: LANGE/SCHIEMANN 477 f). **78**

VII. Zeitliche Grenzen für die Berücksichtigung des Schadens

1. Prozessual

Im Entschädigungsprozess ist wie auch sonst der zum **Zeitpunkt der letzten mündlich-** **79**

lichen Tatsachenverhandlung vorliegende Sachverhalt maßgeblich (so zB BGH NJW 1996, 2654 m der allgM; MünchKomm/OETKER § 249 Rn 305 m Fn 1080). Künftige Entwicklungen können im Urteil berücksichtigt werden, wenn aufgrund der substantiiert vorgetragenen Tatsachen bereits eine Schätzung möglich ist (§ 287 ZPO, dazu genauer GOTTWALD, Schadenszurechnung und Schadensschätzung [1979] 126 f). BGHZ 27, 181, 188 (ebenso BGHZ 137, 142, 152, ihm folgend MünchKomm/OETKER § 249 Rn 305) stellt dies ins Ermessen des Gerichts. Jedenfalls beim Ersatz für Erwerbsschäden und vermehrte Bedürfnisse durch eine deliktische Körper- oder Gesundheitsverletzung (§ 843 Abs 1) und beim Unterhaltsersatzanspruch Dritter bei Tötung (§ 844 Abs 2) wie auch beim Anspruch der verletzten Hausfrau wegen Vereitelung ihrer hauswirtschaftlichen Tätigkeit kann die Bemessung der Rente überhaupt nicht anders als durch eine Prognoseschätzung erfolgen. Von einem Ermessen kann in diesen Fällen nur insofern die Rede sein, als das Gericht die Sachaufklärung nicht bis zur vollen Überzeugung von der Höhe des Schadens fortzusetzen braucht. Daraus ergibt sich nicht die Befugnis, auf eine Entscheidung zum Zeitpunkt der letzten mündlichen Verhandlung auch dann zu verzichten, wenn der Geschädigte seinen künftigen Schaden in einem für § 287 ZPO genügenden Maße vorgetragen hat (so richtig LANGE, in: LANGE/SCHIEMANN 45 Fn 111). Es ist kein überzeugender Grund dafür erkennbar, in anderen Fällen auch gleich das „Ob" einer Entscheidung über den künftigen Schaden ins Ermessen des Gerichts zu stellen.

80 Veränderungen des Schadensverlaufs gegenüber der Prognose können von beiden Parteien geltend gemacht werden: Vermindert sich der Schaden oder fällt er (zB durch den unerwarteten Erfolg einer Rehabilitation) ganz weg, hat der Ersatzpflichtige die Möglichkeit, Vollstreckungsgegenklage nach § 767 ZPO zu erheben. Wiederkehrende Leistungen, insbes also Schadensersatzrenten, können bei Veränderungen des Sachverhalts nach § 323 ZPO angepasst werden. MERTENS (SOERGEL/MERTENS vor 249 Rn 290) erwägt, in einem neuen Verfahren nur dann neue Tatsachen zu berücksichtigen, wenn sie von der Prognose in so krasser Weise abweichen, dass sich die ursprüngliche Bewertung im nachhinein als völlig verfehlt erweist. Eine solche Einschränkung würde jedoch dem ursprünglichen Urteil Elemente eines Vergleichs oder Erlasses zuweisen, die nur der Disposition der Parteien selbst unterliegen (iE wie hier BGH NJW-RR 2001, 1450; SCHULTZ AcP 191 [1991] 434, 456 f; MünchKomm/OETKER § 249 Rn 307).

2. Materiell-rechtlich

81 Der prozessual maßgebliche Zeitpunkt der Schadensberechnung ist nicht zugleich materiell-rechtlich entscheidend (heute allgM, zB BGHZ 27, 181, 188; LENT DJ 1941, 770 ff; ZEUNER AcP 163 [1964] 380, 400; GOSSLER, Der Zeitpunkt der Schadensbemessung im Deliktsrecht [Diss Freiburg 1977]; MünchKomm/OETKER § 249 Rn 298; LANGE, in: LANGE/SCHIEMANN 46 – anders noch RGZ 142, 8, 11 f). Materiell-rechtlich kommt es vielmehr in erster Linie darauf an, dem Prinzip der Totalreparation (dazu § 249 Rn 2) wie auch dem Bereicherungsverbot (oben Rn 2) gerecht zu werden. Deshalb sind Veränderungen des Schadens (zB marktbedingte Erhöhungen oder Ermäßigungen der Herstellungskosten nach § 249 Abs 2) bis zum Erlöschen des Schadensersatzanspruchs relevant. Der rechtliche Erlöschensgrund ist die Erfüllung. Daher nimmt die hM zu Recht an, dass die Ersatzpflicht nach den Verhältnissen **im Zeitpunkt der Erfüllung** zu beurteilen ist (BGHZ 79, 249, 258; AK-BGB/RÜSSMANN vor § 249 Rn 82; MünchKomm/OETKER § 249 Rn 302;

LANGE, in: LANGE/SCHIEMANN 46). Höchst problematisch ist hiernach der Ersatz bloßer Interimsschäden, die sich daraus ergeben, dass der Geschädigte das beschädigte Gut zeitweilig entbehren musste, sich aber ohne konkreten Ersatzaufwand beholfen hat (dazu § 251 Rn 73 ff). Der BGH (NJW 1978, 262) hatte eine Ersatzpflicht des Schädigers für die von ihm durch Immissionen bewirkte Wertminderung eines Grundstücks in einem Fall verneint, in dem die Immissionen später geendet hatten. Nach der inzwischen ergangenen Entscheidung des GS (BGHZ 98, 212) wäre der Fall aber anders zu beurteilen, wenn das Grundstück vom Geschädigten selbst bewohnt worden ist. Liegt diese Voraussetzung (entsprechend beim selbstgenutzten Pkw) vor, geht der BGH demnach vom Zeitpunkt der Schadensentstehung aus. Einen ähnlichen Ausgangspunkt wählen die Anhänger der Lehre vom „objektiven Schadenskern", wonach zB der gemeine Wert einer Sache stets als Mindestschaden zu ersetzen ist (NEUNER AcP 133 [1931] 277, 293 ff; STEINDORFF JZ 1967, 361; STOLL, Begriff und Grenzen des Vermögensschadens [1973] 12; HAGEN in: LANGE/HAGEN, Wandlungen des Schadensersatzrechts [1987] 79 ff). Aber diese Auffassung ist schon deshalb abzulehnen, weil sie zu einem unerträglichen Wertungswiderspruch zur Behandlung von Körperschäden führt: Dort werden Minderungen der Erwerbsfähigkeit ohne die konkrete Absicht und Möglichkeit einer Verwertung der Arbeitskraft ebenso wenig ersetzt wie bestimmte „Taxen" für einzelne Glieder oder Organe. Körper und Gesundheit sind jedoch höherwertige Güter als das Sacheigentum. Letzteres darf daher auch nicht schadensrechtlich bevorzugt werden.

82 Nach der Erfüllung kann idR weder der Entschädigungsberechtigte eine Nachforderung erheben, weil zB die Herstellung teurer wird, noch der Ersatzpflichtige eine Rückforderung verlangen, weil die Herstellung billiger ausgefallen ist als erwartet. Dies setzt freilich voraus, dass der Geschädigte die Leistung als vollen Ersatz akzeptiert hat. Für nach der Erfüllung neu entstehende Schadensposten wird dies meist nicht der Fall sein. Hinsichtlich kleiner Änderungen hingegen spricht die vorangegangene Erfüllung für die Bereitschaft beider Parteien des Schadensverhältnisses, den Schadensfall möglichst abzuschließen (**aA** MünchKomm/OETKER § 249 Rn 302; SOERGEL/MERTENS vor § 249 Rn 291). Eine entsprechende materiell-rechtliche Wirkung kann auch der letzten mündlichen Verhandlung im Schadensersatzprozess zukommen, soweit dadurch neues tatsächliches Vorbringen im Verfahren ausgeschlossen worden wäre (LANGE, in: LANGE/SCHIEMANN 48).

83 Hat umgekehrt der Geschädigte vor der Erfüllung einer Ersatzleistung nach § 249 Abs 2 oder 251 Abs 1 den Schaden bereits **selbst** durch Reparatur oder Ersatzbeschaffung **beseitigt**, ist der Zeitpunkt der Herstellung maßgeblich (RGZ 98, 54, 56; BGHZ 1, 34, 40). Dies ergibt sich daraus, dass der Geschädigte mit der Abwicklung des Schadens nicht auf einen gerade für den Schädiger günstigen Termin zu warten braucht. Die Wahl eines besonders ungünstigen Zeitpunktes kann freilich nach § 254 Abs 2 S 1 zu berücksichtigen sein (vgl LANGE, in: LANGE/SCHIEMANN 48).

84 Für den Schadensersatzanspruch **statt der Leistung** (früher: wegen Nichterfüllung) hat der BGH (NJW 1984, 2570, 2572) in einem besonderen Fall den Zeitpunkt des Eintritts der Unmöglichkeit für maßgeblich erklärt: Ein Erbe hatte einem Vermächtnisnehmer den Eintritt in eine OHG unmöglich gemacht. Hier meinte der BGH, den Vermächtnisnehmer vor dem Einwand des Wertverlustes der ihm zugedachten Beteiligung nach der ausgebliebenen Erfüllung schützen zu müssen. Es ist jedoch kein Grund dafür zu erkennen, den um einen Gesellschaftsanteil geschädigten Legatar besser zu stellen als jemanden, dem irgend ein anderer Gegenstand beschädigt worden ist (iE ebenso MünchKomm/Oetker § 249 Rn 301 Fn 1074; Lange, in: Lange/Schiemann 49).

85 Keiner besonderen rechtlichen Beurteilung bedarf auch der Fall der Beschädigung einer langfristig vermieteten oder verpachteten Sache durch den Mieter oder Pächter (vgl RG SeuffA 46 Nr 15; 73 Nr 103; OLG Düsseldorf NJW 1977, 585 u hierzu Staudinger/Medicus[12] § 249 Rn 241): Erfüllt der Mieter zB den Anspruch auf Reparaturkosten, ist hierdurch ein Anspruch wegen eines erst bei Rückgabe der Mietsache feststehenden oder schätzbaren Wertverlustes nicht ausgeschlossen. Anderes gilt nur hinsichtlich des **merkantilen Minderwerts** von Kfz: Wegen des außerordentlich lebhaften Gebrauchtwagenmarktes ist der nach der Reparatur verbleibende Wertverlust (zu Zweifeln daran § 251 Rn 37) sogleich feststellbar und dann auch nach dem für diesen Zeitpunkt maßgeblichen Betrag zu entschädigen. Dies liegt einfach daran, dass der Pkw nicht nur als Gebrauchsobjekt, sondern auch als Vermögensgegenstand beschädigt worden ist und die Reparatur allein daher zur Totalreparation des Vermögens möglicherweise nicht genügt: Der Minderwert ist dann der schon eingetretene Wertverlust; richtet sich der Geschädigte so ein, dass er diesen Verlust gar nicht spürt (zB indem er das Fahrzeug solange selbst fährt, wie es auch ohne den Unfall hätte gefahren werden können), betrifft dies allein die Sphäre des Geschädigten – so wie er bei Totalschaden nach hM den Wiederbeschaffungswert auch dann erhält, wenn er künftig öffentliche Verkehrsmittel benutzt. Gerät freilich – was wohl nur theoretisch zu erwägen ist – der Gebrauchtwagenmarkt selbst vor der Erfüllung des Wertersatzanspruchs so sehr in Unordnung, dass der merkantile Minderwert neu festgelegt werden müsste, wird die Erfüllung des Schadensersatzanspruchs durch die Bezahlung des neuen Minderwertes bewirkt. Aber auch dann sind nicht individuelle Änderungen beim Geschädigten oder Schädiger maßgeblich, sondern allein Änderungen des Marktes als der Grundlage jeder Wertbemessung. Dies entspricht dem materiell-rechtlichen Ausgangspunkt, dass es sich bei der Schadensersatzverpflichtung nach §§ 249 Abs 2, 251 Abs 1 um eine Geldwertschuld handelt, auf die sich Wert- und Preisschwankungen allgemein auswirken (MünchKomm/Oetker § 249 Fn 1071).

VIII. Prozessuales, insbes Behauptungs- und Beweislast*

1. Grund- und Betragsverfahren

86 Nach § 304 ZPO kann über den Grund des Schadensersatzanspruchs bereits ein Zwischenurteil gefällt werden, noch bevor der gesamte Prozessstoff entscheidungsreif ist. Dies ist der Fall, wenn die Höhe des Schadens streitig und nicht hinlänglich

---

* **Schrifttum:** Arens, Dogmatik und Praxis der Schadensschätzung, ZZP 88 (1975) 1; vGerlach, Die prozessuale Behandlung von Schmerzensgeldansprüchen, VersR 2000, 525; Gottwald, Schadenszurechnung und Schadensschätzung (1979); Hanau, Die Kausalität der Pflichtwidrigkeit (1971); Heller, Die gerichtliche Schadensermittlung nach § 287 ZPO (Diss Erlangen 1977); Henckel, Grenzen richterlicher Schadensschätzung, JuS 1975, 221; Höfle, Prozessuale Besonderheiten im Haftpflichtprozess, r + s 2002, 397; Klauser, Möglichkeit und Grenze richterlicher Schadensschätzung (§ 287 ZPO), JZ 1968, 167; Leipold,

aufgeklärt ist. Allerdings kann ein Grundurteil nur ergehen, wenn überhaupt ein Schaden eingetreten ist. Hinsichtlich dieser Frage begnügt sich die Rspr im Rahmen des Grundurteils aber mit der naheliegenden Wahrscheinlichkeit für die Entstehung eines Schadens der eingeklagten Art, so dass die Klage auch nach einem rechtskräftigen Grundurteil mangels eines Schadens noch scheitern kann (RGZ 132, 16, 19 f; 151, 5, 8 f; BGH LM Nr 16 zu § 304 ZPO; VersR 1979, 181). Wegen eines Mitverschuldens des Klägers ist zu unterscheiden: Wenn es den Anspruch überhaupt ausschließen könnte, ist es bereits für das Grundurteil zu prüfen. Dagegen kann die Prüfung eines bloß anspruchsmindernden Mitverschuldens dem Betragsverfahren überlassen bleiben (BGHZ 1, 34, 36; 76, 397, 400; 110, 196, 202, ebenso MünchKomm/Oetker § 254 Rn 146; Soergel/Mertens § 254 Rn 135; Palandt/Heinrichs § 254 Rn 82, abl Esser/Schmidt I 2 § 35 I 1). Kommen jedoch mindestens zwei verschiedene Kausalverläufe in Betracht und ist ein Mitverschulden je nach diesem Verlauf in unterschiedlichem Maße wahrscheinlich, muss schon vor dem Erlass eines Grundurteils die Frage des Mitverschuldens geklärt werden (BGH NJW 1979, 1933). Auch in einem Feststellungsurteil muss über das Mitverschulden entschieden werden (BGH NJW 1978, 544; 1997, 3176; ZIP 2000, 72). Ist ein derartiges Urteil ergangen, wird der Ersatzpflichtige mit solchen Tatsachen präkludiert, die er im Feststellungsverfahren hätte vorbringen können (BGH NJW 1989, 105). Wird das Mitverschulden nach diesen Grundsätzen schon in einem Zwischenurteil bejaht, muss dieses Urteil auf eine Quote lauten. Dies gilt jedoch nicht für das Schmerzensgeld: Hierbei ist nicht ein zunächst „an sich" angemessener Betrag zu ermitteln und dann quotal zu kürzen; vielmehr bildet die Mitwirkung einen von vielen Abwägungsgesichtspunkten für die Begründung des billigen Betrages. Daher hat das Gericht in einem Grundurteil nur auszusprechen, dass der Anspruch unter Berücksichtigung eines Mitverschuldens begründet ist, während über die genauen Auswirkungen des Mitverschuldens im Betragsverfahren entschieden wird (BGH VersR 1970, 624). Im Grundurteil kann aber festgelegt werden, mit welchem Gewicht Mitverursachung und Mitverschulden neben anderen Bemessungsfaktoren zu berücksichtigen sein wird (BGH NZV 1991, 305, vgl auch § 253 Rn 40, 50).

2. Teilklage

Teilklagen sind in der Praxis des Schadensersatzes verbreitet, wobei allerdings zu **87** beachten ist, dass die Teilklage nur in Höhe des geltend gemachten Teilbetrages die **Verjährung** hemmt (BGHZ 151, 1, 2 f). Probleme ergeben sich ferner wiederum in Fällen eines **Mitverschuldens** nach § 254. Denkbar wäre, die Anspruchsminderung nach § 254 auf den nicht eingeklagten Teil oder gleichmäßig auch auf den eingeklagten zu beziehen (vgl einerseits E Schneider MDR 1962, 444; 958, andererseits vGerkan

---

Beweismaß und Beweislast im Zivilprozess (1985); Lepa, Beweislast und Beweiswürdigung im Haftpflichtprozess (1988); Maassen, Beweismaßprobleme im Schadensersatzprozess (1975); G Müller, Beweislast und Beweisführung im Arzthaftungsprozess, NJW 1997, 3049; Piekenbrock, Bindungswirkung von Feststellungsurteilen im Schadensersatzprozess, MDR 1998, 201; J Prölss, Beweiserleichterungen im Schadensersatzprozess (1966); Prütting, Gegenwartsprobleme der Beweislast (1983); ders, Beweiserleichterungen für den Geschädigten, Karlsruher Forum 1989, 3; Stoll, Haftungsverlagerung durch beweisrechtliche Mittel, AcP 176 (1976) 145; H Weber, Der Kausalitätsbeweis im Zivilprozess (1997); M Werner, Beweiswürdigung im Schadensersatzprozess nach § 287 ZPO (Diss Würzburg 1970).

MDR 1962, 866; 1963, 105). IdR ist die Anspruchsminderung auf den nicht eingeklagten Teil zu beschränken, weil der Kläger mit der Teilklage gerade vermeiden will, mit einem Teil der Kosten belastet zu werden (RGZ 122, 351, 360; BGH NJW-RR 1998, 948, 949; OLG München NJW 1970, 1924, 1927; OLG Bremen ZIP 1999, 1671, 1679; OLG Schleswig VersR 1983, 932 sogar für den Fall, dass der nicht eingeklagte Teil des Anspruchs verjährt ist; MünchKomm/OETKER § 254 Rn 144; SOERGEL/MERTENS § 254 Rn 134). Anders ist zu entscheiden, wenn der Geschädigte mit der Teilklage gerade eine Entscheidung über die Höhe der Verantwortungsquoten anstrebt. Das muss jedoch schon im Klageantrag deutlich zum Ausdruck kommen. Lässt sich hierüber auch durch Auslegung keine Klarheit gewinnen, muss das Gericht von § 139 ZPO Gebrauch machen (MünchKomm/OETKER aaO).

3. Behauptungs- und Beweislast

88 a)   Für den Umfang des Schadens trägt **der Geschädigte**, wenn keine Sonderregeln bestehen, genauso die Behauptungs- und Beweislast wie für alle anderen anspruchsbegründenden Tatsachen, insbes für den haftungsbegründenden Tatbestand. Hierzu gehören freilich nicht der Kausalzusammenhang und der Umfang des Schutzzwecks der verletzten Norm. Beides sind Verknüpfungen von Tatsachen durch richterliche, uU auch sachverständige Beurteilung (LANGE, in: LANGE/SCHIEMANN 162). Nur die Tatsachen selbst, auf die sich die richterliche Bewertung stützt, unterliegen den Beweislastregeln. Überaus zahlreich sind jedoch die vor der Auffangregel anwendbaren spezielleren Grundsätze, die teils auf gesetzlichen Vorschriften, teils auch auf Richterrecht beruhen. Die Auffangregel lässt sich daher kaum noch als allgemeiner Grundsatz des Schadensrechts bezeichnen (ähnlich MünchKomm/GRUNSKY[3] vor § 249 Rn 130).

89 b)   Gesetzliche Beweisregeln finden sich außer in Spezialgesetzen (zB §§ 18 Abs 1 S 2 StVG, 1 Abs 4 S 2 ProdHaftG, 84 Abs 2 AMG, 34 GenTG, 6, 7 Umwelt HG) sowohl im vertraglichen wie im außervertraglichen Haftungsrecht: Bei Pflichtverletzungen im Allgemeinen (§ 280 Abs 1 S 2) und Verzug insbesondere (§ 286 Abs 4) muss der Schuldner beweisen, dass er die Leistungsstörung nicht zu vertreten hat. Die Regelung zur Pflichtverletzung gilt nunmehr auch bei positiver Forderungsverletzung und culpa in contrahendo (§§ 311 Abs 2 u 3, 241 Abs 2). Nach § 619a hat der Arbeitnehmer gegenüber dem Arbeitgeber Schadensersatz allerdings ausdrücklich von § 280 Abs 1 abweichend nur zu leisten, wenn er eine Pflichtverletzung zu vertreten hat. Darin hat der Gesetzgeber eine „Rückverlagerung" der Beweislast auf den Arbeitgeber als Schadensersatzgläubiger ausgedrückt (MünchKomm/OETKER § 249 Rn 441). Widerlegliche Verschuldensvermutungen enthält ferner das Deliktsrecht in §§ 831 Abs 1 S 2, 832 Abs 1 S 2, 833 S 2, 834 S 2, 836 Abs 1 S 2.

90   Im Schadensrecht selbst enthält **§ 252 S 2** eine Beweiserleichterung für den Geschädigten (vgl § 252 Rn 18 ff). Sie geht über einen bloßen Anscheinsbeweis dafür hinaus, dass bei Vorliegen der „besonderen Umstände" und der „getroffenen Anstalten und Vorkehrungen" der geltend gemachte Gewinn eingetreten wäre. Denn dann würde bereits die Darlegung der ernsthaften Möglichkeit eines abweichenden Verlaufs den Nachweis entkräften (unten Rn 100; für bloße Anscheinswirkung aber J PRÖLSS, Beweiserleichterungen im Schadensersatzprozess [1966] 39 ff). Vielmehr trägt der Ersatzpflichtige die volle Beweislast dafür, dass der überwiegend wahrscheinlich gemachte Gewinn tatsächlich nicht eingetreten wäre. Es handelt sich also auch bei § 252 S 2 um eine widerlegliche Vermutung (BGH NJW-RR 1996, 1077; 2001, 1542; NJW 2002, 2553; Münch-Komm/OETKER § 252 Rn 31 mwNw Fn 91).

Schon aus der materiellrechtlichen Bedeutung des § 254 ergibt sich, dass nach der **91** beweisrechtlichen Auffangregel (oben Rn 88) der Ersatzpflichtige die Beweislast für das **Mitverschulden** trägt: Zwar handelt es sich hierbei nicht um eine Einrede, sondern um einen von Amts wegen zu prüfenden Einwand (hM, BGH NJW 1991, 166, 167; 2000, 217, 219; MünchKomm/OETKER § 254 Rn 143; PALANDT/HEINRICHS § 254 Rn 82); auf § 254 findet jedoch die ROSENBERG'sche Formel Anwendung, nach der jede Partei die Tatsachengrundlage für die ihr günstigen Normen darzulegen und zu beweisen hat, hier also der Schädiger (zB RGZ 159, 257, 261; BGHZ 61, 346, 351; 91, 243, 260; BGH NJW 1994, 3102, 3105; BAUMGÄRTEL/STRIEDER, Hdb der Beweislast[2] [1991] § 254 Rn 1 mNw). Dabei wird wie bei der Schadensbegründung der Beweis dafür, dass die nach § 286 ZPO festgestellten Tatsachen für den Schaden oder seine Höhe mitursächlich geworden sind, durch § 287 ZPO erleichtert (vgl unten Rn 102 u für § 254 insbes R WEBER NJW 1986, 2667, 2669 mNw). Dem Schädiger kann ferner bei typischen Geschehensabläufen der Anscheinsbeweis helfen (BGH VersR 1956, 194; 1964, 297; 1983, 440; NJW 1991, 230; MünchKomm/OETKER § 254 Rn 43, 145 mNw; HÄUBLEIN VersR 1999, 163, 166). Zunehmend betont freilich der BGH (BGHZ 91, 243, 260; BGH NJW 1996, 652, 653; 1998, 3706), dass auch der Geschädigte an der Aufklärung des Sachverhalts durch Darlegung und Beweis von Tatsachen aus seiner Sphäre mitzuwirken hat. Dies gilt in besonderem Maße für die Obliegenheiten des Geschädigten zur Schadensminderung nach § 254 Abs 2, vor allem für die Frage, ob der Verletzte eine andere zumutbare Arbeit hätte finden können (BGH NJW 1979, 2142): Der arbeitsfähige Verletzte muss den Schädiger über die nach seiner Ansicht zumutbaren Arbeitsmöglichkeiten und seine Bemühungen um einen Arbeitsplatz unterrichten. Dann kann der Schädiger darlegen und beweisen, der Verletzte hätte eine konkrete zumutbare Arbeit erhalten können. Untätigkeit des Verletzten kann der Tatrichter gegen ihn bis hin zur Umkehrung der Beweislast verwenden. Andererseits muss sich der Schädiger zB entgegenhalten lassen, er habe durch Unfallflucht die Aufklärung des Unfallhergangs erschwert (BGH VersR 1966, 730).

Zugunsten des Schädigers gelten noch einige weitere **Abweichungen**. So muss der **92** Geschädigte beweisen, dass er für seine Mitwirkung an dem Schadensereignis nach § 827 nicht verantwortlich ist (RGZ 108, 86, 90). Bei einem nur wahlweise festgestellten Schadensablauf darf nicht die für den Geschädigten günstigere Alternative auch insoweit zugrunde gelegt werden, als es sich um die Mitwirkung des Schädigers handelt. Vielmehr soll auch dem Schädiger nur der gegen ihn erwiesene (ihm günstigere) Tatbeitrag zur Last gelegt werden, auch wenn das zur Kombination zweier miteinander nicht vereinbarer Abläufe führt (BGH NJW 1978, 421, 423; GEIGEL/RIXECKER, Der Haftpflichtprozess[24] [2004] Rn 2.61). Generell gilt auch zu Lasten des Geschädigten der Grundsatz, dass er Ausnahmen zu seinen Gunsten beweisen muss. Steht zB fest, dass er die Warnpflicht nach § 254 Abs 2 S 1 verletzt hat, trägt er die Beweislast dafür, dass der Schädiger die Warnung nicht befolgt hätte (BGH Betrieb 1956, 110). § 282 aF war nach hM auf die Abwägung nach § 254 nicht anwendbar, da die spezifische Beweisnot des Gläubigers fehlte, der nicht wissen kann, was aus der ihm zustehenden Leistung geworden ist (BGHZ 46, 260, 268; MünchKomm/OETKER § 254 Rn 145; PALANDT/HEINRICHS § 254 Rn 82, beide auch für § 280 Abs 1 nF). Dem wird man unter der Geltung des § 280 Abs 1 S 2 nF nicht (mehr) folgen können: Die Neuregelung weist die verschuldensrelevanten Umstände von Gesetzes wegen der Sphäre des Pflichtbelasteten zu. Was bei feststehender Pflicht- oder Obliegenheitsverletzung in die Sphäre des Verletzers gehört, kann aber nicht davon abhängen, ob derjenige, an den die Rechtsordnung die Anforderung eines bestimmten Verhaltens stellt, Schädiger oder Geschädigter ist (ebenso STAUDINGER/BELLING/EBERL-BORGES [2002] § 831 Rn 40; LOOSCHELDERS, Die Mitverantwortlichkeit des Geschädigten im Privatrecht [1999] 584 f). Nach den Vorschlägen des 17. Deutschen Verkehrsgerichtstages (1979, 8, auch in: VersR 1979, 217) muss der Geschädigte darlegen und beweisen, dass er eine vom Schädiger nachgewiesene kostengünstige Möglichkeit zur Schadensbeseitigung nicht hätte nutzen können.

93 c)   Für eine Reihe von Rechtsfiguren des Allgemeinen Schadensrechts haben sich Sonderregeln zur Beweislast herausgebildet. Für die Fälle **hypothetischer Kausalität** (§ 249 Rn 92 ff) ergibt sich eine gesetzliche Anknüpfung bei §§ 287 S 2, 848. Nach diesen Vorschriften muss der Schuldner im Verzug und der Deliktsschuldner beweisen, dass der Schaden auch ohne das schuldhafte Verhalten des Schädigers eingetreten wäre. Dies lässt sich dahin verallgemeinern, dass der Erstschädiger den hypothetischen Eintritt einer ihn entlastenden Reserveursache beweisen muss (BGHZ 29, 207, 215 f; BGH VersR 1959, 752; 811, 812; 1963, 674; 1969, 43; NJW 1967, 551; 1983, 1053 mNw; 1986, 2838; 1993, 520; PALANDT/HEINRICHS vor § 249 Rn 101; BAUMGÄRTEL/STRIEDER Hdb der Beweislast I² [1991] § 249 Rn 10 f; MünchKomm/OETKER § 249 Rn 218, aA LEMHÖFER JuS 1966, 337, 341 ff). Freilich betrifft die Relevanz von hypothetischen Ursachen in Wahrheit keine Kausalitätsfrage, sondern eine Frage der Schadensberechnung. Deshalb gilt auch hierfür § 287 ZPO (unten Rn 101 ff). Infolgedessen hat der Schädiger, der sich auf eine Reserveursache beruft, nicht den vollen Beweis zu erbringen, sondern nur die tatsächlichen Grundlagen darzulegen und zu beweisen, aus denen das Gericht mit hinlänglicher Wahrscheinlichkeit die Einschränkung des Ersatzanspruchs erschließen kann (vgl LANGE, in: LANGE/SCHIEMANN 198 f). Hierbei ist jedenfalls zu beachten, dass nach dem erbrachten Beweis der ersatzbegründenden Tatsachen durch den Geschädigten der Eintritt des Schadens die Regel, dessen Verhinderung oder Beschränkung durch die hypothetische Schadensentwicklung aber die Ausnahme ist. All dies gilt ebenso für das rechtmäßige Alternativverhalten (§ 249 Rn 102 ff) wie für die Auswirkung einer Schadensanlage oder das hypothetische Eingreifen einer anderen Reserveursache. Beim rechtmäßigen Alternativverhalten ist freilich sorgfältig zu prüfen, ob der Schädiger sich wirklich darauf beruft, der Schaden wäre auch durch sein pflichtgemäßes Verhalten eingetreten, oder ob er die Entstehung eines Schadens durch das pflichtwidrige Verhalten überhaupt leugnet. Die zweite Alternative lag im Fall von BGH NJW 1996, 311 vor: Der Kläger beanspruchte Ersatz für entgangenen Gewinn, weil der Beklagte ein Kundenschutzabkommen mit dem Kläger gebrochen und dessen bisherigen Kunden direkt beliefert hatte. Demgegenüber berief sich der Beklagte darauf, dass der Kunde mit dem Kläger ohnehin keine Geschäfte mehr getätigt hätte. Darin lag ein Leugnen des entgangenen Gewinns überhaupt. – Da die **Vorteilsausgleichung** dieselbe Struktur wie die hypothetische Kausalität hat (vgl GRUNSKY, in: FS Lange [1992] 469 ff), gelten für sie entsprechende Beweislastregeln: Die tatsächlichen Grundlagen der Vorteilsausgleichung hat der Schädiger darzulegen und zu beweisen (§ 249 Rn 141 aE).

94 d)   Über die oben (Rn 89–93) behandelten Beweiserleichterungen für den Geschädigten hinaus sind von der Rspr in bestimmten Lebensbereichen Sonderregeln zugunsten des Ersatzberechtigten entwickelt worden. Dies ist besonders deutlich im **Arzthaftungsrecht** (vgl auch STAUDINGER/OTTO [2004] § 280 Rn F 41 ff). Allerdings lehnte der BGH unter dem früheren Recht in stRspr (dazu zuletzt R WEBER NJW 1997, 761, 763 f; G MÜLLER NJW 1997, 3049 ff) die entsprechende Anwendung des § 282 aF auf die Arzthaftung ab. Dies passte zur Verteilung der Beweislast bei positiver Forderungsverletzung nach Gefahrenbereichen. Denn die Gefahr von Krankheit und gesundheitlichen Schäden kommt zunächst aus der Sphäre des Patienten, nicht des Arztes. Diese langjährige Praxis hat der Gesetzgeber der Schuldrechtsmodernisierung nicht durch die Neufassung des § 280 Abs 1 S 1 berichtigen oder gar beseitigen wollen. Daher ist davon auszugehen, dass auch unter der Geltung des § 280 Abs 1 der Patient eine objektiv fehlerhafte Behandlung durch den Arzt darzulegen und zu beweisen hat (STAUDINGER/OTTO § 280 Rn F 47; MünchKomm/ERNST § 280 Rn 158; KATZENMEIER VersR 2002, 1066, 1068; SPICKHOFF NJW 2002, 2530, 2532). Dies ergibt sich gerade nicht schon aus der Erfolglosigkeit oder aus schädlichen Folgen der Behandlung sondern idR erst aus der objektiven **Verletzung ärztlicher Standards**. Nur bei eklatanten Missgriffen (zB Amputation des gesunden statt des kranken Beins) ist ausnahmsweise unmittelbar aus dem „Erfolg" auf die Pflichtverletzung zu schließen (STAUDINGER/OTTO § 280 Rn F 46; MünchKomm/ERNST § 280 Rn 158). Insbesondere trägt der Patient hiernach nicht nur die Darlegungs- und Beweislast dafür, dass ein objektiver Behandlungsfehler vorlag, sondern auch dafür, dass die objektive Verletzung des ärztlichen Standards **Ursache** für die Gesundheitsverletzung des Patienten war. In drei Fallgruppen gewährt der BGH dem Patienten dennoch Beweiserleichterungen bis hin zur Umkehr der Beweislast:

Hat der Arzt einen **groben Behandlungsfehler** begangen, kann die Kausalität dieses Fehlers für die Gesundheitsbeeinträchtigung des Patienten vermutet werden (RGZ 171, 168, 171; BGHZ 85, 212, 216; 132, 47; 138, 1; BGH NJW 1988, 2949, 2950; 1995, 778; 2002, 2944). Grund für diese Beweiserleichterung ist die Erschwerung des Beweises für den Patienten, die sich typischerweise hinsichtlich der Kausalität zwischen Behandlungsfehler und Schaden aus dem Gewicht des Fehlers ergibt. Einen derartigen groben Fehler nimmt die Rspr an, wenn der Arzt eindeutig gegen bewährte ärztliche Behandlungsregeln oder gesicherte medizinische Erkenntnisse verstoßen und einen Fehler begangen hat, der objektiv nicht mehr verständlich ist, weil er dem Arzt schlechterdings nicht unterlaufen darf (BGH NJW 1995, 778; 1996, 2428). Bei einer Gesamtbetrachtung kann auch die Häufung mehrerer an sich nicht grober Fehler die Behandlung insgesamt als grob fehlerhaft erscheinen lassen (OLG Koblenz VersR 1989, 629; OLG Köln NJW RR 1991, 800). Auch die bloße – mögliche – Mitursächlichkeit des groben Behandlungsfehlers neben anderen, zB genetischen Faktoren genügt für die Beweislastumkehr (BGH LM § 823 [C] BGB Nr 71 = MDR 1997, 147). Andererseits scheidet die Beweiserleichterung aus, wenn die Ursächlichkeit eines anderen, nicht schweren Behandlungsfehlers feststeht (BGH NJW 1981, 2513). Da der Grund für die Beweiserleichterung die spezifische Beweisnot des Patienten sein soll, ist freilich bisher noch keine überzeugende Begründung dafür gefunden worden, weshalb bei einem nachgewiesenen Behandlungsfehler, der den Schaden herbeizuführen geeignet war, die Beweiserleichterung erst eingreift, falls dieser Fehler als grob oder schwer gekennzeichnet werden kann (vgl STOLL AcP 176 [1976] 145, 157 und dazu genauer und die Kritik i E abl KATZENMEIER, Arzthaftung [2002] 454 ff mNw).

96 Der grobe Fehler des Arztes, der nach der Rspr eine Beweiserleichterung für den Patienten rechtfertigt, kann auch in der (uU falschen) Diagnose liegen (BGHZ 132, 47; BGH NJW 1995, 778; Übersicht bei KATZENMEIER 449 f). **Mangelnde Befundsicherung** durch Unterlassen naheliegender Kontrolluntersuchungen oder durch unsorgfältige Aufbewahrung erhobener Befunde kommt einem groben Behandlungsfehler nahe und wird deshalb ähnlich behandelt (BGHZ 85, 212, 216; 99, 391, 396; 132, 47; BGH NJW 1996, 779; KATZENMEIER 450 ff mNw). Freilich soll der Patient durch die Beweiserleichterung nicht besser gestellt werden, als er stünde, wenn der Befund erhoben worden wäre oder zur Beurteilung durch einen Sachverständigen zur Verfügung stünde. Deshalb tritt eine Beweislastumkehr hinsichtlich der Verursachung des Gesundheitsschadens nur ein, wenn Anhaltspunkte dafür vorliegen, dass die Befunde, wären sie denn erhoben worden oder verfügbar, einen groben Behandlungs- oder Diagnosefehler nahe legen würden (BGHZ 132, 347). Darin entspricht der Mangel der Befundsicherung einem allgemeinen Dokumentationsmangel: Soweit eine Dokumentation (insbes auf Krankenblättern oder in Operationsberichten) medizinisch geboten war, um Ärzte und Pflegepersonal über die weiteren notwendigen Maßnahmen zu informieren, begründet ihr Fehlen die Vermutung, dass die aufzeichnungspflichtigen diagnostischen oder therapeutischen Vorkehrungen unterblieben sind (BGH NJW 1989, 2330; 1993, 2375). Stellt das Unterlassen solcher Vorkehrungen einen groben Behandlungsfehler dar, ergibt sich somit indirekt aus dem **Dokumentationsmangel** (auch dazu umfassend KATZENMEIER 470 ff mNw) eine Beweiserleichterung für das Vorliegen eines groben Behandlungsfehlers und dafür, dass er den gesundheitlichen Schaden des Patienten verursacht hat (BGHZ 129, 6, 10; 132, 47; BGH NJW 1993, 2375; 1996, 779; 1999, 862). – Entsprechende Beweiserleichterungen sind bei anderen Angehörigen von Berufen anzuwenden, die mit Leben, Körper oder Gesundheit (auch von Tieren, vgl BGH VersR 1980, 428; OLG München VersR 1989, 714) zu tun haben (so insbes im Bademeister-Fall BGH NJW 1962, 959; zum Zahnarzt BGH NJW 1994, 799; zum Heilpraktiker OLG Hamm VersR 1987, 1019).

97 e) Der zweite Bereich von Sonderregeln zur Behauptungs- und Beweislast ist die Verletzung von **Beratungs- und Aufklärungspflichten**: Ist die schuldhafte Verletzung einer solchen vertraglichen oder vorvertraglichen Pflicht erwiesen, ist es idR Sache des Ersatzpflichtigen, darzulegen und zu beweisen, dass sich der mangelhaft oder gar nicht Aufgeklärte oder Beratene bei ordnungsgemäßem Verhalten des Schuldners gleichfalls für eine schadensbegründende Alternative entschieden hätte (grundlegend BGHZ 61, 118, 122, vgl STAUDINGER/OTTO [2004] § 280 Rn F 32 u speziell zur hypothetischen Einwilligung des Patienten § 249 Rn 107 f). Dieser Einwand des rechtmäßigen Alternativverhaltens kann nur durchgreifen, wenn beim Geschädigten ein echter Entscheidungskonflikt vorlag. Davon ist in den seltensten Fällen auszugehen. Soweit freilich zB bei einem Patienten die Verweigerung der Einwilligung zu einer ärztlichen Maßnahme als Mitverschulden zu werten wäre, macht es keinen rechten Sinn, die Entscheidung des Arztes für die Maßnahme ohne ausreichende Aufklärung und Einwilligung des Patienten sogleich als Zurechnungsgrund für die schädlichen Folgen der Maßnahme zu werten. Bei der Verletzung von Aufklärungs- und Beratungspflichten durch einen Rechtsanwalt hat die Rspr in neuer Zeit entschieden, dem Mandanten nur mit einem **Anscheinsbeweis** zu helfen (grundlegend BGHZ 123, 311, 314 ff u dazu STAUDINGER/OTTO [2004] § 280 Rn F 58 mNw; vgl ferner BGHZ 126, 217, 223; BGH NJW 1994, 1472, 1475; 1998, 749, 750). Für andere vermögensberatende Berufe hält der BGH hingegen daran fest, dass der Aufklärungspflichtige vollen Beweis dafür zu erbringen hat, dass seine Pflichtverletzung für den eingetretenen Schaden nicht kausal geworden ist (BGHZ 124, 151, 159; aA PALANDT/HEINRICHS § 280 Rn 39). Eine Vereinheitlichung der rechtlichen Beurteilung von Kausalzusammenhängen erscheint dringend erwünscht. Der Nachteil einer Beweislastumkehr liegt sehr oft in einer überschießenden Sanktion. Dies empfindet offenbar vielfach auch die Rspr, wie sich an den neuen Einschränkungen der Beweislastumkehr bei der Arzthaftung hinsichtlich der Befundsicherung und Dokumentation (oben Rn 96) und bei der Anwaltshaftung zeigt. Konsequenter wäre es daher, generell den Anscheinsbeweis als Ausgangspunkt für die prozessuale Würdigung der Kausalitätsfrage anzusehen (iE ebenso H WEBER, Der Kausalitätsbeweis im Zivilprozess [1997] 231 ff; vgl zur Kritik am „Ping Pong" des Alles oder Nichts durch die praktizierten Beweisregeln zur Aufklärungspflichtverletzung ferner HIRTE, Berufshaftung [1996] 479 ff).

f) Wesentliche Beweiserleichterungen hat die Rspr ferner in den Bereichen der **Produkt- und Umwelthaftung** entwickelt. Inzwischen sind beide Gebiete auch gesetzlich geregelt durch die Gefährdungshaftung für fehlerhafte Produkte nach § 1 Abs 1 ProdHaftG und die Kausalitätsvermutung bei umweltgefährdenden Anlagen nach § 6 UmweltHG (vgl zur Darlegungs- u Beweislast STAUDINGER/KOHLER [2002] § 6 UmweltHG Rn 18 ff mNw). Daneben bleibt die Haftung nach allgemeinem Zivilrecht möglich (§§ 15 Abs 2 ProdHaftG, 18 Abs 1 UmweltHG), und die Rspr hat bisher nicht erkennen lassen, dass sie von den besonderen Grundsätzen für die Beweislastverteilung bei deliktischen Ansprüchen aus diesen Gebieten abzurücken bereit ist. Hat jemand durch ein Produkt einen Schaden erlitten, kann er idR vom Produzenten Ersatz verlangen, wenn er nachweist, dass das Produkt mit einem für den Schaden ursächlichen Fehler in den Verkehr gekommen ist. Bei der Berufung auf ein solches Geschehen kann dem Geschädigten der Beweis des ersten Anscheins helfen (unten Rn 99). Darüber hinaus hat der BGH schon für die Herkunft des Mangels aus dem Organisationsbereich des Herstellers in besonderen Fällen (die bisher ausschließlich Mehrwegflaschen betrafen) Beweiserleichterungen bis hin zur Beweislastumkehr gewährt, wenn wegen der besonderen Gefahren des Produktes und der Produktionsweise eine Befunderhebungs- und -sicherungspflicht ähnlich wie bei der Arzthaftung anzunehmen ist (BGHZ 104, 323; 129, 353; BGH NJW 1993, 528; dazu MünchKomm/WAGNER § 823 Rn 613 mNw). Steht die Herkunft des Produktfehlers aus dem Organisationsbereich des Herstellers hiernach mindestens prozessual fest, wird dem Hersteller die Beweislast dafür aufgebürdet, dass ihm bei der Herstellung kein Organisationsmangel unterlaufen ist, er also das Produkt objektiv pflichtgemäß und schuldlos hergestellt hat (BGHZ 51, 91). Dies gilt auch dann, wenn der Hersteller nicht industriell produziert, sondern in handwerklichem Rahmen (BGHZ 116, 104). Auch nach dem Inverkehrbringen bleibt der Produzent zur Produktbeobachtung verpflichtet, bei deren Unterlassen er sich nur durch den Nachweis entlasten kann, dass er keine Erkenntnismöglichkeit hatte oder sich beschaffen musste, aus der sich die Notwendigkeit einer (deutlichen, vgl BGHZ 116, 60) nachträglichen Warnung ergab (BGHZ 80, 186, 191 ff; zum aktuellen Problem der „Tabakklagen" MünchKomm/WAGNER § 823 Rn 595 f mNw). Eine mit der Entscheidung zum Grundfall der Produzentenhaftung (BGHZ 51, 91) gleichartige Beweiserleichterung hat der BGH (BGHZ 92, 143; BGH NJW 1997, 2748) bei Schäden durch Emissionen angenommen, wenn feststeht, dass der Emittent die zulässigen Grenzwerte überschritten hat.

g) Der **Anscheinsbeweis** (prima facie-Beweis) ist eine Hilfe für die beweisbelastete Partei, nimmt ihr aber nicht – wie die Beweislastumkehr – die Beweislast selbst. Seine Zulässigkeit ist gelegentlich angezweifelt worden (WALTER, Freie Beweiswürdigung [1979] 205 ff; KOLLHOSSER AcP 165 [1965] 46, 55), jedoch zu Unrecht, da er im Kern nichts anderes ist als die Anwendung von Erfahrungssätzen bei der richterlichen Beweiswürdigung. Insofern unterscheidet sich der Anscheinsbeweis nicht vom Indizienbeweis (MünchKomm/OETKER § 249 Rn 452; aA aber BGH NJW 1991, 230, 231; PALANDT/HEINRICHS vor § 249 Rn 166): Auch die Verknüpfung von Indizien zu einer vollen richterlichen Überzeugung ist nur aufgrund von Erfahrungssätzen möglich; der zur Entscheidung stehende individuelle Sachverhalt selbst bietet solche Erfahrungssätze niemals. Die von außen an den Sachverhalt herangetragene Verknüpfung zwischen zwei oder mehr nachgewiesenen Tatsachen hilft dem Richter zur begründeten Überzeugung, dass vorbehaltlich weiterer Erkenntnisse ein vernünftiger Zweifel an einer entsprechenden Verknüpfung der Sachverhaltselemente nicht besteht. Darin liegt für den Richter eher eine Entlastung als eine Einschränkung (aA MünchKomm/OETKER § 249 Rn 454). Hegt er selbst freilich unvernünftige Zweifel und wendet den Erfahrungssatz deshalb nicht an, bedeutet dies einen Verstoß gegen § 286 ZPO und ist mit der Revision angreifbar (BGH NJW 1984, 432; BGHZ 100, 31, 33; BGH NJW-RR 1988, 789; MünchKommZPO/PRÜTTING § 286 Rn 65 mNw).

100 Im allgemeinen wird die Möglichkeit des Anscheinsbeweises an einen typischen Geschehensablauf geknüpft. Gegenüber dem Erfordernis eines anwendbaren **Erfahrungssatzes** ist dies aber wohl tautologisch: Einmaliges, nicht Wiederholbares vermag keine verwertbare Erfahrung zu begründen, es sei denn, man erkennt darin eben das „Typische". Insbes darf die Typizität nicht idS verstanden werden, dass keine neuen, bisher noch nicht vorgekommenen Anscheinsbeweise mehr geführt werden könnten. Der Sachverhalt muss aber so geartet sein, dass der Erfahrungssatz auf ihn passt. Ist der Sachverhalt mehrdeutig, kann der Erfahrungssatz, der nur für eine der möglichen Sachverhaltsvarianten gilt, nicht angewendet werden. Deshalb ist der Anscheinsbeweis erschüttert, wenn eine Tatsache vorliegt, die auf eine ernsthafte Möglichkeit eines anderen Geschehens hinweist (vgl BGH VersR 1986, 141: Ein Autofahrer mit erhöhtem Blutalkohol war gegen einen Baum gefahren. Nach diesem Sachverhalt hätte der Erfahrungssatz angewendet werden können, dass der Unfall auf der Alkoholisierung des Täters beruht. Ein entgegenkommendes Fahrzeug war jedoch von der Fahrbahn abgewichen. Daher lag der Sachverhalt für den Erfahrungssatz gar nicht vor). Da die Anwendung des Erfahrungssatzes an dem Vorliegen eines anderen Sachverhalts scheitert, genügt nicht dessen bloße Möglichkeit (so aber MünchKomm/OETKER § 249 Rn 433). Vielmehr muss mit der hM die Tatsache, die den Sachverhalt untauglich für den Anscheinsbeweis macht, bewiesen werden (BGHZ 8, 239, 240; BGH VersR 1986, 141; 1991, 195; 1995, 723; PALANDT/HEINRICHS vor § 249 Rn 164; LANGE, in: LANGE/SCHIEMANN 175 f mNw). Der Anscheinsbeweis kommt nach der Rspr nicht nur für den haftungsbegründenden Tatbestand in Betracht, sondern auch für den „Gegentatbestand" des § 254 (BGH NJW 1991, 230; OLG Köln VersR 2000, 237, vgl dazu unten Rn 102). Die Anwendungsfälle des Anscheinsbeweises gerade im Haftungs- und Schadensrecht sind Legion (vgl die Beispiele bei PALANDT/HEINRICHS vor § 249 Rn 167–171; LANGE, in: LANGE/SCHIEMANN 173 ff).

101 h) Eine Erleichterung des Beweises für das ganze Schadensrecht ergibt sich schließlich aus **§ 287 ZPO**. Nach dieser Vorschrift soll das Gericht über die Frage, ob ein Schaden entstanden ist und wie hoch sich der Schaden belaufe, unter Würdigung aller Umstände nach freier Überzeugung entscheiden. Hierfür steht nach § 287 Abs 1 S 2 ZPO das Ob und Wie einer Beweisaufnahme oder der Einschaltung eines Sachverständigen im Ermessen des Gerichts. Aus dem Wortlaut nicht eindeutig zu entnehmen und heftig umstritten ist der Anwendungsbereich der Vorschrift. Im allgemeinen wird hierfür zwischen der haftungsbegründenden und der haftungsausfüllenden Kausalität unterschieden (abl hierzu grundsätzlich H Weber, Der Kausalitätsbeweis im Zivilprozess [1997] 116 ff): Für die haftungsbegründende Kausalität – wie für den ganzen Haftungsgrund – soll § 286 ZPO mit dem Erfordernis des vollen Beweises gelten, § 287 ZPO hingegen nur für die Schadensberechnung und für die haftungsausfüllende Kausalität (BGHZ 4, 192, 196; BGH NJW 1968, 2291; 1998, 3412; 2000, 1263; BGHZ 149, 63, 66; Arens ZZP 88 [1975], 17 ff; Stoll AcP 176 [1976] 185 ff; MünchKomm/Oetker § 249 Rn 457, aA Gottwald, Schadenszurechnung und Schadensschätzung [1979] 81 ff). Die Abgrenzung zwischen dem Bereich des § 286 ZPO und des § 287 ZPO kann freilich schwierig oder überhaupt unmöglich sein (Lange, in: Lange/Schiemann 178). So vermischen sich bei der Prüfung, ob ein Schaden dem Schutzzweck der verletzten Norm entspricht, typischerweise Erwägungen zur Haftungsbegründung untrennbar mit solchen zum Umfang des Schadens. Unklar ist die Lage auch bei Folgeschäden, die später aufgrund einer Erstschädigung entstanden sind: Von der Rspr werden sie als Ergebnis der Haftungsausfüllung angesehen und ihr Beweis daher § 287 ZPO unterstellt. Eine derartige Unterscheidung zwischen einem „ersten" und einem weiteren Verletzungserfolg erscheint aber willkürlich, bei der Verwirklichung des Haftungsgrundes durch eine mittelbare Verletzung zudem kaum durchführbar, wenn man nicht generell die Verwirklichung einer bloßen Gefährdung von Rechtsgütern genügen lassen will, um dann alle folgenden Ereignisse nur noch nach § 287 ZPO zu beurteilen (in diese Richtung in der Tat Hanau, Die Kausalität der Pflichtwidrigkeit [1971] 119 ff; Arens ZZP 88 [1975] 1, 21 ff). Damit aber würde die Unterscheidung von „Grund" und „Höhe" des Anspruchs, wie sie § 287 ZPO offensichtlich zugrunde liegt, obsolet (gegen die Einbeziehung der Folgeschäden auch Stoll JZ 1972, 365 ff in Anm zu BGHZ 58, 48, ihm folgend MünchKomm/Oetker § 249 Rn 459). Wichtiger als die Orientierung an den Kategorien der haftungsbegründenden und der haftungsausfüllenden Kausalität ist demnach die Besinnung auf die Funktion des § 287 ZPO: Diese Vorschrift soll nicht anstelle des materiellen Rechts Haftungstatbestände schaffen oder die Haftung verlagern, sondern die Effektivität des Schadensersatzes dort sichern, wo bei feststehenden Haftungsvoraussetzungen die genaue Berechnung der wirtschaftlichen Folgen unverhältnismäßig aufwendig wäre (vgl dazu insbes Stoll AcP 176 [1976] 145 ff). Hierfür kann es auch erforderlich sein, Kausalbeziehungen „frei" zu würdigen: Die Erkenntnis des Schadens nach § 249 Abs 1 setzt die Festlegung eines hypothetischen Verlaufs ohne das schädigende Ereignis voraus, um den realen Zustand hiervon zu „subtrahieren" (§ 249 Rn 5). Der hypothetische Kausalverlauf aber kann, eben weil er nicht real ist, überhaupt nicht „bewiesen", sondern nur geschätzt werden. Die hierzu erforderliche Freiheit der Beurteilung ist neben der Schätzung wirtschaftlicher Werte in § 287 ZPO enthalten.

Entspr der grundlegenden Unterscheidung zwischen Haftungsgrund und Schadenshöhe ist § 287 ZPO auch auf die **Haftungsminderung** nach § 254 anzuwenden (vgl auch schon Rn 100 zum Anscheinsbeweis): Die für das Endergebnis entscheidende Abwägung zwischen den Verursachungs- und Verschuldensanteilen (§ 254 Rn 111 ff) ist eine typische Frage der Schadenshöhe. Hierfür passt § 287 ZPO unmittelbar. Anders ist die Frage zu behandeln, ob überhaupt ein Mitverschulden oder eine Mitverursachung vorliegt: Dem Korrespondenzgedanken (§ 254 Rn 4) entspricht es allein, die

Mitwirkung an der Verwirklichung des haftungsbegründenden Tatbestandes beweisrechtlich genauso zu behandeln wie den Haftungsgrund selbst, darauf also § 286 ZPO anzuwenden (BGH NJW 1968, 985; 1981, 287, 288 u dazu R Weber NJW 1986, 2667, 2669; vgl zur Schadensminderungsobliegenheit oben Rn 92).

103 Im Anwendungsbereich des § 287 ZPO kann sich der Richter nach hM mit einem **geringeren Beweismaß** als bei § 286 ZPO zufrieden geben (BGH NJW 1970, 1970, 1971; 1972, 1515, 1516; 1993, 734; 2000, 509; BGHZ 149, 63, 66; BGH NJW-RR 2002, 166; MünchKomm/Oetker § 249 Rn 455 mNw Fn 1452; Lange, in: Lange/Schiemann 178; MünchKommZPO/Prütting § 287 Rn 3, 17, krit H Weber, Der Kausalbeweis im Zivilprozess [1997] 197 ff). Hierbei wird freilich betont, dass die Unterschiede zu § 286 ZPO gering seien (Prütting aaO Rn 12; Lange 178). Dies trifft insbes wegen der Möglichkeit, im Rahmen des § 286 ZPO vom Anscheinsbeweis Gebrauch zu machen, zu. Eine numerische Angabe über den Grad der Wahrscheinlichkeit, die für § 287 ZPO ausreicht, ist nicht möglich. Bei der Ermittlung der Schadenshöhe ist der Richter besonders frei. Hier trifft er eine Festsetzung des angemessenen Betrages (zB Wiederbeschaffungswert, Zeitwert, merkantiler Minderwert, Abschreibungswert). Auch dies darf freilich nicht zu einer Änderung des materiellrechtlichen Anspruchs und seines Charakters führen. Daher lässt sich zB die Berechnung des Schadens aus der Verletzung von Immaterialgüterrechten oder gewerblichen Schutzpositionen nach einer entgangenen Lizenzgebühr oder nach dem vom Verletzer erzielten Gewinn (vgl § 249 Rn 198 ff) nicht auf § 287 ZPO stützen. Die Anwendung des § 287 ZPO entbindet den Geschädigten nicht von der Notwendigkeit, alle zur Urteilsbildung des Richters erforderlichen Tatsachen substantiiert vorzutragen (vgl BGH NJW 1981, 1454). Ohne eine ausreichende Tatsachenbasis ist dem Richter die Schadensschätzung nicht möglich.

IX. Rechtsvergleichung und internationales Recht

104 **1.** Im **internationalen Vergleich** nimmt das Schadensrecht des BGB in mancher Beziehung eine Extremposition ein. So ist kaum eine fremde Rechtsordnung so streng in der – mindestens theoretischen – Trennung von Schadensersatz und privater Sanktion wie das Schadensrecht des BGB (vgl Stoll, Haftungsfolgen im bürgerlichen Recht [1993] 59 ff). Die „punitive damages" des anglo-amerikanischen Rechts verfolgen demgegenüber spezial- und generalpräventive Funktionen, die dem deutschen Schadensrecht fremd sind (Magnus, Schaden und Ersatz [1987] 32 f; **aA** P Müller, Punitive Damages und deutsches Schadensersatzrecht [2000]). Auch die Bereitschaft, immaterielle Einbußen durch eine Geldentschädigung auszugleichen, ist fast überall größer als in Deutschland (Magnus 35, 53). Dafür nimmt das Deutsche Recht – wiederum jedenfalls im theoretischen Ausgangspunkt – einen besonders großzügigen Ausgleich bei materiellen Schäden vor. Hierbei fließen Erwägungen wie das „Verzögerungsargument" beim Ersatz fiktiver Kosten (§ 249 Rn 220) in die abstrakte Bewertung von Sachgütern ein, die in anderen Rechten zu offenen Sanktionen gegen eine unangemessene Regulierungspraxis, also zu einer Reaktion wegen der psychischen Unbill, führen (Magnus 233 f). Trotz solcher und weiterer Unterschiede haben aber gerade die Detailanalysen von Magnus und Stoll ein überraschendes Maß an Übereinstimmung in den Ergebnissen zutage gefördert. So werden in den Vergleichsländern USA, England, Frankreich und Deutschland Entschädigungen für die Vereitelung des Einsatzes der eigenen Arbeitskraft gewährt, obwohl dem zB in Deutschland theoretisch bis heute erhebliche Hindernisse entgegenstehen (§ 251

Rn 105 ff). Auch die Entschädigungen für abstrakte Gebrauchsvorteile, insbes wegen der Beschädigung von Pkw, die in Deutschland mehr als jede andere Frage des Schadensrechts diskutiert worden ist, sind im Kern Gemeingut der vier Rechtskulturen; nur die Höhe des Ersatzes und die Folgerungen für die Gewährung von Mietwagenkosten divergieren (vgl insbes STOLL aaO 164 ff).

Dieser rechtsvergleichende Befund begründet aber nicht das Urteil, die gemeinsamen Erscheinungen des Schadensrechts wegen ihrer praktizierten Wirklichkeit auch allemal für vernünftig zu halten. Unverkennbar beruht die **gleichmäßig große Entschädigungsdichte** vor allem auf der überall hoch entwickelten Versicherungstechnik. Versicherungen aber sind nur gegen entsprechende Prämien zu haben. Der hohe Komplikationsgrad der Regulierungspraxis absorbiert zudem volkswirtschaftliche Ressourcen als „Transaktionskosten", die zu keinem Wohlfahrtsgewinn führen. Je mehr allgemein die Grenzen des Wohlfahrtsstaates erkennbar werden, wird das Bewusstsein für die hohen Kosten auch des Schadensersatzsystems wachsen. Unter den möglicherweise bald herrschenden Bedingungen vermehrter Knappheit der für die Schadensregulierung verfügbaren Mittel könnte ein Schadensersatzsystem wie nach der gesetzlichen Regelung in Deutschland mit der Betonung wirklicher und finanziell spürbarer Vermögensnachteile durchaus eine Renaissance seines bürgerlich-preußischen Geistes erleben.

2. Das **CISG** (Wiener UN-Kaufrecht) für grenzüberschreitende Kauf- und Werklieferungsverträge enthält vor allem in Art 74–77 Sondervorschriften für den Umfang des Schadensersatzes wegen Vertragsverletzung. Sie umfassen ua den Ersatz für entgangenen Gewinn (Art 74 S 1 CISG), die Mehrkosten für ein Deckungsgeschäft (Art 75 CISG), eine abstrakte Schadensberechnung nach dem Marktpreis (Art 76 CISG) und das Gebot an den Geschädigten zur Schadensminderung (Art 77 CISG). Für alle Einzelheiten ist auf die Erläuterungen zu diesen Vorschriften (STAUDINGER/MAGNUS [2005] CISG) zu verweisen.

3. Einfluss auf das Schadensrecht hat auch die Europäische Konvention zum Schutz der Menschenrechte und Grundfreiheiten **(EMRK)**: Art 5 Abs 5 EMRK sieht vor, dass jeder, der unberechtigt von Festnahme oder Haft betroffen worden ist, Anspruch auf Schadensersatz hat. Diese Vorschrift richtet sich an die Konventionsstaaten. In Deutschland ist sie durch das StrEG in nationales Recht umgesetzt worden.

Selbständige Bedeutung hat demgegenüber **Art 50** EMRK: „Erklärt die Entscheidung des Gerichtshofes (di der europäische Gerichtshof für Menschenrechte), dass eine Entscheidung oder Maßnahme einer gerichtlichen oder sonstigen Behörde eines der Hohen Vertragsschließenden Teile ganz oder teilweise mit den Verpflichtungen aus dieser Konvention in Widerspruch steht, und gestatten die innerstaatlichen Gesetze des erwähnten Hohen Vertragsschließenden Teils nur eine unvollkommene Wiedergutmachung für die Folgen dieser Entscheidung oder Maßnahme, so hat die Entscheidung des Gerichtshofes der verletzten Partei ggf eine gerechte Entschädigung zuzubilligen." Trotz des völkerrechtlichen Charakters der Konvention hat der Verletzte hiernach einen eigenen Anspruch, der auch vererblich ist. Das Verfahren vor dem Gerichtshof zur Verfolgung des Anspruchs ist mit einem geringen Kostenrisiko verbunden (eigene Kosten und Auslagen des Beschwerdeführers).

109 Die Möglichkeit des Gerichts zur Gewährung einer „gerechten Entschädigung" weist auf ein weites **Schätzungsermessen** hin. Möglich ist hiernach auch eine Entschädigung für immaterielle Interessen, die aber offenbar nur oberhalb einer Bagatellgrenze gewährt wird. Breiten Raum in der Rspr des Gerichtshofes nimmt der Ersatz für entgangene Chancen ein. Er geht teilweise weiter als der Ersatz für entgangenen Gewinn nach deutschem Recht. So werden im Wege einer objektiven Schadensberechnung auch Entschädigungen für den Verlust von Arbeitschancen gewährt, wenn der Beschwerdeführer zZ des Freiheitsentzuges arbeitslos war. Mit der Anrechnung von Vorteilen (zB Leistungen einer Schadensversicherung) ist der Gerichtshof dafür offenbar strenger als die deutsche Doktrin (zu alledem u weiteren Einzelheiten DANNEMANN, Schadensersatz bei Verletzung der Europäischen Menschenrechtskonvention [1994]).

110 4.   Gleichsam als „Anhang" zu den Bestrebungen für eine **europäische Rechtsvereinheitlichung** des Deliktsrechts werden auch Fragen des Allgemeinen Schadensrechts in einem künftigen europäischen Privatrecht diskutiert. Von der Study Group on a European Civil Code unter Leitung von CHRISTIAN vBAR und von der European Group on Tort Law auf Initiative von JAAP SPIER – beides international zusammengesetzte europäische Wissenschaftlergremien – liegen Entwürfe vor (abgedruckt in ZEuP 2004, 427 ff, vergleiche dazu MAGNUS ZEuP 2004, 562, 568 ff). Gerade wegen ihrer weitreichenden Übereinstimmung haben sie gute Aussichten, die Reformdiskussion in ähnlicher Weise zu beeinflussen wie die Arbeiten der LANDO-Kommission im Bereich des Vertrags- und Leistungsstörungsrechts. Beide Vorschläge sehen einen möglichst umfassenden („most extensive") Schutz der Persönlichkeitsgüter Körper, Gesundheit, persönliche Würde und Freiheit vor. Einen nur wenig geringeren Wert messen die Vorschläge den „property rights" (Sacheigentum und Immaterialgüterrechte) zu. Stärker unterscheiden sich beide Vorschläge hinsichtlich der Schadenszurechnung: Während die Study Group nur das sehr allgemeine Erfordernis aufstellt, dass der Schaden Konsequenz des Delikts war, arbeitet der Vorschlag der European Group mit den aus der deutschen Diskussion geläufigen Topoi der *condicio sine qua non*, des Schutzzwecks der Norm und der Voraussehbarkeit. Sehr differenziert ist dort die Kausalität geregelt mit der Unterscheidung von alternativer, kumulativer, überholender und minimaler Kausalität (Principles der European Group Art 3:102–106).

§ 249
Art und Umfang des Schadensersatzes

(1) Wer zum Schadensersatz verpflichtet ist, hat den Zustand herzustellen, der bestehen würde, wenn der zum Ersatz verpflichtende Umstand nicht eingetreten wäre.

(2) Ist wegen Verletzung einer Person oder wegen Beschädigung einer Sache Schadensersatz zu leisten, so kann der Gläubiger statt der Herstellung den dazu erforderlichen Geldbetrag verlangen. Bei der Beschädigung einer Sache schließt der nach Satz 1 erforderliche Geldbetrag die Umsatzsteuer nur mit ein, wenn und soweit sie tatsächlich angefallen ist.

Titel 1 § 249
Verpflichtung zur Leistung

Materialien: E I §§ 218 Abs 1, 219; II § 213; III § 243; Mot II 17, 20 = Mugdan II 10 f; Prot I 293 = Mugdan II 511; Jakobs/Schubert, Recht der Schuldverhältnisse I 80; RegE BR-Drucks 742/01 = BT-Drucks 14/7752; Stellungnahme des Bundesrates BR-Drucks 742/01 = BT-Drucks 14/7752 Anl 2; Gegenäußerung der Bundesregierung BT-Drucks 14/7752 Anl 3; Beschlussempfehlung und Bericht des Rechtsausschusses BT-Drucks 14/8780.

Systematische Übersicht

I.	**Überblick**	1
II.	**Grundsatz der Totalreparation**	
1.	Funktion und Anwendungsbereich	2
2.	Die Differenzhypothese	4
III.	**Zurechnung des Schadens**	
1.	Die äquivalente Kausalität	8
2.	Die Adäquanztheorie	12
a)	Adäquanztheorie als wertende Beschränkung der Äquivalenz	12
b)	Adäquanztheorie in der Rechtsprechung	13
c)	Adäquanztheorie in der Literatur	17
d)	Die Grenzen der Adäquanztheorie	19
e)	Anwendungsbereich der Adäquanztheorie	23
3.	Die Schutzzwecklehre	27
a)	Schutzzweck im Vertragsrecht	29
b)	Schutzzweck bei § 823 Abs 2	31
c)	Schutzzweck bei § 823 Abs 1	32
4.	Fallgruppen problematischer Zurechnung	34
a)	Mitwirkung weiterer Ursachen, insbesondere Schadensanlagen	35
b)	Psychische Schadensbereitschaft	39
c)	Psychische Kausalität	47
aa)	Herausforderung zur Verfolgung	48
bb)	Herausforderung durch schlechtes Beispiel	52
cc)	Nothilfe	53
dd)	Aufwendungen des Verletzten	57
ee)	Grünstreifenfälle und ähnliche Gefahrerhöhungen	58
ff)	Andere vorsätzliche Eingriffe Dritter	60
d)	Schäden aus fahrlässigen Fehlern Dritter	64
e)	Schäden aufgrund gerichtlicher oder behördlicher Entscheidungen	71
f)	Außergewöhnliche Abweichungen vom Kausalverlauf	77
g)	Andere atypische Schadensfolgen	78
h)	Spätschäden	84
i)	Kein Ausschluss der Zurechnung bei Reserveursachen und überwiegendem Mitverschulden	85
k)	Keine Zurechnung bei Verwirklichung des allgemeinen Lebensrisikos?	89
5.	Zurechnung bei mehreren Verursachern	90
a)	Haftung bei ungeklärter Kausalität nach § 830	90
b)	Von § 830 nicht erfasste Fälle	91
6.	Reserveursachen	92
a)	Einordnung	92
b)	Hypothetische Haftpflicht eines Dritten	95
c)	Schadensanlagen und Objektschäden	97
d)	Weitere Fälle unbeachtlicher Reserveursachen	101
e)	Berufung auf rechtmäßiges Alternativverhalten	102
f)	Insbesondere die hypothetische Einwilligung bei Verletzung einer Aufklärungspflicht	107
7.	Schadensbegründung ohne Kausalität kraft Zurechnung	109
a)	Vorsorgeaufwendungen des Geschädigten	109
aa)	Reservefahrzeuge	110
bb)	Reparatur in eigener Werkstatt	114
cc)	Schadensabwehr- und -bearbeitungskosten	115
dd)	Würdigung der Vorsorge- und Überwachungsrechtsprechung	117
b)	Ersatz vergeblicher Aufwendungen	123
c)	Ersatz für den objektiven Wert	129

IV. Vorteilsausgleichung

1. Vorteilsausgleichung und Totalreparation ... 132
2. Gesetzliche Sondervorschriften ... 134
   a) Allgemeine gesetzliche Sondervorschriften ... 134
   b) Legalzessionen ... 135
   c) Vertragliche Zessionsverpflichtungen ... 136
3. Allgemeine Grundsätze der Vorteilsausgleichung? ... 137
   a) Äquivalente Kausalität ... 137
   b) Adäquanz ... 138
   c) Fehlen allgemeiner Kriterien ... 140
   d) Grenzen der Anwendung ... 141
4. Durchführung der Vorteilsausgleichung ... 142
   a) Abzugsmethode und Quotenvorrecht ... 142
   b) Kongruenz ... 144
5. Fallgruppen ... 145
   a) Eigener Arbeitsverdienst des Geschädigten ... 145
   b) Deckungsgeschäfte ... 147
   c) Erwerb in der Zwangsversteigerung ... 150
   d) Fürsorgliche Leistungen Dritter ... 151
   e) Einschränkungen von § 843 Abs 4, insbesondere bei Wiederverheiratung und Adoption ... 154
   f) Leistungen aus einer privaten Versicherung und aufgrund anderer Sicherheiten ... 159
   g) Anrechnung erbrechtlichen Erwerbs ... 164
   h) Ersparnisse des Geschädigten ... 168
   i) Steuerliche Vorteile ... 171
   k) Weitere Fälle ... 174
6. Ersatz Neu für Alt und ähnliche Fragen ... 175

V. Die Herstellung durch den Schädiger (§ 249 Abs 1)

1. Vorkommen ... 178
2. Wirtschaftliche Gleichwertigkeit ... 182
   a) Ziel der Herstellung ... 182
   b) Herstellung bei Zerstörung ... 183
   c) Wirtschaftliche Gleichwertigkeit und Nichtvermögensschäden ... 185
3. Herstellung bei ökologischen Schäden ... 186
4. Beispiele einer Herstellung durch den Schädiger ... 189

VI. Herstellung bei besonderen Schadensarten

1. Positives und negatives Interesse ... 194
2. Schadensberechnung im Immaterialgüterrecht ... 198
3. Haftungsschaden ... 202
4. Insbesondere Ersatz für die Belastung mit Unterhaltspflichten ... 204
   a) Meinungsstand ... 204
   b) Stellungnahme ... 208

VII. Die Zahlung der Herstellungskosten

1. Verhältnis zur Herstellung nach § 249 Abs 1 und zur Kompensation nach § 251 Abs 1 ... 210
2. Wahlrecht des Geschädigten ... 215
3. Voraussetzungen von § 249 Abs 2 S 1 ... 217
4. Insbesondere die Möglichkeit der Herstellung ... 219
   a) Anfängliche Möglichkeit ... 219
   b) Nachträgliche objektive Unmöglichkeit ... 220
   c) Fiktive Kosten ... 225
5. Erforderlichkeit der Kosten ... 228
   a) Nach Durchführung der Herstellung ... 228
   b) Einordnung der Begleitkosten ... 231
6. Einzelfragen zu den Sachschäden ... 233
   a) Integritätszuschlag ... 233
   b) Haftung für Herstellungsgehilfen ... 235
   c) Sicherungsverhältnisse, insbesondere Leasing ... 236
   d) Angefallene Umsatzsteuer ... 236a
7. Heilungskosten ... 237
   a) Sonderleistungen im Krankenhaus ... 238
   b) Besuchskosten ... 239
   c) Einzelfälle ... 242

VIII. Vereinbarungen über die Art der Schadensbeseitigung ... 243

Titel 1 § 249
Verpflichtung zur Leistung

Alphabetische Übersicht

Abkaufen der Restitution	245	Dispositionsfreiheit	114, 188, 222, 224
Abrechnung auf Gutachtenbasis	225	Dritte im Kausalverlauf	58 ff
– auf Rechnungsbasis	223, 226		
Abschleppkosten	231	Ehegattenunterhalt	154 f
Abschöpfungsanspruch	200 f	Eigenarbeit/Eigenherstellung	178, 227
Abstrakte Schadensberechnung	101, 141	Eingriffe Dritter in Kausalzusammenhang	58 ff
Abtreibung	206		
Abzug neu für alt	175, 223	Eingriffskondiktion	201
Adäquanz	12 ff	Elternschaden	204 ff
– bei Vorteilsausgleichung	138 f	Entgelt, vertragliches	198
Adoption bei Unterhaltsersatz	157	Entgeltfortzahlung	135 f
Äquivalenz, äquivalente Kausalität	8, 137	Entwertungsschaden	128
Alternative Kausalität	90 f	Erbschaft, Vorteilsausgleichung	164 ff
Alternativverhalten, rechtmäßiges	102 ff	Erforderlichkeit der Herstellungskosten	228 ff
Angehörige, Besuchskosten	239 ff		
– Krankenpflege	241	Erfüllung	101, 141
– Schockschaden	44 ff	Erfüllungsanspruch, Ausschluss	180
Anwaltsregress	73 ff	Ersatzwohnung	192
Arbeitsverdienst, Anrechnung	145 f	Ersetzungsbefugnis	215
Art der Schadensherbeiführung	77	Ermessensausübung und Alternativverhalten	106
Arztfehler	69, 204 ff		
Arzthaftung als Reserveursache	69	Ersparnis des Geschädigten	168 ff
Aufklärungspflicht	11, 195	Erwerb in Zwangsvollstreckung	150
– des Arztes	107 f	Erwerbsschaden	88
Auftrag zur Herstellung an Geschädigten	243		
Aufwendungen, nutzlose	123 ff	facultas alternativa	215
– vorsorgliche	57	Fangprämie	120 f
		Fiktive Kosten	220, 225 ff
Bausummenüberschreitung	177	Finanzierungskosten	231
Bearbeitungskosten	116, 120	Frustrationsschäden	123 ff
Bedingungstheorie	8	Fürsorgliche Leistungen Dritter	151
Befreiungsanspruch	202		
Begleitkosten der Herstellung	230 ff	Gebrauchsentschädigung	113, 124, 230
Begleitschaden	231	Gefährdungshaftung und Adäquanz	25
Behördenhandeln	71 ff, 103 f	Gefahrsteigerung	61, 78 f, 90
Belastung mit Verbindlichkeit	202 ff	Gehaltsfortzahlung	135 f
Betriebsreserve	111	Geldersatz	210 ff
Beweisprobleme bei Kausalität	10	Geldmangel des Geschädigten	220
Bindung an Wahl nach § 249 Abs 2 S 1	216	Geldstrafe	203
Bürgen	163	Geldverlust	190, 232
		GEMA	115 ff
conditio sine qua non	8	Gemeiner Wert	101
culpa in contrahendo	149, 195 ff	Genetische Beratung	204, 208
		Gerichtsentscheidungen im Kausalverlauf	71, 73 ff
Deckungsgeschäft, Vorteilsausgleichung	147 ff	Geschäftsanmaßung	200
Differenzhypothese	4 ff, 94 ff	Gesellschafter, Vorteilsausgleichung	153

Gottfried Schiemann

Gewinn des Verletzers	200	Lebensversicherung	161
Gleichwertigkeit der Herstellung	182 ff	Legalzession	135 f, 151 f
Grünstreifenfälle	58 f	Lizenzgebühr	199 ff
Gutachterkosten s Sachverständigenkosten			
		Mehrarbeitsvergütung	146
Haftpflichtversicherung	181, 212	Mehrere Berechtigte	236
Haftungsausfüllende/-begründende		Mehrwertsteuer	171 f, 225, 227, 236a ff
Kausalität	10, 23	Merkantiler Minderwert	213
Haftungsschaden	202 ff	Milchquotenfall	87
Heilungskosten	99, 211, 237 ff	Minderung als Schadensersatz	196
Herausforderung	48 ff, 59	Mindestschaden	129 ff
Herstellung	1 ff	Mittelbarer Schaden/mittelbare Verletzung	33
– Ausschluss der	179 ff	Mitverschulden bei Anwaltshaftung	75
– in eigener Werkstatt	114	– und Zurechnung	85
– Möglichkeit	183	Möglichkeit der Herstellung	219 ff
Herstellungsgehilfe	67 ff, 235		
Herstellungsinteresse	210	Naturalrestitution	3, 178, 189
Herstellungskosten	1, 210 ff, 228 ff, 236a ff	Negatives Interesse	195
Hypothetische Einwilligung	107 f	Neu für Alt	175 f, 183
Hypothetische Kausalität	93, 102	Nichteheliche Lebensgemeinschaft	156
		Nichterfüllungsschaden	129, 180, 194
Immaterialgüterrechte	198 ff	Nichtvermögensschaden	193
Immaterielle Schäden s Nichtvermögensschäden		– Herstellungsanspruch	185, 193
		– Vorteilsausgleichung	141
Insassenunfallversicherung	162	Nierenfall	54
Integritätsinteresse	210	Notarhaftung	76, 100, 104
Integritätszuschlag	233 f	Nothilfe	53 ff
Inzidentprozesse, hypothetische	73 f		
		Objektschaden	97 ff
Kapitalanleger	197	Objektiver Wert als Mindestschaden	129 ff
Kasko-Versicherung	160	Ökologischer Schaden	186 ff, 224 f
Kausalität des Unterlassens	9	Optimaler Beobachter	15
Kegeljungenfall	19		
Kettenunfall	65 f	Panik im Schweinestall	38, 80
Kompensation	3, 210, 213	Personalkosten bei Rechtsverfolgung	120
Kongruenz	144	Personensteuern	173
Konkurrierende Kausalität	90 f	Personenverletzung	217, 224
Konversionsneurose	21, 40	Pflichtteil	164
Korrespondenz von Vorteil und Nachteil	144	Positives Interesse	194
Kraftfahrzeug, Ersatzbeschaffung	184	Prognoserisiko	219
Krankenhausbesuche	239 f	Psychische Kausalität	47 ff
Krankenhauskosten	238	Psychische Labilität	39 ff
Krankenpflege durch Angehörige	241		
Kumulative Kausalität	90 f	Quellentheorie	167
Kunstfehler und Kausalzusammenhang	69	Quotenvorrecht, Vorteilsausgleichung	143, 160
Ladendiebstahl	116, 119 ff		
Leasing	236	Rahmenrechte	33
Lebensrisiko, allgemeines	36, 46, 84, 89	Rechtmäßiges Alternativverhalten	102 ff

Titel 1
Verpflichtung zur Leistung

§ 249

Rechtsanwalt	73 ff
Reaktionen des Geschädigten	81 ff
Rechtsmittelfrist, Versäumung	73
Rechtsverfolgungskosten	231
Rechtswidrigkeitszusammenhang	28
Regress	73 ff
Rehabilitation	242
Rentabilitätsvermutung	126 f
Rentenneurose	40 ff
Reparaturkosten s Herstellungskosten	
Reparaturwerkstatt, Fehler	68
Reservefahrzeug	110 ff
Reservehaltung, Kosten	109
Reserveursachen	85 ff, 92 ff, 214, 223
Restitutionsprinzip	1, 186 f
Richtigstellungskosten	193
Risikobereiche	60
Risikoversicherung	161
Rückgriff s Regress	
Sachbeschädigung	100, 230
Sachverständiger, Fehler	219
Sachverständigenkosten	231
Sachzerstörung	100, 230, 232
Schadensabwehr	115
Schadensanlage	35 ff, 86, 97 ff
Schadensbegriff	7
Schadensminderungskosten	122
Schadensversicherung	159
Schlechtes Beispiel	52
Schockschäden	43 ff, 208
Schönheitsreparaturen	148
Schuldbefreiung	189
Schuldnerverzug	26
Schutzbereich der Norm/Schutzzwecklehre	27 ff, 105
Schutzzweck des Vertrages	29 f
Schwangerschaftsabbruch	204 ff
Sicherheiten	163, 192
Silberfuchsfall	38
Sparversicherung	161
Spätschäden	84
Spitzhackenfall	77
Stärkungsmittelfall	220
Sterbegeld	152
Steuervorteile	171 ff
Summeninteresse	210
Summenversicherung	161

Totalreparation	1 ff, 132 f
Transitorischer Anspruch	222
Überholende Kausalität	93, 97
Überstundenvergütung	146
Überwachungskosten	115 f, 118 f
Umsatzsteuer	236a ff
Umweltbezogene Sittenwidrigkeit	245
Unfallversicherung, private	162
Unfallwaisen	157
Unfallwitwe	155
Unikate	187
Unterhaltsleistungen, Vorteilsausgleichung	151, 154 ff, 170
Unterhaltspflicht als Schaden	204 ff
Unterlassen	9
Unvermögen zur Herstellung	221 ff
Vereinbarung über Schadensersatz	243 ff
Verfahrensvorschriften beim Alternativverhalten	106
Verfolgungsfälle	48 ff
Verfrühungsschaden	92
Verletzergewinn	200
Vermögenslosigkeit	202
Versicherungsleistungen, Vorteilsausgleichung	159 ff
Vertrag mit Schutzwirkung für Dritte	30
– schädlicher	195
Vertrauensschaden	195
Verzögerungsargument	220
Vorangegangenes gefährliches Tun	51
Voraussehbarkeit, Adäquanz	13 ff
Vorhaltekosten s Vorsorgekosten	
Vorsatz und Adäquanz/Rechtswidrigkeitszusammenhang	24, 62 f
Vorschuss	222
Vorsorgekosten	109 ff, 225
Vorsteuerabzug	172
Vorteilsausgleichung	132 ff, 214
– Sondervorschriften	134
Wahlrecht bei Immaterialgüterrechten	200
– bei Herstellungskosten	215 f
Wertdifferenz	133, 211
Wettbewerbsrecht, Herstellung	191
Widerruf	193
Wiederbeschaffung als Herstellung	184, 213

Wiederbeschaffungswert		Zahlungsanspruch statt Schuldbefreiung	202
	213 f, 225 f, 234, 236a ff	Zessionsverpflichtung	136
Wiederheirat	155	Zerstörung von Sachen	183
Wirtschaftliche Gleichwertigkeit	182 ff	Zug-um-Zug-Leistung, Vorteilsausgleichung	
– Schwäche des Geschädigten	37		143
Wirtschaftlichkeit der Herstellung	228 ff	Zustandsvergleich	5
Wirtschaftlichkeitsgebot	222	Zweckfreie Aktualneurose	40

I. Überblick

1 § 249 Abs 1 ist die grundlegende Vorschrift für die gesamte Regelung des Schadensersatzrechts im BGB. Sie enthält eine doppelte Aussage: Zum einen ist der hypothetische schadensfreie Zustand ohne alle Abstriche herzustellen (**Grundsatz der Totalreparation**). Zum anderen meint der Gesetzgeber mit der Herstellung des Zustandes, wie sich insbes aus den folgenden Vorschriften ergibt, eine Herstellung „in Natur" (**Restitutionsprinzip**). Die Herstellung in Natur hat zugleich Vorrang gegenüber der bloßen Kompensation. Zugunsten des Geschädigten soll die Integrität seiner Güter und nicht nur seines Vermögens gewahrt werden. Begrenzt wird der Herstellungsanspruch nach § 251 Abs 2 S 1 allein durch das Recht des Ersatzpflichtigen, bei unverhältnismäßigem Aufwand für die Restitution zur Kompensation übergehen zu können. Eine bloße Spielart der Herstellung wird auch von § 249 Abs 2 S 1 erfasst. Der **Ersatz der Herstellungskosten** nach dieser Vorschrift hat weit größere praktische Bedeutung als der Anspruch auf Herstellung durch den Schädiger nach § 249 Abs 1.

1a Die Rspr hat, unterstützt von einem Teil der Lehre, den Ersatz der Herstellungskosten nach § 249 Abs 2 S 1 (§ 249 S 2 aF) im Laufe der Zeit immer mehr von der Herstellung selbst gelöst (dazu mit vielen Nw HAUG VersR 2000, 1329, 1471; U PICKER, Naturalrestitution 9 ff m Krit 28 ff uö). Sie gewährt (insbes seit BGHZ 66, 239) Ersatz der Reparaturkosten auch dann, wenn feststeht, dass der Geschädigte gar nicht (mehr) repariert, zB weil er das beschädigte Kfz veräußert hat oder weniger als die erforderlichen Kosten tatsächlich aufgewendet hat. Hierdurch sind insbes die Aufwendungen der Kfz-Haftpflichtversicherer für (fiktive) Sachschäden in einem Maße aufgebläht worden, das von vielen als unnötig und ungesund angesehen wurde (vgl nur GEIER VersR 1996, 1457; C HUBER, Schadensersatzrecht Rn 1.17 ff mNw). Deshalb hat der Gesetzgeber mit dem Zweiten Gesetz zur Änderung schadensersatzrechtlicher Vorschriften (2. SchadÄndG BGBl 2002 I 2674) durch Einfügung des § 249 Abs 2 S 2 den **Ersatz fiktiver Kosten beschränkt**: Die bloß fiktiv gebliebene Umsatzsteuer wird nicht ersetzt. Hiermit hat der Gesetzgeber indirekt allerdings zugleich die Möglichkeit des Ersatzes fiktiver Kosten im Grundsatz anerkannt. Dies ist aber nicht so zu verstehen, dass die bisherige Rspr in vollem Umfang die „Weihe" des Gesetzgebers erhalten hätte. Vielmehr betrachtet der Gesetzgeber es als dauerhafte Aufgabe der Rspr, für eine angemessene Verteilung der Lasten insbes aus Verkehrsunfällen bei Sachschäden zu sorgen (Amtliche Begründung BT-Drucks 14/7752, 11, 14). Die Beschränkung der gesetzlichen Regelung auf die fiktive MWSt erklärt sich in erster Linie daraus, dass es sich bei ihr um einen klar abgrenzbaren und daher nach der Einschätzung des Gesetzgebers leicht zu handhabenden Teil der fiktiv berechneten Kosten handelt. Es wäre jedoch verfehlt, daraus zu schließen, dass alle sonstigen

Kosten einer Sachschadensberechnung auf fiktiver Grundlage unbedenklich ersetzt werden können und müssen (dazu genauer unten Rn 213 f). Die Prämisse, dass es sich bei der Neuregelung um eine praktikable Lösung handle, bedarf im übrigen erst noch der Bestätigung durch die alltägliche Schadensregulierung. Vorerst konfrontiert § 249 Abs 2 S 2 die Praxis vor allem mit unerwarteten Problemen (Übersicht bei PAMER, Schadensersatz und Mehrwertsteuer [2003] und dazu C HUBER NZV 2004, 105 ff).

II. Grundsatz der Totalreparation

1. Funktion und Anwendungsbereich 2

Wird jemand durch einen anderen, der hierfür die Verantwortung zu tragen hat, beeinträchtigt, stellt es die nächstliegende Rechtsfolge dar, dass durch die Ersatzleistung des Schädigers dieses Geschehen soweit wie möglich „aus der Welt geschafft" wird. Daher ist das Prinzip der Totalreparation in den meisten Rechtsordnungen verankert (STOLL, Haftungsfolgen im bürgerlichen Recht [1993] 179). Historisch bedeutet es insbes die Überwindung einer Abstufung der Ersatzleistung nach der Art der Anspruchsbegründung, zB nach dem Verschuldensgrad. Das Prinzip der Totalreparation bietet demgegenüber der Schadensersatzbetrachtung einen **einheitlichen und einfachen Ausgangspunkt**. Mit ihm ist die traditionelle Unterscheidung zwischen *damnum emergens* („positiver Schaden") und *lucrum cessans* (entgangener Gewinn) hinfällig geworden. Die Regelung des § 252 hat insofern nur klarstellende Bedeutung, unterstreicht in ihrer Formulierung („auch") aber gerade den Grundsatz des vollständigen Ersatzes. In den Motiven zu dieser Vorschrift (Mot II 17 f = MUGDAN II 10) hat sich der Gesetzgeber denn auch ausdrücklich zur Totalreparation bekannt.

Mit der Naturalrestitution als der nach dem Gesetz vorrangigen Art der Ersatz- 3 leistung hat die Totalreparation nichts zu tun, obwohl der Gesetzgeber beide in derselben Formulierung erfasst hat: Die Herstellung durch gegenständliche Leistungen, nicht nur durch Erfüllung eines Geldbetrages, bleibt vielfach hinter dem vollen Ersatz zurück, wie das Gesetz selbst in § 251 Abs 1 verdeutlicht; die Herstellung in dieser Form kann aber auch über den vollständigen Ersatz im wirtschaftlichen Sinne hinausgehen, da ein wirtschaftlicher Ausgleich schon durch Ersatz des vollen Wertes erreicht werden kann, Naturalrestitution nach § 251 Abs 2 aber auch bei Kosten über dem Wert bis zur Grenze der Unverhältnismäßigkeit beansprucht werden darf. Es ist daher **nur im Rahmen der Kompensation durch Geldleistung** sinnvoll, das Prinzip der Totalreparation heranzuziehen, wobei es freilich erforderlich sein kann, im Rahmen des § 251 Abs 1, 2. Alt Restitutionsmaßnahmen in die Gesamtbetrachtung der Kompensation einzubeziehen. STOLL zufolge ist das Kompensationsprinzip selbst „seinem Wesen nach" mit der Totalreparation verbunden (aaO 179). Hiermit wird freilich schon vorausgesetzt, dass die Kompensation iS des Ausgleichsgedankens und des Bereicherungsverbotes (Vorbem 2 zu §§ 249 ff) zu verstehen sei. Bezieht man Gesichtspunkte der austeilenden Gerechtigkeit oder der Genugtuung in die Betrachtung des Schadensersatzes ein, können sowohl pauschal festgesetzte Entschädigungsleistungen unterhalb des vollen wirtschaftlichen Ersatzes, als auch „punitive damages" in Höhe eines Vielfachen des wirtschaftlichen Wertes ein gerechtes Äquivalent für den erlittenen Verlust sein und somit eine Kompensationsfunktion erfüllen. Im geltenden deutschen Recht aber wird jedenfalls die Kompensation entscheidend durch den Grundsatz des vollständigen Ersatzes nach § 249 Abs 1 geprägt.

2. Die Differenzhypothese

4 Da die Kompensation durch eine Geldleistung erfolgt, ist für die Totalreparation eine Ermittlung von Vermögenswerten erforderlich. Zu diesem Zweck ist die auf FRIEDRICH MOMMSEN zurückgehende Differenzhypothese entwickelt worden. SOURLAS (Adäquanztheorie und Normzwecklehre [1974] 63) hat deren Zusammenhang mit dem Grundsatz der Totalreparation auf die viel zitierte Formel gebracht, die **Differenzhypothese** sei „eine besonders emphatische Art, das Prinzip der Totalreparation bildhaft auszudrücken".

5 Der Bezug der Totalreparation und somit auch der Differenzhypothese allein auf die Geldkompensation wird in der Lit freilich nicht immer deutlich ausgesprochen. MEDICUS (STAUDINGER/MEDICUS[12] Rn 4, 6; ebenso Schuldrecht I Rn 595) bezieht die Differenzhypothese sogar ausdrücklich nicht nur auf den Vermögensschaden, sondern auch auf den Schaden an den betroffenen – materiellen wie immateriellen – Rechtsgütern: Der richtige Kern der Differenzhypothese liege darin, dass der auszugleichende Schaden in einer **Differenz zwischen zwei Zuständen** bestehe, nämlich dem hypothetischen schadensfreien und dem wirklichen schadensbelasteten Zustand. Das Verständnis der Differenzhypothese als reiner Vermögensvergleich („rechnerische Differenz") lehnt MEDICUS ab, weil dies nicht mit dem in § 249 Abs 1 zugleich geregelten Herstellungsprinzip vereinbar sei. Hierin liegt aber dann kein entscheidendes Argument, wenn man an der gesetzlichen Anordnung der „Herstellung" von vornherein eine doppelte Zielrichtung erkennt: sowohl die Herstellung in „Natur", durch gegenständliche Reparatur oder körperliche Heilung, als auch die rein wirtschaftliche, vermögensmäßige Herstellung. Dass beide Herstellungsarten nach dem Gesetz zu unterscheiden sind, ergibt sich zwingend aus § 251 Abs 1 und 2. Dass sie gemeinsam in § 249 Abs 1 erfasst sind, folgt aus der systematischen Stellung dieser Vorschrift als Grundnorm der ganzen Schadensersatzregelung und aus deren Verhältnis zu § 252 S 1: Wenn dort der entgangenen Gewinn, der immer nur in Geld entschädigt werden kann, „auch" Gegenstand des Schadensersatzes ist, muss sich die allgemeine Regel des vollen finanziellen Ersatzes aus einer anderen Vorschrift ergeben. Würde man sie nicht im Grundsatz der wirtschaftlichen Herstellung sehen, müsste man sie wenigstens aus § 251 Abs 1 entnehmen, und dann wäre die Differenzhypothese eben eine denkbare Methode zur genaueren Ausfüllung gerade dieser Vorschrift. Im Sinne einer übergeordneten Sachgesetzlichkeit erklären es die Motive zum 1. Entwurf (II 17 f = MUGDAN II 10) daher für „juristisch allein haltbar", dass der Umfang des Schadensersatzes nur von der Kausalität des Schadens abhängig sei. Für den einfachen Vergleich der Güterlagen braucht man keine besondere Denkoperation: Dass ein Loch oder eine „Delle" einen Reparaturaufwand begründet und den Wert des Gegenstandes mindert, versteht sich nahezu von selbst. Weitergehende Überlegungen sind hingegen erforderlich, wenn sich diese Beeinträchtigung gerade nicht nur im unmittelbar betroffenen Rechtsgut auswirkt, sondern darüber hinaus auch durch dessen Zusammenhang mit den Verhältnissen des Geschädigten, seiner Konstitution, seinen Erwerbsmöglichkeiten, seinen Aufwendungen und seinem Vermögen. Für diesen Zusammenhang definiert F MOMMSEN (Zur Lehre von dem Interesse [1855] 3; dazu auch SCHIEMANN, in: FS Seiler

[1999] 259 f) das „Interesse" als „die Differenz zwischen dem Betrage des Vermögens einer Person, wie derselbe in einem gegebenen Zeitpunkte ist, und dem Betrage, welchen dieses Vermögen ohne die Dazwischenkunft eines bestimmten beschädigenden Ereignisses in dem zur Frage stehenden Zeitpunkte haben würde".

Die Differenzhypothese bildet bis heute den Ausgangspunkt für die Beurteilung des **6** Ersatzes von Vermögensschäden in der Rspr (BGHZ 27, 181, 183 f; 40, 345, 347; 75, 366, 371; 86, 128, 130; 99, 182, 196). Der BGH betont dies vielfach allerdings gerade dann, wenn er im Einzelfall aus besonderen Gründen von ihr abweicht (zB BGHZ – GS – 98, 212, 217). Daher wird es in der Lit als entscheidende **Schwäche der Differenzhypothese** angesehen, dass man sie nicht durchhält und auch nicht durchhalten kann (MünchKomm/Grunsky³ vor § 249 Rn 7; iSd hM jetzt aber MünchKomm/Oetker § 249 Rn 22): Die anerkannten Abweichungen seien so zahlreich und beträfen derart zentrale Fragen, dass man nicht mehr von der Differenzhypothese als Regel und den Abweichungen von ihr als Ausnahmen sprechen könne. Die Differenzhypothese insgesamt sei daher für die Feststellung eines Schadens (und seines Ersatzes) ungeeignet (ebenso iE Keuk, Vermögensschaden und Interesse [1972] 19 ff, H Honsell JuS 1973, 69, Hagen, Drittschadensliquidation 51 ff).

Zuzugeben ist der Kritik, dass die Differenzhypothese keinen Universalschlüssel **7** liefert, um den Zugang zu allen Lösungen der Schadensersatzprobleme zu öffnen. Nach dem oben Gesagten ist dies schon deshalb nicht der Fall, weil die Differenzhypothese nur ein Hilfsmittel ist, um **den Grundsatz der Totalreparation** dann **genauer zu fassen**, wenn sich die Schädigung über ihr unmittelbares Objekt hinaus beim Geschädigten ausgewirkt hat. Die Kritik Grunskys hingegen ist im Zusammenhang damit zu verstehen, dass er die Totalreparation überhaupt aus seiner Betrachtung ausblendet: Hat der Grundsatz des vollständigen Ersatzes keinen Platz im Schadensersatzrecht, bedarf es keiner Differenzhypothese. Der historische Gesetzgeber ist jedoch aus guten Gründen von der Totalreparation ausgegangen (oben Rn 2). Sie hat keineswegs den Zweck, bloß den Richter vor eigenen Wertungen durch die Verweisung auf die Lösung von Rechenaufgaben zu bewahren. Vielmehr entspricht sie in elementarer Weise dem Prinzip der ausgleichenden Gerechtigkeit. Deshalb steht es weder mit der gesetzgeberischen Konzeption im Einklang, noch ist es aus Gerechtigkeitsgründen zu rechtfertigen, vom Prinzip der Totalreparation abzugehen. Infolgedessen ist auch an der Differenzhypothese als Ausgangspunkt zur Ermittlung der über das erste Schadensobjekt hinausgehenden Vermögensschäden festzuhalten. Da die Gewährung von Schadensersatz jedoch nicht aus irgendeinem „Schadensbegriff" unmittelbar abzuleiten ist (vgl Vorbem 2, 41 f zu §§ 249 ff), darf die Anwendung der Differenzhypothese nicht als Strategie zur Vermeidung rechtlicher Wertungsaufgaben missverstanden werden. Wie jede Begriffsbildung zum Zweck der Subsumtion ist sie eine „operationalisierte" Werterfahrung, deren richtige Anwendung nur möglich ist, wenn man sich ihrer Abhängigkeit von Wertungen bewusst bleibt. Daher ist sie im Einzelfall oder für ganze Fallgruppen durch teleologische Reduktion überwindbar. ZB für das Problem der versagten Vorteilsausgleichung (unten Rn 132 ff) oder der Einschränkung der Zurechnung bei äquivalenter Kausalität (unten Rn 12 ff) ist die Differenzhypothese schon immer so behandelt worden.

III. Zurechnung des Schadens*

1. Die äquivalente Kausalität

8 Erste Voraussetzung für die Anwendung der Differenzhypothese ist die Kausalität des ersatzbegründenden Umstandes für den Schadensposten. Da nach § 249 Abs 1 ein hypothetischer Zustand herzustellen ist, der ohne den zum Ersatz verpflichten-

---

* **Schrifttum:** vBar, Die Lehre vom Causalzusammenhange im Rechte, besonders im Strafrecht (1871); ders, Zur Lehre vom Causalzusammenhang im Rechte, besonders im Strafrecht und Zivilrecht, GrünhutsZ 4 (1877) 21; Bernert, Die Leerformel von der „Adäquanz", AcP 169 (1969) 421; Bötticher, Die Ausrichtung der Sanktion nach dem Schutzzweck der verletzten Privatrechtsnorm, AcP 158 (1959/60) 385; vBuri, Die Kausalität und ihre strafrechtlichen Beziehungen (1885); Bydlinski, Probleme der Schadensverursachung nach dem deutschen und österr. Recht (1964); vCaemmerer, Das Problem des Kausalzusammenhanges im Privatrecht (1956, = Ges Schriften I 395); ders, Die Bedeutung des Schutzbereichs einer Rechtsnorm für die Geltendmachung von Schadensersatzansprüchen aus Verkehrsunfällen, DAR 1970, 283: ders, Schadensbegrenzung, in: FS M Luther (1976) 31; Comes, Der Begriff des „gesteigerten Risikos" im Recht der unerlaubten Handlung, NJW 1972, 2022; Crispin, Kausalitätsprobleme im Bereich der unerlaubten Handlungen (Diss Saarbrücken 1953); Deutsch, Schutzbereich und Tatbestand des unerlaubten Heileingriffs im Zivilrecht, NJW 1965, 1985; ders, Privilegierte Haftung und Schadenserfolg, NJW 1966, 705; ders, Begrenzung der Haftung aus abstrakter Gefährdung wegen fehlender adäquater Kausalität?, JZ 1966, 556; ders, Zurechnung und Haftung im zivilen Deliktsrecht, in: FS Honig (1970) 33; ders, Regressverbot und Unterbrechung des Haftungszusammenhanges im Zivilrecht, JZ 1972, 551; ders, Gefahr, Gefährdung, Gefahrerhöhung, in: FS Larenz (1973) 885; ders, Rechtswidrigkeitszusammenhang, Gefahrerhöhung und Sorgfaltsausgleichung bei der Arzthaftung, in: FS vCaemmerer (1978) 329; ders, Die Zurechnung im Sozialversicherungs- und im Haftungsrecht, in: FS BSG II (1979) 497; ders, Aufklärungspflicht und Zurechnungszusammenhang, NJW 1989, 2313; ders, Das allgemeine Lebensrisiko als negativer Zurechnungsgrund, VersR 1993, 1041 = FS Jahr (1993) 251; ders, Beweis und Beweiserleichterung des Kausalzusammenhangs im deutschen Recht, in: FS Herm Lange (1993) 433; Dubischar, Inhalt und Schutzbereich von Bewachungsverträgen, NJW 1989, 3241; Esser, Kausalitätsbegriff und Rechtswidrigkeitszusammenhang, Karlsruher Forum 1959, 20; Fabry, Der Rechtswidrigkeitszusammenhang (Diss Köln 1955); Fenyves/Weyers, Multikausale Schäden in modernen Haftungsrechten (1988); Friese, Haftungsbegrenzung für Folgeschäden (Diss Erlangen 1968); Gass, Ursache, Grund und Bedingung im Rechtsgeschehen (1960); vGerlach, Die Haftung des Arztes für Fernwirkungsschäden, in: FS Steffen (1995) 147; Gottwald, Schadenszurechnung und Schadensschätzung (1979); ders, Kausalität und Zurechnung, Karlsruher Forum 1986, 3; Haberhausen, Kausalität und zwischenmenschlicher Bereich, NJW 1973, 1307; Hanau, Die Kausalität der Pflichtwidrigkeit (1971); Hart u Honoré, Causation in the Law (Oxford 1959); Heuer, Der richtige Bezugspunkt des Adäquanzurteils (Diss Münster 1964); Hönig, Zur Haftungsproblematik bei Fernwirkungen eines Schadensereignisses (Diss München 1975); U Huber, Normzwecktheorie und Adäquanztheorie, JZ 1969, 677; ders, Fahrlässigkeit und Voraussehbarkeit, in: FS Heimpel III (1972) 440; ders, Verschulden, Gefährdung und Adäquanz, in: FS Wahl (1973) 301; E Klingmüller, Der Kausalitätsbegriff in der Rspr des BSG, Wandlungen und Tendenzen, in: Rechtsschutz im Sozialrecht (1965) 127; Knoche, Die Entwicklung der Lehre vom Kausalzusammenhang im Zivil- und Strafrecht, (Diss Marburg 1959); Kramer, Das Prinzip der objektiven Zurechnung im Delikts- und Vertragsrecht, AcP 171 (1971) 422 ff;

den Umstand bestünde, kann nur für Folgen Ersatz gewährt werden, die nicht eingetreten wären, wenn man diesen Umstand hinwegdenkt. Das ersatzbegründende Verhalten muss also notwendige Bedingung (**condicio sine qua non**) für den

---

ders, Schutzgesetze und adäquate Kausalität?, JZ 1976, 338; vKRIES, Über den Begriff der objektiven Möglichkeit und einige Anwendungen desselben, Vierteljahresschr für wiss Philosophie 12 (1888) 179, 287, 393; KURTZ-ECKHARDT, Causa proxima und wesentliche Bedingung, (Diss Heidelberg 1977); LANG, Normzweck und Duty of Care (1983); HEINR LANGE, Herrschaft und Verfall der Lehre vom adäquaten Kausalzusammenhang, AcP 156 (1957) 114; LANGE, Umfang der Schadensersatzpflicht bei einem Verkehrsunfall: Methoden der Schadensbegrenzung – BGHZ 58, 162, JuS 1973, 280; ders, Adäquanztheorie, Rechtswidrigkeitszusammenhang, Schutzzwecklehre und selbständige Zurechnungsmomente, JZ 1976, 198; LANZ, Alternativen zur Lehre vom adäquaten Kausalzusammenhang (1974); LARENZ, Hegels Zurechnungslehre und der Begriff der objektiven Zurechnung (1927); ders, Tatzurechnung und „Unterbrechung des Kausalzusammenhanges", NJW 1955, 1509; ders, Die Prinzipien der Schadenszurechnung, JuS 1965, 373; ders, Zum heutigen Stand der Lehre von der objektiven Zurechnung, in: FS Honig (1970) 79; LINDENMAIER, Adäquate Ursache und nächste Ursache, ZHR 113 (1950) 207; LÜER, Die Begrenzung der Haftung bei fahrlässig begangenen unerlaubten Handlungen (1969); MÄDRICH, Das allgemeine Lebensrisiko (1980); MICHALSKI, Haftungsbeschränkung durch den Schutzzweck der Norm, Jura 1996, 393; MOTULSKY, Die Zurechenbarkeit des Kausalzusammenhanges im franz Schadensersatzrecht, RabelsZ 25 (1960) 242; MÜHLHAUS, Die Ursächlichkeit von Verkehrsverstößen und Trunkenheit für den Unfall, DAR 1972, 169; MAX L MÜLLER, Die Bedeutung des Kausalzusammenhanges im Straf- und Schadensersatzrecht (1912); T MÜLLER, Wahrscheinlichkeitshaftung von Alternativtätern (2001); NEUBRONNER, Zur Kausalität bei Geschwindigkeitsunfällen, VersR 1979, 405; vOLSHAUSEN, Der Schutzzweck des Vertrages über die Begutachtung eines Kfz-Unfallschadens, JZ 1978, 227; PROSSER, Kausalitätszusammenhang und Fahrlässigkeit (1958); QUENTIN, Kausalität und deliktische Haftungsbegründung (1994); RADBRUCH, Die Lehre der adäquaten Verursachung (1902); TH RAISER, Haftungsbegrenzung nach dem Vertragszweck (Diss Tübingen 1962); ders, Adäquanztheorie und Haftung nach dem Schutzzweck der Norm, JZ 1963, 462; REIFF, Begriff der Kausalität in der Unfallversicherung, NJW 1961, 630; ROTHENFUSSER, Kausalität und Nachteil (2003); ROTHER, Haftungsbeschränkung im Schadensrecht (1965); ROTH-STIELOW, Die Reichweite eines bestimmten Verhaltens als äußerste Haftungsgrenze, NJW 1970, 180; RÜHL, Zum ursächlichen Zusammenhang beim Schadensersatz, NJW 1949, 568; RÜMELIN, Die Verwendung der Causalbegriffe im Straf- und Civilrecht, AcP 90 (1900) 171; SCHACK, Der Schutzzweck als Mittel der Haftungsbegrenzung im Vertragsrecht, JZ 1986, 305; vSCHENCK, Der Begriff der „Sphäre" in der Rechtswissenschaft, insbes als Grundlage der Schadenszurechnung (1977); SCHICKEDANZ, Schutzzwecklehre und Adäquanztheorie, NJW 1971, 916; SCHLOSSHAUER-SELBACH, Zurechnungszusammenhang und Selbstbestimmung bei ärztlicher Aufklärung, NJW 1985, 660; SCHULIN, Der natürliche, vorrechtliche Kausalitätsbegriff im zivilen Schadensersatzrecht (1976); SCHÜNEMANN, Unzulänglichkeit der Adäquanztheorie?, JuS 1979, 19; 1980, 31; C SCHULZE, Die Haftung des Schädigers bei besonderen Eigenschaften – Abnormitäten – des Opfers (1984); SIEG, Neuere Entwicklungen der Kausalitätsproblematik im Recht der unerlaubten Handlungen, BB 1988, 1609; SOURLAS, Adäquanztheorie und Normzwecklehre bei der Begründung der Haftung nach § 83 Abs I BGB (1974); STARK, Beitrag zur Theorie der Entlastungsgründe im Haftpflichtrecht (1946); STOLL, „The Wagon Mound" – Eine neue Grundsatzentscheidung zum Kausalproblem im englischen Recht, in: FS Dölle I (1963) 371; ders, Kausalzusammenhang und Normzweck im Deliktsrecht (1968); ders, Adäquanz und normative Zurechnung bei der Gefährdungshaftung, in: 25 Jahre Karlsruher Forum

Schaden sein. Dies gilt erst recht für die Schäden, die bereits in der haftungsbegründenden Verletzung eines Rechtes oder Rechtsgutes liegen, zB einer Gesundheitsverletzung oder Sachbeschädigung. Man spricht hier von haftungsbegründender Kausalität, bei der Verknüpfung des Haftungsgrundes mit den aus ihm entstandenen weiteren Schäden von haftungsausfüllender Kausalität. Die Kausalbetrachtung kommt in beiden Bereichen zunächst ohne jede Wertung aus. Die mehr oder weniger große Eignung oder Wahrscheinlichkeit spielt keine Rolle. Infolgedessen haben alle überhaupt in Betracht kommenden Ursachen der eingetretenen Folge und alle Folgen der haftbar machenden Ursache das gleiche Gewicht (**äquivalente Kausalität**).

9   Ein erstes wertendes Element erhält die Kausalitätsbetrachtung, wenn die Schadensfolge nicht (nur) auf positivem Tun beruht, sondern auf einem **Unterlassen**. Denn ein schadensvermeidendes Tun kann in nahezu unendlich vielen Fällen hinzugedacht werden, so dass dann der Schaden entfiele. Hierdurch könnte schlechthin keine sinnvolle Zurechnung mehr begründet werden. Es bedarf also von vornherein einer besonderen Pflicht zur Schadensvermeidung, ehe an die Kausalität des Unterlassens sinnvoll gedacht werden kann. Kommt eine solche Pflicht in Betracht, kann auf das Unterlassen des potentiell Verpflichteten die Äquivalenz-Formel wieder sinngemäß angewendet werden. Im übrigen ist die Grenze zwischen maßgeblichem Tun und vorwerfbarem Unterlassen oft fließend (grundlegend vCaemmerer, Ges Schriften I 452, 481 ff), so dass schon aus diesem Grunde eine weiter reichende Sonderrolle der Kausalität des Unterlassens keine Bedeutung haben kann.

10 Während das Urteil über die Kausalität eines positiven Tuns an ein wirkliches Geschehen anknüpft, muss die Zurechnung eines pflichtwidrigen Unterlassens ein bloß hypothetisches Geschehen der Erfolgsvermeidung unterstellen. Hieraus ergeben sich besondere **Beweisprobleme**. Die Beweiserleichterung des § 287 ZPO zugunsten des Geschädigten passt hierfür ihrem Wortlaut nach nicht. Dennoch hat die Rspr vielfach diese Vorschrift herangezogen (ausf wiedergegeben von Gottwald, Schadenszurechnung und Schadensschätzung [1979] 52 ff). Die dafür gegebene Begründung, es gehe nur um den Beweis einer Verbindung zwischen dem Haftungsgrund und dem Schaden (so insbes BGHZ 7, 198, 203 f), trifft nicht zu, da ohne die Zurechnung des Erfolges die Haftung noch gar nicht begründet ist. Den Zurechnungszusammenhang schon anzunehmen, wenn nicht mit an Sicherheit grenzender Wahrscheinlichkeit

---

(1983) 184 (dazu Dunz VersR 1984, 600 mit Entgegnung Stoll VersR 1984, 1113); Thalheim, Möglichkeiten der Haftungsbegrenzung (Diss Hamburg 1964); Traeger, Der Kausalbegriff im Straf- und Zivilrecht (1904); Venzmer, Adäquanz und Billigkeitserwägungen, VersR 1962, 495; Verhandlungen des 43. DJT (1960) mit Gutachten von Lange und Referaten von Hauss u Wilburg; Max Weber, Objektive Möglichkeit und adäquate Verursachung (3. Aufl 1906); Watermann, Die Ordnungsfunktion von Kausalität und Finalität im Recht unter besonderer Berücksichtigung des Rechts der gesetzlichen Unfallversicherung (1968); Weitnauer, Zur Lehre vom adäquaten Kausalzusammenhang, Versuch einer Ehrenrettung, in: Festgabe Oftinger (1969) 321; ders, Aktuelle Fragen des Haftpflichtrechts, VersR 1970, 585; ders, Kausalitätsprobleme in rechtsvergleichender Sicht, in: FS Wahl (1973) 109; ders, Noch einmal: Unzulänglichkeit der Adäquanztheorie?, JuS 1979, 697; Werner, Zum Problem der Begrenzung der Haftung für schuldhaft verursachte Schäden, JR 1960, 282; J G Wolf, Der Normzweck im Deliktsrecht (1962).

ausgeschlossen werden kann, dass der Schaden auch ohne das schuldhafte Verhalten des Täters hätte eintreten können (BGHZ 7, 198, 204), bedeutet eine schärfere Haftung für das Unterlassen als für positives Tun; denn bei Letzterem genügt die bloß mögliche Ursächlichkeit gerade nicht (oben Rn 9). Daher verlangen spätere Entscheidungen mit Recht den Nachweis, dass der Eintritt des Schadens „mit Sicherheit" verhindert worden wäre (BGH NJW 1961, 868, 870; BGHZ 64, 46, 51 f; BGH NJW-RR 1994, 102, 103). Wie auch sonst ist dies iS einer an Sicherheit grenzenden Wahrscheinlichkeit zu verstehen. Daher muss nicht jede andere auch nur irgendwie mögliche Schadensverursachung ausgeschlossen werden. Es genügt, wenn bei vernüftiger Betrachtung der Eintritt des Schadens trotz pflichtgemäßem Verhalten praktisch nicht in Betracht kommt (LANGE, in: LANGE/SCHIEMANN 155 f). Jedenfalls kann sich der Handlungspflichtige nicht damit entlasten, dass noch ein anderer die Schadensabwendung zusätzlich versäumt hat (BGH VersR 2000, 370).

Anderes gilt bei der Verletzung von vertraglichen und vorvertraglichen **Aufklärungspflichten**: Hier hat der Geschädigte selbst durch eigene Entscheidungen oder Vorkehrungen zur Entstehung des Schadens beigetragen. Ist der Schaden erst einmal entstanden, lässt sich im allgemeinen nicht mehr ermitteln, ob sich der Geschädigte bei ordnungsgemäßer Aufklärung genauso verhalten hätte. Dann wird die Wahrscheinlichkeit, dass der Schaden gerade auf der mangelnden Aufklärung beruht, vielfach nicht mit der sonst erforderlichen Nähe zur vollständigen Sicherheit festgestellt werden können. Diese Unsicherheit über die Beweislage ist aber gerade durch die Pflichtverletzung des Schädigers hervorgerufen worden. Man könnte daher im Rahmen der Haftung aus Sonderverbindung bereits die Unsicherheit über die Beweislage als Vermögensschaden ansehen, für den der Aufklärungspflichtige einzustehen hat. IE ist jedenfalls der Rspr zu folgen, dass der Schuldner der Aufklärungspflicht die Beweislast dafür trägt, dass der Aufzuklärende die Aufklärung nicht beachtet hätte (BGHZ 61, 118; 64, 46; 94, 356; 115, 213, 223; BGH NJW 1979, 1595; 1984, 1688; 1985, 1769; BGH NJW-RR 1988, 1066; BGH NJW 1992, 2146; 1993, 257). Besonders relevant ist diese widerlegliche Vermutung für die Kausalität zwischen Aufklärungspflichtverletzung und Schaden bei der Arzthaftung. Dort ist sie nur eine Variante der Berufung des Arztes auf ein rechtmäßiges Alternativverhalten, wie es auch zB vorliegt, wenn der Arzt vorträgt, die Gesundheitsverletzung, der Tod oder der Schaden wären auch ohne Kunstfehler bei richtiger Diagnose oder Therapie eingetreten (dazu unten Rn 102 ff, insbes 107 f). **11**

2. Die Adäquanztheorie

a) Der Grundsatz der Totalreparation und die ihn ausfüllende Differenzhypothese führen zu einer sehr weitreichenden Zurechnung der Folgen eines Haftungstatbestandes, wenn dieser – wie meist – die Ersatzfähigkeit aller Folgen nicht vom Verschulden abhängig macht. Dies wurde bereits bei der Entstehung des BGB empfunden. Deshalb sah noch der E II wenigstens für den Fall der Nichterfüllung eines Vertrages vor, dass der Ersatz eines Schadens ausgeschlossen sein solle, „dessen Entstehung nach den Umständen, welche der Schuldner kannte oder kennen musste, außerhalb des Bereichs der Wahrscheinlichkeit lag" (§ 215). Später wurde diese Vorschrift wieder gestrichen. Maßgeblich hierfür war wohl die Rücksicht auf den Handelsverkehr (vgl JAKOBS/SCHUBERT I 104 ff). Nichts spricht jedoch dafür, dass hiermit zugleich die Möglichkeit einer **wertenden Beschränkung der Kausalhaftung** **12**

ein für alle Mal ausgeschlossen sein sollte. Vielmehr ist heute unbestritten, dass nicht jeder Schaden, der nach der Äquivalenztheorie mit der Erfüllung des Haftungstatbestandes verknüpft werden kann, ersatzfähig ist.

13 **b)** Die Rspr stützt sich zur Begrenzung der Zurechnung bis heute vor allem auf die Adäquanztheorie. Sie zielt trotz der Streichung des § 215 E II (oben Rn 12) auf die Eliminierung solcher Schadensfolgen, die **außerhalb jeder Wahrscheinlichkeit** liegen. Entwickelt worden ist diese Theorie zunächst fürs Strafrecht. Nach Ansätzen bei C L vBar (Die Lehre vom Causalzusammenhang im Rechte, besonders im Strafrecht [1871] 21) hat der Physiologe vKries (in der Vjschr f wiss Philosophie 1888, 200) gelehrt, dass nach Feststellung der äquivalenten Kausalität geprüft werden müsse, ob der Zusammenhang der Ursache (bei Kries: das Moment) mit dem Erfolg „ein zu verallgemeinernder oder nur eine Eigentümlichkeit des vorliegenden Falles, ob das Moment, wie man zu sagen pflegt, allgemein geeignet ist, eine Tendenz besitzt, oder ob es in zufälliger Weise die Veranlassung desselben geworden ist". Hierauf baut Traeger (Der Kausalbegriff im Straf- und Zivilrecht [1904]) in seiner Fassung der Theorie auf, die am nachhaltigsten auf die folgende Lit und Rspr gewirkt hat: Die Tatsachen, aus denen sich das maßgebliche Wahrscheinlichkeitsurteil ergeben soll, müssen dem optimalen Beobachter *ex ante* erkennbar oder dem Täter selbst tatsächlich bekannt gewesen sein. Adäquat ist eine so ermittelte Ursache, wenn sie die Möglichkeit eines Erfolges von der Art des eingetretenen generell in nicht unerheblicher Weise erhöht (aaO 159).

14 Das RG hat die Adäquanztheorie bereits vor der Veröffentlichung Traegers erstmals 1902 verwendet (RGZ 50, 219, 222). In der Folgezeit finden sich regelmäßig Anklänge an die Lehre Traegers. Grundlegende Bedeutung hat das Urteil RGZ 81, 359 aus dem Jahre 1912: Zwei Leichter wurden statt am 28. 10. vertragswidrig erst am 29. 10. von Cuxhaven nach Nordenham geschleppt. Am 28. 10. herrschte gutes Wetter, während die Leichter am 29. 10. in einem schweren Sturm beschädigt wurden. Die Vorinstanz hatte Adäquanz der Verzögerung für den Schaden verneint, weil der Sturm ebenso gut am 28. wie am 29. 10 hätte eintreten können. Das RG hingegen lässt für die Adäquanz im Anschluss an Traeger genügen, „dass die Sachlage für einen sie nach menschlichem Maßstabe, soweit denkbar, übersehenden Beurteiler infolge der Handlung in Richtung auf den demnächst eintretenden Schaden gefährlich erscheinen musste". Diese Voraussetzung sah das RG als erfüllt an, „weil eine Reise, die bei gutem Wetter in sechs Stunden vollendet werden kann, mehr Aussicht hat, bei gutem Wetter zu verlaufen, wenn man sie Ende Oktober an einem Tage mit gutem Wetter sofort antritt, als wenn man sie bis zum nächsten Tage verschiebt, selbst wenn die Wettervorhersage auch für diesen Tag auf gut Wetter lautete". Hiermit hatte das RG die Tauglichkeit der Adäquanztheorie zur Haftungsbegrenzung in einen sehr engen Rahmen gezwängt. Nur ganz selten ist denn auch die Adäquanz vom RG verneint worden (vgl vCaemmerer, Ges Schriften I 402; Lange, in: Lange/Schiemann 89).

15 Der BGH hat bereits 1952 die Adäquanztheorie übernommen (BGHZ 3, 261, 266 f). Hierfür legt der BGH die seit RGZ 133, 126, 127 vielfach verwendete Formulierung zugrunde, dass Adäquanz vorliege, „wenn eine Tatsache im allgemeinen und nicht nur unter besonders eigenartigen, ganz unwahrscheinlichen und nach dem regelmäßigen Verlauf der Dinge außer Betracht zu lassenden Umständen zur Herbeiführung eines Erfolges geeignet war". Der BGH folgt hinsichtlich der Auswahl der in Frage kommenden Tatsachen der Formel TRAEGERS (oben Rn 13) von der Beurteilung durch den **anfänglichen optimalen Beobachter** oder aufgrund der **besonderen Kenntnisse** des Urhebers der Bedingung. Der so ermittelte Sachverhalt soll „unter Heranziehung des gesamten zZ der Beurteilung zur Verfügung stehenden menschlichen Erfahrungswissens" darauf geprüft werden, „ob er den Eintritt des schädigenden Ereignisses in erheblicher Weise begünstigt hat". Zusätzlich weist der BGH darauf hin, dass es sich bei der Adäquanz nicht eigentlich um eine Frage der Kausalität handele, „sondern um die Ermittlung der Grenze, bis zu der dem Urheber einer Bedingung eine Haftung für ihre Folgen billigerweise zugemutet werden kann".

16 Die folgende Rspr hat diese Grundsätze mehrfach bestätigt (ua BGHZ 57, 245, 255; BGH NJW 1973, 1460; 1976, 1143; 1986, 1329, 1331; BGH VersR 1997, 358; BGH NJW 2002, 2232). Doch verwendet der BGH – wie schon vorher das RG – auch **andere Formulierungen**, so die negative Fassung, die zu ersetzende Folge dürfe nicht „außerhalb jeden inneren Zusammenhanges mit der Unfallverletzung stehen" (BGH NJW 1957, 1475). Mehrfach heißt es, eine Bedingung sei dann adäquat, „wenn das Ereignis im allgemeinen und nicht nur unter besonders eigenartigen, unwahrscheinlichen und nach dem gewöhnlichen Verlauf der Dinge außer Betracht zu lassenden Umständen geeignet ist, einen Erfolg dieser Art herbeizuführen" (BGHZ 57, 137, 141 unter Berufung auf BGHZ 7, 198, 204; nach BGH NJW 1995, 126, 127 „stRspr"). Schließlich begnügt sich der BGH bisweilen mit der einfachen Feststellung, der eingetretene Erfolg dürfe nicht außerhalb aller Wahrscheinlichkeit liegen (BGH LM § 249 [Bb] Nr 3; LM § 826 [Gc] Nr 1; BGH NJW 1984, 41). Ähnlich heißt es auch, die Folge dürfe „nicht außergewöhnlich" sein (BGH LM § 823 [C] Nr 3) oder „nicht außerhalb aller Erfahrung" liegen (BGHZ 43, 178, 181). BGHZ 59, 139, 144 schließt nur solche Umstände aus, die für die eingetretene Folge „völlig unerheblich" gewesen seien und die Folge nicht mehr „im Rahmen normaler Entwicklung" nach sich gezogen hätten. In dieser Verknappung ist die Formel kaum noch unterscheidungskräftig. Die Adäquanz ist daher auch vom BGH nur verhältnismäßig selten verneint worden (Übersicht bei LANGE, in: LANGE/SCHIEMANN 89 f, vgl genauer unten Rn 34 ff). Die Zahl solcher Entscheidungen nimmt in neuerer Zeit noch spürbar ab, vermutlich wegen des Vordringens der Schutzzwecklehre (LANGE 90).

17 c) Die Lit beurteilt die Adäquanztheorie sehr unterschiedlich. Teilweise wird vorgeschlagen, sie ganz durch die Schutzzwecklehre oder – was dasselbe besagt – die Bewertung nach der Normadäquanz zu ersetzen (MünchKomm/GRUNSKY[3] vor § 249 Rn 42 f; AK-BGB/RÜSSMANN vor § 249 Rn 50, 55; ESSER/SCHMIDT, SchuldR I 2 § 33 II; KÖTZ/WAGNER, DeliktsR [9. Aufl 2001] Rn 156; U HUBER JZ 1969, 677 ff; ders, in: FS Wahl [1973] 301, 330 ff). Überwiegend jedoch wird die Adäquanzprüfung trotz erheblicher Kritik an den vor allem von der Rspr hierfür verwendeten Formulierungen für unverzichtbar gehalten (so jetzt auch MünchKomm/OETKER § 249 Rn 114; ferner zB PALANDT/HEINRICHS vor § 249 Rn 61; SOERGEL/MERTENS vor § 249 Rn 120; ERMAN/KUCKUK vor § 249 Rn 38; LARENZ I § 27 III 2; MEDICUS, SchuldR I Rn 600; FIKENTSCHER, SchuldR Rn 442, 445; LANGE, in: LANGE/SCHIEMANN 92 f; ROUSSOS, Schaden und Folgeschaden [1992] 48 ff, 69 ff).

18 Als **Rechtfertigung** für die Adäquanz wird auf eine Rechtsüberzeugung verwiesen, die sich gegen eine Belastung des Haftpflichtigen mit rein zufälligen Folgen sträube

(LANGE, in: LANGE/SCHIEMANN 85 f). Letztlich sei eine Haftung für inadäquate Folgen abzulehnen, weil sie mit der Selbstbestimmung des Menschen nicht vereinbar sei und daher auch dessen Verhalten nicht beeinflussen könne (vgl insbes LARENZ, Hegels Zurechnungslehre [1927] 82 ff, u BYDLINSKI, Probleme der Schadensverursachung [1964] 58 ff). Demgegenüber wird darauf verwiesen, dass diese Rechtfertigungen nicht den gesamten Anwendungsbereich des Schadensersatzrechtes betreffen, wenn nämlich der Haftungsgrund von einem menschlichen Verhalten unabhängig ist oder in einer Gefährdungshaftung besteht (LANGE 86). Für Letztere hat der BGH (NJW 1982, 2669) ausdrücklich festgestellt, dass es auf eine Vorhersehbarkeit der Folgen iS der Adäquanztheorie nicht ankomme. Stattdessen hängt die Ersatzfähigkeit davon ab, ob sich gerade diejenige Gefahr verwirklicht hat, deretwegen die Haftung eingeführt worden ist (zB die Betriebsgefahr eines Kfz). Dazu können (wie zB in der Arzneimittelhaftung) auch solche Folgen gehören, die bei der Betrachtung *ex ante* durchaus unwahrscheinlich waren (BGHZ 37, 311, 317; 79, 259, 263).

19 d) Hieraus ergibt sich, dass die **Adäquanztheorie** allein jedenfalls **nicht** die Aufgabe erfüllen kann, den Haftungsumfang gegenüber der Äquivalenztheorie zu präzisieren. Nach dem Schutzzweck der jeweiligen Haftungsnorm kann die Haftung weiter gehen als nach der Adäquanztheorie. In noch viel mehr Fällen führt eine wertende Überlegung zur Verneinung der Haftung, obwohl die eingetretene Folge keineswegs außerhalb jeder Wahrscheinlichkeit liegt. So war es im „Kegeljungenfall" (LG Hannover Recht 1910, 36) nicht unwahrscheinlich, dass der Junge irgendwann einmal durch den Wurf eines Spielers verletzt wurde; es mag auch sein, dass diese Wahrscheinlichkeit in den Abendstunden noch größer war als am helllichten Tag, weil die Kegelspieler am Abend vielleicht weniger aufmerksam sind (SCHACK JZ 1986, 305, 309); dennoch erscheint es unangemessen, die Körperverletzung des Jungen dem Gastwirt zuzurechnen, der ihn unzulässigerweise in den Abendstunden beschäftigt hat: Mit der Schutznorm sollte der Junge vor den Gefahren durch die Nachtarbeit für seine allgemeine Entwicklung bewahrt werden; die Gefahr von Körperverletzungen durch Kegelbrüder liegt außerhalb des Horizontes dieser Norm, weil sie auch dann gilt, wenn der Jugendliche bei seiner Beschäftigung überhaupt keinen Gefahren von außen ausgesetzt ist.

20 Will man die Adäquanztheorie auch in solchen Fällen als Argument zur Haftungsbegrenzung oder -erweiterung verwenden, muss man sie – wenigstens teilweise – von dem Wahrscheinlichkeitskriterium lösen. In der Tat wird zB von der französischen Lehre (vgl STOLL, Haftungsfolgen 399 mNw), die sich durchaus auf dem Boden der Adäquanztheorie bewegt, offen ausgesprochen, dass zu deren richtiger Anwendung der Richter auch auf sein Gefühl für Recht und Billigkeit „ou simplement le bon sens" zurückgreifen müsse. Hieran knüpfen in Deutschland GOTTWALD (Schadenszurechnung und Schadensschätzung [1979] 303) und MERTENS (SOERGEL/MERTENS vor § 249 Rn 122) an. Aber mit einer solchen Adäquanz des common sense wird entweder nur Selbstverständliches gesagt, oder die Theorie verliert noch diejenige (begrenzte) Rationalitätsgewähr, die ihr immerhin zukommen kann: Wenigstens iS eines **ersten „Tests"**, der weitere Überlegungen nicht in jedem Fall abzuschneiden braucht, trägt die Adäquanzprüfung zur besseren Verständigung über die Gerechtigkeitsaufgabe einer „richtigen" Schadenszurechnung bei. Die Denkoperation, die nötig ist, um festzustellen, dass ein Umstand das Entstehen einer Schadensfolge begünstigt hat oder dass die Entstehung des Schadens aus dieser Ursache nicht ganz unwahrscheinlich war, ist für den Juristen leichter und sicherer als der mühsame Weg, von Fallgruppe zu Fallgruppe Kriterien für den maßgeblichen Normzweck zu entwickeln. Denn die Schutzzwecklehre umschreibt nur das Zurechnungsproblem; dessen Lösung bleibt der Abwägung in einzelnen Fallgruppen überlassen. Im Vergleich hierzu ist die Anwendung der Adäquanztheorie sicherer und eher verallgemeinerungsfähig. Für die Beibehaltung der Adäquanztheorie spricht noch ein zusätzlicher, von LANGE (in: LANGE/SCHIEMANN 93) erwähnter Gesichtspunkt: Der Grad der Wahrscheinlichkeit ist ein statistisches Kriterium. Er eignet sich daher besonders für die Regulierung einer großen Zahl von Fällen. Deshalb bietet die Adäquanztheorie eine Hilfe für die Abgrenzung der durch Schadensteilungs- und Regressverzichtsabkommen erfassten Sachverhalte von den „Groteskfällen", über die sich die Schadenskollektive speziell auseinandersetzen müssen. Schließlich kann das Adäquanzkriterium gleichsam spiegelbildlich zur Schadensbegründung bei der Ermittlung relevanter Vorteile helfen und wird dort von der Rspr vielfach eingesetzt (unten Rn 138). Somit liefert die Adäquanz einen Baustein für eine übergreifende Struktur schadensrechtlicher Lösungen, auf die man nur verzichten sollte, wenn die Unbrauchbarkeit des Kriteriums definitiv erwiesen wäre. Dies ist aber schon deshalb ersichtlich nicht der Fall, weil die Vertreter einer „reinen" Schutzzwecklehre das herkömmliche Adäquanzkriterium durchaus verwenden – nur eben als einen unter den vielen Abwägungsgesichtspunkten für die Zurechnung (zB MünchKomm/GRUNSKY³ vor § 249 Rn 42).

Gegen die Adäquanztheorie wird immer wieder der Einwand erhoben, dass sie nicht halte, was sie verspricht: Tatsächlich erreiche sie die theoretisch geforderte Begrenzung der Haftung überhaupt nicht. Aber dies kann auch daran liegen, dass die Theorie in Wahrheit **nicht ernst genug genommen** worden ist. So kritisiert MEDICUS (STAUDINGER/MEDICUS¹² § 249 Rn 44) mit Recht, dass die Adäquanz sogar noch in folgenden Fällen bejaht worden ist: 1. In Speiseeis waren Glassplitter. Deshalb hat der Geschädigte – durchaus naheliegenderweise – die Vorstellung, beim Verzehr Glassplitter verschluckt zu haben. Aus dieser Fehlvorstellung entstand aber ein Magenleiden und dies wiederum hatte sogar die Erwerbsunfähigkeit des Geschädigten zur Folge (RG DJZ 1915, 207). 2. Der unmittelbar Geschädigte hatte eine Schussverletzung im Oberarm erlitten und musste deshalb zur Behandlung ins Krankenhaus. Dort infizierte er sich mit Grippe, an der er starb (RGZ 105, 264, 266). 3. Ein Kfz-Halter hatte sein Fahrzeug nicht ausreichend gegen Diebstahl gesichert. Dadurch hatte er einem Autodieb dessen „Handwerk" wesentlich erleichtert. Dieser unternahm, als er von einer Verkehrsstreife gestellt werden sollte, mit dem Fahrzeug einen Mordversuch an einem Polizisten, der dabei erhebliche Körperverletzungen erlitt (BGH NJW 1971, 459, 461). Vor Fehleinschätzungen wird die Rspr aber auch durch die Anwendung der Schutzzwecklehre nicht bewahrt. So ist der BGH zur Beurteilung von seelisch bedingten Unfallfolgen von der Adäquanzbetrachtung des RG (RGZ 159, 257, 259 f) zu einer Würdigung nach dem Schutzzweckzusammenhang übergegangen (BGHZ 20, 137, 142 u – in der Terminologie noch deutlicher – BGH NJW 1979, 1935). Dies hatte den Sinn, solche Schadensfolgen aus der Ersatzpflicht auszuschließen. Später aber ist der BGH immer mehr von der neuen Linie abgerückt, und nunmehr gewährt er durchaus auch zB bei Konversionsneurosen idR Schadensersatz; nur bei Bagatellanlässen wird die Zurechnung verneint (zB BGH NJW 1997, 2425, 2426). Diese Einschränkung hätte sich mit der Adäquanztheorie genauso begründen lassen. Die viel allgemeinere Verneinung des Schadensersatzes in den früheren Entscheidungen hat sich hingegen offenbar für den BGH selbst als verfehlt herausgestellt. Wäre das Gericht bei der Adäquanztheorie zur Beurteilung solcher Fälle geblieben, hätte sich der zeitweilig beschrittene Irrweg wohl vermeiden lassen. Hiermit ist nicht schon die Schutzzwecklehre überhaupt als zweifelhaft anzusehen. Es zeigt sich aber, dass deren Anwendung keineswegs zwangsläufig das Rechtsgefühl sicherer leitet als die Adäquanzlehre.

22 Da die Adäquanztheorie als der vergleichsweise **einfachere und sicherere** Weg zur Ermittlung der richtigen Zurechnung erscheint, ist die Adäquanzprüfung vor der Untersuchung des Rechtswidrigkeitszusammenhanges vorzunehmen. Schutzzweckerwägungen dienen dann dazu, das beim „Adäquanztest" erzielte Ergebnis zu berichtigen. Für eine Art von Subsidiarität der Adäquanztheorie gegenüber der Schutzbereichslehre hat sich hingegen MEDICUS ausgesprochen (STAUDINGER/MEDICUS[12] § 249 Rn 43). Dies ergebe sich daraus, dass die Adäquanz zur Disposition des Gesetzgebers oder der Vertragsparteien steht, während die Schutzbereichslehre im Grunde nur ein Anwendungsfall der allgemein anerkannten teleologischen Auslegung ist (vgl auch MEDICUS, SchuldR I Rn 600). Aber was Schutzzweck einer Norm oder einer Vertragsklausel sein soll, ergibt sich ebenfalls aus der Disposition des Norm- oder Klauselgebers. Es geht daher nicht um einen unterschiedlichen Rang innerhalb der Normenhierarchie, sondern um die pragmatische Frage, welcher Begründungsweg am schnellsten zum Ergebnis führt. Der BGH verzichtet zwar nicht auf die Anwendung des Adäquanzkriteriums, stellt aber in den letzten Jahrzehnten zunehmend die Schutzzwecküberlegungen in den Vordergrund.

23 e) Die Adäquanztheorie gilt nicht nur für die **Haftungsausfüllung**, sondern auch für die **Haftungsbegründung**. Hier wird sie oft für entbehrlich gehalten, da schon das Verschuldenserfordernis die notwendige Eingrenzung bewirke (TRAEGER, Der Kausalbegriff im Straf- und Zivilrecht [1904] 219 ff; DEUTSCH, Allgemeines Haftungsrecht Rn 139, 142; W LORENZ JZ 1964, 179 f; STOLL, Karlsruher Forum 1983, 184). Aber dies trifft schon deshalb nicht zu, weil der Unterlassungs- und Beseitigungsanspruch zum Schutz absoluter Rechte und Rechtsgüter nur eine rechtswidrige Störung voraussetzt, diese Beeinträchtigung dann jedoch mindestens zurechenbar sein muss. Dafür bleibt die Adäquanz ein sinnvolles Kriterium (WEITNAUER, in: Festg für Oftinger [1969] 321, 326; LANGE, in: LANGE/SCHIEMANN 94). Zudem bezeichnet die Adäquanz wenigstens eine Untergrenze für die Voraussetzungen fahrlässiger Verletzungen. Angesichts des objektiven Fahrlässigkeitsmaßstabes ist dies eine durchaus sinnvolle Funktion.

24 In einigen Fällen ist die Adäquanztheorie von vornherein **unanwendbar**: Soweit der Vorsatz des Täters reicht, sind die Folgen jedenfalls für ihn vorhersehbar und gewollt (LANGE, in: LANGE/SCHIEMANN 96). Für die gewollten Folgen bedarf er keines Schutzes vor der Zurechnung, selbst wenn der Erfolgseintritt objektiv ganz unwahrscheinlich ist.

25 Wie oben (Rn 18) bereits erwähnt, passt der Adäquanzgesichtspunkt ferner nicht für die **Gefährdungshaftungen**. Dies hat auch der BGH (NJW 1982, 2669) klar ausgesprochen: „Auf eine Vorhersehbarkeit des Ursachenzusammenhanges iS der sog Adäquanztheorie kommt es nicht an". Anlass für die Stellungnahme des BGH war freilich ein Fall, in dem die Adäquanz nach der eigenen Einschätzung des Gerichts gegeben war (Verkehrsunfall durch Straßenverunreinigung, die von einem Kettenfahrzeug verursacht worden war). Standardbeispiel in der Lit sind Schäden, die unter das AtG fallen: Der Sicherheitsstandard für Kernkraftwerke und für Transporte radioaktiven Materials ist in Deutschland so hoch, dass Zwischenfälle, die zu Schäden führen, jedenfalls nach Meinung der Experten außerordentlich selten sind. Dennoch sollen nach dem AtG gerade auch solche Fälle unter die Gefährdungshaftung fallen. Dies zeigt sich ua daran, dass sogar die Haftung für höhere Gewalt in das Gesetz einbezogen worden ist. Ein entsprechender Schluss ist aus der Erstreckung der Arzneimittelhaftung auf Entwicklungsgefahren zu ziehen: In diesen Fällen passt der Grundgedanke der Adäquanztheorie nicht, dass nämlich eine Haftung nur gerechtfertigt ist, wenn die eingetretene Folge wenigstens bei Annahme eines Höchststandards noch im Bereich des von Menschen Steuerbaren liegt (für Unanwendbarkeit der Adäquanztheorie auf Gefährdungshaftungen daher auch ua LANGE, in: LANGE/SCHIEMANN 94 f; DEUTSCH, Allgemeines Haftungsrecht Rn 148; DUNZ VersR 1984, 600 ff; aA aber STOLL VersR 1984, 1133 ff).

Eine ähnliche Grenze findet die Adäquanztheorie im Schuldnerverzug: Die Haftung **26** nach § 287 S 2 ist schon dann begründet, wenn die Unmöglichkeit während des Verzuges eintritt. Wäre ein adäquater Kausalzusammenhang mit dem Verzug erforderlich, wäre die Vorschrift überflüssig (STAUDINGER/LÖWISCH [2002] § 287 Rn 16 ff; LANGE, in: LANGE/SCHIEMANN 97 mNw). Aus der Unmöglichkeit entstandener weiterer Schaden ist hingegen nur bei Adäquanz ersatzfähig. Sie fehlt zB, wenn der Gläubiger bei dem Versuch verunglückt, sich selbst einen Ersatz für die im Verzug untergegangene Sache zu beschaffen. Entsprechendes wie für § 287 S 2 gilt für § 848. Hier wie in allen Rn 25 erwähnten Fällen ist der spezielle Schutzzweck der verletzten Norm weiter als bei der Haftung aufgrund der allgemeinen Adäquanz (vgl dazu auch noch die Fallgruppen unten Rn 34 ff).

3. Die Schutzzwecklehre

Das Ergebnis einer adäquaten Zurechnung wie auch der Verneinung von Adäquanz **27** steht unter dem Vorbehalt eines haftungserweiternden oder -begrenzenden besonderen Zwecks der Haftungsnorm oder des der Haftung zugrundeliegenden Vertragsverhältnisses. Die Bedeutung dieses Kriteriums herausgearbeitet zu haben, ist das Verdienst der vor allem auf E RABEL (Recht des Warenkaufs I [1936] 495 ff) zurückgehenden Schutzzwecklehre. Sie bedeutet im Grunde nur eine Konsequenz aus der methodischen Notwendigkeit einer teleologischen Norminterpretation und ist daher im Ansatz gewiss richtig. Die Norminterpretation selbst folgt dabei dem Ansatz der Interessenjurisprudenz: Sowohl vertragliche Pflichten als auch gesetzliche Haftungsnormen und die hinter ihnen stehenden Verhaltenspflichten dienen dem Schutz bestimmter Interessen (LANGE, in: LANGE/SCHIEMANN 101). Daher sind auch nur diejenigen Schäden zu ersetzen, die nach dem Vertrags- oder Gesetzeszweck geschützt werden sollen. Umgekehrt kann in einem Vertrag ganz Unwahrscheinliches versprochen werden, zB ein hoher Spekulationsgewinn; dann liegt bei dessen Ausbleiben infolge einer Vertragsverletzung der Ersatz für dieses Interesse im Schutzbereich des Vertrages, obwohl ein solcher Verlust nicht mehr als adäquat kausale Folge der Vertragsverletzung anzusehen ist.

Der Schutzzweck kann sich auf verschiedenen Ebenen der Haftungsbegründung **28** auswirken: Zum einen kann er zu einer Beschränkung oder Erweiterung der Zurechnung gegenüber der Adäquanztheorie führen; dann wirkt er sich auf die Erfüllung des haftungsbegründenden Tatbestandes aus. Zum anderen kann der Schutzzweck speziell die **Rechtswidrigkeit** betreffen. Dies liegt nach der Formulierung von LANGE (in: LANGE/SCHIEMANN 99) vor, wenn das verbotene Verhalten „zumindest auch wegen der Gefährdung des Geschädigten und wegen der Gefährdung des bei ihm verletzten Rechtsgutes und wegen der *in concreto* vorliegenden Schädigungsart als rechtswidrig anzusehen ist". Für die Praxis bleibt es jedoch offenbar ohne Folgen, an welchem systematischen Ort die zur richtigen Lösung erforderlichen teleologischen Erwägungen angestellt werden. Daher kann auf die Differenzierung zwischen Rechtswidrigkeitszusammenhang und Schutzzweck der Norm verzichtet werden (so weitgehend auch STAUDINGER/MEDICUS[12] § 249 Rn 42; LANGE 100; PALANDT/HEINRICHS vor § 249 Rn 62).

29 a) Die Notwendigkeit, bei Schadensersatzansprüchen den Schutzzweck der verletzten Pflicht zu ermitteln, ist der Sache nach **im Vertragsrecht** seit langem anerkannt und im Grunde auch selbstverständlich. So waren schon Mangelschäden im Kaufrecht unter Geltung des herrschenden subjektiven Fehlerbegriffs (vgl STAUDINGER/HONSELL [1995] § 459 Rn 18 ff) nur zu ermitteln, wenn der Schaden (= Mangel) als Abweichung von der vertraglich festgelegten Qualität der verkauften Sache verstanden wurde. Schutzzweck des Kaufvertrages war hier die Einhaltung der versprochenen oder vorausgesetzten Qualität. Entsprechendes galt für Inhalt und Grenzen einer Eigenschaftszusicherung als gesetzliche Voraussetzung für den Ersatz von Mangelfolgeschäden (STAUDINGER/HONSELL [1995] § 459 Rn 126 ff): Das Standardbeispiel dazu aus der Rechtsprechung ist die „Deckenkleberentscheidung" BGHZ 50, 200: Der kaufende Handwerker hatte sich die Eignung des Klebers für bestimmte Deckenplatten zusichern lassen. Da der Kleber aber nicht den zugesicherten Anforderungen genügte, musste der Käufer erhebliche Nachbesserungsarbeiten bei seinen Kunden vornehmen. Hier liegt der „Schutzzweck" der Zusicherung offensichtlich gerade darin, den Käufer vor derartigen Schäden zu bewahren (BGHZ 50, 200, 204). Erst recht die Haftung aufgrund positiver Forderungsverletzung beruhte stets auf der Verletzung bestimmter Pflichten, vor allem einer Untersuchungspflicht, und führte daher seit jeher nur zum Ersatz solcher Schäden, zu deren Vermeidung die Pflicht besteht. Diesen Pflichtbezug der Schadenszurechnung hat das RG (RGZ 28, 159) bereits vor Inkrafttreten des BGB auf geradezu klassische Weise festgestellt: Wenn ein Gut auf einem bestimmten Schiff transportiert werden soll, sei dies nicht so auszulegen, dass das Gut auch mit dem Schiff untergehen solle. Im zu entscheidenden Fall hatte nämlich der Befrachter das Transportgut mit einem höheren Wert versichert als dem bei der Veräußerung tatsächlich erzielten Verkaufspreis und verlangte nun die Differenz, weil sich der Spediteur verpflichtet hatte, das Gut auf einem ganz bestimmten – auf der Fahrt untergegangenen – Schiff zu transportieren (hierzu und zu weiteren Fällen der Zurechnung nach dem vertraglichen Schutzzweck, insbes im Arzthaftungsrecht LANGE, in: LANGE/SCHIEMANN 105 ff).

30 Besonders deutlich wird die Abhängigkeit des schadensrechtlichen Schutzes von der Auslegung des Vertrages bei der Haftungsbegründung aus einem **Vertrag mit Schutzwirkung für Dritte** (vgl schon Vorbem 64 f zu §§ 249 ff): Nicht jeder, der irgendwie mit der Vertragsleistung des Schuldners in Berührung gekommen ist und dadurch einen Schaden erlitten hat, kann den Vertrag als Haftungsgrundlage für sich nutzen. Vielmehr erstreckt sich der Schutzbereich des Vertrages nur auf diejenigen Dritten,

die bestimmungsgemäß mit der Hauptleistung in Berührung kommen, an deren Einbeziehung der Hauptgläubiger ein schutzwürdiges Interesse hat und deren Stellung als Schadensersatzgläubiger für den Schuldner erkennbar ist und ihm zugemutet werden kann (vgl hier nur STAUDINGER/JAGMANN [2004] Vorbem 104 ff zu §§ 328 ff). Am Vertrag mit Schutzwirkung für Dritte zeigt sich auch, wie der Schutzzweck mehr und mehr zur eigenständigen Kategorie für die Haftungsbegründung überhaupt wird: Ging es ursprünglich noch allein darum, die Haftung für Körper- und Gesundheitsschäden ohne die unerwünschten Beschränkungen des § 831 verwirklichen zu können, liegt ein Hauptanwendungsfeld für den Vertrag mit Schutzwirkung heute bei den reinen Vermögensschäden, für deren fahrlässige oder jedenfalls nicht sittenwidrige Verursachung sonst gar keine Anspruchsgrundlage erfüllt wäre. Der Schutzzweck hat sich dabei zunehmend von dem konkreten Vertragszweck gelöst. Darin liegt die wesentliche Neuerung durch das BGH-Urteil im „Dachstuhlfall" (BGHZ 127, 378): Die Haftung des Sachverständigen gegenüber dem Käufer des begutachteten Grundstücks, obwohl der Auftraggeber des Sachverständigen (und Verkäufer) an der Unrichtigkeit des Wertgutachtens in hohem Maße interessiert war (und sie sogar arglistig herbeigeführt hatte), wird zwar vom BGH auf die „Natur des Vertrages" über die Erstattung des Gutachtens zurückgeführt; sie ist in Wahrheit aber Ausdruck einer selbständigen Zurechnung von Schäden durch Expertenhandeln. Während der „Schutzzweck des Vertrages" in seiner Funktion als genauere Beschreibung des Zurechnungsgrundes innerhalb gesetzlich oder durch Vertragsparteien begründeter Haftungstatbestände bloß die Konkretisierung und „Abwicklung" der Haftung und somit das allgemeine Schadensrecht betraf, gehört die umfassende Unrechtsbegründung nach Art der „Dachstuhl-Doktrin" zum Recht der Haftungstatbestände selbst; sie ist daher an dieser Stelle nicht zu vertiefen. – Die besondere Relevanz des „Schutzzwecks" für die Vertragshaftung, die sich beim Vertrag mit Schutzwirkung für Dritte und vor allem, wenn sein Gegenstand ein Rat oder ein Gutachten ist, zeigt, gilt auch unabhängig von dieser „Dreiecksbeziehung" für **Beratungs- und Auskunftsverträge**. Dies zeigt sich etwa bei Kapitalanlageverträgen (dazu GEIBEL, Der Kapitalanlegerschaden [2002] 321 ff), aber auch bei Pflichtversäumnissen von Anwälten oder Steuerberatern und bei Verletzung der Aufklärungspflicht von Ärzten (LANGE, in: LANGE/SCHIEMANN 107 f mNw).

b) Nicht minder zwangsläufig als bei der Vertragshaftung sind bei **§ 823 Abs 2** Erwägungen zum Schutzzweck der verletzten Norm anzustellen. Hierfür hat bereits die 2. Kommission zur Vorbereitung des BGB eine besondere Interessenprüfung für das jeweilige Schutzgesetz erwähnt (Prot II 571). Schon am Beginn der Prüfung des § 823 Abs 2 steht eine Schutzzwecküberlegung: Überhaupt als Schutzgesetz anzusehen sind nur solche Rechtsnormen iSd Art 2 EGBGB, die nicht nur die Allgemeinheit, sondern (mindestens auch) den Geschädigten schützen wollen. Der Wert dieses Merkmals ist freilich gering (LARENZ/CANARIS II 2 § 77 2 II b). Um so wichtiger ist die Untersuchung, ob die Norm gerade die betroffene Person mit dem betroffenen Rechtsgut vor der konkreten Art der Beeinträchtigung schützt. Plastisch wird dies zB an der BGH-Entscheidung (VersR 1977, 524) zur Geschwindigkeitsbeschränkung in geschlossenen Ortschaften (§ 3 Abs 3 Nr 1 StVO): Ist ein Autofahrer, der sich nicht an die Geschwindigkeitsbeschränkung gehalten hat, aus diesem Grunde früher als bei korrektem Verhalten an eine bestimmte gefährliche Stelle außerhalb der Ortschaft gelangt und hat sich dort ein Unfall ereignet, fällt dieses Ereignis nicht mehr in den Schutzbereich der Geschwindigkeitsvorschrift. Durch sie sollen die anderen Verkehrsteilnehmer und die Anwohner in der Ortschaft geschützt werden, aber nicht zB ein Radfahrer davor, an der gefährlichen Stelle außerhalb der Ortschaft zu einem ganz bestimmten Zeitpunkt mit dem vorher zu schnell gefahrenen Pkw zusammenzutreffen. Die praktische Relevanz der Schutzzweckprüfung ergibt sich bei § 823 Abs 2 vor allem daraus, dass sich das Verschulden des Haftpflichtigen nur auf den Verstoß gegen das Schutzgesetz, hingegen nicht auf die hierdurch herbeigeführten Schäden beziehen muss. Eine gleichartige Schutzzweckprüfung wie bei § 823 Abs 2 ist auch bei § 839 und § 19 BNotO hinsichtlich der verletzten Amtspflicht anzustellen.

32 **c)** Der problematischste Anwendungsbereich der Schutzzwecklehre ist die Haftung aus **§ 823 Abs 1**. Wenn der Tatbestand durch einen unmittelbaren Eingriff in eines der geschützten Rechte und Rechtsgüter verwirklicht wird, macht es kaum Sinn, danach zu fragen, ob der eingetretene Schaden im Schutzbereich des gegenüber solchen Rechten und Gütern bestehenden Verletzungsverbotes liegt. Insbes für eine Begrenzung der Zurechnung adäquat kausaler Verletzungsfolgen wird im allgemeinen kein Bedürfnis bestehen. In manchen Fällen ist hingegen nach dem Normzweck eine Zurechnung angemessen, obwohl die Adäquanz bei der richtigen Fassung dieses Kriteriums zu verneinen wäre. So liegt es etwa bei ungewöhnlicher, selbst für den „optimalen Beobachter" nicht voraussehbarer Anfälligkeit des Opfers. Die Rspr stützt sich in solchen Fällen auf die Formel: „Wer unerlaubt gegen einen gesundheitlich geschwächten Menschen handelt, hat kein Recht, so gestellt zu werden, als ob er einen gesunden Menschen verletzt habe" (RGZ 6, 1; BGHZ 20, 137, 139; 107, 359, 363; BGH NJW 1974, 1510, stRspr). Hiervon zu unterscheiden sind aber ganz extreme Fälle von Schadensanfälligkeit, in denen man sich leicht vorstellen kann, dass eine andere, niemandem zurechenbare Veranlassung früher oder später dieselben Folgen gehabt hätte, zB eine Gehirnblutung aus Erregung über Beleidigungen und leichte Tätlichkeiten (BGH NJW 1976, 1143, 1144), oder Verletzungen durch Hinfallen, das auf der übernervösen Reaktion nach dem Bellen eines harmlosen Hundes beruhte (RG JW 1908, 41). Die Differenzierung zwischen beiden Fallgruppen lässt sich nicht aus einem ungleichen Grad an Wahrscheinlichkeit gewinnen. Vielmehr geht es um die „Leistungsfähigkeit" des Haftungsrechts und um deren Grenzen (LANGE, in: LANGE/SCHIEMANN 131) – somit um den Normzweck des Deliktsrechts überhaupt.

33 Anders ist der Normzweck bei § 823 Abs 1 zu behandeln, wenn der Schaden auf einer **mittelbaren Verletzung** oder einem Eingriff in ein **Rahmenrecht** (Allgemeines Persönlichkeitsrecht, Gewerbebetrieb) beruht: Die Zurechnung mittelbarer Verletzungen und eines Unterlassens ist die Folge der Verletzung von Verkehrs(sicherungs)pflichten. Diese haben die gleiche Struktur wie Schutzgesetze nach § 823 Abs 2. Daher gelten auch dieselben Normzweckerwägungen wie dort (oben Rn 31). Die Beeinträchtigung von Rahmenrechten schließlich kommt nach hM nur dann als Haftungsgrund in Betracht, wenn die Rechtswidrigkeit des Verhaltens positiv festgestellt worden ist. Dies erfolgt im Wege einer Güter- und Interessenabwägung. Nichts anderes als eine solche Abwägung (zwischen den „Bewegungsinteressen" des Haftpflichtigen und den „Erhaltungsinteressen" des Geschädigten) liegt der allgemeinen Normzweckprüfung zugrunde.

4. Fallgruppen problematischer Zurechnung

Die Rn 16, 26 erwähnten Beispiele zur Prüfung der Adäquanz und des Schutz- **34** zwecks der verletzten Norm weisen eine so große **Vielfalt** auf, dass sie nicht nach einheitlichen Formeln entschieden werden können. Vor allem die möglichen Normzwecke sind viel zu zahlreich, als dass eine einheitliche Schutzzweckdogmatik entwickelt werden könnte. Eine sachgerechte Behandlung des Zurechnungsproblems erfordert daher eine fallbezogene Analyse.

a) Mitwirkung weiterer Ursachen, insbes Schadensanlagen

Haben noch **andere Ursachen** außer dem zum Ersatz verpflichtenden Umstand bei **35** der Entstehung des Schadens mitgewirkt, wird die Zurechnung dadurch **nicht ausgeschlossen**. Das folgt schon daraus, dass kaum ein Ereignis auf eine einzige Ursache zurückgeht. Insbes kennt das Zivilrecht im Gegensatz zum Sozialrecht keine Beschränkung auf eine „wesentliche Bedingung" (dazu LANGE, in: LANGE/SCHIEMANN 97 f mNw). Die andere Ursache kann auch aus dem Bereich des Geschädigten selbst stammen.

Gerade wenn eine weitere Ursache für den Schadenseintritt aus der Sphäre des Geschädigten stammt, sind vielfach besondere Erwägungen zum Schutzzweck der Haftungsnormen erforderlich. Hierbei geht es vor allem um eine **schon vorhandene Schadensanlage beim Geschädigten**. Dazu wurde schon oben Rn 32 festgestellt, dass der Schädiger grundsätzlich den Geschädigten so hinzunehmen hat, wie er eben ist. Die Grenze dieses Gesichtspunktes an ganz extrem erscheinenden Folgen und Reaktionen des Geschädigten zeigt aber zugleich, dass bestimmte Risiken dennoch vom Geschädigten selbst zu tragen sind, obwohl sie sich konkret erst durch den Schadensfall – oder besser: im Zusammenhang mit ihm – verwirklicht haben (vgl RG JW 1908, 41; BGH NJW 1976, 1143 u dazu oben Rn 32; ähnlich BGHZ 107, 359 m Anm vBAR JZ 1989, 1071; BÖRGERS NJW 1990, 2535; LIPP JuS 1991, 809: Schlaganfall eines Unfallopfers infolge von Beschimpfungen und der Veranlassung eines Alkoholtests durch den schuldhaften Unfallverursacher). Trotz des Grundsatzes der Zuweisung des Risikos aus einer Schadensanlage an den Schädiger ist somit letztlich eine Abwägung zwischen den Risikosphären im Hinblick auf den jeweiligen Normzweck erforderlich. Dafür bietet gerade der Sachverhalt der Entscheidung BGHZ 107, 359 wichtige Anhaltspunkte: Denkbar ist eine Differenzierung nach verschiedenen Haftungsgründen. Während dem BGH darin Recht zu geben ist, dass die Unfallverursachung als solche noch nicht die „Schwelle" zur Überwälzung des Schlaganfall-Risikos auf den Verursacher (und daher auf die verklagte Kfz-Haftpflichtversicherung) überschreitet, können die Beschimpfungen und falschen Anschuldigungen Schutzgesetzverletzungen (zB §§ 164, 185 StGB) darstellen, in deren Schutzbereich dann sehr wohl auch der Schlaganfall als Folgeschaden fallen kann.

Bei Fällen mit einer gesteigerten Schadensanlage ist somit eine besonders sorgfäl- **36** tige Abwägung zwischen dem Verantwortungsbereich des Verursachers und dem **„allgemeinen Lebensrisiko"** (dazu unten Rn 89) des Verletzten erforderlich. Zudem überschneidet sich die Schutzzweckprüfung hier mit der verwandten Frage, wie weit eine Schadensanlage als **„Reserveursache"** zu berücksichtigen ist (dazu unten Rn 85 ff, 92 ff; vgl auch LANGE, in: LANGE/SCHIEMANN 128 f). Nur auf den ersten Blick unterscheiden sich die hier behandelten Fälle von der Berücksichtigung einer Reserveursache erheblich: Hier hat die Schadensanlage gerade mit dazu geführt, dass der Schaden eingetreten ist; dort hingegen hat sich die Schadensanlage tatsächlich nicht mehr auswirken können, weil der „veranlagungsgemäße" Schaden bereits durch die zurechenbare Fremdverursachung eingetreten war. Diese zufällige Zeitverschiebung kann jedoch keine unterschiedliche Bewertung begründen. Wenn der eingetretene Schaden trotz der Schadensanlage des Verletzten dem außenstehenden Verursacher zugerechnet wird, bleibt also zu prüfen, ob nicht wenigstens bei Dauerschäden im Verlauf der Zeit die Anlage gegenüber der Fremdverursachung das Übergewicht erhält. Mindestens bei unmittelbaren Folgen für Körper und Gesundheit des Verletzten ist aber umgekehrt mit Rücksicht auf die grundsätzliche Risikozuweisung an den Verletzer die Regel aufzugeben, dass Schadensanlagen als Reserveursachen beachtlich seien (anders aber noch STAUDINGER/MEDICUS[12] Rn 103); erst im weiteren Verlauf des Schadensgeschehens ist für die Berücksichtigung der Schadensanlage Raum (so iE weitgehend MünchKomm/OETKER § 249 Rn 204 gegen die hM: RGZ 169, 117, 120; PALANDT/ HEINRICHS vor § 249 Rn 99; ERMAN/KUCKUK vor § 249 Rn 83; differenzierend LANGE 193).

37 Die **Rspr** hat die Zurechnung trotz vorhandener Schadensanlage zB in folgenden Fällen bejaht: Der Schaden war aus dem Zusammenwirken der Verletzung mit einem bereits vorhandenen Wirbelsäulenleiden entstanden (BGH VersR 1966, 737; 1969, 43); obwohl schon eine Nierendegeneration vorlag, ist das Leiden durch die Verletzung verschlimmert worden (BGH VersR 1962, 351; ähnlich bei Verschlimmerung schon vorhandener Tuberkulose: BGH VersR 1968, 648); die Verletzung hatte einen Nierenstein mobilisiert (OLG Frankfurt MDR 1971, 44; weitere Fälle: BGH VersR 1959, 752; 1960, 1092; 1964, 844; 1968, 43; 1970, 814; OLG Karlsruhe VersR 1979, 479; OLG Frankfurt VersR 1980, 564; OLG Celle VersR 1981, 1057; OLG Frankfurt NJW 1984, 1409). Wirtschaftliche Schwächen des Geschädigten schließen idR die Zurechnung des durch sie verursachten Folgeschadens an den Schädiger nicht aus. So haftet der für die Beschädigung eines Lkw Verantwortliche auch für den weiteren Schaden, der daraus entsteht, dass das Unternehmen mangels Reserven zusammenbricht (BGH VersR 1963, 1161). Dasselbe gilt für Liquidationsschäden infolge unberechtigt protestierter Schecks (BGH BB 1968, 1307 = Betrieb 1968, 1986). Wer aus positiver Forderungsverletzung haftet, weil er einen Mitarbeiter des Vertragspartners körperlich verletzt hat, muss auch für den Verlust des Beitragsnachlasses bei der Berufsgenossenschaft, deren Mitglied der Gläubiger ist, aufkommen (BGHZ 107, 258, im Fall immerhin über 43 000 Euro).

38 Verneint wurde die Zurechnung außer in den oben Rn 35 erwähnten Fällen noch zB vom OLG Karlsruhe (VersR 1966, 71): Ein versehentlicher Tritt auf den Fuß hatte wegen einer arteriellen Störung des Verletzten zur Amputation des Beines geführt; ferner bei zusätzlichen Behandlungskosten wegen Alkoholabhängigkeit des Opfers (OLG Braunschweig VersR 1996, 715); bei Herzinfarkt infolge eines Beinaheunfalles (OLG Düsseldorf VersR 1992, 1233) oder nach verbaler Auseinandersetzung (KG VersR 1987, 105) oder einer Rauferei unter Hunden (OLG Karlsruhe MDR 1993, 29). Sehr zweifelhaft sind die Sachverhalte einer Schadensanfälligkeit durch die Haltung besonders empfindlicher Tiere. Das RG (RGZ 158, 34) hatte im „Silberfuchsfall" eine Haftung nach dem LuftVG abgelehnt, obwohl durch Fluggeräusche in einer Fuchsfarm die Muttertiere verworfen und ihre Welpen aufgefressen hatten. Sehr ähnlich liegt auf den ersten Blick der vom BGH (BGHZ 115, 84) entschiedene Fall der Panik im Schweinestall: Durch einen Verkehrsunfall mit Blechschaden war es zu einem Knall gekommen, der die Schweine im etwa 50 m entfernten Stall derart in Panik versetzte, dass sie zT verendeten oder verwarfen. Dies beruhte ua auf erhöhter Empfindlichkeit der Tiere durch die Massentierhaltung. Deshalb hat der BGH – wie schon das RG im „Silberfuchsfall" – die Zurechnung der Schäden im Schweinestall an den Unfallverursacher verneint. Aber damit vernachlässigt der BGH zu Unrecht, dass einerseits die Massentierhaltung alles andere als eine „extreme" oder nur selten anzutreffende landwirtschaftliche Nutzung ist und dass andererseits gerade nicht – wie im „Silberfuchsfall" – „normaler", mit dem Betrieb der Flugzeuge generell verbundener Lärm zu den Schäden geführt hatte, sondern ein „Ausnahmelärm" (abl zu dieser Entscheidung ua H ROTH JuS 1993, 716 ff; KÖTZ NZV 1992, 218 ff).

b) Psychische Schadensbereitschaft*
Die Zurechnung einer Schadensanlage des Verletzten gilt im Prinzip auch bei **39** besonderer **psychischer Labilität**. Denn ob eine vorhandene gesundheitliche Beeinträchtigung auf einem körperlichen Mangel oder auf einer in der Persönlichkeitsstruktur liegenden seelischen Anfälligkeit beruht, macht rechtlich keinen Unterschied (BGHZ 20, 137 ff; 39, 313, 315). Beispiele sind: der Schaden aus dem Nervenzusammenbruch einer Ehefrau durch die irrtümliche Zustellung eines Pfändungsbeschlusses an ihren Ehemann statt an den namensgleichen wirklichen Schuldner wegen der Unterhaltsansprüche zweier unehelicher Kinder (RGZ 170, 129, 136); der Erwerbsunfähigkeitsschaden aus einem Magenleiden, das durch die Fehlvorstellung entstanden war, beim Verzehr von Speiseeis Glassplitter geschluckt zu haben, wie sie im Eisrest zu finden waren (RG DJZ 1915, 207). Ersatzfähig sein können auch unfallbedingte Depressionsschäden (BGH VersR 1966, 931) oder Schäden aus der Einweisung des Verletzten in eine Heilanstalt infolge einer Wesensänderung durch den Unfall (BGH VersR 1960, 225; weitere Fälle: OLG München VersR 1960, 47 zu einer hysterischen Neurose durch einen Hundebiss; BGH NJW 1983, 340 zu einer latenten abnormen psychischen Veranlagung; BGH VersR 1983, 750 zu einer seit früher Kindheit vorhandenen neurotischen Fehlentwicklung).

Ein Sonderfall solcher psychisch vermittelter Schäden sind **seelische Reaktionen** des Verletzten. So kann auch der Selbstmord des Verletzten zurechenbar sein (BGH NJW 1958, 1579; vgl RGZ 75, 19, 20), wenn er nicht ganz und gar unverhältnismäßig zum

---

* **Schrifttum:** BENZ, Neurose und Selbstmord in der Rspr des BSG und des BGH, NJW 1967, 654 ff; BICK, Haftung für psychisch verursachte Körperverletzungen (Diss Freiburg 1970); BRESSER, Neurotisches Fehlverhalten und Arbeitsfähigkeit, ZVersWiss 74 (1985) 643; ENGSHUBER, Die Behandlung der Unfallneurose als Schaden (Diss Köln 1970); FORST, Grenzen deliktischer Haftung bei psychisch vermittelter haftungsbegründender Kausalität (2000); FRANK/GEBSATTEL ua (Hrsg), Hdb der Neurosenlehre und Psychotherapie, 5 Bde (1959); FRANKL, Theorie und Therapie der Neurose[6] (1987); GREESKE, Die Haftung für neurotische Störungen als Schädigungsfolge (Diss Würzburg 1975); GRÖMIG/GRÖMIG, Medizinisches und Rechtliches zum Problem der Neurose, Sozialversicherung 1976, 255; KRACZEWSKI, Die Haftung für Schockschäden (1992); NEDOPIL, Forensische Psychiatrie (1996); PESCH, Die rechtliche Behandlung der Neurose, NJW 1966, 1841; PLAGEMANN, Medizinische Begutachtung im Sozialrecht (2. Aufl 1993); SCHELLWORTH, Neurose, Ursachenbegriff und Rspr (2. Aufl 1953); SCHNEIDER/HENNIGSEN/RÜGER, Sozialmedizinische Begutachtung ... (2001); VENZLAFF/FOERSTER, Psychiatrische Begutachtung[3] (2000); WITTER, Die Neurose im bürgerlichen Schadensersatzrecht und im Sozialversicherungsrecht, NJW 1958, 245; ders, Zur medizinischen und rechtlichen Beurteilung von Neurosen, NJW 1964, 1166.

Verhalten des Schädigers oder zum erlittenen Schaden erscheint (vgl zu einem solchen Fall OLG Köln VersR 1988, 1049). Auf derselben Linie liegt der Fall der Selbstverstümmelung (BGH VersR 1969, 160).

40 Eine sehr schwankende Beurteilung kennzeichnet die Behandlung von **Rentenneurosen** in Rspr und Lit. Unter Renten- oder Begehrensneurose wird eine neurotisch-querulatorische Fehlhaltung verstanden, mit der der Verletzte vor der seelischen Verarbeitung und Überwindung seiner Verletzung ausweicht und sich in die Vorstellung hineinsteigert, nicht mehr selbst für sein Leben aufkommen zu können, sondern die Lebenssicherung auf den Schädiger (bzw dessen Haftpflichtversicherung) überwälzen zu können und zu müssen. Gegenbegriffe zur Rentenneurose sind die „zweckfreie Aktualneurose" (BGH VersR 1968, 396) und die „Konversionsneurose" (BGH NJW 1986, 777, 779). Bei der zweckfreien Aktualneurose ist die zurechenbare Verletzung nicht nur äußerlicher Anlass oder „Kristallisationspunkt" dafür, dass die Neurose, die in der Persönlichkeitsentwicklung des Geschädigten angelegt war, zum Ausbruch gekommen ist; vielmehr sind ihm die psychischen Schäden primär und unmittelbar durch die seelische Erschütterung beim Unfall zugefügt worden, bleiben daher auch vielfach eng mit dem Unfall verknüpft (Beispiel v Lange, in: Lange/Schiemann 141 Fn 371: Unfähigkeit des Verletzten, weiterhin selbst Auto zu fahren). Bei der Konversionsneurose gelingt es dem Geschädigten ebenfalls nicht, den Unfall und seine körperlichen Folgen seelisch zu verarbeiten, aber nicht in der Weise, dass er sich (wie bei der Rentenneurose) in die Vorstellung hineinsteigert, in Zukunft müsse der Schädiger oder die Allgemeinheit für sein Leben aufkommen, sondern indem er mit seinen inneren Konflikten nicht mehr fertig wird und sein Selbstwertgefühl verliert. Solche Konversionsneurosen können darauf beruhen, dass der Geschädigte eine Persönlichkeitsstruktur besitzt, die ihn auch aus einem anderen, womöglich viel geringfügigeren Anlass in die Neurose getrieben hätte. Aber solche Fälle, bei denen der BGH (zB NJW 1991, 2347, 2348) den Rechtswidrigkeitszusammenhang verneint, weil sich nur das „allgemeine Lebensrisiko" des Verletzten verwirklicht habe, bilden die Ausnahme. Regelmäßig muss auch im Falle einer Konversionsneurose der Schädiger den Geschädigten mit seinen „schädlichen Anlagen" hinnehmen (BGH NJW 1993, 1523).

41 Das **RG** (etwa RGZ 159, 257, 259 f) hatte den Ersatzanspruch wegen einer Rentenneurose noch grundsätzlich bejaht, freilich die mangelhafte Erlebnisverarbeitung durch den Verletzten nach § 254 beurteilt. Davon ist der BGH (BGHZ 20, 137, 142) abgerückt: Zwar bringe die ursächliche Betrachtung keine Ersatzbeschränkung. Doch folge die Anspruchsverneinung aus dem Sinn von Schadensersatzansprüchen: Ihm widerspräche es, „wenn gerade durch die Tatsache, dass ein anderer Schadensersatz zu leisten hat, die Wiedereinführung in den sozialen Lebens- und Pflichtkreis erschwert oder gar unmöglich gemacht würde". Der BGH hat somit bei der Behandlung der Neurosefälle auf den sonst eher verpönten Gesichtspunkt der Prävention im Schadensrecht zurückgegriffen: Durch die Verweigerung der Ersatzleistung solle die Restitution gefördert werden. Später hat der BGH den Schadensersatz auch dann versagt, wenn nicht festgestellt werden konnte, dass der Geschädigte seinen Versagenszustand nach dem Ende der Schadensersatzleistungen werde überwinden können (BGH NJW 1965, 2293). Hiergegen hat ua Medicus (Staudinger/ Medicus[12] Rn 56) berechtigte Bedenken erhoben: Es liege näher, in solchen Fällen, in denen das Argument vom Zweck des Schadensersatzes versagt, zunächst zu § 254 zu kommen und die gänzliche Leugnung des Zurechnungszusammenhangs auf die Fälle einer extremen Schadensanlage zu begrenzen. Entsprechend zur Rspr hinsichtlich körperlicher Schadensanlagen dürfe der Verletzer nicht erwarten, er werde auf einen zu „angemessener Erlebnisverarbeitung" fähigen Verletzten treffen.

In dieselbe Richtung geht die **neuere Rspr**. Der BGH reflektiert zunehmend die psychosomatische Orientierung der modernen Medizin. Er hat daher die Behandlung psychischer Schäden weitgehend derjenigen von somatischen Schäden angeglichen. Neuerdings formuliert er als Grundsatz: „Der Schädiger hat für Folgeschäden aufgrund einer psychischen Anfälligkeit des Verletzten oder dessen neurotischer Fehlverarbeitung haftungsrechtlich einzustehen" (BGHZ 132, 341). Strengere Anforderungen an die Zurechnung stellt der BGH hingegen bei der haftungsbegründenden Zurechnung: Hier kommt eine Haftung nur in Betracht, wenn die Beeinträchtigungen selbst Krankheitswert besitzen (BGHZ 132, 341, 343 ff mwNw). Bei psychischen Folgeschäden unterbleibt die Zurechnung nur, wenn der Anlass als Bagatelle erscheint, so dass die psychische Reaktion schlechterdings nicht mehr verständlich ist. Erst dann liegt eine offensichtlich unangemessene Erlebnisverarbeitung vor mit der Folge, dass der psychische Schaden nicht zugerechnet wird. Aber selbst bei einem Bagatellanlass soll die Neurose wieder zugerechnet werden, wenn die Bagatelle auf eine entsprechende Schadensanlage des Geschädigten gestoßen ist (BGHZ aaO; BGHZ 137, 142, 148 ff und dazu SCHIEMANN JZ 1998, 683 ff). Erwägen sollte man in solchen Fällen freilich, ob die – objektiv gesehen – unangemessene Verarbeitung des Schadensfalles durch den Verletzten ein Mitverschulden nach § 254 begründet. **42**

Eng verwandt mit den Neurosefällen sind die typischen Fälle von **Schockschäden**. Dabei geht es um die seelische Erschütterung, die ein bei einem Unfall selbst nicht körperlich Verletzter durch das Miterleben des Unfalls, den Anblick der Unfallfolgen oder durch die Nachricht hiervon erleidet. Es liegt auf der Hand, dass die seelische und nervliche Belastung durch und infolge eines Schocks ua davon abhängt, wie sensibel der betroffene Dritte reagiert. Erst die Schadensanfälligkeit führt also vielfach zu einem Schaden überhaupt oder dazu, dass ein kleinerer oder größerer Schaden eingetreten ist. Anders liegt es nur dann, wenn der Schock bei einem „Vierten" zu somatischen Schäden geführt hat, wie im Sachverhalt von BGHZ 93, 351: Eine Schwangere hatte durch die Nachricht von einem schweren Verkehrsunfall ihres Mannes einen Schock mit erheblichen Kreislaufbeschwerden und weit verfrühten Wehen erlitten. Dadurch war es zu einer pränatalen Schädigung des *nasciturus* gekommen, so dass das Kind mit einem schweren Hirnschaden geboren worden ist. Solche „Fernwirkungsschäden" (vgl DEUBNER NJW 1985, 1392) sind wie andere Körper- und Gesundheitsverletzungen zuzurechnen, wenn sich das Verschulden auch auf solche Folgen bezieht. Dies aber ist regelmäßig anzunehmen, weil der schuldhafte Verursacher eines Verkehrsunfalls voraussehen muss, dass die Nachricht von der schweren Verletzung des unmittelbaren Unfallopfers bei dessen Ehefrau zu einem Schock mit den hier eingetretenen tragischen Folgen führt. **43**

Auch die Verletzung desjenigen, der den Schock erlitten hat, ist kein Drittschaden, sondern grundsätzlich ein **eigener Gesundheitsschaden** des Betroffenen nach § 823 Abs 1. Zum Schadensersatz gehört wie bei anderen Gesundheitsverletzungen ein Schmerzensgeld nach § 253 Abs 2. Beruht der Schock auf der Tötung eines nahen Angehörigen, wirkt sich der Schockschadensersatz wie ein Schmerzensgeld für den **44**

Verlust eines nahen Angehörigen aus, das vom Gesetz gerade nicht vorgesehen ist. Dennoch ist das Schmerzensgeld für Schockschäden dogmatisch und rechtspolitisch (vgl dazu Vorndran ZRP 1988, 293 ff) unbedenklich, da auch sonst der Grund des Schmerzensgeldes (anders als uU dessen Höhe) nicht von der Art abhängt, in der die Gesundheitsverletzung herbeigeführt worden ist (eher enger aber noch Staudinger/ Medicus[12] Rn 58). Deutsch (Rn 916) folgert aus der Funktion des Schmerzensgeldes für Schockschäden als „Angehörigenschmerzensgeld", dass ein noch beim unmittelbar Verletzten entstandenes, auf den Schockgeschädigten als Erbe übergegangenes Schmerzensgeld anzurechnen sei. Dies ist mit Oetker (in: MünchKomm § 249 Rn 144) jedoch abzulehnen, da dann der Schockgeschädigte gleichsam dafür „bestraft" würde, dass er gleichzeitig Erbe ist (was er keineswegs immer sein muss).

45 Hinsichtlich der Ersatzfähigkeit von Schockschäden macht die Rspr jedoch drei **Einschränkungen**: Erstens soll eine haftungsauslösende Gesundheitsverletzung nicht schon immer dann vorliegen, wenn medizinisch erfassbare Auswirkungen gegeben sind (zB Schlafstörungen). Vielmehr soll der Schutzzweck von § 823 Abs 1 nur Gesundheitsbeschädigungen umfassen, die – wenngleich wie bei den Neurosefällen (oben Rn 40) durch eine besondere organische oder seelische Labilität des Betroffenen mitbedingt – nach Art und Schwere den Rahmen dessen überschreiten, was an Beschwerden bei einem schlimmen Erlebnis aufzutreten pflegt (BGHZ 56, 163 u dazu Deubner JuS 1971, 622; Herkner VersR 1971, 1140; Selb JZ 1972, 124; BGH NJW 1984, 1405; 1986, 777; 1989, 2317). Zweitens muss der Anlass den Schock als verständlich erscheinen lassen, also bei einem durchschnittlich Empfindenden zu einer entsprechenden Erschütterung geeignet sein (Lange, in: Lange/Schiemann 149). So genügt nicht schon die Nachricht von einer leichten Beschädigung des Fahrzeugs (LG Hildesheim VersR 1970, 720) oder die Aufregung über polizeiliche Ermittlungen gegen nahe Angehörige (LG Hamburg NJW 1969, 615 u dazu Deubner JuS 1969, 561) oder der Tod des eigenen Hundes (KreisG Cottbus NJW-RR 1994, 804). Drittens wird der Ersatzanspruch idR auf nahe Angehörige des Opfers beschränkt (OLG Stuttgart NJW-RR 1989, 478; vgl auch schon LG Tübingen NJW 1968, 1187: abl für Freundin und Begleiterin des getöteten Mädchens; LG Stuttgart VersR 1973, 648: abl für Dritten, der den zerschmetterten Kopf des Unfallopfers sieht; bejahend aber LG Frankfurt NJW 1969, 2286 für die begleitende Freundin des Opfers).

46 Die geschilderten Einschränkungen werden vielfach als Ausdruck der Tatsache verstanden, dass das Erleiden eines Schocks grundsätzlich zum **„allgemeinen Lebensrisiko"** gehöre (Palandt/Heinrichs vor § 249 Rn 71; Lange, in: Lange/Schiemann 149). Diese Betrachtungsweise ist jedoch wohl noch zu sehr von der Vorstellung geprägt, dass seelische Erkrankungen ein Zeichen mangelnder „Selbstbeherrschung" seien und daher idR dem Betroffenen selbst zugerechnet werden müssten. Für die Haftungsbegründung nach § 823 Abs 1 kommt es aber allein auf den Krankheitswert der Beeinträchtigung an. Daher erkennt die Rspr heute zutreffend eine psychische Erkrankung im allgemeinen auch ohne einen Zusammenhang mit organischen Verletzungen durchaus als Gesundheitsverletzung an (zB BGH NJW 1991, 747, 748). Warum für psychische Erkrankungen durch einen Schock etwas anderes gelten soll, ist nie recht begründet worden. Eine „Uferlosigkeit" des Ersatzes wird schon dadurch vermieden, dass nur wirklich krankhafte psychische Störungen ersatzfähig sind; sonst liegt bereits keine tatbestandliche Gesundheitsverletzung vor. Innerhalb der psychischen Gesundheitsverletzungen nach der Art der Verursachung und der Nähe zu einem anderen, körperlich Verletzten zu differenzieren, ist hingegen in keiner

Weise gesetzlich vorgesehen und wird auch nicht durch den „common sense" nahe gelegt. Im Gegenteil besteht die Gefahr, durch eine laienhafte „Alltagstheorie" medizinisch unhaltbare Konstrukte zur Grundlage rechtlicher Entscheidungen zu erheben. Der allgemeine Grundsatz, dass der Ersatzpflichtige den Geschädigten so hinnehmen muss, wie er nun einmal beschaffen ist (oben Rn 32, 35), gilt für psychische Schäden genauso wie für somatische. Die Herkunft des Schadens aus einem Schock kann daran nichts ändern. Keine der drei Einschränkungen der Rspr für den Ersatz von Schockschäden ist daher berechtigt: Schwelle der Schadensrechtsrelevanz ist nicht der Übergang von „normalen" zu besonders schweren Beeinträchtigungen, sondern von bloßen Stimmungen zu krankhaften Symptomen; entscheidend dafür ist nicht die allgemeine „Verständlichkeit", sondern die medizinische fachmännische Beurteilung; und die Zugehörigkeit zum Kreis der Angehörigen – wie immer er zu definieren sein mag – ist keine für dieses medizinische Urteil taugliche Kategorie (iE ebenso MünchKomm/Oetker § 249 Rn 145–147; wie die Rspr aber die hM in der Lit, zB AK-BGB/ Rüssmann vor § 249 Rn 54; Erman/Kuckuk vor § 249 Rn 58 f). In einigen besonders „schlagenden" Fällen sind die Kriterien der Rspr gewiss erfüllt. Das Standardbeispiel sind die schwersten seelischen Erschütterungen einer Ärztin, die den vom Beklagten verschuldeten 16-stündigen Todeskampf ihres sechsjährigen Kindes miterleben musste (OLG Freiburg JZ 1953, 704). Andere Urteile sind aber schlechthin nicht miteinander vereinbar, so einerseits die Entscheidung des LG Tübingen, andererseits die Entscheidung des LG Frankfurt (beide oben Rn 45). Diese Rechtsunsicherheit lässt sich vermeiden, wenn man auf das „Angehörigenprivileg" verzichtet. Außerdem ergibt sich aus der Orientierung an den tatsächlich eingetretenen psychischen Folgen statt an der zum Schock führenden Primärschädigung, dass ein Ersatz für Schockschäden nicht nur beim Miterleben einer Tötung in Betracht kommt (ebenso MünchKomm/Oetker § 249 Rn 148). Freilich darf der hier vertretene Standpunkt nicht als „Freibrief" für das Opfer verstanden werden, sich in seiner Depression hemmungslos gehen zu lassen. Wie für alle Schäden gilt auch für Schockschäden die Obliegenheit zur Schadensminderung (vgl § 254 Rn 80 ff; vgl ferner § 254 Rn 110 zur Anrechnung eines Mitverschuldens des unmittelbar Verletzten).

c) Psychische Kausalität*

So wie eine Ersatzpflicht in Betracht kommt, wenn das Schadensereignis auf die Psyche des Verletzten wirkt, kommt eine solche Pflicht auch bei psychischer Kausalität in Betracht. Davon spricht man, wenn der Schaden erst durch einen Willensentschluss des Verletzten oder eines Dritten entstanden ist: Dieser Entschluss unterbricht nicht etwa den Kausalzusammenhang. Schon Traeger (Der Kausalbegriff im Straf- und Zivilrecht [1904] 177) hat gemeint, eine Kausalitätstheorie, die den Begriff der Unterbrechung des Kausalzusammenhanges verwenden müsse, spreche sich selbst

---

* **Schrifttum:** Hasselblatt, Die Grenzziehung zwischen verantwortlicher Fremd- und eigenverantwortlicher Selbstgefährdung im Deliktsrecht (1997); Leitermeier, Die deliktsrechtliche Haftung des Verfolgten für Schäden bei der Verfolgung (Diss Erlangen 1978); Martens, Die Verfolgung des Unrechts, NJW 1972, 740; Niebaum, Die deliktische Haftung für fremde Willensbetätigung (1977); ders, Die Verfolgungsfälle und ihre Wertungskriterien, NJW 1976, 1673; Strauch, Die Haftung des Verfolgten für Schäden des Verfolgers aus § 823 Abs 1 BGB, VersR 1992, 932; R Weber, Verfolgungsfälle: objektive und subjektive Zurechnung, in: FS Steffen (1995) 507; Zimmermann, Herausforderungsformel und Haftung für fremde Willensbetätigung nach § 823 I BGB, JZ 1980, 10.

das Urteil (dazu genauer DEUTSCH, Allgemeines Haftungsrecht Rn 155 f). Bei der Einwirkung autonomer menschlicher Entschlüsse auf den Kausalverlauf bedarf es jedoch einer wertenden Überlegung, wieweit die vorangegangene Verursachung trotzdem rechtlich weiterhin Grundlage der Zurechnung bleiben soll.

48 **aa)** Besonders umstritten sind die **Herausforderungsfälle**. Bei ihnen geht es vor allem darum, dass jemand durch ein Delikt eine Verfolgung veranlasst, bei welcher der Verfolger zu Schaden kommt. Die Rspr bejaht hier eine Haftung, wenn der Verfolgte die Verfolgung „herausgefordert" hatte, obwohl er die nicht unerhebliche Gefährdung des Verfolgers voraussehen und vermeiden konnte. Eine solche Herausforderung liegt nach der Rspr vor, wenn der Verfolger sich zum Eingreifen veranlasst fühlen durfte. Den Gegensatz dazu soll es bilden, dass „das Verhalten des die erste Ursache Setzenden lediglich den äußeren Anlass und nur die Gelegenheit für den Verletzten darstellt, sich zusätzlich einem unfallfremden Risiko auszusetzen" (BGHZ 57, 25, 28, 30; 63, 189, 192; 132, 164; BGH NJW 1964, 1363; 1976, 568; 1996, 1533; 2002, 2232). Hier sollen also äquivalenter und adäquater Kausalzusammenhang zwischen dem Verhalten des Verfolgten und dem Verfolgerschaden nicht genügen. Vielmehr soll der Entschluss des Verfolgers noch zusätzlich wertend auf seine Vernünftigkeit geprüft werden. Dafür wird auf die Angemessenheit des Verhältnisses zwischen dem Zweck der Verfolgung und deren erkennbarem Risiko abgestellt.

49 Das besondere Zurechnungskriterium der Herausforderung bleibt mindestens in zweifacher Hinsicht unklar: Zum einen verdeckt die Bezeichnung „Herausforderung" eher die von der Rspr selbst verlangte wertende Beurteilung, statt sie zu steuern; denn auf ein herausforderndes Verhalten im umgangssprachlichen Sinne kommt es gerade nicht an. Und zum anderen ähnelt das nicht „herausgeforderte Verhalten" eines Verfolgers dem Handeln auf eigene Gefahr, wird aber nicht – wie dieses (§ 254 Rn 62 ff) – als eigener Beitrag des Verletzten nach § 254 Abs 1 behandelt, sondern als tatbestandlicher Ausschluss der Zurechnung an den Verfolgten; infolgedessen ist schon – wenn auch iE zu Unrecht – behauptet worden, § 254 werde im Bereich der Verfolgungsfälle durch eine Wiederkehr der Culpakompensation, also ein Alles-oder-nichts-Denken, verdrängt (J HÜBNER JuS 1974, 496, 498 f).

50 Gegen die Rspr zu den Verfolgungsfällen wird immer wieder eingewandt, Flucht und Selbstbegünstigung seien, da nicht strafbar, idR auch nicht rechtswidrig (so zuletzt KÖTZ/WAGNER, Deliktsrecht Rn 162; ähnlich ESSER/SCHMIDT I 2 § 33 II 2 a). Durch das Risiko von erheblichen, zudem meist nicht versicherten Schadensersatzpflichten werde dennoch ein zivilrechtliches Fluchtverbot bewirkt (LANGE, in: LANGE/SCHIEMANN 135). Erlaubtes Verhalten schließt aber eine zivilrechtliche Verantwortung nicht notwendigerweise aus, wie das Beispiel der Verkehrspflichtverletzungen zeigt: Verhalten, das „unmittelbar" rechtmäßig ist, kann zugleich „mittelbar" rechtswidrig sein. Die Verfolgungsfälle haben dieselbe Struktur, ohne dass man bisher die erforderliche Abwägung zwischen dem Fluchtinteresse des Verfolgten und dem Erhaltungsinteresse des Verfolgers ausdrücklich als Frage nach Grund und Umfang einer Verkehrspflicht des Flüchtlings formuliert hat (zu dieser Ähnlichkeit aber MEDICUS, Bürgerliches Recht Rn 653). In der Dogmatik herkömmlicher Verkehrspflichten spielt zB bei Kindern der besondere Anreiz, der von der Gefahrenquelle für das Opfer ausgegangen ist, eine erhebliche Rolle (unten Rn 52). Ein solcher Anreiz dürfte von der Herausforderung bei den Fluchtfällen kaum zu unterscheiden sein.

Sieht man die Herausforderungsfälle in diesem Zusammenhang, sind zwei verschiedene Zurechnungsgründe zu Lasten des Flüchtlings relevant: Gegenüber dem Opfer einer von ihm begangenen rechtswidrigen Tat ist diese selbst das maßgebliche **vorangegangene gefährdende Tun**, gegenüber staatlichen Verfolgungsorganen ist es die Flucht. Hieraus ergibt sich eine verschiedene Art von Pflichten zur Gefahrenabwendung: Gegenüber dem Opfer kann die bloße Flucht bereits die pflichtwidrige Herausforderung sein. Bei der Verfolgung durch Polizisten hingegen müssen **zusätzliche Momente** vorliegen, zB eine den Verfolgenden besonders gefährdende Art der Flucht (iE ebenso LANGE, in: LANGE/SCHIEMANN 135). Hat der Verfolgte nur den Anschein einer „Vortat" hervorgerufen, kann er sogar hierdurch haftpflichtig gegenüber dem Verfolger werden, wenn er ihn besonders stark gefährdet. Auch dies liegt in der Konsequenz der Anwendung der Verkehrspflichtdogmatik, da dort das vorangegangene Tun nicht rechtswidrig sein muss (LARENZ/CANARIS II 2 § 76 III 3 c). Mit alledem ist freilich erst die Grundlage einer Zurechnung geschaffen. Hinzukommen muss – wie bei anderen Verkehrspflichtverletzungen – die Abwägung unter einer Vielzahl einzelfall- oder situationsbezogener Gesichtspunkte in einem „beweglichen System" (vgl LARENZ/CANARIS II 2 § 76 III 4 b; iE ebenso MünchKomm/OETKER § 249 Rn 165 ff). Beim Vergleich mit den Verkehrspflichtverletzungen ergibt sich ferner geradezu von selbst, dass nach der Begründung einer Pflichtwidrigkeit des Verhaltens Raum bleibt für ein mitwirkendes Verschulden des Verletzten (vgl BGHZ 132, 164 u dazu § 254 Rn 56): Bildlich gesprochen enthält die zurechenbare Herausforderung ebensowenig einen Freibrief für Sorglosigkeit des Verfolgers, wie die Eröffnung eines potentiell gefährlichen Verkehrs die Teilnehmer dieses Verkehrs blind machen darf für die Erfordernisse des Selbstschutzes; zB die Gefahr durch ein fehlerhaftes Produkt kann durch einen unsachgemäßen Umgang mit ihm noch erheblich gesteigert werden. **51**

bb) „Gewissermaßen ein Gegenstück zu den Herausforderungsfällen" nennt MEDICUS (Bürgerliches Recht Rn 653 b) den Fall von BGH NJW 1986, 1865, in dem durch den von zwei Jugendlichen gemeinsam geplanten gefährlichen Umgang mit Chemikalien einer der beiden zu Schaden gekommen war: Zwar fühlte sich auch in diesem Fall der Geschädigte durch die Beteiligung des anderen am gemeinsamen Plan (teilweise) „herausgefordert"; hierbei hatte sich aber kein billigenswertes Motiv ausgewirkt – viel eher ein **schlechtes Beispiel**. Dies aber begründet auch sonst idR keine Zurechnung (OLG Düsseldorf NJW 1978, 2036: Reiten auf einer gefährlichen Route). Etwas anderes mag für die Veranlassung des Fehlverhaltens von Kindern durch Erwachsene (zB beim Überschreiten der Fahrbahn trotz Rotlicht) gelten (BGB-RGRK/STEFFEN § 823 Rn 164 mNw), aber gewiss nicht für den Anreiz zur Selbstschädigung unter Kindern und Jugendlichen. **52**

cc) Billigenswerte Motive des Geschädigten liegen vor, wenn sich dieser wegen der drohenden oder schon eingetretenen Schädigung eines anderen zur **Nothilfe** herausgefordert fühlt. Die Gefährdungshaftung ist schon vom RG auf solche Schäden erstreckt worden (RGZ 50, 219, 221: Aufhalten durchgehender Pferde; 164, 125: Rettung eines Fahrgastes aus brennendem Omnibus). Aber auch die Delikthaftung soll eingreifen, und zwar gestützt auf eine Verhaltenspflicht, „keine sozial inadäquaten Notlagen herbeizuführen, auf Grund derer für andere die moralische Verpflichtung zum selbstgefährdenden Eingreifen entstehen kann" (NÖKEL, Die Rechtsstellung des Nothelfers [Diss Freiburg 1969] 110, übernommen v LANGE, in: LANGE/SCHIEMANN 132). **53**

54 Ein besonders schlagendes Beispiel einer solchen moralischen Verpflichtung sogar mit der Folge einer bewussten und gezielten Selbstschädigung (nicht nur Selbstgefährdung) ist der „Nierenfall" (BGHZ 101, 215 ff): Durch einen ärztlichen Kunstfehler war einem Kind die einzige Niere entfernt worden. Hierdurch fühlte sich die Mutter herausgefordert, dem Kind eine Niere zu spenden. Zwar war die Entfernung der Niere gegenüber dem Arzt, der die Organspende ausführte, durch Einwilligung gerechtfertigt; dies beeinflusste aber ebenso wenig die Zurechnung als rechtswidrige Körperverletzung an den Arzt des Kindes, wie die Dienstpflicht des Polizisten zur Verfolgung die Rechtswidrigkeit der dabei erlittenen Verletzung gegenüber dem Verfolgten auszuschließen braucht (abl zur Entscheidung aber STOLL JZ 1988, 153 ff; für einen Anspruch des Kindes auch wegen der ihm gespendeten Niere unter Ausschluss eines Schmerzensgeldanspruchs der Mutter LARENZ/CANARIS II 2 § 76 III 7 a).

55 Für den beim Herausgeforderten eingetretenen Schaden ist der Schutzbereich der verletzten **konkreten Verhaltensnorm** genau zu beachten (BGHZ 59, 175 zu den Vorschriften über Manöver zum Überholen von Schiffen auf dem Rhein einerseits, zum Hilfslohn als Gefahrenprämie andererseits). Dies kann sich auf den Schaden auch dann auswirken, wenn die Nothilfe selbst an sich im Schutzbereich der verletzten Primärnorm liegt (OLG Frankfurt VersR 1981 786: Diebstahl der wertvollen Armbanduhr eines Arztes, die er, während er erste Hilfe leistete, an eine Leitplanke gehängt hatte. Vgl auch unten Rn 61 zu BGH NJW 1993, 2234).

56 Der Schadensersatzanspruch wegen der Nothilfe besteht bei Hilfe für den Verursacher der Gefahrensituation selbst ebenso wie bei Hilfe für Dritte (MünchKomm/OETKER § 249 Rn 157 im Anschluss an LANG, Normzweck und Duty of Care [1983] 157). Für bloße Nothilfeversuche gelten dieselben Zurechnungserwägungen. Regelmäßig kann es auf den Erfolg nicht ankommen. Nur wenn der Versuch von vornherein aussichtslos erscheint oder wenn ein krasses Missverhältnis zwischen der abzuwehrenden Gefahr und dem eingegangenen Risiko besteht, ist ausnahmsweise die Zurechnung des Nothilfeschadens als Folge der Gefahrensituation abzulehnen (MünchKomm/OETKER § 249 Rn 159).

57 dd) Auf einen eigenen Willensentschluss des Verletzten gehen auch die Aufwendungen zur **Abwehr, Geringhaltung oder Beseitigung** des Schadens zurück. Vielfach fehlen bei ihnen aber schon die Mindestvoraussetzungen einer Zurechnung, nämlich äquivalente Kausalität oder eine Rechtsverletzung überhaupt. Die Rspr gewährt dennoch teilweise Schadensersatz (vgl zu den Vorsorgekosten unten Rn 109 ff). In den Fällen des § 249 Abs 2 S 1 setzt das Gesetz selbst die Schadensbeseitigungskosten mit dem Schaden gleich. Aber auch andere Aufwendungen nach dem Schadensfall verlieren ihren Charakter als zurechenbare Folgen des ersatzbegründenden Tatbestandes nicht durch die Freiwilligkeit der Entscheidung des Verletzten. Sie können daher im Rahmen der Totalreparation nach § 251 Abs 1 ersatzfähig sein. Freilich bringt es die Möglichkeit selbständiger Entscheidungen des Verletzten mit sich, dass er in besonderem Maße die Obliegenheiten des § 254 zu wahren hat. Andererseits kann ihm ein Teil solcher Obliegenheiten gerechterweise nur auferlegt werden, wenn wenigstens die Kosten, die er zu ihrer Erfüllung aufwenden muss, vom Ersatzpflichtigen nach §§ 249 Abs 2 S 1 oder 251 Abs 1 übernommen werden. Soweit es wegen der besonderen Vorsorge gar nicht erst zu einem Schaden gekommen ist, fehlt jedoch unter Geltung der Rahmenbedingungen der Haftungsnormen und des in § 249 Abs 1 enthaltenen Kausalitätsprinzips im allgemeinen jeder Zurechnungsgrund zur Überwälzung von Aufwendungen auf jemanden, der sich falsch verhalten hat, durch das „Glück" der Schadensvorsorge beim potentiellen Opfer aber gerade nicht haftpflichtig geworden ist. Auch hier wirkt sich der Grundsatz aus, dass der (potentiell) Haftpflichtige den Betroffenen so hinzunehmen hat, wie er ist (oben Rn 32, 35): Eine besondere Schadensanfälligkeit geht ebenso zu Lasten dessen, der eine Haftungsnorm verwirklicht, wie ihm die besondere Robustheit und Schadensunabhängigkeit des „Opfers" zugute kommt.

ee) Statt auf einen Willensentschluss des Geschädigten kann die Schadensentstehung auch auf den **Willensentschluss eines Dritten** zurückgehen. Dann fragt sich, ob demjenigen, der diesen Entschluss äquivalent verursacht hat, auch noch dessen Folgen zugerechnet werden können, selbst wenn der Dritte seinerseits verantwortlich ist oder sogar vorsätzlich gehandelt hat. Am intensivsten sind aus dieser Fallgruppe die „Grünstreifenfälle" diskutiert worden: Durch einen Unfall wird eine Straße blockiert; die zunächst wartenden Kraftfahrer umfahren schließlich die Unfallstelle und beschädigen dabei den Grünstreifen oder den Bürgersteig. Fraglich ist hier die Haftung des für den Unfall Verantwortlichen gegenüber dem Straßeneigentümer. An der Adäquanz und am Zusammenhang mit dem Betrieb des den Unfall verursachenden Fahrzeugs ist nicht zu zweifeln. Trotzdem hat der BGH (BGHZ 58, 162, 167 ff) die Haftung verneint: Für das Verhalten der anderen Kraftfahrer sei der Unfall „nicht mehr als ein äußerer Umstand" gewesen, „der lediglich die Motivation für das eigenmächtige, nicht mehr von Rücksichten auf Verkehrssicherheit bestimmte Verhalten der Kraftfahrer abgab". Das reiche für die Zurechnung nicht aus, zumal der Unfallverursacher dieses Verhalten nicht „herausgefordert" (vgl oben Rn 48 ff) habe. Diese Entscheidung ist vielfach auf Zustimmung gestoßen (etwa U Huber, in: FS Wahl 301, 319; Kramer JZ 1976, 338, 344 mwNw; Lange, in: Lange/Schiemann 146 u ausführlicher JuS 1973, 280 ff; MünchKomm/Oetker § 249 Rn 154; Soergel/Mertens vor § 249 Rn 140; Larenz/Canaris II 2 § 76 III 6 c). Dagegen ist aber eingewandt worden, auch die Anlieger befänden sich im Schutzbereich der Straßenverkehrsvorschriften (zB bei Schäden durch ein schleuderndes Auto); die adäquate Verursachung falle daher auch noch in den Schutzbereich der Norm (so schon OLG Bremen VersR 1970, 424 als Vorinstanz zu BGHZ 58, 162; LG Düsseldorf NJW 1955, 1031; Palandt/Heinrichs vor § 249 Rn 76; dieser Ansicht zuneigend auch Medicus, Bürgerliches Recht Rn 653).

Richtig an den gegenüber dem BGH kritischen Stellungnahmen ist der Ausgangspunkt, dass der Vorsatz des zweiten Schadensverursachers gewiss nicht ausreicht, um den Zurechnungszusammenhang zu verneinen, und dass eine Zurechnung solcher Vorsatztaten an den früheren Verursacher nicht erst bei einer „Herausforderung" des zweiten Verursachers einsetzt. So hat der BGH (NJW 1979, 712) im Fall der schuldhaften Zerstörung eines Weidezauns den Ersatzpflichtigen auch für den Diebstahl oder die Unterschlagung entlaufener Rinder haften lassen. Das OLG Schleswig hatte als Vorinstanz eine Haftung des Zaunzerstörers wegen der Kühe verneint, weil der Entschluss zur Unterschlagung oder zum Diebstahl nicht herausgefordert gewesen sei. Der BGH beschränkt demgegenüber in seinem Urteil das Erfordernis der Herausforderung auf Entscheidungen des Geschädigten selbst. Hinsichtlich der gestohlenen Kühe soll vielmehr die Funktion des Weidezauns den Ausschlag geben: Der Zaun war gerade dafür da, das Weglaufen des Viehs zu verhindern und damit das stark erhöhte Diebstahlrisiko zu vermeiden. Aber auch die (freie) Fahrbahn in den Grünstreifenfällen soll das Befahren der Bürgersteige und seitlichen Begrenzungen vermeiden.

60 **ff)** In anderem Zusammenhang hat der BGH (NJW 1989, 767, 768) als Leitlinie für die Begrenzung der Zurechnung formuliert, dass der Zweiteingriff **nicht mehr das Schadensrisiko des Ersteingriffs** verwirkliche, dieses Risiko schon gänzlich abgeklungen gewesen sei und bei wertender Betrachtung zwischen beiden Eingriffen nur ein äußerlicher, gleichsam zufälliger Zusammenhang bestehe. Verwirklicht sah der BGH das fortwirkende Schadensrisiko durchaus auch bei vorsätzlichen Zweiteingriffen in folgenden Fällen: Die Täterin eines schweren Raubes mit gefährlicher Körperverletzung wurde für die weder von ihrem Willen noch ihrer Tatherrschaft umfassten vorsätzlichen schweren Misshandlungen durch einen anderen Täter haftbar gemacht (BGH NJW 1992, 1381). Beim Diebstahl von Transportkoffern aus dem bei einem Verkehrsunfall beschädigten Geldtransporter hat der BGH (NJW 1997, 865) differenziert: Sind die Geldkoffer noch am Unfallort entwendet worden, habe sich im Diebstahl das Schadensrisiko des Ersteingriffs verwirklicht, weil durch den Unfall die Fahrertür geöffnet war und die Fahrzeugbesatzung durch Unfallverletzungen ihrer Bewachungsaufgabe nicht mehr nachkommen konnte. Hat der Diebstahl hingegen erst nach der Sicherstellung auf dem Hof der Polizei stattgefunden, sei die Zurechnung zum Ersteingriff nicht mehr berechtigt.

61 Haben Dritte in das Geschehen eingegriffen, ist eine Zurechnung demnach nur berechtigt, wenn durch den früheren Beitrag statt der „Herausforderung" (und auch zusätzlich zu ihr, vgl BGH NJW 1993, 2234) eine **besondere Gefahrsteigerung** hervorgerufen worden ist (insbes DEUTSCH, Allgemeines Haftungsrecht Rn 158). Sie ist gleichfalls durch eine Abwägung unter einer Vielzahl von Gesichtspunkten zu ermitteln (vgl oben Rn 51). Der Vorsatz des Zweittäters kann hierbei eine Rolle spielen, bildet aber ersichtlich nicht das ausschlaggebende Kriterium (aA LARENZ/CANARIS II 2 § 76 III 6 c). Vielmehr muss selbst vorsätzliches Handeln des Zweittäters dem Ersttäter zugerechnet werden, wenn sich durch die Ersttat die spezifische Gelegenheit zum vorsätzlichen Handeln des Zweittäters ergeben hat. Dies ist im Geldtransporterfall (BGH NJW 1997, 865) bei den Lockerungen der Sicherheiten am Unfallort der Fall, bei den Sicherheitsvorkehrungen im Polizeigewahrsam hingegen nicht mehr. Einen vergleichbaren Fall, der eine spezifische Gelegenheit zum Diebstahl bietet, hatte der BGH selbst (BGHZ 58, 162, 166) früher schon als Beispiel gebildet und im selben Sinne gelöst. Auf dieser Grundlage ist dann die unterschiedliche Behandlung des Grünstreifenfalles und des Weidezaunfalles (oben Rn 59) schließlich doch zu rechtfertigen: Staus auf der Autobahn sind häufig und sie sind keineswegs immer durch verschuldete Unfälle bedingt; daher ist die „günstige" Gelegenheit zur Übertretung der Verkehrsregeln für die eiligen, nachfolgenden Autofahrer nicht spezifisch für den Unfallstau. Bei der Entwendung der Rinder liegt hingegen die spezifische Gefahrsteigerung durch die Beseitigung des Weidezauns und infolgedessen durch das Entlaufen der Tiere zugrunde. Zutreffend hat der BGH ferner in dem der Nothilfe-Konstellation (oben Rn 53 ff) nahestehenden Feuerwehrschlauch-Fall (BGH NJW 1993, 2234) entschieden: Ein Feuerwehrmann hatte sich den Fuß beim Aufrollen von Feuerwehrschläuchen nach Löscharbeiten umgeknickt. In diesem Unfall hatte sich nicht die gesteigerte Gefahrenlage aus der vorangegangenen fahrlässigen Brandstiftung ausgewirkt. Er gehörte daher zum „normalen" Risiko des Feuerwehrmannes, das sich auch zB bei einer Löschübung genauso hätte verwirklichen können.

Die vorstehenden Erwägungen zu Art und Gewicht der Risikosteigerung passen auch für folgende vom BGH entschiedene Fälle **vorsätzlicher** Eingriffe Dritter: Eine Gemeinde wurde als verantwortlich angesehen für Diebstähle durch von ihr eingewiesene, wenig zuverlässige Lagerinsassen (BGHZ 12, 206, 211). Für die Erteilung eines unrichtigen Strafregisterauszugs haftete das Land, obwohl der Schaden erst durch die Erörterung des Auszugs in einer öffentlichen Verhandlung und die Presseberichte darüber entstanden war (BGHZ 17, 153, 159). Der Besitzer eines ungesichert aufbewahrten, geladenen Gewehrs haftet für den Gebrauch durch einen Dritten (OLG München HRR 1940 Nr 897, vgl auch BGH VersR 1960, 924). Ein unvorsichtiger Geschäftsführer ist verantwortlich für Unterschlagungen oder Veruntreuungen durch einen Angestellten (BGH VersR 1965, 388). Zu Unrecht hat der BGH (NJW 1971, 459, 461) hingegen den Halter eines nicht vollständig gesichert abgestellten Kraftfahrzeugs sogar für den Mordversuch des Autodiebs an einem Polizisten haften lassen. Richtigerweise sollte man hier schon die Adäquanz verneinen (oben Rn 13 ff). Jedenfalls enthielt die mangelhafte Sicherung des Fahrzeuges gegen Diebstahl noch keine spezifische Risikosteigerung dafür, dass das gestohlene Kfz als Mordwaffe missbraucht wurde. Nicht überzeugen kann auch die Entscheidung (BGH NJW 1985, 791, krit dazu GRUNSKY JZ 1986, 170, 172), einen Unfallverursacher noch für den Schaden haften zu lassen, der dem Verletzten dadurch entstanden war, dass er sein Studium später als vor dem Unfall geplant fortsetzen musste und dann in einen Vorlesungsstreik geriet, durch den er ein weiteres Semester verlor. Der Unfall hatte in keiner Weise das Risiko gerade für einen Vorlesungsstreik erhöht. Es ist nicht zu erkennen, inwiefern dieser Fall eine andere Beurteilung rechtfertigt als der Verkehrsunfall auf freier Landstraße, nachdem der Verursacher in einer geschlossenen Ortschaft zu schnell gefahren war (BGH VersR 1977, 524 u hierzu oben Rn 31; wie hier noch OLG Hamm NJW 1970, 1853; dagegen aber STAUDINGER/MEDICUS[12] Rn 71, freilich allein mit dem Argument bestehender Adäquanz). Mit Recht stellt LANGE (in: LANGE/SCHIEMANN 127) der BGH-Entscheidung den Fall gegenüber, dass jemand eine Prüfung „sprengt" und der Geschädigte dann einen weiteren Schaden infolge der nochmaligen Sprengung einer Prüfung durch andere erleidet: Es gibt kein „Privileg", als Einziger eine bestimmte Art von Unrecht zu tun.

Hingegen wurde die Haftung des Unfallverursachers für das Verhalten eines Arztes verneint, der das Unfallopfer operiert und dabei ein nicht unfallbedingtes Divertikel entdeckt und dieses entfernt hatte; hierdurch starb der Patient: Die Adäquanz soll fehlen, weil der zum Tod führende Teil des Eingriffs seiner Art nach nicht durch die Unfallverletzung nötig geworden sei (BGHZ 25, 86, 90 f). Schäden aus einer Tetanusimpfung sind dem Verletzer nicht zuzurechnen, wenn diese nicht der Behandlung der Unfallverletzung diente, sondern den Verletzten für den Fall künftiger Wunden immunisieren sollte: Hier habe die Verletzung lediglich den äußeren Anlass und die zufällige Gelegenheit für den Verletzten geboten, sich zusätzlich einem unfallfremden Risiko auszusetzen (BGH NJW 1963, 1671).

d) Schäden aus fahrlässigen Fehlern Dritter

Ebenso wenig wie vorsätzliches Verhalten können fahrlässige Fehler eines Dritten im allgemeinen den Zurechnungszusammenhang unterbrechen. Das Unterbrechungskriterium fehlender Gefahrsteigerung für den Zweiteingriff durch die erste Schadensverursachung ist andererseits nicht auf vorsätzliches Verhalten des Dritten beschränkt: ZB schwerste Fehler eines die Zweitschädigung herbeiführenden Arztes können in Einzelfällen billigerweise nicht mehr dem durch den Ersteingriff begründeten Schadensrisiko zugeordnet werden (BGH NJW 1989, 767, 768 m Anm DEUTSCH 769).

65 Eine praktisch wichtige Fallgruppe der Zurechnung fahrlässigen Verhaltens Dritter sind die **Kettenunfälle** im Straßenverkehr: Wer für die durch einen Unfall verursachte Blockade einer Schnellstraße verantwortlich ist, haftet idR auch dafür, dass hinterherfahrende Verkehrsteilnehmer in die Unfallstelle hineinfahren oder auf ein Fahrzeug auffahren, das vor der Unfallstelle wartet (vgl zu einem solchen typischen Nebelunfall BGHZ 43, 178; ferner BGH NJW 1972, 1804; OLG Düsseldorf DAR 1977, 186; OLG Karlsruhe VersR 1979, 1013 – Mithaftung zu ¼ selbst bei alkoholbedingter Unaufmerksamkeit des Auffahrenden). Die früheren Entscheidungen begnügen sich meist mit einer Prüfung der Adäquanz: Sie liege vor, wenn eine unerlaubte Handlung eine gefährliche Lage geschaffen habe, die erst durch einen nicht jenseits aller Erfahrung liegenden Fehler eines anderen zum Schaden führe (BGHZ 43, 178, 181; BGH VersR 1964, 408). Adäquat sei auch eine unsachgemäße Reaktion eines Fahrers, dessen Vordermann in seinem Vorfahrtsrecht beeinträchtigt worden war: Der für die Beeinträchtigung Verantwortliche hafte für die Folgen der Fehlreaktion (BGH VersR 1964, 408). Der genannten allgemeinen Formulierung entspricht auch die Entscheidung zu folgendem Fall (BGH VersR 1963, 262 = JZ 1964, 178 m Anm W LORENZ): Ein Radfahrer überquert unvorsichtig die Straße; durch die Ausweichbewegung eines viel zu schnell herankommenden Lieferwagens werden zwei Fußgänger getötet. Der BGH hat dies dem Radfahrer teilweise zugerechnet (vgl weiter OLG Hamm VersR 1977, 261: Bei der Bergung eines durch fremde Schuld verunglückten Fahrzeugs wird ein Laternenmast verbogen und gerät dadurch unter Spannung, so dass der Fahrer des Unfallwagens getötet wird; ferner BGH VersR 1961, 851; 1963, 945; 1968, 744; 1975, 1026; NJW 1964, 1565; OLG Bamberg VersR 1977, 38). Soweit diese Entscheidungen außer auf die Adäquanz auch auf den Schutzbereich der verletzten Verkehrsvorschriften eingehen, wird er weit verstanden (BGH VersR 1963, 262, 264; NJW 1972, 1804, 1806).

66 In einigen anderen Fällen aus dem Straßenverkehr ist der Zurechnungszusammenhang dagegen verneint worden: Bei einem Unfall wird ein Fahrer verletzt, so dass ein Ersatzfahrer eingesetzt werden muss, der einen Schaden verursacht. Die Haftung des für den Erstunfall Verantwortlichen ist insoweit verneint worden (BGH VersR 1971, 82). Ein Lkw verunglückt; er bleibt danach so liegen, dass er noch 1,50 m in die Fahrbahn einer Bundesstraße hineinragt. Die Stelle wird nachts von zwei Warnfackeln gesichert; trotzdem fährt ein anderes Fahrzeug auf (Adäquanz verneint von BGH VersR 1969, 895, dazu abl E SCHMIDT VersR 1970, 395). Der unfallbeschädigte Wagen wird auf dem Gelände der Reparaturwerkstatt durch Unbekannte zusätzlich beschädigt (keine Haftung des Unfallverursachers nach AG Überlingen VersR 1974, 1012). Zu Unrecht bezweifelt wird der Zurechnungszusammenhang für den Fall, dass ein bei einem Erstunfall leicht Verletzter auf der Fahrt zum Krankenhaus etwa 15 Minuten nach dem Erstunfall und 2,5 km von dessen Ort entfernt mit dem Krankenwagen erneut verunglückt und nun erheblich verletzt wird (BGHZ 55, 86, 92).

67 Auch außerhalb des Straßenverkehrs unterbricht ein Fehler eines Dritten den Zu-

rechnungszusammenhang idR nicht. Das gilt auch für die Fehler von Personen, die der Geschädigte zur Rechtsdurchsetzung oder als **Gehilfen bei der Herstellung** heranzieht, zB Anwälte, Ärzte, Sachverständige (vgl im Zusammenhang mit dem „Prognoserisiko" auch § 251 Rn 26), Reparaturunternehmer und deren Gehilfen. Fraglich ist in diesen Fällen jedoch zum einen, ob die durch ein Verschulden von Hilfspersonen des Geschädigten entstandenen Mehrkosten noch zur Herstellung **erforderlich** sind iSv § 249 Abs 2 S 1 (vgl unten Rn 228 ff). Ferner kommt in Betracht, dass der Geschädigte nach §§ 254 Abs 2 S 2, 278 für ein Verschulden solcher **Obliegenheitsgehilfen** einstehen muss.

Praktisch besonders relevant geworden sind diese Fragen für Fehler der vom Geschädigten beauftragten Reparaturwerkstatt. Deren Behandlung war zunächst unter den Instanzgerichten streitig (vgl etwa zu Lasten des Geschädigten OLG Bremen VersR 1965, 1008, zu seinen Gunsten OLG Celle NJW 1962, 398; OLG Nürnberg VersR 1968, 505; OLG Karlsruhe MDR 1973, 580). Heute ist dieser Streit entschieden (BGHZ 63, 182 u dazu GITTER JR 1975, 160; SELIGER VersR 1976, 146): Der Geschädigte soll aus einem Verschulden der von ihm beauftragten Werkstatt weder bei § 249 Abs 2 S 1 noch nach §§ 254 Abs 2 S 2, 278 Nachteile haben. Das verlangt der Zweck des § 249 Abs 2 S 1 (vgl unten Rn 210), der die Stellung des Geschädigten verbessern will. Daher darf dieser nicht mit dem Risiko belastet werden, dass die ordentlich ausgesuchte Werkstatt nicht funktioniert. Dieses Risiko ist vom Geschädigten nicht zu beherrschen. Auch bedient sich der Geschädigte der Werkstatt „in erster Linie nicht in Erfüllung von Obliegenheiten zur Schadensminderung, sondern kraft seiner Befugnis zur Herstellung des beschädigten Fahrzeugs" (BGHZ 63, 182, 186). Wenn man anders entschiede, übertrüge man dem Geschädigten, der – wie gewöhnlich – nach § 249 Abs 2 S 1 die Herstellung selbst durchführt, ein nach § 249 Abs 1 vom Schädiger zu tragendes Risiko, und für diese Risikoverlagerung gäbe es keinen einleuchtenden Grund. **68**

Mit derselben Berechtigung ist dem Schädiger auch das Risiko auferlegt worden, dass ein Sachverständiger einen Fehler begeht (insbes BGH NJW 1972, 1800 in einem obiter dictum, vgl auch OLG Düsseldorf DAR 1974, 215; OLG Karlsruhe VersR 1975, 335, anders aber OLG Hamm VersR 1975, 335), und ebenso trifft ihn das Risiko der Vergeblichkeit eigener vernünftiger Herstellungsversuche des Geschädigten (vgl unten Rn 229). Auch bei Fehlern des Arztes ändert die Einschaltung durch den Verletzten nichts an der Zurechnung zum Risikobereich des Ersatzpflichtigen. Soweit der Arzt selbst haftpflichtig geworden ist, hat er auch für Folgeschäden einzustehen, die auf einer fehlerhaften Behandlung durch einen weiteren Arzt beruhen (BGH NJW 1989, 767). Die verkehrserforderliche Sorgfalt des Verletzten erschöpft sich idR darin, überhaupt einen Arzt hinzuzuziehen und dessen Anordnungen zu befolgen. Überprüfen kann und muss der Verletzte die Behandlung nicht (RGZ 72, 219; RG DJ 1938, 45 ff). **69**

Die **Grenze der Zurechnung** des Verhaltens Dritter bei schwersten Fehlern (oben Rn 61 f) gilt aber auch für das Versagen der zur Schadensabwicklung eingeschalteten Gehilfen. Dies hat schon das RG für besonders schwere Kunstfehler von Ärzten und Anwälten entschieden (für Ärzte RGZ 102, 230; RG JW 1911, 754 Nr 9; 1937, 990; für Anwälte RGZ 140, 1, 9) Weitere Fälle betrafen den Führer eines Transportkahnes, der das bei einer Kollision geschlagene Leck nur provisorisch abdichtete und die Fahrt fortsetzte, obwohl klar ersichtlich war, dass der Kahn leicht sinken konnte (BGH VersR 1977, 325); ferner den höchst leichtfertigen Umgang mit Schneidbrennern und **70** hierdurch eingetretenen Brandschaden am zu reparierenden Schiff (BGH VersR 1977, 519).

e) Schäden aufgrund gerichtlicher oder behördlicher Entscheidungen

71 Der Zurechnung schädlicher Folgen einer Rechts- oder Pflichtverletzung steht nicht entgegen, dass sich der Schaden erst durch eine falsche Entscheidung eines **Gerichts** verwirklicht hat. Daher scheitert der Amtshaftungsanspruch wegen fehlerhafter Zustellung eines Mahnbescheides durch die Geschäftsstelle eines Gerichts nicht daran, dass die Arbeitsgerichte im anschließenden streitigen Verfahren den Anspruch zu Unrecht für verjährt gehalten haben (BGH NJW 1990, 176, 178). Der Notar, der eine fehlerhafte Beurkundung vorgenommen hat, haftet auch dann, wenn das Gericht in einem späteren Rechtsstreit über das beurkundete Geschäft die Heilung nach § 311b Abs 1 S 2 übersehen hat (BGH NJW 1982, 572). Ebenso haftet ein Anwalt dafür, dass er es schuldhaft unterlassen hat, einem fehlerhaften Beweisbeschluss des Gerichts entgegenzuwirken (BGH NJW 1988, 3013, 3016). In der Entscheidung des Gerichts einen völlig selbständigen und daher dem Anwalt nicht mehr zurechenbaren Akt zu sehen, hieße die Parteien eines Rechtsstreits und ihre Anwälte zu bloßen Objekten richterlichen Urteilens zu machen. Dies ist mit deren Stellung nach der ZPO und unter dem GG nicht vereinbar. Die Ersatzpflicht des Anwalts entfällt freilich dann, wenn er selbst den Fehler rechtzeitig gegenüber dem Gericht berichtigt und das Gericht dennoch falsch entscheidet (BGH NJW 1988, 486, 488). OETKER (in: MünchKomm § 249 Rn 140) fasst dies in der Formel zusammen, wer nach einer von ihm geschaffenen Gefahrenlage ausreichende Maßnahmen dagegen trifft, dass sich die Gefahr verwirklicht, hafte nicht, wenn es gleichwohl zum Schaden komme (krit dazu SOERGEL/MERTENS vor § 249 Rn 145). Die im Einzelfall entscheidende Frage hierbei ist freilich, wann die Gegenmaßnahmen ausreichend sind (vgl dazu auch den Fall BGH VersR 1969, 895, oben Rn 66): Bleibt eine Gefahrsteigerung durch die erste Verletzungshandlung gegenüber der zweiten nicht ganz unspezifisch (durch andere Gefährdungen gleichsam austauschbar), wird der Zurechnungszusammenhang durch die „tätige Reue" nicht unterbrochen (vgl oben Rn 47, 60 f). Als Regel hat vielmehr zu gelten: Niemand kann sich dadurch entlasten, dass sich außer ihm selbst noch jemand oder eine Institution ebenfalls falsch verhalten hat. Im allgemeinen unterbrechen Entscheidungen von Behörden oder Gerichten unabhängig davon, ob sie richtig oder falsch sind, daher den Zurechnungszusammenhang nicht.

72 Dies ist für die Tätigkeit von **Behörden** zB in folgenden Fällen entschieden worden: Nach schweren Fehlern bei Bauplanung und -leitung trifft die Behörde eine Abbruchanordnung, die bautechnisch nicht nötig war (BGHZ 57, 245, 255 mwNw). Eine Gemeinde weist ein an sich zum Bauen geeignetes günstig gelegenes Gelände deshalb nicht als Bauland aus, weil dort mit Bodensenkungen als Folge eines Bergschadens zu rechnen ist (BGHZ 59, 139, 142 ff). Die Behörde schließt eine Badeanstalt, nachdem ungenügend gereinigte Abwässer in einen Fluß eingeleitet worden sind (BGH VersR 1972, 463).

73 Für den **Anwaltsregress** ergeben sich aus dem Bezug seiner fehlerhaften Tätigkeit auf ein behördliches oder gerichtliches Verfahren freilich zusätzliche Probleme. Da das Verfahren selbst (zB wegen Verjährung oder Versäumung einer Rechtsmittelfrist) nicht nachholbar ist, lässt sich der hypothetische schadensfreie Verlauf in solchen Fällen vielfach nicht genau rekonstruieren. Die Rspr hat daraus die Folge-

rung gezogen, dass die im Verfahren relevanten Rechtsfragen so entschieden worden wären, wie das im Regressprozess zuständige Gericht sie beurteilen würde (RGZ 91, 164; 142, 331, 333 mwNw; BGHZ 36, 144, 154; 72, 328, 330; 124, 86, 96; 133, 110, 111; BGH NJW 1993, 1323, 1325; 1996, 48, 49, vgl auch OLG Saarbrücken VersR 1973, 929 m Anm Späth). Dies wird der Pflichtverletzung, die zu dem Regressprozess geführt hat, aber nicht gerecht. Denn der Anwalt hat bei der Wahrnehmung seines Mandates nicht auf den für ihn selbst (bei einem etwaigen Regress), sondern auf den für seinen Mandanten sichersten Weg zu achten (vgl bereits RGZ 151, 259, 264; dazu genauer Hirte, Berufshaftung [1996] 17 Anm 40 mNw; Staudinger/Löwisch [2004] § 276 Rn 80). Es kommt also auf die Entscheidungspraxis des im Primärprozess zuständigen Gerichtes an und auf die stRspr zu der Zeit, in der der Prozess ordnungsgemäß hätte geführt werden müssen. Dies ist keine Frage des Verschuldens beim Anwalt (so aber Staudinger/Medicus[12] Rn 91 im Anschluss an F Baur, Hypothetische Inzidentprozesse, in: FS Larenz [1973] 1066 f), sondern der objektiven Anwaltspflichten und ihrer Verletzung.

Da der Mandant durch die Schadensersatzpflicht des Anwalts nicht schlechter, aber **74** auch nicht besser stehen soll als bei ordentlicher Pflichterfüllung, muss im Regressprozess die **beweisrechtliche** Situation des Ausgangsverfahrens möglichst nachvollzogen werden. Dies bedeutet, dass die regressbegehrende Partei die Beweislast für die Tatsachen, die sie schon im ersten Verfahren beweisen musste, hat, während der Anwalt hinsichtlich derjenigen Tatsachen beweispflichtig ist, die im Vorprozess vom Gegner zu beweisen waren (BGH VersR 1985, 83, 85; 146, 147; NJW 1987, 3255; Baumgärtel/ Laumen, Hdb der Beweislast im Privatrecht I[2] [1991] § 675 Rn 25; Vollkommer, Anwaltshaftungsrecht[2] [2003] Rn 483 ff; MünchKomm/Oetker § 249 Rn 220). Dem Grundsatz der Gleichstellung des Mandanten gegenüber dem – hypothetisch pflichtgemäß geführten – Vorprozess widerspricht es, dass die Rspr (BGHZ 72, 328; BGH NJW 1987, 3255) die Benennung und Vernehmung der Gegenpartei im Ausgangsverfahren als Zeuge im Regressprozess zulässt (m Recht abl Braun ZZP 96, 1983, 89 ff, Bedenken auch bei MünchKomm/Oetker § 249 Rn 220). Aus demselben Grund ist im Regressverfahren der Untersuchungsgrundsatz anzuwenden, wenn er im Ausgangsverfahren maßgeblich war (so noch BGH NJW-RR 1987, 898, 899). Neuerdings hat der BGH (BGHZ 133, 110, 114 f, fortgeführt in BGH NJW 2000, 730; 2000, 1263; 2000, 1572) jedoch auch insoweit allein auf die allgemein für das Verfahren vor dem Regressgericht geltenden Verfahrensgrundsätze abgestellt und deshalb in einem Verfahren wegen eines fehlerhaft geführten Vaterschaftsprozesses wegen der besonderen Schutzrichtung des Amtsermittlungsgrundsatzes in solchen Fällen auf weitere Beweise verzichtet und stattdessen § 287 ZPO angewendet.

Für die Anwaltshaftung ist schließlich wie auch sonst im Schadensersatzrecht nach **75** § 254 das **mitwirkende Verschulden** des Verletzten und – da idR ein Anwaltsvertrag zugrunde liegt – seiner Erfüllungsgehilfen, insbes also eines weiteren Anwalts, zu berücksichtigen. Der BGH (NJW 1994, 2822, 2823) verneint weitergehend schon den Zurechnungszusammenhang, wenn der Mandant aus unvertretbaren Gründen inzwischen eingeholtem, anderweitigem anwaltlichem Rat zuwiderhandelt. Aber diese Einordnung des eigenen Verhaltens des Geschädigten ist durchaus zweifelhaft: Wenn dem Geschädigten aus seinem Verhalten ein Vorwurf zu machen ist, muss dies nach § 254 berücksichtigt werden, wobei die Rechtsfolge ausdrücklich auch im Ausschluss jeglichen Ersatzes bestehen kann. Eine solche Einordnung ist nicht ohne praktischen Belang, da das Vorliegen der Kausalität und des Zurechnungszusammenhanges vom Geschädigten darzulegen und zu beweisen ist (vgl nur LANGE, in: LANGE/SCHIEMANN 162), der Ausschlussgrund des § 254 hingegen vom Schädiger. Die Unterbrechung schon der Zurechnung wegen eigenen Fehlverhaltens des Geschädigten bedeutet in der Sache einen Rückfall in die vom BGB überwundene Culpa-Kompensation (ähnlich J HÜBNER JuS 1974, 496, z Problem auch DEUTSCH, Allgemeines Haftungsrecht Rn 160, aber Rn 166 mit dem Ergebnis einer Verdrängung des § 254). Nicht vergleichbar ist die unangemessene Verhaltensweise des Mandanten mit den Fällen ganz unverständlich riskanter Verfolgungen („Herausforderungsfälle", oben Rn 48 ff). Denn dort handelt der Flüchtende „an sich" rechtmäßig; erst durch die „Herausforderung" zur schädigenden Entscheidung des Verletzten selbst wird das Verhalten gerade dem Herausgeforderten gegenüber zurechenbar. Die falsche Beratung durch den Anwalt stellt hingegen bereits eine Vertragsverletzung dar; es fragt sich dann nur noch, ob diese Verletzung dadurch „kompensiert" werden kann, dass der Schaden letztlich entscheidend doch nicht vom Vertragsverletzer, sondern vom Geschädigten selbst herbeigeführt und verschuldet worden ist. IE nähert sich der BGH freilich der hier vorgeschlagenen Lösung auf einem „Umweg" teilweise an: Bei Verletzung anwaltlicher Pflichten wendet er (BGHZ 123, 311, 315; BGH NJW 1995, 449, 451) einen Anscheinsbeweis dafür an, dass der Mandant bei sachgerechter Belehrung einen Rat, einen Hinweis oder eine Warnung befolgt haben würde.

76 Berührungspunkte mit dem Anwaltsregress hat die **Notarhaftung** (GANTER WM 2000, 641 ff). Für sie gilt erst recht das Gebot zur Wahl des sichersten Weges (BGH NJW 1993, 2617; PALANDT/SPRAU § 839 Rn 119; HIRTE, Berufshaftung [1996] 81 Anm 80, 81 mNw). Daher liegt eine Pflichtverletzung des Notars vor, wenn seine Beurkundung eine unsichere Rechtslage begründet. Dennoch ist die Haftung durch den Schutzzweck des Gebotes zur Herstellung einer möglichst sicheren Rechtslage begrenzt: So wie die Auswahl eines bestimmten Schiffes zum Transport dem Befrachter nicht die Gelegenheit verschaffen soll, Gewinn aus dem Untergang des Schiffes zu ziehen (oben Rn 29), soll die Verpflichtung zur Herstellung von Rechtssicherheit den Auftraggeber nicht davor bewahren, die Gelegenheit einer nicht genügend sorgfältigen Geschäftsurkunde als Hebel für eigene Vertragsuntreue zu benutzen: Im Fall von BGHZ 70, 374 hatte ein Partner der beurkundeten Verträge deren Nichtigkeit geltend gemacht und war unterlegen, weil das Gericht die Verträge für wirksam hielt. Die Kosten dieser Prozesse machte er als Schaden gegen den Notar geltend. Zu Recht lehnt der BGH die Haftung ab, weil ein solcher Schaden nicht im Schutzbereich der verletzten Amtspflicht liegt (zust LANGE, in: LANGE/SCHIEMANN 118). Das vom BGH zusätzlich herangezogene Argument fehlender „Herausforderung" bleibt hingegen blass (vgl Rn 49). Daher ist auch der *obiter* (BGHZ 70, 378) erwogene Vorbehalt für Fälle, in denen eine Partei wegen der Unsicherheit der Rechtslage Angriffen des Gegners gegen den Vertrag zuvorkommen will, nicht auf die dann angeblich vorliegende Herausforderung zu stützen. Vielmehr handelt es sich um Kosten für die Beseitigung genau desjenigen Schadens, der durch das Sicherheitsgebot vermieden werden soll: Die Unsicherheit der Vertragslage ist bereits ein erheblicher Vermögensschaden. Hat hingegen der Notar durch seinen Beurkundungsfehler eine gerichtliche Auseinandersetzung provoziert, haftet er auch für eine ganz unvorhersehbar falsche Gerichtsentscheidung (BGH NJW 1982, 572, 573).

f) Außergewöhnliche Abweichungen vom Kausalverlauf

77 Gegenstand intensiver Diskussion über den Zurechnungszusammenhang ist der

„Spitzhackenfall" (BGH VersR 1961, 465). Dort waren beim Arbeiten mit einer Spitzhacke vorgeschriebene Schutzmaßnahmen nicht beachtet worden. Daher wurde jemand durch einen Splitter am Auge verletzt. Doch war dies nicht – wie zu erwarten – ein Splitter von dem bearbeiteten Stein, sondern vom Stahl der Hacke; der Sachverständige bezeichnete eine solche Absplitterung als ganz ungewöhnlichen, noch nie beobachteten Vorgang. In einem ähnlichen Fall (BGH VersR 1967, 133) hatte sich die an sich nahe liegende Gefahr, dass Gegenstände herunterfielen, auf die ungewöhnliche Art verwirklicht, dass der Kamin eingestürzt war (vgl auch den „Metallsplitterfall" BGH VersR 1978, 961). Mit der Adäquanztheorie wird man hier eine Zurechnung nicht begründen können (so aber der BGH u ihm folgend WEITNAUER, in: FG Oftinger [1969] 321, 335 f; SOERGEL/MERTENS vor § 249 Rn 129, der Anwendung der Adäquanztheorie zuneigend auch noch STAUDINGER/MEDICUS[12] Rn 89). Aber auch die Schutzzwecklehre passt nicht (STOLL, in: FS Dölle I [1963] 371, 394 f; ders, Kausalzusammenhang und Normzweck [1968] 19 Anm 49, dagegen KRAMER JZ 1976, 338, 341 f mNw): Mit Rücksicht auf bisher nie beobachtete Kausalverläufe wird die Norm gerade nicht erlassen worden sein. Dennoch kann die Zurechnung nicht zweifelhaft sein. Denn wenn die für wahrscheinliche und adäquate Schäden erforderlichen Schutzmaßnahmen ergriffen worden wären, wäre der Schaden vermieden worden. Deshalb darf sich der Schädiger nicht darauf berufen, dass der Schaden „glücklicherweise" auf eine ganz unvorhergesehene Weise eingetreten ist. Daher ist die Zurechnungslehre um eine **wertende Korrektur bei unwesentlichen Abweichungen** vom adäquaten Kausalverlauf zu ergänzen.

g) Andere atypische Schadensfolgen

Sehr viel häufiger als die Art und Weise des Kausalverlaufs ist die Zurechnung der eingetretenen Folge selbst zweifelhaft. So hat das RG (RGZ 105, 264, 266) die Adäquanz in dem Fall bejaht, dass bei einer Verbrecherjagd ein Polizist einen Unbeteiligten im Oberarm traf und dieser dann im Krankenhaus an einer Grippeepidemie starb. Wie unsicher die Beurteilung ist, zeigt der fast gleichzeitig entschiedene Fall, dass ein zu Unrecht Verhafteter während des Abführens erschossen wurde (RGZ 106, 14); in diesem Fall wurde die Adäquanz verneint. Richtigerweise hat für den Grippefall dasselbe zu gelten: Gerade die Epidemie war nicht auf die Krankenhäuser beschränkt; im Gegenteil dürften dort teilweise die Behandlungsmöglichkeiten besser gewesen sein als bei ambulanter Versorgung. Es muss daher als bloßer Zufall erscheinen, dass die Epidemie das Opfer gerade im Krankenhaus betroffen hat. Die Ansteckung gehörte zum „allgemeinen Lebensrisiko", **nicht zum** speziell durch den verschuldeten Krankenhausaufenthalt **gesteigerten Risiko**. Der BGH (BGHZ 18, 286) hat jedoch an die „Grippeentscheidung" des RG angeknüpft: Eine Typhusschutzimpfung hatte zu einer Infektion geführt, durch die ein Sarkom entstanden war, an dem der Geimpfte verstarb. Diese Komplikation war ganz und gar unwahrscheinlich. Entgegen dem BGH war die Adäquanz daher zu verneinen. Zur Einstandspflicht kann man hier nur gelangen, wenn – wie jetzt nach § 51 Abs 1 BSeuchG – eine Gefährdungshaftung besteht und diese aufgrund des Aufopferungsgedankens nach ihrem Normzweck auch unwahrscheinliche Impffolgen erfasst. – Keineswegs unwahrscheinlich und daher ohne weiteres im Zurechnungszusammenhang liegt hingegen eine Infektion mit HIV-Viren bei Bluttransfusionen im Krankenhaus (BGHZ 114, 284). Die zahlreichen Infektionen dieser Art waren Anlass für den Gesetzgeber zu der Neufassung des § 84 AMG durch das 2. SchadÄndG mit der weitreichenden Kausalitätsvermutung des § 84 Abs 2 AMG.

79 Der Gesichtspunkt **fehlender spezifischer Gefahrsteigerung** trifft wie beim „Grippefall" (entgegen RGZ 105, 264) auch etwa für folgende Fälle zu: Kauft der Geschädigte nach der Beschädigung seines eigenen Fahrzeugs im Einverständnis mit dem Erstschädiger ein Interimsfahrzeug, hat ein Motorschaden an diesem Fahrzeug nichts mehr mit der Beschädigung des früher beschädigten Fahrzeugs zu tun (**aA** OLG Düsseldorf VersR 1976, 891). Kauft jemand aufgrund arglistiger Täuschung einen Gebrauchtwagen und verschuldet er mit diesem Fahrzeug einen Unfall mit Totalschaden, besteht zwischen der Täuschung und diesem Schaden kein Rechtswidrigkeitszusammenhang (**aA** BGHZ 57, 137, dagegen aber LANGE, in: LANGE/SCHIEMANN 116 Fn 212 u die dort Angegebenen). In beiden Fällen hatte der Geschädigte das Risiko der Kfz-Benutzung übernommen; deshalb kann ein Dritter für daraus stammende Schäden nur insoweit verantwortlich sein, als er die Gefahr ihres Eintritts nennenswert erhöht hat. Richtig entschieden wurde hingegen folgender Fall: Ein anderer als der im Fahrbefehl genannte Soldat lenkt einen Wagen der Bundeswehr; es kommt ohne sein Verschulden zu einem Unfall. Dafür haften der Fahrer und derjenige, der fahren sollte, wenigstens dann nicht, wenn der Fahrer keine geringere Fahrpraxis hatte (HessVGH JZ 1966, 576; OVG Rheinland-Pfalz JZ 1968, 429 m iE zust Anm DEUTSCH; vgl zum möglichen Sinn eines solchen Fahrbefehls KEUK, Vermögensschaden und Interesse [1972] 238 f). Anders jedoch OVG Münster (VersR 1970, 652): Das vorsätzliche Abweichen von der vorgeschriebenen Fahrstrecke sei idR für einen auf der Umwegstrecke erfolgten Unfall mitursächlich. Aber hier fehlt schon die Adäquanz, wenn die gefahrene Strecke nicht erheblich gefährlicher war als die vorgeschriebene.

80 Dagegen **besteht** die **Adäquanz** sicher für Schäden aus Druckwellen von Überschallflugzeugen (BGH NJW 1976, 1030, 1031). Entsprechendes gilt für den Dacheinsturz infolge des Überfliegens durch Hubschrauber (BGHZ 79, 259). Zweifelhaft ist hingegen eine Entscheidung des OLG Nürnberg (MDR 1978, 755): Dort wird Adäquanz verneint, wenn Reitpferde dadurch beschädigt werden, dass ein Kraftfahrer mit unnötiger Lärmentwicklung an sie heranfährt; hierfür kommt nur eine Schadensersatzminderung wegen der Tiergefahr entspr § 254 in Betracht (vgl § 254 Rn 10). Aber auch der BGH hat bei Panik im Schweinestall durch einen Unfallknall die Zurechnung verneint (BGHZ 115, 84 u dazu oben Rn 38; zur Haftung für durchgehende Pferde vgl weiter OLG Düsseldorf NJW 1978, 2036; OLG Celle NJW 1979, 723 u zu beiden Entscheidungen WINKLER VON MOHRENFELS JuS 1979, 775).

81 Verneint worden ist der Zurechnungszusammenhang mehrfach bei unnötigen **Reaktionen des Betroffenen** auf ein Ereignis, und zwar auch ohne Bezugnahme auf das Fehlen einer „Herausforderung" (vgl oben Rn 48 ff). So etwa für eine voreilige Betriebsschließung (BGH VersR 1965, 161) oder wenn der Schuldner ein vorläufig vollstreckbares, aber nicht mit einer Strafdrohung nach § 890 aF ZPO versehenes Unterlassungsurteil befolgt: Er kann nicht nach § 717 Abs 2 ZPO Ersatz verlangen, weil der Zusammenhang mit einer Vollstreckung des Gläubigers gefehlt hat (BGH NJW 1976, 2162, 2163). Ähnlich liegt der Fall, dass ein Gastwirt einen Betrunkenen hinausbefördern will, dieser sich jedoch losreißt und dabei niederstürzt (BGH NJW 1981, 570): Der Gastwirt handelte rechtmäßig, und die bloß mittelbare Verursachung des Körperschadens beim Betrunkenen beruhte entscheidend auf dessen trunkenheitsbedingter Unfähigkeit zur Selbstkontrolle. Das AG Heidelberg (NJW 1977, 1541) verneint hingegen zu Unrecht den Zurechnungszusammenhang zwischen den

Kosten verbotener Selbsthilfe (Abschleppkosten für ein vor der Garageneinfahrt geparktes Kfz) und dem verbotenen Parken.

IdR sind die Kosten aus (angemessenen) Reaktionen des Verletzten ersatzfähig (vgl **82** etwa BGH VersR 1959, 233). Richtig entschieden worden sind daher auch folgende Fälle (weitere Beispiele: LANGE, in: LANGE/SCHIEMANN 136 mNw): Ein Mieter entschließt sich aufgrund einer nicht formgerecht begründeten und deshalb unwirksamen Eigenbedarfskündigung zum Wohnungswechsel (BayObLG NJW 1982, 2003). Ein angeblich als „Schläger" bekannter Ehemann dringt durchs Fenster in die Wohnung ein, in der sich seine Ehefrau mit ihrem Freund befindet, schimpft laut und nimmt eine drohende Haltung ein. Der Bedrohte springt daraufhin aus dem Fenster und verletzt sich erheblich (OLG Köln NJW 1982, 2260; im selben Sinne zu einem fast gleichen Sachverhalt BGH NJW 2002, 2232). Im selben Zusammenhang ist die „Selbstmord-Rspr" zu sehen: Auch der Selbstmord des Verletzten ist zurechenbar (BGH NJW 1958, 1579), sofern nicht ein eklatantes Missverhältnis zu dem eingetretenen Primärschaden vorliegt, zB bei schwerer psychischer Störung aufgrund nicht gewollter, aber einwandfreier Nasenform nach einer kosmetischen Operation (OLG Köln VersR 1988, 1049).

Bejaht wurde ferner der Zurechnungszusammenhang zwischen der Defloration **83** eines 12-jährigen Mädchens und dessen sittlicher Verwahrlosung. Selbst die Kosten der deshalb angeordneten Fürsorgeerziehung sollen noch unter den Schutzzweck des § 176 StGB fallen (BGH NJW 1978, 2027). In einem nahezu grotesken Fall hatte die Ehefrau des Verletzten wegen dessen durch den Unfall veränderten Wesens sich zum Ehebruch verleiten lassen; hierdurch war der Verletzte, dessen seelische Widerstandskraft durch den Unfall vermindert war, geisteskrank geworden. Trotz des Ehebruchs hatte sich der Verletzte wegen seines durch den Unfall veränderten Wesens anschließend mit seiner Frau versöhnt, hierdurch aber sein Ansehen bei seinen Vorgesetzten und Kollegen verloren und war deshalb arbeitslos geworden. All dies soll noch in adäquatem Kausalzusammenhang mit dem schuldhaft verursachten Unfall stehen, den der Verletzte am Anfang dieser Kausalkette erlitten hat (RG Recht 1917 Nr 1228).

h) Spätschäden

Je länger sich eine Spätfolge aus früherer Verletzung von dieser ersten Ursache **84** entfernt, um so schwieriger wird die Gewichtung, ob sich noch die spezifische Gefahrsteigerung aufgrund der Vorverletzung verwirklicht hat oder nur das „allgemeine Lebensrisiko". Die **Rspr** hierzu ist denn auch unsicher geblieben. So hat das RG (RGZ 119, 204) den adäquaten Zusammenhang in folgendem Fall bejaht: Der Kläger war 1903 durch die Schuld des Beklagten derart verunglückt, dass ein Bein amputiert werden musste; 1925 stürzte der Kläger in seinem Zimmer mit erheblichen Folgeschäden. Das Angewiesensein auf eine Prothese verminderte nach Ansicht des RG die Standsicherheit und erhöhte daher die Wahrscheinlichkeit und die Schwere der Folgen des Hinfallens (ähnlich OLG Karlsruhe VersR 1979, 479, dort freilich ohne großen Zeitabstand zum Erstunfall). Einen fast gleich gelagerten Fall hatte der BGH (NJW 1952, 1010) zu entscheiden: Nach einer Beinamputation im Jahre 1937 war der Geschädigte 1945 auf dem Weg zu einem Bunker von Artilleriefeuer getroffen worden. Erstaunlicherweise meinte der BGH, die Gehbehinderung seit 1937 habe die Wahrscheinlichkeit, von Granatsplittern durch Artilleriebeschuss getroffen zu werden, nicht nennenswert erhöht. Hiermit hat der BGH im Widerspruch zu RGZ

119, 204 entschieden: Die Erstverletzung war auch in dem vom BGH beurteilten Fall gefährlich, weil sie das Erreichen des schützenden Bunkers erschwerte. Die BGH-Entscheidung ist verständlicherweise fast allgemein auf **Kritik** gestoßen (Kirchberger NJW 1952, 1000; Larenz NJW 1955, 1009, 1011; Esser JZ 1956, 555, 557; Kramer JZ 1976, 338, 344 mNw). Für Spätfolgen, die nach dem BEG zu beurteilen sind, hat der BGH (MDR 1968, 1005) nach anfänglichem Schwanken (Nw aaO) für eine Berufskrankheit, die sich ein Verfolgter des Nationalsozialismus in dem verfolgungsbedingt gewählten Ausweichberuf geholt hatte, die Adäquanz bejaht, wenn sich die Gefahr einer solchen Berufskrankheit in dem neuen Beruf gegenüber der Lage, die sich ohne die Verfolgung ergeben hätte, wesentlich erhöht hat. Gerade beim Ausgleich für Erwerbsausfälle ist aber bei späteren Veränderungen eine Betrachtung unter anderen und spezielleren Gesichtspunkten angemessen: Eher als eine Verneinung der Zurechnung überhaupt ist die Berücksichtigung hypothetischer Ursachen und die Verletzung von Obliegenheiten zu untersuchen (unten Rn 85, 92 ff, anders aber der Ansatz der Rspr, vgl BGH NJW-RR 1991, 854; NJW 1991, 3275 zu Fällen späterer Berufswechsel, die dann erst einen geringeren Erwerb zur Folge hatten). Die Erschwerung einer Zurechnung im Verlauf der Zeit hat Medicus (Staudinger/Medicus[12] Rn 81) dadurch ausräumen wollen, dass er anstelle der kaum zu prognostizierenden Zukunftsentwicklungen ein erhöhtes Schmerzensgeld zur pauschalierenden Abgeltung vorgeschlagen hat. Dies mag praktisch und rechtspolitisch wünschenswert sein, ist aber unter der Geltung des Prinzips der Totalreparation schwer zu rechtfertigen. Eine Abgeltung im entspr erhöhten Schmerzensgeld hätte der Sache nach die Wirkung eines Haftpflichtvergleiches. Gerade für die Regulierungsvergleiche sind aber bei der geltenden Rechtslage Spätfolgen immer wieder Anlass zu Problemen der Auslegung, des § 779 und der Frage der Geschäftsgrundlage (dazu Geigel/Kolb, Der Haftpflichtprozess[24] [2004] Rn 40. 11 ff).

i) Kein Ausschluss der Zurechnung bei Reserveursachen und überwiegendem Mitverschulden

85 Die Rspr neigt dazu, bei Reaktionen des Geschädigten oder von ihm eingeschalteter Dritter zunächst nach der Zurechnung überhaupt zu fragen. Sind diese Reaktionen nicht völlig ungewöhnlich oder unsachgemäß, wird idR die Zurechnung bejaht (oben Rn 39 ff); andernfalls wird ein Schadensersatzanspruch von vornherein verneint. Das Gesetz selbst erfasst die Reaktionen des Geschädigten hingegen typischerweise als „Mitverschulden" nach § 254, das auch zum vollen Ausschluss der Haftung führen kann, idR aber eine **flexible Lösung** mit Quoten ermöglicht. Infolgedessen ist die Einordnung einiger Fälle beim allgemeinen Zurechnungsproblem eher zweifelhaft. Dies gilt außerdem für manche Fälle, bei denen sich die Rechtsverletzung erst nach einiger Zeit in der Entstehung oder Vergrößerung eines Schadens ausgewirkt hat. Hierzu kann zB der Fall von RGZ 78, 270 gezählt werden: Der Erwerber einer Fabrik verlangte vom Verkäufer, der ihn arglistig getäuscht hatte, Schadensersatz für die Verluste, die er durch einen ungetreuen Mitgesellschafter beim Betrieb der erworbenen Fabrik erlitten hatte. Das RG hat die Adäquanz der Täuschung für den Untreueschaden verneint. Zynischerweise und dennoch zutreffend lässt sich dem entgegenhalten, dass gerade wer sich von einem Verkäufer arglistig täuschen lässt, den Machenschaften eines Mitgesellschafters viel wahrscheinlicher ausgesetzt ist als ein besonders vorsichtiger Betriebserwerber. Das RG hat aber iE richtig entschieden, weil davon auszugehen ist, dass der Käufer ohne die Täuschung eben eine andere Fabrik erworben hätte und dann genauso der

Untreue des Mitgesellschafters ausgesetzt gewesen wäre. Das Risiko, Opfer der Untreue zu werden, hat sich durch den Kauf gerade der erworbenen Fabrik nicht spezifisch erhöht – genauso wenig wie das Unfallrisiko im Straßenverkehr durch eine Täuschung beim Gebrauchtwagenkauf (oben Rn 79 zu BGHZ 57, 137). Der Schaden durch die Untreue ist ein gesonderter Schaden, in dem sich eine „überholende" Ursache außerhalb der Risikosphäre des Schädigers ausgewirkt hat.

Noch deutlicher ist die Relevanz einer **Reserveursache** im „Hirnarteriosklerose"-Fall (BGH NJW 1968, 2287): Bei der Behandlung eines am Kopf verletzten Schrankenwärters stellte sich eine Hirnarteriosklerose heraus; der Geschädigte wurde deshalb vorzeitig in den Ruhestand versetzt. Der Fall unterscheidet sich nicht in relevanter Weise von Fällen, in denen die vorhandenen Krankheiten als Schadensanlagen iS einer Reserveursache behandelt worden sind (BGH VersR 1965, 491; 1969, 802; NJW 1985, 676 u dazu unten Rn 99). Wie auch sonst bei internen Schadensanlagen muss freilich geschätzt werden, ab wann sich die Anlage bei „normalem Verlauf" ausgewirkt hätte. Dies führt zu einer Aufteilung des Erwerbsschadensersatzes in einen Abschnitt, der von der primären Schadensursache bestimmt ist, und einen Folgeabschnitt, in dem die Schadensanlage maßgeblich ist. Der Mühe einer solchen differenzierenden Behandlung hätte sich die Rspr auch im Hirnarteriosklerose-Fall unterziehen müssen.

Vom methodisch zutreffenden Ansatz geht der BGH im Milchquotenfall (BGH NJW 1995, 126, 127) aus: Durch den rechtswidrigen Ausschluss aus einer Herdbuchgenossenschaft hatte ein Landwirt die Möglichkeit verloren, für eine größere Zahl von Zuchttieren eine zusätzliche Milchquote zu erhalten. Möglicherweise hätte er jedoch eine höhere Milchquote durch die Einstellung reiner Milchkühe erhalten können. Dann hätte ihm freilich der Platz für die Einstellung der Zuchttiere gefehlt, nachdem die Rechtswidrigkeit des Ausschlusses aus der Genossenschaft gerichtlich festgestellt worden war. Hier geht es offensichtlich um die Frage, ob den Geschädigten die Obliegenheit traf, für die Zuteilung einer höheren Milchquote auf reines Milchvieh umzustellen. Dies ist, wie der BGH zutreffend feststellt, keine Frage einer möglichen Unterbrechung des Zurechnungszusammenhanges, sondern des § 254. Eine Obliegenheitsverletzung dürfte aber gar nicht vorgelegen haben, da dem Geschädigten kaum zugemutet werden konnte, allein für die Übergangszeit bis zur gerichtlichen Klärung der Rechtslage Milchvieh anzuschaffen, das er dann alsbald hätte weiterveräußern oder schlachten lassen müssen.

Allein nach § 254 zu beurteilen sind insbes die Fälle, in denen der Geschädigte nach dem Schadensfall durch eigene Entscheidungen den **Erwerbsschaden** beeinflusst. So hat der BGH (NJW 1991, 3275) für eine letztlich schädliche Entscheidung zum nochmaligen Berufswechsel nach 18 Jahren den Zurechnungszusammenhang verneint. Entscheidend dürfte aber sein, dass der Geschädigte nach § 254 nicht seine sichere Stellung auf Kosten oder doch wenigstens auf das Risiko des Schädigers aufgeben durfte. Hierhin gehören zB auch die Fälle voreiliger Schließung (BGH VersR 1965, 161) oder Veräußerung (BGH VersR 1971, 82) des Betriebes.

k) Keine Zurechnung bei Verwirklichung des allgemeinen Lebensrisikos?

Sobald nach den verschiedenen erörterten Zurechnungsgesichtspunkten die Gewichtung der von Schädiger und Geschädigtem für den schädlichen Erfolg gesetzten

Kausalbeiträge ergeben hat, dass im Einzelfall eine spezifische Gefahrsteigerung durch den Beitrag des – potentiellen – Schuldners nicht anzunehmen ist, kann man dieses **Ergebnis** auch dahin zusammenfassen, dass die eingetretene Folge **in den Risikobereich** des Geschädigten falle. Kein sachlicher Unterschied ist gemeint, wenn – wie auch hier mehrfach geschehen – formuliert wird, in einem Schaden habe sich das **allgemeine Lebensrisiko** des Geschädigten verwirklicht (dazu eingehend MÄDRICH, Das allgemeine Lebensrisiko [1980] mit Darstellung der Rspr 13 ff u der Lit 21 ff). In diesen Beschreibungen des Abwägungsergebnisses spiegelt sich wider, dass in der fortgeschrittenen Moderne die zunehmende Wohlfahrt mit der „gesellschaftlichen Produktion von Risiken" verbunden ist (nach der bekannten Formulierung von BECK, Risikogesellschaft [1986] 25). Das Standardbeispiel hierfür sind Risiken des modernen Verkehrs: Wer durch den Verzug des Taxifahrers eine Fahrt später als geplant antritt und – bei rein kausaler Betrachtung – gerade deswegen in einem von dritter Seite verschuldeten Verkehrsunfall verletzt wird, kann diesen Schaden dem Taxifahrer über die Gefährdungshaftung hinaus nicht zurechnen, weil er sich vorab dafür entschieden hat, überhaupt am Straßenverkehr teilzunehmen. Was für den Straßenverkehr gilt, kann genauso auf den Luftverkehr, die Benutzung moderner Elektronik, die Verwendung der Chemotherapie oder die Ausgesetztheit gegenüber den modernen Umweltgefahren und auf vieles andere bezogen werden. Man kann die Wirkung des allgemeinen Lebensrisikos so umschreiben, dass lediglich solche Verletzungen oder Schäden eingetreten sind, wie sie auch sonst im Leben des Betroffenen üblicherweise zu gewärtigen sind, und dass die Verhaltensweise des potentiellen Schuldners die Möglichkeit, einen rechtlich relevanten Nachteil zu erleiden, nicht über das Normalmaß hinaus gesteigert hat (MÄDRICH 96 f). Teilweise wird das allgemeine Lebensrisiko freilich gerade nicht auf die jedermann drohenden Gefahren beschränkt, sondern dafür verwendet, die spezielle Schadensanlage gerade des Geschädigten zu benennen, deren Folgen ausnahmsweise nicht überwälzt werden sollen (zB in BGH NJW 1968, 2287, vgl oben Rn 35 f, 38). Demnach ist mit dieser Formulierung nur ein Hinweis darauf gemeint, dass die Gefahrsteigerung gerade durch das Verhalten des Schädigers zu unspezifisch geblieben ist, um eine Zurechnung zu rechtfertigen. Weshalb man im Einzelfall zu diesem Ergebnis gekommen ist, wird durch den Hinweis aber nicht erklärt. Eher soll mit ihm nur die Evidenz des Ergebnisses behauptet werden.

5. Zurechnung bei mehreren Verursachern*

a) Haftung bei ungeklärter Kausalität nach § 830

90 Die Zurechnung nach der Adäquanz und dem Schutzzweck der verletzten Norm setzt jeweils voraus, dass die Verursachung iSd *conditio sine qua non* jedenfalls feststeht. Waren mehrere an der Zufügung des Schadens beteiligt, kann man zwar vielfach feststellen, dass mindestens einer von ihnen einen Verursachungsbeitrag

---

* **Schrifttum:** vgl auch STAUDINGER/BELLING/EBERL-BORGERS [2002] zu § 830; BYDLINSKI, Mittäterschaft im Schadensrecht, AcP 158 (1959/60) 410 ff; ders, Probleme der Schadensverursachung nach deutschem und österr Recht (1964); FENYVES/WEYERS, Multikausale Schäden in modernen Haftungsrechten (1988); JUNG, Die sogenannte Gesamtursache, AcP 170 (1970) 426; I KLUG, Alternative Kausalität (Diss Tübingen 1973); T MÜLLER, Wahrscheinlichkeitshaftung von Alternativtätern (2001); WECKERLE, Die deliktische Verantwortlichkeit mehrerer (1974).

geleistet haben muss; es lässt sich aber nicht mehr aufklären, wer diese Ursache gesetzt hat oder in welchem Umfang er an der Entstehung des Schadens beteiligt war. Solche Fälle werden großteils von § 830 geregelt: Bei Vorliegen einer Beteiligung iSd Strafrechts (Mittäterschaft, Anstiftung, Beihilfe) wird nach § 830 Abs 1 S 1, Abs 2 der ganze Schaden allen zugerechnet. Wegen des Gewichtes des begangenen Unrechts wird gar nicht erst ermittelt, ob die einzelnen Beteiligten mehr oder weniger zum Schaden beigetragen haben. In den übrigen Fällen von (echten) Kausalitätszweifeln infolge der Einwirkung mehrerer auf die Schadensentstehung hilft § 830 Abs 1 S 2 dem Geschädigten über die Beweisnot hinweg. Im Unterschied zu den Fällen des § 830 Abs 1 S 1, Abs 2 kann das Verhalten des oder der jeweils anderen nicht wechselseitig zugerechnet werden. Vielmehr haben mehrere nachgewiesenermaßen nur eine zur Herbeiführung des Schadens **geeignete Gefahr** verursacht. Fest steht im übrigen, dass der Schaden nur entweder durch den einen oder den anderen oder durch alle, die eine solche Gefahr herbeigeführt haben, verursacht worden ist. Es wäre unerträglich, wenn der Geschädigte in solchen Fällen ohne Ersatz bleiben müsste (vgl insbes BGHZ 67, 14, 19). Daher ist es nach § 830 Abs 1 S 2 Sache des in Anspruch genommenen möglichen Schädigers, zu beweisen, dass die Verantwortung für den Schaden nicht ihn, sondern einen anderen Beteiligten trifft. Gelingt ihm der Beweis nicht, muss er haften (zu allen Einzelheiten STAUDINGER/BELLING/EBERL-BORGES [2002] zu § 830).

b) Von § 830 nicht erfasste Fälle

§ 830 Abs 1 S 2 gilt zwar nicht nur bei „Urheberzweifeln", wenn also jeder der Beteiligten eine Gefährdung begründet hat, die für den ganzen Schaden genügen würde, sondern auch bei „Anteilszweifeln", wenn feststeht, dass jeder von mehreren Beteiligten am Verletzungserfolg mitbeteiligt war, die von jedem zu vertretende Gefährdung auch geeignet war, den gesamten Schaden herbeizuführen, aber zweifelhaft bleibt, ob jeder nach allgemeinen Grundsätzen für den gesamten Erfolg oder nur für einen Teilschaden einzustehen hat (BGH NJW 1994, 932, 934). Voraussetzung für die Anwendung des § 830 Abs 1 S 2 ist aber immer, dass die Gefährdung jedenfalls den ganzen Schaden verursacht haben könnte (BGH aaO). Hieran fehlt es, wenn feststeht, dass der Schaden erst durch das Zusammenwirken mehrerer Ursachen entstanden ist, die einzelnen Verursachungsanteile aber nicht aufgeklärt werden können. Ist in diesem Falle die zweite Ursache zugleich adäquate Folge der zuerst gesetzten Ursache, haftet nur der erste Verursacher auf den ganzen Schaden; haben beide Ursachen im Schaden zusammengewirkt, haften beide als Nebentäter und Gesamtschuldner. Dies wird etwa an folgendem Fall deutlich (BGH VersR 1964, 49): Der Geschädigte erlitt binnen weniger Monate an demselben Bein zwei Unfallverletzungen. Jede Verletzung für sich hätte nur zu einer vorübergehenden Beeinträchtigung geführt; beide zusammen bewirkten einen Dauerschaden. Hier haftet der Erstverursacher, weil der zweite Schaden adäquate Folge ist, und der Zweitverursacher, weil er den Geschädigten auch mit Vorschäden „hinnehmen" muss (oben Rn 32, 35; ähnliche Fälle: BGH VersR 1971, 818; 1983, 731). Dieselbe Rechtsfolge muss erst recht gelten, wenn alle Verursacher einen Tatbeitrag geleistet haben, der je für sich ausgereicht hätte, den ganzen Schaden herbeizuführen, dessen wirkliche Kausalität aber – gerade wegen der Möglichkeit, dass „es auch ein anderer war" – nicht nachgewiesen werden kann.

6. Reserveursachen*

a) Einordnung

92 Die Gesamtbetrachtung der Schadenssituation beruht nicht nur auf einer „Momentaufnahme", sondern muss auch uU die Entwicklung der Verhältnisse **im weiteren Zeitablauf** berücksichtigen. Dies ergibt sich schon aus dem gesetzlich vorgeschriebenen Vergleich zwischen der realen und der hypothetischen schadensfreien Situation. Dieser Vergleich kann zu einem späteren Zeitpunkt auch hypothetische Negativposten enthalten, die den Schaden aufheben oder mindern. So ist bei richtiger Lösung des „Schrankenwärterfalles" (vgl BGH NJW 1968, 2287, oben Rn 86) nach der unfallbedingten Entdeckung der Hirnarteriosklerose zunächst ein Verdienstausfall

---

* **Schrifttum:** BACKHAUS, Einige Überlegungen zum Verhältnis von kumulativer und hypothetischer Kausalität, VersR 1982, 210; BECHTHOLD, Die Behandlung der sog überholenden Kausalität (Diss Freiburg 1963); BÖHM, Überholende Kausalität im Sozialrecht (Diss Köln 1976); vCAEMMERER, Das Problem der überholenden Kausalität im Schadensersatzrecht (1962) = Ges Schriften I 411, dazu ZEUNER AcP 162 (1963) 516; COING, Interesseberechnung und unmittelbarer Schaden, SJZ 1950, 865; FRANK/LÖFFLER, Grundfragen der überholenden Kausalität, JuS 1985, 689; GOTZLER, Rechtmäßiges Alternativverhalten im haftungsbegründenden Zurechnungszusammenhang (1977); GROSSERICHTER, Hypothetischer Geschehensverlauf und Schadensfeststellung (2001); GRUNSKY, Hypothetische Kausalität und Vorteilsausgleichung, in: FS Lange (1993) 469; HANAU, Die Kausalität der Pflichtwidrigkeit (1971); J HEINEMANN, Überholende Kausalität und Schadensbegriff (Diss Hamburg 1961); HOFMANN, Schadensursachenkonkurrenz und überholende Kausalität, VersR 1960, 1063; G HUECK, Zum Problem der überholenden Kausalität, JR 1953, 404; KAHRS, Kausalität und überholende Kausalität im Zivilrecht (1969); KLEEWEIN, Hypothetische Kausalität und Schadensberechnung (1993); KNAPPE, Das Problem der überholenden Kausalität (1954); KOZIOL, Rechtmäßiges Alternativverhalten – Auflösung starrer Lösungsansätze, in: FS Deutsch (1999) 179; LANGE, Zum Problem der überholenden Kausalität, AcP 152 (1952/53) 153; LARENZ, Die Berücksichtigung hypothetischer Schadensursachen bei der Schadensermittlung, NJW 1950, 487; ders, Die Notwendigkeit eines gegliederten Schadensbegriffs, VersR 1963, 1; LEMHÖFER, Die überholende Kausalität und das Gesetz, JuS 1966, 337; MOORS, Hypothetische Verursachung und Schadensberechnung, NJW 1954, 332; NEUMANN-DUESBERG, Beweis des hypothetischen Schadenseintritts bei überholender Kausalität, NJW 1952, 131; ders, Verneinung der überholenden Kausalität trotz hypothetischer Schadensursache, JR 1952, 225; ders, Überholende Kausalität bei §§ 992, 990 BGB, JZ 1953, 171; ders, Einzelprobleme der überholenden Kausalität, JZ 1955, 263; NIEDERLÄNDER, Schadensersatz bei hypothetischen Schadensereignissen, AcP 153 (1954) 41; ders, Hypothetische Schadensereignisse, JZ 1959, 617; OLTERS, Das Problem der Reserveursache (Diss Hamburg 1955); RÜHL, Zum ursächlichen Zusammenhang beim Schadensersatz, NJW 1949, 568; RUD SCHMIDT, Rechtsmängelhaftung und überholende Kausalität, AcP 152 (1952/53) 112; THEISSEN, Neuere Entwicklungen im Bereich des rechtmäßigen Alternativverhaltens (Diss Köln 2001); U WAGNER, Hypothetische Schadensereignisse (1974); WAHLE, Die überholende Kausalität, Karlsruher Forum 1959, 58; W WEBER, Schadensersatz bei überholenden Ereignissen, Betrieb 1950, 496; WERNER, Zur Abgrenzung des Einwandes der überholenden Kausalität, NJW 1957, 1857; WISSMANN, Die Berufung auf rechtmäßiges Alternativverhalten, NJW 1971, 549 ff; ZEUNER, Zum Problem der überholenden Kausalität, AcP 157 (1958/59) 441; ZIESER, Der Schadensersatzanspruch bei überholender Kausalität nach deutschem Zivilrecht (Diss Freiburg 1955).

des Verletzten in Höhe der Differenz zwischen dem Ruhegehalt und dem hypothetischen aktiven Einkommen gegeben (**aA** freilich wegen fehlender Adäquanz oder Überschreitung des Schutzbereichs die ganz hM, insbes BGH aaO; für den Ersatz eines „Verfrühungsschadens" generell aber zB LANGE, in: LANGE/SCHIEMANN 194); von dem – notfalls durch den Richter nach § 287 ZPO festzulegenden – Zeitpunkt an, an dem voraussichtlich der Grund für den Vorruhestand ohne das schädigende Ereignis offenbar geworden wäre, enthält aber auch der hypothetisch schadensfreie Status nur noch das Ruhegehalt; für die Zukunft ist dann der Verdienstausfallschaden weggefallen. HECK (Schuldrecht 48) hat solche Ursachen, die sich in der Realität wegen des Schadensfalles nicht mehr haben auswirken können, anschaulich als Reserveursachen bezeichnet.

Man spricht auch von **hypothetischer Kausalität**, weil die Reserveursache nicht wirklich kausal geworden ist (uz deshalb, weil der Schaden schon eingetreten war). Dagegen deckt die gleichfalls verwendete Bezeichnung „überholende Kausalität" nur einen Teil der Fälle, nämlich diejenigen, bei denen die hypothetisch gebliebene Kausalreihe bereits lief, als die real gewordene einsetzte (zB ein unheilbar Krebskranker wird bei einem Unfall getötet: Hier hat die in dem Unfall endende Kausalreihe die auf dem Karzinom beruhende „überholt"). Einigkeit besteht heute darüber, dass es sich bei der Behandlung von Reserveursachen nicht wirklich um ein Kausalitätsproblem handelt, sondern um eine **Zurechnungsfrage**: Die Reserveursache kann an der Kausalität der realen Ursache nichts ändern. Diese Erkenntnis ist nicht auf Schadensersatzansprüche beschränkt, sondern verlangt überall dort Beachtung, wo Ursachenzusammenhänge zu beurteilen sind, zB im Anfechtungsrecht (BGHZ 104, 355, 360).

Die **gesetzlichen Anknüpfungspunkte** zur Bedeutung von Reserveursachen sind letztlich unergiebig: Sie bleiben zB in § 844 Abs 1 und ebenso in § 844 HGB unbeachtet, während sie nach §§ 287 S 2, 848 BGB, 565, 705 HGB, 44 BinSchG, 9 Abs 5 BEG beachtlich sind. Doch sind alle diese Vorschriften zu speziell, als dass sie verallgemeinert werden könnten. Wie das Beispiel des Erwerbsschadens (oben Rn 86, 92) zeigt, liegt es nach der **Differenzhypothese** zwar nahe, im Rahmen des ohnehin zu ermittelnden hypothetischen schadensfreien Zustands auch Reserveursachen zu berücksichtigen. Daher wird die Meinung vertreten, ein hypothetischer Schadensverlauf sei, abgesehen von dem Fall, dass ein Dritter die Reserveursache in zurechenbarer Weise gesetzt hat, stets zu berücksichtigen (ESSER/SCHMIDT I 2 § 33 IV 1; AK-BGB/RÜSSMANN vor § 249 Rn 68 ff; LEMHÖFER JuS 1966, 337). Aber eine solche schematische Lösung ist fragwürdig. In der Tat kann man die Reserveursache in der „Schadensbilanz" dadurch berücksichtigen, dass man den Wegfall der durch die Reserveursache drohenden Entwertung des beschädigten Gutes als einen Vorteil versteht. Dann ist die hypothetische Kausalität nur eine besondere Fallgruppe innerhalb des größeren Problemkreises der Vorteilsausgleichung (so GRUNSKY, in: FS Lange [1992] 469 ff). Für die Vorteilsausgleichung gilt aber unbestritten (insoweit auch ESSER/SCHMIDT I 2 § 33 V 3), dass über die Anrechnung oder deren Versagung nicht allein rechnerisch nach der Differenzhypothese entschieden werden kann, sondern nur unter Berücksichtigung des Schutzzwecks der verletzten Norm. Dann kann für die Frage, ob eine Reserveursache berücksichtigt werden soll, nicht grundsätzlich Anderes gelten. Überholt ist heute die noch vom RG als Regel befolgte Ansicht von der generellen Unbeachtlichkeit von Reserveursachen. Wie bei der

Frage der Vorteilsausgleichung (unten Rn 140, 145 ff) ist vielmehr nach Fallgruppen zu differenzieren (vgl zur Methode insbes DEUTSCH, Allgemeines Haftungsrecht Rn 179). Nur so lässt sich auch ein einigermaßen repräsentatives Bild des differenzierten Meinungsstandes gewinnen.

b) Hypothetische Haftpflicht eines Dritten

95 Weitgehend Einigkeit besteht heute darüber, dass die Reserveursache den Schädiger **nicht entlastet**, wenn sie zur Ersatzpflicht eines Dritten geführt hätte: ZB A zerstört eine Sache des E, die am nächsten Tag durch einen von B schuldhaft gelegten Brand vernichtet worden wäre (vgl etwa BGH NJW 1958, 705; 1967, 551, 552; VersR 1988, 1265, 1267; LANGE, in: LANGE/SCHIEMANN 195 f; MünchKomm/OETKER § 249 Rn 208). Hier kann der Dritte mangels realer Kausalität nicht haftbar gemacht werden; höbe die Reserveursache den Anspruch gegen den Erstschädiger auf, so dürfte der Geschädigte folglich überhaupt keinen Ersatz fordern. Im allgemeinen Schadensrecht gilt aber auch sonst der Grundsatz, dass dem Schädiger nicht das von einem anderen begangene Unrecht zugute kommen darf (vgl oben Rn 71). Obendrein könnte hier ein zweiter Schädiger den ersten entlasten, ohne selbst ersatzpflichtig zu werden.

96 Zweifelhaft ist aber, **in welchem Umfang** die Reserveursache in solchen Fällen nicht beachtet werden soll. Einer möglichst genauen Orientierung an der Differenzhypothese entspricht es, den Erstschädiger nur genau in der Höhe zum Schadensersatz zu verpflichten, in der wegen seines Eingriffs der Anspruch gegen den Zweitschädiger tatsächlich nicht entstehen konnte. Wenn dieser Anspruch beschränkt wäre (zB durch § 254 oder bei Gefährdungshaftung auf einen Höchstbetrag), müsste der Erstschädiger auch nur diesen geringeren Betrag zu ersetzen haben (idS LANGE, in: LANGE/SCHIEMANN 195 f; MünchKomm/OETKER § 249 Rn 208; SOERGEL/MERTENS vor § 249 Rn 153; LEMHÖFER JuS 1966, 337, 340 f). Der weiteren Konsequenz dieser Ansicht, dass dem Erstschädiger dann auch die Mittellosigkeit des hypothetisch Verantwortlichen zugute kommen müsste, entziehen sich ihre Anhänger (außer LEMHÖFER aaO) freilich: Der Geschädigte dürfe nicht mit dem doppelten Insolvenzrisiko belastet werden. Hiermit wird die strenge „Rechtslogik" des Denkens in den Bahnen der Differenzhypothese verlassen. Aber eine solche Denkweise ist praktisch ohnehin kaum durchzuhalten: Der Beschränkung der hypothetischen Haftung des Zweitschädigers auf einen Höchstbetrag entspricht oft einer Absicherung, insbes durch die Pflichthaftpflichtversicherung für Kfz. Wenn der Erstschädiger zB unversichert aus § 823 Abs 1 haftet, während die Reserveursache eine Haftung nach §§ 7, 12 StVG begründet hätte, wäre es ungerecht, dem Geschädigten gegen den Erstschädiger bloß einen nach § 12 StVG beschränkten Anspruch zu geben, für den gleichwohl keine Haftpflichtversicherung einsteht. Der tiefere Grund für diese Unstimmigkeit liegt darin, dass die Differenzbetrachtung hier allzu artifiziell wird. Denn es wird nicht ein hypothetisch schadensfreier Verlauf mit dem konkret schadensbestimmten verglichen, sondern ein hypothetisch ebenfalls schadensabhängiger mit einem schon real schädlichen, dessen Schadensfaktor nur möglicherweise aus besonderen Gründen modifiziert werden soll. Gegenüber einem derart künstlichen Gedankengebäude verdient eine Lösung den Vorzug, die dem Wert der Praktikabilität (Vorbem 3 zu §§ 249 ff) gerecht wird. IE ist daher denjenigen Reserveursachen jede Wirkung zu versagen, die zur Haftung eines Dritten geführt hätten.

c) Schadensanlagen und Objektschäden

Von einer **Schadensanlage** wird gesprochen, wenn bei Wirksamwerden der realen **97** Ursache die Reserveursache bereits als Anlage vorhanden war (das ist eigentlich die „überholende" Kausalität, vgl oben Rn 93). Dass sie dann berücksichtigt werden muss, ist besonders deutlich für Sachen: Wenn bei ihnen bereits eine Schadensanlage besteht, mindert diese idR auch den Sachwert und damit den Schaden, den die reale Ursache noch anzurichten vermag (so auch BGHZ 29, 207, 215, freilich aus Anlass des etwas anders gelagerten Falles der rechtswidrigen Enteignung eines sonst im Kriege mit Sicherheit durch Bomben zerstörten Hauses). Aber auch bei Körper- oder Erwerbsschäden hatte bereits das RG die Schadensanlage berücksichtigt (zB RGZ 148, 48, 54 ff: keine Haftung für den Verlust einer Stellung, wenn dem Betroffenen wegen eines wichtigen Grundes ohnehin gekündigt worden wäre). Der BGH hat das übernommen (zB MDR 1952, 214; 1977, 468; VersR 1965, 491; 1969, 802; BB 1968, 1307; NJW 1985, 676, vgl OLG Frankfurt NJW 1984, 1409).

Mit LANGE (in: LANGE/SCHIEMANN 193) sind solche Schadensanlagen im Hinblick auf **98** die **in der Zukunft** liegenden Gewinne und Erwerbsausfälle als Reserveursachen anzusehen: Für den Anspruch aus entgangenem Gewinn steht bereits im Zeitpunkt der wirklich kausal gewordenen Schädigung fest, dass der fragliche Erwerb ohnehin zB nur noch fünf Jahre währen kann. Nur dieser „Verfrühungsschaden" ist daher dem Schädiger zuzurechnen. Gäbe es die Kategorie der Schadensanlage gar nicht, würde man nach der genau durchgeführten Differenzhypothese ebenso entscheiden (für eine „Verabschiedung" des Topos der Schadensanlage GRUNSKY, in: FS Lange 477 f). Dieser Zusammenhang wird auch von der Rspr deutlich gesehen, zB in der Formulierung (BGHZ 29, 207, 215), spätere Ereignisse und ihre hypothetische Einwirkung auf den Ablauf der Dinge seien „nur bei der Berechnung entgangenen Gewinns, bei der Ermittlung des Schadens aus fortwirkenden Erwerbsminderungen oder aus dem Ausfall ähnlicher langdauernder Vorteile von Bedeutung"; insoweit schreibe teilweise das Gesetz (§§ 249, 252, 844) ausdrücklich die Berücksichtigung der mutmaßlichen späteren Entwicklung vor. Auch in der Folgezeit hat der BGH besonderes Gewicht auf die Unterscheidung zwischen einem abgeschlossenen Schaden und einem in dem Ausfall andauernder Vorteile liegenden Dauerschaden gelegt: Dann seien auch hypothetische Einwirkungen auf den Ablauf der Dinge für die Schadensersatzpflicht zu berücksichtigen (BGH Betrieb 1979, 352; sachlich übereinstimmend auch schon BGHZ 10, 6, 9 ff; 20, 275, 279 f; BGH LM Nr 23 zu § 249 [Ba] BGB; BGH MDR 1952, 214; 1977, 468; VersR 1965, 491; 1967, 285; 1969, 802).

Aus alledem folgt aber noch nicht, dass die Schadensanlage auch zB für die **Hei-** **99** **lungskosten** beachtlich wäre. Gerade für diesen Schadensposten hat die Frage freilich nach dem vorliegenden Rechtsprechungsmaterial eher theoretische Bedeutung. Im Falle nicht kongruenter Anlageschäden versteht sich die Einstandspflicht des Schädigers für die „vorgezogene" Schadenszufügung von selbst: Wer mit Sicherheit in Kürze an einer Krebserkrankung stirbt, muss trotzdem sein zuvor noch gebrochenes Bein auf Kosten des Schädigers operieren lassen können (SOERGEL/MERTENS vor § 249 Rn 157). Aber selbst kongruente Nachteile werden durch die Schadensanlage nicht konsumiert: Hat eine Knieoperation zu einer Verstärkung der Beschwerden und weiterer Versteifung geführt, die ohne die Operation mit Sicherheit einige Zeit später gleichfalls eingetreten wären (vgl BGH NJW 1985, 676), steht dem Geschädigten nicht nur ein Interimsanspruch wegen früheren Verdienstentganges und vermehrter Bedürfnisse (§ 843 Abs 1) zu, sondern auch ein Schmerzensgeld. Verfehlt ist hiernach die Entscheidung des OLG Frankfurt (NJW 1984, 1409), wonach bei einer unfallbedingten „Vorverlagerung" der Bewegungseinschränkungen um ein Jahr die Heilbehandlungskosten für das letzte Lebensjahr des Kranken vom Schädiger zu tragen seien: Ersatzpflichtig ist nicht nur die längere Dauer der Krankheit, sondern gerade deren früherer Beginn.

100 Richtigerweise führt die Schadensanlage demnach außer bei den länger andauernden Folgen nur bei **Sach- und primären Vermögensschäden** zur Berücksichtigung der Reserveursache. Für primäre Vermögensschäden ohne Schadensanlage gilt dasselbe. So hat auch der BGH (NJW 1986, 1329) entschieden: Ein Notar hatte einen Betriebsinhaber fehlerhaft beraten, so dass ein steuerpflichtiger Veräußerungsgewinn angefallen war. Später gab der Geschädigte seinen Betrieb auf. Dies erklärte der BGH für erheblich, falls der Schaden dadurch ausgeglichen oder gemindert worden sein sollte, dass bei der Betriebsaufgabe die Steuerbelastung durch den Veräußerungsgewinn geringer ausgefallen ist (ebenso BGH NJW 1983, 1053). Hinsichtlich anderer, nicht schon zum Zeitpunkt der Fremdschädigung angelegter Sachschäden soll hingegen nach hM die Reserveursache ohne Wirkung bleiben (BGHZ 125, 56, 61; BGH JZ 1960, 409 m Anm ZEUNER; BGH NJW 1967, 551, 552; BGH LM Nr 15 zu § 249 [Ba] BGB; PALANDT/HEINRICHS vor § 249 Rn 102; SOERGEL/MERTENS vor § 249 Rn 154). Diese Wirkungslosigkeit lässt sich nicht damit begründen, insoweit handle es sich um Herstellungsansprüche nach § 249, für die es weniger auf die Folgen im Vermögen ankomme. Denn ob die Herstellung möglich ist und daher nicht § 251 Abs 1 eingreift, hängt von Umständen ab, die für die Frage, ob Reserveursachen berücksichtigt werden können, bloß zufällig sind. Ferner ist zu berücksichtigen, dass bei wirklich durchgeführter Restitution der Schaden nach § 249 Abs 2 S 1 ohnehin definitiv entstanden ist und durch die Reserveursache nicht „überholt" werden kann; ist die Restitution noch nicht vorgenommen worden, ist schlechthin kein Grund ersichtlich, um ihretwillen den Geschädigten zu privilegieren. Daher bezeichnet LANGE (in: LANGE/SCHIEMANN 189 f) es zutreffend als rechtspolitisch fragwürdig, den Ersatzpflichtigen bei irreparablen Schäden (also im Anwendungsbereich von § 251 Abs 1) besser zu stellen als bei reparablen (mithin bei § 249). Besonderes Gewicht hat das Argument NIEDERLÄNDERS (AcP 153 [1954] 41, 54 ff, freilich mit etwas weiterem Anwendungsanspruch, dagegen ZEUNER AcP 157 [1958/59] 441, 446 f), der Geschädigte erhalte mit dem Schadenseintritt anstelle der zerstörten Sache die Schadensersatzforderung gegen den realen Schädiger. Anstelle des Sachrisikos trifft den Geschädigten damit das Forderungsrisiko. Würde man Reserveursachen für die Sachzerstörung eine Wirkung auf die Forderung einräumen, so bedeutete das eine Häufung der Risiken: Der Geschädigte trüge dann außer dem Forderungsrisiko auch noch weiterhin das Sachrisiko (genauer: das Risiko, dass die Sache nach der realen Schadensursache auch noch von einer hypothetischen betroffen worden wäre). Eine solche Häufung würde den Geschädigten schlechter stellen, als er nach § 249 Abs 1 gestellt zu werden verlangen kann; daher müssen für den sogleich entstandenen (und sich nicht erst im Laufe der Zeit entwickelnden) Schaden Reserveursachen unbeachtlich bleiben. Aber dieser Gedankengang beruht ausdrücklich darauf, dass sich bereits mit der Schädigung die Sache schadensrechlich in eine Forderung umgewandelt hat, mithin nur noch ein reiner Vermögensschaden vorliegt. Vergleicht man diesen Schaden mit anderen Vermögensschäden (zB Erwerbsausfällen), fehlt ein überzeugender Grund dafür, dass Vermögensschäden, deren Quelle ein Recht an einer Sache war, eine größere Sicherheit verdienen. Das angeblich fortbestehende Sachrisiko ist vielmehr bereits längst vor dem Eintritt der Reserveursache zum reinen Vermögensrisiko geworden. Die von NIEDERLÄNDER begründete Ansicht führt schließlich dann zu einem Wertungswiderspruch, wenn man – wie oben (Rn 96) geschehen – bei den gleichsam spiegelbildlichen Fällen hypothetischer Verantwortlichkeit eines Dritten das Risiko von dessen Insolvenz nicht berücksichtigt. Auch ohne eine schon vorhandene Schadensanlage ist die **Reserveursache** daher bei Sachschäden **zu berücksichtigen** (ebenso LANGE 185 f, 189; MünchKomm/OETKER § 249 Rn 207). Einen Mindestschaden in Höhe eines objektiven Schadenskerns gibt es im Hinblick auf die Probleme von Reserveursachen ebenso wenig wie sonst im allgemeinen Schadensrecht (unten Rn 131).

d) Weitere Fälle unbeachtlicher Reserveursachen

Mit LANGE (in: LANGE/SCHIEMANN 194 ff) sind Reserveursachen in einigen weiteren **101** Fallgruppen unbeachtlich: Bei der echten abstrakten Schadensberechnung (vgl § 252 Rn 21) müsste jede Berücksichtigung von Reserveursachen die gewünschte Vereinfachung und Beschleunigung beeinträchtigen. Gleiches gilt, soweit Schadensersatz nach dem gemeinen Wert zu leisten ist (vgl Vorbem 8 zu §§ 249 ff), sowie nach § 52 VVG für den Versicherungswert einer Sache, soweit nicht ausnahmsweise (§ 53 VVG) entgangener Gewinn mitversichert ist. Endlich wird man der Erfüllung durch den Ersatzschuldner dergestalt stabilisierende Wirkung zuerkennen müssen, dass danach Reserveursachen außer Betracht zu bleiben haben (LANGE 197; vCAEMMERER, GS I 436 ff; LEMHÖFER JuS 1966, 337, 344; MünchKomm/OETKER § 249 Rn 210; aA ZEUNER AcP 157 [1958/59] 441, 445; vgl auch Vorbem 91 zu §§ 249 ff). Ob ein Vergleich dieselbe Wirkung hat, hängt vom Parteiwillen ab. Ob auch ein rechtskräftiges Urteil der Erfüllung gleichsteht, ist str (vgl LANGE 197 f mNw), dürfte aber zu bejahen sein: Auch ein solches Urteil sollte die Rechtslage stabilisieren.

e) Berufung auf rechtmäßiges Alternativverhalten

Eine besondere, der hypothetischen Kausalität ähnliche Fallgruppe bildet die Be- **102** rufung auf rechtmäßiges (oder ausnahmsweise entschuldigtes) Alternativverhalten: Der Schädiger macht geltend, dass er selbst den Schaden auch in einer Weise hätte herbeiführen können, die rechtmäßig oder entschuldigt gewesen wäre und daher keine Ersatzpflicht begründet hätte. Umstritten ist, ob es sich bei diesem Einwand lediglich um einen Anwendungsfall der hypothetischen Kausalität (MünchKomm/OETKER § 249 Rn 212) oder um eine selbständige Fallgruppe (LANGE, in: LANGE/SCHIEMANN 199 f mNw Fn 86) handelt. Sachliche Unterschiede ergeben sich daraus aber wohl nicht, da heute weitgehend anerkannt ist, dass für die Beurteilung eines Alternativverhaltens der Schutzzweck der jeweiligen Haftungsnorm maßgeblich ist (BGHZ 96, 157, 173; 120, 281, 285; LANGE 205). Die Zuordnung zum Problem der Reserveursachen im allgemeinen bedeutet für die Anhänger dieser Auffassung zwar, dass rechtmäßiges Alternativverhalten wie (andere) Reserveursachen idR zu berücksichtigen sind (PALANDT/HEINRICHS vor § 249 Rn 106; MünchKomm/OETKER § 249 Rn 215 mNw Fn 804). OETKER wendet sich jedoch ausdrücklich gegen eine schematische Anwendung dieser Regel: Die Berücksichtigung der Reserveursachen wie die Beachtlichkeit des rechtmäßigen Alternativverhaltens stehen unter dem Vorbehalt des Schutzzwecks der Norm (MünchKomm/OETKER § 249 Rn 207) oder des Rechtswidrigkeitszusammenhanges (aaO Rn 212).

Für die Behandlung des rechtmäßigen Alternativverhaltens in der **Rspr** sind folgen- **103** de Fälle repräsentativ, ohne dass sich – abgesehen von der ärztlichen Aufklärungspflicht (unten Rn 107 f) – schon klare Fallgruppen erkennen ließen: Im Jahr 1944 wurde auf einem fremden Grundstück ein Löschteich ohne die nötige behördliche Anordnung angelegt, doch wäre diese erteilt worden. Der OGH der Britischen Zone hielt den Einwand für erheblich (OGHZ 1, 308). Im Tatsächlichen ähnlich liegt der „Brandgassenfall" (BGHZ 20, 275); der BGH hat hier jedoch einen Anlagefall (iSv oben Rn 97) angenommen (ebenso MünchKomm/OETKER § 249 Rn 214). Eine andere Entscheidung (BGH NJW 1971, 239) betraf die sachlich gerechtfertigte Beschlagnahme von mit Salmonellen vergiftetem Fleisch durch eine unzuständige Behörde (dazu LANGE, in: LANGE/SCHIEMANN 202 m Fn 97). Der BGH hat den Einwand **zugelassen**. Weitere Beispiele hierfür (vgl auch BGHZ 63, 319, 325 mNw; 146, 122): Fehlen der für einen Verwaltungsakt nötigen BaupolizeiVO, doch hätte die handelnde Behörde diese gesetzliche Grundlage schaffen können und müssen (BGH VersR 1963, 1175, 1176); für die enteignende Wirkung einer faktischen Bausperre soll Bedeutung haben, ob die materiellen Voraussetzungen für die Anordnung einer förmlichen Bausperre gegeben waren (BGH NJW 1972, 1946); gegenüber dem Schadensersatzanspruch wegen unrechtmäßiger Pfandveräußerung soll bedeutsam sein, dass auch eine rechtmäßige Veräußerung keinen höheren Erlös erbracht hätte (RG Recht 1929 Nr 1997; JW 1930, 134). Gegenüber dem Schaden aufgrund gerichtlicher Untersagung einer Werbeaktion hätte die für den Schaden in Anspruch genommene Werbeagentur geltend machen können, dass die Aktion auch bei ordentlicher Aufklärung durchgeführt worden wäre (BGHZ 61, 118); entgegen seiner früheren Rspr verneint das BAG (AP § 276 BGB Vertragsbruch Nr 6; NJW 1981, 2430) nunmehr die Ersatzpflicht vertragsbrüchiger Arbeitnehmer für Inseratskosten des Arbeitgebers, wenn diese auch bei ordentlicher Kündigung angefallen wären; die öffentliche Hand, die wegen einer fehlerhaften Ausschreibung in Anspruch genommen wird, kann sich darauf berufen, dass sie bei Kenntnis der Rechtswidrigkeit des Ausschreibungsverfahrens von ihrer Möglichkeit zur Aufhebung der Ausschreibung Gebrauch gemacht hätte (BGHZ 120, 281).

104 Überwiegend hat die Rspr die Berücksichtigung des rechtmäßigen Alternativverhaltens **abgelehnt**. So soll es dem Patentverletzer nicht nützen, dass er eine Zwangslizenz hätte erhalten können (RGZ 102, 390). Es soll ferner unbeachtlich sein, ob eine durch Verletzung eines Schutzrechts herbeigeführte und daher zum Ersatz verpflichtende Geschäftsschädigung auch ohne die Rechtsverletzung hätte bewirkt werden können (RG JW 1938, 1959). Ein Schadensersatzanspruch wegen einer Amtspflichtverletzung durch Handeln einer unzuständigen Behörde scheitert nicht daran, dass die zuständige Behörde im Rahmen ihres Ermessens in gleicher Weise hätte handeln können (nicht müssen: RGZ 169, 353, 358; BGHZ 120, 281, 287; 143, 362, 366 f; BGH NJW 1959, 1316). Das Fehlen einer den schadensbegründenden Verwaltungsakt deckenden RechtsVO wird nicht dadurch ersetzt, dass diese durch das Parlament hätte erlassen werden können oder sogar müssen (BGHZ 63, 319, 325). Ein Notar, der pflichtwidrig nicht unverzüglich für die rangrichtige Eintragung einer Vormerkung sorgt und dennoch – wiederum pflichtwidrig – vor der richtigen Eintragung die Fälligkeitsvoraussetzungen für den Kaufpreis bestätigt, kann sich nicht darauf berufen, dass er bei pflichtgemäßem Betreiben der Eintragung zum Zeitpunkt seiner Bestätigung alle Fälligkeitsvoraussetzungen herbeigeführt haben würde (BGHZ 96, 157). Wenn nachträgliche Befunde einen Eingriff indizieren, kann dies den Arzt nicht hinsichtlich des Fehlens der Patienteneinwilligung entlasten (BGH NJW 2003,

1862). Mehrfach abgelehnt worden ist die Berücksichtigung von rechtmäßigem Alternativverhalten auch durch das **BAG**: Eine Gewerkschaft, die unter Verletzung der Friedenspflicht Kampfmaßnahmen ergriffen hat, soll nicht geltend machen dürfen, sie hätte nach Fristablauf ohnehin gestreikt; daher soll nicht nur der Verfrühungsschaden zu ersetzen sein (BAG 6, 321, 374 ff u dazu Larenz NJW 1959, 865; ähnlich schon BAG 3, 280; isS BAG NJW 1964, 883 u für ein der Sanierung dienendes Stillhalteabkommen zwischen Geschäftspartnern schon RG HRR 1935 Nr 1008).

Stellungnahme: „Ausgangspunkt für die rechtliche Beurteilung ist der Schutzzweck **105** der jeweiligen Haftungsnorm" (Lange, in: Lange/Schiemann 205). Eine Berücksichtigung des rechtmäßigen Alternativverhaltens kommt daher nur dann in Betracht, wenn diese Norm bloß eine bestimmte Verletzungsart verhindern will und nicht auch den Verletzungserfolg überhaupt. So ist etwa für die Friedenspflicht (vgl oben Rn 104) zu fragen, ob sie den Streik bloß aufschieben oder ganz verhindern soll. BAG 6, 321 377 f hat unter diesem Blickwinkel gemeint unberücksichtigt lassen zu können, dass die Kampfmaßnahmen später hätten beginnen dürfen, weil die Friedenspflicht die Möglichkeit zu Verhandlungen verlängern und so die Aussicht auf eine gütliche Einigung der Tarifpartner erhöhen soll (insoweit zust etwa Larenz aaO; Dietz JZ 1959, 425, 431; vCaemmerer, GS I 448; Lange 206; Soergel/Mertens vor § 249 Rn 164). Unverkennbar wird aber mit dieser Ansicht der Schadensersatz zu einem Sanktionsinstrument gegen den Bruch von Verfahrensvorkehrungen oder den Verstoß gegen das arbeitskampfrechtliche ultima ratio-Prinzip. Dieser Gedanke ist dem Schadensrecht im allgemeinen fremd. Ein Einsatz des Schadensersatzes als Sanktion könnte vielleicht angebracht sein, wenn sonst die Pflichten, gegen die verstoßen worden ist, nicht mehr ernst genommen würden. Der Verstoß gegen die arbeitskampfrechtliche Friedenspflicht ist aber keineswegs sanktionslos. So ergibt sich aus dem Gebot der Kampfparität, dass auch die Gegenseite nach Bruch der Friedenspflicht nicht mehr an diese gebunden ist. Im übrigen kommen gerade hier sowohl der einstweilige Rechtsschutz als auch die Vertragsstrafe als Sanktionsinstrument in Betracht. Auch der Einwand des rechtmäßigen Alternativverhaltens selbst ist keine willkürlich verwendbare Hilfe: Es genügt nicht, dass der Schädiger denselben schädigenden Erfolg hätte herbeiführen können; vielmehr hätte er ihn – wofür er beweispflichtig ist – herbeigeführt haben müssen (BGHZ 63, 319, 325; 120, 281, 285). Demgegenüber wäre es eine Verbiegung der Realität und des arbeitsrechtlichen Rahmens, als Sinn der Friedenspflicht die Verhinderung des Arbeitskampfes überhaupt anzusehen. Denn eine unter Tarifparteien grundgesetzlich legitimierte Methode der Konfliktaustragung wird man kaum als „um jeden Preis" verhinderungsbedürftig betrachten können. Die Friedenspflicht ist also unter diejenigen Normen einzuordnen, die nicht den Schaden schlechthin verhindern sollen, sondern eine bestimmte Verletzungsart (iE wie hier MünchKomm/Oetker § 249 Rn 217 mNw Fn 819, 820). Bei einem Sanierungsmoratorium (oben Rn 104) ist dies ersichtlich anders: Sinn dieses Vertrages ist es, den Zusammenbruch des Unternehmens während der vereinbarten Stillhaltezeit zu verhindern. Schutzzweck der Pflicht zum Antritt des Dienstes bzw zur Einhaltung der Kündigungsfrist ist es hingegen, dem Arbeitgeber auf Zeit die Arbeitskraft zu verschaffen, nicht auch die Möglichkeit, „auf die Fortsetzung des Dienstverhältnisses über den erstmöglichen Beendigungszeitpunkt hinaus hinzuwirken" (so aber noch BAG NJW 1976, 644, 645). Daher ist der Einwand des Alternativverhaltens gegenüber dem Anspruch auf die Inseratskosten zuzulassen. Andernfalls gelangte man auch hier wieder zu einem „Schadensersatz als Strafe".

106 Selbst wenn die verletzte Norm nur eine bestimmte Verletzungsart verhindern soll, kann die volle Haftung dennoch bestehen bleiben. Dies ist zunächst dann der Fall, wenn der Schädiger nicht nachweisen kann, dass der Schaden auf dem alternativen rechtmäßigen Weg wirklich eingetreten wäre (vgl schon oben Rn 102). Daraus ergibt sich weiterhin, dass der Schadenseintritt durch rechtmäßiges Alternativverhalten idR außer Betracht bleiben muss, wenn dieses auf der **Ermessensausübung** durch eine Behörde beruht: Wie diese Ausübung erfolgt wäre, wird sich kaum feststellen lassen; zudem kann das Ermessen der Behörde nicht durch dasjenige des Gerichts ersetzt werden. Nach der neueren Rspr (BGH NJW 1996, 524; 842, 843) gilt freilich etwas anderes, wenn sich das Ermessen der Behörde auf Null reduziert hat. Dann ist diese „Ermessensausübung" auch im Schadensersatzprozess zugrunde zu legen. Der BGH (VersR 1982, 275; 1985, 887) verlangt freilich bereits für die haftungsbegründende Kausalität der Amtspflichtverletzung die positive Feststellung, dass ohne die Verletzung eine Ermessensausübung vorgenommen worden wäre, die den Schaden vermieden hätte. Dies ist aber auf den Einwand des rechtmäßigen Alternativverhaltens nicht übertragbar (BGHZ 120, 281, 287 f gegen LANGE, in: LANGE/SCHIEMANN 206 f). Schließlich kann der Verstoß gegen grundlegende **Verfahrensvorschriften** dazu führen, dass der Einwand rechtmäßigen Alternativverhaltens praktisch nicht durchgreifen kann. Voraussetzung dafür ist, dass die Vorschrift sonst leerlaufen würde und dass wegen des Verstoßes das hypothetische Ergebnis eines ordnungsgemäßen Verfahrens nicht mehr rekonstruierbar ist. Der Schädiger, der sich an die vorgeschriebene Verfahrensweise nicht gehalten hat, muss prozessual alle Nachteile daraus tragen, dass es infolgedessen meistens unsicher bleibt, wie das Verfahren bei ordnungsgemäßer Durchführung ausgegangen wäre (so insbes MünchKomm/OETKER § 249 Rn 217, 221). Weiter gehend formuliert die hM, dass bei Verstoß gegen Verfahrensgarantien idR schon die Darlegung ausgeschlossen sei, bei Einhaltung des Verfahrens wäre der gleiche Schaden eingetreten (BGHZ 36, 144, 154; NIEDERLÄNDER AcP 153 [1954] 41, 71; vCAEMMERER, GS I 447; LANGE 208; SOERGEL/MERTENS vor § 249 Rn 164 u auch noch STAUDINGER/MEDICUS[12] Rn 114). Gegen diese Auffassung spricht aber wieder entscheidend der schon zur Friedenspflicht der Tarifpartner dargelegte Gesichtspunkt (oben Rn 105), dass hiermit die privatrechtliche Zurechnungsfrage mit einem Sanktionsargument beantwortet wird.

f) Insbesondere die hypothetische Einwilligung bei Verletzung einer Aufklärungspflicht

107 Dieselbe Struktur wie die Berufung auf rechtmäßiges Alternativverhalten hat der Einwand des Arztes oder Zahnarztes bei fehlender Einwilligung des Patienten, die ärztliche Maßnahme sei indiziert gewesen und bei ausreichender Aufklärung vom Patienten gebilligt worden. Die **Rspr** hat diesen Einwand zunächst recht apodiktisch abgelehnt (RGZ 163, 129, 138). Entgegen OLG Karlsruhe (NJW 1966, 399, 401; ebenso MünchKomm/OETKER § 249 Rn 213 Fn 792) hat auch BGHZ 29, 176, 187 nicht anders entschieden: Dort ließ sich die hypothetische Einwilligung der Patientin nicht feststellen, so dass es auf die rechtliche Bedeutung nicht ankam (vgl zur hypothetischen Einwilligung in ärztliche Behandlung aus der Lit vor allem vCAEMMERER, GS I 448 ff; GOTZLER, Rechtmäßiges Alternativverhalten 187 ff; DUNZ, in: FS Hauß [1978] 287, 289 ff; KERN/LAUFS, Die ärztliche Aufklärungspflicht [1983] 160 ff). Der BGH (VersR 1979, 1012, 1013) hat dann aber bei notwendigen Operationen ausnahmsweise die Feststellung für möglich gehalten, der Patient wäre auch durch vollständige Aufklärung nicht von seiner Einwilligung abgehalten worden. Die neuere Rechtsprechung hält den Einwand der hypothetischen Einwilligung grundsätzlich für **beachtlich** (grundlegend BGHZ 90, 103, 111; ferner BGH NJW 1991, 2341; 1992, 2351; 1994, 799). In den zugrunde liegenden Sachverhalten hatte der Arzt zwar eine Einwilligung eingeholt, für sie jedoch durch mangelhafte Aufklärung keine ausreichende Entscheidungsgrundlage beim Patienten geschaffen. Wiederholt hat der BGH aber auch ausgesprochen, dass durch die Möglichkeit zur Beachtung der hypothetischen Einwilligung nicht das eigene Entscheidungsrecht des Patienten unterlaufen werden darf (BGHZ 90, 103, 110; BGH NJW 1994, 2414, 2415). Vielmehr erfordert es das Selbstbestimmungsrecht des Patienten, dass dieser Gelegenheit hat, das Für und Wider der ärztlichen Maßnahme abzuwägen (BGHZ 106, 153, 162; BGH NJW 1992, 2351). Hierfür ist nicht von einem gleichsam standardisierten, vernünftigen Patienten auszugehen, sondern die konkrete persönliche Entscheidungssituation zu berücksichtigen. Folgerichtig hat es der BGH (NJW 2003, 1862) abgelehnt, nachträgliche Befunde, die den Eingriff indizieren, als Rechtfertigung des Arztes anzuerkennen. Fehlt hiernach freilich ein echter Entscheidungskonflikt, greift der Einwand der hypothetischen Einwilligung durch (BGH NJW 1991, 1543; 2342; 2344). In einem Fall, bei dem das sachverständig beratene Tatsachengericht zur Überzeugung gelangt war, dass der Patient nur entweder die indizierte Operation überhaupt nicht oder in der vom Arzt vorgesehenen Art durchführen lassen konnte, hat der BGH (NJW 1992, 2351, 2353) das Vorliegen eines solchen Entscheidungskonfliktes verneint.

Die **Lit** ist gegenüber dem Einwand der hypothetischen Einwilligung teilweise sehr viel restriktiver. So hat MEDICUS (STAUDINGER/MEDICUS¹² Rn 114) gemeint, die Situation, in der ein Patient vor dem Eingriff über diesen soll entscheiden können, lasse sich später nicht mehr herstellen; zudem sei diese Entscheidung höchstpersönlich. Daher sollte ein Gericht sie im Haftungsprozess selbst dann nicht „ersetzen", wenn es glaube, die nötigen Feststellungen zur hypothetischen Entscheidung des Patienten treffen zu können. LANGE (in: LANGE/SCHIEMANN 207) verweist darauf, dass die Aufklärungspflicht dem Patienten Gelegenheit zum ruhigen Überdenken geben und ihm die Möglichkeit eröffnen solle, seine Lage mit den nächsten Angehörigen zu besprechen und uU weitere Ärzte zu konsultieren. Vor allem hebt er den höchstpersönlichen Charakter der Entscheidung des Patienten hervor, den keine gerichtliche Feststellung ersetzen könne (ebenso ua ZEUNER AcP 162 [1963] 516, 523; KEUK, Vermögensschaden und Interesse [1972], 71; FRANK/LÖFFLER JuS 1985, 693 f). Jedoch auch hier ist zu bedenken, dass Aufklärungspflicht und Einwilligung, also gewissermaßen die Elemente des Verfahrens zur Wahrung des Selbstbestimmungsrechts des Patienten, nicht Selbstzweck sind, sondern ein Mittel, um den Patienten vor Schäden zu bewahren. Eine Gefahr, durch diesen Standpunkt den Schutz des Selbstbestimmungsrechts zu relativieren, besteht nicht. Denn schon die erheblichen Schwierigkeiten beim Beweis der hypothetischen Einwilligung sind Anreiz genug, ärztliche Eigenmacht zu vermeiden. Der strengere Standpunkt nimmt auch hier wieder die Frage des rechtmäßigen Alternativverhaltens zum Anlass einer überschießenden Sanktion und ist daher mit dem Zweck des Schadensersatzes nicht zu vereinbaren (iE ebenso MünchKomm/OETKER § 249 Rn 216; KATZENMEIER, Arzthaftung [2002] 369). Auch für eine Differenzierung zwischen dem völligen Fehlen einer Einwilligung und einer unvollständigen Aufklärung (SOERGEL/MERTENS vor § 249 Rn 166; ERMAN/KUCKUK vor § 249 Rn 88) besteht demnach kein überzeugender Grund.

7. Schadensbegründung ohne Kausalität kraft Zurechnung*

a) Vorsorgeaufwendungen des Geschädigten

109 Im allgemeinen stellt sich die Frage nach der Zurechnung von Schäden immer erst, wenn das Verhalten des Schädigers für die Entstehung des Schadens kausal geworden ist. Die Rspr gewährt aber Entschädigungen in einzelnen Fallgruppen auch

---

* **Schrifttum:** vgl auch zu § 253 u bei § 251 Rn 32: BEUTHIEN, Nutzungsausfallschaden trotz eigener Betriebsreserve?, NJW 1966, 1996; BÖTTICHER, Schadensersatz für entgangene Gebrauchsvorteile, VersR 1966, 301; BRAUN/SPIESS, Fangprämien für Ladendiebe als Rechtsproblem, MDR 1978, 356; CANARIS, Zivilrechtliche Probleme des Warenhausdiebstahls, NJW 1974, 521 ff; CREUTZIG, Rechtsfragen zum Ladendiebstahl, BB 1971, 1307; ders, Schadensersatzpflicht der Ladendiebe, NJW 1973, 1593; DANNER/ECHTLER, Rechnerisches Verfahren zur Ermittlung der Festkostentagessätze (Reservehaltungskosten) für Fahrzeuge im Güterkraft- und Personenverkehr, VersR 1978, 99; dies, Grundzüge für die Berechnung von Vorhaltekosten, VersR 1986, 717; DIERSCH, Die Fangprämie beim Ladendiebstahl (2000); vFALKENHAUSEN, Vorhalte- und Vorsorgekosten (1979); FRANKE, Die Substantiierungs- und Beweispflicht bei der Verfolgung von Vorhaltungskosten, VersR 1961, 966 ff; GROH, Die Liquidierung betrieblicher Kosten beim Schadensersatzpflichtigen, BB 1962, 620; HAGMANN Die schadensersatzrechtliche Behandlung von Vorsorgemaßnahmen (Diss Tübingen 1976); ders, Der Umfang der Ersatzpflicht des Ladendiebes, JZ 1978, 133; HERETH, Ausgleich für schadensmindernde Maßnahmen von Verkehrsunternehmen vor dem Schadensereignis (Diss Erlangen 1962); ders, Schadensbemessung bei Entzug von Gebrauchsvorteilen, NJW 1969, 2123; K HERRMANN, Schadensersatz für Reservehaltung (Diss Göttingen 1963); ders, Schadensersatz für Reservehaltung, VersR 1964, 991; KLIMKE, Erstattungsfähigkeit der Kosten von Vorsorgemaßnahmen und Folgemaßnahmen bei Rechtsgutverletzungen, NJW 1974, 81; ders, Grundzüge für die Schadensberechnung von Vorhaltekosten, VersR 1985, 720; KRAMER, Willkürliche oder kontrollierte Warenhausjustiz?, NJW 1976, 1607; KÜPPERS, Verdorbene Genüsse und vereitelte Aufwendungen im Schadensersatzrecht (1976); ders, Zauberformel Frustrationslehre, VersR 1976, 604; LARENZ, Nutzlos gewordene Aufwendungen als erstattungsfähiger Schaden, in: Festgabe Oftinger (1969) 151; MARSCHALL vBIEBERSTEIN, Zum Ersatz der Vorsorgekosten bei Verwendung eines Reservefahrzeugs, in: FS Rheinstein II (1969) 625; MEURER, Die Bekämpfung des Ladendiebstahls (1976); MEYER, Die Forderung einer „Fangprämie" als Schadensersatz vom ertappten Ladendieb ..., MDR 1976, 980; BERND MÜLLER, Schadensersatz wegen Vorsorgekosten beim Ladendiebstahl, NJW 1973, 358; MUSIELAK, Schuldanerkenntnis eines Ladendiebes, NJW 1977, 561; ders, Der ertappte Ladendieb, JuS 1977, 531; Verhandlungen des 51. DJT 1976 Teil D/E mit Gutachten von NAUCKE u DEUTSCH: Empfiehlt es sich, in bestimmten Bereichen der kleinen Eigentums- und Vermögenskriminalität, insbesondere des Ladendiebstahls, die strafrechtlichen Sanktionen durch andere, zB zivilrechtliche Sanktionen abzulösen, gegebenenfalls durch welche?; NIEDERLÄNDER, Schadensersatz bei Aufwendungen des Geschädigten vor dem Schadensereignis, JZ 1960, 617; SCHIEK, Aufwendungsersatz für Vorsorgemaßnahmen zum Schutz des Vermögens gegen fremdverantwortliche Schädigung und Schadensersatz (Diss Kiel 1966); J SCHMIDT, Vorsorgekosten und Schadensbegriff, JZ 1974, 73; E SCHÜTZ, Die Reservehaltungskosten der Verkehrsbetriebe unter besonderer Berücksichtigung der Auswirkungen auf den Abschluss von Teilungsabkommen und Regulierungsvereinbarungen mit Haftpflichtversicherern, VersW 1964, 322; SCHOBEL, Der Ersatz frustrierter Aufwendungen (2003); STOLL, Die bei Nichterfüllung nutzloser Aufwendungen des Gläubigers als Maßstab der Interessenbewertung, in: FS Duden (1977) 641; W THIELE, Die Aufwendungen des Verletzten zur Schadensabwehr und

ohne diese Mindestvoraussetzung. Einen wichtigen Anlass dafür bilden Fälle, in denen der Geschädigte die Herstellung in Natur selbst vornimmt und hierfür auf Ressourcen zurückgreifen kann, die ihm ohnehin zur Verfügung stehen, wie Ersatzfahrzeuge oder eine eigene Werkstatt. Bei gewerblich Tätigen liegt es in solchen Fällen nahe, eine betriebswirtschaftliche Kostenrechnung zu erstellen und den so **errechneten Aufwand** auf den Ersatzpflichtigen zu überwälzen. Bei einer wirtschaftlichen Kalkulation des Ressourceneinsatzes sind aber stets Kostenfaktoren zu berücksichtigen, die bereits lange vor dem Einsatz angefallen sind. Hierbei handelt es sich insbes um die Kapitalkosten, die dann mit anteiliger Abschreibung und Verzinsung für die schadensbedingte Einsatzzeit zu Buche schlagen. Hierfür Ersatz zu gewähren, erscheint auf den ersten Blick trotz des **Fehlens der Kausalität** gerechtfertigt: Es liegt durchaus im Interesse einer kostengünstigen Schadensregulierung, wenn der Geschädigte vergleichsweise billigere eigene Ressourcen einsetzt, statt teurere Ersatzleistungen über den Markt zu beanspruchen. Ein Anreiz zur Nutzung der eigenen Ressourcen scheint aber nur zu bestehen, wenn deren Einsatz auch maßvoll vergütet wird (vgl insbes C Huber, Fragen der Schadensberechnung [1993] 395 ff, zust Bydlinski, System und Prinzipien des Privatrechts [1996] 195 f m Fn 194 f, vgl zur Kritik aber unten Rn 122).

aa) Der wohl wichtigste Anwendungsfall dieses Gedankens in der Rspr ist der Kostenersatz für die Haltung von **Reservefahrzeugen**. Zunächst wurde Ersatz für die Vorhaltekosten eines Straßenbahnwagens zugesprochen, wenn die Reservehaltung eigens für fremdverschuldete (genauer wohl: von einem anderen zu verantwortende) Fahrzeugausfälle bestimmt war (BGHZ 32, 280, 284 f). Der BGH stützt sich schon hier auf den Gedanken, dass der Verletzer die Kosten hätte ersetzen müssen, die entstanden wären, wenn der Verletzte während der Ausfallzeit einen anderen Straßenbahnwagen gemietet hätte. Dem gegenüber mache es keinen Unterschied, wenn der Verletzte ein eigenes Fahrzeug einsetze, das er wegen der Schwierigkeit, einen Straßenbahnwagen kurzfristig zu mieten, für solche Zwecke bereithalte. Der Kapitalaufwand hierfür sei „nach seinem Zweck nur auf die Beseitigung der zu erwartenden Schäden aus fremder Schuld gerichtet und wirtschaftlich gesehen auf die ganze Zeit zu beziehen, die der normalen Lebensdauer des in Reserve gestellten Fahrzeugs entspricht". Der Schädiger müsse diese Kosten (zur Höhe Danner/Echtler VersR 1990, 1066) nach Treu und Glauben anteilig tragen, da ihm die höheren Kosten für einen Mietwagen erspart blieben (ähnlich BGH NJW 1976, 286 u etwa OLG Düsseldorf JZ 1961, 601 m Anm Niederländer; KG VersR 1972, 401: städt Müllwagen).

Der BGH hat an dieser Rspr zwar trotz zahlreicher Kritik im Ganzen festgehalten, sie aber wesentlich ergänzt: Er verlangt nicht mehr, dass die Betriebsreserve gerade

---

das Schadensersatzrecht, in: FS Felgentraeger (1969) 393; Tolk, Der Frustrierungsgedanke und die Kommerzialisierung immaterieller Schäden (1977); Wäldle, Schadensersatz wegen Vorsorgekosten bei Ladendiebstahl, NJW 1972, 2294; Weis, Schadensersatz bei Aufwendungen des Geschädigten vor dem Schadensereignis (1967); Wollschläger, Schadensersatzhaftung von Ladendieben, NJW 1976, 12; U Wolter, Der Alternativ-Entwurf eines Gesetzes gegen Ladendiebstahl und die „actio furti", JZ 1976, 469; Zeiler, Der Ersatz der Sicherungskosten im Bergrecht (Diss Heidelberg 1976); Zeitz, Schadensersatz bei Nutzungsentgang bei Gebrauchsgegenständen (Diss Frankfurt 1978); K D Zöllner, Der Ladendiebstahl als betriebswirtschaftliches Problem im Einzelhandel (1977).

für fremdverschuldete Unfälle gehalten werden müsse; vielmehr genüge, dass der Geschädigte die Reservehaltung allgemein im Hinblick auf fremdverschuldete Ausfälle **messbar erhöht** habe (BGHZ 70, 199, 201). Daran ist richtig, dass eine Betriebsreserve eigens für fremdverschuldete Ausfälle sinnlose Mehrkosten verursachen würde und zudem nur bei Großunternehmen in Betracht käme. Dazu passt, dass kein Ersatz geschuldet wird, wenn die Vorhaltung ohnehin für den umsatzstärkeren Teil der Saison nötig ist (BGH NJW 1976, 286 für ein Möbelgeschäft).

112 Erheblichen Raum in der Diskussion um den Ersatz der Vorhaltekosten für Reservefahrzeuge nimmt deren Verhältnis zur **abstrakten Entschädigung wegen entgangener Kfz-Nutzung** ein (vgl § 251 Rn 73 ff). Der Betrag für diese Entschädigung ist idR höher (BGHZ 56, 214, 217 u dazu § 251 Rn 76), so dass der Geschädigte sie vorziehen könnte. BGH NJW 1966, 589 hat zwar bei Beschädigung eines Linienomnibusses den Ersatz der Vorhaltekosten auf den Gesichtspunkt des Nutzungsentgangs gestützt, aber trotzdem keinen Mehrbetrag gewährt. Später hat der BGH (BGHZ 70, 199, 203 ff) das Verhältnis zwischen dem Ersatz der Vorhaltekosten und der abstrakten Nutzungsentschädigung folgendermaßen präzisiert: Bei gewerblich oder gemeinnützig genutzten Fahrzeugen sowie bei Behördenfahrzeugen sei der Schaden in erster Linie nach dem konkreten Gewinnausfall oder den konkreten Kosten einer Ersatzbeschaffung zu ermitteln. Der Geschädigte könne nicht stattdessen die abstrakte Nutzungsentschädigung wählen. Diese komme allenfalls ausnahmsweise in Betracht, zB bei einem innerbetrieblich genutzten Direktionswagen, dessen Ausfall ohne Gewinnentgang und ohne die Miete eines Ersatzfahrzeugs nur durch lästige Sonderbemühungen des Geschädigten aufgefangen worden sei.

113 Zur Würdigung dieser Stellungnahmen des BGH ist freilich zu bedenken, dass sie durchweg **vor der Entscheidung des Großen Senats** zum Ersatz für abstrakte Gebrauchsvorteile (BGHZ 98, 212) liegen. Darin wird die Gebrauchsentschädigung davon abhängig gemacht, dass der Nutzungsberechtigte auf die ständige Verfügbarkeit des Gegenstandes für seine eigenwirtschaftliche Lebenshaltung angewiesen ist (aaO 216 f). Diese Voraussetzung liegt bei den Erwerbs- und Behördenfahrzeugen oder den Fahrzeugen gemeinnütziger Einrichtungen nicht vor: Sie werden gerade nicht „eigenwirtschaftlich", sondern zum erwerbswirtschaftlichen oder zu fremdem oder öffentlichem Nutzen eingesetzt. Anders stellt sich die Rechtslage freilich für diejenigen Autoren dar, die zu einem ähnlichen Ergebnis wie der GS aufgrund der Anerkennung der Nutzungsmöglichkeit als selbständiges Vermögensgut nach der „Kommerzialisierungstheorie" gelangen (insbes MünchKomm/GRUNSKY[3] vor § 249 Rn 17, 19 a; anders jetzt MünchKomm/OETKER § 249 Rn 63 ff). Dieser Begründungsansatz liegt aber der Entscheidung des GS nicht zugrunde (sonst wäre die Beschränkung auf zentrale Güter der eigenwirtschaftlichen Sphäre schlechthin nicht zu begründen); zudem ist diese Theorie selbst dogmatisch und rechtspolitisch nicht zu halten (vgl § 253 Rn 12, 15 ff). Eine abstrakte Gebrauchsentschädigung steht den Haltern oder Nutzern von Fahrzeugen außerhalb des eigenwirtschaftlichen Gebrauchs jedenfalls nicht zu (ebenso MünchKomm/OETKER § 249 Rn 66). Die Frage einer Konkurrenz zwischen Ersatz für Reservehaltungskosten und abstrakter Gebrauchsentschädigung stellt sich daher nicht mehr.

114 bb) Eine erhebliche Rolle spielen in der Rspr ferner Fälle, in denen der Geschädigte selbst Reparaturleistungen **in der eigenen Werkstatt** oder durch eigene Hilfskräfte erbringen lässt. Vor allem bei Großunternehmen wie Post, Bahn, Bundeswehr usw ist dies bedeutsam. Führt die Werkstatt auch Fremdaufträge aus, liegt es nahe, den Betrag der Kosten nach demselben Maßstab zu berechnen, der für außenstehende Auftraggeber gelten würde (so insbes BGHZ 54, 82, 86). Bei dem Preis, der Fremden in Rechnung gestellt würde, handelt es sich also um die „erforderlichen" Kosten iSd § 249 Abs 2 S 1 (vgl genauer unten Rn 228 ff). Nachdem sich in der Rspr (insbes seit BGHZ 66, 239, 241, vgl dazu die „authentische Interpretation" von STEFFEN NJW 1995, 2057, 2059 f) die **Dispositionsfreiheit** des Verletzten über den Betrag der (nach Gutachterschätzung) erforderlichen Kosten durchgesetzt hat (vgl aber unten Rn 222, 222a), bildet die Abrechnung zu Marktpreisen unabhängig von der konkreten Art der Durchführung der Restitution den „Normalfall". Für einen Ersatz von Vorsorgekosten scheint hiernach kein Raum zu sein (idS insbes MünchKomm/GRUNSKY³ § 249 Rn 19). Wenn aber die Reparaturwerkstatt ausschließlich für den eigenen Betrieb arbeitet oder die Eigenleistung des Geschädigten aus anderen Gründen dem entspricht, was ein vernünftiger und wirtschaftlich denkender Geschädigter tun würde, dann soll der Geschädigte auch verpflichtet sein, diesen Weg der Restitution zu wählen. Unter dieser Voraussetzung werden dann wieder die Rechtsprechungsgrundsätze zum Ersatz von Vorhaltekosten (nämlich als anteilige Gemeinkosten für die Unterhaltung der Werkstatt) relevant. Schon das RG (RGZ 74, 362, 365) hat für die Schiffhebung durch das Kanalamt im damaligen Kaiser Wilhelm-Kanal den Gemeinkostenzuschlag zuerkannt (seitdem isS etwa BGHZ 54, 82, 88 = JZ 1961, 420 m zust Anm NIEDERLÄNDER). Im einzelnen ist die Rspr hierbei tief in den Sog „betriebswirtschaftlicher Kalkulation" (F BAUR JZ 1961, 159) hineingeraten (vgl zB zu den einzelnen Aufwandsposten für die Überführung von Schienenfahrzeugen BGH NJW 1983, 2815).

cc) Für andere Vorsorgekosten zur **Schadensabwehr** oder Schadensminderung **115** werden von der Rspr im allgemeinen keine Entschädigungen gewährt. Selbst den Einbau einer Sicherheitstür gegen die Wiederholung einer Störung aus einem nahen Chemiewerk hat der BGH (NJW 1992, 1043) der eigenen Vorsorgesphäre des (insoweit noch nicht) Geschädigten zugewiesen. Anders entscheidet die Rspr jedoch teilweise für Aufwendungen, die sich **gegen den Schädiger** richten, nämlich seiner Feststellung und Ergreifung dienen. Anerkannt wird von der Rspr ein solcher Ersatz bei bestimmten Urheberrechtsverletzungen: Die für die Urheberrechte Wahrnehmungsberechtigten (Stagma, **GEMA**) sollen von denen, die als Verletzer ermittelt worden sind, einen 100%igen Zuschlag zum Normaltarif verlangen können (KG Ufita 1938, 55; 284; 1939, 194; BGHZ 17, 376, 383; 59, 286). Begründet wird das vor allem mit der besonderen Verletzlichkeit der betroffenen kleinen Musikaufführungsrechte. Zu ihrem Schutz hätten die Wahrnehmungsberechtigten einen umfangreichen und kostspieligen Überwachungsapparat zu unterhalten. Dessen Kosten müssten billigerweise auf den Verletzer abgewälzt werden können, damit sie nicht von den Urhebern oder den rechtstreuen Benutzern zu bezahlen seien. Auf andere Immaterialgüterrechte sei das nicht zu übertragen (BGHZ 59, 286, 288 unter Hinweis auf BGH GRUR 1966, 570, 572 – Eisrevue –: kein ähnlicher Tarifzuschlag bei Verletzung eines Bühnenaufführungsrechts, nach BGHZ 90, 37, 50 auch nicht bei Verletzung des Musik-Verbreitungsrechts auf Bildtonträgern). Ansätze zu einer sondergesetzlichen Regelung der Frage (die aber nur 25% statt 100% Zuschlag vorgesehen hatte) sind gescheitert (vgl BGHZ 59, 286, 293 f).

Noch größere praktische Bedeutung hat die Frage des Ersatzes für Überwachungs- **116** maßnahmen im Zusammenhang mit **Diebstählen insbes in Kaufhäusern und Selbst-**

bedienungsläden. Hier geht es um folgende Schadensposten: (1) Kosten der allgemeinen Sicherung gegen Diebstähle (zB Hausdetektive, Fernsehüberwachung); (2) die nach einer Auslobung vom Geschädigten zu zahlende Fangprämie für die Ergreifung des konkreten Diebes; (3) die für den konkreten Diebstahl weiter entstehenden Bearbeitungskosten. Die Grundsatzentscheidung des BGH hierzu (BGHZ 75, 230 = JZ 1980, 99 m zust Anm DEUTSCH) versagt dem Bestohlenen den Ersatz der Bearbeitungskosten und verneint dabei insbes eine Parallele zur GEMA-Rechtsprechung (oben Rn 115). Die Urteilsgründe ergeben weiter, dass der BGH einen Ersatz anteiliger, vorsorglich aufgewendeter Überwachungskosten erst recht ablehnt. Bejaht wird dagegen der Ersatz der ausgelobten und folglich für die Ergreifung des Diebes zu zahlenden Fangprämie „in angemessenem Umfang": Insoweit sei der erforderliche konkrete Bezug zum einzelnen Ladendiebstahl gewahrt. Angemessen sei zur Abwehr der Durchschnittskriminalität in einem Lebensmittelmarkt ein Betrag bis zu DM 50 (unter den wirtschaftlichen Verhältnissen zZ der Entscheidung im November 1979). Bei höherwertigen Waren (Uhren, Schmuck) komme aber auch ein höherer (ggf nach einem Prozentsatz von der konkreten Diebesbeute bemessener) Betrag in Betracht. Doch könne bei ganz geringfügigen Diebstählen auch umgekehrt der Betrag von DM 50 als unangemessen hoch erscheinen (zB bei Entwendung geringwertiger Süßigkeiten durch Jugendliche). Eine hiernach übersetzte Fangprämie sei vom Dieb nicht zu erstatten. Das möge schon aus dem Fehlen der Adäquanz oder aus § 254 Abs 2 folgen. Jedenfalls aber ergebe es sich aus dem „allgemeinen Grundsatz des Schadensrechts, dass der Geschädigte Aufwendungen zur Verhinderung des Schadens nur insoweit ersetzt verlangen kann, als sie ein verständiger Mensch ... für zweckmäßig und vertretbar halten dürfte" (vgl BGHZ 66, 182, 192 mNw).

117 dd) Die schadensrechtliche **Würdigung** der vielfältigen Rspr muss zunächst davon ausgehen, dass der Ersatz für Vorsorge- und allgemeine Abwehrkosten weitgehend unvereinbar mit der gesetzlichen Beschränkung auf „durch" den Schadensfall eingetretene Folgen ist. Der Hinweis allein auf die Billigkeit einer Zurechnung auch solcher Schäden und Aufwendungen, die nicht kausal durch das Schadensereignis bewirkt worden sind, genügt sicher nicht zur Überwindung des Kausalitätserfordernisses. Methodisch lässt sich die Rspr daher nur halten, wenn die Voraussetzungen für eine analoge Anwendung des allgemeinen Schadensrechts gegeben sind.

118 Bei der **GEMA**-Rechtsprechung fehlt schon die erste Voraussetzung einer Analogie: der Nachweis einer Schutzlücke. Der Präventions- und Sanktionsgedanke gegenüber solchen Verletzungen hat bereit im URG seinen Niederschlag gefunden. Die Tatbestände, in denen die GEMA-Rechtsprechung eingreift, sind nach § 108 Abs 1 Nr 4 und 5 URG Straftaten. Das Gutachten der preußischen Musikkammer, auf das die Berechnung der Überwachungskosten durch das KG zurückging (GRUR 1931, 544), hat die Höhe dieser Kosten nur ganz pauschal als Grund für die Erhöhung der Gebühr angegeben. Wie hoch die Überwachungskosten wirklich sind, auf wie viele gefasste Urheberrechtsverletzer sie zu verteilen sind und welche Kostenerwägungen für die Durchsetzungskraft der Überwachungsorganisation maßgeblich sind, ist für die Rspr niemals detailliert nachgewiesen worden. Nicht weniger verfehlt wäre es aber auch, die Kosten der Überwachung wirklich zu ermitteln und auf die ertappten Verletzer zu verteilen. Denn dann würde ein um so höherer Ersatz geschuldet, je teurer die Überwachung organisiert ist und je weniger wirksam sie arbeitet, also je weniger Verletzer sie fasst. Dass die rechtstreuen Lizenznehmer durch höhere

Gebühren für die Urheberrechtsverletzer gleichsam mitbezahlen müssen, ist gerade ein Indiz für den strafrechtlichen Charakter der Verletzungen: Auch der Preis für die Durchsetzung des materiellen Strafanspruchs des Staates besteht darin, dass die rechtstreuen Steuerzahler für die Verfolgung der Straftäter aufkommen (abl zur Rspr auch die ganz hM in der Lit: MünchKomm/OETKER § 249 Rn 200; SOERGEL/MERTENS Rn 56; AK-BGB/RÜSSMANN vor § 249 Rn 74; ERMAN/KUCKUK § 249 Rn 74, jeweils mNw, umgekehrt für eine Ausdehnung der Lizenzverdoppelung auf andere Rechte GOTTWALD, Schadenszurechnung und Schadensschätzung [1979] 180).

Nichts anderes gilt für die Verteilung der **Überwachungskosten** auf **Ladendiebe** (oben Rn 116). Hier passt nicht einmal das Argument einer besonderen „natürlichen" Verletzlichkeit (vgl oben Rn 115): Diese ist beim Ladendiebstahl allenfalls vom Verletzten selbst erst dadurch geschaffen worden, dass er eine auf die früher üblichen Sicherungen verzichtende Verkaufsform gewählt hat. Im übrigen wären die Konsequenzen eines Ersatzes der Kosten allgemeiner Schutzmaßnahmen unabsehbar: Dann müssten auch die Kosten der Lenkradschlösser auf Autodiebe, von Feuerlöschern auf Brandstifter und von Sturzhelmen auf diejenigen umgelegt werden, die Motorradfahrer verletzen. Der BGH (BGHZ 75, 230, 237 f) hat daher mit Recht den Ersatz dieser Kosten abgelehnt (heute allgM: PALANDT/HEINRICHS vor § 249 Rn 44; SOERGEL/MERTENS Rn 55; MünchKomm/OETKER § 249 Rn 194). **119**

Hinsichtlich der **Bearbeitungskosten** beim Ladendiebstahl sind die Meinungen in der Lit sehr geteilt. Die Ablehnung des Ersatzes durch den BGH (BGHZ 75, 230, 232 f, vgl auch schon BGHZ 66, 112, 114 ff) ist teilweise auf Kritik gestoßen (MEDICUS, SchuldR I Rn 639; WILHELM WM 1988, 281 ff; LIEB, in: FS Steindorff [1990] 705 ff; LIPP NJW 1992, 1913 ff). Soweit nicht wegen des Umfangs und der atypischen Prägung des Einzelschadens die Bearbeitung nur durch eine Freistellung von Mitarbeitern von sonstigen Tätigkeiten oder durch die Einstellung zusätzlichen Personals möglich ist (vgl BGHZ 76, 216, 218 ff; BGH NJW 1977, 35; SOERGEL/MERTENS Rn 66), gibt folgende Erwägung den Ausschlag: Der Unternehmensträger als Geschädigter hat gar nicht die Schadensregulierung „aufgewendet", sondern unterhält eine entsprechende Regulierungsabteilung schon vor dem Schadensfall. Daher scheitert der Ersatz schon am **Kausalitätsargument** (ebenso MünchKomm/OETKER § 249 Rn 199). Sich darüber hinwegzusetzen, würde wiederum eine Analogiebegründung erfordern. Nach hM (dazu § 251 Rn 125) gehört der normale Schadensbearbeitungsaufwand des Privatmannes in dessen Privatsphäre. Daher würde eine Entschädigung an größere Organisationen sogar zu einer Ungleichbehandlung führen. Sie könnte für sich genommen schadensrechtlich erträglich sein. Denn es ist eine im Schadensrecht geläufige Erscheinung, dass die wirtschaftlich stärkere Einheit zugleich ein höheres Schadenspotential verkörpert (so zutreffend im vorliegenden Zusammenhang J SCHMIDT NJW 1976, 1933). Mindestens aber zeigt sie, dass eine dringend ausfüllungsbedürftige Schutzlücke nicht besteht. **120**

Hinsichtlich der **Fangprämie** ist in Übereinstimmung mit dem BGH anders zu entscheiden: Sie ist erst durch den Schadensfall fällig geworden, so dass ihr Ersatz dem Grundsatz der Totalreparation entspricht (so jetzt auch MünchKomm/OETKER § 249 Rn 197). Die Begrenzung ihrer Höhe ergibt sich nicht mit dem BGH (BGHZ 75, 230) aus einem „allgemeinen Grundsatz" des Verständigen, Zweckmäßigen und Vertretbaren, sondern aus dem vom BGH nur nebenbei erwähnten § 254 Abs 2 S 1. Selbst gegenüber Vorsatztätern gilt für den Geschädigten in gewissem Umfang der Stan- **121** dard des „wirtschaftlich vernüftigen Verhaltens"; und aus der Stellung des § 254 im allgemeinen Schadensrecht ergibt sich allerdings, dass die Aufwendungen für eine Fangprämie nur dann obliegenheitsgemäß sind, wenn sie zur Rückgewinnung des entwendeten Gegenstandes erforderlich erscheinen. Übermäßige Prämien, um „Exempel zu statuieren", werden diesem Erfordernis nicht gerecht (gegen den Ersatz für die Fangprämie aber ua MünchKomm/GRUNSKY [31994] vor § 249 Rn 76 a; AK-BGB/RÜSSMANN vor § 249 Rn 41; ESSER/SCHMIDT I 2 § 32 III 2 b aE).

122 Bei **Maßnahmen**, die sich nicht gegen den Schädiger richten, sondern zu seinen Gunsten **den Schaden gering halten** sollen, kann eine Ersatzpflicht schon nach §§ 683, 670 in Betracht kommen. Versicherungsrechtlich sind Rettungskosten nach § 63 VVG zu erstatten. Schadensrechtlich scheint für eine Ersatzpflicht der Vorhaltekosten bei Reparatur in eigener Werkstatt eine Erwägung der Konsequenz zu sprechen: Die Zumutbarkeit entscheidet ja darüber, ob sich der Geschädigte überhaupt auf eine kostensparende Reparaturmöglichkeit in seiner eigenen Werkstatt verweisen lassen muss. Diese Zumutbarkeit könnte man nur unter der Voraussetzung als gegeben ansehen, dass der Schädiger auch an den Gemeinkosten der Werkstatt beteiligt wird. Dabei wird jedoch nicht genügend berücksichtigt, dass die Einhaltung der Obliegenheiten zur Schadensbegrenzung nach § 254 und des Wirtschaftlichkeitsgebotes bei den Reparaturkosten nach § 249 Abs 2 S 1 keine von der Rechtsordnung besonders zu prämierende Verhaltensweise, sondern dass sie die Voraussetzung für eine wirtschaftliche Totalreparation bildet. Eine Zusatzprämie für diejenigen, die sich so verhalten, dass die nach dem Kausalitätsprinzip festgesetzte Entschädigung ihnen einen vollen Ausgleich verschafft, erlangen durch die Zusatzprämie zwangsläufig eine Bereicherung. Ein Vorteil für die gesamtgesellschaftliche „Entschädigungsbilanz" wird dadurch nicht erreicht, weil der Geschädigte, der seinen Obliegenheiten nicht nachkommt, deshalb keine höhere Ersatzleistung erhält. Der Entschädigungsbetrag ist vielmehr ohnehin durch den Rahmen des obliegenheitsgemäßen Verhaltens des Geschädigten festgelegt. Diese Erwägung spricht auch generell gegen den Ansatz, eine Aktivierung eigener Leistungen des Geschädigten zur Restitution durch ein System von Prämien erreichen zu wollen (vgl C HUBER oben Rn 109). Teurere Marktleistungen stehen dem Geschädigten in seiner konkreten Lage nicht zu, und bloß gesellschaftsrechtliche oder organisatorische Maßnahmen (wie „outsourcing" oder ein System von Verrechnungspreisen) können den rechtlich begründeten Standard des § 254 nicht aufheben. Besondere Arbeitsleistungen, die über den normalen Regulierungsaufwand hinausgehen, also zB die Reparaturarbeiten, sind freilich als schadensbedingte Aufwendungen zu ersetzen (dazu unten Rn 210 ff). Einen Gemeinkostenanteil darf die Vergütung der Arbeiten aber nicht enthalten. „Die Rspr zum Ersatz der Vorhaltekosten sollte daher aufgegeben werden" (SOERGEL/MERTENS Rn 112 mNw Anm 29). Dies gilt genauso für die Kosten von Reservefahrzeugen. Ein Anlass, bei Ablehnung des Ersatzes für Vorsorgekosten die abstrakte Gebrauchsvorteilsentschädigung zu gewähren, besteht nicht (aA aber noch STAUDINGER/MEDICUS[12] Rn 125). Denn eine Gebrauchsvorteilsentschädigung steht dem Ersatzberechtigten weder nach der Rspr des GS (BGHZ 98, 212) noch nach dem Prinzip der Totalreparation zu, so dass auch für eine ihn bereichernde Prämie kein Grund zu erkennen ist.

b) Ersatz vergeblicher Aufwendungen

123 Eine Erweiterung der Zurechnung auf nicht kausale Schäden ergibt sich auch durch den Ersatz **nutzlos gewordener Aufwendungen**. Sie sind teilweise gesetzlich (zB § 122 und jetzt auch § 284 nF) als Grundlage der Schadensersatzberechnung vorgesehen. Im Anschluss an vTuhr (KrVjschr 47 [1907] 65) wird bis heute immer wieder erwogen, diese Art der Schadensermittlung auch außerhalb des Ersatzes für das negative Interesse (unten Rn 194) anzuwenden (vgl zuletzt den Versuch einer „Ehrenrettung" der Frustrationslehre durch E Schmidt, in: FS Gernhuber [1993] 423 ff). Dabei geht es zB um eine dogmatische Begründung für die abstrakte Nutzungsentschädigung wegen der während der Reparatur weiterlaufenden Fixkosten (vgl § 251 Rn 75 f) oder um die Kosten einer Jagd, wenn der Berechtigte verletzt im Krankenhaus liegt (vgl BGHZ 55, 146). Zur Würdigung dieser Lehre sind zwei Anwendungsbereiche zu unterscheiden:

Im Deliktsrecht ist der Frustrierungsschaden zu ersetzen, soweit der Deliktstatbestand (zB § 263 StGB) gerade das Vertrauen schützt, dessentwegen die Aufwendungen gemacht worden sind. Im übrigen aber hat sich die Frustationslehre hier mit Recht nicht durchgesetzt: Allerdings hat der BGH für Deliktsansprüche bisweilen Wendungen gebraucht, die dieser Lehre entsprechen. So soll der Aufwand für ein Wohnhaus, dessen Bewohnbarkeit durch den Lärm eines Klubs beeinträchtigt wird, als Vermögensschaden geltend gemacht werden können (BGH NJW 1963, 2020, 2021). Auch in der frühen Rspr zur Vereitelung der Kfz-Benutzung finden sich Anklänge an diese Auffassung (BGH NJW 1964, 717, ebenso etwa OLG Düsseldorf VersR 1968, 77). Ferner sind nutzlose Aufwendungen für einen Urlaub als Vermögensschaden bezeichnet worden (BGH NJW 1956, 1234; BGHZ 60, 214, 216). Schließlich stützt sich die vom GS des BGH (BGHZ 98, 212, 226) gebilligte Praxis (am besten greifbar über die Tabellen der EurotaxSchwacke GmbH, auszugsweise abgedruckt in NJW 2004, 730 ff) bei der Bemessung der Gebrauchsausfallentschädigung für Kfz auf Beträge, die schadensrechtlich am ehesten über den Frustrationsgedanken erfasst werden könnten (Kapitalverzinsung, weiterlaufende sonstige Fixkosten). Zur Begründung der Ersatzfähigkeit des Nutzungsausfalls überhaupt stützt sich der BGH jedoch auf andere Gründe (vgl § 251 Rn 75, 85). In anderen Entscheidungen wird die Erstattung frustrierter Aufwendungen konkret abgelehnt (so BGHZ 55, 146, 151 zur Körperverletzung, die die Ausübung des Jagdrechts vereitelt, ebenso OLG Hamm VersR 1969, 762; BGHZ 65, 170, 174 zur verhinderten Kfz-Nutzung durch Sicherstellung des Führerscheins; BGH NJW 1977, 2264, 2266 zum nutzlosen Lohnaufwand durch Betriebsstörung; BGH NJW 1979, 2034, 2035 zum nutzlosen Erschließungsaufwand des Pächters; OLG Köln OLGZ 1973, 7 zur Zerstörung einer Jagdtrophäe; BGH NJW 1983, 442 zu den Aufwendungen eines rechtswidrig von einem Wettbewerb ausgeschlossenen Architekten; BAG NJW 1985, 2545 zum Aufwand eines Unternehmers bei Schädigung durch rechtswidrigen Streik; vgl auch BGHZ 99, 182, 196; 114, 193, 196; BGH NJW 1991, 2702, 2708, alle zu Schadensersatzansprüchen wegen Nichterfüllung). **124**

Diese **Ablehnung** der Frustationslehre wird weitgehend von der Lit geteilt (zB MünchKomm/Oetker § 249 Rn 46 f; Soergel/Mertens vor § 249 Rn 95–98, jeweils mwNw). Dem ist zu folgen. Durch die Frustationslehre droht eine völlige Aushöhlung des § 253. Denn nach ihr würde es für den Vermögenswert eines Gutes genügen, dass sein Inhaber dafür Aufwendungen gemacht hat; es bräuchte nicht einmal einen Marktpreis zu haben. Daher führt die Lehre nicht zu objektivierbaren Maßstäben, wie sie für das Schadensrecht unverzichtbar sind. Auch praktisch sind die Konsequenzen der Frustrationslehre unerträglich: Wer verletzt im Krankenhaus liegt, müsste vom Ersatzpflichtigen auch die vergeblichen Aufwendungen für seine Wohnung oder seine Ausbildung ersetzt verlangen können; wer zu einer Pop-Veranstal- **125** tung 250 km mit dem Taxi fährt, dürfte, wenn er die Veranstaltung wegen eines fremdverschuldeten Unfalls nicht sehen kann, den Fahrpreis fordern. Eine Beschränkung der Frustationslehre auf einen erträglichen Anwendungsbereich ist offenbar nicht möglich (aA aber jetzt SCHOBEL [*vor Rn 109] 204 f, 294 ff).

126 Im Vertragsrecht dagegen hat die Rspr dem Betrag der vergeblichen Aufwendungen eine feststehende Bedeutung zuerkannt: Beim Schadensersatz wegen Nichterfüllung soll der ersatzberechtigte Vertragspartner die von ihm erbrachten Leistungen und die mit dem Vertrag verbundenen anderen Aufwendungen als „ersten handgreiflichen Schaden" (so RGZ 127, 245, 248) berechnen dürfen (RGZ 50, 188, 190; 66, 279, 285; 127, 245, 248; RG JW 1904, 140; 1912, 686; 1913, 595; RG Recht 1912 Nr 1594; 1927 Nr 19; LZ 1907, 434). Für diesen Aufwand wird also **Rentabilität vermutet**: Das (sonst schwer zu schätzende) Erfüllungsinteresse des Gläubigers soll im Zweifel mindestens so hoch sein wie der für den Erfüllungsanspruch aufgewendete Betrag. Das ist sowohl mit der Differenzhypothese (vgl BGHZ 71, 234, 239 u dazu Anm STOLL JZ 1978, 797) wie auch mit dem Zweck des Erfüllungsinteresses vereinbar (BGHZ 57, 78, 80; 71, 234, 239; 99, 182, 197; BGH WM 1969, 835, 836; 1977, 1089, 1090; NJW 1993, 2527, dazu grundlegend STOLL, in: FS Duden [1977], 641 ff, krit MÜLLER-LAUBE JZ 1995, 538 ff).

127 Allerdings gilt die Rentabilitätsvermutung nur mit zwei **Einschränkungen**: Erstens passt sie bloß beim Schadensersatz wegen Nichterfüllung, nicht dagegen beim Schuldnerverzug (STOLL JZ 1978, 797, 798, anders beiläufig BGHZ 74, 234, 239). Denn es lässt sich nicht vermuten, dass schon die Rechtzeitigkeit der Leistung ebensoviel wert ist wie der Aufwand für den Erfüllungsanspruch. Und zweitens muss die Vermutung idR widerleglich sein (so auch BGHZ 71, 234, 238 f mwNw). Insbes kann daher auch der Schuldner nachweisen, dass der Gläubiger sich verkalkuliert hat, dass also seine Aufwendungen unrentabel waren. Als bloße Beweisregel widerspricht die Vermutung weder dem Kausalitätsprinzip noch der Differenzhypothese. Ohne besondere Regelung wäre allerdings auch im Vertragsrecht § 253 Abs 1 zu beachten. Die Vermutung könnte dementsprechend auch mit der Feststellung widerlegt werden, dass der Gläubiger in dem Vertrag ein nicht nachholbares immaterielles Interesse verfolgte (schon zum früheren Recht weitergehend insoweit STOLL, Haftungsfolgen im bürgerlichen Recht [1993] 322 f). **§ 284 nF** sieht daher anstelle des Anspruchs auf Schadensersatz statt der Leistung Ersatz für Aufwendungen des Gläubigers vor, auch wenn er diese für einen durch die Vertragsverletzung vereitelten immateriellen Zweck verausgabt hat. Ersatzfähig sind aber nur solche Aufwendungen, die der Gläubiger billigerweise aufgrund seines Vertrauens in die Vertragserfüllung machen durfte, und der Ersatz entfällt, wenn der Gläubiger den Zweck ohnehin nicht erreicht hätte.

128 Nur eine Variante der Frustrationslehre ist schließlich die zeitweilig von LARENZ (JZ 1962, 709 ff) vertretene Theorie eines ersatzfähigen Entwertungsschadens. Anlass hierfür war ein Fall, in dem ein Fabrikant vier Stunden nach einem Verkehrsunfall seinen Verletzungen erlegen war, kurz vor dem Unfall aber noch Maschinen für eine neue Produktionsanlage bestellt hatte (BGH NJW 1962, 911). Hier liegt eine Härte für die Erben darin, dass sie wegen des Verkehrsunfalles mit einem Haftungsschaden belastet worden sind. Dies ändert aber nichts daran, dass für sie ein reiner Vermögensschaden entstanden ist. Beim Erblasser konnte ein Ersatzanspruch erst gegeben sein, wenn mit dem erworbenen Gut wegen der Verletzung kein Gewinn erzielt werden konnte oder wenn wegen der Nichtabnahme oder Rückgabe eine Belastung des Vermögens mit einer Vertragsstrafe entstanden war. Dies war aber beim Erblasser selbst gerade noch nicht der Fall gewesen (ebenso Keuk, Vermögensschaden und Interesse [1972] 241 ff, ihr folgend Tolk, Der Frustrierungsgedanke und die Kommerzialisierung immaterieller Schäden [1977] 116 f).

c) **Ersatz für den objektiven Wert**
Eine Erweiterung der Zurechnung über den durch die Schädigung verursachten Wertverlust hinaus liegt auch dann vor, wenn bei einem Sachschaden der gemeine Wert oder der Wiederbeschaffungspreis als Mindestschaden ersetzt wird. Dies wurde schon im gemeinen Recht vertreten (F Mommsen, Zur Lehre von dem Interesse [1855] 16). Mit Neuner (AcP 133 [1931] 277 ff) hat die Lehre vom objektiven Schadenskern in die Dogmatik des BGB Eingang gefunden. Zentral für Neuner war die Erwägung, dass man dem Schuldner „geradezu eine **Prämie auf die Nichterfüllung**" gewähre (aaO 293), wenn man ihm den Nachweis gestatte, das Vermögensinteresse des Gläubigers liege unter dem objektiven Wert der Sache. In neuerer Zeit haben vor allem Hagen (Die Drittschadensliquidation im Wandel der Rechtsdogmatik [1971] 182 ff) und Keuk (Vermögensschaden und Interesse [1972] 194 ff) ausführlich diese Theorie begründet (wichtige Anhänger ferner zB Larenz I § 29 I b, sowie – mit Einschränkungen – Stoll, Haftungsfolgen im bürgerlichen Recht [1993] 194 ff).

Die Rspr hat zu der Frage nicht allgemein Stellung genommen. Für den eigentlichen Sachwert dürfte das Problem in der Praxis auch kaum Bedeutung haben: Wenn der Geschädigte den objektiven Wert fordert, wird er die Umstände nicht vortragen, die den Wert der Sache in seinem Vermögen mindern, und der Schädiger wird diese Umstände (insbes eine Absicht des Eigentümers zu unrentabler Verwendung) häufig seinerseits nicht erfahren. Verwandt mit einer Privilegierung des objektiven Sachwertes ist aber die Gewährung eines „objektiven Reparaturaufwandes" nach § 249 Abs 2 S 1 (BGHZ 61, 56, dazu unten Rn 225, 227) und der Ersatz des merkantilen Minderwerts (BGHZ 35, 396, dazu § 251 Rn 36). Ähnlich steht es mit der Berechnung des Schadens an einem Immaterialgüterrecht nach der (fiktiven) Lizenzgebühr (unten Rn 199).

Gegen eine Verallgemeinerung der Lehre von einer Untergrenze des ersatzfähigen Schadens beim objektiven Wert bestehen aber **erhebliche Bedenken** (vgl zuletzt Thüsing, Wertende Schadensberechnung [2001] 11 ff, 439 f, 465). Schon die Begründung dieser Lehre mit dem Rechtsverfolgungs- oder Rechtsfortsetzungsgedanken überzeugt nicht (vgl dazu Roussos, Schaden und Folgeschaden [1992] 176 ff mNw): Für einen Schadensersatzanspruch verlangt das Gesetz neben einer Rechtsverletzung als zusätzliches Erfordernis einen Schaden; nur unter der Voraussetzung seines Vorliegens setzt sich also das verletzte Recht im Schadensersatzanspruch fort (Lange, in: Lange/Schiemann 30). Auch der zentrale Begriff dieser Lehre, nämlich der „objektive Wert", ist fragwürdig: Der Preis einer Sache etwa unterscheidet sich auf den verschiedenen Handelsstufen erheblich. In der Lehre besteht aber keine Einigkeit darüber, ob der Wiederbeschaffungspreis (so etwa Hagen aaO 184) oder der Verkaufspreis (so mit Selbstverständlichkeit Larenz I § 29 I b) gemeint ist. Hinzu kommen häufig Ermittlungsschwierigkeiten: Wie lässt sich etwa der „objektive Wert" eines Zaunes oder einer Hecke in dem Beispiel bei Larenz (aaO) feststellen? Richtig ist freilich, dass man der Schadensbestimmung nicht einfach nur die derzeitige oder derzeit beabsichtigte

Verwendung zugrunde legen darf, wenn diese Verwendung unrentabel ist. Denn zB das Eigentum umfasst nicht nur diese bestimmte Verwendungsmöglichkeit, sondern jede erlaubte. Der Eigentümer kann also idR von der unrentablen Verwendung zu einer rentablen übergehen, und auch für den Verlust dieses Wahlrechts wird bei Zerstörung der Sache Ersatz geschuldet. Meist wird das nur durch die Wiederbeschaffung einer gleichen Sache oder den dafür nötigen Betrag erfolgen können. Das mag man dann als objektiven Mindestschaden bezeichnen.

IV. Vorteilsausgleichung*

1. Vorteilsausgleichung und Totalreparation

132 Nach dem Grundsatz des § 249 Abs 1 sind alle Nachteile auszugleichen, die der Geschädigte verglichen mit dem hypothetischen schadensfreien Verlauf erlitten hat. Betrachtet man den Schaden als eine Veränderung des Vermögens des Geschädig-

---

* **Schrifttum:** BARELLA, Zum Problem der Vorteilsausgleichung unter besonderer Berücksichtigung der verhinderten Vermögensminderung (Diss Münster 1938); BAUER-MENGELBERG, Vorteilsausgleichung (1929); F BAUR, Zum Problem der Vorteilsausgleichung, JW 1937, 1463; BOELSEN, Schadensersatz und Vorteilsausgleich bei Schadensfällen mit einkommensteuerlichem Hintergrund, Betrieb 1988, 2187; vBREDOW, Verminderung der Schadensersatzpflicht als Folge von Rechtsverhältnissen des Geschädigten zu Dritten (1930); BÜDENBENDER, Vorteilsausgleichung und Drittschadensliquidation bei obligatorischer Gefahrentlastung (1995); ders, Wechselwirkungen zwischen Vorteilsausgleichung und Drittschadensliquidation, JZ 1995, 920; ders, Drittschadensliquidation bei obligatorischer Gefahrentlastung – eine notwendige oder überflüssige Rechtsfigur?, NJW 2000, 986; CANTZLER, Die Vorteilsausgleichung beim Schadensersatzanspruch, AcP 156 (1957) 29; ERDMANN, Anrechnung schadensmindernder Handlungen des Geschädigten auf den ihm zu leistenden Ersatz (Diss Köln 1935); ESSER, Zur Entwicklung der Lehre von der Vorteilsausgleichung, MDR 1957, 522; FISCHBACH, Mehr- und Minderwerte bei Kfz nach Unfallreparatur, DAR 1951, 107; GAISBAUER, Abzug „Neu für Alt" beim Ersatz von Blechteilen?, VersW 1973, 711; HABERKORN, Abzug „neu für alt" bei Kraftfahrzeugunfallschäden, DAR 1959, 146; HÜFFER, Vorteilsausgleichung und Schmerzensgeld, VersR 1969, 500; KLIMKE, Nochmals: Vorteilsausgleich im immateriellen Bereich, VersR 1969, 875 (zu VersR 1969, 111); ders, Probleme bei der Anwendung des Vorteilsausgleichs, insbes im Zusammenhang mit der Regulierung von Sachfolgeschäden, ZfVers 1977, 320; KLINGMÜLLER, Zum Problem des gerechten Schadensausgleichs, VersR 1973, 385; KNOBBE-KEUK, „Steuervorteile" und Schadensersatz, 25 Jahre Karlsruher Forum (1983), 134; KÜPPERS, Die Vorteilsausgleichung bei der Enteignung von Grund und Boden, DVBl 1978, 349; LANGE, Die Vorteilsausgleichung, JuS 1978, 649; MÜLLER-LAUBE, Auswirkungen vorteilhafter Geschäfte des Geschädigten auf die Schadensabrechnung mit dem Schädiger, JZ 1991, 162; OERTMANN, Die Vorteilsausgleichung beim Schadensersatzanspruch im römischen und deutschen bürgerlichen Recht (1901); ders, Vorteilsausgleichung beim Ersatz von „Alt durch Neu", LZ 1916, 1513; REIMANN, Die Anrechnung von Versicherungsleistungen auf Schadensersatzforderungen (Diss Köln 1938); RIEDINGER, Die Begrenzung der Vorteilsausgleichung durch das Verschuldensprinzip (Diss Würzburg 1936); ROKAS, Summenversicherung und Schadensersatz (1975); RUDLOFF, Der Vorteilsausgleich als Gewinnabwehr und Glücksteilhabe, in: FS F vHippel (1967) 429; SCHIMMEL, Probleme der Vorteilsausgleichung im privaten und öffentlichen Recht (Diss Köln 1938); SCHMALZL, Die häusliche Verpflegungsersparnis während des Krankenhausaufenthaltes ..., VersR 1995, 516; H W SCHMIDT, Schaten, umfasst die Totalreparation hiernach nicht nur die dem Verletzten ungünstigen Abweichungen von dem wirklichen Zustand, sondern auch die ihm günstigen. Dementsprechend wird in den Motiven der 1. Kommission (Mot II 19 = Mugdan II 10) gesagt, schädliche und nützliche Folgen dürften nicht voneinander getrennt werden; man müsse auf das Gesamtresultat sehen. Andererseits heißt es dort aber auch, eine gesetzliche Entscheidung über die Vorteilsausgleichung wäre insbes für Deliktsfälle bedenklich; sie müsse Wissenschaft und Praxis überlassen werden. Der Gesetzgeber hat sich demnach durch sein Schweigen zur Vorteilsausgleichung nicht auf eine Berücksichtigung von schadensbedingten Vorteilen in jedem Fall festlegen wollen. Korrekturen des rein rechnerischen Anrechnungsverfahrens aufgrund besonderer Wertungen sollten möglich sein. Daraus hat sich eine inzwischen umfangreiche und verwickelte Lehre herausgebildet. Ihr eigentlicher Gegenstand ist nicht die Begründung der Vorteilsausgleichung – sie ist der nach dem Gesetzeswortlaut selbstverständliche Ausgangspunkt – sondern ihre **Versagung**.

Wenig hilfreich ist eine Entscheidung über die Vorteilsausgleichung freilich, wo der Schaden von vornherein in einer **Wertdifferenz** erscheint. So wirkt beim Ersatzanspruch wegen Unmöglichkeit der Herstellung einer Sache nach § 251 Abs 1 der verbliebene Sachwert ohne weiteres schadensmindernd. Das kann man eine Vorteilsausgleichung nennen, ist aber ohnehin klar. **133**

2. Gesetzliche Sondervorschriften

a) Entspr dem oben (Rn 132) Gesagten fehlen allgemeine Vorschriften zur Vorteilsausgleichung. In **Sondervorschriften** bejaht das BGB eine Anrechnung von Vorteilen auf einen Schadensersatzanspruch nur in § 642 Abs 2; dagegen betreffen die §§ 326 Abs 2 S 2, 537 Abs 1 S 2, 615 S 2, 616 S 2, 649 S 2 Erfüllungsansprüche. Verneint wird die Anrechnung bloß in § 843 Abs 4 mit §§ 844 Abs 2 S 1, 618 Abs 3, zudem in §§ 8 Abs 2 HaftpflichtG, 13 Abs 2 StVG, 38 Abs 2 LuftVG, 30 Abs 2 AtomG, 89 Abs 2 ArznmG, 9 Abs 2 ProdHaftG, 14 Abs 2 UmweltHG. Außerhalb des BGB ist eine Anrechnung von Ersparnissen (oder Vorteilen) vorgesehen in §§ 658 Abs 1, 659 HGB sowie bei der Enteignungsentschädigung in §§ 93 Abs 3 S 1 BauGB, 17 Abs 2 LBG, 32 Abs 1 BundesleistungsG, 13 Abs 1 SchutzbereichG. **134**

---

densersatz für Teil- und Neulackierung unfallbeschädigter Kraftfahrzeuge, VersR 1965, 746; Schulz, Vorteilsausgleichung bei Übergang von Teilansprüchen, insbes auf den Schadensversicherer, MDR 1961, 465; Selb, Schadensbegriff und Regressmethoden (1963); ders, Individualschaden und soziale Sicherung, Karlsruher Forum 1964, 3; Sonnenberger, Die Vorteilsausgleichung – Rechtsvergleichende Anmerkungen zu einer fragwürdigen Rechtsfigur, in: FS Trinkner (1996) 723; Stintzing, Findet Vorteilsanrechnung beim Schadensersatzanspruch statt? (1905); W Thiele, Gedanken zur Vorteilsausgleichung, AcP 167 (1967) 193; Voss, „Neu für alt" bei Autohaftpflichtschäden?, DAR 1951, 19; ders, Zur Frage „neu für alt" bei Haftpflichtschäden, VersR 1956, 143; Thüsing, Wertende Schadensberechnung (2001); Walsmann, Compensatio lucri cum damno (Diss Rostock 1900); Wendehorst, Anspruch und Ausgleich (1999); Werner, Vorteilsausgleichung, Kausalität und das Wesen der Schadensersatzpflicht, NJW 1955, 769; Wettich, Die überobligationsmäßige Abwehr des Verdienstausfallschadens (1999); Weychardt, Zum Problem der Vorteilsausgleichung, Betrieb 1966, 1552; Wilburg, Zur Lehre von der Vorteilsausgleichung, JherJb 82 (1932) 51.

135 b) Wesentlich größere Bedeutung haben demgegenüber die (meist außerhalb des BGB zu findenden) Vorschriften über die **Legalzession** von Schadensersatzansprüchen. Denn sie setzen zugleich die Verneinung der Vorteilsausgleichung voraus. Sie können einen Ersatzanspruch des Geschädigten gegen den Schädiger auf den Dritten nur überleiten, wenn dieser Anspruch noch besteht. Folglich können die Leistung oder die Pflicht zur Leistung dieses Dritten an den Geschädigten keinen auf den Ersatzanspruch anrechenbaren Vorteil darstellen. Sonst wäre die Überleitung sinnlos (vgl THIELE AcP 167 [1967] 193, 216; LANGE, in: LANGE/SCHIEMANN 495 f). Dabei bleibt gleich, ob die Legalzession an die Leistungspflicht (so § 116 Abs 1 S 1 SGB X) oder erst an die Leistung (so die Regel, etwa §§ 6 EFzG, 67 VVG) geknüpft ist oder zusätzlich noch eine Überleitungsanzeige erfordert (so § 37 BAföG für die Ausbildungsförderung, vgl zu § 240 Abs 3 AFG aF auch BGHZ 108, 296). Nach diesen Vorschriften soll weder der Geschädigte die Leistung zweimal erhalten noch der Schädiger durch den leistenden Dritten entlastet werden. Dem verantwortlichen Schädiger ist die endgültige Belastung mit der Entschädigungsleistung eher zuzumuten als dem Dritten, der jedenfalls mit der Schadensentstehung nichts zu tun hat.

Regelmäßig ändert die Legalzession die Leistungspflicht des Schädigers dem **Umfang** nach nicht (§§ 412, 404). Daher braucht er insbes an den Zessionar höchstens das zu zahlen, was er nach §§ 249 ff, 842 ff dem Geschädigten schulden würde. Eine Ausnahme bestimmt § 116 Abs 8 SGB X. Danach darf der Sozialversicherungsträger die von ihm an den Geschädigten zur ambulanten Heilbehandlung erbrachten Naturalleistungen pauschaliert bewerten, auch wenn der wirkliche Aufwand geringer war. Damit kann der „Rückgriff" hier insbes auch den Betrag übersteigen, den der Geschädigte vom Schädiger nach dem bürgerlichen Schadensrecht fordern könnte. Die Pauschale dient der Verwaltungsvereinfachung. Nach der jetzigen Regelung kann sie kaum noch so weit über dem Betrag liegen, den der Geschädigte für eine Privatbehandlung aufwenden müsste, dass der Einwand des Rechtsmissbrauchs noch gerechtfertigt wäre (anders zur früheren Rechtslage noch BGHZ 12, 154, 159 f).

136 c) Vertragliche Zessionsverpflichtungen haben nach der Vereinheitlichung der Entgeltfortzahlung an Arbeitnehmer durch das EFzG und der weitreichenden Anwendbarkeit der Legalzession nach § 6 EFzG nur noch geringe praktische Bedeutung, am ehesten wohl bei der privaten Krankenversicherung, soweit für sie § 67 VVG nicht gilt. Dies ist nach der Rspr (BGH VersR 1974, 184, wNw bei LANGE, in: LANGE/ SCHIEMANN 521 Fn 185) bei der Kranken- und Krankenhaustagegeldversicherung der Fall. Dort aber ist die Vorteilsausgleichung ohnehin problematisch, da die Leistungen der Versicherung dem Schaden nicht oder doch nur mit Einschränkungen kongruent sind (dazu unten Rn 144). In dem verbleibenden engen Anwendungsbereich der Zessionspflicht wird man dogmatisch nicht auf die Abtretungsklausel selbst abstellen können, weil dies ein Vertrag zu Lasten Dritter wäre (**aA** aber THIELE AcP 167 [1967] 193, 214 ff; LANGE 496). Typischerweise wird aber die Leistung des Schuldners aus diesem Vertrag in der Absicht gewährt werden, den Schädiger nicht zu entlasten, und obendrein hat der Geschädigte die Versicherungsleistung idR durch eigene Beiträge erkauft. Praktisch wird daher die Vorteilsausgleichung immer ausgeschlossen sein.

3. Allgemeine Grundsätze der Vorteilsausgleichung?

a) Da der anzurechnende Vorteil eine Art Komplementärbegriff zum Schaden ist, liegt es nahe, die Gesichtspunkte für die Zurechnung des Schadens auf ihre Eignung für die Beurteilung des Vorteils zu prüfen. Als taugliche Kategorie erweist sich hierbei jedenfalls die **äquivalente Kausalität**. So nutzt es einem wegen eines Behandlungsfehlers belangten Arzt nichts, dass die Behandlung das Leben des Patienten gerettet hat, wenn dies auch die fehlerfreie Behandlung getan hätte (RG JW 1934, 896). Es genügt auch nicht, dass das den Vorteil bewirkende Ereignis mit dem zum Ersatz verpflichtenden Umstand zeitlich zusammenfällt: Der Beklagte verletzt bei einem Unfall den Kläger und tötet dessen Bruder. Später stirbt die Mutter des Klägers; dieser beerbt sie wegen des Todes seines Bruders allein. Dieser erbrechtliche Mehrerwerb ist hier schon deshalb kein anrechenbarer Vorteil, weil er nicht auf der anspruchbegründenden Verletzung des Klägers beruht, sondern auf der Verletzung eines anderen (BGH NJW 1976, 747). **137**

b) Bis heute hält die Rspr daran fest, dass der Vorteil durch den ersatzbegründenden Umstand auch **adäquat** verursacht sein muss. Die ältere Rspr (insbes vor RGZ 146, 287) hat auf die Adäquanz sogar das entscheidende Gewicht gelegt: Nur adäquate Vorteile sollten anzurechnen sein, inadäquate nicht (zB RGZ 80, 153, 160). Später (seit RGZ 146, 287, 289) hat man zusätzlich zur Adäquanz auf den Sinn des Rechtsverhältnisses abgestellt, aus dem der Vorteil stammt (dort: Anrechnung der Leistungen aus einer Unfallversicherung verneint). In der Rspr des BGH wird zwar die Adäquanz noch verlangt, doch werden daneben weitere Erfordernisse genannt: Die Vorteilsausgleichung müsse dem Geschädigten zumutbar sei, sie müsse dem Zweck des Schadensersatzanspruchs entsprechen und sie dürfe den Schädiger nicht unbillig entlasten (vgl für den Erwerb einer Erbschaft BGHZ 8, 325, 329; für eine Zuwendung des Arbeitgebers an die Witwe BGHZ 10, 107, 108; anläßlich des Ersatzes neu für alt BGHZ 30, 29, 33 f; für die Ausführung von unterlassenen Schönheitsreparaturen durch den nächsten Mieter BGHZ 49, 56, 62, u viele andere, der BGH zuletzt wohl zur Kündigungsabfindung eines Arbeitgebers nach unfallbedingter Arbeitsunfähigkeit: BGH NJW 1990, 1360). **138**

Seit CANTZLER (AcP 156 [1957] 29, 43, 48) hat sich in der Lit überwiegend die Erkenntnis durchgesetzt, dass die **Adäquanz** zur Entscheidung der Anrechnungsfrage **untauglich** ist (für Adäquanz aber SOERGEL/MERTENS vor § 249 Rn 211, freilich auf der Grundlage eines stark „wertungsüberhöhten" Adäquanzbegriffs, ferner PALANDT/HEINRICHS vor § 249 Rn 121 sowie THÜSING, Wertende Schadensberechnung [2001] 41 ff, 437 ff; WENDEHORST, Anspruch und Ausgleich [1999] 33 f, 120 f): Für Vorteile ist die Frage nach der Vorhersehbarkeit (und damit Beherrschbarkeit) des Kausalverlaufs, der zu ihnen geführt hat, irrelevant. Zweckwidrigerweise könnte der Täter sogar zur Schädigung ermuntert werden, wenn er sich auf die Anrechnung des vorhersehbaren Vorteils verlassen dürfte. Deutlich wird dies (nach CANTZLER 49) am Fall von RG Recht 1908 Nr 3240: A hat sich unter Vertragsstrafe verpflichtet, das von ihm benötigte Bier allein bei B zu beziehen. Trotzdem kauft A Bier bei C, der jedoch nicht liefert. Dem hierauf gegründeten Schadensersatzanspruch hält C entgegen, A habe durch die Nichtlieferung die sonst an B zu zahlende Vertragsstrafe gespart (abl zum Adäquanz-Kriterium insbes LANGE, in: LANGE/SCHIEMANN 493 f; AK-BGB/RÜSSMANN vor § 249 Rn 75; LARENZ I § 30 II a; ESSER/SCHMIDT I 2 § 33 V 3; DEUTSCH, Allgemeines Haftungsrecht Rn 844, weitgehend auch MünchKomm/OETKER § 249 Rn 230). **139**

140 c) Nachdem es Lit und Rspr in 100 Jahren nicht gelungen ist, ein überzeugendes Kriterium zur Unterscheidung anrechenbarer und nicht anrechenbarer Vorteile zu entwickeln, ist die Einsicht unabweisbar, dass es ein solches Kriterium überhaupt nicht gibt. Die (versagte) Vorteilsausgleichung ist **nicht mehr als ein Problemstichwort**. Die von der Rspr (oben Rn 138) mit dem Anspruch einer allgemeinen Kennzeichnung möglicher Lösungen häufig genannten Begriffe Zumutbarkeit, Billigkeit oder Zweck der Schadensersatzleistung sind nur Leerformeln, die erst an Fallgruppen konkretisiert werden müssen (vgl unten Rn 145 ff). Ebenso verhält es sich mit dem „Zweck der verletzten Norm" (MünchKomm/OETKER § 249 Rn 229): Es ist nicht auszumachen, was zB der Zweck von § 823 Abs 1 für die Anrechnung von Vorteilen ergeben soll. THIELE (AcP 167 [1967] 201) fordert, dass zwischen Vor- und Nachteil ein „unlösbarer innerer Zusammenhang unter dem Aspekt der Schadensberechnung" besteht; aber wann ist ein Zusammenhang ein innerer und unlösbar? Nach CANTZLER (AcP 156 [1957] 52) sind diejenigen Vorteile auszugleichen, „die eine Förderung der verletzten Vertragspflicht oder des verletzten Rechtsguts bedeuten", doch passt auch dies nicht überall (vgl LANGE, in: LANGE/SCHIEMANN 494). Angesichts der Unzulänglichkeit aller dieser Formulierungsversuche lässt sich derzeit nicht einmal mehr allgemein sagen, ob die Ausgleichung von Vorteilen dem Ausgangspunkt des Gesetzgebers entspr (oben Rn 132) die nicht weiter zu begründende Regel ist, oder ob umgekehrt die Nichtausgleichung die Regel bildet. Die Versagung der Vorteilsausgleichung gewinnt freilich unverkennbar immer mehr Gewicht. Insbes der Gesetzgeber der Legalzessionen hat die Fälle versagter Vorteilsanrechnung gegenüber der Zeit, als das BGB in Kraft trat, außerordentlich vermehrt. Ist die Vorteilsausgleichung für eine Fallgruppe als Problem erkannt, bedarf es daher heute sowohl für die Versagung wie für die Gewährung einer auf die Besonderheit der Fallgruppe abstellenden Begründung.

141 d) In einigen Fallgruppen kann man die Frage der Vorteilsausgleichung **von vornherein** sinnvollerweise **nicht** erörtern. Aber selbst über die Zuordnung zu dieser Gruppe herrscht teilweise Streit. So wird eine Vorteilsausgleichung bei **immateriellen Schäden** teils angenommen (insbes MünchKomm/OETKER § 249 Rn 232), teils abgelehnt (insbes LANGE, in: LANGE/SCHIEMANN 497). Dies scheint aber einem Streit um Worte nahe zu kommen: Beim Schmerzensgeld sind ohnehin „alle Umstände" zu berücksichtigen, um ein möglichst billiges Ergebnis zu erzielen. Deshalb ist das Schmerzensgeld geringer festzusetzen, wenn zB der Verletzte durch den Unfall die Sprache wiedererlangt (Beispiel von ESSER) oder wenn der in die Klinik eingelieferte Schwerverletzte in der Krankenschwester die Frau seines Lebens findet und die Klinikzeit deshalb genießt (Beispiel bei OETKER). Stehen den immateriellen Nachteilen materielle Vorteile gegenüber, kommt eine Vorteilsausgleichung aber ohnehin nicht in Betracht, weil dann Vorteil und Nachteil nicht kongruent sind (so übereinstimmend MünchKomm/OETKER § 249 Rn 233, LANGE aaO unter Hinweis auf BGH VersR 1967, 1080; **aA** aber KLIMKE VersR 1969, 111 ff). Ausgeschlossen ist die Vorteilsausgleichung entspr dem zur Reserveursache (oben Rn 101) Ausgeführten bei der **abstrakten Schadensberechnung** (vgl § 252 Rn 21 ff). Erwägungen über eine Vorteilsausgleichung würden der von der Abstraktion bezweckten Vereinfachung zuwiderlaufen (LANGE 498). Dagegen ist ein Ausschluss der Vorteilsausgleichung bei Herstellungsansprüchen ebenso abzulehnen, wie die entsprechende Frage nach der Berücksichtigung von Reserveursachen entschieden werden muss (vgl oben Rn 100): Es gibt keinen einleuchtenden Grund dafür, denjenigen besser zu stellen, der einen irreparablen

Schaden anrichtet und daher keinem Herstellungsanspruch ausgesetzt ist (ebenso Lange 498). Auch für eine Sonderstellung des unmittelbaren oder Objektschadens besteht kein Anlass: Lange (499) betont mit Recht, dass § 254 die Schadensminderungsobliegenheit des Geschädigten noch nicht mit der Entstehung des Ersatzanspruchs enden lässt. Dementsprechend sollte auch die Anrechnung anderswie später entstandener Vorteile noch möglich sein. Freilich fordert der BGH (VersR 1967, 187) einen „gewissen zeitlichen Zusammenhang" zwischen dem schädigenden und dem vorteilhaften Ereignis. Richtig dürfte daran sein, dass man ebenso wie bei der hypothetischen Kausalität (vgl oben Rn 101) auch bei Vorteilsausgleichung der Erfüllung, dem rechtskräftigen Urteil und bei entsprechendem Parteiwillen auch dem Vergleich eine stabilisierende Wirkung gegen später eintretende Umstände zuerkennen muss. Zudem trifft die Behauptungs- und Beweislast für das tatsächliche Vorliegen eines ausgleichungsfähigen Vorteils stets den Schädiger (RG JW 1909, 455; BGH VersR 1963, 1163; Lange 533). Das Nichtvorliegen solcher Vorteile zu beweisen wäre dem Geschädigten auch idR unmöglich.

4. Durchführung der Vorteilsausgleichung

a) Vielfach besteht der auszugleichende Vorteil in Geld oder einem Geldwert. Da auch der Schadensersatzanspruch, abgesehen von den meisten Fällen des § 249 Abs 1, auf Geld gerichtet ist, bereitet die technische Durchführung der Ausgleichung keine Schwierigkeiten: Soweit der Vorteil überhaupt anzurechnen ist, geschieht dies durch **einfachen Abzug**. Da hierdurch der geschuldete Schadensersatz erst endgültig festgelegt wird, liegt keine Aufrechnung vor und auch die Aufrechnungsverbote kommen daher nicht in Betracht (RGZ 54, 137, 140; BGH NJW 1962, 1909; Lange, in: Lange/Schiemann 487). Ebensowenig bedarf es einer Einrede oder Gestaltungserklärung des Schädigers, damit die Vorteilsausgleichung stattfinden kann (vgl BGHZ 27, 241, 249; BGH JZ 1977, 95, 96).

Wenn der Schadensersatzanspruch nach § 254 oder den entsprechenden Vorschriften zur Gefährdungshaftung nur zu einer **Quote** besteht, ist auch der Vorteil nur mit einer entsprechenden Quote abzuziehen (BGH NJW 1970, 461 f zu Steuervorteilen). Bei eigenem Arbeitseinkommen des Verletzten besteht jedoch zu seinen Gunsten ein **Quotenvorrecht**: Das Entgelt hat sich der Geschädigte durch seine eigene Arbeitsleistung verdient, nicht durch seine Eigenschaft, Geschädigter zu sein (vgl unten Rn 145). Dies gilt nicht nur für die unmittelbaren Arbeitseinkünfte, sondern auch für eine selbst erarbeitete Rente (BGH NJW 1983, 2315, ähnlich schon BGHZ 16, 265, 274 f; BGH VersR 1967, 259). Anders ist freilich der Fall zu beurteilen, dass der Geschädigte nach § 254 Abs 2 verpflichtet ist, eine Arbeit (überhaupt erst oder in einem anderen Beruf) aufzunehmen: Zweck der Tätigkeit ist es ua gerade, die Ersatzpflicht des Schädigers zu mindern. Daher ist für eine vorrangige Begünstigung des Geschädigten kein Raum (BGH NJW-RR 1992, 1050, vgl aber zu den Unterhaltsersatzansprüchen auch § 254 Rn 87). Für andere Vorteile bei Unterhaltsschäden, zB die Ersparnis durch den Wegfall eigener Unterhaltspflichten beim Unterhaltsersatzanspruch nach § 844 Abs 2, ist gleichfalls die allgemeine Regel anzuwenden, also die Verrechnung pro rata vorzunehmen (Lange, in: Lange/Schiemann 500). Sind die geschuldete Schadensersatzleistung und der erlangte Vorteil **nicht gleichartig**, kann keine Verrechnung vorgenommen werden. Aufgrund des im Prinzip der Totalreparation enthaltenen Bereicherungsverbots (Vorbem 2 zu §§ 249 ff) braucht dann die Schadensersatzpflicht nur **Zug um Zug** gegen Herausgabe des Vorteils erfüllt zu werden. Dazu bedarf es keines besonderen Antrags oder einer Einrede des Schädigers (BGHZ 27, 241, 248 f, eingeschränkt in BGH JZ 1977, 95, 96, aber kaum m Recht).

144 b) Da es für die Entscheidung über die Anrechnung oder deren Versagung innerhalb der jeweiligen Fallgruppe ua auf den Zweck des Vorteils ankommt, kann der Vorteil nicht undifferenziert dem Gesamtschaden gegenübergestellt werden. Die Vorstellung eines Gesamtschadens dient nur dazu, die Nachteile des Geschädigten möglichst vollständig und genau zu erfassen. Daraus ergibt sich nicht die Notwendigkeit, den Ersatzanspruch immer an einer Gesamtvermögensbetrachtung zu orientieren: Diese ist nur eine rechnerische Hilfe bei der Feststellung des Ersatzbedarfs, keine Wertungsgrundlage des allgemeinen Schadensrechts (vgl Vorbem 2, 35 ff zu §§ 249 ff zum „Schadensbegriff"). Daher ist es sinnvoll, für die Anrechnung von Vorteilen eine „Korrespondenz" oder **„Kongruenz"** mit einem Nachteilsposten aus dem Gesamtschaden zu verlangen (hM BGH NJW 1979, 760; BGHZ 136, 52, 54; THIELE AcP 167 [1967] 202; LANGE, in: LANGE/SCHIEMANN 502; MünchKomm/OETKER § 249 Rn 265; PALANDT/HEINRICHS vor § 249 Rn 123; ERMAN/KUCKUK vor § 249 Rn 98; krit aber WENDEHORST, Anspruch und Ausgleich [1999] 122 f; THÜSING, Wertende Schadensberechnung [2001] 55 ff, 372 f, 439 ff). Die Kongruenz gehört zu den anerkannten Voraussetzungen der Legalzessionen und ist dort Ausfluss der Wertung, die auch in vielen gesetzlichen Subrogationsverboten (wie §§ 268 Abs 3 S 2, 426 Abs 2 S 2, 774 Abs 1 S 2, 1143 Abs 1 S 2 und außerhalb des BGB zB § 67 Abs 1 S 2 VVG) ausdrücklich niedergelegt ist. In der wohl wichtigsten Regressnorm § 116 Abs 1 SGB X ist die Kongruenz sogar gesondert erwähnt („soweit ... Sozialleistungen ... der Behebung eines Schadens der gleichen Art dienen"). Der Sinn dieser Regelungen besteht darin, dass in einer Dreiecksbeziehung zwischen (Ersatz-)Gläubiger, Schuldner und Drittleistendem der Gläubiger den Vorrang haben soll. Deshalb sollen Vorteile durch die Leistung des Dritten die Rechtsstellung des Gläubigers gegenüber dem Schuldner nur in dem Umfang vermindern, wie dies der Zweck der Drittleistung erfordert. Ein grundlegender Wertungsunterschied bei Vorteilen, für die keine Legalzession besteht, ist nicht zu erkennen. Deshalb kann zB der Erwerb des Geschädigten aus einer neuen Arbeit (vgl unten Rn 145) nur auf seinen Verdienst- oder Unterhaltsausfall angerechnet werden, nicht aber auch auf seinen Sachschaden. Das Kongruenzerfordernis liegt schon deshalb nahe, weil es für die mit der Vorteilsausgleichung eng verbundene (vgl oben Rn 135) Legalzession gilt: Auf den Dritten geht nur derjenige Teil des Schadensersatzanspruchs über, der sich auf den Schadensposten bezieht, den der Dritte ausgeglichen hat. Besonders deutlich kommt dies in der Formulierung des § 116 Abs 1 S 1 SGB X zum Ausdruck: Dort gilt der Übergang bei Sozialleistungen für einen Schaden „der gleichen Art und desselben Zeitraums".

5. Fallgruppen

145 a) **Eigener Arbeitsverdienst** des Geschädigten ist nach hM nur insoweit anzurechnen, als diese Arbeit dem Geschädigten iSv § 254 Abs 2 oblag (BGHZ 55, 329, 332; BGH NJW 1974, 602, 603 mwNw, dazu LANGE, in: LANGE/SCHIEMANN 511; MünchKomm/OETKER § 249 Rn 262 mNw Fn 968; noch weitergehend in der Versagung der Vorteilsausgleichung MÜLLER-LAUBE JZ 1991, 162, 167 f). Die Versagung der Vorteilsanrechnung in solchen Fällen lässt sich kaum damit beiseite schieben, dass man die tatsächlich geleistete Arbeit allemal schon deshalb, weil sie vom Geschädigten geleistet worden ist, für zumutbar erklärt (so aber WETTICH, Die überobligationsmäßige Abwehr des Verdienstausfallschadens [1999], zusammenfassend 132). Dies widerspräche dem (verfassungs)rechtlichen Gebot der Verallgemeinerungsfähigkeit dogmatischer Lösungen. Der Maßstab der Zumutbarkeit ist zwar flexibel, deshalb aber nicht bloß individuell. Man kann und muss daher eine Grenze der nach § 254 berücksichtigungsfähigen Arbeitsleistung durchaus „von außen" ziehen und braucht die Maßstabbildung nicht an einer „normativen" Bedeutung faktisch geleisteter Arbeit scheitern zu lassen. Man wird also festhalten können, dass der Geschädigte außerhalb der Obliegenheit nach § 254 Abs 2 die Möglichkeit behalten müsse, für sich selbst statt für den Schädiger zu arbeiten (vgl zum Quotenvorrecht oben Rn 143, zum Umfang der Arbeitsobliegenheit § 254 Rn 84 ff). THÜSING (Wertende Schadensberechnung [2001] 459 ff, 473 ff), der dies jüngst mit umfassender Begründung in Frage gestellt hat, sieht selbst (aaO 448) den Wertungswiderspruch, wenn man anders als hier entscheidet: Solange man es generell zulässt, dass jemand durch seine Arbeit wenigstens auch ein fremdes Geschäft führt und deshalb Ersatz nach §§ 683, 670 verlangen kann, muss man dem Geschädigten erlauben, seine Arbeitsleistung, die den Schädiger von dessen Ersatzpflicht befreit oder sie gar nicht entstehen lässt, bei der Schadensregulierung in Ansatz zu bringen. Dies geschieht ohne unnötige „dogmatische" Umwege am überzeugendsten, wenn man dem Ersatzpflichtigen die Anrechnung eines solchen Arbeitsvorteils versagt. Auch die öffentliche Hand als Legalzessionar muss es sich anrechnen lassen, dass der wegen eines Unfalls vorzeitig in den Ruhestand versetzte Beamte mit der ihm verbliebenen Arbeitskraft noch einen Verdienst erzielen könnte und nach § 254 Abs 2 müsste (BGH NJW 1967, 2053).

146 Die Versagung der Vorteilsausgleichung ist dann nicht immer berechtigt, wenn der Geschädigte als Selbständiger einen Anspruch auf entgangenen Gewinn nach § 252 hätte, diesen Schadensposten aber durch **Mehrarbeit** ausgeglichen hat. Um eine entsprechende Fallgestaltung ging es im „Fahrlehrerfall" (BGHZ 55, 329): Ein Fahrlehrer hatte die wegen einer Beschädigung seines Fahrschulwagens ausgefallenen Fahrstunden, zusätzlich zu seiner Arbeitszeit von ohnehin 13 Stunden täglich, nachgeholt. Der BGH hat eine relativ weitgehende Obliegenheit des Fahrlehrers nach § 254 Abs 2 angenommen, den darüber hinausgehenden Arbeitsaufwand aber wie andere Arbeitsleistungen behandelt und daher insoweit die Anrechnung des Vorteils versagt. Es ist aber schon zweifelhaft, ob man mit dem Gedanken der zu versagenden Vorteilsausgleichung wirklich außerhalb der Legalzessionen den Schaden wie der BGH fingieren kann (dagegen STOLL, Haftungsfolgen im bürgerlichen Recht [1993] 258). Fraglich ist vor allem, ob der **zu beurteilende Vorteil** überhaupt der durch die Mehrarbeit erzielte Verdienst ist. Der erste Folgeschaden der Beschädigung des Fahrzeugs hätte die Vereitelung der Arbeitsmöglichkeit für den Fahrlehrer sein können. Tatsächlich ist schon dies aber gar nicht eingetreten, da der Geschädigte die Arbeit voll hat nachholen können. Der Vorteil besteht demnach nicht darin, dass schadensbedingt Arbeitsleistungen möglich geworden sind, die dann zu einem rechnerisch ausgleichsfähigen Vorteil geführt haben. Vielmehr ist der Arbeitsausfallschaden gar nicht eingetreten: Die Arbeit ist erbracht worden – nur nicht zum geplanten Zeitpunkt. Freilich wäre der Fahrlehrer nach § 254 Abs 2 nicht unbedingt gehalten gewesen, den Schaden zu vermeiden. Die überobligationsmäßigen Überstunden sind ihm daher zu ersetzen: Da schon die Aufwendungen zur obligationsgemäßen Schadensminderung idR vergütungspflichtig sind (§ 254 Rn 84, 91), gilt dies für überobligationsmäßige erst recht. Die vom Ersatzpflichtigen geschuldete **Über-**

stundenvergütung ist zugleich ein Vorteil des Geschädigten. Für diesen Vorteil aber gilt der allgemeine Grundsatz, dass er als eigener Arbeitsverdienst nicht auf den Schaden anzurechnen ist. Im Fall des BGH hätte dem Geschädigten also die geschätzte Überstundenvergütung für die nachgeholten Fahrstunden zugestanden, nicht aber der fiktive entgangene Gewinn (grundlegend in dieser Richtung LIEB JR 1971, 371, ähnlich MAGNUS, Schaden und Ersatz [1987] 264, für vollständige Anrechnung THÜSING [Rn 145] 473 f, gegen jegliche Anrechnung WETTICH [145] 119 ff; vgl auch § 252 Rn 46 zu BAG NJW 1968, 221).

147 b) Für **Deckungsgeschäfte des Käufers** (der sich die vom Verkäufer nicht gelieferte Ware anderweitig beschafft) **oder des Verkäufers** (der die vom Käufer nicht abgenommene Ware anderweitig absetzt) gilt: Der Käufer muss sich von den Kosten seines Deckungskaufs abziehen lassen, was er als Kaufpreiszahlung an den vertragsbrüchigen Verkäufer spart (vgl unten Rn 168 f). Dagegen ist nicht anzurechnen, was der Käufer beim Weiterverkauf der durch das Deckungsgeschäft erlangten Ware an Gewinn erzielt: IdR wäre dieser Gewinn ja auch bei vertragsgerechter Belieferung durch den Verkäufer entstanden (RGZ 52, 150, 154; 102, 348, 349). Deshalb ist der Weiterverkaufspreis, den der Käufer trotz Fehlens des zugesicherten Mieterträges erzielt hat, selbst dann nicht anzurechnen, wenn er demjenigen entspricht, den der Käufer bei Vorhandensein der Eigenschaft erzielt hätte (BGH NJW 1981, 45). Der arglistig getäuschte Käufer braucht sich den Verkaufserlös, den er seinerseits gutgläubig erzielt hat, nicht anrechnen zu lassen, wenn der Verkäufer ihm arglistig Mangelfreiheit vorgespiegelt hat (OLG Hamm NJW 1974, 2091). Ist dem Käufer aber wegen des Verzugs des Verkäufers ein Wertzuwachs der Sache zugute gekommen, so dass der Wert jetzt über dem Preis liegt, den er bei rechtzeitiger Lieferung und (wie beabsichtigt) sofortigem Weiterverkauf erzielt hätte, ist dieser Vorteil anzurechnen (BGHZ 77, 151). Anders – also für Versagung der Vorteilsausgleichung – dürfte nur zu entscheiden sein, wenn der Käufer seinerseits durch überobligationsmäßige Anstrengungen nach dem Vertragsverstoß des Verkäufers den höheren Gewinn erst ermöglicht hat. Die Anrechnung ist demnach nicht schon mit der Erwägung zu versagen, dass der Verkäufer keinen Vorteil aus seiner Vertragsuntreue haben soll: Zweck der Versagung ist nicht die „Bestrafung" des Schädigers, sondern die angemessene Berücksichtigung des Verhaltens und der Intentionen Dritter und des Geschädigten selbst. – Entspr zu behandeln ist auch der Verkäufer: Durch den Vertragsbruch des Käufers behält er mindestens die Ware. Schon darin besteht zunächst einmal ein Vorteil (RGZ 89, 282, 284). Gelingt ein Deckungsverkauf, ist daher der hierbei erzielte Preis jedenfalls dann anzurechnen, wenn er nicht höher ist als der Verkehrswert (BGH NJW 1981, 1834; 1982, 326). Übersteigt der erzielte Preis den Verkehrswert, beruht dies auf überobligationsmäßigen Bemühungen des Verkäufers oder auf einem besonderen Erwerbsinteresse des Drittkäufers, die beide den Schädiger nichts angehen (BGHZ 136, 52, 56 mNw u dazu Anm LANGE JZ 1998, 98 f). Soweit demnach eine Anrechnung des Verkaufserlöses überhaupt in Betracht kommt, ist auch hier wieder genau auf die Kongruenz von Vor- und Nachteilen zu achten (vgl oben Rn 144): Hinsichtlich des Schadens in Gestalt der zwecklos gewordenen Aufwendungen des nicht erfüllten Geschäftes (zB Notar, Grundbuch, Makler) kommt eine Anrechnung nicht in Betracht. Soweit der Verkäufer hingegen Aufwendungen für den Deckungsverkauf gehabt hat, handelt es sich um Gewinnerzielungskosten dieses Geschäfts; diesem „Schaden" ist der erzielte Geschäftsgewinn kongruent, so dass der Gewinn anzurechnen ist (BGHZ, 136, 52, 56).

Ähnliche Fragen wie beim Kauf können auch bei **anderen Vertragstypen** entstehen. **148** Hier ist insbes str, ob es dem Mieter, der vertragswidrig Schönheitsreparaturen nicht ausgeführt hat, zugute kommen soll, dass diese von einem späteren Mieter ausgeführt werden. Der BGH (BGHZ 49, 56, 62) hat das verneint (ebenso KG NJW 1963, 349; 1964, 785; **aA** OLG Hamm NJW 1964, 1373 m zust Anm CLASEN; LG Mannheim MDR 1976, 581; vgl auch OLG Köln MDR 1971, 665). Demgegenüber wird vertreten, man solle zu einem internen Ausgleich unter den Mietern kommen; hierzu solle man – trotz zugegebener Schwierigkeit der dogmatischen Konstruktion – beide als Gesamtschuldner ansehen (LANGE, in: LANGE/SCHIEMANN 515 im Anschluss an SCHMUDLACH NJW 1974, 257, 259 f). Dies solle jedenfalls dann gelten, wenn der Vermieter ohne nennenswerte Mühe einen zur Übernahme der Reparaturen bereiten Nachmieter finden konnte, ohne dass sich die Übernahme der Reparaturen in den sonstigen Vertragsbedingungen niederschlägt. Indessen wird sich eine solche Beeinträchtigung des Vermieters bei dem neuen Vertrag unter einigermaßen normalen Marktbedingungen kaum vermeiden lassen (so auch BGHZ 49, 56, 60). Dann kann man den Schaden des Vermieters wenigstens annäherungsweise in dem Wert der nicht ausgeführten Reparaturen sehen. Folgenlos können die nicht ausgeführten Reparaturen für den neuen Vertrag außer bei besonderer Geschäftstüchtigkeit des Vermieters wohl nur sein, wenn der Mietpreis von hoher Hand erheblich unter dem Marktpreis fixiert wird. Wenn dann die Belastung des Nachmieters mit den Reparaturkosten überhaupt erlaubt ist, steht der hieraus sich ergebende Vorteil am ehesten dem Vermieter zu: Dieser Vorteil ist ein gewisser Ausgleich für den künstlich niedrig gehaltenen Mietpreis (vgl dazu insbes RÜCKERT AcP 184 [1984] 105, 126 ff). Die Versagung der Vorteilsausgleichung in diesem Fall entspricht dem bei den Deckungsgeschäften (oben Rn 147) zutage getretenen Wertungsgesichtspunkt, dass Verträge des Geschädigten mit Dritten den Schädiger insoweit nicht entlasten, als sich darin besondere Bemühungen des Geschädigten oder ein überwiegendes Eigeninteresse des dritten Vertragspartners verwirklichen. Zu Recht hat der BGH daher auch darauf hingewiesen, dass der Nachmieter die Reparaturen auf seine eigene Schuld gegenüber dem Vermieter und nicht etwa für den Vormieter (§ 267) leistet (vgl BGHZ 49, 56, 62; dem BGH iE zust ua HADDING JuS 1969, 407; THÜSING, Wertende Schadensberechnung [2001] 475; ERMAN/KUCKUK vor § 249 Rn 112; SOERGEL/MERTENS vor § 249 Rn 236; PALANDT/HEINRICHS vor § 249 Rn 128; MünchKomm/OETKER § 249 Rn 263). Anders entschied der BGH (NJW 1996, 1337) im Darlehensrecht: Kann die Bank das vorzeitig vom vertragsbrüchigen Kreditnehmer zurückerhaltene Geld zu gestiegenem Zins ausleihen, muss sie sich diesen Vorteil auf ihren Schadensersatzanspruch anrechnen lassen. Dies ist richtig, weil die Bank den Vorteil praktisch mühe- und risikolos erlangen kann, ihn bei Vertragstreue ihres Schuldners aber nicht hätte erzielen können (LANGE 513).

Eine besondere Lage besteht bei Ansprüchen auf das negative Interesse aus **§ 311** **149** **Abs 2 und 3**: Hier sind nicht nur auf den Schadensersatzanspruch die Vorteile anzurechnen, die ein in Vollzug gesetzter unwirksamer oder aufzuhebender Vertrag den Geschädigten gebracht hat (zB BGH NJW 1983, 868, 870; 1984, 229: ua Anrechnung der Nutzungen einer Eigentumswohnung, die der Erwerber wegen Täuschung durch das Finanzierungsinstitut nicht behalten konnte). Auch der Verkaufserlös aus einer Weiterveräußerung ist entgegen der sonst für Verträge mit Dritten geltenden Regel (oben Rn 147) vom Ersatzanspruch abzuziehen. Dies beruht darauf, dass Inhalt des Anspruchs typischerweise die Befreiung von der eingegangenen Verpflichtung ist, der Geschädigte dann aber nicht zugleich so gestellt werden darf, als ob der Vertrag fortbestünde

(BGH NJW 1984, 229, 230). Ausnahmsweise kann freilich auch bei dieser Fallgruppe die allgemeinere Regel eingreifen, wonach der Vorteil aus einer Veräußerung an Dritte nicht anzurechnen ist, nämlich dann, wenn der Vertragsgegenstand tatsächlich zurückgegeben werden kann, weil der Erwerber als Zessionar des Schadensersatzanspruchs gegen dessen Schuldner vorgeht (BGH NJW 1992, 3167, 3176).

150 c)   Ein Erwerb durch eigene Anstrengungen des Verletzten kann auch vorliegen, wenn der Geschädigte ein Grundstück in der **Zwangsversteigerung** günstig erwirbt. Bedeutung hatte die Frage der Vorteilsausgleichung hier vor allem früher, als das private Hypothekengeschäft noch verbreitet war: Zur Sicherung der Hypothek wurden zB Ausbietungsgarantien verabredet, damit das Grundpfandrecht in der Zwangsversteigerung nicht ausfiel. Verletzte der Garant seine Vertragspflicht und bot nicht mit, musste der Hypothekengläubiger selbst das Grundstück ersteigern. In ähnlicher Lage befand sich der Privatanleger, dem vertragswidrig eine nicht seinen Sicherheitsvorstellungen entsprechende Hypothek vermittelt worden war. Es liegt nahe, in solchen Fällen gegenüber dem Schadensersatzanspruch wegen des Ausfalls der Hypothek den Vorteil anzurechnen, dass der Geschädigte das Grundstück besonders günstig erworben hat. Das RG (RGZ 80, 155, 159 ff) hat zu Recht differenziert: Wird ein Hypothekengeber, der „sein Geld in einer sicheren Hypothek anlegen will, sich lediglich einen bestimmten Zinsgenuß zu verschaffen und zu erhalten trachtet, sonst aber durchaus nicht mit Grundstücksgeschäften und -erwerbungen sich abzugeben gesonnen ist, ... ganz gegen seine Willensrichtung genötigt, das Grundstück zwecks Vermeidung größeren Schadens in der Zwangsversteigerung zu erstehen, so kann man nicht ohne weiteres den Wert des Grundstücks als einen Gewinn ansehen, ... zumal dann nicht, wenn ... Besitz und Verwaltung dem Erwerber nicht nur unbequem, sondern für ihn auch mit erheblicher Verlustgefahr, größeren Aufwendungen und Lasten verknüpft sein kann" (iE ebenso RGZ 91, 213, 217; 100, 255, 257, ähnlich auch BGH VersR 1961, 368, 369, krit dazu aber Thiele AcP 167 [1967] 193, 239; für Anrechnung des Vorteils schon bei Verfolgung des Zwecks der Schadensminderung Thüsing, Wertende Schadensberechnung [2001] 475). Dagegen kommt die Anrechnung in Betracht, wenn der Geschädigte den ersteigerten Gegenstand ohnehin erwerben wollte (RGZ 133, 221; RG JW 1909, 46) oder wenn ein Geschäftsmann den späteren Erwerb des geliehenen Grundstücks in der Zwangsversteigerung „von vornherein ins Auge fasst, wenn nicht geradezu daraufhin spekuliert" (RGZ 80, 155, 161 f). Entscheidend für die Linie des RG ist demnach die Interpretation des jeweiligen Vertrages nach der Interessenlage der Beteiligten. Es leuchtet ein, dass die Ersteigerung in den Privatanlegerfällen nur mit erheblichem ungeplantem Kapitaleinsatz möglich ist und daher als überobligationsmäßig zu betrachten ist. Ganz anders liegt demgegenüber etwa der Fall, dass ein Bieter in der Zwangsversteigerung amtspflichtwidrig nicht den Zuschlag erhält, beim nächsten Termin dann aber doch das Grundstück ersteigert (BGH NJW-RR 1987, 246): Hier ist dem Ersteigerer genau der Vorteil zugeflossen, der ihm schon bei amtspflichtgemäßem Verhalten zugestanden hätte. Daher ist der Vorteil anzurechnen.

151 d)   Fürsorgliche Leistungen Dritter an den Geschädigten sind durchweg nicht als Vorteile auszugleichen. Vielfach ergibt sich dies schon aus der Überleitung des Schadensersatzanspruchs an den Leistungserbringer durch Legalzessionen. Für andere Fälle sehen § 843 Abs 4 und die auf ihn verweisenden Vorschriften die Nichtanrechnung vor. Hierbei ist § 843 Abs 4 nach allgM über seinen Wortlaut („zu gewähren hat") hinaus anwendbar, auch wenn der Dritte bereits geleistet hat, und auch für die Heilungskosten (umfassend zu § 843 Abs 4 und *cessio legis* bzw Vorteilsausgleichung STAUDINGER/VIEWEG [2002] § 843 Rn 48 ff, 155 ff).

Die Rechtsgedanken der Legalzession und von § 843 Abs 4 sind, soweit sie der **152** Vorteilsausgleichung entgegenstehen, auch auf **andere Leistungen** mit Fürsorge- oder Versorgungscharakter anwendbar: Soweit solche Leistungen nicht den Schädiger entlasten sollen, bleiben sie für den Schadensersatzanspruch außer Betracht. Das gilt etwa für Leistungen des Arbeitgebers oder einer betrieblichen Unterstützungseinrichtung, auch wenn sie ohne Rechtspflicht erfolgen, insbes eine Fortzahlung des Arbeitsentgelts über die Dauer der Verpflichtung hinaus (vgl etwa BGH VersR 1964, 626; 1967, 1185) oder die Gewährung eines Sterbegeldes nach § 41 BAT (BGH NJW 1978, 536, vgl auch BGH NJW 1977, 802). Die Legalzession nach § 87a BBG wegen des Sterbegeldes wird auf den Anspruch der Hinterbliebenen auf die Beerdigungskosten nach § 844 Abs 1 erstreckt (BVerwG VersR 1975, 1038); auch hier wird also die Vorteilsausgleichung verneint. Beihilfebeträge, die ohne Bestehen einer Legalzession als vorläufige Hilfe mit einem Rückforderungsrecht für den Fall der Realisierung eines Schadensersatzanspruchs gewährt worden sind, sollen ersichtlich nicht dem Schädiger zugute kommen. Eine Vorteilsausgleichung ist daher für solche Leistungen gleichfalls zu verneinen (BGH NJW 1992, 1556 zum früheren Rechtszustand). Das Krankengeld nach §§ 44 ff SGB V ist selbstverständlich ebensowenig auf den Schadensersatzanspruch anzurechnen (BGHZ 90, 334).

Für die Vergütungen an **Gesellschafter**-Geschäftsführer ist nach der wirtschaftlichen **153** Bedeutung dieses Einkommens zu unterscheiden: Erhält der Geschädigte wegen seines Ausfalls keine Vergütung, hat er einen nach § 252 zu ersetzenden Verdienstausfall. Erhöht sich durch den Wegfall des Arbeitsentgelts rein rechnerisch der Geschäftsgewinn und nimmt der Geschädigte über seinen Gewinnanteil hieran teil, ist dieser Vorteil nicht anzurechnen: Hätte der Geschädigte arbeiten können, wäre der Gewinn der Gesellschaft vermutlich noch höher ausgefallen (vgl BGH NJW 1963, 1051; 1970, 95, 96). Bei Fortzahlung der Vergütung durch die Gesellschaft entspricht die Lage weitgehend derjenigen bei Fortzahlung eines Entgelts für abhängige Arbeit. Insoweit kommt eine Vorteilsausgleichung nicht in Betracht. Dies gilt sogar für den Alleingesellschafter (BGH NJW 1971, 1136; 1978, 40, nebenbei auch BGH NJW 1977, 1283 m Anm HÜFFER). Die Gewährung einer Tantieme ändert hieran nichts. Soweit die Vergütung aber gar nicht auf der Arbeitsleistung beruht, sondern auf der Überlassung von Kapital oder Immaterialgüterrechten, fehlt schon ein Schaden des Verletzten: Dieser Vergütungsteil hätte ihm auf alle Fälle so lange weitergezahlt werden müssen, wie er sein Kapital in der Gesellschaft investiert oder ihr seine Rechte überlassen hatte (vgl BGH NJW 1978, 40 u hierzu MünchKomm/OETKER § 249 Rn 251 mNw). Eine Erweiterung des Ersatzes für Arbeitsausfallschäden über die Versagung der Vorteilsausgleichung hinaus ist der von der Rspr gelegentlich ermöglichte „gesellschafterfreundliche Durchgriff", der aber abzulehnen ist (dazu genauer Vorbem 59 ff zu §§ 249 ff).

e) Hat der Geschädigte nach dem Schadensfall **Unterhaltsleistungen** erhalten und **154** beruht dies auf einer persönlichen Beziehung, die erst durch den Schadensfall möglich geworden ist, passt § 843 Abs 4 nicht ohne weiteres, da diese Vorschrift für solche Unterhaltsansprüche gedacht ist, die schon durch den Schadensfall und nicht erst durch eine selbständige weitere Lebensgestaltung ausgelöst werden (BGH NJW 1970, 1127, 1128; LANGE, in: LANGE/SCHIEMANN 517 f). Erwägenswert ist daher eine Anrechnung des Unterhalts aufgrund einer Wiederheirat der Witwe des durch das Schadensereignis Getöteten (gleiches gilt ggf auch für den Witwer), ebenso aufgrund einer nichtehelichen Partnerschaft und schließlich aufgrund der Adoption der Kinder, die durch die Tötung ihrer Eltern zu Waisen geworden sind.

155 Den Unterhalt der **Unfallwitwe** aus einer neuen Ehe rechnet die Rspr auf den Ersatzanspruch gegen den Schädiger an; dessen Ersatzpflicht hinsichtlich des Unterhaltsschadens wird also durch die Wiederheirat gemindert oder ganz aufgehoben (RG JW 1905, 143; HRR 1934 Nr 1023; BGH VersR 1958, 627; NJW 1970, 1127; OLG Bamberg DAR 1977, 300; OLG Celle VersR 1967, 164; MünchKomm/OETKER § 249 Rn 255 mNw Fn 945). Dies beruht auf der schicksalhaften Veränderung der Lebensverhältnisse der Geschädigten durch die dem Schadensereignis folgende Wiederverheiratung (LANGE, in: LANGE/SCHIEMANN 518). Vielfach ist der Unterhaltsersatzberechtigte vor der Wiederverheiratung ohnehin nicht selbst aktivlegitimiert gewesen. IdR stand ihm eine Hinterbliebenenversorgung zu, für die der Versorgungsträger den Regressanspruch, zB aus § 116 SGB X, hatte. Die Leistungspflicht des Sozialversicherungsträgers und anderer Versorgungskollektive endet aber idR mit der Wiederverheiratung. Es wäre sehr merkwürdig, wenn nunmehr der eigene Anspruch des Wiederverheirateten im Umfang des Versorgungsanspruchs wieder auflebte. Die Abfindung, die der Versorgungsträger bei Wiederverheiratung zahlt (zB nach § 21 BeamtVG), dürfte wohl dem Schaden nicht kongruent sein, da sie nicht als Unterhaltsersatz gewährt wird (LANGE 518 Fn 168). Der Gesichtspunkt der Schicksalsveränderung betrifft aber auch nur die Vorteilsausgleichung. Sie führt nicht zum Erlöschen des Unterhaltsersatzanspruchs überhaupt. Bleibt der Unterhalt aufgrund der neuen Ehe hinter demjenigen aus der früheren Ehe zurück, schuldet der Schädiger nunmehr die Differenz (MünchKomm/OETKER § 249 Rn 255). Aus derselben Tatsache, dass es sich bei der Wiederverheiratung nur um einen anrechnungsbegründenden Faktor handelt, nicht um eine Art „Verwirkungsgrund" für den Unterhaltsersatzanspruch, ergibt sich auch das Wiederaufleben des Schadensersatzanspruchs in voller Höhe bei Scheidung der neuen Ehe. Da die Scheidung selbst verschuldensunabhängig ist, kann ein Verschulden des Schadensersatzgläubigers an der Zerrüttung auch kein Mitverschulden nach § 254 sein (SOERGEL/MERTENS vor § 249 Rn 239). – Entsprechendes wie für die Wiederverheiratung hat für die Eingehung einer homosexuellen Partnerschaft gemäß § 5 LPartG zu gelten.

156 Kaum weniger als die Wiederverheiratung ist heute die Begründung einer **nichtehelichen Lebensgemeinschaft** als schicksalhafte Veränderung der Lebensgestaltung zu bewerten. Der BGH (BGHZ 91, 357) hat dennoch weder den Wert der dem Partner erbrachten Haushaltsführung, noch die vom Anspruchsberechtigten empfangenen Unterhaltsleistungen angerechnet. Nur die Verletzung einer Erwerbsobliegenheit, wenn der Ersatzgläubiger den Haushalt führt, statt eine Verdienstmöglichkeit wahrzunehmen, hat der BGH erwogen. Diese Rspr ist jedoch abzulehnen: Gewiss begründet die nichteheliche Lebensgemeinschaft keinen gesetzlichen Unterhaltsanspruch. Aber darauf kann es nicht ankommen, wenn tatsächlich Unterhaltsleistungen gewährt worden sind. Sie sind nicht „freigebiger" als innerhalb einer Ehe. Vielmehr werden sie wie dort um des Bestehens der Gemeinschaft willen erbracht. Daher ist die nichteheliche Gemeinschaft – in Übereinstimmung mit einigen aus-

ländischen Rechten (vgl BATTES, in: FS Pleyer [1986] 469, 472 ff) – für den Unterhaltsersatzanspruch mit einer neuen Ehe gleichzubehandeln (ebenso LANGE, in: LANGE/SCHIEMANN 519; MünchKomm/OETKER § 249 Rn 256; ERMAN/KUCKUK vor § 249 Rn 120, dem BGH folgend aber PALANDT/HEINRICHS vor § 249 Rn 138; SOERGEL/MERTENS vor § 249 Rn 237).

Anders als bei der Wiederverheiratung der Witwe hat der BGH (BGHZ 54, 269, 273 f) die Anrechnung des Unterhaltsanspruchs der **Unfallwaisen** gegen die Adoptiveltern auf den Schadensersatzanspruch verneint. Diese Entscheidung war umstritten (zust STAUDINGER/MEDICUS[12] Rn 161). Seit der Neufassung des § 1755 Abs 1 S 2 (gültig ab 1. 1. 1977) sind Unterhaltsansprüche eines Kindes bei der Adoption gerade anders geregelt als die Unterhaltsansprüche der Ehegatten bei Wiederverheiratung: Renten, Waisengeld ua entsprechende wiederkehrende Leistungen bleiben über die Adoption hinaus erhalten. Diese Neuregelung ist ausdrücklich damit begründet worden, Adoptionen nicht aus finanziellen Erwägungen zu behindern (BT-Drucks VII/5087, 16). Das rechtspolitische Motiv der Vorschrift trifft für Unterhaltsersatzrenten genau zu. Sie gehören daher zu den „entsprechenden wiederkehrenden Leistungen" (LANGE, in: LANGE/SCHIEMANN 519; MünchKomm/OETKER § 249 Rn 258). 157

§ 843 Abs 4 passt nicht, wenn sich bei wirtschaftlicher Betrachtungsweise der Wegfall des Unterhaltsverpflichteten auf die Unterhaltsberechtigung letztlich nicht ausgewirkt hat: So hat der BGH (NJW 1969, 2008) in einem Fall die Vorteilsausgleichung vorgenommen, in dem nur die Person des Unterhaltsschuldners gewechselt hatte, nicht aber die Quelle des Unterhalts: Nach dem Unfalltod des Vaters leistete die Mutter den Unterhalt aus der ererbten Nutznießung an dem Hof, aus dem auch der Vater den Unterhalt geleistet hatte. In einem anderen Fall musste sich das Kind den Zinsertrag anrechnen lassen, den es auf eine vom Vater nach schweizer Recht vor der Tötung der unterhaltsverpflichteten Mutter gezahlte Unterhaltsabfindung erzielt hatte (BGH NJW 1971, 2069, 2070): Nach § 1602 Abs 1 war der Unterhaltsbedarf des Kindes gegenüber seiner Mutter durch die Erträge von vornherein gemindert. 158

f) Für einen weiten Bereich von **Leistungen aus einer Privatversicherung** ist die Frage der Vorteilsausgleichung durch das Gesetz entschieden: Leistungen aus einer vom Geschädigten oder für ihn von einem Dritten abgeschlossenen **Schadensversicherung** entlasten idR den Schädiger nicht. Für diese Versicherung greift die in § 67 Abs 1 VVG angeordnete Legalzession ein (vgl oben Rn 135). Die Legalzession scheidet nach § 67 Abs 2 VVG aber aus, wenn der Schädiger als Familienangehöriger des Geschädigten mit diesem in häuslicher Gemeinschaft lebt. Dies soll den Schädiger (u damit auch indirekt den Geschädigten selbst) entlasten. Deshalb muss die Versicherungsleistung auf den Schadensersatzanspruch angerechnet werden. Ebenfalls angerechnet werden die Leistungen aus Versicherungen, die vom Schädiger oder für ihn abgeschlossen worden sind (insbes Haftpflichtversicherungen; hier gilt freilich schon § 422): Dem Schädiger gebührt der Vorteil, weil die Prämien von ihm oder für ihn aufgebracht worden sind. 159

Wie beim eigenen Arbeitsverdienst des Geschädigten stellt sich auch bei Leistungen einer Schadensversicherung die Frage des **Quotenvorrechts**, wenn den Geschädigten ein Mitverschulden trifft oder der Versicherungsanspruch (zB wegen einer Haftungshöchstsumme) höher ist als der Schadensersatzanspruch oder (wie meist bei der Kasko-Versicherung) ein Selbstbehalt des Geschädigten vorgesehen ist. Da der 160

Hauptzweck des § 67 VVG darin besteht, eine Bereicherung des Versicherungsnehmers zu verhindern, gewährt die stRspr dem Geschädigten das Quotenvorrecht (sog Differenztheorie, weil nur in Höhe der Differenz zwischen der Summe aus Schadensersatzleistung und Versicherungsleistung einerseits und dem Schaden des Versicherungsnehmers andererseits der Übergang stattfindet, BGHZ 13, 28; 25, 30; 44, 382; 47, 308; 82, 338). Zur Vermeidung eines versicherungsfremden Vorteils gilt das Quotenvorrecht aber nur für die dem versicherten Risiko kongruenten Schäden, also zB nicht für Vermögensfolgeschäden bei der Kasko-Versicherung (vgl BGHZ 25, 340, 342 ff; 47, 196, 200; 82, 338, 340; BGH NJW 1982, 829, 830 u dazu LANGE, in: LANGE/SCHIEMANN 695, krit K MÜLLER VersR 1989, 317 ff).

161 Für **Summenversicherungen** gilt § 67 VVG nicht. Die Vorteilsausgleichung scheidet daher nicht schon wegen der Legalzession aus. Trotzdem ist auch hier eine Anrechnung der Versicherungsleistungen auf den Schadensersatzanspruch idR zu verneinen: Der Geschädigte oder zu seiner Begünstigung ein Dritter und nicht der Schädiger hat sich die Versicherungsleistungen durch die Zahlung der Prämien „erkauft". Dem Schädiger gebührt der Vorteil daher nicht. Das trifft vor allem auf die Lebensversicherung zu, uz unabhängig davon, ob sie als Sparversicherung (Auszahlung außer auf den Todes- auch auf den Erlebensfall) oder als Risikoversicherung abgeschlossen worden war. Allerdings hatte der BGH früher (BGHZ 39, 249, 253) die Erträge aus der Versicherungssumme bei einer Sparversicherung anrechnen wollen, weil hier der durch das Schadensereignis bewirkte Eintritt des Versicherungsfalls dem Anfall einer Erbschaft gleichstehe (vgl dazu unten Rn 164 ff). Demgegenüber hat der BGH (NJW 1971, 2069, 2071) eine mit der Lebensversicherung abgeschlossene Unfallzusatzversicherung als Risikoversicherung erkannt und daher insoweit die Erträge nicht angerechnet. Später hat aber der BGH (BGHZ 73, 109) mit Recht die Verschiedenbehandlung einzelner Arten der Lebensversicherung überhaupt aufgegeben. Er verneint jetzt eine Anrechnung der Erträge ausnahmslos: Der Getötete habe bei der Sparversicherung die Vorsorge für seinen vorzeitigen Tod mit weit höherem Aufwand betrieben als bei der Risikoversicherung; das solle den Schädiger nicht entlasten. – Gleiches wie für die Lebensversicherung gilt nach hM auch für die Unfallversicherung (vgl LANGE, in: LANGE/SCHIEMANN 522 f; MünchKomm/ OETKER § 249 Rn 249 mwNw Fn 922).

162 Anders verhält es sich aber auch hier (vgl oben Rn 159 aE) bei einer vom Schädiger oder für ihn abgeschlossenen Versicherung, insbes einer Insassenunfallversicherung: Deren Leistungen sind idR auf den Schadensersatzanspruch des Geschädigten anzurechnen. Daran hatte der BGH zwar zunächst wegen § 179 Abs 3 VVG gezweifelt (etwa BGHZ 32, 44, 52). Doch waren diese Zweifel unbegründet, weil selbst bei Bejahung der Vorteilsausgleichung nicht das – in § 179 Abs 3 VVG verpönte – finanzielle Interesse an der Verletzung eines anderen begründet wird. BGHZ 64, 260, 266 (vgl auch OLG Düsseldorf VersR 1975, 57) ist denn auch mit Recht von der alten Auffassung abgerückt und scheint die Anrechnung jetzt ohne wesentliche Einschränkung zulassen zu wollen (vgl LANGE, in: LANGE/SCHIEMANN 523).

163 Wirtschaftlich gesehen steht der Versicherungsleistung zum Ausgleich des Schadens die Zahlung durch einen **Bürgen** oder einen anderen dritten **Sicherungsgeber** gleich. Freilich wird sich idR der Gläubiger die Bürgenleistung nicht „erkauft" haben. Aber er ist der Vertragspartner des Bürgen, und ohne sein Verlangen nach (weiterer) Sicherheit wäre es gar nicht zur Bürgenverpflichtung gekommen. Zudem besteht auch hier wieder eine Legalzession (§ 774). Aber selbst wenn die Legalzession ausnahmsweise nicht eingreift oder (wie bei Ablösung nicht akzessorischer dinglicher Sicherheiten) gar keine Legalzession besteht, wird man einen Anspruch des Sicherheit Leistenden gegen den Geschädigten auf Abtretung des Schadensersatzanspruchs annehmen müssen. Eine Vorteilsausgleichung scheidet demnach aus (so für die Befriedigung des Geschädigten durch den Bürgen BGH NJW 1994, 511).

164 g) Für die **Anrechnung einer Erbschaft** oder eines Pflichtteils (zu letzterem BGH NJW 1961, 119) auf Unterhaltsersatzansprüche nach § 844 Abs 2 und ähnlichen Vorschriften wird als Faustregel zwischen dem Stamm des Erwerbs, insbes dem Erbschaftswert, und den Erträgen unterschieden (dazu JOHN JZ 1972, 543 mwNw): Nur die Erträge sollen angerechnet werden, soweit sie aus dem schadensbedingten vorzeitigen Anfall der Erbschaft stammen. Nicht angerechnet werden soll dagegen der Stamm. Hiervon wird jedoch abgewichen, wenn das so gefundene Ergebnis offensichtlich vom hypothetischen schadensfreien Verlauf abweicht:

165 Auch der Erwerb des Vermögensstammes soll angerechnet werden, soweit dieser bis zu dem Zeitpunkt verbraucht worden (und damit nicht auf den Geschädigten übergegangen) wäre, zu dem der Erbfall ohne das Schadensereignis zu erwarten war (vgl BGHZ 8, 325, 328 ff). Nach THIELE (AcP 167 [1967] 197, 232 ff) soll dem Schädiger der Nachweis offen stehen, dass die Erbschaft ohne das Schadensereignis nicht an den Geschädigten gelangt wäre, etwa weil er enterbt werden sollte, oder dass sich sein Anteil durch den Hinzutritt weiterer Erben vermindert hätte (zust MünchKomm/OETKER § 249 Rn 259 mNw Fn 958; PALANDT/HEINRICHS vor § 249 Rn 139). Der BGH hat aber mehrfach anders entschieden: So ist die Anrechnung abgelehnt worden, als die Mutter ihren durch das Schadensereignis getöteten Sohn beerbte, obwohl sie nach der statistischen Lebenserwartung diesen Erwerb nicht erwarten konnte (BGH VersR 1967, 1154). Ähnlich ist einer Ehefrau derjenige Teil des Nachlasses ihres Ehemannes nicht angerechnet worden, der ihr nur deshalb anfiel, weil nach dem Ehemann auch die gemeinsame Tochter an den Unfallfolgen gestorben war (BGH NJW 1957, 905, abl dazu THIELE aaO 234; LANGE, in: LANGE/SCHIEMANN 509). Unberücksichtigt bleiben soll auch die mutmaßliche Erhöhung, die der Erbschaftswert ohne das Schadensereignis durch die weitere Tätigkeit des Erblassers erfahren hätte (BGH NJW 1961, 119, 120, zust LANGE 509, abl JOHN JZ 1972, 547).

166 Die Erträge sollen ausnahmsweise nicht angerechnet werden, soweit sie nicht verbraucht worden wären, sondern den Nachlass vermehrt hätten (grundlegend BGH NJW 1974, 1236, 1237, zuvor schon für Sonderfälle BGH VersR 1961, 855; 1962, 322). Nicht angerechnet werden soll auch der Teil der Erträge, der auf eigener Arbeit des Geschädigten beruht, die über das ihm nach § 254 zur Schadensminderung Obliegende hinausgeht (BGHZ 58, 14, 18). Dass die Mutter den Erbteil ihrer Kinder unentgeltlich verwaltet, soll dem Schädiger nach dem Rechtsgedanken von § 843 Abs 4 nichts nutzen, auch wenn die Mutter familienrechtlich zu der Verwaltung verpflichtet ist (BGHZ 58, 14, 19).

167 MEDICUS (SchuldR I Rn 664) hat demgegenüber vorgeschlagen, **weder den Stamm noch die Erträge** eines erbrechtlichen Erwerbs zur Vorteilsausgleichung heranzuziehen (ebenso SOERGEL/MERTENS vor § 249 Rn 234; ERMAN/KUCKUK vor § 249 Rn 127). Dafür spricht vordergründig schon die große Unübersichtlichkeit des von der hM angenommenen Rechtszustandes und die Unsicherheit der Rspr, die vor allem vor der Leitentscheidung des BGH (NJW 1974, 1236) herrschte, durch diese aber nicht vollständig beseitigt worden ist. Wenigstens bei der Tötung eines jüngeren Menschen, bei dem wegen kleiner Kinder die Anwendung des § 844 Abs 2 besonders nahe liegt, umfasst der zu beachtende Kausalverlauf einen so langen Zeitraum und uU wegen der Abhängigkeit der erbrechtlichen Position vom Vorhandensein anderer Erbberechtigter so viele Personen, dass einigermaßen zuverlässige Feststellungen unmöglich sind. Zudem lässt die dauernde Geldentwertung an vielen Stellen die Grenze zwischen Erträgen und der bloßen Erhaltung des Vermögensstammes verschwimmen. Wie bei der Lebensversicherung (vgl oben Rn 161) sollte man sich darauf besinnen, dass die Ansammlung oder Bewahrung des nach Erbrecht weiterzugebenden Vermögens eine idR mit Mühe verbundene Vorsorge des Erblassers für seine Angehörigen bedeutet, aus der dem Schädiger kein Vorteil gebührt. Hinzu kommen Erwägungen aus dem Bereich der Legalzessionen: Die Hinterbliebenenversorgung wird idR gewährt, ohne dass die Vermögenslage des Leistungsempfängers – sei sie durch Erbschaft oder aus anderen Gründen erworben – dafür eine Rolle spielt. Dies führt auf der einen Seite dazu, dass schon aus tatsächlichen Gründen beim übergegangenen Anspruch vielfach die Anrechnungsfrage gar nicht erst aufgeworfen wird. Es ist auch merkwürdig, dass bei Anrechnung der Erbschaft für den Regressanspruch der Vermögensanfall praktisch auf dieselbe Stufe gestellt wird wie ein Mitverschulden des getöteten Versicherungsnehmers oder Beamten. Auf der anderen Seite kann derjenige, der eine öffentlichrechtliche Versorgung erhält, mit einer ungeschmälerten Kumulation von Leistungen der Hinterbliebenenversorgung und Erbschaft rechnen, während derjenige, für dessen Versorgung der Getötete selbst ein Vermögen gebildet hat, allein auf diese „Säule" seiner Versorgung angewiesen ist, sich aber eine Kürzung auch noch hiervon gefallen lassen muss. Dennoch schießt die Meinung von MEDICUS über das Ziel hinaus: Wenn und soweit feststeht, dass der Unterhalt des Berechtigten aus § 844 Abs 2 zu Lebzeiten des Getöteten aus dessen Vermögen bestritten worden ist, dann hat sich durch den Schadensfall wirtschaftlich gesehen überhaupt nichts geändert. Die Quelle der Versorgung steht vielmehr ungeschmälert zur Verfügung. In einer solchen Lage wäre es unangemessen, dem Unterhaltsberechtigten nunmehr zusätzlich zum „Weiterlaufen" der bisherigen Versorgung einen Anspruch zu geben. Die **„Quellentheorie"** des BGH (NJW 1974, 1236), nach der es darauf ankommt, woraus der Unterhalt zu Lebzeiten des Verpflichteten bestritten worden ist, ist also als Korrektur der Regel berechtigt, dass Erbschaften weder mit dem Stamm noch mit den Erträgen auf den Unterhaltsersatzanspruch anzurechnen sind. Immer muss hierfür aber feststehen, dass der Unterhalt zu Lebzeiten des Getöteten aus dessen Vermögen erbracht worden ist. Dies war zB im Sachverhalt der Entscheidung BGHZ 62, 126 nicht der Fall: Bei einem Unfall waren sowohl der Vater – ein selbständiger Geschäftsmann – als auch die Mutter, die den Haushalt geführt und die Kinder versorgt hatte, umgekommen. In der gerichtlichen Auseinandersetzung ging es allein um den Unterhaltsersatzanspruch nach der Mutter. Er hätte entgegen dem BGH voll zugesprochen werden müssen (dazu genauer SCHIEMANN, Argumente und Prinzipien bei der Fortbildung des Schadensrechts [1981] 135 f, dem BGH zust aber zB LANGE, in: LANGE/SCHIEMANN 509 f).

168 h) Zu bejahen ist die Vorteilsausgleichung idR für **Ersparnisse des Geschädigten** insbes auch durch die Maßnahmen der Schadensbeseitigung. Das gilt vor allem für die ersparten Kosten der häuslichen Verpflegung während eines durch das Schadensereignis bedingten Krankenhaus- oder Kuraufenthalts (BGH NJW 1984, 2628, zur Höhe OLG Hamm NJW-RR 1995, 599 einerseits, OLG Oldenburg, recht und schaden 1989, 85, zum Anspruch einer Hausfrau OLG Zweibrücken NZV 1992, 152; MünchKomm/OETKER § 249 Rn 235 mwNw). Das gilt auch für ein verletztes Kind, obwohl hier die Ersparnis beim Unterhaltsschuldner eintritt (OLG Celle NJW 1969, 1765; KG VersR 1979, 137, vgl OLG Nürnberg ZfS 1991, 299): Da der Schaden real bei den Eltern liegt und für das Kind erst aus § 843 Abs 4 folgt, müssen auch die bei den Eltern eintretenden Vorteile berücksichtigt werden (KLIMKE ZfVers 1974, 154 verneint insoweit schon einen kausalen Schaden des Kindes). Zu den sonstigen Aufwendungen, die ohne den Krankenhaus- oder Rehabilitationsaufenthalt angefallen wären, gehören auch die ersparten Fahrtkosten von und zur Arbeitsstelle (BGH NJW 1980, 1787). – Ein weiterer wichtiger Anwendungsfall der Vorteilsausgleichung ist die Ersparnis der Abnutzung des eigenen Kfz während der unfallbedingten Nutzung eines Mietfahrzeugs (vgl § 251 Rn 61 ff). Auch der Vorteil durch einen Werksrabatt des Geschädigten ist anzurechnen (BGH VersR 1975, 127), idR hingegen nicht eine besonders vorteilhafte Verwertung des Unfallwagens oder des Fahrzeugwracks, weil diese im Zusammenhang mit einem Vertrag des Geschädigten nach dem Schadensfall mit einem Dritten steht (BGHZ 66, 239, 248; BGH NJW 1985, 2469, 2470; vgl auch BGH NJW 1993, 1849 zu den Obliegenheiten des Geschädigten). Anderes gilt, wenn ausnahmsweise auf Neuwagenbasis abzurechnen ist. – Auf den Schadensersatz wegen Verletzung eines vertraglichen Wettbewerbsverbots ist die Karenzentschädigung anzurechnen, mit der die Einhaltung des Verbots zu entgelten gewesen wäre (BGH VersR 1975, 132), auf den Anspruch wegen Bruchs des Arbeitsvertrages das gesparte Gehalt (BAG JZ 1971, 380), auf den Anspruch wegen verspäteter Fertigstellung eines Hauses die ersparten Zinsen (BGH NJW 1983, 2137), auf den Anspruch des Leasinggebers wegen § 326 aF (§§ 280, 281 nF) der ersparte Wertverlust bis zur vertragsgemäßen Rückgabe (BGH NJW 1995, 1541), auf den Anspruch wegen falscher anwaltlicher Beratung die in einem späteren Verfahren ersparten Gutachtenkosten (BGH NJW 1997, 250).

Die Vorteilsausgleichung von Ersparnissen setzt aber voraus, dass **der Geschädigte** die Ersparnis nicht durch Entbehrungen erkauft hat; denn dann steht dem Vorteil wiederum ein weiterer Nachteil gegenüber. So braucht sich die ersparte Abnutzung des eigenen Wagens nicht anrechnen zu lassen, wer sich in der Reparaturzeit ohne Wagen beholfen hat. Der wegen Anstellungsbetrugs Entlassene kann sich nicht darauf berufen, seine Arbeitsleistung habe die Vergütung für eine andere Person erspart (OLG München MDR 1965, 988). Ebensowenig darf der Ersatzanspruch gegen den Dienstverpflichteten wegen des von ihm verursachten Schadens deshalb gemindert werden, weil nicht gleich eine Ersatzkraft angestellt worden ist (BGH VersR 1959, 36). Der Anspruch auf unfallbedingte Kurkosten ist nicht deshalb zu kürzen, weil der Geschädigte sonst eine Urlaubsreise gemacht hätte (**aA** OLG Celle VersR 1975, 1103, dagegen zu Recht LANGE, in: LANGE/SCHIEMANN 504, MünchKomm/OETKER § 249 Rn 235; SOERGEL/MERTENS vor § 249 Rn 232; vgl auch OLG Frankfurt VersR 1972, 74 zu dem Fall, dass sich bei einem unfallbedingten Kuraufenthalt andere Leiden bessern) – Die Verringerung der Schulden in einem Vergleichsverfahren stellt wegen der damit verbundenen Minderung des Ansehens, das der Schuldner genießt, idR keinen anrechenbaren Vorteil dar (BGH BB 1961, 67).

Anzurechnen ist nach stRspr auf den Unterhaltsersatzanspruch, **was der Geschädigte** durch den Tod des Unterhaltspflichtigen seinerseits **an Unterhaltsleistungen erspart** (BGHZ 56, 389, 393; BGH VersR 1973, 84, 85; NJW 1979, 1501). Hiergegen hat MEDICUS (STAUDINGER/MEDICUS[12] Rn 171) eingewendet: Ein Ehegatte unterhalte den anderen nicht deshalb, damit auch dieser ihn unterhalte, insbes ihm Dienste leiste, sondern weil er sein Ehegatte sei. Das zeige sich schon daran, dass die eheliche Unterhaltspflicht nicht von der Fähigkeit des anderen Ehegatten zu Gegenleistungen abhänge. Es widerspräche auch Art 6 Abs 1 GG, die Ehe zu einem auf Gegenseitigkeit angelegten Leistungsaustausch zu werten, bei dem überdies eine Leistung durch Dienste eines Dritten ersetzt werden könne. Daher werde bis zu einer Wiederverheiratung der durch die Tötung eines Ehegatten entstandene Schaden durch den Unterhaltsersatz (§ 844 Abs 2) nicht wirklich behoben. Ebensowenig anrechnen dürfe man den ersparten Unterhalt der Eltern nach Tötung ihres Kindes: Auch dieser Unterhalt werde nicht aufgewendet, damit die Eltern später durch das Kind versorgt werden, sondern finde seinen „Gegenwert" allein in dem Erleben des Aufwachsens des Kindes. Aber die Rspr beruht nicht entscheidend auf der Vorstellung einer gleichsam synallagmatischen Verknüpfung von Unterhaltsleistungen. Vielmehr wird schon durch die gesetzliche Regelung der Unterhaltspflicht überhaupt diese Beziehung aus ihrer personalen Prägung ein Stück herausgehoben und zu einer Vermögensbeziehung ausgemünzt. Dies wird noch gesteigert im Anwendungsbereich des § 844 Abs 2, da dort jeder personale Bezug fehlt. Gerade deshalb kann und muss aber im Rahmen dieser Vorschrift die – hypothetische – Unterhaltsbeziehung allein unter dem Vermögensaspekt gesehen werden. Dann verliert die Anrechnung der ersparten eigenen Unterhaltspflicht das sittlich Anstößige, das sie bei einer Reduzierung der ehelichen Gemeinschaft auf diesen Punkt gewiss hätte. Im Fall des § 844 Abs 2 ist die familiäre Beziehung aber zerstört und deshalb bleibt nur ihr vermögensmäßig fassbarer Rest, der dann immer nach dem Kriterium der Kausalität und der Totalreparation zu beurteilen ist. Aus dem Schutzzweck des § 844 Abs 2 oder des Familienunterhalts als Institution kann nichts Konkretes dafür entnommen werden, dass die Kausalbetrachtung des Unterhaltsschadens zu korrigieren wäre (der Rspr zust LANGE, in: LANGE/SCHIEMANN 507; MünchKomm/OETKER § 249 Rn 236; STAUDINGER/RÖTHEL [2002] § 844 Rn 202; SOERGEL/MERTENS vor § 249 Rn 231; PALANDT/HEINRICHS vor § 249 Rn 142; ERMAN/KUCKUK vor § 249 Rn 111).

171 i)   Ersparnisse können sich auch ergeben, wenn der Geschädigte infolge der Schädigung **steuerliche Vorteile** hat. Gelegentlich hat der BGH (JZ 1987, 574) freilich Zweifel geäußert, ob Steuervorteile überhaupt im Wege der Vorteilsausgleichung zu berücksichtigen oder als bloßer Schadensberechnungsfaktor anzusehen seien. Oft spricht der BGH daher in neuerer Zeit nur in neutraler Weise davon, dass eine Steuerdifferenz „dem Schädiger gutzubringen" sei (BGH NJW 1995, 389, 391). Aber teilweise ist auch heute noch von der „Herabsetzung" des Schadensersatzes wegen Steuervorteilen „im Wege der Vorteislausgleichung" die Rede (BGH NJW 1993, 1643). Es dürfte daher sinnvoll sein, die Frage der Berücksichtigung von Steuervorteilen weiterhin bei der Vorteilsausgleichung zu behandeln. Die Rspr geht von dem Grundsatz aus, dass schadensbedingte Steuerersparnisse des Geschädigten den zu ersetzenden konkreten Schaden verringern und deshalb dem Schädiger gutzubringen sind, wenn der **Zweck der Steuervergünstigung** nicht der Entlastung entgegensteht (BGH NJW 1986, 245; NJW-RR 1992, 1050; NJW 1993, 1643; 1995, 389; 1999, 3711). Fast durchweg angerechnet worden sind hiernach Verkehrssteuern einschließlich der Umsatzsteuer sowie Steuern aus nicht erwirtschaftetem Einkommen, während das

Bild bei den Ertragssteuern, insbes der Einkommensteuer, sehr vielgestaltig, ja verwirrend ist.

Angerechnet werden soll zB nach hM die ersparte Erbschaftssteuer, wenn der **172** Geschädigte statt der Erbschaft Schadensersatz für deren Verlust erhalten hat (PALANDT/HEINRICHS vor § 249 Rn 144). Angerechnet worden ist ferner die ersparte Wertzuwachssteuer (RGZ 149, 135, 139). Vor allem aber stellt es einen auszugleichenden Vorteil dar, dass der Geschädigte nach § 15 UStG zum **Vorsteuerabzug** berechtigt ist (BGHZ NJW 1972, 1460 m vielen Nw, krit jedoch F HÜBNER NJW 1972, 1858; 1973, 1029; OSWALD WM 1973, 686). Auf die Schadensersatzleistung des Leasingnehmers ist es anrechenbar, dass der Leasinggeber umsatzsteuerfrei bleibt (BGH NJW 1987, 1690). Eine Handelsgesellschaft soll daher (nach KG VersR 1976, 391) begründen müssen, dass ihr der Vorsteuerabzug ausnahmsweise nicht möglich ist. Bei pauschalierter Berechtigung zum Abzug scheidet Vorteilsausgleichung für Beträge aus, die nicht unter die Pauschale fallen (KG DAR 1975, 297). Der Vorteil aus einer Verjährung des Steueranspruchs soll dem Geschädigten hingegen verbleiben (BGHZ 53, 132, 138). Ebenso ist die Anrechnung für folgende einkommensteuerliche Begünstigungen **verneint** worden: Die Steuerermäßigung nach § 33b EStG für Körperbehinderte (BGH VersR 1958, 528); die Steuerermäßigung nach § 34 Abs 2 EStG für Veräußerungsgewinne und Entschädigungen für entgangene Einnahmen (BGHZ 53, 132; 74, 103; BGH NJW 1993, 1643); die Ermäßigung der Steuerlast wegen einer inzwischen eingetretenen Tarifsenkung (BGH WM 1970, 633). Aus demselben Gebiet des Ertragssteuerrechts sind aber folgende Vorteile **berücksichtigt** worden: die Steuerfreiheit von Leistungen der Unfallversicherung nach § 3 Nr 1 EStG (BGH NJW 1980, 1788), die Gewerbesteuerfreiheit wegen geminderter Erwerbsfähigkeit (BGH NJW 1979, 915), die Tarifvergünstigung bei Veräußerungsgewinnen (BGH WM 1965, 789, 793), die Progressionsdifferenz bei der Einkommensteuer wegen einer quotenmäßigen Haftung (BGH NJW 1995, 389, 391).

Die Lösungen der Rspr im Bereich der Verkehrssteuern und ähnlicher Steuern **173** leuchten ohne weiteres ein: Diese Steuern knüpfen an einen bestimmten Erwerbsvorgang als solchen an; sie sind daher „Kosten" dieses Erwerbs wie die Notar- und Maklerkosten bei einem Grundstücksgeschäft. In dieser Fallgruppe könnte man in der Tat auf die Kategorie der Vorteilsausgleichung verzichten und genausogut den Nettoertrag aus der Differenz von Bruttoertrag und Kosten einschließlich der zum Erwerbsvorgang gehörenden Steuern bilden. Die Unsicherheit bei den **Personensteuern** beruht hingegen offensichtlich darauf, dass der zur Unterscheidung herangezogene Zweck der Steuervergünstigungen vielfach zu schwer ermittelbar ist. Angesichts der Jahrzehnte andauernden Diskussion um die Reform gerade des Ertragssteuerrechts ist dies nicht weiter erstaunlich. Weil die Wege des Steuergesetzgebers hier so oft verschlungen und rational kaum noch nachvollziehbar sind, ist es schon **im Ansatz verfehlt**, sich für die Gewährung angemessenen Schadensersatzes hierauf einzulassen. Dies ist auch nicht erforderlich, wenn man sich von der Vorstellung befreit, die Regel zur Behandlung von Vorteilen sei deren Anrechnung (vgl oben Rn 132). Vielmehr ist der Gesetzgeber des Ertragssteuerrechts für die Frage der Vorteilsausgleichung am ehesten mit einem privaten Schenker zu vergleichen: Nach dessen Motiven wird auch nicht gefragt, abgesehen allein von dem Willen, den Schädiger zu begünstigen oder nicht. Es gibt im Ertragssteuerrecht aber keine Steuerermäßigung oder Steuervergünstigung, deren Zweck die Entlastung des Schädigers gebietet (KNOBBE-KEUK, 25 Jahre Karlsruher Forum 1983, 134, 138, der Rspr folgend aber zB MünchKomm/OETKER § 249 Rn 239 ff; THÜSING, Wertende Schadensberechnung [2001] 481 ff; der Rspr zustimmender Überblick von KULLMANN VersR 1993, 385 ff; ausführlichere Stellungnahme in: LANGE/SCHIEMANN 368 ff).

k) Weitere Fälle

174 Auf den Ersatzanspruch des Erben gegen den Nachlassverwalter wegen der von diesem verschuldeten Nachlassverluste soll es angerechnet werden, dass der Verwalter dem Erben andererseits durch überpflichtmäßigen Einsatz erhebliche Vorteile gebracht hat (BGH FamRZ 1975, 576). Auf den Ersatzanspruch wegen des Entgangs einer Erbschaft ist anzurechnen, dass diese stattdessen den Kindern des Geschädigten zugefallen ist und deren Unterhaltsansprüche mindert (BGH NJW 1979, 2033, 2034). Dagegen soll es den Schadensersatzanspruch des Bestellers gegen den Unternehmer wegen Eigentumsverletzung nicht berühren, dass die Abnehmer des Bestellers keine Mängelansprüche geltend gemacht haben: Den Unternehmer gingen diese für ihn fremden Rechtsverhältnisse nichts an (BGH NJW 1977, 1819, vgl auch den ähnlichen Fall beim Kauf OLG Hamm NJW 1974, 2061 u dazu BÜDENBENDER JuS 1976, 153; PFISTER JuS 1976, 373). Eher in den Bereich des § 254 Abs 2 gehört eine Entscheidung, wonach beim Ausfall des Inhabers eines Familienbetriebs kein Schaden entstehen soll, wenn andere Familienmitglieder durch unentgeltliche Mehrarbeit den Ausfall „auffangen" (BGH VersR 1960, 352). Diese Mehrleistungen Dritter konnte der Geschädigte aber zumutbarerweise von seinen Angehörigen nicht verlangen (§§ 254 Abs 2 S 2, 278). Daher ist der Vorteil solcher „freigebiger" Drittleistungen auch nicht auf den Schaden anzurechnen (so iE auch BGH NJW 1970, 95; LANGE, in: LANGE/SCHIEMANN 520 Fn 179; SOERGEL/MERTENS vor § 249 Rn 237 Fn 67).

6. Ersatz neu für alt und ähnliche Fragen

175 Nicht ohne weiteres der Vorteilsausgleichung zuzuordnen sind die Fälle eines Abzuges „neu für alt": Die Schadensersatzleistung durch Herstellung oder Ersatzbeschaffung kann nicht immer genau auf den angerichteten Schaden abgestimmt werden. So treten bei der Reparatur eines abgebrannten Hauses notwendigerweise neue, oft höherwertige Teile an die Stelle der alten; ähnlich ist es häufig bei der Reparatur von Kfz. Dann nimmt man, entsprechend der Tendenz von § 249 Abs 1 zum Schutz des Integritätsinteresses (vgl oben Rn 1), nur ausnahmsweise Unmöglichkeit der Herstellung mit der Konsequenz von § 251 Abs 1 an. Regelmäßig soll dagegen die Herstellung geschuldet und **der Wertgewinn** des Geschädigten **ausgeglichen** werden: durch eine Geldzahlung an den selbst herstellenden Schädiger bei § 249 Abs 1 und durch einen Abzug von den zu ersetzenden Herstellungskosten bei § 249 Abs 2 S 1 (BGHZ 30, 29; BGH VersR 1974, 243; NJW 1996, 584; 1997, 520; MünchKomm/ OETKER Rn 333; PALANDT/HEINRICHS vor § 249 Rn 146; SOERGEL/MERTENS vor § 249 Rn 78). Der wesentliche Unterschied zu den Fällen „echter" Vorteilsausgleichung besteht jedoch darin, dass der Vorteil nicht schon durch die Verletzung selbst eintritt, sondern gerade durch die Ersatzleistung.

176 Der Ausgleich beim Ersatz neu für alt ist für Sonderfälle gesetzlich und in Versicherungsbedingungen vorgesehen (zB §§ 86, 141 Abs 2 VVG iVm § 710 Abs 3 HGB, § 13 Nr 5 S 3 AKB). Er gilt aber allgemein. Dabei muss berücksichtigt werden, dass der Vorteil dem Geschädigten aufgedrängt wird. Daraus ergeben sich

Milderungen: Kann der Geschädigte den Ausgleich nicht sofort leisten, braucht dieser zwar nicht ganz zu entfallen; die Zahlung wird aber erst fällig, wenn sich der Vorteil durch Veräußerung oder die verlängerte Lebensdauer der Sache für den Geschädigten günstig auswirkt (Esser/Schmidt I 2 § 33 V 2 a). Vor allem ist die **Höhe des Ausgleichs** nach der individuellen Nützlichkeit des Vorteils für den Geschädigten zu bemessen (ähnlich wie bei der aufgedrängten Bereicherung, Staudinger/Lorenz [1999] Vorbem 46 f zu §§ 812 ff). So entfällt ein Ausgleich ganz, wenn ein fast neues Kfz durch Anschaffung eines Neuwagens zu ersetzen (BGH NJW 1976, 1202, vgl auch § 251 Rn 33, 38 ff) oder neu zu lackieren ist (OLG Düsseldorf DAR 1974, 215). Auch der Einbau neuer Teile bleibt ohne Ausgleich, wenn die ersetzten Teile im allgemeinen die Lebensdauer des Fahrzeugs erreicht hätten, sich diese also nicht erhöht hat (KG NJW 1971, 142; OLG Braunschweig NdsRpfl 1963, 156). Doch kann der Einbau auch dadurch zu einem Vorteil führen, dass künftige Aufwendungen erspart werden oder eine bevorstehende Veräußerung zusätzlichen Gewinn bringt (OLG Celle VersR 1974, 1032). Ein höherer Verkaufswert darf aber idR nur berücksichtigt werden, wenn der Geschädigte wirklich verkauft (OLG Saarbrücken VersR 1975, 189). Ersetzt der Verkäufer eines fehlerhaften Neuwagens diesen nach erheblicher Fahrleistung durch einen anderen Neuwagen, kann die Differenz neu für alt durch eine anteilige Berücksichtigung der voraussichtlichen Gesamtfahrleistung ermittelt werden (BGH NJW 1983, 2194, 2195). Auf eine konkrete Verkaufsabsicht des Erwerbers kommt es hier nicht an, weil davon auszugehen ist, dass der Geschädigte nicht sein letztes Auto erworben hat. Aber auch für gewerblich genutzte Gegenstände begnügt sich der BGH (NJW 1996, 584) mit einem Vergleich der Abschreibungswerte, wobei sehr alte Sachen auch noch unter ihrem linearen Abschreibungswert angesetzt werden können. Besonders reichhaltig ist die Rspr zu Gebäudereparaturen (vgl BGHZ 30, 29; 102, 322; BGH VersR 1962, 765; 1963, 1185 für einen Abzug auch bei einem historischen Gebäude; NJW 1992, 2884 bei über 100jähriger Mauer; NJW 1997, 520; OLG Karlsruhe VersR 1975, 741 für ein neues Scheunendach; LG Mannheim DWW 1975, 245 zu einem neuen PVC-Bodenbelag; OLG Düsseldorf NJW-RR 1993, 664). Ein anzurechnender Vorteil ist jedoch zu verneinen, soweit er durch eine Verzögerung der Reparatur entsteht, mit der die Nutzungsdauer nur verschoben und nicht wirklich verlängert wird (OLG Düsseldorf BauR 1974, 413; KG BauR 1978, 410). Weitere Fälle: zur Ausgleichung beim Ersatz einer älteren Zahnprothese (OLG Frankfurt VersR 1979, 38; AG Landshut NJW 1990, 1537), zu Investitionsgütern (OLG Bremen VersR 1984, 555; OLG Hamburg VersR 1987, 460). Vor allem im Werkvertragsrecht verpflichtet die Rspr den Gläubiger von Mängelbeseitigungs- und Schadensersatzansprüchen unter dem Gesichtspunkt der Vorteilsausgleichung zur Tragung des Mehrpreises, der bei von Anfang an ordnungsgemäßer Herstellung angefallen wäre (zu diesen „Sowieso-Kosten" insbes BGHZ 91, 206, 211 mNw; 126, 326, 334 f; 139, 244).

Gleichfalls dem Werkvertragsrecht gehört das schadensrechtliche Problem der **Bausummenüberschreitung** im Zusammenhang mit einem Kostenvoranschlag an (dazu Lange, in: Lange/Schiemann 41 f): Hier wird ein Schaden nicht schon dadurch ausgeschlossen, dass den Mehrkosten eine mindestens gleiche Erhöhung des Verkehrswerts gegenübersteht. Das beachtet der BGH (zB NJW 1970, 2018 mNw) nicht hinreichend (dort im übrigen zu der Frage, inwieweit der anzurechnende Wert nach dem Ertrags- oder dem Sachwert zu bestimmen ist): In solchen Fällen wird infolge der Pflichtverletzung dem anderen Teil ein Wert aufgedrängt, den er nicht haben wollte und nach dem Vertrag auch gerade nicht sollte entgelten müssen. Daher ist dieser

177

Vorteil nur nach den Regeln über die aufgedrängte Bereicherung zu bewerten (LOCHER NJW 1965, 1696, 1698; zu diesen Regeln STAUDINGER/LORENZ [1999] Vorbem 46 f zu §§ 812 ff).

V. Die Herstellung durch den Schädiger (§ 249 Abs 1)*

1. Vorkommen

178 Der gesetzliche Regelfall des § 249 Abs 1 ist die Herstellung (Naturalrestitution) **durch den Schädiger selbst**. Praktisch ist das aber die Ausnahme: Bei Körperverletzungen und Sachbeschädigungen geht der Geschädigte fast immer über § 249 Abs 2 S 1 vor (vgl unten Rn 217 f). Und bei anderen Verletzungsarten ist die Herstellung vielfach überhaupt unmöglich, so dass § 251 Abs 1 eingreift (vgl dort Rn 6 ff).

179 Ausgeschlossen ist die Herstellung nach § 249 Abs 1 insbes auch dann, wenn ihr **Erfolg rechtlichen Wertungen widerspricht**. Das wird vor allem angenommen bei § 839 iVm Art 34 GG: Der Beamte, der nach der rechtlichen Konstruktion zunächst auf Schadensersatz haften müsste, könnte persönlich die Amtshandlung gar nicht vornehmen. Die Anstellungskörperschaft, die aus Fürsorgegründen an die Stelle des Beamten tritt, ist nicht notwendigerweise Träger der entscheidenden Behörde, und generell sollen die Zivilgerichte nicht über Dinge entscheiden, für die (einschließlich des öffentlichrechtlichen Folgenbeseitigungsanspruchs, vgl Vorbem 22 zu §§ 249 ff) sonst die Verwaltungsgerichte zuständig sind (dazu bereits Vorbem 15 zu §§ 249 ff). Das passt aber nicht für Leistungen ohne hoheitlichen Charakter; in sie kann also verurteilt werden (BGHZ 5, 102 für Lieferung von Kohle). Auch die Schadensermittlung nach § 249 Abs 2 S 1 bleibt unbeschränkt zulässig, weil sie nur zu einem Geldanspruch führt.

180 Sinnwidrig ist die Herstellung beim **Schadensersatzanspruch wegen Nichterfüllung** (dazu ausführlich PIEPER JuS 1962, 409; 459), wenn der Erfüllungsanspruch ausgeschlossen ist: Hier darf nicht auf dem Weg über die Herstellung ein der Erfüllung entsprechender Zustand verlangt werden (aA aber GEBAUER, Naturalrestitution beim Schadensersatz wegen Nichterfüllung [2002] 43 ff, 85 ff, 108 ff, 129 f u passim; LOBINGER, Die Grenzen rechtsgeschäftlicher Leistungspflichten [2004] 249 f). Das gilt vor allem bei § 179 Abs 1 und

---

* **Schrifttum:** BARNICKEL, Die Naturalrestitution beim gegenseitigen Vertrag, VersR 1977, 802; COESTER-WALTJEN, Die Naturalrestitution im Deliktsrecht, Jura 1996, 69; DEGENKOLB, Der spezifische Inhalt des Schadensersatzes, AcP 76 (1890) 1; GEBAUER, Naturalrestitution beim Schadensersatz wegen Nichterfüllung (2002); HAMANN, Schadensersatz in Natur oder Geld bei Sachschäden, (Diss Göttingen 1974); HAUG, Naturalrestitution und Vermögenskompensation, VersR 2000, 1329, 1471; JAKOB, Ersatz fiktiver Kosten nach allgemeinem Schadensrecht? (1998); KLIMKE, Schadensberechnung nach § 249 BGB, VersR 1968, 537;

MEDICUS, Naturalrestitution und Geldersatz, JuS 1969, 449; U PICKER, Die Naturalrestitution durch den Geschädigten (2003); A ROTH, Das Integritätsinteresse des Geschädigten und das Postulat der Wirtschaftlichkeit der Schadensbehebung, JZ 1994, 1091; SCHIRMER, § 249 BGB – Magna Charta des Schadensersatzrechts, in: FS Horst Baumann (1999) 293; vTUHR, Naturalherstellung und Geldersatz, JherJb 46 (1904) 39; WOLTER, Das Prinzip der Naturalrestitution in § 249 BGB – Herkunft, historische Entwicklung und Bedeutung (1985) – vgl auch Schrifttum vor Rn 186.

regelmäßig bei §§ 281, 282, weil sich hier der Schadensersatz verlangende Gläubiger selbst gegen den Erfüllungsanspruch entschieden hat (vgl STAUDINGER/SCHILKEN [2004] § 179 Rn 16; STAUDINGER/OTTO [2004] § 280 Rn E 80 f, beide mwNw). In anderen Fällen (vgl STAUDINGER/OTTO [2004] § 280 Rn E 80 aE) ist der Ausschluss der Herstellung weniger zwingend: Er besteht hier nur, soweit die Unmöglichkeit reicht. Zweifelhaft war vor allem § 635 aF: Früher hatte es der BGH (NJW 1962, 390) zugelassen, den Schadensersatzanspruch aus dieser Vorschrift auf die Verlegung einer neuen Drainage zu richten, nachdem sich die alte wegen der mangelhaften Leistung des verklagten Architekten als ungenügend erwiesen hatte. Das ist zwar vom BGH (NJW 1978, 1853, Berufungsurteil OLG Köln NJW 1978, 429) ausdrücklich aufgegeben worden: Nur ausnahmsweise soll es nach § 254 dem Geschädigten obliegen können, Herstellung durch den Architekten anzunehmen, wenn diese erheblich billiger kommt als Geldersatz. Doch überzeugt diese (sehr knapp begründete) Ablehnung nicht (gegen den BGH auch GANTEN NJW 1978, 2593 mwNw; LANGE, in: LANGE/SCHIEMANN 221 m Fn 53, seine Rspr bestätigend aber BGHZ 99, 81, 84). Denn der BGH hätte sich nicht mit der Feststellung begnügen dürfen, es bestehe kein ausreichender Anlass, den Anspruch aus § 635 aF gegen den Architekten ausnahmsweise nicht bloß auf Geld zu richten. Vielmehr wäre umgekehrt zu begründen gewesen, warum der Anspruch entgegen der Regel des § 249 ausnahmsweise nicht primär auf Herstellung gehen soll (zust LANGE aaO). Zu bedenken ist dabei aber auch, inwieweit dem Besteller Herstellungskosten einer Person zumutbar sind, die zuvor versagt hat (Rechtsgedanke des § 249 Abs 2 S 1, vgl unten Rn 210). Jedenfalls kann der Besteller beim Werkvertrag auch Befreiung von einem misslungenen Werk verlangen (OLG Hamm NJW 1978, 1060 m Herleitung aus §§ 636, 249 aF; KORNMEIER NJW 1978, 2035 f m Herleitung aus §§ 634 Abs 4, 467, 346 ff aF; allg zu Schadensersatz und Naturalrestitution im Werkvertragsrecht nach §§ 634, 280 ff nF STAUDINGER/PETERS [2003] § 634 Rn 126).

Nach § 3 Nr 1 S 2 PflVersG hat der **Haftpflichtversicherer** Schadensersatz in Geld zu leisten; insoweit ist also § 249 Abs 1 (nicht auch Abs 2) ausgeschlossen. Gleiches gilt nach § 49 VVG, doch kann diese Vorschrift abbedungen werden (und wird es auch zB teilweise bei der freiwilligen Haftpflichtversicherung, vgl § 3 Abs 2 Nr 1 AHB: Haftpflichtprüfung, oder – noch deutlicher – bei der Glasversicherung, vgl § 11 Abs 1 AGlB: Liefern und Montieren von Sachen).

2. Wirtschaftliche Gleichwertigkeit

a) Ziel der Herstellung ist ein Zustand, wie er ohne das zum Ersatz verpflichtende Ereignis bestünde, genaugenommen also nicht „Wiederherstellung". Vollständig lässt sich dieser „schadensfreie" Zustand (etwa durch eine Sachreparatur) häufig nicht erreichen. Dann wird die Herstellung eines Zustandes geschuldet, der dem hypothetisch schadensfreien möglichst nahe kommt. Hierfür genügt ein wirtschaftlich gleichwertiger Zustand (zB RGZ 76, 146, 147; 91, 104, 106; 126, 401, 403; KEUK, Vermögensschaden und Interesse [1972] 192 ff; LANGE, in: LANGE/SCHIEMANN 215). Soweit nach der Herstellung noch ein Schaden bleibt, ist er nach § 251 Abs 1 in Geld auszugleichen (vgl § 251 Rn 12 f). Umgekehrt entsteht bei Höherwertigkeit der Herstellung das Problem des Ersatzes neu für alt (vgl oben Rn 175 ff).

b) Bei der **Zerstörung von Sachen** (oder bei einer durch Reparatur nicht behebbaren Beschädigung) ist die wirtschaftliche Gleichwertigkeit in gewissem Umfang durch die Lieferung von Ersatzsachen erreichbar. So liegt es idR für vertretbare (§ 91) ungebrauchte Sachen (zB BGH VersR 1971, 1412, 1414 für Wertpapiere). Dagegen kann man bei unvertretbaren (BGH NJW 1975, 2061) oder gebrauchten Sachen vielfach keine Ersatzsache finden, die der zu ersetzenden einigermaßen genau und sicher entspricht; dann liegt Unmöglichkeit der Herstellung mit der Folge des § 251 Abs 1 vor. Doch ist bei dieser Abgrenzung der Zweck von § 249 zu bedenken, dem Geschädigten möglichst vollständigen Ersatz zu gewähren. Daher kann man das Erfordernis der wirtschaftlichen Gleichwertigkeit großzügiger handhaben, wenn der Geschädigte eine Abweichung hinzunehmen bereit ist (ähnlich MünchKomm/OETKER Rn 314 f). Das gilt insbes, wenn dem Geschädigten der Geldersatz noch weniger nutzt als eine nur ähnliche, aber nicht gleichwertige Ersatzsache. Daher ist in Zeiten der Bewirtschaftung, als für Geld vieles nicht zu kaufen war, mit Recht auch über erheblichere Unterschiede hinweggesehen worden (vgl etwa OGH 1, 128, 130 f für gebrauchte Möbel, auch LG Oldenburg SJZ 1946, 179 für ein Damenfahrrad statt eines Herrenfahrrades; LG Duisburg JMBl NRW 1947, 53 für Goldschmuck statt Zahngold; LANGE, in: LANGE/ SCHIEMANN 217 mwNw). Hat der Geschädigte an der an sich möglichen vollständigen Herstellung kein berechtigtes Interesse, so muss er sich mit der Herstellung eines gleichrangigen Zustandes begnügen, sofern dies für den Ersatzpflichtigen kostengünstiger ist (BGH NJW-RR 1986, 784 für die Wiederauffüllung einer Kiesgrube mit Erdaushub; vgl auch schon RGZ 76, 146 zur Aufschüttung oder Entwässerung versumpfter Grundstücke). Ähnliches gilt für bebaute Grundstücke, wenn zB die auf ihnen stehenden Häuser vollständig zerstört sind: Es ist nicht sinnvoll, den Neubau haargenau nach dem Muster des zerstörten Gebäudes zu errichten. Dennoch ist der Neubau eine sinnvolle Art der Restitution (BGH VersR 1989, 299, 300; OLG Stuttgart VersR 1995, 424, 425). IdR ergibt sich dann das Problem des Abzuges neu für alt (oben Rn 175 ff). Wird zB ein Kabel zerstört, liegt auch dann Naturalrestitution vor, wenn das neue Kabel an anderer Stelle verlegt wird (BGHZ 125, 56, 60 f). Ähnliche Fragen stellen sich insbes auch bei **ökologischen Schäden** (vgl auch unten Rn 186 ff). Schon nach der Wertung des § 16 UmwHG kann die Herstellung eines ökologisch wünschenswerten Ersatzzustandes Vorrang vor dem reinen Geldausgleich haben. In diesem Sinne kann etwa nach der Zerstörung eines Biotopes durch Emissionen aus einer Anlage, die unter das UmwHG fällt, statt der unmöglich gewordenen Herstellung die Schaffung eines „Ersatzbiotopes", uU auch an anderer Stelle, verlangt werden. Diese Tendenz wird voraussichtlich deutlich gestärkt durch die vom Staat geltend zu machenden Ansprüche auf Durchführung ökologischer Ausgleichsmaßnahmen oder auf Ersatz der Kosten solcher Maßnahmen gemäß der bis zum 30. 4. 2007 umzusetzenden Umwelthaftungsrichtlinie der EU (RL 2004/35/EG, ABl EU 2004 L 143, 56).

184 Für **Kraftfahrzeuge** besteht ein so lebhafter Gebrauchtwagenmarkt, dass für nahezu jedes zerstörte Modell eine Ersatzmöglichkeit zur Verfügung steht. Daher betrachtet der BGH seit langem nicht nur die Lieferung eines typengleichen Wagens bei Zerstörung oder Beschädigung eines neuwertigen Kfz (vgl BGH NJW 1982, 433), sondern auch die Wiederbeschaffung eines Gebrauchtwagens in st Rspr als Naturalrestitution (BGHZ 66, 239, 247; 115, 365, 368; 375, 378; BGH NJW 1972, 1800; 1976, 1202; 1993, 1849, 1850). Für die Wiederbeschaffung im Wege der Herstellung gilt nach der Rspr dann allerdings ein besonderes **Wirtschaftlichkeitsgebot** (BGHZ 125, 56, 61 mNw). Dies ist verbreitet auf Ablehnung gestoßen (A ROTH JZ 1994, 1091, 1092; MünchKomm/ GRUNSKY[3] § 251 Rn 4 und die Voraufl mwNw). Gegen die Einordnung der Wiederbeschaffung beim Totalschaden als Herstellung scheint zu sprechen, dass dann der Ersatzschuldner selbst zur Beschaffung eines Ersatzwagens berechtigt und verpflichtet sein müsste (LANGE, in: LANGE/SCHIEMANN 216) sowie dass ein Vorrang der Reparatur, wie er in § 251 Abs 2 gegenüber der Kompensation gesichert wird, bei einer solchen Einordnung gegenüber der Ersatzbeschaffung ohne die völlig gesetzesfreie Annahme eines Wirtschaftlichkeitsgebots nicht mehr zu begründen ist (für die Anwendung des § 249 S 2 aF entgegen seinem Wortlaut auch auf den Fall der Sachzerstörung schon nach altem Recht aber LIPP NZV 1996, 8). Entgegen diesen Bedenken hat nun allerdings der Gesetzgeber des 2. SchadÄndG in der Begründung zur Neuregelung des § 249 Abs 2 (BT-Drucks 14/7752, 13, 23) die Beschaffung einer gleichartigen oder gleichwertigen Ersatzsache ausdrücklich in den Regelungsbereich dieser Vorschrift einbezogen (für die Einordnung der Ersatzbeschaffung bei § 249 daher jetzt auch PALANDT/HEINRICHS Rn 15). Nur so ließ sich das Ziel erreichen, dass bei Annahme einer Verwendungsfreiheit des Geschädigten über den Restitutionsbetrag (dazu unten Rn 224, 224a) die bloß fiktive MWSt von der Ersatzleistung ausgeschlossen bleibt. Aber auch wenn man die Dispositionsfreiheit ablehnt, lassen sich beide Bedenken gegen die Einbeziehung der Ersatzbeschaffung in die Restitution ausräumen: Das Ziel der Restitution, den Geschädigten nicht nur in seiner Vermögenslage sondern auch in seinem Güterbestand nach Möglichkeit so zu stellen, wie er ohne den Schadensfall stünde, lässt sich auch bei Sachzerstörung erreichen, wenn eben die Ersatzbeschaffung in § 249 Abs 1 einbezogen wird. Gerade dann treffen für die Ersatzbeschaffung die schon vom Gesetzgeber des BGB für die Ersetzungsbefugnis des Schadensersatzgläubigers angeführten Gründe genauso zu wie für die Reparatur (U PICKER, Naturalrestitution 189 f). Insbesondere braucht sich der Geschädigte, dessen Gütersphäre durch den Schädiger gestört worden ist, nicht durch einen nochmaligen „Eingriff" in Gestalt der konkreten Ersatzleistung zusätzlich beeinträchtigen zu lassen. Eben deshalb lässt der BGH – sachlich durchaus mit Recht – für Kfz nur die Wiederbeschaffung eines ähnlichen Wagens nach einer gründlichen technischen Überprüfung von einem seriösen Gebrauchtwagenhändler und unter Gewährung einer Werkstattgarantie als vollen Ersatz gelten (BGH NJW 1966, 1455; NJW 1982, 1864, 1865). Dies schließt nicht aus, dass in der konkreten Lage des Geschädigten ausnahmsweise die erforderlichen Kosten auch durch ein konkretes Angebot des Ersatzpflichtigen beeinflusst werden. Zur Wahrung des Grundgedankens von § 249 Abs 2 S 2 ist jedoch erforderlich, diese Vorschrift entgegen ihrem Wortlaut **analog** (in teleologischer Extension) auf den Fall der **Sachzerstörung** anzuwenden. – Das andere Bedenken gegen die Einbeziehung der Ersatzbeschaffung in die Restitution erledigt sich bei näherer Betrachtung von selbst: Wenn sowohl die Reparatur als auch die Ersatzbeschaffung Wege der Restitution sind, stehen sie dem Geschädigten gar nicht wahlweise zur Verfügung. Liegt ein wirtschaftlicher Totalschaden vor, übersteigen die Reparaturkosten also die Kosten der Wiederbeschaffung, sind die höheren Kosten für die Reparatur nicht erforderlich. Gewährt man – wie die Rspr – dem Geschädigten einen **zusätzlichen Integritätszuschlag**, gerät man in einen **unlösbaren Widerspruch** zu der Prämisse, dass Ersatzbeschaffung Restitution ist, die Integrität also schon erreicht. Freilich gilt für die Beurteilung der erforderlichen Kosten wie auch sonst (unten Rn 219, § 251 Rn 26) die Perspektive *ex ante*. Das Prognoserisiko trägt also der Ersatzpflichtige, nicht der Geschädigte.

Wenn in Übereinstimmung mit der Rspr demnach die Ersatzbeschaffung, insbesondere auch von Kfz, eine Variante der Restitution darstellt und unter § 249 Abs 2 S 1 fällt, stellt sich auch hier (vgl schon Rn 183) die Frage, bis zu welcher Abweichung von der zerstörten Sache der Ersatzerwerb noch Wiederbeschaffung ist, ob also ein Fahrzeug größerer oder kleinerer Wagenklasse oder ein Neuwagen statt eines zum Schadensfahrzeug gleichwertigen Gebrauchtwagens noch als Restitution zu bewerten ist. Beim hier (Rn 213, 224 f) eingenommenen Standpunkt, dass der Geschädigte über den Ersatzbetrag keine Dispositionsfreiheit hat, die Kompensation nach § 251 Abs 1 aber idR durch den Verkaufs- oder Abschreibungswert bestimmt wird, ist die Frage, wann Ersatzbeschaffung und wann **Erwerb eines aliud** vorliegt, von besonderer Tragweite. Sie ist schon wegen der Einheitlichkeit des Schadensrechts genauso zu beantworten wie bei Grundstücken (oben Rn 183). Der Erwerb eines **Neuwagens** statt des Gebrauchtwagens ist also Restitution; die Kosten der Wiederbeschaffung sind daher bis zur Höhe eines Gebrauchtwagenerwerbs „erforderlich" gemäß § 249 Abs 2 S 1. Selbst der Erwerb eines anderen Modells oder einer geringfügig anderen Wagenklasse kann noch als Restitution anerkannt werden, wenn das Ersatzfahrzeug im wesentlichen dieselbe Funktion wie das Fahrzeug erfüllt, an dem Totalschaden eingetreten ist. Bei größeren Abweichungen überwiegt hingegen das Moment, dass der Geschädigte nicht seinen Schaden wiedergutgemacht hat, sondern den Schadensfall bloß zum **Anlass** genommen hat, eine neue Investitionsentscheidung zu treffen. Solche Entscheidungen gehören – vergleichbar der Zurechnungskategorie des allgemeinen Lebensrisikos (oben Rn 89) – der allgemeinen Lebensführung an. Der Geschädigte ist dann auf die Kompensation beschränkt.

185 c) Unbrauchbar ist das Erfordernis der wirtschaftlichen Gleichwertigkeit für den Herstellungsanspruch bei **Nichtvermögensschäden** (vgl § 253 Rn 7). Hier ist bei der Zulassung von Abweichungen noch mehr Großzügigkeit nötig, weil wegen § 253 ein Anspruch auf Geldersatz ganz fehlt, der Geschädigte also bei Verneinung der Herstellungsmöglichkeit leer ausginge. Nach LANGE (in: LANGE/SCHIEMANN 218) ist hier der Herstellungsanspruch schon dann zu gewähren, „wenn der (scil durch die Herstellung) erreichbare Zustand dem hypothetischen zwar nicht in vollem Umfange, aber doch weitgehend gleicht" (zu Einzelfällen vgl unten Rn 193).

3. Herstellung bei ökologischen Schäden*

186 Eine Reihe von Sonderfragen ergibt sich bei der Herstellung zum Ausgleich ökologischer Schäden. Den gesetzlichen Rahmen hierfür bilden insbes §§ 32 Abs 7 GenTG, 16 UmweltHG, deren unmittelbare Aussage freilich nur das Verhältnis

---

* **Schrifttum:** GERGAUT, Der ökologische Schaden im System des Privatrechts (Diss Freiburg 1997); KADNER, Der Ersatz ökologischer Schäden (1995); LEONHARD, Der ökologische Schaden (1996); MARBURGER, Vereinbarungen über den Ersatz ökologischer Schäden nach § 16 UmwHG, in: FS Steffen (1995) 319; REHBINDER, Ersatz ökologischer Schäden – Begriff, Anspruchsberechtigung und Umfang des Ersatzes unter Berücksichtigung rechtsvergleichender Erfahrungen, NuR 1988, 105; ders, Fortentwicklung des Umwelthaftungsrechts in der Bundesrepublik Deutschland, NuR 1989, 149; SCHULTE, Zivilrechtsdogmatische Probleme im Hinblick auf den Ersatz „ökologischer Schäden", JZ 1988, 278; SEIBT, Zivilrechtlicher Ausgleich ökologischer Schäden (1994); WAGNER, Umweltschutz mit zivilrechtlichen Mitteln, NuR 1992, 201; WENK, Naturalrestitution und Kompensation bei Umweltschäden unter besonderer Berücksichtigung der Monetarisierung ökologischer Schäden (1994); WEZEL, Die Disposition über den ökologischen Schaden (2001); S WOLFF, Der ökologische Schaden aus kontinentaler und maritimer Sicht (Diss Köln 1997).

von Restitution und Kompensation betrifft (dazu genauer § 251 Rn 16). Der darin geregelte weitreichende **Vorrang der Restitution** bildet aber zugleich eine Leitlinie zur Interpretation des Herstellungsgrundsatzes in § 249 Abs 1.

Ohne eine solche Leitlinie könnte man sonst vielfach bereits an der Möglichkeit der Restitution überhaupt zweifeln. Denn Öko-Systeme sind typischerweise „**lokale Unikate**" (MARBURGER, in: FS Steffen 322 mNw). Daher muss an die Stelle der „klassischen" Restitution eine „substitutive Restitution" (E SCHMIDT JuS 1986, 517, 520) treten. Das bedeutet, dass ein Naturalausgleich für nicht reparable Umweltschäden auch an anderer Stelle unter Herstellung ähnlicher Naturverhältnisse stattfinden kann (REHBINDER NuR 1988, 105 ff; STAUDINGER/KOHLER [2002] Einl zum UmweltHR Rn 129 mNw). Soweit die Restitutionsmaßnahme hiernach nicht unmittelbar am Ursprungsort möglich oder sinnvoll ist, wird man sogar Maßnahmen in einem gewissen räumlichen Zusammenhang mit dem Schadensort noch als Restitution auffassen können (REHBINDER NuR 1989, 149, 162).

187

Obwohl § 16 UmweltHG ausdrücklich nur § 251 Abs 2 erweitert, wird man ihm nach seinem Zweck auch einen Hinweis auf die **Bindung des Geschädigten** an das Restitutionsziel entnehmen können (MARBURGER, in: FS Steffen 323; STAUDINGER/KOHLER [2002] § 16 UmweltHG Rn 14, 22 mNw). Ein Indiz hierfür ist die Vorschusspflicht des Schädigers nach § 16 Abs 2 UmweltHG. Der Geschädigte hat somit bei ökologischen Schäden keine Dispositionsfreiheit (unten Rn 221 ff). Führt der Eigentümer die ökologisch erwünschte Herstellungsmaßnahme nicht aus, bleibt ihm nur der Wertersatzanspruch nach § 251 Abs 1 (zu weiteren Einzelheiten, insbes auch zu den schon traditionellen Problemen bei Baumschäden § 251 Rn 89 ff).

188

4. Beispiele einer Herstellung durch den Schädiger

Hinsichtlich des möglichen Inhalts der Naturalrestitution sind der Phantasie kaum Grenzen gesetzt (vgl HAGEN, in: LANGE/HAGEN, Wandlungen des Schadensersatzrechtes [1987] 65 ff). Wenn der Schaden in der Belastung mit einer Verbindlichkeit gegenüber einem Dritten besteht, geht der Herstellungsanspruch auf **Schuldbefreiung** (BGHZ 59, 148; BGH Betrieb 1972, 2056; NJW-RR 1989, 1043, 1044 mwNw). Ist der Schädiger selbst der Gläubiger, so darf er die Forderung nicht geltend machen und muss sie erlassen. Darin ist keine Aufrechnung zu sehen, so dass ein Aufrechnungsverbot nicht entgegensteht (BGHZ 71, 240, 245 mwNw). Wenn die schädigende Handlung in einer Klageerhebung besteht, wird als Herstellung die Klagerücknahme geschuldet (RGZ 157, 136, 140). Hat der Schädiger dafür Ersatz zu leisten, dass eine gegen ihn gerichtete Forderung des Geschädigten verjährt ist, so muss er die Forderung als unverjährt gegen sich gelten lassen (BGH MDR 1977, 468). Eine Herstellung in Natur enthält auch § 119 SGB X mit dem dort vorgesehenen Beitragsregress (vgl BGHZ 97, 330, 338).

189

Ist für den **Verlust von Geld** oder von Geldeinnahmen oder für die Belastung mit Geldausgaben Ersatz zu leisten, so besteht die Herstellung in einer Geldzahlung; § 249 und §§ 251, 252 decken sich dann. Bei einem Schaden in fremder Währung ist Ersatz in dieser Währung zu leisten, doch kann der Schädiger nach § 244 auch in Euro bezahlen (OLG Hamburg VersR 1979, 833, 834). Der Ersatz für eine vertragswidrige Geldüberweisung hat zu berücksichtigen, ob die Bank mit dem Betrag ohne die

190

Überweisung den Schuldsaldo des Kunden vermindert hätte; in diesem Fall kann nicht Geld verlangt werden, sondern nur Befreiung von der Bankschuld (BGH WM 1963, 463).

191 Auch im **Wettbewerbsrecht** kommt Herstellung in Betracht: Häufig ist (ggf als Vorbereitung für weitere Ersatzansprüche) zunächst Auskunft zu erteilen, so über die Person eines vertragsbrüchigen Dritten (RGZ 148, 364, 373 f) und durch die Benennung von Abnehmern (BGH LM Nr 7 zu § 249 BGB [Sb]; zur Auskunftserteilung bei Geheimnisverrat vgl ZEUNER, in: FS Reimers [1979] 217). Als Ersatz wegen einer nach § 26 Abs 2 GWB aF (vgl jetzt § 20 GWB) unzulässigen Diskriminierung soll (nach BGHZ 49, 90, 98) die Lieferung Zug um Zug gegen Kaufpreiszahlung gefordert werden können. Wohl noch genauer formuliert BGHZ 36, 91, 100: Geschuldet werde die Annahme des Vertragsantrags des Diskriminierten. Die rechtswidrige Abwerbung eines Arbeitnehmers führt dazu, dass der Ersatzpflichtige ihn für bestimmte Arbeiten nicht einsetzen darf (BGH GRUR 1976, 306; LM Nr 10 zu § 1 UWG).

192 Weiter sind Herstellungsansprüche möglich zB auf die **Gestellung von Sicherheiten**, wenn Ersatz für den Verlust einer Sicherheit zu leisten ist (vgl RGZ 143, 374, 376). Nach LG Mannheim (WuM 1962, 39) soll sich der Ersatzanspruch des Mieters aus §§ 540, 280 ff (§§ 541, 538 aF) auf die Überlassung einer gleichwertigen **Ersatzwohnung** durch den Vermieter richten können.

193 **Im nichtvermögensrechtlichen Bereich** (aber auch sonst; der Unterschied ist für § 249 bedeutungslos) kann bei ehrverletzenden Behauptungen Widerruf verlangt werden, doch wird dieser Anspruch jetzt meist negatorisch in Analogie zu §§ 12, 1004 usw begründet, was kein Verschulden erfordert. Verlangt werden kann auch die Herausgabe bzw Vernichtung des durch rechtswidriges Eindringen in fremde Intimsphäre erlangten Materials (RGZ 47, 170, 173 für photographisches Material, dort als Bereicherungsanspruch begründet; RGZ 94, 1, 3 für Herausgabe unerlaubt hergestellter Kopien eines Briefes; BGHZ 27, 284; BGH NJW 1988, 1016, beide für Löschung rechtswidrig hergestellter Tonaufnahmen). Ob auch die Abgabe einer (ggf strafbewehrten) Erklärung verlangt werden kann, in der sich der Schädiger zum Schweigen über rechtswidrig erlangte Kenntnisse verpflichtet, ist str, aber wohl zu verneinen (LANGE, in: LANGE/SCHIEMANN 218 mNw). Durchgesetzt werden kann ein Anspruch auf Aufnahme in einen Verein (BGHZ 29, 344, 347 beim Wirtschaftsverein; BGH NJW 1972, 316, 317 beim Idealverein). Dass ein ehrverletzender Vereinsbeschluss nichtig ist, muss ggf veröffentlicht werden (RG HRR 1934 Nr 137). Ebenso ist Herstellung die Entfernung von rechtswidrigen Inschriften oder Plakaten (vgl OLG Karlsruhe NJW 1972, 1810). Wenn ein Widerruf schädigender Tatsachenbehauptungen nicht genügt oder verzögert wird, kann auch die Veröffentlichung richtigstellender Werbeanzeigen verlangt werden (vgl BGHZ 66, 182, 192; 70, 39, 42; BGH NJW 1979, 2197, 2198). – Praktisch wichtig neben dem Widerruf ist im Medienrecht das Recht zur Gegendarstellung (vgl dazu PETERSEN, Medienrecht [2003] Rn 177 ff; SEITZ/SCHMIDT/SCHOENER, Der Gegendarstellungsanspruch in Presse, Film, Funk und Fernsehen [3. Aufl 1998]).

VI. Herstellung bei besonderen Schadensarten

1. Positives und negatives Interesse*

Restitution ist auch die Vermögensherstellung, wenn die hypothetische schadensfreie Güterlage nicht in einem Bestand von Sachgütern oder der Fortdauer der körperlichen Integrität besteht, sondern in einer positiven Abweichung vom Ist-Zustand des Aktivvermögens als solchem. Besonders deutlich ist dies, wenn das schädigende Ereignis zur Belastung des Geschädigten mit einer Verbindlichkeit geführt hat (vgl oben Rn 189): Herstellung ist dann die Befreiung hiervon. Auch das **positive Interesse** (Nichterfüllungsschaden) kann in diesem reinen Vermögenssinne eine „Herstellung" erfordern: Wählt etwa der Käufer im Falle der §§ 437 Nr 3, 280 Abs 1 den „kleinen Schadensersatz", dann kann dies bedeuten, dass der Geschädigte die Sache, die er gekauft hat, behält, aber so gestellt wird, als habe er sie von vornherein zu einem geringeren Preis gekauft (vgl STAUDINGER/OTTO [2004] § 280 Rn E 8). Das positive Interesse in Gestalt des kleinen Schadensersatzes kann aber auch in der Weise abgewickelt werden, dass der Käufer die Mängelbeseitigungskosten verlangt (BGH NJW 1991, 2900). Hierdurch wird dann ebenfalls ein vertragsgemäßer Zustand hergestellt. Dies kann man wiederum als Vermögensherstellung bezeichnen. Selbst der „große Schadensersatz" hat schadensrechtlich eine entsprechende Wirkung: Der Käufer wird von den Veränderungen seiner Vermögenslage durch den Vertrag insgesamt befreit. Ausnahmsweise steht nach der Rspr der Anspruch auf das positive Interesse dem beim Vertragsschluss getäuschten Käufer auch dann zu, wenn er seinen Schadensersatzanspruch auf unerlaubte Handlung (§ 826 oder § 823 Abs 2 mit § 263 StGB) stützt (RGZ 103, 154, 160; BGH NJW 1960, 237, 238). **194**

Noch bedeutsamer ist die Vermögensherstellung für Ansprüche auf das **negative Interesse**. Darauf ist idR auch der Deliktsanspruch wegen Täuschung beim Vertragsschluss gerichtet (BGHZ 57, 137, 139; BGH NJW 1998, 983, 984, vgl aber auch Rn 194), vor allem aber der Anspruch aus §§ 311 Abs 2, 280 Abs 1 *(culpa in contrahendo)*. Hat zB der Verhandlungspartner des Geschädigten eine Aufklärungspflicht verletzt und ist hierdurch ein ungünstiger Vertrag zustandegekommen, dann ist das negative Interesse zu verwirklichen, indem der Vertrag aufgehoben wird (BGH NJW 1962, 1196; 1969, 1625; 1998, 302; 898 SOERGEL/MERTENS Rn 13). Im Hinblick auf die strengeren Voraussetzungen der Vertragsaufhebung durch Anfechtung (Arglist und kurze Ausschlussfrist des § 124) ist diese Rspr nicht unbedenklich. Teilweise wird daher in der Lit vorgeschlagen, in solchen Fällen nur einen Geldanspruch zu gewähren (zB STOLL, in: FS Riesenfeld [1983] 275, 283; LIEB, in: FS Universität Köln [1988] 251 ff mNw). Der Aufhebungsanspruch führt auch zu Schwierigkeiten bei einem Mitverschulden des Geschädigten (dazu HAGEN, in: LANGE/HAGEN, Wandlungen des Schadensersatzrechts [1987] 69 f). Der BGH (NJW 1998, 302) hat den Widerspruch zu § 124 dadurch zu entschärfen **195**

---

* **Schrifttum:** GRIGOLEIT, Vorvertragliche Informationshaftung (1997); HANAU/WACKERBART, Positives und negatives Interesse, in: Arbeitsrecht und Zivilrecht in Entwicklung (1995) 205; MAX KELLER, Das negative Interesse im Verhältnis zum positiven Interesse (1948); LEONHARD, Der Ersatz des Vertrauensschadens im Rahmen der vertraglichen Haftung, AcP 1999 (1999), 660; S LORENZ, Der Schutz vor dem unerwünschten Vertrag (1997); RENGIER, Die Abgrenzung des positiven Interesses vom negativen Vertragsinteresse (1977); WIEDEMANN, Thesen zum Schadenersatz wegen Nichterfüllung, in: FS Hübner (1984) 719.

versucht, dass er nach der Schutzrichtung differenziert: § 123 schütze die Entscheidungsfreiheit, § 311 Abs 2 das Vermögen (iE zust ua STOLL, in: FS Deutsch [1999] 366 ff; PAEFGEN, Haftung für mangelhafte Aufklärung aus culpa in contrahendo [1999] 19 ff). Gerade die Rechtsfolge der Naturalherstellung, um die es hier geht, gilt aber unabhängig vom Vorliegen eines materiellen oder immateriellen Interesses (MEDICUS, SchuldR I Rn 109). Die systematischen Bedenken aus dem Anfechtungsrecht lassen sich mE dennoch überwinden, wenn man § 124 auf den Aufhebungsanspruch aus §§ 311 Abs 2, 280 Abs 1, 249 Abs 1 anwendet (so auch ua CANARIS AcP 200 [2000] 273, 319 mNw Fn 163; FLEISCHER AcP 200 [2000] 91, 111 f, 119), und die beim Mitverschulden erforderliche Reduktion der Rechtsfolgen ist durch ein Zug um Zug-Verhältnis zu erreichen: Für die Berücksichtigung von „überschießenden" Folgen der Herstellung bietet der Abzug neu für alt (oben Rn 175 f) das Vorbild. Neben dem Aufhebungsanspruch kann der Geschädigte den gleichsam „klassischen" Vertrauensschaden geltend machen und die besonderen Kosten des Vertrages und seiner Aufhebung als enttäuschte Vertrauensinvestitionen ersetzt verlangen (BGH NJW 2001, 2875; 2002, 208; PALANDT/HEINRICHS § 311 Rn 57).

196 Nach der Rspr (zB BGHZ 111, 75, 82; 114, 87, 94 f: BGH NJW 1999, 2032, 2043; 2001, 2875) kann der durch fehlerhafte Aufklärung Geschädigte statt der Aufhebung des Vertrages auch verlangen, dass der Vertrag so geändert wird, dass er den Bedingungen entspricht, die bei ordnungsgemäßer Aufklärung festgelegt worden wären. Auf diesem Wege soll der Geschädigte insbes einen Anspruch auf **Minderung** der Gegenleistung erhalten. Dies wird in der Lit weitgehend abgelehnt (SOERGEL/WIEDEMANN vor § 275 Rn 111 mNw; LANGE, in: LANGE/SCHIEMANN 222 f mNw Fn 61). Schadensrechtlich ist diese Rechtsfolge jedenfalls nicht zu begründen. Sie läuft auf eine richterliche Anpassung des Vertrages hinaus (vgl HORN JuS 1995, 377, 383). Sie lässt sich allenfalls – wie bei der Geschäftsgrundlage nach früherem Recht (vgl § 242 Rn 1101 ff) – auf § 242 stützen. Folgt man der Rspr, kommt auch hier ein nach neuem Recht auf § 284 zu stützender Anspruch auf das negative Interesse in Gestalt bestimmter Vertrags- und insbes der Anpassungskosten in Betracht (vgl BGH NJW 1980, 2408; 1981, 1035 u hierzu LANGE 223). Darin liegt dann eine Kombination des positiven Interesses (nämlich der Minderung) mit dem negativen Interesse. Der Schadensersatzanspruch aus §§ 311 Abs 2, 280 Abs 1 ist aber mangels besonderer Vorschrift nicht auf das positive Interesse beschränkt.

197 Eine erhebliche Zahl von Entscheidungen zum Schadensersatz aus §§ 311 Abs 2, 280 Abs 1 bzw culpa in contrahendo betrifft Schäden enttäuschter **Kapitalanleger** (vgl den Überblick von H D ASSMANN, in: FS Lange [1992] 345 ff u ausführl GEIBEL, Der Kapitalanlegerschaden [2002]). Die für die culpa in contrahendo im allgemeinen entwickelten Rechtsfolgen sind auch hier anwendbar, zB die Rückgängigmachung der Kapitalanlage mit Erstattung der Nebenkosten (BGHZ 115, 213); dazu gehören insbes die Kosten einer Anlagenfinanzierung (vgl ASSMANN 355 ff). Ferner ist der Minderungsanspruch (oben Rn 196), wenn man ihn überhaupt anerkennt, auf die Kapitalanlage anwendbar (GEIBEL 223 ff). Und schließlich kommt auf dieser Grundlage auch eine Minderung des Entgelts (der Provision) für die Beratung und Vermittlung des Anlegers in Betracht (dazu grundlegend HIRTE, Berufshaftung [1996] 370 ff mNw; ferner GEIBEL 307 ff). Noch nicht hinlänglich erörtert sind bisher die Auswirkungen des Spekulationscharakters solcher Geschäfte auf den Schadensersatz (dazu auch § 252 Rn 56 ff): Er begrenzt den Schutzzweck der Beratungs- und Aufklärungspflichten und begründet auch Obliegenheiten des Anlegers selbst (auch dazu GEIBEL 327 ff, 452 ff).

2. Schadensberechnung im Immaterialgüterrecht

In ähnlicher Weise wie bei der *culpa in contrahendo* (§§ 311 Abs 2, 241 Abs 2, 280 Abs 1 nF) den Parteien ein Vertrag mit anderem als von ihnen selbst verabredetem Inhalt als „Schadensersatz" auferlegt wird (oben Rn 196), gewährt die Rspr seit langem bei Verletzungen von Immaterialgüterrechten ein **vertragliches Entgelt als Schadensersatz**. Wie bei dem Anspruch auf Minderung aus *culpa in contrahendo* werden hiermit die Grundlagen des Schadensersatzes verlassen. In Wahrheit wird ein anders gearteter Anspruch nur als Schadensersatz bezeichnet. Das gilt auch für eine weitere in diesem Bereich angewandte „Schadensberechnungsmethode": die Herausgabe des Verletzergewinnes. **198**

Der quasi-vertragliche Entgeltanspruch richtet sich auf eine **angemessene Lizenzgebühr**. Dies geht – wie auch der Anspruch auf Gewinnherausgabe – auf eine sehr alte, hinter das BGB zurückreichende Rspr zurück (RGZ 35, 63 „ARISTON"; zur weiteren Entwicklung MünchKomm/OETKER § 252 Rn 53 ff mNw Fn 159). Der Anspruch auf die Lizenzgebühr soll selbst dann bestehen, wenn der Geschädigte die Lizenz überhaupt nicht oder nicht an den Schädiger erteilt hätte; ja im früheren Warenzeichenrecht sogar dann, wenn eine dinglich wirkende Lizenz nicht zulässig und bei der Ausübung des fremden Warenzeichens eine gewisse Täuschungsgefahr nicht auszuschließen ist (BGHZ 44, 372 „Meßmer-Tee II"). Dabei soll für die Höhe der Lizenzgebühr „rein objektiv" darauf abgestellt werden, „was bei vertraglicher Einräumung ein vernünftiger Lizenzgeber gefordert und ein vernünftiger Lizenznehmer gewährt hätte, wenn beide die im Zeitpunkt der Entscheidung gegebene Sachlage gekannt hätten" (BGHZ 44, 372, 380 f mwNw). Über die maßgeblichen Umstände soll der Verletzte Auskunft fordern dürfen (vgl BGH NJW 1973, 1837 „Nebelscheinwerfer"). Allerdings soll der Verletzte wenigstens darlegen müssen, dass ein Schaden wahrscheinlich entstanden ist (BGH BB 1972, 110 „Cheri"). **199**

Der Verletzte hat ein **Wahlrecht**, ob er den ihm konkret entgangenen Gewinn („erste Berechnungsmethode"), die Lizenzgebühr („zweite Methode") oder die Herausgabe des Gewinns verlangt, den der Schädiger durch den rechtswidrigen Eingriff erlangt hat (zB BGHZ 119, 20 mNw). Der Anspruch auf Gewinnherausgabe ist der Sache nach der Anspruch auf Gewinnabschöpfung bei Geschäftsanmaßung (§ 687 Abs 2), jedoch erweitert auf die Fälle bloß fahrlässiger Handlungen des Verletzten. Dieser Anspruch ist jetzt ausdrücklich in § 97 Abs 1 S 2 UrhG anerkannt. Der Grundsatz gilt aber auch über diese Rechte hinaus; dass für die anderen unkörperlichen Ausschließlichkeitsrechte eine gesetzliche Geltungsanordnung fehlt, beruht bloß auf den Zufälligkeiten der Gesetzgebung und erlaubt daher keinen Gegenschluss. **200**

Weder der Anspruch auf die Lizenzgebühr, noch die Herausgabe des Verletzergewinnes lassen sich mit den Grundsätzen des allgemeinen Schadensrechts vereinbaren. Sie sind aber mit der hM in der Lit **nicht als Schadensersatzansprüche** zu behandeln (MünchKomm/OETKER § 252 Rn 55; vgl SOERGEL/MERTENS Rn 139 mNw). Vielmehr gehört der Anspruch auf die Lizenzgebühr (oben Rn 199) sachlich zur Ein- **201** griffskondiktion (vgl Staudinger/Lorenz [1999] Vorbem 60 ff zu § 812 ff; ausführl Ellger, Bereicherung durch Eingriff [2002] 591 ff). Und der Anspruch auf den Verletzergewinn (oben Rn 198) steht dem § 687 Abs 2 so nahe, dass er richtigerweise in Analogie zu dieser Vorschrift entwickelt werden sollte (vgl § 687 Rn 21). Dass die Rspr (zB BGHZ 57, 116, 118 „Wandsteckdose II", abl Haines NJW 1972, 482) das leugnet und bei der Einordnung ins Schadensersatzrecht bleibt, zielt jedenfalls nicht auf eine unmittelbare Anwendung der §§ 249 ff. Freilich ist eine entsprechende Anwendung der §§ 252, 840 BGB, 287 ZPO sinnvoll (Soergel/Mertens aaO; noch darüber hinausgehend MünchKomm/Oetker § 252 Rn 56 mNw Fn 177). Auch eine Kürzung des Anspruchs auf Gewinnherausgabe in analoger Anwendung des § 254 kommt in Betracht, zB wenn der Verletzte einem fahrlässigen Missbrauch seines Rechtes unangemessen lange Zeit untätig zugesehen hat. Alle Einzelheiten gehören aber wegen der richtigen dogmatischen Einordnung nicht hierher.

3. Haftungsschaden

202 Die Herstellung in Gestalt der Befreiung von einer Verbindlichkeit (oben Rn 189) beruht darauf, dass der Geschädigte seinerseits (im Verhältnis zum Schädiger zu Unrecht) mit einer Haftung belastet ist: Nach der Rspr des RG sollte eine solche Belastung insoweit keinen Schaden darstellen, als der Belastete **zur Tilgung unvermögend** war (so zuletzt RGZ 146, 360; 147, 248). Daher sollte der Überschuldete keinen Befreiungsanspruch haben und der Gläubiger dann auch nicht in diesen Anspruch vollstrecken können. Der BGH hat die Frage zunächst (VersR 1960, 273, 275) offengelassen und sich endlich mit Recht vom RG abgewendet: Selbst bei einer vermögenslosen juristischen Person soll die Belastung mit einer Verbindlichkeit einen Schaden bedeuten (BGHZ 59, 148; BGH NJW 1986, 581, 582 f; entspr für den beschränkt haftenden Schiffsführer BGHZ 66, 1, 4 gegen BGHZ 41, 203, 207). Jede neue Verbindlichkeit erhöhe nämlich die Summe der Passiven, und dies zu vermeiden habe nach den Maßstäben des redlichen Geschäftsverkehrs auch der Vermögenslose ein berechtigtes Interesse. Für den Gläubiger der den Schaden darstellenden Verbindlichkeit bedeute es keinen ungerechtfertigten Vorteil, dass er sich aus dem auf Befreiung gerichteten Schadensersatzanspruch seines Schuldners befriedigen könne. Denn der Befreiungsanspruch eigne sich wegen §§ 399 BGB, 851 ZPO ohnehin nicht als Vollstreckungsobjekt für andere Gläubiger (ebenso Lange, in: Lange/Schiemann 213 f; MünchKomm/Oetker § 249 Rn 16; Palandt/Heinrichs vor § 249 Rn 46; Soergel/Mertens Rn 46, 127). Der Befreiungsanspruch wandelt sich in einen **Zahlungsanspruch** um, wenn der Geschädigte den Anspruch des Dritten erfüllt oder durch Erfüllungssurrogate (insbes Aufrechnung) zum Erlöschen bringt (BGH NJW-RR 1987, 43; 869; NJW 1989, 1215, 1216). Der Befreiungsanspruch ist auch der nahezu einzige Anwendungsbereich des § 250 (s dort Rn 1, 4). Der Geschädigte kann dem Schädiger nach § 250 S 2 eine Frist zur Haftungsfreistellung setzen und nach deren fruchtlosem Ablauf Zahlung verlangen (BGH NJW 1992, 2221, 2222). Der Fristsetzung bedarf es – wie auch sonst, vgl §§ 281 Abs 2, 286 Abs 2 Nr 3 – nicht, wenn der Schuldner die Herstellung oder überhaupt den Schadensersatz ernsthaft und endgültig verweigert (BGH aaO mNw). Eine entspr Wirkung hat die Insolvenz des Geschädigten.

203 Zweifeln kann man an der Schadensqualität, wenn die belastende Verbindlichkeit in der Pflicht zur Zahlung einer **Geldstrafe** besteht: Die Anerkennung als ersatzfähiger Schaden würde hier die Abwälzung der Strafe auf einen anderen erlauben, was auf

Strafvereitelung (§ 258 StGB) hinauslaufen könnte. Dagegen wird argumentiert, wenn der Täter die Strafe bezahlt habe, könne der staatliche Strafanspruch nicht mehr vereitelt werden (RGZ 169, 267, 268; BGHZ 23, 222, 224). Das mag für die Strafbarkeit nach § 258 StGB zutreffen. Aber der Sinn einer Geldstrafe dürfte verfehlt sein, wenn der Täter von Anfang an weiß, dass er die bezahlte Strafsumme zivilrechtlich von einem anderen ersetzt verlangen kann. Daher ist die Ersatzfähigkeit wohl auf Fälle zu beschränken, in denen es bloß um eine Ordnungswidrigkeit oder um geringfügiges kriminelles Unrecht geht. Nur solche Fälle haben anscheinend auch die Rspr beschäftigt (RGZ 169, 267, wo der Kläger eine strafbefreiende Selbstanzeige wegen Steuerhinterziehung geplant, sein beklagter Steuerberater ihn aber davon abgehalten hatte; BGHZ 23, 222, wo der Kläger einen Verstoß gegen Devisenvorschriften begangen hatte, die beklagte Bank den Verstoß durch Beratung aber hätte verhindern sollen).

4. Insbesondere Ersatz für die Belastung mit Unterhaltspflichten*

a) Der bei weitem wichtigste Fall der Belastung mit einer Verbindlichkeit im allgemeinen Schadensrecht ist heute die **Unterhaltspflicht gegenüber einem nicht (so) gewollten Kind**. Ein Anspruch der Eltern eines solchen Kindes kommt nach der Rspr in folgenden Fällen in Betracht: bei fehlerhafter genetischer Beratung (BGHZ 124, 128), bei misslungener Sterilisation (BGH NJW 1995, 2407), bei schuldhaft fehlerhafter Verabreichung eines untauglichen Verhütungsmittels (LG Itzehoe FamRZ 1969, 90; anders für einen nichtehelichen Vater wegen Übersehens einer Schwangerschaft der Freundin bei Verschreibung der Anti-Baby-Pille BGH NJW 2002, 1489) und bei einem unterlassenen oder fehlgeschlagenen Schwangerschaftsabbruch, der aus embryopathischen oder kriminologischen Gründen indiziert gewesen wäre (BGHZ 124, 128, 137; aber wohl nur bei Geburt eines behinderten Kindes: BGH NJW 2002, 2636). Schon früh hat auch das RG (RGZ 108, 86) Schadensersatz für die Belastung mit Unterhalt gewährt: Ein in einer Pflegeanstalt ungenügend beaufsichtigter Geisteskranker hatte mit einer Wärterin ein Kind gezeugt. Besonderes Gewicht in der nach wie vor lebhaften Auseinandersetzung um diese Fallgruppe hat die Feststellung des 2. Senats des BVerfG (BVerfGE 88, 203 = NJW 1993, 1751), eine rechtliche Qualifikation des Kindes als Schadensquelle komme von Verfassungs wegen (Art 1 Abs 1 GG) nicht in Betracht. Deshalb verbiete sich die Annahme, die Unterhaltspflicht für ein Kind sei ein Schaden. Der BGH (BGHZ 129, 178, 182; BGH NJW 2002, 886) ist dieser Stellungnahme für den Bereich des eigentlichen Entscheidungsgegenstandes des BVerfG gefolgt und hat einen Schadensersatzanspruch bei unterlassenem Abbruch trotz sozialer Indikation verneint. In den oa anderen Fällen hält sich der BGH an die allgemeine Aussage des

---

* **Schrifttum:** vBAR, Schadensersatz für das unerwünschte Kind, ZEuP 1998, 324 ff; FRANZKI, Neue Dimensionen in der Arzthaftung: Schäden bei der Geburtshilfe und wrongful life…, VersR 1990, 1181 ff; GEHRLEIN, Grenzen der Schadensersatzpflicht des Arztes für Unterhaltsaufwand bei ungewollter Schwangerschaft, NJW 2000, 1771 f; LANGE, Haftung für neues Leben? (1991); G MÜLLER, Fortpflanzung und ärztliche Haftung, in: FS Steffen (1995) 355 ff; PICKER, Schadenersatz für das unerwünschte eigene Leben (1995); ders, Schadensersatz für das unerwünschte Kind, AcP 195 (1995) 483; ders, Menschenwürde und Menschenleben, in: FG Flume (1998) 155; SCHÖBENER, Menschliche Existenz als Schadensquelle, JR 1996, 89; STÜRNER, Das Bundesverfassungsgericht und das frühe menschliche Leben – Schadensdogmatik als Ausformung humaner Rechtskultur, JZ 1998, 317; R ZIMMERMANN, „Wrongful life" und „wrongful birth", JZ 1997, 131.

BVerfG zum „Kind als Schaden" aber nicht für gebunden. Insbes lehnt der BGH (BGHZ 124, 128) den Schluss des BVerfG vom Dasein des Kindes auf den erforderlichen Unterhalt ab. Dem hat sich der 2. Senat des BVerfG (BVerfGE 96, 375 = NJW 1998, 519) angeschlossen.

205 In der zivilrechtlichen **Lit** hat der BGH überwiegend Zustimmung gefunden (DEUTSCH, Allgemeines Haftungsrecht Rn 836; NJW 1994, 776; VersR 1995, 609; PALANDT/HEINRICHS vor § 249 Rn 47–48 b; MünchKomm/WAGNER § 823 Rn 82–85 mNw). A ROTH (FuR 1993, 305 ff; NJW 1994, 2402 ff) und vor allem PICKER (Schadensersatz für das unerwünschte eigene Leben „wrongful life" [1995] und AcP 195 [1995] 483 ff; zum gerade bei dieser Frage unverzichtbaren umfassenderen ethischen Rahmen der Diskussion ders, Menschenwürde und Menschenleben [2002] insbes 131 ff) haben die bis dahin gefestigte Rspr des BGH unter dem Blickwinkel der Äußerung des BVerfG einer **Fundamentalkritik** unterzogen.

206 Kein seriöses Argument gegen die Ersatzfähigkeit des Unterhalts ist, dass hier auch eine Naturalrestitution (durch Tötung des Kindes) ausscheidet (vgl LG München I VersR 1970, 428 m Anm LÖWE). Denn abgesehen davon, dass dann § 251 Abs 1 eingriffe, ist der Gedanke schon im Ansatz falsch: Nicht Geburt oder Existenz des Kindes könnten den Schaden bedeuten, sondern nur die Belastung der Eltern mit der Unterhaltspflicht. Übrigens kommt auch nicht in Betracht, dass die Eltern sich nach § 254 das Unterlassen einer Abtreibung schadensmindernd anrechnen lassen müssen: Sie bleibt Tötung.

207 Gewicht haben dagegen andere **Argumente**: Die familienrechtliche Unterhaltspflicht der Eltern gegenüber ihrem Kind lasse sich nicht einfach mit anderen, rein vermögensrechtlichen Belastungen gleichsetzen. Auch stünden dieser Pflicht untrennbar vermögensrechtliche und ideelle Vorteile gegenüber. Zunächst ungewollte Kinder würden später nicht selten akzeptiert und sogar geliebt, ohne dass sich dies schadensrechtlich erfassen ließe. Die durch eine Schadensersatzpflicht implizierte rechtliche Festschreibung des Kindes als unerwünscht könne das Kind seelisch schwer schädigen. Ferner könne durch den Arztvertrag nicht ein haftungsrechtlich geschütztes Interesse begründet werden, das nicht ohnehin im Rechtssinn als Schaden zu qualifizieren sei. Auch werde der Arzt geradezu veranlasst, bei Beratung und möglicher Abtreibung immer gegen das potentielle Kind zu votieren. Der Unterhaltsfreistellungsanspruch bedeute eine Kommerzialisierung des Kindes und verletze daher dessen Würde und „Sakrosanktheit". Schließlich sei es widersprüchlich, eben wegen dieser „Sakrosanktheit" dem Kind einen eigenen Anspruch wegen seines „wrongful life" zu verweigern (so in der Tat BGHZ 86, 241), denselben Gesichtspunkt bei der Gewährung des Ersatzanspruchs an die Eltern aber einfach zu übergehen.

208 b) **ME überwiegen die Gründe für den Anspruch** auf Befreiung von der Unterhaltslast: Entgegen dem 2. Senat des BVerfG wird das Kind durch den Anspruch der Eltern nicht zur Schadensquelle: Soweit es als Kind betroffen ist, kann es allenfalls selbst Ansprüche erheben. Die dafür erforderliche Eigenschaft als Träger subjektiver Rechte hat es jedenfalls unabhängig von den Ansprüchen der Eltern. Daneben können aber auch Rechte oder Rechtsgüter der Eltern betroffen sein. Das ist hier nicht anders als etwa in den Fällen der Schockschäden (oben Rn 43 f): Schadensersatz wird dort zB für eine eigene Gesundheitsverletzung der Mutter gewährt, uz selbst dann, wenn das Kind (wie durch ein Wunder) unverletzt geblieben ist. Lehrreich ist insbes der Fall fehlerhafter genetischer Beratung: Durch sie werden die Eltern an auch für ihr Vermögen nützlichen Dispositionen gehindert. Das macht ein dennoch geborenes Kind nicht zum Schaden oder zur Schadensquelle: Auch wer aufgrund einer fehlerhaften Vermögensberatung ein „an sich" wertvolles Grundstück, Investitionsgut oder Unternehmen erwirbt, ist nicht durch die Existenz dieses Grundstücks, Investitionsgutes oder Unternehmens belastet, sondern allein dadurch, dass es zu den Vermögenszielen, die gerade dieser Erwerber mit deren Erwerb verfolgt hat, nicht passt. Niemand würde daher auf den Gedanken kommen, der Erwerber werde am besten dadurch entschädigt, dass man den gekauften Gegenstand aus der Welt schafft. Eine Vereinbarung zur Herbeiführung einer „Freiheit vom Kind" müsste jedenfalls wegen Gesetz- und Sittenwidrigkeit an §§ 134, 138 scheitern. Gegenstand des Vertrages über eine genetische Beratung, indizierte Abtreibung usw ist aber eben gar nicht das Kind, sondern die Bewahrung ua des Vermögens der Eltern vor Unterhaltspflichten. Die rechtliche oder wenigstens wirtschaftliche Freistellung von Unterhaltspflichten kann sehr wohl Gegenstand von Vereinbarungen sein. So nimmt zB niemand daran Anstoß, dass ein Teil der Unterhaltspflicht durch den Abschluss einer Ausbildungsversicherung überwälzt wird. Aber auch familienrechtliche Vereinbarungen über die Unterhaltspflicht selbst sind durchaus verbreitet. Werden solche Vereinbarungen nicht erfüllt, ist Schadensersatz in Gestalt einer Freistellung von der Unterhaltspflicht selbst zu leisten. Konsequenterweise kann dann auch die Vermeidung von Unterhaltspflichten überhaupt Gegenstand einer Vertragsvereinbarung sein. Bleibt die Erfüllung dieses Vertrages aus, bildet gerade dies die Grundlage eines Schadensersatzanspruchs.

Auch die weiteren Gründe gegen einen Schadensersatzanspruch der Eltern sind **209** nicht anzuerkennen: Die **Unterhaltsersatzleistung diskriminiert** das Kind nicht, sondern kommt ihm zugute: Außer seinen unmittelbaren Unterhaltsschuldnern steht ihm noch ein Drittschuldner zur Verfügung, wenn ihm der Ersatzanspruch der Eltern abgetreten oder überwiesen wird. Eine Differenzierung zwischen dem Kind selbst und den für es bestehenden Unterhaltspflichten ist im Familienrecht gang und gäbe. Der Unterhaltsbedarf hängt zwar vom Leben des Kindes ab; die Kostentragung hingegen geschieht in einem komplexen und differenzierten Anspruchssystem. Schwach ist die Spekulation zur Motivationslage des beratenden und behandelnden Arztes: Bei rationaler Betrachtung stehen einander gegenüber: ein Haftungsrisiko, für das Versicherungsschutz besteht, verglichen mit der Chance, ein zusätzliches Honorar für die Entbindung zu verdienen. Der ökonomisch denkende Arzt würde daher von der Geburt nur abraten, wenn das Risiko wirklich erheblich ist. Fälle der Sterilisation und der Verschreibung von Verhütungsmitteln sind von dem Argument von vornherein nicht betroffen. Schließlich wird das Kind nicht erst durch den Schadensersatzanspruch der Eltern „kommerzialisiert". Das Gesetz selbst begründet durch die Festlegung von Unterhaltspflichten einen „kommerziellen" Nachteil der Eltern. Dieser Nachteil wird durch Unterhaltsersatzansprüche nur weitergewälzt. Der psychische Schaden des Kindes durch seine Unerwünschtheit ist bereits mit der Geburt gegeben. Es ist nicht zu erkennen, dass die finanzielle Entlastung der Eltern diese diskriminierungsträchtige Situation verstärkt. Sonst käme man womöglich zur Konsequenz, dass Sozialhilfeleistungen an Kinder oder auch die Unterhaltspflicht des nichtehelichen Vaters als diskriminierende Leistungen abgeschafft werden müssten. Konsequenterweise müsste man dann auch mindestens jede

Rentenzahlung auf ein Schmerzensgeld oder für vermehrte Bedürfnisse aufgrund einer Körper- oder Gesundheitsverletzung ablehnen: Jede solche Leistung führt dem Opfer von neuem seine Opferstellung vor Augen. – Freilich bleibt als Argument gegen den Unterhaltsersatzanspruch der Widerspruch, dass dem Kind jeder Anspruch verweigert, den Eltern aber ein finanzieller Ausgleich bei „wrongful birth" gewährt wird. Dieser Widerspruch ist mE dadurch aufzulösen, dass Ansprüche der Eltern in diesem Fall zu verneinen und eigene Ansprüche des Kindes anzunehmen sind (DEUTSCH, Allgemeines Haftungsrecht Rn 840; STAUDINGER/HAGER § 823 Rn B 51; MünchKomm/WAGNER § 823 Rn 90 mNw; ERMAN/SCHIEMANN § 823 Rn 22).

VII. Die Zahlung der Herstellungskosten (§ 249 Abs 2 S 1)*

1. Verhältnis zur Herstellung nach § 249 Abs 1 und zur Kompensation nach § 251 Abs 1

210 Der Anspruch nach § 249 Abs 2 S 1 richtet sich zwar auf Geld, ist aber dennoch ein **Herstellungsanspruch** (oben Rn 1). Denn auch § 249 Abs 2 S 1 wahrt ebenso wie Abs 1 das Herstellungsinteresse (Integritätsinteresse) des Geschädigten: Geschützt ist der

---

* **Schrifttum:** ALTMANN, Schadensabrechnung auf Reparaturkostenbasis bei Inzahlunggeben des beschädigten Pkw, NJW 1976, 744 ff; BECHER, Ersatz der MWSt ohne Leistungsaustausch, VersR 1973, 902; BERGER, Abkehr von der konkreten Schadensberechnung?, VersR 1985, 403; ders, Die Berechnung des Sachschadens beim Kfz-Unfall jetzt und in Zukunft, VersR 1988, 106; BIRKMANN, Abrechnung auf Gutachtenbasis trotz durchgeführter Reparatur des Kfz, DAR 1990, 3; BUDEL, Zeitwertgerechte Reparatur, VersR 1998, 1460; DANNERT, Die Berechnung des Kfz-Schadens: Reparaturkosten- oder Totalschadensbasis?, VersR 1988, 980; FREUNDORFER, Fiktive Schadensberechnung – ein Faß ohne Boden?, VersR 1992, 1332; FUNK, Wann ist die Umsatzsteuer bei einem unverschuldeten Kfz-Unfall Teil des Schadens?, DStR 1973, 389; HAUG, Naturalrestitution und Geldersatz, VersR 2000, 1329, 1471; HERBRIG, Die MWSt im Zivilrecht (Diss Berlin 1976); JAKOB, Ersatz fiktiver Kosten nach allgemeinem Schadensrecht? (1998); KANNOWSKI, Maßstäbe der Schadensberechnung bei der Zerstörung von Haushaltselektronik, VersR 2001, 555 ff; KARAKATSANES, Zur Zweckgebundenheit des Anspruches aus § 249 S 2 BGB bei noch nicht durchgeführter Herstellung, AcP 189 (1989) 19; KIRCHNER, Die fiktive Schadensberechnung bei unfallgeschädigten Kraftfahrzeugen, NJW 1971, 1541; KLIMKE, Schadensberechnung auf der Basis fiktiver Reparaturkosten nach Veräußerung des beschädigten Fahrzeugs, VersR 1977, 502; KNIESTEDT, Schadensersatz, Zinsen, MWSt, DStR 1976, 597; KÖHLER, Abstrakte oder konkrete Berechnung des Geldersatzes nach § 249 S 2 BGB?, in: FS Larenz (1983) 349; KRUMBHOLZ, Zulässigkeit und Grenzen der Abrechnung auf Gutachtenbasis, NZV 1990, 218; LIPP, Fiktive Herstellungskosten und Dispositionsfreiheit des Geschädigten, NJW 1990, 104; ders, Der Ausgleich des Integritätsinteresses im Kfz-Schadensrecht, NZV 1996, 7; NOLTE, Die Umsatzsteuer als zu ersetzender Schaden im Zivilrecht (Diss Köln 1974); OFFERHAUS, Der Kraftfahrzeugunfall im Steuerrecht, DAR 1987, 206; U PICKER, Die Naturalrestitution durch den Geschädigten (2003); PRINZ, Zivilrechtliche Ersatzleistungen im Umsatzsteuerrecht (Diss Göttingen 1977); ROCKE, Berechnung des Fahrzeugschadens auf der Basis fiktiver Reparaturkosten, DAR 1990, 156; SCHACK, Schadensersatz nach Veräußerung beschädigter Sachen, in: FS Stoll (2001) 61; SCHAUMBURG, Umsatzsteuer und Zivilrecht, NJW 1974, 1734; SCHIEMANN, Die Grenzen des § 249 S 2 BGB, DAR 1982, 309; ders, Schadensersatz und Praktikabilität – Zur Dispositionsfreiheit des Geschädigten, in: FS Steffen (1995) 399; ders, Sachschadensrecht und Solidarität, in: GS Blo-

Güterstand des Geschädigten in seiner konkreten Zusammensetzung. Die Vorschrift will es dem Geschädigten ersparen, „zum Zwecke der Herstellung eine in ihrem Erfolg zweifelhafte Einwirkung auf seine Person oder auf die Sache dem Ersatzfplichtigen ... zu gestatten" (D 45 = Mugdan II 1235). Der Geschädigte braucht also nicht die Herstellung dem Schädiger zu überlassen. Die **zweite Art** des Schadensersatzes neben der Herstellung ist nach dem Gesetz **die Kompensation** in Geld nach § 251. Äußerlich ist sie so, wie die Rspr und hM diese versteht, vom Geldbetrag für die Restitution nach § 249 Abs 2 S 1 oft nicht zu unterscheiden. Die Kompensation nach § 251 Abs 1 dient aber im Gegensatz zu § 249 Abs 2 S 1 der Vermögensintegrität (dem Wert- oder Summeninteresse). Das Verhältnis beider Arten des Geldersatzes zueinander scheint nach dem Gesetz völlig klar: Der für die Genesung oder die Reparatur erforderliche Geldbetrag kann nur verlangt werden, wenn eine Körperverletzung oder eine Sachbeschädigung vorliegt. Der Geldersatz für die Beeinträchtigung des Vermögenswertes nach § 251 Abs 1 ist hingegen gerade davon abhängig, dass die Restitution unmöglich ist oder zum vollen Ausgleich nicht genügt. Bei den anderen Fällen (zB Beschädigung anderer Güter oder Zerstörung einer vertretbaren Sache) ist nach dem Gesetz allein die Naturalherstellung gemäß § 249 Abs 1 vorgesehen. Hier hat allerdings der Geschädigte nach § 250 die – praktisch kaum bedeutsame – Möglichkeit, dem Schädiger eine Frist zu setzen und anschließend Geldersatz zu verlangen.

Das Gesagte ergibt die **Verschiedenheit der Berechnung des nach § 249 Abs 2 S 1 und des nach § 251 geschuldeten Geldbetrags**: Für § 249 Abs 2 S 1 entscheiden die für die Herstellung erforderlichen Kosten, für § 251 dagegen ist maßgeblich die Wertminderung, die das Vermögen des Geschädigten durch das Schadensereignis erlitten hat. Der Unterschied zeigt sich am deutlichsten bei der Verletzung einer nicht erwerbstätigen Person oder der Beschädigung einer Sache ohne Vermögenswert: § 249 Abs 2 S 1 ergibt hier als Schaden die Heilungs- oder Reparaturkosten, § 251 Abs 1 dagegen keinen Schaden (zur Verbindung beider Berechnungsarten miteinander durch § 251 Abs 2 vgl § 251 Rn 16 ff).

So fein aufeinander abgestimmt diese verschiedenen Schadensersatzarten scheinen, wird das System der gesetzlichen Regelung in der Ausgestaltung des geltenden Wortlauts **der Interessenlage nur unvollkommen gerecht**. Infolge der standardisierten industriellen Massenproduktion, der vollen Funktionsfähigkeit der Marktwirtschaft und des umfassenden Ausbaus des Versicherungswesens haben sich die Gewichte deutlich verschoben. Geldersatz ist nicht nur idR die einzig sinnvolle Art der

---

meyer (2004) 811; Schirmer, § 249 BGB – Magna Charta des Schadensersatzrechts, in: FS Horst Baumann (1999) 293; Schlechtriem, Schließt Veräußerung des Unfallfahrzeugs Schadensersatzansprüche auf Reparaturkostenbasis aus?, DAR 1975, 122; Schlegelmilch, Ersatz der MWSt ohne Leistungsaustausch?, VersR 1973, 209; Selb, Schadensersatz und MWSt, in: FS Schwind (1978) 283 (zum österr Recht); Steffen, Die Rechtsprechung des BGH zur fiktiven Berechnung des Fahrzeugschadens, NZV 1991, 1; Thürmann, Zur Schadensberechnung auf Reparaturkostenbasis bei Inzahlunggabe des beschädigten Kraftfahrzeugs, VersR 1976, 1117; R Weber, „Dispositionsfreiheit" des Geschädigten und fiktive Reparaturkosten, VersR 1990, 934; ders, § 249 S 2 BGB: Erstattung der Reparaturkosten oder Ersatz des Schadens an der Sache?, VersR 1992, 527; E Wolf, Die Unhaltbarkeit der Rechtsprechung des BGH zum Schadensersatz bei Totalschäden an Kraftfahrzeugen (1984).

Entschädigung: Nach § 3 Nr 1 S 2 PflVersG ist sie für den Direktanspruch gegen die Haftpflichtversicherung im Straßenverkehr auch gesetzlich vorgeschrieben. Vor diesem Hintergrund hat die Rspr bei Sachschäden den Anwendungsbereich des § 249 Abs 2 S 1 vor allem in zwei Richtungen wesentlich erweitert: Die zur Herstellung erforderlichen Kosten werden auch dann ersetzt, wenn der Geschädigte gar nicht die Absicht oder auch nicht mehr die Möglichkeit zur Herstellung hat (vgl BGHZ 66, 239, 242 f). Außerdem werden die Kosten einer Wiederbeschaffung auch bei gebrauchten Sachen (oder jedenfalls Kfz) als Herstellungskosten angesehen (oben Rn 184 mNw).

213 Diese Erweiterungen des Anwendungsbereichs von § 249 Abs 2 S 1 machen deutlich, dass **zwischen der Kompensation** nach § 251 Abs 1 **und** dem Ersatz der **Herstellungskosten** im Wortsinn bei Sachbeschädigung eine **Lücke** besteht: Die Beeinträchtigung eines Vermögensgutes führt unmittelbar zu einem Wertverlust. Für diesen erst unter weiteren Voraussetzungen Ersatz zu gewähren, ist allein dadurch gerechtfertigt, dass die vorrangige Herstellung in Natur den Wertverlust ganz oder wenigstens teilweise ausgleicht. Steht (noch) nicht fest, ob die Reparatur überhaupt durchgeführt wird, erscheint die Verdrängung des Ersatzes für den Wertverlust durch die Herstellung in Natur nicht immer gerechtfertigt. § 251 Abs 1 bedarf insoweit der teleologischen Extension. Mit der Abhängigkeit des Wertersatzes von der Unmöglichkeit der Restitution wahrt der Wortlaut des § 251 Abs 1 das Interesse des Schädigers, sich von der Schadensersatzpflicht durch die Herstellung in Natur nach § 249 Abs 1 zu befreien. Dieses Interesse würde durch ein freies Wahlrecht des Schadensersatzgläubigers zwischen Restitution und Kompensation für alle Fälle materiellen Schadensersatzes vereitelt (insoweit zutr daher LANGE, in: LANGE/SCHIEMANN 230 gegen die Vorauf). Ein schützenswertes Interesse des Schuldners an der Durchführung der Restitution besteht aber nur, wenn er dazu rechtlich und tatsächlich in der Lage ist. Schon die tatsächliche Möglichkeit des Schuldners zur Restitution ist in der modernen arbeitsteiligen Gesellschaft sehr begrenzt. Rechtlich schuldet zB der Pflicht-Haftpflichtversicherer nach § 3 Nr 1 S 2 PflVG von vornherein nur Geldersatz, entweder nach § 249 Abs 2 S 1 oder nach § 251 Abs 1. Aber auch in allen Fällen, in denen der Gläubiger nach **§ 249 Abs 2 S 1** berechtigtermaßen wegen einer Sachbeschädigung Geld für die Restitutionsaufwendungen verlangen kann, wird ein Interesse des Schuldners an der Durchführung der Restitution in seiner Regie vom Gesetz nicht geschützt; er ist **rechtlich daran gehindert**, die Restitution vorzunehmen, wenn der Geschädigte Geldersatz wählt (so überzeugend U PICKER, Naturalrestitution 51 f). Den Gläubiger in den Fällen, in denen ihm das Recht zusteht, Kostenersatz nach § 249 Abs 2 S 1 zu wählen, ohne jedes legitime Interesse des Schadensersatzschuldners zur Durchführung der Restitution oder zur Herbeiführung subjektiver Unmöglichkeit (durch Veräußerung) zu zwingen, um überhaupt Schadensersatz verlangen zu können, wäre reine Schikane (U PICKER 54). **Ersatz für den Wertverlust** muss der Schädiger demnach **in allen Fällen** leisten, in denen er **kein eigenes Interesse an der Restitution** hat. Ob er darüber hinaus dem Geschädigten die volle Restitution seines Gutes ermöglichen muss, kann der weiteren Schadensentwicklung vorbehalten werden. Dem Geschädigten die Gewährung von Wertersatz zu einer Zeit, in der die Herstellung noch nicht unmöglich geworden ist, zu verweigern, wäre genauso unsinnig wie die Verschiebung eines Schadensersatzes wegen der verbliebenen Wertminderung nach Reparatur auf den Zeitpunkt eines späteren Verkaufs (merkantiler Minderwert, vgl § 251 Rn 34). Ersatz in Geld ist gerade nicht nur für

Kosten oder Aufwendungen zu leisten, sondern auch als Ausgleich für verlorene oder geminderte Werte. Ein solcher Verlust ergibt sich nicht erst aus späteren Dispositionen des Geschädigten; er **steht** vielmehr **mit der Beschädigung fest**, weil das Vermögensgut vor und nach dem Schadensfall jeweils einen Wert hat: den Zeitwert der Sache vor dem Schaden und den Veräußerungswert für die beschädigte Sache. Einen auf diese Weise sogleich mit dem Schadensfall eingetretenen Wertverlust unentschädigt zu lassen, ist unter Geltung des Grundsatzes der Totalreparation nur mit besonderen Interessen des Schädigers zu begründen. Solche Interessen bestehen nicht, wenn der Geschädigte ohnehin nach § 249 Abs 2 S 1 berechtigt ist, die Naturalrestitution selbst in die Hand zu nehmen. Dann kann der Geschädigte folglich Kompensation nach § 251 Abs 1 auch schon **vor Eintritt der Unmöglichkeit** der Restitution verlangen. Insoweit muss unter Rückgriff auf das allgemeinere und durchschlagende Prinzip (die Totalreparation nach § 249 Abs 1) die Einzelregelung (hier die Kompensation für den Wertverlust nur nach Unmöglichkeit der Herstellung gemäß § 251 Abs 1) berichtigt werden (krit gegenüber der insofern noch zu weit gefassten Argumentation der Voraufl mit Recht U Picker, Naturalrestitution 48 Fn 19). Der Weg der Rspr ist dem hier vorgezeichneten Weg methodisch nicht gleichwertig. Denn er muss den Zweck des § 249 Abs 2 S 1 – die Ermöglichung der Restitution – durch zweifelhafte zusätzliche Zwecke und Prinzipien (Dispositionsfreiheit hinsichtlich des Restitutionsbetrages, Obliegenheit zur Wahl des wirtschaftlichsten Weges) ergänzen. Zudem führt die Rspr in vielen Fällen zu einer Überkompensation, weil sie den Geschädigten so stellt, als hätte er sich Ersatz verschafft, während ihm richtigerweise Ausgleich für den erlittenen Verlust zusteht (vgl in dieser Richtung – mit teilweise noch zu pauschaler Begründung und, wie auch noch in der Voraufl, zu Unrecht auf den Wiederbeschaffungswert abstellend – schon Schiemann, in: FS Steffen [1995] 399 ff; ebenso iE insbes Köhler, in: FS Larenz [1983] 349, 368 f, hiergegen aber Karakatsanes AcP 189 [1989] 19, 32 f).

Die Auffassung, dass der Wert einer beschädigten Sache in den meisten Fällen bereits dann verlangt werden kann, wenn die Reparatur noch möglich und daher die Voraussetzungen des § 251 Abs 1 noch nicht erfüllt sind, ist gegenüber der oben (Rn 131) abgelehnten Theorie des Mindestschadens als eines objektiven Schadenskerns abzugrenzen: Anders als nach jener Theorie bleibt es beim Ersatz des Wertes – wie auch sonst im unmittelbaren Anwendungsbereich des § 251 – möglich, Reserveursachen und aus dem Schadensfall entstandene Vorteile zu berücksichtigen. IE hat daher der BGH für einen Gebäudeschaden zutreffend entschieden, dass Schadensersatz nicht zu gewähren sei, wenn durch die Zerstörung des Gebäudes die Bindungen des Denkmalschutzes weggefallen sind und daher das Grundstück nunmehr einen höheren Wert hat als vor dem Schadensfall das Grundstück einschließlich der Bebauung (BGH NJW 1988, 1837 u dazu Lange, in: Lange/Schiemann 498 f): Der anzurechnende Vorteil des Wegfalls des Denkmalschutzes hat hier den durch die Schädigung unmittelbar entstandenen Wertverlust ausgeglichen. Andererseits ist im Schulbeispiel des Kfz-Eigentümers, der sich nach einem Schaden entschließt, nur noch öffentliche Verkehrsmittel zu benutzen, das Fahrzeug aber unrepariert und unentsorgt bei sich stehen lässt, umgekehrt zu entscheiden: Der Vorteil, dass der Geschädigte seine Lebensweise geändert hat, ist im Verhältnis zum Schädiger überobligationsmäßig nach § 254 Abs 2, und daher darf dieser Vorteil nicht angerechnet werden.

2. Wahlrecht des Geschädigten

215 Das Recht des Geschädigten, die Herstellungskosten statt der Herstellung zu verlangen, ist mit der hM als **Ersetzungsbefugnis des Gläubigers** *(facultas alternativa)* zu verstehen (so zB BGHZ 5, 105, 109; 63, 182, 184; LANGE, in: LANGE/SCHIEMANN 227; MünchKomm/OETKER Rn 339; BGB-RGRK/ALFF Rn 12; PALANDT/HEINRICHS Rn 3). Der Schädiger wird aber nicht frei, wenn er nicht mehr herstellen kann, bevor der Geschädigte sich für § 249 Abs 2 S 1 entschieden hat (LANGE, BGB-RGRK/ALFF, beide aaO). Die rechtskräftige Abweisung des Anspruchs des § 249 Abs 1 hat Rechtskraft auch für den Anspruch nach § 249 Abs 2 S 1, wenn nicht die Abweisung gerade damit begründet worden ist, es könne nur Geldersatz verlangt werden (RGZ 126, 401, 403; BGH NJW 1991, 2014; MünchKomm/OETKER Rn 342; BGB-RGRK/ALFF Rn 13). Eine Legalzession (zB nach § 67 VVG) umfasst den Herstellungsanspruch im ganzen und lässt nicht etwa eine Alternative beim Zedenten zurück (BGHZ 5, 105, 110).

216 Str ist, inwieweit der Geschädigte **an die Ausübung seines Wahlrechts gebunden** ist. LANGE (in: LANGE/SCHIEMANN 228) verweist mit Recht darauf, dass § 249 im Gegensatz etwa zu §§ 250 S 2, 281 Abs 4, 316 Abs 1 S 2, 634 Nr 4 iVm 281 Abs 4 keine solche Bindung anordnet. Daher ist denen nicht zuzustimmen, die bei § 249 schlechthin eine Bindung an die Wahl annehmen (RG JW 1937, 1145 u im Ansatz auch BGHZ 66, 239, 246; weitgehend ebenso MünchKomm/OETKER § 249 Rn 343). Zu eng ist die Auffassung, dass die Wahl nur dann widerruflich ist, wenn sich zeigt, dass die andere Alternative bessere Erfolgsaussicht bietet (MünchKomm/GRUNSKY[3] Rn 13, ähnlich LANGE 228: Der Geschädigte soll von § 249 Abs 1 noch auf Abs 2 übergehen können, wenn der Schädiger die Herstellung nicht durchführen kann oder will). Vielmehr ist der Geschädigte erst dann an seine Wahl gebunden, wenn der Schädiger sich darauf einstellt (also zB Vorbereitungen für die Herstellung getroffen hat); vorher ist kein schutzwürdiges Interesse des Schädigers an der Bindung des Geschädigten zu erkennen (vgl auch OLG Hamburg VersR 1970, 913; 1971, 236: kein Wahlrecht des Geschädigten mehr, wenn der Schaden beseitigt ist).

3. Voraussetzungen von § 249 Abs 2 S 1

217 Unter **Verletzung einer Person** ist in erster Linie die Verletzung von Körper oder Gesundheit eines Menschen iSv § 823 Abs 1 zu verstehen. Doch ist § 249 Abs 2 S 1 auch auf die Verletzung der Freiheit oder des Persönlichkeitsrechts anzuwenden, etwa bei der Formulierung einer Anzeige, die eine ehrverletzende oder geschäftsschädigende Veröffentlichung berichtigen soll (vgl BGHZ 66, 182, 192; 70, 39, 42; BGH NJW 1979, 2197, 2198), oder bei der Entfernung eines beleidigenden Grafitto oder die Persönlichkeit verletzenden Plakates (OLG Karlsruhe NJW 1972, 1810 u dazu LANGE, in: LANGE/SCHIEMANN 218, 225).

218 **Beschädigung einer Sache** ist nach dem Gesetzeszweck (vgl oben Rn 210) jede Sachverletzung, die durch Reparatur dieser Sache behoben werden kann. Entgegen dem Wortlaut fällt auch die **Sachzerstörung** unter § 249 Abs 2 S 1, wenn sich der Geschädigte dazu entschließt, die Herstellung eines gleichwertigen Zustandes durch einen Ersatzerwerb wirklich vorzunehmen (oben Rn 184, 213 im Gegensatz zur Voraufl). Wird ein Haus oder auch nur ein Baum zerstört, liegt darin freilich ohnehin eine bloße Beschädigung des Grundstückes, so dass § 249 Abs 2 S 1 anwendbar ist (BGHZ 102, 322, 325; OLG Stuttgart VersR 1995, 424, vgl auch oben Rn 186 f zu den ökologischen Schäden). Es genügt auch eine Störung der organisatorischen Einheit (vgl BGHZ 76, 216, 219 ff zu notwendigen Überprüfungen der Gesamtordnung eines Archivs nach fortgesetzten Diebstählen daraus). Nicht unter § 249 Abs 2 S 1 fällt die Vorenthaltung einer Sache (Münch-Komm/GRUNSKY³ Rn 26). Die bloße Bedrohung einer Sache begründet zwar den (quasi-)negatorischen Abwehranspruch, aber noch keine Pflicht zu Schadensersatz und somit zum Ersatz von Restitutionskosten (vgl RGZ 91, 104, 107).

4. Insbesondere die Möglichkeit der Herstellung

a) Unstr muss die Herstellung **ursprünglich möglich gewesen** sein. Denn für eine von Anfang an unmögliche Herstellung gibt es keinen „dazu erforderlichen Geldbetrag". Doch genügt nach hM, dass der Geschädigte die Herstellung als möglich ansehen konnte; zu ersetzen sind daher auch die Kosten vernünftiger, aber schließlich erfolgloser Herstellungsversuche (vgl unten Rn 229 f). Daraus ergibt sich auch, dass im Rahmen des Erforderlichen die wirklich ausgeführte Reparatur den Vorrang vor dem von Gutachtern ermittelten, vorab an den Geschädigten gezahlten Restitutionsbetrag hat. Deshalb trägt der Schädiger das „Prognoserisiko" bei zu geringem Kostenansatz im Gutachten (BGH NJW 1972, 1800; VersR 1976, 389, 390 u hierzu § 251 Rn 26). Die Abrechnung nach den vom Sachverständigen ermittelten Werten hat also nur vorläufigen Charakter. Wird die Reparatur wirklich ausgeführt, sind die Kostenansätze des Sachverständigen, falls nötig, zu berichtigen (vgl BGH NJW 1989, 3009). Hieraus können Nachforderungen des Geschädigten entstehen; umgekehrt sind Überzahlungen nach § 812 Abs 1 S 1, 1. Alt zu erstatten.

b) Sehr str ist hingegen, ob der Anspruch bei nachträglicher objektiver Unmöglichkeit und insbes bei **nachträglichem Unvermögen** untergeht (und durch den Wertersatzanspruch nach § 251 Abs 1 ersetzt wird). Nach der Rspr entfällt der Anspruch aus § 249 Abs 2 S 1 auch bei nachträglicher objektiver Unmöglichkeit, zB wegen Sachzerstörung oder weil die Herstellung aufgrund der allgemeinen Marktentwicklung sinnlos geworden ist (BGHZ 66, 239, 243; BGH NJW 1985, 2413, 2414). In der Lit wird aber die Meinung vertreten, eine Entschädigung nach den Herstellungskosten könne auch dann gewährt werden, wenn die Restitution innerhalb einer bestimmten Zeit möglich war und der Ersatzpflichtige mit der Erfüllung seiner Verpflichtung in Verzug war (MünchKomm/OETKER Rn 352; PALANDT/HEINRICHS Rn 5). Der BGH hat diesen Gedankengang bereits im bekannten „Stärkungsmittelfall" (NJW 1958, 627) zugrundegelegt, in dem sich der Geschädigte aus Geldmangel ein nach dem Unfall ärztlich verordnetes Stärkungsmittel nicht besorgt hatte. Diese Entscheidung dürfte freilich heute überholt sein, nachdem der BGH (BGHZ 97, 14) einen Ersatz fiktiver Kosten bei Gesundheitsschäden ausdrücklich abgelehnt hat. Aber das zugrundeliegende „Verzögerungsargument" ist auch generell abzulehnen. Es trägt ins Schadensrecht eine diesem sonst fremde Sanktionserwägung herein, deren Schlüssigkeit nicht einmal hinlänglich sicher ist. Denn der Ersatzpflichtige hat nicht nur den Vorteil des Anspruchsuntergangs sondern auch das erhebliche Risiko, dass sich die Dinge wegen seiner Verzögerung zum schlechteren weiterentwickeln: Verschlimmerung der Gesundheitsbeeinträchtigung im Ausgangsfall, erhöhte Kreditkosten, Mietwagenersatz uä bei Sachschäden (iE ebenso MEDICUS VersR 1981, 593, 599; LANGE, in: LANGE/SCHIEMANN 230 Fn 108 mNw).

Für nachträgliches Unvermögen war die **Rspr des BGH** lange Zeit **gespalten**: Der

VI. ZS vertritt in stRspr die Auffassung, dass Kfz-Schäden auf Reparaturkostenbasis abzurechnen sind, auch wenn der Geschädigte das Fahrzeug so, wie es ist, in Zahlung gibt oder eine billigere Reparatur selbst durchführt oder durchführen lässt (BGHZ 61, 56, 58; 66, 239, 242 f; BGH NJW 1985, 2469; 1989, 3009). Für den Schadensersatz beim Werkvertrag nach § 635 aF war der VII. ZS dieser Auffassung gefolgt, wenn das Grundstück durch Vollzug eines Verkaufs oder durch Zwangsversteigerung von dem ersatzberechtigten Besteller auf einen Dritten übergegangen war (BGHZ 99, 81). Der V. ZS war hingegen in stRspr der Auffassung, dass der Geschädigte bei Veräußerung eines beschädigten Grundstücks nur den schadensbedingten Mindererlös bei der Veräußerung verlangen kann (BGHZ 81, 385; BGH NJW 1993, 1793), ist aber in neuerer Zeit (BGHZ 147, 320, 323) teilweise hiervon abgerückt, nämlich für den Fall, dass der Geschädigte den Anspruch spätestens bis zum Eigentumsübergang an einen Erwerber diesem abtritt. Dann soll der Anspruch aus § 249 Abs 2 S 1 jedenfalls fortbestehen (ebenso III. ZS BGH WM 2002, 757). Der VI. ZS stützt sich für seine Auffassung entscheidend auf die Dispositionsfreiheit des Geschädigten. Schon nach den Gesetzesmaterialien (ua Prot I 296) ist es anzuerkennen, wenn der Geschädigte auf eine Reparatur verzichtet und sich stattdessen entweder eine neue Sache anschafft oder die Reparatur aus anderen Gründen zurückstellt. Freilich ist die Einordnung der Äußerungen des historischen Gesetzgebers umstritten (STEFFEN NZV 1991, 1, 2 bezeichnet sie als obsolet). Es kommt jedoch hinzu, dass die Abrechnung auf Reparaturkostenbasis die Schadensregulierung vereinfacht: In vielen Fällen erübrigt sich danach weiterer Streit über die genaue Höhe der erforderlichen und der wirklich aufgewendeten Kosten. Zudem ist die Reparatur bei Reparaturfähigkeit eines Kfz zugleich die einzig sinnvolle Verwertungsart – gleichgültig, ob die Reparatur nun vom Geschädigten selbst oder erst später, zB von einem Dritten ausgeführt wird. Darin sah der V. ZS einen wichtigen Anknüpfungspunkt zur entgegengesetzten Entscheidung bei Grundstücken: Dort kann der Schaden Anlass für einen Neu- oder Umbau sein, so dass eine wirtschaftlich sinnvolle Nutzung auch in anderer Weise als nach Durchführung einer Reparatur möglich bleibe (vgl zuletzt BGH NJW 1993, 1793).

222 Aber auch die Rspr des VI. ZS führt nicht nur zu einer Schadensregulierung nach der Maxime der **Dispositionsfreiheit** des Verletzten. Vielmehr wird die Befugnis des Geschädigten zur Abrechnung aufgrund fiktiver Kosten durch ein **Wirtschaftlichkeitsgebot** begrenzt (vgl schon oben Rn 184). Hierdurch wird der Schadensersatz an die Abrechnung für reinen Wertersatz angeglichen, weil nach dem Wirtschaftlichkeitsgebot ohne Einzelnachweis der wirklichen Kosten nur der Wiederbeschaffungswert verlangt werden kann (BGHZ 115, 364, 372; BGH NJW 1992, 903; 1993, 1849). Der BGH begründet seinen Standpunkt freilich nicht mit § 251 Abs 1 sondern mit der Auffassung, dass auch die Ersatzbeschaffung gebrauchter Kfz Restitution sei, so dass es sich beim Wiederbeschaffungswert um die kostengünstigere Alt unter zwei Spielarten der Restitution handle. Weiter beschränkt der VI. ZS den Ersatz nach fiktiven Kosten dadurch, dass er für die Zeit der fiktiven Reparatur keinen Ersatz für Nutzungsausfall gewährt, sondern nur für die Zeit bis zur Beschaffung des Ersatzwagens. Auf der anderen Seite sieht der V. ebensowenig wie der VI. ZS des BGH in § 249 Abs 2 S 1 die Grundlage für einen nur transitorischen Anspruch. Ausdrücklich verneint er, dass § 249 Abs 2 S 1 (§ 249 S 2 aF) ein bloßer Vorschussanspruch sei (BGH NJW 1997, 520). Nur wenn der Geschädigte bis zum Zeitpunkt der letzten mündlichen Verhandlung in der Tatsacheninstanz tatsächlich Dispositionen getroffen hat, durch die sein Schaden definitiv geringer ist, insbes also das beschädigte Grundstück veräußert hat, sollte dies berücksichtigt werden. Der V. ZS lehnte also schon früher die Dispositionsfreiheit nicht schlechthin ab, sondern ließ sie mit der tatsächlich getroffenen Disposition enden.

Nicht überzeugend und daher **abzulehnen** ist jedenfalls die **Differenzierung zwischen** **223** **Kfz und Grundstücken** (LANGE, in: LANGE/SCHIEMANN 232; GRUNSKY JZ 1997, 825; vgl auch schon oben Vorbem 34 zu §§ 249 ff). Ein bebautes Grundstück ist nicht anders als ein Kfz im selben Umfang wie vor dem Schadensfall nur wirtschaftlich sinnvoll nutzbar, wenn es repariert wird. Läßt der Grundstückseigentümer stattdessen Arbeiten ausführen, die über eine Reparatur hinausgehen, ist dies schadensrechtlich ein Fall des Abzuges neu für alt (oben Rn 175) oder eine Reserveursache, deren Berücksichtigung sich nach besonderen Erwägungen richtet (oben Rn 92 ff). Auch sonst ist dem Schadensrecht eine Differenzierung nach der Art des geschädigten Objektes fremd. Dennoch aufgetretene Unterschiede bei der Gewährung einer Gebrauchsvorteilsentschädigung hat der GS (BGHZ 98, 212) einzuebnen versucht (dazu § 251 Rn 97). Insofern ist es zu begrüßen, dass der V. ZS die Änderung seiner Rspr ua ausdrücklich auf die Absicht zur Rechtsvereinheitlichung stützt (BGHZ 147, 320, 325). Diese Vereinheitlichung ist jedoch mindestens vorerst auf den Sonderfall der Veräußerung unter Abtretung des Ersatzanspruchs bezogen und lässt zudem offen, wie weit auch die Beschränkungen für Kfz (Rn 222) zu übertragen sind (für Ersatz fiktiver Hotelkosten bei Hausreparatur im Gegensatz zur „Kfz-Rspr" der VII. ZS BGH NJW-RR 2003, 1021). Eine Möglichkeit zur Aufhebung der weiter bestehenden Widersprüche zwischen den Senaten wäre die generelle, durch kein subjektives Unvermögen beschränkte Anerkennung der Dispositionsfreiheit (dafür MünchKomm/Grunsky[3] Rn 17a; iE eher auf der Linie der Rspr des VI. ZS jetzt MünchKomm/OETKER § 249 Rn 353 ff, 361 ff). Dies entspräche freilich allein der Rspr des VI. ZS und wäre nur durch das verfehlte Verzögerungsargument (oben Rn 220) zu begründen. Die größere dogmatische Folgerichtigkeit kommt also dem (früheren) Standpunkt des V. ZS zu.

Insbes das Argument der **Dispositionsfreiheit** für die Fortdauer des Schadensersatzes **224** nach der Veräußerung **überzeugt nicht**: Ein Geschädigter, der tatsächlich nicht mehr reparieren kann, hat keine Freiheit mehr, sich für oder gegen die Reparatur zu entscheiden (LANGE, in: LANGE/SCHIEMANN 231). Andererseits rechtfertigt die höhere Praktikabilität die Linie des V. ZS zugunsten eines einheitlichen Mindestbetrages unabhängig davon, ob der Geschädigte die beschädigte Sache in Zahlung gibt, ob ein Totalschaden vorliegt oder ob sich der Geschädigte entschließt, auf jegliche Reparatur oder Ersatzbeschaffung zu verzichten. Würde man den Anspruch auf den Verlust beim Vermögenswert mit der Dispositionsfreiheit des Geschädigten begründen müssen, käme man aber in einen unlösbaren schweren Wertungswiderspruch: nach hM besteht bei **Personenschäden** kein Anspruch auf fiktive Kosten (BGHZ 97, 14; MünchKomm/OETKER Rn 357 f; SOERGEL/MERTENS Rn 22; ERMAN/KUCKUK Rn 46; KARAKATSANES AcP 189 [1989] 19, 33 mNw; LANGE, in: LANGE/SCHIEMANN 229; MEDICUS DAR 1983, 352, 356; aA nur RINKE DAR 1987, 14 ff, wohl auch SCHELLHAMMER, Schuldrecht nach Anspruchsgrundlagen[4] [2002] Rn 1328). Es ist aber selbstverständlich, dass Körper und Gesundheit schutzwürdigere Lebensgüter sind als materielle Güter (vgl nur BYDLINSKI, Fundamentale Rechtsgrundsätze [1988] 178 ff). Dann ist es nicht zu rechtfertigen, den Schaden am Lebensgut der Gesundheit unter engeren Voraussetzungen zu entschädigen als einen Vermögensschaden. Bei der Kompensation liegen die Dinge freilich anders:

Dem Geldersatz nach § 251 Abs 1 steht hier das Schmerzensgeld nach § 253 Abs 2 gegenüber (so richtig BGHZ 97, 14, 19). § 249 Abs 2 S 1 hingegen gilt seinem Wortlaut nach für Sachschäden genauso wie für Personenschäden. Wäre diese Vorschrift der Angelpunkt der Argumentation, stünde nach der BGH-Entscheidung zum fiktiven Personenschaden dem Ersatz fiktiver Sachreparaturkosten für Vermögensschäden bei einer Gesundheitsverletzung überhaupt nichts gegenüber. Deshalb ist die Dispositionsfreiheit abzulehnen. Das berechtigte rechtspolitische Interesse an der Gewährung eines Geldersatzes ohne den Zwang zu konkreten Dispositionen des Geschädigten ist hingegen auf anderem Wege dogmatisch begründet: Diese Schadensersatzberechnung beruht auf der oben (Rn 213) entwickelten teleologischen Extension des § 251 Abs 1 für die unmittelbar durch den Schadensfall eingetretene Wertminderung in allen Fällen, in denen der Schadensersatzschuldner kein berechtigtes Interesse an der Durchführung der Restitution hat. Sie ist nicht nur auf Kfz anzuwenden, sondern auf alle Gegenstände, für die ein Verkehrswert zum Zeitpunkt vor dem Schadensfall festgestellt werden kann, insbes also auch für Grundstücke.

224a Keine tragfähige Stütze findet die Lehre von der Dispositionsfreiheit in der **Neufassung des § 249 Abs 2**. § 249 Abs 2 S 2 setzt allerdings voraus, dass es Fälle gibt, in denen der Geschädigte berechtigterweise seinen Schaden aufgrund fiktiver Kosten, also nicht auf Rechnungsbasis, berechnet. Solche Fälle gibt es aber nicht nur unter der Voraussetzung der Dispositionsfreiheit des Geschädigten über einen Restitutionsbetrag. Das Problem fiktiver MWSt stellt sich vielmehr auch, wenn der Geschädigte die Reparatur ausgeführt hat, jedoch nicht als Unternehmerleistung zu mehrwertsteuerpflichtigen Preisen, sondern in Schwarz-, Freundes- oder Eigenarbeit. Für die hierfür geleistete Arbeit und die hierfür verwendeten Ersatzteile schuldet der Schadensersatzpflichtige eine angemessene Vergütung (unten Rn 227). Orientiert man sich an einem vom Gutachter ermittelten Marktpreis, gelangt man zu einem Entschädigungsbetrag, der die MWSt enthält (so denn auch die frühere Rspr, vgl unten Rn 225). Der Ausschluss eines auf diese Art ermittelten MWSt-Betrages von der Entschädigungsfähigkeit stellt eine sinnvolle Korrektur der Rspr dar. Daher hat § 249 Abs 2 S 2 auch dann einen relevanten Anwendungsbereich, wenn man nicht die Dispositionsfreiheit als Element des Anspruchsinhalts nach § 249 Abs 2 S 1 voraussetzt. Der Wortlaut des § 249 Abs 2 S 1 nimmt schon deswegen auf die Dispositionsfreiheit keinen Bezug, weil er sich nicht von demjenigen des § 249 S 2 aF unterscheidet. Unter der alten Gesetzesfassung hat sich die Rspr zur Dispositionsfreiheit aber erst in den 70er Jahren des 20. Jahrhunderts entwickelt und ist immer umstr geblieben. Die Bemerkungen in der Begründung des 2. SchadÄndG zur „Erhaltung der Dispositionsfreiheit" (BT-Drucks 14/7752, 13) und zur nicht in Angriff genommenen umfassenderen Reform, die den Inhalt gehabt hätte, die Berechnung fiktiver Reparaturkosten ganz aufzugeben (aaO 14), lassen nicht den Schluss zu, dass der Reformgesetzgeber die Dispositionsfreiheit in seinen Willen aufgenommen habe. Eher zeigen sie, dass ihm – aus welchen Gründen auch immer – der Mut gefehlt hat, in noch weiterem Umfang als durch das Abschneiden der MWSt (auch in den Fällen der Dispositionsfreiheit) der Rspr gegenzusteuern. Der Wunsch nach einer generellen Einschränkung des Sachschadensersatzes und einer Umschichtung zum Ersatz für Personenschäden gehört zu den Hauptmotiven der Reform (aaO 11). Dem würde es krass widersprechen, die eher resignierenden

Bemerkungen zur Hinnahme der Dispositionsfreiheit als deren Aufnahme in den gesetzgeberischen Willen zu deuten.

c) Fraglich bleibt hiernach die Behandlung **fiktiver Kosten**, wenn entweder die Reparatur wirklich ausgeführt worden ist, aber **zu einem günstigeren Preis**, oder der Geschädigte **noch unentschieden** ist, die Reparatur aber möglich wäre. Nach der Rspr kann der Geschädigte im ersten Fall auf Gutachtenbasis die volle Entschädigung verlangen. Soweit ein Integritätszuschlag nach § 251 Abs 2 für Reparaturen gewährt wird, zB bei Kfz in Höhe von 30% des Wiederbeschaffungswertes (vgl unten Rn 233), und das Gutachten einen Betrag bis zu dieser Höhe ermittelt, kann idR auch der Integritätszuschlag unabhängig von den realen Kosten der Reparatur verlangt werden (BGHZ 54, 82, 86; BGH VersR 1978, 243; NJW 1992, 1618 m zust Anm GRUNSKY JZ 1992, 806). Neuerdings wendet der BGH (BGHZ 154, 395) auf die Eigenreparatur die Obergrenze des Wiederbeschaffungswertes an, zieht von ihr aber den Restwert nicht ab. Dies entspricht der Handhabung des Restwertes bei der Frage, ob die Reparatur zu Werkstattpreisen überhaupt verhältnismäßig oder mit dem Wirtschaftlichkeitsgebot vereinbar ist (BGHZ 115, 364 u dazu Rn 226, 233). Die jetzige Orientierung am Brutto-Wiederbeschaffungswert statt am Netto-Wiederbeschaffungsaufwand begründet der BGH (BGHZ 154, 395, 400) damit, dass der Restwert lediglich einen hypothetischen Rechnungsposten darstelle, den der Geschädigte bei Durchführung der Reparatur nicht realisiere. Bei der Frage, bis zu welcher Höhe der Geschädigte Kosten berechnen darf, die in dieser Höhe bei ihm gerade **nicht** angefallen sind, geht es allerdings von vornherein nur um hypothetische Rechnungsposten, die der Geschädigte schon deswegen nicht realisiert, weil er sowieso nur einen geringeren Betrag aufgewendet hat. Zu den fiktiven Kosten der Reparatur gehörte nach der Rspr die gesetzliche MWSt ohne Rücksicht darauf, ob der Geschädigte bei der Reparatur mehrwertsteuerpflichtig geworden ist (BGHZ 61, 56). Die Berechnung einer bloß fiktiven MWSt ist jetzt jedoch durch § 249 Abs 2 S 2 abgeschnitten (dazu genauer Rn 236 a ff). Kommt das Gutachten freilich zu einem Betrag oberhalb der 130%-Grenze, reduziert sich der Ersatzbetrag auf 100% (BGHZ 115, 375). Unterhält der Geschädigte schließlich eine eigene Werkstatt und lässt die Reparatur dort vornehmen, greifen die besonderen Grundsätze für den Ersatz von Vorsorgekosten ein (oben Rn 114, 122). Die Lit ist dem BGH in allen diesen Punkten weitgehend gefolgt (MünchKomm/OETKER Rn 350; ERMAN/KUCKUK Rn 87; PALANDT/HEINRICHS Rn 14). Allerdings kann nach **§ 142 ZPO nF** auch ohne Antrag des Ersatzpflichtigen (insoweit aA PALANDT/HEINRICHS Rn 14) vom Gericht die Vorlage im Besitz einer Partei oder eines Dritten befindlicher Urkunden angeordnet werden. Dafür kommt auch die Reparaturrechnung des Geschädigten in Betracht, wenn man die tatsächlich angefallenen Reparaturkosten überhaupt für relevant hält. Dies wird teilweise mit dem Argument geleugnet, dass der Anspruch mit dem Inhalt des § 249 Abs 2 S 1 gar nicht auf die entstandenen, sondern auf die (fiktiv) „erforderlichen" Kosten gehe (so GEIGEL/RIXECKER, Haftpflichtprozess Rn 37.25). Beim hier (Rn 213, 224) eingenommenen Standpunkt, wonach der Ersatz der erforderlichen Kosten von der realen Entscheidung des Geschädigten für die Restitution abhängt, schlägt dieser Einwand nicht durch. Aber auch wenn man der hM folgt und dem Geschädigten die Abrechnung auf Gutachtenbasis erlaubt, ist die Schätzung des Sachverständigen ihrerseits nur ein prozedurales Hilfsmittel, um die erforderlichen Kosten zu ermitteln: Das BGB hat seine Maßstäbe nicht an die Kfz-Sachverständigen delegiert, sondern die Sachverständigen sind wie auch sonst Gehilfen des Richters bei der

Wahrheitsfindung. Deshalb kann Ersatzpflichtigen und Gerichten die ergänzende oder berichtigende Hilfe durch § 142 ZPO nicht verwehrt werden (grundlegend dazu GREGER NZV 2002, 385 ff; ders NJW 2002, 1477 ff, ihm weitgehend zust C HUBER, Schadensersatzrecht Rn 1.202 ff; PALANDT/HEINRICHS Rn 14). – Für den Fall des noch unentschiedenen oder definitiv auf Reparatur verzichtenden Geschädigten liegt keine unmittelbar einschlägige höchstrichterliche Rspr vor. Der BGH hat jedoch aus Anlass der Inzahlunggabe des beschädigten Fahrzeugs und des Privatankaufs eines Ersatzfahrzeugs deutlich gemacht, dass er iSd Dispositionsfreiheit auch hier den Reparaturkostenersatz auf Gutachtenbasis gewähren würde, freilich ohne den Integritätszuschlag, da dieser eine besondere „Belohnung" für den Fall der wirklich ausgeführten Restitution darstellt (vgl BGHZ 66, 239, 241; BGH NJW 1982, 1864, 1865). Darin folgt die Lit dem BGH gleichfalls (MünchKomm/OETKER Rn 348; SOERGEL/MERTENS Rn 27; PALANDT/ HEINRICHS Rn 5; ERMAN/KUCKUK Rn 85).

226 Für den Fall, dass die Reparatur **nicht durchgeführt** worden ist, steht dem Geschädigten iE demnach bei konsequenter Anwendung der Rspr-Grundsätze höchstens der Wiederbeschaffungswert zu, der aber idR um den geschätzten Restwert des Fahrzeugs zu kürzen ist (BGH NJW 1985, 2469; BGHZ 155, 1), während der BGH zur Ermittlung des verhältnismäßigen Reparaturaufwandes iSd § 251 Abs 2 bei wirklich durchgeführter Reparatur den Restwert vernachlässigt (BGHZ 115, 364, 371 f u dazu unten Rn 233). Die Lösung bei nicht durchgeführter Reparatur kommt der oben (Rn 213) entwickelten Bestimmung des Schadensersatzes in analoger Anwendung des § 251 Abs 1 nahe. Stattdessen von einem Ersatz in Höhe der erforderlichen Kosten nach § 249 Abs 2 S 1 zu sprechen, ist im Grunde ein Etikettenschwindel (soweit zutreffend GRUNSKY, 28. Deutscher Verkehrsgerichtstag 1990, 187 ff; ähnlich MünchKomm/ OETKER Rn 351). Es wäre ehrlicher, den Grundsatz aufzugeben, dass der Geschädigte in der Verwendung des Restitutionsbetrages nach § 249 Abs 2 S 1 frei sei. Mit anderen Worten ist die Dispositionsfreiheit vor dem subjektiven Unvermögen des Geschädigten zur Restitution ebensowenig begründet wie danach (oben Rn 224). Die Dispositionsfreiheit in dieser Form wird vom Zweck des Gesetzes in keiner Weise getragen: Nach § 249 Abs 2 S 1 soll der Geschädigte nicht sein geschädigtes Gut zur Restitution ausgerechnet dem Schädiger anvertrauen müssen. Obendrein erfordert es der volle Ausgleich für den Geschädigten, dass er zusätzlich zu der Zwangslage, die der Schaden selbst für ihn bedeutet, vom Schädiger nicht bei der Abwicklung des Schadens zu Dispositionen gedrängt wird, die er selbst nicht will (LANGE, in: LANGE/SCHIEMANN 229; U PICKER, Die Naturalrestitution durch den Geschädigten [2003] 54). Dazu ist es aber nicht erforderlich, den Geschädigten um den Gegenwert bloß fiktiver Kosten zu bereichern. Bleibt er bei dem Entschluss, überhaupt nicht zu reparieren, ist er mit dem Zeitwert voll entschädigt. Will er später doch noch die Reparatur ausführen lassen, kann er nunmehr – **auf Rechnungsbasis** – die Nachzahlung des über den nach § 251 Abs 1 zu ersetzenden Wert hinausgehenden Betrages verlangen (ebenso iE ESSER/SCHMIDT I 2 § 32 I 2 a; KEUK, Vermögensschaden und Interesse [1972] 220 ff; KÖHLER, in: FS Larenz [1983] 349, 363 ff; HONSELL/HARRER JuS 1991, 441, 445). Der BGH (BGHZ 155, 1) hat die Position des Geschädigten demgegenüber dadurch sogar noch weiter verbessert, dass er diesem gestattet, nicht nur die allgemein marktüblichen (DEKRA-)Sätze für die Werkstattstunden zugrunde zu legen, sondern die deutlich höheren Sätze einer Spezialwerkstatt.

227 Hat der Geschädigte die Reparatur tatsächlich durchgeführt, aber zu einem **billige-**

ren Preis oder überhaupt **in Eigenarbeit**, dann führt die Vorgehensweise der hM zu einer erheblichen Bereicherung des Geschädigten: In vielen Fällen wird der Schadensfall für ihn zum „guten Geschäft". Zu einem solchen Missbrauch des Schadensrechts besteht kein Anlass. Selbstverständlich ist der Geschädigte schadensrechtlich nicht daran gehindert, die Restitution selbst vorzunehmen. UU kann ihn eine Obliegenheit nach § 254 Abs 2 S 1 treffen, von dieser ihm zur Verfügung stehenden billigeren Möglichkeit der Schadensbeseitigung Gebrauch zu machen (vgl § 254 Rn 89). Darüber hinaus besteht ein Anreiz zur Eigenreparatur in all den Fällen, in denen die eigenen Aufwendungen hinter dem Wiederbeschaffungswert (nach der Rspr) oder dem Zeitwert (oben Rn 213) zurückbleiben. Sogar höher als der (Netto-) Wiederbeschaffungswert abzüglich Restwert kann der als Ersatz gewährte Reparaturkostenbetrag liegen, wenn der Preis der Ersatzteile und der Wert der aufgewendeten Arbeit den Wiederbeschaffungswert übersteigen, aber zusammengerechnet noch im Rahmen des angemessenen Aufwandes nach § 251 Abs 2 S 1 bleiben (dazu unten Rn 233). Denn in der konkreten Lage des Geschädigten bilden seine Arbeit und die Ersatzteilpreise die erforderlichen Kosten nach § 249 Abs 2 S 1. Dies bedeutet, dass für die geleistete Arbeit eine Vergütung nach den Sätzen für eine entsprechende Fachkraft zu zahlen ist. Sie wäre selbst dann zu zahlen, wenn es § 249 Abs 2 S 1 nicht gäbe. Denn dann hätte der Geschädigte jedenfalls durch die Beseitigung des Schadens den Schädiger von der Ersatzpflicht befreit. Infolgedessen wäre der Schädiger einer Bereicherungshaftung nach §§ 812, 818 Abs 2 ausgesetzt. Für den Bereicherungsanspruch sind nach hM (BGHZ 117, 29, 31 mNw; § 818 Rn 26; LARENZ/CANARIS II 2 § 72 III 2 b) Dienstleistungen mit den Marktpreisen zu bewerten. Dann spricht schon aus Gründen der Einheitlichkeit der Rechtsfolgen bei vergleichbaren Anspruchsgrundlagen viel dafür, den Anspruch nach § 249 Abs 2 S 1 genauso zu bemessen. Kein Anlass besteht aber dafür, den Geschädigten durch den Schadensfall zu etwas zu machen, was er nicht ist: zum Reparaturunternehmer. Dies wäre er auch bereicherungsrechtlich nicht, da der Geschädigte dem Schädiger keine Unternehmensleistung, sondern seine Arbeit zugewendet hat. Der fiktive Unternehmergewinn steht dem Geschädigten daher ebensowenig zu wie nach § 249 Abs 2 S 2 die auf die erbrachten Reparaturleistungen fiktiv entfallende MWSt (dazu ie insbes PIELMEIER NZV 1989, 222 ff; iE wie hier ESSER/SCHMIDT I 2 § 32 I 2 a; AK-BGB/RÜSSMANN §§ 249/250 Rn 4; HONSELL/HARRER JuS 1991, 446).

5. Erforderlichkeit der Kosten

228 **a)** Hat der Geschädigte zur Zeit der Entscheidung über den Anspruch nach § 249 Abs 2 S 1 **die Herstellung bereits durchgeführt**, verlangt er idR den Ersatz der ihm wirklich entstandenen Kosten. Diese bieten aber für den Betrag der nach § 249 Abs 2 S 1 zu ersetzenden erforderlichen Herstellungskosten nur einen Anhalt; „der Einwand, dass dieser konkrete Aufwand objektiv nicht (voll) erforderlich gewesen sei, ist demgegenüber ebenso zulässig wie der andere, dass objektiv ein höherer Betrag erforderlich gewesen wäre" (BGHZ 54, 82, 85; ähnlich BGHZ 63, 182, 186; zur Bedeutung des § 142 ZPO nF auch in diesem Fall oben Rn 225).

229 Kritisch ist insbes der Fall, dass der Geschädigte für die Schadensbeseitigung Aufwendungen gemacht hat, die sich als **erfolglos** und daher wenigstens *ex post* betrachtet als nicht erforderlich herausstellen. Die hM erweitert hier den Begriff des Erforderlichen in § 249 Abs 2 S 1: Nach RGZ 99, 172, 184 (zust BGHZ 54, 82, 85) sollen als „erforderlich uU auch Aufwendungen gelten, die nach der gegebenen Sachlage bei verständiger Beurteilung ... geboten erscheinen". Das könne auch zu bejahen sein, wenn sich später ein anderer, einfacherer Weg der Abhilfe biete. „Nur für unvernünftige, aller Erfahrung widersprechende Maßnahmen des Verletzten oder von ihm zugezogener dritter Personen braucht der Schädiger nicht aufzukommen" (ganz ähnlich entscheiden BGH VersR 1974, 243 für einen Gebäudeschaden; 1976, 389 für eine fehlgeschlagene Reparatur u NJW 1978, 2592 für die Fütterungskosten für ein verletztes Rennpferd bis zu der Zeit, zu der sich die Unmöglichkeit der Heilung herausstellte). Es kommt auf den Aufwand an, der bei wirtschaftlich vernünftigem Vorgehen nötig ist. Der Geschädigte muss sich von „wirtschaftlich vertretbaren, das Interesse des Schädigers an einer Geringhaltung des Schadens mitberücksichtigenden Erwägungen leiten lassen" (BGHZ 63, 182, 185 u dazu GOTTHARDT VersR 1975, 977; GITTER JR 1975, 284).

230 Demgegenüber ist eine **andere rechtliche Einordnung** des Problems vorzuziehen: Statt die „Erforderlichkeit" bei § 249 Abs 2 S 1 derart zu erweitern, kann man den nicht wirklich (*ex post*) erforderlichen Aufwand als reinen Vermögensschaden nach § **251 Abs 1** ansehen, für dessen Ersatz die Herstellung des reinen Sachschadens nicht genügt (ähnlich LANGE, in: LANGE/SCHIEMANN 226; HAGEN, in: LANGE/HAGEN, Wandlungen des Schadensersatzrechts [1987] 74 f). Die Ersatzfähigkeit des vom Geschädigten unnötigerweise verursachten Herstellungsaufwands ist dann unter dem Gesichtspunkt von § 254 zu prüfen (vgl § 254 Rn 89). Diese Einordnung hat zwei Vorteile: Erstens lässt sie deutlich erkennen, dass Ersatz für den Herstellungsaufwand nur in Betracht kommt, wenn er wirklich entstanden ist; der Geschädigte kann nicht etwa ohne die Reparaturkosten die Mehrkosten für Umwege ersetzt verlangen, die im Fall des Entstehens von Reparaturkosten erstattungsfähig gewesen wären, auch nicht fiktive Gebrauchsvorteile für die fiktive Reparaturzeit (BGHZ 66, 239). Und zweitens gestattet die Einordnung bei §§ 249 Abs 1, 251 Abs 1, 254, Sachfragen, die bei Beschädigung und Zerstörung gleichermaßen auftreten, einheitlich zu behandeln. Denn dass der Geschädigte unnötige Kosten verursacht (etwa für Sachverständigengutachten, Kredite usw), kann sowohl bei Beschädigung wie bei Zerstörung einer Sache eintreten. Die Sachzerstörung ist aber – abgesehen von vertretbaren ungebrauchten Sachen und nach der billigenswerten Rspr auch von Kfz – kein Fall von § 249 Abs 2 S 1 (vgl oben Rn 218, 222). Die Ersatzfähigkeit unnötigen Aufwands bei Sachzerstörung kann daher nur nach §§ 249 Abs 1, 251, 254 beurteilt werden; gleiches empfiehlt sich dann auch bei der Sachbeschädigung (vgl dazu MEDICUS, 17. Deutscher Verkehrsgerichtstag 1979, 57, 59 ff; JuS 1969, 449, 450 ff).

231 b) Als erforderliche Kosten werden von der hM auch mannigfache vorbereitende oder begleitende Maßnahmen angesehen. Grundlage hierfür ist eine **weite Auffassung** des „dazu" (in „den dazu erforderlichen Geldbetrag") von § 249 Abs 2 S 1: Verstanden wird darunter nicht bloß die Heilung der verletzten Person oder die Reparatur der beschädigten Sache. So wird unter § 249 Abs 2 S 1 etwa auch die Inanspruchnahme von Fremdmitteln für die Finanzierung gebracht, also der Ersatz der Finanzierungskosten (BGHZ 61, 346, dazu Anm HARTUNG VersR 1974, 147; HIMMELREICH NJW 1974, 1897; MünchKomm/OETKER Rn 376 ff; **aA** für den Fall des Totalschadens PALANDT/ HEINRICHS Rn 21), ebenso die Sachverständigenkosten (MünchKomm/OETKER Rn 371; PALANDT/HEINRICHS Rn 40). Auch die Kosten der Rechtsverfolgung (vgl § 251 Rn 114) werden bei § 249 Abs 2 S 1 eingeordnet (PALANDT/HEINRICHS Rn 38, 39 mwNw). Zu den Heilungskosten werden die Kosten für Besuche beim Verletzten durch Verwandte oder seinen Ehegatten gerechnet (unten Rn 239). Und bei den wegen einer Sachbeschädigung geschuldeten Herstellungskosten erscheinen ua die Abschleppkosten (vgl OLG Hamm VersR 1970, 43; LG Köln VersR 1974, 1232 m Anm KLIMKE) oder Verbringungskosten (MünchKomm/OETKER Rn 365) und die Mietwagenkosten mit Nebenkosten (MünchKomm/OETKER Rn 399 ff).

Diese weite Auffassung der Herstellung bei § 249 Abs 2 S 1 wird idR nicht begründet. Oft wird nicht einmal deutlich angegeben, ob § 249 Abs 2 S 1 gemeint ist oder nicht vielmehr die §§ 249 Abs 1 (bei Ersatz für Geldverlust) oder 251. Häufig geht es nur darum, dass die genannten Kosten überhaupt ersetzt werden sollen, wobei ihre Einordnung bei § 249 Abs 2 S 1 für selbstverständlich gehalten wird (so etwa MünchKomm/OETKER Rn 395 ff). Hier gilt aber dasselbe wie für erfolglose Reparaturaufwendungen (vgl oben Rn 230): Auch diese Kosten können weitgehend genauso bei Sachzerstörung anfallen, und wiederum sollte Ersatz bloß fiktiver Kosten selbst dann vermieden werden, wenn man der obigen Auffassung (Rn 226) nicht folgt, dass § 249 Abs 2 S 1 nur auf Rechnungsbasis abzuwickeln ist. **232**

6. Einzelfragen zu den Sachschäden*

a) Aus der systematischen Stellung des § 249 und aus der Formulierung des § 251 Abs 1 („soweit ...") ergibt sich ein Vorrang der Naturalrestitution vor einer bloßen Kompensation. Darin kommt zum Ausdruck, dass der Gesetzgeber die gegenständ- **233**

---

* **Schrifttum** zur Reform des § 249: ADY, Die Schadensersatzrechtsreform 2002 – Eine Einführung in das kommende Recht, ZGS 2002, 237; VBAR, Das Schadensersatzrecht nach dem Zweiten Schadensersatzrechtsänderungsgesetz, in: Karlsruher Forum 2003 (2004), 7; BOLLWEG/HELLMANN, Das neue Schadensersatzrecht (2002); BUDEWIG/GEHRLEIN, Das Haftpflichtrecht nach der Reform (2003); CAHN, Einführung in das neue Schadensersatzrecht (2003); DÄUBLER, Die Reform des Schadensersatzrechts, JuS 2002, 625; EGGERT, Das neue Schadensersatzrecht im Überblick, ZAP 2002, Fach 9, 647; FREYBERGER, Das neue Schadensersatzrecht – Die praktische Abwicklung von Verkehrsunfällen seit dem 1. 8. 2002, MDR 2002, 867; ders, Mehrwertsteuersatz bei Verkehrsunfällen seit dem 1. 8. 2002, MDR 2002, 1103; GREGER, Neue Entwicklungen bei der fiktiven Schadensberechnung, NZV 2002, 385; ders, Ein Beitrag des Prozessrechts zur Versachlichung der fiktiven Reparaturkostenabrechnung, NJW 2002, 1477; HESS, Die MWSt-Abrechnung nach dem 2. Schadensrechtsänderungsgesetz, ZfS 2002, 367; HESS/JAHNKE, Das neue Schadensrecht (2002); C HUBER, Das neue Schadensersatzrecht, in: DAUNER-LIEB ua (Hrsg), Das neue Schuldrecht in der anwaltlichen Praxis (2002) 391; ders, Das neue Schadensersatzrecht (2003); JAEGER/LUKKEY, Das neue Schadensersatzrecht (2002); JANSEN, Tagespolitik, Wertungswandel und Rechtsdogmatik – Zur Reform des Schadensersatzrechts 2002, JZ 2002, 964; KARCZEWSKI, Der Referentenentwurf eines Zweiten Gesetzes zur Änderung schadensersatzrechtlicher Vorschriften, VersR 2001, 1070; C KNÜTEL, Umsatzsteuer ade? Zur Neufassung des § 249 BGB, ZGS 2003, 17; LOOSCHELDERS, Die Auswirkungen des neuen Schadensersatzrechts auf die Haftpflichtversicherung, in: Karlsruher Forum 2003 (2004) 31; MEDICUS, Gesetzliche Änderungen im Schadensersatzrecht?, 38. Verkehrsgerichtstag 2000, 121; G MÜLLER, Das reformierte Schadensersatzrecht, VersR 2003, 1; SCHIEMANN, Sachschadensrecht und Solidarität, in: GS Blomeyer (2004) 811; STEIGER, Neuregelung schadensersatzrechtlicher Vorschriften, DAR 2002, 377; G WAGNER, Das neue Schadensersatzrecht (2002); ders, Das Zweite Schadensrechtsänderungsgesetz, NJW 2002, 2049; WETZEL, Die „Änderung der Schadensberechnung" nach § 249 Abs 2 S 2 BGB, ZGS 2002, 434.

liche Integrität des Güterbestandes besonders schützen wollte. Daher ist nach § 251 Abs 2 insbes der Ersatzschuldner erst bei unverhältnismäßigen, nicht schon bei gegenüber der Kompensation höheren Aufwendungen zur Restitution berechtigt, seinerseits die Entschädigung durch Vergütung des Wertinteresses nach § 251 Abs 1 zu wählen. Die Rspr hat hieraus einen **Integritätszuschlag** für die Restitution von Sachschäden entwickelt. Nachdem sich für Kfz in der Praxis über längere Zeit ein Zuschlag in Höhe von 30% über dem Wiederbeschaffungswert etabliert hatte, hat der BGH diesen Prozentsatz ausdrücklich anerkannt, allerdings gerade bei Kfz mit einer anderen dogmatischen Einordnung, nämlich als Ausfluss des Wirtschaftlichkeitsgebotes (oben Rn 222) bei der Auswahl unter den beiden Möglichkeiten zur Naturalrestitution (BGHZ 115, 364; 375; BGH NJW 1992, 1618). Die Lit stimmt dem Zuschlag ungeachtet der verschiedenen dogmatischen Positionen nahezu einhellig zu (MünchKomm/Oetker § 251 Rn 41; Soergel/Mertens Rn 80; Palandt/Heinrichs Rn 27). Freilich wird darauf hingewiesen, dass zB bei sehr alten Wagen das Integritätsinteresse noch höher, bei nahezu neuen hingegen niedriger liegen könne. Jedenfalls kommen Reparaturkosten hiernach bis zu 130% vom Wiederbeschaffungswert als erforderliche Kosten iSd § 249 Abs 2 S 1 in Frage. Dieser Betrag ist bei durchgeführter Reparatur brutto zu verstehen: Bei der Ermittlung der 130% wird der Restwert des Unfallfahrzeuges vor der Reparatur nicht berücksichtigt (BGHZ 115, 364). Da zudem der Schädiger das Prognoserisiko trägt (vgl § 251 Rn 26), können die „erforderlichen" Reparaturkosten sogar noch über dem Betrag von 130% des Wiederbeschaffungswertes liegen. Voraussetzung für den Integritätszuschlag ist nach der Rspr aber immer, dass die Reparatur tatsächlich durchgeführt wird. Bei Abrechnung nach fiktiven Kosten sollte zunächst der Netto-Wiederbeschaffungswert (also abzüglich Restwert) die Obergrenze bilden (BGHZ 66, 239 u dazu oben Rn 225 f). Nach neuerer Rspr (BGHZ 154, 395) kann jedoch bei tatsächlich durchgeführter, aber billigerer Reparatur der Restwert vernachlässigt werden, so dass in diesem Falle der Brutto-Wiederbeschaffungswert den erstattungsfähigen Höchstbetrag ausmacht. Die Annahme einer Obergrenze unter dem Höchstbetrag des Integritätsinteresses ist berechtigt, da der Geschädigte hat erkennen lassen, dass er kein besonderes Interesse an der Reparatur hat (MünchKomm/Oetker Rn 351, § 251 Rn 45). Weitere Voraussetzung ist, dass der Gutachtenwert der beabsichtigten Reparatur nicht über 130% des Wiederbeschaffungswertes lag. Sonst reduziert sich der erstattungsfähige Betrag auf den Wiederbeschaffungswert (uz auch dann, wenn die tatsächlichen Reparaturkosten noch unter den 130% liegen). Wieweit der Integritätszuschlag bei anderen Gütern außer dem Kfz berechtigt ist, bleibt noch zu klären (dazu MünchKomm/Oetker § 251 Rn 46).

234 Angesichts der Entwicklung des Gebrauchtwagenmarktes in den letzten Jahrzehnten ist die **Berechtigung eines besonderen Integritätszuschlages** über den Wiederbeschaffungswert hinaus, abgesehen vielleicht von sehr alten Fahrzeugen, **zu bezweifeln**. Das Gegenargument größerer Sicherheit und Vertrautheit mit dem bisherigen Fahrzeug (Lange, in: Lange/Schiemann 237) ist zu relativieren: Infolge des Unfallschadens lässt sich dieses Ausmaß an Identität ohnehin nicht wieder herstellen; andernfalls wäre der Ersatz des merkantilen Minderwerts (§ 251 Rn 34) ganz überflüssig. Zum anderen aber wird das besondere und legitime Sicherheitsbedürfnis bei der Bestimmung des Wiederbeschaffungswertes dadurch berücksichtigt, dass der Preis bei einem seriösen Gebrauchtwagenhändler nach gründlicher technischer Überprüfung und mit Werkstattgarantie (BGH NJW 1966, 1454, 1455) zugrundegelegt wird. Will der geschädigte Kfz-Halter in dieser Lage, statt ein Ersatzfahrzeug zu erwerben, dennoch seinen Pkw reparieren lassen, handelt er nicht zur Wahrung eines schutzwürdigen Interesses, sondern aus Rechthaberei. Obendrein sind mit dem Integritätszuschlag so viele praktische Probleme verbunden, dass man den Integritätszuschlag aufgeben und zum **Wiederbeschaffungswert als Obergrenze** der ersatzfähigen Reparaturkosten zurückkehren sollte (in diese Richtung auch GRUNSKY JZ 1997, 827; ausführlicher zu dieser Frage im übrigen SCHIEMANN NZV 1996, 1, 5 f). Da der bei Kompensation zugrunde zu legende Wert der (niedrigere) Veräußerungs- oder Abschreibungswert ist, ergibt sich ein tatsächlicher „Zuschlag" für die Restitution schon durch den Brutto-Wiederbeschaffungswert als deren Maßstab.

b) Auch wenn die Herstellung nach § 249 Abs 2 S 1 abgewickelt wird, kann der **235** Geschädigte idR nicht selbst die Reparatur ausführen, sondern ist auf fremde Hilfe, insbes eine Fachwerkstatt, angewiesen. Infolgedessen kann sich der Aufwand für die Herstellung durch ein Versagen dieser Gehilfen erhöhen (vgl auch schon oben Rn 229). Gegen eine Erstattungspflicht des Ersatzschuldners für diesen erhöhten Aufwand scheinen §§ 254 Abs 2 S 2, 278 zu sprechen. Diese Vorschriften ändern aber nichts daran, dass es nach § 249 insgesamt in die Risikosphäre des Schädigers gehört, ob die Restitution gelingt. Folglich ist zu Lasten des Schädigers die Beschränktheit der Erkenntnis- und Einwirkungsmöglichkeiten des Geschädigten bei der Herstellung zu berücksichtigen. Daher hat der BGH (BGHZ 63, 182) dem Geschädigten insbes **das Risiko eines nicht ganz ungewöhnlichen Versagens der von ihm zugezogenen Herstellungsgehilfen abgenommen** (Kfz-Werkstatt, aber zB auch Arzt oder Rechtsanwalt, vgl oben Rn 67 ff, der Rspr zust auch zB KÖHNKEN VersR 1979, 788, 790 mwNw; LANGE, in: LANGE/SCHIEMANN 226; MünchKomm/OETKER Rn 370; PALANDT/HEINRICHS Rn 13: AK-BGB/ RÜSSMANN §§ 249–250 Rn 12).

c) Sonderfragen hinsichtlich der Berechnung des Sachschadens können sich er- **236** geben, wenn am geschädigten Gegenstand in abgestufter Weise **mehrere berechtigt** sind (Vorbehaltsverkäufer und Anwartschaftsberechtigter, Sicherungsgeber und Sicherungsnehmer, Parteien eines Leasinggeschäftes). Liegt bloße Sachbeschädigung vor, lässt sich durch die Herstellung freilich im wesentlichen auch die Ausgangslage vor dem Schadensfall restituieren. Fraglich kann nur sein, wem der etwa verbliebene Minderwert zuzuordnen ist. Dies ist aber – wie die Frage des merkantilen Minderwerts überhaupt – kein Problem der erforderlichen Kosten (vgl § 251 Rn 34). Insbes wird man keinen Anspruch des Sicherungsberechtigten (zB Verkäufer oder Leasinggeber) auf Einräumung einer zusätzlichen Sicherung als Ausgleich für den Wertverlust anerkennen können. Es ist Sache der Vertragsgestaltung, wie bei fremdverschuldeten Schadensfällen die Risiken intern zu verteilen sind. Ist der Sicherungsgegenstand zerstört, kommt mindestens bei Kfz nach der Rspr dennoch Herstellung durch Beschaffung eines Ersatzfahrzeugs in Betracht (vgl oben Rn 222). Es fragt sich dann jedoch, ob der Schaden durch Erstattung des Wiederbeschaffungswerts ausgeglichen ist. Relevant geworden ist das in der Rspr beim Leasing (BGHZ 116, 22 u dazu schon Vorbem 77 zu §§ 249 ff). Nach dem Leasingvertrag ist der Leasingnehmer auch bei unverschuldetem Untergang der Leasingsache idR zur Zahlung der Raten – sogar meistens sofort fällig – verpflichtet. Da der Leasingnehmer vor dem Schadensfall zB ein Kfz auf Leasingbasis genutzt hat, wäre eine wirtschaftlich vollständige Herstellung auf den ersten Blick nur dadurch zu erreichen, dass man dem geschädigten Leasingnehmer ein neues Leasingverhältnis ermöglich. Der Sachschaden würde dadurch zu einem Haftungsschaden (vgl oben Rn 202 f). Der BGH (aaO) hat mit Recht anders entschieden: Der Leasingnehmer als der wirtschaftlich Berechtigte erhält den Wiederbeschaffungswert. Mit ihm kann er sich ein Ersatzfahrzeug im Wege eines normalen Kaufes zulegen. Im übrigen wird ihm ein Haftungsschaden nur insoweit abgenommen, als er durch die frühere Fälligkeit der Leasingraten (Zwischen-)Finanzierungsaufwand hat. Auszugleichen sind ferner die vom Geschädigten konkret dargelegten Steuernachteile durch das Ende des Leasingvertrages (vgl dazu aber oben Rn 171 ff). – Anders ist die Schadensregulierung beim sog Operating-Leasing vorzunehmen. Die Rechtslage entspricht derjenigen bei Beschädigung oder Zerstörung einer Mietsache. Da es sich typischerweise um erwerbswirtschaftlich genutzte Güter handelt, kommt nicht nur für den Vermieter (in Gestalt der entgangenen Leasingraten) sondern auch für den Mieter ein Anspruch auf entgangenen Gewinn in Betracht (dazu genauer MünchKomm/ OETKER Rn 419).

236a d) Nach **§ 249 Abs 2 S 2** kann der Geschädigte beim Ersatz wegen der Restitution von Sachschäden gemäß § 249 Abs 2 S 1 Umsatzsteuer (Mehrwertsteuer, MWSt) nur verlangen, wenn und soweit sie tatsächlich angefallen, also **in Rechnung gestellt** worden ist. Nach der hier (insbes Rn 224a) vertretenen Ansicht ist der Anwendungsbereich dieser Vorschrift eher schmal: Sie kommt vor allem dann in Betracht, wenn der Geschädigte die Reparatur entweder selbst oder so vorgenommen hat, dass gar keine oder nur eine geringere MWSt angefallen ist, als sie der Geschädigte bei einer Reparatur zu den vollen Marktpreisen hätte aufwenden müssen (oben Rn 225). Nach hM und vor allem der st Rspr enthält § 249 Abs 2 S 1 darüber hinaus eine Grundlage für den Ersatz anderer nur fiktiv entstandener Kosten, wenn der Geschädigte auf die Reparatur ganz verzichtet und die beschädigte Sache, insbesondere das beschädigte Kfz, in Zahlung gibt oder für die Zukunft auf die Sache oder einen realen Ersatz dafür keinen Wert legt. Über den Wortlaut des § 249 Abs 2 S 1 hinaus ist dies auch dann der Fall, wenn die Sache tatsächlich oder mindestens bei wirtschaftlicher Betrachtung ganz zerstört ist, zB weil eine etwaige Reparatur nur mit unverhältnismäßigen Kosten nach § 251 Abs 2 S 1 oder unter Verstoß gegen das von der Rspr entwickelte Wirtschaftlichkeitsgebot (dazu oben Rn 184) möglich wäre. Schon nach der Gesetzesbegründung findet § 249 Abs 2 S 2 keine Anwendung auf den Kompensationsanspruch nach § 251 Abs 1. Dies spielt aber in der Praxis keine erhebliche Rolle, da auch die Wiederbeschaffung und schon die Liquidation des bloßen Wiederbeschaffungswertes nach hM als Restitution bewertet wird (BGH NJW 2004, 1943). Im Ergebnis ist dies nach der hier vertretenen Auffassung genauso. Denn der Kompensationswert ist richtigerweise der Veräußerungs- oder der Abschreibungswert. Bei Veräußerung und Abschreibung fällt aber ohnehin keine MWSt an (ähnlich C HUBER, Schadensersatzrecht Rn 1.177; KNÜTEL ZGS 2003, 17, 19).

236b Im Blick des Gesetzgebers waren zwar vor allem Schäden an Kfz. Die Formulierung des § 249 Abs 2 S 2 gilt aber für **alle Sachen** und über § 90a auch für Schäden an Tieren. Für Personenschäden fehlt es nach hM hingegen schon an der Voraussetzung einer Möglichkeit zur Berechnung fiktiver Kosten nach Abs 2 S 1. Daher hat der Gesetzgeber den Wortlaut des Abs 2 S 2 auf die Beschädigung von Sachen beschränkt. **Nicht** zur Sachbeschädigung gehören **Begleit- und Folgeschäden** wie Sachverständigenkosten, Finanzierungsaufwand, Nutzungsausfall und Mietzins für eine Ersatzsache. Aber auch für solche Schäden können von vornherein richtigerweise (aA der VII. ZS BGH NJW-RR 2003, 878) keine fiktiven Kosten geltend gemacht werden sondern nur entweder der konkrete Aufwand oder von der Rspr entwickelte Pauschalen für Bearbeitungskosten und Gebrauchsentbehrung (dazu § 251 Rn 73 ff, 96 ff).

Besondere Bedeutung hat § 249 Abs 2 S 2, wenn die **Reparatur unmöglich** ist. Dies kann sowohl bei Weiterveräußerung im beschädigten Zustand (zB bei Inzahlunggabe) als auch bei Zerstörung (technischer oder auch nur wirtschaftlicher Totalschaden) der Fall sein. Nach der hier (Rn 224, 225) vertretenen Meinung ist der Geschädigte bei **Veräußerung** allerdings von vornherein auf den Kompensationsanspruch nach § 251 Abs 1 verwiesen, und dieser Anspruch ist dann nach der Differenz zwischen dem Veräußerungswert vor dem Schadensfall und dem erzielten Veräußerungspreis zu berechnen. Ein besonders günstiger Preis kann nach den Grundsätzen der Vorteilsanrechnung auf den am Markt normalerweise zu erzielenden Betrag gemindert, der Differenzbetrag dadurch erhöht werden. Anders entscheiden hier Rspr und hM unter dem Gesichtspunkt der Dispositionsfreiheit: Der Geschädigte hätte ein gleichartiges Ersatzfahrzeug erwerben können und darf deshalb den dafür erforderlichen Betrag unabhängig davon verlangen, ob er den Ersatzerwerb getätigt hat. Dieser Betrag ist der **Wiederbeschaffungswert**. Hat der Geschädigte bei dem Erwerb, für den die Inzahlunggabe erfolgte, tatsächlich MWSt bezahlt, stellt sich die Frage, in welcher Höhe sie als „tatsächlich angefallen" dem Ersatzpflichtigen belastet werden kann. Die vom Geschädigten bezahlte MWSt ist dann ja typischerweise höher als diejenige, die der Sachverständige für die Reparatur veranschlagt hat, und diese wiederum höher als der nach der Differenzbesteuerung gemäß § 25a UStG (schätzungsweise) im Wiederbeschaffungswert enthaltene Steuerbetrag. ZB möge der geschätzte Reparaturaufwand 10 000 Euro netto betragen. Darauf würden 800 Euro MWSt entfallen. Der Wiederbeschaffungswert möge bei 15 000 Euro liegen. Darauf entfallen bei einer Gewinnspanne des Händlers von 20% 480 Euro MWSt. Der tatsächlich erworbene Neuwagen koste 20 000 Euro zuzüglich 3200 Euro MWSt. Hier liegt es nahe, dem Geschädigten wenigstens die hypothetische MWSt aus der fiktiven Reparatur zuzubilligen (so C Huber, Schadensersatzrecht Rn 1.357). Damit würde aber verkannt, dass in den Fällen, in denen der Brutto-Wiederbeschaffungswert nach der Rspr vor dem 2. SchadÄndG gewährt wurde, dieser der nach dem Wirtschaftlichkeitsgebot vom Schadensersatzschuldner zu leistende Höchstbetrag einer fiktiven Berechnung war. Über ihn hinauszugehen, würde der Grundtendenz des Reformgesetzgebers zur Beschränkung der Ersatzleistungen für Sachschäden widersprechen. Die Berechnung der (anteiligen) MWSt nach den fiktiven Reparaturkosten liefe demgegenüber auf eine unzulässige „Rosinentheorie" hinaus, nach der sich der Geschädigte aus verschiedenen Berechnungsmethoden die jeweils günstigere wählen und diese miteinander kombinieren könnte. Der Ablehnung einer solchen Berechnungsmethode entspricht die dogmatische Einsicht, dass der Geschädigte sich ja definitiv für einen Weg der **Wiederbeschaffung** entschieden hat – nur eben nicht auf dem kostengünstigen Niveau, das ihm nach dem Maßstab des Erforderlichen zugestanden hätte.

Bei **Zerstörung** der Sache kommt auch nach der hier (Rn 184) nunmehr vertretenen Ansicht die Wiederbeschaffung als Spielart der Restitution in Betracht. Solange der Geschädigte die Wiederbeschaffung nicht vornimmt, kann er definitiv freilich nur den Betrag verlangen, der ihm als Kompensation zustände. Entschließt er sich später doch noch zu einem Ersatzerwerb, kann er den dazu erforderlichen Aufstockungsbetrag einschließlich der dann angefallenen MWSt **nachfordern**. Ähnlich entscheidet die Rspr auf der Basis des Wiederbeschaffungswertes (BGH NJW 2004, 1943): Solange der Geschädigte kein Deckungsgeschäft vorgenommen hat, muss er sich mit dem Wiederbeschaffungswert **ohne MWSt** begnügen. Davon zu unterscheiden ist der Sonderfall des **wirtschaftlichen Totalschadens**, bei dem zwar eine Reparatur möglich, aber unwirtschaftlich wäre. **Lässt** der Geschädigte dennoch **reparieren** und fällt dafür MWSt an, kann er diese bei konsequenter Rechtsanwendung nur bis zu dem Betrag verlangen, der bei Wiederbeschaffung gemäß der Differenzbesteuerung nach § 25a UStG anfiele. Denn auch hier ist der Brutto-Wiederbeschaffungswert die Ersatz-Obergrenze. Davon wiederum zu unterscheiden ist der Fall, dass die prognostizierten Reparaturkosten über dem Wiederbeschaffungswert, aber unter dem Integritätszuschlag, also zB bei 120% des Wiederbeschaffungswerts eines Kfz lagen. Kostet die Reparatur tatsächlich einen über dem Brutto-Wiederbeschaffungswert liegenden Betrag, ist die angefallene MWSt selbstverständlich zu ersetzen. Bleibt die tatsächlich ausgeführte, mehrwertsteuerpflichtige Reparatur billiger und wählt deshalb der Geschädigte den Ersatz des Wiederbeschaffungswertes, der ihm in diesem Fall nach hM zusteht, darf er nicht den Netto-Wiederbeschaffungswert mit der auf die Reparatur entfallenen MWSt kombinieren: Zwar ist diese MWSt angefallen, aber nicht für die Art des Schadensersatzes, die der Geschädigte gewählt hat. Wie Rn 236c aE entwickelt, bleibt der Geschädigte für den Posten der MWSt an seine Wahl gebunden, in diesem Fall mit der Folge, dass er überhaupt keine MWSt verlangen kann, da er für die Wiederbeschaffung nur fiktive Kosten geltend macht. Der Übergang zum Wiederbeschaffungswert lohnt sich somit nur, wenn selbst dessen Netto-Wert über den Brutto-Reparaturkosten liegt. Nach der hier (Rn 224) vertretenen Meinung zur Unzulässigkeit der Abrechnung bloß fiktiver Kosten stellt sich das geschilderte Problem hingegen nicht, weil der Geschädigte den Wiederbeschaffungswert ohne wirkliche Wiederbeschaffung ohnehin nicht verlangen kann.

236e Die Begründung zum 2. SchadÄndG (BT-Drucks 14/7752, 13) verweist auf die Anwendung des **§ 251 Abs 1** in Übereinstimmung mit der Rspr (BGHZ 92, 85) ua für die seltenen Fälle eines Totalschadens, zu dessen Restitution eine **Ersatzbeschaffung** nur **mit unverhältnismäßigem Aufwand** iSd § 251 Abs 2 S 1 möglich ist. Da auch unter dieser Voraussetzung der nach § 251 Abs 1 maßgebliche Wert der Sache dessen (hier regelmäßig nur durch Schätzung auf der Grundlage neuer, neuerer oder sonst nicht gleichartiger Sachen zu ermittelnde) hypothetische Wiederbeschaffungswert sein soll (MünchKomm/Oetker § 251 Rn 18 mNw), müsste die **Kompensation** bei Anwendung der hM die – hier bloß fiktive – MWSt enthalten, weil § 249 Abs 2 S 2 ausschließlich für die Restitution gilt (krit dazu MünchKomm/Oetker § 251 Rn 21). Ist eine Ersatzbeschaffung **überhaupt unmöglich**, kommt hingegen auch nach hM gar kein Wiederbeschaffungswert in Betracht, sondern nur ein hypothetischer Verkaufswert oder ein durch Abschreibungen zu berechnender Zeitwert. Im Zeitwert ist eine – zum Teil abgeschriebene – MWSt dann enthalten, wenn beim ursprünglichen Erwerb MWSt gezahlt worden war. Der Verkaufswert ist ohnehin immer der Nettobetrag. Verkaufs- oder Zeitwert sind nach der hier vertretenen Auffassung (oben Rn 213 sowie § 251 Rn 43) generell die für § 251 Abs 1 maßgeblichen Werte. Folgt man dem, tritt das Problem fiktiver MWSt bei § 251 Abs 1 nicht auf.

236f Keine Probleme ergeben sich in dem nach der hier vertretenen Ansicht verbliebenen Anwendungsbereich des § 249 Abs 2 S 2: bei der Eigen-, Schwarz- oder Freundesreparatur. Will der Geschädigte für einzelne Posten seiner Schadensabrechnung MWSt geltend machen, muss sie angefallen sein. Dies trifft idR zu für den Erwerb von Ersatzteilen oder in einer Werkstatt gewerblich ausgeführte Teilarbeiten (zB die Lackierung bei der Kfz-Reparatur oder die Installationsarbeiten bei der Wiederherstellung eines Hauses). Die eigene Arbeit oder die Leistungen von Freunden und Schwarzarbeitern unterliegen jedoch nicht der MWSt und eine solche kann dann auch nicht fiktiv geltend gemacht werden. – In allen Fällen, in denen MWSt in Rechnung gestellt worden ist, stellt sich die Frage, **wann** sie **angefallen** ist iSd § 249 Abs 2 S 2. Nach dem Wortlaut genügt es nicht einmal, wenn sie in Rechnung gestellt worden ist, noch weniger wenn sie bloß in einer Auftragsbestätigung ausgewiesen worden ist. Denn besteuert werden nicht Rechnungen sondern in Rechnung gestellte Leistungen. Sind diese erbracht und ist eine MWSt dafür berechnet worden, ist die Steuer „angefallen". Selbst dann kann der Besteller der Leistungen die MWSt allerdings schadensrechtlich nicht geltend machen, wenn er sie erstattet bekommt, weil er **vorsteuerabzugsberechtigt** ist. Dies ist ein Fall der Vorteilsanrechnung (MünchKomm/OETKER § 249 Rn 434).

236g Kein Abzug von der MWSt ist demgegenüber bei Anwendung der hM wegen einer MWSt auf den **Restwert** zu machen. Würde der Geschädigte einen Ersatzerwerb tätigen, müsste er die MWSt auf den vollen Kaufpreis bezahlen, erhielte aber nur den Brutto-Wiederbeschaffungspreis abzüglich des Restwertes, für dessen Realisierung im Wege des Verkaufs keine MWSt anfällt. Folgerichtig ist die fiktive MWSt auf den vollen Kaufpreis bei berechtigter Wiederbeschaffung, aber idR entsprechend der Differenzbesteuerung, der ersatzfähige Höchstbetrag, wenn tatsächlich (auf eine iü billigere Reparatur oder auf einen teureren Ersatzerwerb) eine höhere MWSt angefallen ist.

236h Den **Beweis** für den Anfall der MWSt erbringt der Geschädigte idR durch Vorlage der Reparaturrechnung. In ihr muss die MWSt nach § 14 Abs 1 S 1 UStG gesondert ausgewiesen werden. Bei einem Ersatzerwerb von einem **Händler** enthält die Rechnung zwingend nur einen MWSt-Ausweis, wenn ein Neufahrzeug erworben wurde. Bei der Differenzbesteuerung des Gebrauchtwagenhändlers nach § 25a UStG erfolgt keine gesonderte Steuerberechnung. Sie ist dem Händler auch nicht zuzumuten, da er seine Gewinnspanne nicht offenzulegen braucht. Legt der Geschädigte eine Gebrauchtwagenrechnung vor, die ausnahmsweise den vollen MWSt-Satz von 16% enthält, muss der Geschädigte darlegen und beweisen, warum MWSt in dieser Höhe angefallen ist und in seiner konkreten Lage auch erforderlich war. Übersteigt der Ersatzerwerb das Niveau des Wiederbeschaffungswertes, ist für den Ersatzerwerb der Beweis über die dort angefallene MWSt durch Vorlage einer Händlerrechnung (mit oder ohne gesonderten Ausweis) zu erbringen. Der erstattungsfähige Teil der MWSt ist dann als Teil des Brutto-Wiederbeschaffungswertes nach § 287 ZPO zu schätzen. Liegen keine besonderen Umstände vor, ist von einer Gewinnspanne von 20% und somit von einer MWSt von 3,2% des Netto-Wiederbeschaffungswertes auszugehen. Die Schwacke-Liste enthält seit 2003 die entsprechenden Werte.

7. Heilungskosten

237 Bei Körper- und Gesundheitsverletzungen sind auch nach der Rspr nur wirklich angefallene, **keine fiktiven Kosten** zu ersetzen. So hat der BGH (BGHZ 97, 14) die Erstattung von Kosten für eine noch nicht durchgeführte Operation zur Narbenkorrektur „auf Voranschlagsbasis" zu Recht abgelehnt (hM, vgl oben Rn 224 mNw). Erforderlich iSd § 249 Abs 2 S 1 sind diejenigen Kosten, die medizinisch geboten sind. Bei der körperlichen Integrität gibt es jedoch keine „Verhältnismäßigkeit" iSd § 251 Abs 2 S 1, da die Gesundheit selbst keinen Vermögenswert hat. Freilich kommt nach Meinung des BGH eine Beschränkung der Erstattungsfähigkeit nach Treu und Glauben in Betracht (BGHZ 63, 295, vgl dazu § 251 Rn 19 ff). Im allgemeinen wird um die medizinischen Leistungen nach einem Unfall gerichtlich nicht gestritten, da sie zunächst von Krankenversicherungen erbracht werden und im Regressprozess dann die Erforderlichkeit kaum noch eine Rolle spielt. Teilweise gilt etwas anderes für vermehrte Bedürfnisse nach § 843 Abs 1. Sie sind im strengen Sinne keine Herstellungskosten nach § 249 Abs 2 S 1. Größeren Raum in der schadensrechtlichen Auseinandersetzung nehmen zwei für die Genesung selbst nicht unbedingt zentrale Fragen ein: die Behandlung als Privatpatient mit Krankenhaus-Sonderleistungen (Ein- oder Zweibettzimmer) und die Kosten für Besuche naher Angehöriger.

238 a) Hinsichtlich besonders zu entgeltender **Krankenhausleistungen** neigt die Rspr dazu, sie dem Geschädigten grundsätzlich nur dann zuzuerkennen, wenn er sie auch auf eigene Kosten in Anspruch genommen haben würde (vgl BGH VersR 1989, 56); der Geschädigte soll Kosten nicht bloß deshalb entstehen lassen dürfen, weil er sie auf einen anderen abwälzen kann. Jedenfalls für erstattungsfähig gehalten wird aber derjenige Mehraufwand, der die Heilungsaussichten verbessert (vgl etwa BGH VersR 1964, 257; 1970, 129; VersR 1989, 54; OLG Oldenburg VersR 1984, 765; OLG Düsseldorf VersR 1985, 644; OLG Frankfurt VersR 1987, 572; OLG Düsseldorf NJW-RR 1991, 1308; OLG Hamm NJW 1995, 786, OLG Frankfurt aM VersR 2001, 595, auch OLG Düsseldorf NJW 1966, 397 zur Vorteilsausgleichung, verneinend aber etwa OLG Nürnberg ZfS 1983, 103; aus der Lit MünchKomm/OETKER Rn 323; PALANDT/HEINRICHS Rn 8). Dieser Ansicht ist zu folgen. Doch gilt bei der häufig rasch und ohne angemessene Überlegungszeit zu treffenden Wahl der Behandlungsart ganz besonders, dass dem Geschädigten ein gewisser Spielraum für Fehlentscheidungen zuzugestehen ist (vgl § 254 Rn 81 ff).

239 b) Die Erstattung der Kosten von **Besuchen naher Angehöriger**, wenn das Unfallopfer stationär im Krankenhaus behandelt werden muss, entspricht inzwischen gefestigter Rspr (BGHZ 106, 28, 30; BGH VersR 1961, 272; Betrieb 1967, 1629; NJW 1979, 598; 1982, 1149, 1150; 1985, 2757; 1990, 1037; 1991, 2340; OLG Bremen VersR 2001, 595; OLG Köln VersR 2002, 209). Auch diese Kosten werden als Aufwand zur Heilung angesehen. Ihre Erstattungsfähigkeit hängt daher ua ab von der Art und Schwere der Erkrankung und dem Alter des Patienten (MünchKomm/OETKER Rn 385 mNw Fn 1301). Der Ersatz wird gewährt für Fahrtkosten, Lohnausfall und Gewinngang im allgemeinen (BGH NJW 1991, 2340, 2341). Nicht entschädigt wird nach der Rspr der Besuch nahestehender Personen, die nicht mit dem Geschädigten verwandt oder verheiratet sind, sowie die entgangene Freizeit oder die Zeit, die sonst der Haushaltsführung gewidmet worden wäre (BGHZ 106, 28; BGH NJW 1991, 2340 u hierzu GRUNSKY JuS 1991, 907 ff). Andere konkret berechnete Ersatzkosten (zB für einen Babysitter) sind freilich anerkannt worden (BGH NJW 1990, 1037). In der Lit werden teilweise erheblich weitergehende Ansprüche befürwortet (GRUNSKY JuS 1991, 907 ff; MünchKomm/OETKER Rn 386: Ersatz auch für Besuche von Freunden u Partnern).

Zur **Beurteilung** dieser Rspr ist von der Grundentscheidung des Gesetzgebers für das „Tatbestandsprinzip" auszugehen (ESSER/SCHMIDT I 2 § 31 II 2 c). Es bedeutet, dass idR nur unmittelbar Verletzte ersatzberechtigt sind, Dritte hingegen nur unter ganz besonderen Voraussetzungen, inbes nach §§ 844, 845. Der Ersatz für Besuchskosten wird zwar nicht in Form von Ansprüchen der Besucher, sondern des Besuchten gewährt (allgM, vgl nur GRUNSKY JuS 1991, 908 mNw); der konstruktive Weg über den unmittelbar Verletzten ist aber nur deshalb erforderlich, um wegen der Regel des Ausschlusses von Drittschäden überhaupt zu einem Ersatzanspruch gelangen zu können; in Wahrheit wird der Ersatzanspruch dem Verletzten als Teil seiner „Heilungskosten" wirtschaftlich gesehen **zu dem Zweck** gewährt, **den Anspruch** seinerseits an diejenigen **weiterzuleiten**, die tatsächlich Aufwendungen für die Besuche gehabt haben. Daher handelt es sich beim Besuchskostenersatz an den Verletzten um eine versteckte Analogiebildung zu §§ 844, 845 (ähnlich LARENZ/CANARIS II 2 § 83 I 1 b). Zur Vermeidung von Wertungswidersprüchen muss sie wenigstens personell mit dem Kreis der Ersatzberechtigten nach § 844 Abs 2 als der zentralen Vorschrift des gesetzlichen Drittschadensersatzes in Einklang stehen (abzulehnen daher MünchKomm/OETKER Rn 386). Der hiermit begründete Unterhaltsbezug der Besuchsentschädigung wird verstärkt durch § 843 Abs 4: Die Gewährung des Ersatzes an den Verletzten, obwohl die Aufwendungen bei Dritten entstanden sind, lässt sich am ehesten rechtfertigen, wenn die Besuche als Unterhaltsleistungen der Besucher bewertet werden, deren Erbringung den Schädiger von der Ersatzpflicht gegenüber dem unmittelbar Geschädigten nicht befreit. Hieraus ergibt sich die Beschränkung des Besuchskostenersatzes auf Ehegatten und Verwandte in gerader Linie (§§ 1360, 1601).

240

Die Anknüpfung an das Unfallopfer statt an die mit den Aufwendungen wirtschaftlich belasteten Besucher führt aber noch zu einer weiteren Begrenzung: Als seelische Komponente des Heilungsprozesses erfüllen die Besuche eine **ähnliche Funktion wie das Schmerzensgeld**. Bei dessen Bemessung im Bereich der Körper- und Gesundheitsschäden wird nicht nach der gesellschaftlichen und wirtschaftlichen Stellung des Opfers differenziert (LANGE, in: LANGE/SCHIEMANN 444 f mNw). Daher ist der Ersatz des Verdienstausfalls für den entgeltlich erwerbstätigen Angehörigen auf den Stundensatz eines durchschnittlichen Arbeitnehmers zu beschränken. Hiermit stimmt die Tendenz der Rspr überein, zB einen Verzögerungsschaden bei der Existenzgründung des Besuchers oder dessen Freizeit und Haushaltsführungszeit nicht zu ersetzen (BGH NJW 1991, 2340, 2341). Dementsprechend ist die Rspr zu den Besuchskosten nicht ohne weiteres auf die **Krankenpflege** durch Familienangehörige übertragbar (in diese Richtung aber MünchKomm/OETKER Rn 389). Hierbei handelt es sich nicht um im Grunde immaterielle Leistungen, sondern um Tätigkeiten, für die berufliche Vergleichsmaßstäbe zur Verfügung stehen. An ihnen hat sich dann auch die Vergütung zu orientieren. Freilich kommt Ersatz für Betreuungsleistungen nur in Betracht, soweit diese über das Maß der „normalen" ehelichen oder elterlichen Fürsorge hinaus gehen (vgl – auch zur Berechnung – BGH VersR 1973, 1067, 1068; 1978, 149; GRUNSKY BB 1995, 937 ff). Nicht ersatzfähig ist der reine Zeitaufwand für die krankheitsbedingte **erhöhte Zuwendung** der Angehörigen (BGH NJW 1999, 2819).

241

242 c) Folgende weitere **Einzelfälle** erforderlicher Heilungskosten sind von der Rspr entschieden worden: Erstattungsfähig sein können wenigstens bei einem fremden Staatsangehörigen auch die Mehrkosten, die für die Behandlung schwerster Verletzungen durch einen Spezialisten in seinem Heimatland entstanden sind (BGH NJW 1969, 2281: USA; vgl auch OLG Hamburg VersR 1988, 858 zur Konsultation einer ausländischen Kapazität). Ersatz ist ferner für erfolglose Heilungsversuche zu gewähren (BGH VersR 1965, 439; zur Einordnung gilt das für Sachschäden oben Rn 230 Gesagte). Kosten für zusätzlichen Lesestoff während des Krankenhausaufenthaltes sind versagt (OLG Köln VersR 1989, 1309, **aA** MünchKomm/Oetker Rn 392 mNw Fn 1313), der Aufwand für einen Mietfernseher hingegen ist gewährt worden (OLG Köln NJW-RR 1994, 532), zusätzliche Telefonkosten sind es aber wiederum nicht (OLG Saarbrücken OLG-Rep 1998, 121). Erhebliche praktische Bedeutung haben die Kosten **beruflicher Rehabilitation**, die zugleich Aufwendungen zur Schadensminderung nach § 254 Abs 2 S 1 sind (richtigerweise eher bei § 251 Abs 1 einzuordnen als bei § 249 Abs 2 S 1, vgl oben Rn 232). Erstattungsfähig sind hiernach zB die Kosten einer Umschulung (BGH NJW 1982, 1683; 2321; NJW-RR 1991, 854), freilich nicht zu einem beruflichen Aufstieg (BGH NJW 1987, 2741, 2742). Zu den eher unter § 843 Abs 1 fallenden einmaligen **Anschaffungen** können nach der Rspr auch sehr erhebliche Investitionen gehören, zB ein privates Schwimmbad (OLG Nürnberg VersR 1971, 260 – zur abweichenden Rspr des öster OGH aber C Huber VersR 1992, 545) oder ein Umbau zu einer behinderungsgerechten Wohnung (BGH NJW 1982, 757).

VIII. Vereinbarungen über die Art der Schadensbeseitigung*

243 So wie die Parteien eines Schadensersatzverhältnisses über den Anspruch insgesamt kraft der Privatautonomie verfügen können, sind auch Vereinbarungen über die Art der Schadensbeseitigung möglich. Sie sind häufig sinnvoll, um die Regulierung zu vereinfachen und insbes um für beide Seiten Sicherheit über die weitere Schadensabwicklung zu schaffen. Erwägenswert ist, dass der Geschädigte auf dem Wege einer solchen Vereinbarung seine Befugnisse noch über die Möglichkeit des § 249 Abs 2 S 1 hinaus erweitert: Läßt sich der Geschädigte vom Schädiger zur Beseitigung des Schadens **beauftragen**, wäre er nicht auf Ersatz der (wenn auch aufgrund einer Beurteilung ex ante) objektiv zur Herstellung erforderlichen Aufwendungen wegen Körperverletzungen und Sachbeschädigungen beschränkt, sondern könnte – unabhängig vom Schadensobjekt – nach § 670 Ersatz der ihm nach den Umständen zur Herstellung erforderlich erscheinenden Aufwendungen verlangen. IdR dürfte aber kein Auftragsverhältnis vorliegen. Denn der Geschädigte will bei der Herstellung regelmäßig eigene Interessen wahrnehmen und nicht – wie ein Beauftragter – Interessen des Schädigers. Auch will sich der Geschädigte allenfalls ausnahmsweise einem Weisungsrecht des Schädigers unterwerfen (vgl § 665). Daher fehlt ein überzeugender Grund für die Annahme, der Geschädigte wolle sich vom Schädiger beauftragen lassen, wenigstens dann, wenn der Geschädigte sich schon nach §§ 249 ff zu den beabsichtigten Maßnahmen berechtigt glauben konnte: Die erbetene Einwilligung des Schädigers soll dann nur vorsorglich Streit vermeiden helfen. Demgegenüber kann ein Auftrag nur angenommen werden, wenn die Maßnahme,

---

* **Schrifttum:** Marburger, Vereinbarungen über den Ersatz ökologischer Schäden nach § 16 UmweltHG, in: FS Steffen (1995) 319; Wezel, Die Disposition über den ökologischen Schaden (2001) insbes 149 ff.

zu der die Einwilligung erbeten wird, offensichtlich nicht durch das Schadensrecht gedeckt ist (zB wenn der Geschädigte statt eines zerstörten großen Kfz zwei kleine anschaffen will): Dann nämlich liegt der Vorteil auch beim Geschädigten, weil dessen Handlungsspielraum erweitert wird. Doch ist auch in diesem Fall für einen Auftrag noch nötig, dass der Geschädigte sich zu der Maßnahme wirklich verpflichten (und nicht bloß ermächtigen lassen) will. Daran wird es idR fehlen.

Mehrfach erörtert worden ist in letzter Zeit, ob Vereinbarungen über die Herstellung bei **ökologischen Schäden** im selben Umfang zulässig sind wie Schadensersatzvereinbarungen im allgemeinen: In § 16 UmweltHG kommt der gesetzgeberische Wille zum Ausdruck, der Naturalrestitution einen möglichst weitreichenden Vorrang bei der Schadensbeseitigung einzuräumen. Man kann daher überlegen, ob nach dem Sinn des § 16 UmweltHG Abreden zwischen den Parteien über den Schadensersatz unzulässig sind. In gewissem Umfang setzt aber die Regelung selbst eine einvernehmliche Regulierung durch die Parteien geradezu voraus: Wegen der Unbestimmtheit des wirtschaftlichen Maßstabes für den Vorrang der Restitution bietet es sich an, eine Abrede über den prozentualen oder absoluten Höchstbetrag erstattungsfähiger Restitutionskosten zu treffen. Denn § 16 Abs 1 UmweltHG ordnet ja nur an, dass die Überschreitung des Wertes durch die Restitutionsmaßnahme noch nicht zur Unverhältnismäßigkeit führt, lässt es im übrigen aber bei der Notwendigkeit einer Abwägung, ob die Restitution verhältnismäßig ist (vgl MARBURGER, in: FS Steffen [1995] 319, 325 f mNw). **244**

Denkbar ist aber auch, dass sich der Individualgeschädigte den Anspruch auf Restitution vom Schädiger „abkaufen" lässt (MEDICUS UPR 11 [1990] 5, 19). Auch hiergegen trifft das UmweltHG keine Vorkehrungen. Als rechtliches Mittel zur Unterbindung solcher Vereinbarungen kommt am ehesten eine „umweltbezogene Sittenwidrigkeit" (PALANDT/HEINRICHS § 138 Rn 45; WEZEL 188 ff mNw) in Betracht. Der Gesetzgeber hat mit § 16 UmweltHG das Umweltinteresse aber bewusst der Privatinitiative überlassen. Daher genügt ein allgemeiner Verstoß gegen die Ziele des UmweltHG sicher nicht, um einen Vertrag über die Restitution an § 138 scheitern zu lassen (ausf MARBURGER aaO, inbes 331 mNw). **245**

§ 250
Schadensersatz in Geld nach Fristsetzung

Der Gläubiger kann dem Ersatzpflichtigen zur Herstellung eine angemessene Frist mit der Erklärung bestimmen, dass er die Herstellung nach dem Ablauf der Frist ablehne. Nach dem Ablauf der Frist kann der Gläubiger den Ersatz in Geld verlangen, wenn nicht die Herstellung rechtzeitig erfolgt; der Anspruch auf die Herstellung ist ausgeschlossen.

Materialien: E II 213 Abs 3; III § 244; Prot I 293 = MUGDAN II 511; JAKOBS/SCHUBERT, Recht der Schuldverhältnisse I 83.

I. Funktion

1 § 250 beruht auf der Befürchtung, der Schadensersatzgläubiger könne bei der Zwangsvollstreckung seines Herstellungsanspruchs auf Schwierigkeiten stoßen. Daher sollte der Gläubiger stets zu einem Geldanspruch gelangen können (vgl Jakobs/ Schubert 87), uz ohne zunächst ein rechtskräftiges Urteil erwirkt haben zu müssen (vgl § 283 aF). Doch hat sich diese Befürchtung als weitgehend unbegründet erwiesen: teils weil die §§ 249 Abs 2 S 1, 251 ohnehin meist zu einem Geldanspruch führen, teils weil Schadensersatz in der Praxis überhaupt fast nur in Geld geleistet wird. Am ehesten könnte man an eine Anbindung der Vorschrift für Herstellungsansprüche bei Verletzungen anderer **Persönlichkeitsrechte** als der Gesundheit denken, weil es dort einen Sinn haben kann, die Herstellung (inbes den Widerruf) zunächst vom Schädiger selbst zu verlangen. Da nach richtiger Ansicht der Geschädigte aber an die Wahl des Herstellungsanspruchs nach § 249 Abs 1 solange nicht gebunden ist, bis sich der Schädiger auf die Restitution eingestellt hat (§ 249 Rn 216), kann auch in einem solchen Fall der Geschädigte idR unmittelbar zu § 249 Abs 2 S 1 übergehen. So bleibt für § 250 noch Raum vor allem beim **Befreiungsanspruch** (BGH NJW 1992, 2220, 2222; 1999, 1542, 1544 u dazu § 249 Rn 202). Insgesamt hat § 250 daher nur sehr geringe Bedeutung.

II. Der Ersatz in Geld

2 Umstritten ist, ob § 250 mit dem „Ersatz in Geld" auf das Integritätsinteresse (§ 249 Abs 2 S 1) oder das **Wertinteresse** (§ 251) verweist (für § 249 Abs 2 S 1 zB Frotz JZ 1963, 391, 394; MünchKomm/Oetker Rn 12; Palandt/Heinrichs Rn 3; Soergel/Mertens Rn 6; Erman/Kuckuk Rn 6; BGB-AK/Rüssmann §§ 249–250 Rn 1, für § 251 Abs 1 Berg JuS 1978, 672 Anm 4; Larenz I § 28 II; BGB-RGRK/Alff Rn 4; Lange, in: Lange/Schiemann 233 f mNw).

3 Der Gesetzeswortlaut ist nicht eindeutig: „Ersatz in Geld" passt auf § 251 Abs 1 wie auf § 249 Abs 2 S 1. Den Materialien zum BGB lässt sich nur entnehmen, dass der historische Gesetzgeber den Zweifel nicht erkannt hat. Auch der Zusammenhang des § 250 hilft nicht weiter: Allerdings kommt man zu einem Anspruch auf die Herstellungskosten nach § 249 Abs 2 S 1 schon ohne Fristsetzung (Larenz aaO). Aber das gilt nur unter den dort bestimmten Voraussetzungen; § 250 ist nicht sinnlos, wenn er den Anspruch auf die Herstellungskosten auf weitere Fälle erstreckt. Zudem ist auch der Anspruch auf das Wertinteresse vielfach ohne Fristsetzung gegeben, nämlich in den Fällen von § 251. Aber auch das Argument von Frotz (aaO 394) überzeugt nicht, nämlich § 250 wolle den Gläubiger besser stellen und müsse ihm deshalb die Herstellungskosten gewähren: Dass der Gläubiger weiterreichend begünstigt werden soll als durch Gewährung eines Geldanspruchs, lässt sich nicht nachweisen.

4 Ist der Anwendungsbereich des § 250 insgesamt schon äußerst gering, bereitet es größte Schwierigkeiten, innerhalb dieses Anwendungsbereichs einen Fall zu finden, in dem die Streitfrage überhaupt relevant wird. Auch der Fall der Zeitungsinserate nach Ehrverletzung fällt nicht unter § 250, da § 249 Abs 2 S 1 nach seinem Wortlaut für alle Verletzungen der Person gilt (vgl § 249 Rn 217). Im Falle der Sachzerstörung gelangt man bei neuen vertretbaren Sachen über §§ 250, 249 Abs 2 S 1 allerdings zum Wiederbeschaffungswert, bei § 251 Abs 1 hingegen nach richtiger Auffassung zum Verkaufs- oder Abschreibungswert. Für den Befreiungsanspruch könnte sich ein Unterschied bei Zahlungsschwierigkeiten des Schadensersatzgläubigers oder einem Wertverlust des belasteten Grundstücks ergeben: Der Wert der Belastung nach § 251 Abs 1 könnte dann geringer sein als der zur Ablösung erforderliche Geldbetrag nach § 249 Abs 2 S 1. Dem Ziel der Totalreparation entspricht dann in beiden Fällen, dem Geschädigten den **umfassenderen Anspruch** zu gewähren, also die Rechtsfolge nach **§ 249 Abs 2 S 1** zu bestimmen.

III. Fristsetzung mit Ablehnungsandrohung

1. Fristsetzung und Ablehnungsandrohung sollen den Schuldner warnen: Er verliert ja uU die Möglichkeit, dadurch Kosten zu sparen, dass er selbst herstellt. Zu den Einzelheiten gilt Gleiches wie vor allem zu §§ 281 Abs 1 S 1, 323 Abs 1: Die **Fristsetzung** erfolgt durch einseitige empfangsbedürftige Willenserklärung. Eine unangemessen kurze Frist setzt die angemessene in Lauf; daher genügt es sogar, wenn der Gläubiger zur Herstellung „binnen angemessener Frist" auffordert (RGZ 75, 354, 357; MünchKomm/Oetker Rn 6; BGB-RGRK/Alff Rn 7, beide mwNw). Hat der Gläubiger eine längere als die angemessene Frist gesetzt, so ist er daran gebunden. Entsprechend §§ 255, 510 b ZPO kann die Frist auch in einem auf Herstellung lautenden Urteil gesetzt werden (BGHZ 97, 178, 182 f; Palandt/Heinrichs Rn 2; MünchKomm/Oetker Rn 6 mNw).

Die Ablehnungsandrohung muss ergeben, dass nach Fristablauf die **Herstellung** endgültig **ausgeschlossen** sein soll. Dazu genügt die Erklärung, der Gläubiger werde danach auf einer Geldleistung bestehen. Es darf jedoch keine Ungewissheit mehr bleiben. So genügt nicht, dass der Gläubiger sich bloß die Entscheidung über die spätere Annahme der Herstellung vorbehält (Palandt/Heinrichs Rn 2).

Unnötig sind entsprechend dem Rechtsgedanken der §§ 281 Abs 2, 323 Abs 2 Nr 1 Fristsetzung und Ablehnungsandrohung, wenn der Schuldner die Herstellung oder überhaupt jede Schadensersatzleistung **ernsthaft und endgültig** ablehnt (BGHZ 40, 345, 352; BGH WM 1965, 287; NJW-RR 1987, 44; 1990, 971; 1996, 700; NJW 1992, 2220, 2222; Lange, in: Lange/Schiemann 234; MünchKomm/Oetker Rn 7; BGB-RGRK/Alff Rn 8; Erman/Kuckuk Rn 3). Dem steht gleich, dass sich die Praxis ganz mit Geldzahlungen begnügt (BGHZ 40, 345, 352). In diesen Fällen tritt die Wirkung von § 250 S 2 HS 2 in dem Zeitpunkt ein, in dem der Gläubiger Geld fordert (BGH WM 1965, 287).

2. Die Wirkung der Fristsetzung mit Ablehnungsandrohung ist unabhängig von Verschulden oder Verzug des Schuldners; es gibt auch keine Wiedereinsetzung gegen die Fristversäumung (MünchKomm/Oetker Rn 8; BGB-RGRK/Alff Rn 6; Erman/Kuckuk Rn 5).

Nach Fristablauf hat der Gläubiger nur noch den Geldanspruch (zu seinem Inhalt oben Rn 2–4). Eine Ausnahme für den Fall, dass nur der Geldanspruch und nicht auch der Herstellungsanspruch nicht durchsetzbar ist, ist bei § 250 unnötig, da die Voraussetzung einer Privilegierung des Integritätsinteresses hier gerade fehlt (aA MünchKomm/Oetker Rn 11). Nach Fristablauf kann auch der Schuldner nicht mehr durch Herstellung erfüllen.

10 Vor Fristablauf kann der Gläubiger selbst dann nur Herstellung verlangen, wenn ein Fall von § 249 Abs 2 S 1 vorliegt (MünchKomm/Oetker Rn 9; BGB-RGRK/Alff Rn 4; Palandt/Heinrichs Rn 3). Denn die Fristsetzung bedeutet, dass der Gläubiger seine Ersetzungsbefugnis aus § 249 Abs 2 S 1 (vgl § 249 Rn 215) erst nach Fristablauf geltend machen will.

§ 251
Schadensersatz in Geld ohne Fristsetzung

(1) Soweit die Herstellung nicht möglich oder zur Entschädigung des Gläubigers nicht genügend ist, hat der Ersatzpflichtige den Gläubiger in Geld zu entschädigen.

(2) Der Ersatzpflichtige kann den Gläubiger in Geld entschädigen, wenn die Herstellung nur mit unverhältnismäßigen Aufwendungen möglich ist. Die aus der Heilbehandlung eines verletzten Tieres entstandenen Aufwendungen sind nicht bereits dann unverhältnismäßig, wenn sie dessen Wert erheblich übersteigen.

Materialien: E I § 219; II § 213 Abs 2; III § 245; Mot II 19 = Mugdan II 11; Prot I 293 = Mugdan II 511; Jakobs/Schubert, Recht der Schuldverhältnisse I 83.

Systematische Übersicht

I.	Funktion	1
II.	Berechnung der Geldentschädigung	
1.	Unterschied zu § 249 Abs 2 S 1	2
2.	Wert- und Summeninteresse	3
3.	Zeitpunkt der Schadensberechnung	4
III.	Geldentschädigung neben Herstellung	5
IV.	Die Voraussetzungen des Abs 1	
1.	Unmöglichkeit der Herstellung	6
a)	Tatsächliche, rechtliche und wirtschaftliche Unmöglichkeit	6
b)	Unvermögen	9
c)	Nachträgliche Unmöglichkeit	10
d)	Verursacher der Unmöglichkeit	11
2.	Ungenügen der Herstellung	12
3.	Ungenügen der Geldentschädigung	14
4.	Geldersatz vor Unmöglichkeit der Herstellung	15
V.	Unverhältnismäßigkeit des Herstellungsaufwands	
1.	Einschränkung des Herstellungsprinzips	16
2.	Unverhältnismäßigkeit durch Vergleich	17
a)	Vermögensinteressen	18
b)	Immaterielle Interessen	19
3.	Integritätszuschlag	22
4.	Ersetzungsbefugnis des Schuldners	24
5.	Prognoserisiko	26
VI.	Behandlungskosten bei Verletzung eines Tieres	27
VII.	Entsprechende Anwendung	31
VIII.	Fallgruppen	
1.	Beschädigung oder Zerstörung von Kfz	32
a)	Sachschaden am Kfz, insbesondere merkantiler Minderwert	33
b)	Abrechnung auf Neukaufbasis	38

Titel 1
Verpflichtung zur Leistung

c)	Teil- oder Ganzlackierung	41		a)	Zerstörung	90
d)	Maßgeblicher Neukaufpreis	42		b)	Beschädigung	92
e)	Wiederbeschaffungswert	43		3.	Zerstörung oder Beschädigung von Bauwerken	93
f)	Zweithand- und Risikozuschlag	45				
g)	Andere Wertermittlung	49		a)	Sachwert	94
h)	Wirkliche Kosten und Mehrwertsteuer	50		b)	Gebrauchsvorteile	96
i)	Verwertung des Fahrzeugwracks	52		4.	Zerstörung oder Beschädigung anderer Sachen	100
k)	Mietwagenkosten	56		a)	Sachwert	100
aa)	Kosten der Haftungsfreistellung	58		b)	Gebrauchsvorteile	102
bb)	Anrechnung der Eigenersparnis	61		5.	Schädigung der Arbeitskraft	105
cc)	Selbstbeschränkung des Geschädigten	65		6.	Vereitelung von Urlaub und Freizeitbeschäftigungen	109
dd)	Besondere Beschaffungsmöglichkeiten	69		a)	Urlaub	109
ee)	Würdigung des Mietwagenersatzes	70		b)	Freizeit	112
l)	Nutzungsentschädigung	73		7.	Rechtsverfolgungskosten	114
aa)	Dogmatische Einordnung	74		a)	Materieller und prozessualer Kostenerstattungsanspruch	114
bb)	Höhe des Anspruchs	76		b)	Anwaltskosten	120
cc)	Fühlbarkeit der Nutzungsbeeinträchtigung	77		c)	Sachverständigenkosten	122
				d)	Weitere Rechtsverfolgungskosten	124
dd)	Anspruchsgläubiger	81		e)	Zeitaufwand für die Rechtsverfolgung	125
ee)	Objektbezogener Eingriff	82				
ff)	Wagentyp	83		8.	Schaden aus Geldentwertung	127
gg)	Weitere Einschränkungen des Anspruchs	84		9.	Weitere Anwendungsfälle der Geldentschädigung	128
hh)	Stellungnahme	85		a)	Kreditkosten	128
m)	Weitere Begleit- und Folgeschäden	86		b)	Verlust einer Kapitalanlage	129
aa)	Versicherungsrechtliche Nachteile	86		c)	Steuernachteile durch Informationspflichtverletzungen	130
bb)	Sonstige Nebenkosten	88				
2.	Zerstörung oder Beschädigung von Bäumen	89		d)	Andere Steuerliche Belastungen	132

Alphabetische Übersicht

Abrechnung auf Neukaufbasis	33, 38 ff		Begleitschaden	32, 56 ff, 86 ff
Abschreibungen	100		Beschaffung eines Ersatzwagens	69, 80
Affektionsinteresse	28, 30, 101		Beweisverfahren, selbständiges	124
Angehörige als Nutzer	79			
Anschaffungswert	100		Dingliche Ansprüche	31
Anwaltskosten	120		Dispositionsfreiheit	27
Arbeitskraft	105 ff			
Ausdehnende Anwendung	15		Ehegattensplitting	133
Auslobung	124		Eigenverschleiß, Ersparnis	63
			Eigenwirtschaftliche Lebenshaltung	75, 81, 106, 111
Bagatellgrenze	35			
Bäume, Zerstörung und Beschädigung	89 ff		Einschränkungen der Nutzungsentschädigung	84
Bauwerke	93 ff			
Bearbeitungskosten	120		Erfolg der Tierbehandlung	29

Ersetzungsbefugnis des Schuldners	24	Mehrwertsteuer	51, 134
Ersparte Kosten	61 ff	Merkantiler Minderwert	34 ff
Ertragssteuern	132 f	– bei Grundstücken	94
		Mietwagenklasse	64
Fahrzeugwrack	52	Mietwagenkosten	32, 56 ff
Finanzierungskosten s Kreditkosten		Mitverschulden	121
Freizeit	112 f	Motorräder, Nutzungsentschädigung	102
Fühlbarkeit, Nutzungsschaden	77 ff		
Führerscheinentzug	82	Nebeninterventionskosten	117
		Nebenklagekosten	119
Ganzlackierung	41	Neuwertigkeit eines Kfz	38 f
Garantie, Gebrauchtwagen	48	Nutzfahrzeuge	81
Gebäude	93 ff	Nutzung der Arbeitskraft	107
– Nutzungsausfall	96 ff	Nutzungsausfall	73 ff, 96 ff, 102, 104
Gebrauchsvorteil s Nutzungsausfall		Nutzungsbereitschaft/-wille	79 f
Gebrauchtwagenrisiko	48	Nutzungsentschädigung	73 ff, 96 ff
Geldentschädigung	2, 14		
Geldentwertung	127	Ökologische Bedeutung, Bäume	91
Gemeinsame Steuerveranlagung	133		
Gesamtschuldner, Unvermögen zur Herstellung	9	Pauschale für Nebenkosten	88
		Personal für Rechtsverfolgung	126
Grundstücksbeschädigung	93	Privatklagekosten	119
Gutachterkosten s Sachverständigenkosten		Prognoserisiko	23, 26
		Prozessuale Kostenerstattung	115
Haftpflichtversicherung	53, 86		
Haustiere	30	Rabatt bei Mietwagenkosten	66
Herstellung durch Reparatur	33	Rechtsbeistand	120
Herstellungsanspruch	5	Rechtsmissbrauch	20 f
Herstellungskosten	9 f	Rechtsverfolgungskosten	88, 114 ff, 124
– unverhältnismäßige	16 ff	Reisevertrag	110
		Richterrecht	85
Immaterielle Interessen	19, 27, 109	Risikozuschlag	47
Inkassobüro	116	– bei Mietwagen	58 ff
Insassenunfallversicherung	58		
Inspektionskosten	48	Sachverständigengutachten	55, 122
Integritätsinteresse	2, 27	Sachverständigenkosten	122
Integritätszuschlag	22 f, 37	Schadensfreiheitsrabatt	86 f
Interimsfahrzeug	68	Schadensminderungskosten	128
		Schönheitsoperation	20 f
Kapitalanlage	129, 131	Schuldnerverzug	114
Kaskoversicherung	59 f, 87	Sparsamkeit bei Mietwagen	65
Kauf eines Neuwagens	54	Sparsamkeitsprämie	72, 85
Kommerzialisierung	75 f, 103	Steuerpflicht als Schaden	130 ff
Kraftfahrzeugnutzung	73 ff	Strafverfolgung, Entschädigung	118
Kraftfahrzeugschaden	32 ff	Strafverfolgungskosten	118 f
		Summeninteresse	3
Luxusargument	99		
		Teillackierung	41
Marktberichte, Gebrauchtwagen	44	Tierschutz	27

Tierverletzung	27 ff	Vorteilsausgleichung	61 ff
Typengleichheit des Kfz	67, 83		
		Wahlrecht des Geschädigten	24 f
Unfallersatztarife	66	Werksrabatt	42
Unmöglichkeit der Herstellung	6 ff	Wertinteresse	1, 3, 25, 43
Unverhältnismäßigkeit der Herstellung	17, 22, 29	Wiederbeschaffungswert	15, 23, 43 ff
		Wirtschaftliche Unmöglichkeit	6
Urlaub	109 ff	Wohnung	97
Verlust von Sachen	13	Zeitaufwand	125
Vermögensinteressen	18	Zeitpunkt der Schadensberechnung	4, 127
Versicherungskosten bei Mietwagen	58 ff	Zeitwert	49, 100
Versicherungsschaden	86 f	Zerstörung einer Sache	43
Verwertung	53	Zweitgutachten	122
Vorrang der Herstellung	16	Zweithandzuschlag	45 f

I. Funktion

§ 251 gewährt für Vermögensschäden einen Anspruch auf das **Wertinteresse** (su **1** Rn 2 ff). Dabei verfolgen die beiden Absätze verschiedene Ziele: Abs 1 konkretisiert zugunsten des Schadensersatzgläubigers den Grundsatz der Totalreparation für den Fall der Unmöglichkeit oder Unzulänglichkeit der Herstellung nach dem Herstellungsprinzip des § 249. Dagegen begünstigt Abs 2 den Schuldner: Er soll statt einer unverhältnismäßig teueren Herstellung nur das Wertinteresse leisten müssen. Dementsprechend hat der Schuldner hier ein Wahlrecht (su Rn 24).

II. Berechnung der Geldentschädigung

1. Die nach § 251 geschuldete Geldentschädigung **entspricht nicht** dem nach **2** § 249 Abs 2 S 1 zu zahlenden Integritätsinteresse: Bei § 251 soll das Vermögen des Geschädigten nur dem Wert und nicht auch der konkreten Zusammensetzung nach restauriert werden. Der Unterschied zu § 249 ergibt sich aus beiden Absätzen von § 251: In den Fällen des Abs 1 kann eine Berechnung des Schadens nach Herstellungskosten wegen der Unausführbarkeit der Herstellung unmöglich sein; im übrigen genügen die Herstellungskosten zur Entschädigung des Gläubigers nicht, insbes weil ein zusätzlicher Aufwand durch den Schaden verursacht worden ist, zB Mietwagenkosten (unten Rn 56 ff). Bei Abs 2 müssen umgekehrt die Herstellungskosten erheblich über der Geldentschädigung liegen, weil sonst die durch diesen Abs beabsichtigte Entlastung des Schuldners nicht einträte. Ausnahmsweise ist die Entschädigung nach § 251 mit der nach § 249 identisch, wenn der Schaden im Verlust von Geld oder Geldeinnahmen oder im Zwang zu Geldausgaben besteht (vgl § 249 Rn 190). Darüber hinaus kommt § 251 für Sachschäden in gewissem Umfang eine Auffangfunktion hinsichtlich des Zeitwertes vor Durchführung oder Unmöglichkeit der Herstellung zu: Dieses Wertinteresse ist ein Mindestersatz, der freilich von der Rspr anders eingeordnet und nach dem Maßstab der Wiederbeschaffung höher bewertet wird (vgl § 249 Rn 213 u unten Rn 15).

2. Die nach § 251 errechnete Entschädigung nennt man das **Wert- oder Summen-** **3**

interesse. Es entspricht idR der Wertminderung, die das Vermögen des Geschädigten durch das schädigende Ereignis erlitten hat (dazu genauer unten Rn 18, 32 ff). Daher bleibt hier – anders als bei § 249 – ein nicht vermögensrechtliches Interesse außer Betracht. Für letzteres ist nach § 253 nur in den gesetzlich angeordneten Fällen Geldersatz zu leisten. Die Abgrenzung zwischen vermögensrechtlichen und nichtvermögensrechtlichen Interessen ist freilich seit langem eine der Hauptfragen des Schadensrechts (vgl unten Rn 73 ff, 96 ff, 102 ff zu den Gebrauchsvorteilen, Rn 105 ff zum Wert der Arbeitskraft u unten Rn 109 ff zum Verlust von Freizeit u Urlaub).

4 3. Für den **Zeitpunkt der Schadensberechnung** gilt bei § 251 nichts Besonderes (vgl Vorbem 81 ff zu §§ 269 ff): Soweit nicht ausnahmsweise für die Schadensberechnung materiellrechtliche Grenzen bestehen, ist diese zeitlich unbeschränkt möglich. Davon ist auch hier die verfahrensrechtliche Frage zu trennen, inwieweit der Schaden in einem bestimmten Prozess geltend gemacht werden kann; darüber entscheidet idR die letzte mündliche Verhandlung (vgl Vorbem 79 zu §§ 249 ff).

III. Geldentschädigung neben Herstellung

5 Häufig liegen die Voraussetzungen von § 251 **nur für einen Teil des Schadens** vor, während es im übrigen beim Herstellungsanspruch bleibt. Das wird für Abs 1 schon im Wortlaut angedeutet („soweit"), gilt aber unstr auch für Abs 2 S 1, wenn es sich um verschiedene Schadensposten handelt: Sind etwa bei einem Unfall ein Mensch verletzt und eine Sache beschädigt worden, dann wird der Herstellungsanspruch aus der Körperverletzung nicht dadurch berührt, dass die Sachreparatur unverhältnismäßig teuer ist und deshalb für sie § 251 Abs 2 S 1 eingreift. Bei Abs 1 kommt eine Teilung sogar hinsichtlich desselben Schadenspostens in Frage: So wird etwa bei Beschädigung eines Kfz außer den Reparaturkosten (§ 249 Abs 2 S 1) nach gefestigter Rspr auch Ersatz des merkantilen Minderwerts geschuldet (§ 251 Abs 1, vgl unten Rn 34): Insoweit ist die Herstellung unmöglich oder genügt nicht zur Entschädigung (vgl unten Rn 6 ff, 12).

IV. Die Voraussetzungen des Abs 1

1. Unmöglichkeit der Herstellung

6 a) Die Unmöglichkeit der Herstellung kann auf **tatsächlichen** (unten Rn 7) oder **rechtlichen Gründen** (unten Rn 8) beruhen. Dagegen tritt die Frage der wirtschaftlichen Unmöglichkeit bei § 251 Abs 1 nicht auf: Wenn die Herstellung unverhältnismäßig hohen Aufwand erfordert, greift § 251 Abs 2 ein. Die Schwelle der Unverhältnismäßigkeit liegt weit niedriger als die wirtschaftliche Unmöglichkeit.

7 Fälle der **Unmöglichkeit aus tatsächlichen Gründen** sind die Tötung eines Menschen und oft auch eines Tieres (§ 251 Abs 2 S 2). Die Unmöglichkeit der Sachherstellung kann auf der technischen Undurchführbarkeit eines befriedigenden Reparatur beruhen (zB Totalschaden, unten Rn 33, vgl für Kfz aber auch § 249 Rn 184). Unmöglichkeit kann auch durch Zeitablauf eintreten: ZB die Entbehrung eines Kfz wird nicht durch die Überlassung eines Ersatzwagens für die Zukunft ausgeglichen. Tatsächlich und zugleich rechtlich unmöglich ist die Herstellung, wenn für sie eine Sache benötigt wird, die einem Dritten gehört und die der Dritte nicht herausgibt. Ähnlich verhält es sich, wenn zur Herstellung die Mitwirkung eines Dritten (zB sein Einverständnis zur Begründung einer Forderung) nötig ist, aber nicht erreicht werden kann. Liegt der Schaden darin, dass eine Leistung ohne Vertragsgrundlage in Anspruch genommen wird, ist die Herstellung sogleich unmöglich (BGHZ 117, 29 zur unbefugten Stromentnahme).

Bei der **rechtlichen Unmöglichkeit** geht es im wesentlichen um zwei Fallgruppen: (1) **8** Die Herstellung kann unmöglich sein, weil sie zu einem rechtlich ausgeschlossenen Erfolg führt, nämlich insbes auf die (zB durch § 275) ausgeschlossene Erfüllung hinausläuft oder (bei § 839) einen unzulässigen Eingriff in die öffentliche Verwaltung bedeutet (vgl dazu Vorbem 15 zu §§ 249 ff u § 249 Rn 179 ff). (2) Die Herstellung kann aber auch daran scheitern, dass es zu ihr eines rechtlich ausgeschlossenen Mittels bedarf, zB der Verwendung bewirtschafteten Materials oder einer unzulässigen Arbeitsleistung. – Ein Unterschied zwischen (1) und (2) besteht insoweit, als bloß bei (2) uU eine Behebung des rechtlichen Hindernisses in Betracht kommt. Als rechtliche Unmöglichkeit lässt sich auch der Fall auffassen, dass die Erfüllung eines Vermächtnisses auf Einräumung einer Gesellschafterstellung unausführbar wird, weil der Gesellschaftsvertrag nur die einmalige Aufnahme eines neuen Gesellschafters vorsieht, der Erbe diese Möglichkeit durch die Aufnahme eines anderen in die Gesellschaft bereits erschöpft hat (BGH NJW 1984, 2570).

b)   Unvermögen des Schuldners zur Herstellung schließt zunächst nur den An- **9** spruch aus § 249 Abs 1 aus. Dies führt in den meisten Fällen zunächst zur Anwendbarkeit des § 249 Abs 2 S 1. Dann hat der Gläubiger die Entscheidungsbefugnis darüber, ob er den Ersatz der Herstellungskosten nach § 249 Abs 2 S 1 wählt. In diesem Falle bleibt § 251 Abs 1 unanwendbar, weil der Gläubiger durch die Inanspruchnahme des Kostenersatzes die Herstellung herbeiführt und daher den § 251 Abs 1 verdrängt. Entscheidet sich aber der Gläubiger gegen § 249 Abs 2 S 1, so ist die Herstellung iSv § 251 Abs 1 zwar nicht unmöglich. Dennoch ist § 251 Abs 1 analog anwendbar, weil es eine reine Schikane des Ersatzpflichtigen wäre, wenn er den Geschädigten zu einer Disposition zwänge, an der er kein Interesse hat (vgl § 249 Rn 213 mNw). Bei Gesamtschuldnern ist denkbar, dass nur einer zur Herstellung vermögend ist; für die übrigen liegt dann § 251 Abs 1 vor (vgl zB OLG Karlsruhe Justiz 1979, 262).

c)   Auch **nachträgliche Unmöglichkeit** genügt idR für § 251 Abs 1 (MünchKomm/ **10** OETKER Rn 7; BGB-RGRK/ALFF Rn 3; PALANDT/HEINRICHS Rn 3). Doch gilt hier gleichfalls (vgl oben Rn 9): Soweit der Anspruch auf Ersatz der Herstellungskosten (§ 249 Abs 2 S 1) trotz des Unvermögens des Schuldners zur Herstellung erhalten bleibt und der Gläubiger diesen Ersatz wählt, ist § 251 unanwendbar.

d)   Wer die Unmöglichkeit herbeigeführt hat, bleibt idR gleichgültig. Insbes **11** macht auch eine schuldhafte Vereitelung der Herstellung durch den Schuldner § 251 Abs 1 nicht unanwendbar (die Vorschrift soll ja auch gerade dem Gläubiger dienen, vgl oben Rn 1). So liegt es etwa, wenn der Erbe sich die Erfüllung eines Vermächtnisses unmöglich macht (BGH NJW 1984, 2570). Vereitelt dagegen der Gläubiger schuldhaft die Herstellung, so gelangt man zu § 254: Danach wird der Gläubiger als Geldentschädigung idR höchstens den Betrag der Herstellungskosten fordern können.

2. Ungenügen der Herstellung

12 Die zweite Alt des § 251 Abs 1 betrifft den Fall, dass die **Herstellung zur Entschädigung des Gläubigers nicht genügend** ist. Das lässt sich kaum von der Unmöglichkeit der Herstellung trennen (was aber wegen der Gleichheit der Rechtsfolgen auch nicht schadet): Wenn die Herstellung nicht genügt, kann man sie auch als (teilweise) unmöglich ansehen. So lässt sich die Reparatur eines beschädigten Kfz hinsichtlich des verbleibenden merkantilen Minderwerts (unten Rn 34) als unmöglich oder deshalb, weil ein solcher Minderwert entsteht, als zur Entschädigung des Gläubigers nicht genügend einstufen (vgl BGB-RGRK/Alff Rn 6). Am ehesten dürfte zur zweiten Alt gehören, dass die technisch mögliche Herstellung unzumutbar lange dauert (wie im Fall von RGZ 76, 146: Trockenlegung der durch Bergbau abgesunkenen Wiesen erst in fünf Jahren).

13 Insbes bei der **Entschädigung für den Verlust von Sachen** ist zu unterscheiden: Bei vertretbaren Sachen (§ 91) ist idR die Herstellung durch Lieferung gleicher Sachen möglich und für den Gläubiger zumutbar. Dagegen scheidet bei unvertretbaren Sachen eine solche Herstellung nach verbreiteter Ansicht idR (vgl aber § 249 Rn 184 u unten Rn 101) aus; wenn hier auch die Reparatur unmöglich oder unzumutbar ist, bleibt nur § 251 (BGH NJW 1975, 2061; MünchKomm/Oetker Rn 9). Anders entscheidet die Rspr aber jedenfalls für gebrauchte Kfz (unten Rn 43).

3. Ungenügen der Geldentschädigung

14 Die gesetzliche Regelung beruht auf der Voraussetzung einer funktionierenden Wirtschaft. Ist die Güterversorgung erheblich gestört, beeinflusst dies zwangsläufig das Verhältnis zwischen Restitution und Kompensation. Wenn für Geld vieles nicht zu kaufen ist, bietet die **Kompensation keinen genügenden Ausgleich** (vgl auch unten Rn 127 zum Problem der Geldentwertung). So hat die Rspr nach 1945 die Herstellung gemäß § 249 S 1 ausdehnend interpretiert und dadurch § 251 Abs 1 eingeengt (§ 249 Rn 183 mNw): Statt Geldersatz konnte der Gläubiger als Herstellung die Lieferung einer möglichst gleichartigen Ersatzsache fordern. Die Schwierigkeiten des Schuldners bei der Beschaffung einer solchen Sache sind in derartigen Verhältnissen dann erst über § 251 Abs 2 S 1 zu berücksichtigen.

4. Geldersatz vor Unmöglichkeit der Herstellung

15 Die Rspr gewährt bei Sachschäden einen Anspruch auf den Wiederbeschaffungswert schon vor der Unmöglichkeit der Herstellung (BGHZ 66, 239; 115, 365; 375). Nach hM ist bei Kfz der Wiederbeschaffungswert zugleich der Wert, der nach § 251 Abs 1 zugrunde zu legen ist (unten Rn 43). IE gelangt die Rspr somit in bestimmten Fällen zu einem Ersatz des Wertinteresses ohne die einschränkenden Voraussetzungen des § 251 Abs 1. Begründet wird dies freilich mit § 249 Abs 1 S 2 und dem Wirtschaftlichkeitsgebot bei der Wahl des Geschädigten zwischen den beiden Herstellungsalternativen des § 249 S 1 und S 2. Diese Begründung vermag aber nicht zu überzeugen (§ 249 Rn 184 mNw). Anders als noch in der Vorauflage angenommen, ist der Rspr auch iE nicht zu folgen. Einzuräumen ist ihr, dass sie einem erheblichen praktischen Bedürfnis entspricht. Dieses Bedürfnis kann jedoch auf dogmatisch stimmige und sachlich angemessene Weise erreicht werden. Der Ansatz dafür liegt in einer **aus-**

dehnenden Anwendung des § 251 Abs 1: Mit der Beschädigung von Vermögensgütern ist bereits ein Schaden in Gestalt eines Wertverlustes entstanden, der nach dem Grundsatz der Totalreparation ausgeglichen werden muss. Wählt der Geschädigte die Restitution, wird dieser Schaden (im wesentlichen) durch deren Ausführung beseitigt; unterbleibt die Herstellung, besteht der Wertverlust fort. Den Anspruch auf dessen Ausgleich erst bei Unmöglichkeit der Herstellung oder unter den besonderen Voraussetzungen des § 250 zu gewähren, ist dann nicht erforderlich und nicht berechtigt, wenn der Ersatzpflichtige gar kein schutzwürdiges Interesse daran hat, dass er entweder die Herstellung nach § 249 Abs 1 selbst vornimmt oder der Geschädigte zu einer Disposition gezwungen wird, die dieser eigentlich (noch) gar nicht treffen will. Daher entsteht in den Fällen mangelnden Schuldnerinteresses an der Restitution ein Geldanspruch in Höhe des Wertverlustes (vgl genauer § 249 Rn 213, iE weitgehend übereinstimmend mit abweichender Begründung KÖHLER, in: FS Larenz [1983] 349, 368 f; HONSELL/HARRER JuS 1991, 441, 445).

V. Unverhältnismäßigkeit des Herstellungsaufwands

1. Die **Herstellung** hat nach § 249 den **Vorrang** vor der Geldkompensation. Dies **16** gilt idR auch dann, wenn die zur Herstellung entstehenden Kosten den Betrag übersteigen, um den der Wert des Gläubigervermögens gemindert ist (also das Wertinteresse, oben Rn 3): Der Geschädigte soll nämlich nicht gezwungen sein, das betroffene Rechtsgut gleichsam an den Schädiger zu „verkaufen" (MEDICUS JuS 1969, 449 f). Daher ist dem Geschädigten für die Durchführung der Herstellung ua ein Integritätszuschlag zu gewähren (§ 249 Rn 233). Hiervon macht jedoch § 251 Abs 2 eine Ausnahme zugunsten des Schuldners, wenn die Herstellung nur mit unverhältnismäßigen Aufwendungen möglich ist. Diese Aufwendungen sind bei § 249 Abs 1 die dem Schuldner entstehenden und bei § 249 Abs 2 S 1 die zur Herstellung objektiv erforderlichen (§ 249 Rn 228) Kosten. Auch der Anspruch aus § 249 Abs 2 S 1 unterliegt also der Einschränkung nach § 251 Abs 2 (BGHZ 63, 295, 297; 102, 322, 330; BGH NJW 1975, 2061; MünchKomm/OETKER Rn 36; PALANDT/HEINRICHS Rn 6). Modifiziert wird § 251 Abs 2 durch §§ 32 Abs 7 GenTG, 16 Abs 1 UmweltHG. Nach diesen Vorschriften gilt der Vorrang der Naturalrestitution in noch größerem Umfang. § 16 Abs 1 UmweltHG sieht vor, dass die Gegenüberstellung des Wertes nach § 251 Abs 1 und der Herstellungskosten allein die Unverhältnismäßigkeit nicht begründen soll; § 32 Abs 7 GenTG lässt diesen Schluss jedenfalls erst nach erheblichen Überschreitungen des Wertes zu (vgl genauer STAUDINGER/KOHLER [2002] § 16 UmweltHG Rn 16 f).

2. Die **Unverhältnismäßigkeit** muss sich **aus einem Vergleich** ergeben. Hierfür hat **17** das Gesetz kein Zahlenverhältnis festgelegt. Vielmehr ergibt sich die Unverhältnismäßigkeit aus einer Interessenbewertung im Einzelfall (MEDICUS AcP 192 [1992] 35, 38).

a) Die Ermittlung der mit dem Herstellungsaufwand zu vergleichenden Größe **18** bereitet keine Schwierigkeiten, wenn **nur Vermögensinteressen** in Frage kommen: Dann ergibt der Geldwert dieser Interessen den als Vermögensschaden ersatzfähigen Betrag; er muss erheblich (unten Rn 22) unter den Herstellungskosten liegen, damit § 251 Abs 2 anwendbar ist.

b) Dagegen entstehen Schwierigkeiten, sobald **immaterielle Interessen** eine Rolle **19**

spielen (dazu KOLLER DAR 1979, 289, 294 ff; OETKER NJW 1985, 345, 347 mNw). Das wird am deutlichsten, wenn der Gläubiger überhaupt nur immaterielle Interessen an der Herstellung hat: Blieben diese bei der Ermittlung der Unverhältnismäßigkeit unbeachtet, so müssten schon geringe Herstellungskosten als unverhältnismäßig hoch erscheinen. Damit würde der anerkannte Satz, Herstellung könne auch bei Nichtvermögensschäden verlangt werden (§ 253 Rn 7), weithin dem § 251 Abs 2 zum Opfer fallen. Mit Recht hat daher der BGH (BGHZ 63, 295, 297 f) auf die Kosten für die Operation zur Beseitigung einer Narbe § 251 Abs 2 nicht angewandt. Auch ein Vergleich der Herstellungskosten mit demjenigen Betrag, um den sich das Schmerzensgeld bei Unterbleiben der Herstellung erhöhen müsste, entspricht nicht dem Sinn des Gesetzes (BGHZ 63, 300, zust JOCHEM JR 1975, 329). Entsprechendes gilt, wenn immaterielle Interessen mit materiellen zusammentreffen (ausf MEDICUS JuS 1969, 449, 452): Hier kann nicht einfach der Geldwert der materiellen Interessen mit den Herstellungskosten verglichen werden. Hierhin gehören Aufwendungen, die die Folgen einer Ehrverletzung abwehren sollen (zB für Zeitungsinserate): Ihr Ersatz scheitert nicht schon daran, dass keine oder nur niedriger zu bewertende Vermögensinteressen des Verletzten betroffen sind.

20 Trotzdem wird aber auch bei immateriellen Interessen **Ersatz der Herstellungskosten nicht unbeschränkt** gewährt. Der BGH (BGHZ 63, 295, 301) hat § 242 herangezogen, um den Ersatz der Herstellungskosten ausnahmsweise zu versagen, wenn nach den besonderen Umständen des Einzelfalles das Ersatzverlangen als rechtsmissbräuchlich erscheint. Er berücksichtigt hierbei „insbes Ausmaß und Bedeutung des Verzichts auf eine Herstellung für den Verletzten, aber auch den Grad der Verantwortlichkeit des Ersatzpflichtigen sowie die wirtschaftlichen Verhältnisse beider Beteiligten und allgemeine Lebensgewohnheiten und Anschauungen". Zum Ausgleich für die Versagung der Herstellungskosten soll das Schmerzensgeld erhöht werden.

21 Zur Würdigung der BGH-Entscheidung ist zu berücksichtigen, dass die **Operation** im zu beurteilenden Sachverhalt **noch gar nicht ausgeführt** war, der BGH andererseits noch nicht zu einer klaren Stellungnahme gegen den Ersatz fiktiver Heilungskosten (vgl BGHZ 97, 14) gefunden hatte. Daher spricht viel dafür, dass die Entscheidung heute so nicht mehr ergehen würde. Infolgedessen kann sie nur mit großer Vorsicht zur Beurteilung anderer Fälle herangezogen werden. Dies ist aber auch kein Nachteil. Denn durch die vom BGH dem Tatrichter gewährte **fast unbegrenzte Freiheit** wird eine rationale Begründung nahezu unmöglich. Wenn der Verletzte die Operation wirklich hat vornehmen lassen, wird man einen Rechtsmissbrauch nur in extremen Fällen annehmen können (ähnlich JOCHEM JR 1975, 329). Aber auch sonst muss man mit diesem Vorwurf wohl zurückhaltend sein (abzulehnen daher zum Rechtszustand vor Einführung von § 251 Abs 2 S 2 AG Augsburg VersR 1976, 648, vgl dazu KELLER VersR 1977, 145; BERG JuS 1978, 672, 674: Dort waren für einen Hund mit einem Zeitwert von 300 DM Behandlungskosten von 530 DM abgelehnt worden). Richtig bleibt an der Entscheidung des BGH freilich die Erkenntnis, dass für die Heilungskosten bei Menschen das „ökonomische Kalkül" von § 251 Abs 2 S 1 überhaupt nicht unmittelbar passt (MEDICUS AcP 192 [1992] 39).

22 3. Voraussetzung für § 251 Abs 2 S 1 ist, dass der Vergleich der Herstellungskosten mit dem Vermögensinteresse nach Abs 1 deren **Unverhältnismäßigkeit** ergibt.

Diese Kosten müssen den Vergleichsbetrag nicht nur geringfügig übersteigen. Ein allgemein geltender Zahlenwert lässt sich dafür nicht angeben. In der Praxis fest eingespielt hat sich ein Integritätszuschlag von **30%** bei der **Reparatur von Kfz**. Dieser Wert ist vom BGH – freilich unter dem etwas anderen Gesichtspunkt der Einhaltung eines Wirtschaftlichkeitsgebotes bei der Wahl des Restitutionsweges – ausdrücklich gebilligt worden (BGHZ 115, 364; 375). Die Lit stimmt dem für § 251 Abs 2 S 1 weitgehend zu, weist aber auf die Notwendigkeit von Differenzierungen im Einzelfall hin. So soll bei sehr alten Wagen mit geringem Wiederbeschaffungswert auch ein höherer Prozentsatz noch verhältnismäßig sein, während die Grenze bei einem fast neuen Wagen (an den sich auch der Geschädigte noch nicht gewöhnt hat) niedriger anzusetzen sein soll (vgl MEDICUS JuS 1973, 211, 212; SOERGEL/MERTENS § 249 Rn 80). Tatsächlich liegt die maßgebliche Obergrenze für Kfz gemäß der Rspr des BGH noch wesentlich über den 130% vom Wiederbeschaffungswert. Denn der BGH (BGHZ 115, 364) hat es für zulässig erklärt, bei Berechnung der 130% vom Restwert des Unfallfahrzeuges abzusehen. Dies kann zB bedeuten, dass der Geschädigte, dessen Fahrzeug einen Wiederbeschaffungswert von 15 000 Euro hatte und nun noch auf einen Restwert von 5000 Euro geschätzt wird, sich entweder für eine 19 500 Euro teuere Reparatur (einschließlich merkantilem Minderwert, dazu unten Rn 34 ff) oder einen Ersatz der Wertdifferenz von 10 000 Euro entscheiden kann. Bei nur geringfügiger Überschreitung der prognostizierten Reparaturaufwendungen kann das Verhältnis beider Summen iE leicht 2:1 betragen. Schon nach dem schlichten Wortverständnis des § 251 Abs 2 S 1 (und nicht weniger bei Anlegung eines Wirtschaftlichkeitsmaßstabes) muss es erstaunlich erscheinen, dass der Geschädigte bei einer solchen Wertrelation noch die Wahl der teureren Möglichkeit hat. Hinzu kommen erhebliche praktische Schwierigkeiten bei der Anwendung des Integritätszuschlages und auch erhebliche Manipulationsmöglichkeiten (dazu Münch-Komm/OETKER Rn 41 ff; GRUNSKY JZ 1997, 827 f). Insgesamt erscheint der Integritätszuschlag bei Kfz daher nicht sachgerecht und von § 251 Abs 2 S 1 auch nicht gefordert (vgl § 249 Rn 233).

Auch **ohne** den **Integritätszuschlag** von 30% wird die **Reparatur** für den Geschädigten vielfach vorteilhaft sein. Wird die Reparatur wirklich durchgeführt, bleibt dem Geschädigten die vom BGH (BGHZ 115, 364, 371 f) anerkannte Vergünstigung, den (verhältnismäßigen) Reparaturkostenaufwand am Brutto-Wiederbeschaffungswert zu messen und daher auch bis zu diesem Wert oder bei Prognosefehlern (unten Rn 26) darüber hinaus ersetzt verlangen zu können. Denn die Erwägung, die den BGH zur Vernachlässigung des Restwertes beim Vergleich zwischen Reparaturkosten und Wiederbeschaffungswert veranlasst hat, bleibt bei der hier befürworteten Beschränkung des verhältnismäßigen Reparaturaufwandes auf den Wiederbeschaffungswert erheblich: Wenn der Geschädigte die Reparatur wirklich durchführt oder durchführen lässt, wird ein konkreter Restwert nicht „erwirtschaftet", und ein fiktiver Restwert ist dann nur schwer zu ermitteln und „mit vielen Unsicherheiten behaftet" (BGHZ 115, 371 f). Andererseits steht der Restwert, wie der BGH gleichfalls zutreffend ausgeführt hat, in unmittelbarem Zusammenhang mit dem erforderlichen Reparaturaufwand, so dass der Restwert, abgesehen vom reinen Schrottwert, um so eher wirtschaftlich belanglos wird, je mehr sich die Reparaturkosten dem Wiederbeschaffungswert annähern. Die praktisch sinnvolle Vernachlässigung des Restwerts beim Vergleich der Kosten mit dem Wiederbeschaffungswert bedeutet dogmatisch zugleich, dass dem Geschädigten iSd § 251 Abs 2 S 1 noch immer ein

„verhältnismäßiger" Zuschlag für sein Integritätsinteresse zugute kommt. Gleichfalls erhalten bleibt dem Geschädigten bei einer Beschränkung seines Integritätsinteresses auf den vollen Wiederbeschaffungswert die Entlastung vom Prognoserisiko (BGH NJW 1972, 1800; 1985, 2469; BGHZ 115, 364, dazu unten Rn 26) sowie nach gefestigter Rspr die Entschädigung für den in die Vergleichsrechnung freilich einzubeziehenden merkantilen Minderwert (BGHZ 35, 396 u dazu unten Rn 34 ff). Denn nach Durchführung der Reparatur hat der Geschädigte außer dem wieder gebrauchsfähigen Fahrzeug im Vergleich zu dem Zustand vor dem Unfall einen finanziellen Vorteil, der nur dann aufgezehrt wird, wenn der Geschädigte das Fahrzeug später verkauft oder in Zahlung gibt und hierbei für das Unfallfahrzeug einen geringeren Betrag erzielt. Unter den Wiederbeschaffungswert kann der verhältnismäßige Aufwand zur Restitution schließlich im Regelfall nicht sinken: Der Geschädigte kann nicht gezwungen werden, auf jede Restitution zu verzichten und nur den Zeitwert (unten Rn 43) zu verlangen. Denn dem Geschädigten ist es von vornherein nicht zuzumuten, auf ein Kfz überhaupt zu verzichten. Der Wiederbeschaffungswert selbst ist also auch unter der Voraussetzung immer verhältnismäßig, dass man bei § 251 Abs 1 den Verkaufswert als Zeitwert für maßgeblich hält.

24 4. Liegt Unverhältnismäßigkeit der Herstellungskosten vor, hat der Schuldner eine **Ersetzungsbefugnis** (MünchKomm/OETKER Rn 35, 69; BGB-RGRK/ALFF Rn 16 mNw; PALANDT/HEINRICHS Rn 6; ERMAN/KUCKUK Rn 17). Folglich bleibt der Schuldner zunächst zur Herstellung verpflichtet, bis er seine Ersetzungsbefugnis ausübt. Wenn die Herstellung vorher unmöglich wird, erlischt aber die Verpflichtung nicht, sondern sie geht dann nach § 251 Abs 1 auf Geldentschädigung.

25 Übt der Schuldner seine Ersetzungsbefugnis aus, so schuldet er **nur das Wertinteresse** (oben Rn 3) und nicht etwa auch den Integritätszuschlag (oben Rn 22). Das gilt selbst dann, wenn der Gläubiger die hohen Herstellungskosten wirklich aufgewendet hat (BGH NJW 1972, 1800; KG VersR 1976, 391; DARKOW VersR 1972, 616; MEDICUS JuS 1973, 211, 213; **aA** OLG München DAR 1989, 419; DANNERT VersR 1988, 980 ff, teilweise auch MünchKomm/OETKER Rn 70). Ebenso wird man dem Geschädigten das Recht versagen müssen, auf die Herstellung teilweise zu verzichten, um so deren Kosten unter der Grenze der Unverhältnismäßigkeit zu halten (MEDICUS aaO). Freilich dürfte sich praktisch nur selten beweisen lassen, dass der Geschädigte erst durch einen solchen Verzicht den Anschein eines Anspruchs auf den Integritätszuschlag geschaffen hat (dazu GRUNSKY JZ 1997, 827; zu den Folgerungen für die Anerkennung des Zuschlages oben Rn 22).

26 5. Aus der Regelung des § 251 Abs 2 (wie auch bei der Abwägung von Herstellungsalternativen nach dem Wirtschaftlichkeitsgebot) ergibt sich ein **Prognoserisiko**, nämlich ob die Herstellungskosten die Grenze zur Unverhältnismäßigkeit (oben Rn 17 ff) überschreiten werden. Der vernünftige und vorsichtige Geschädigte wird eine Restitution nur einleiten, wenn die Prognose ihm vollen Schadensersatz auch unter Berücksichtigung des § 251 Abs 2 verheißt. Die tatsächlichen Herstellungskosten können aber den prognostizierten Betrag übersteigen. Dieses Risiko muss (ebenso wie das von § 249 Rn 229) idR der Schädiger tragen: Er trüge es ja auch, wenn er entsprechend der gesetzlichen Regel von § 249 Abs 1 die Herstellung selbst durchführte. Dass nach § 249 Abs 2 S 1 stattdessen der Geschädigte herstellen kann, soll diesen begünstigen und darf daher nicht zu seinem Nachteil das Risiko auf ihn verlagern. Deshalb muss idR der Schädiger auch Herstellungskosten ersetzen, die zwar unverhältnismäßig hoch sind, deren Unverhältnismäßigkeit sich aber ohne Obliegenheitsverletzung des Geschädigten (vgl MünchKomm/OETKER Rn 71 mNw sowie unten § 254 Rn 89) erst später herausstellt (hM, zB BGHZ 115, 364, 371; BGH NJW 1972, 1800, freilich für die Wahl zwischen zwei Spielarten der Restitution; OLG Düsseldorf VersR 1977, 840; MEDICUS JuS 1969, 449, 451; 1973, 211, 213; PALANDT/HEINRICHS Rn 9). Zur Wertermittlung muss der Geschädigte sich in Zweifelsfällen eines Sachverständigen bedienen, dessen Verschulden er aber nicht nach §§ 254 Abs 2 S 2, 278 zu vertreten hat (§ 254 Rn 106).

VI. Behandlungskosten bei Verletzung eines Tieres

§ 251 Abs 2 S 2, der am 20. 8. 1990 mit Geltung ab 1. 1. 1991 eingefügt worden ist, **27** stellt klar, dass die Behandlungskosten für ein Tier auch dann ersatzfähig sind, wenn sie den Vermögenswert des Tieres erheblich übersteigen. Ohne die ausdrückliche Regelung würde sich dies schon aus § 251 Abs 2 S 1 ergeben, da für die Feststellung der Unverhältnismäßigkeit **immaterielle Interessen zu berücksichtigen** sind (oben Rn 19 u insbes MEDICUS JuS 1969, 449, 452). Das immaterielle Interesse des Tierhalters wird aber nur bei der Herstellung berücksichtigt, nicht bei der Wertentschädigung im Falle der Tötung. Ziel der Vorschrift ist vor allem der Tierschutz. Da aber Tiere selbst keine zivilrechtlichen Ansprüche erheben können, ist der Schutz des Integritätsinteresses eines Tieres nur über das Interesse seines Eigentümers zu erfassen. Daraus folgt, dass der **Tiereigentümer** nach BGB **nicht verpflichtet** ist, das Tier behandeln zu lassen. Unterlässt er die tierärztliche Versorgung, steht ihm allerdings nur der Wertersatzanspruch nach § 251 Abs 1 – ggf reduziert nach § 254 Abs 2 – zu, nicht Ersatz der fiktiven Behandlungskosten. Eine Dispositionsfreiheit des Eigentümers über den zur Heilung oder Behandlung erforderlichen Betrag ist hier so wenig wie sonst anzuerkennen (§ 249 Rn 224 f; teilweise **aA** MünchKomm/OETKER Rn 67: keine Verwendungsfreiheit nur hinsichtlich des Heilungskostenbetrages, der den Vermögenswert des Tieres übersteigt).

Die Formulierung des § 251 Abs 2 S 2 entspricht § 32 Abs 7 GenTG. In beiden **28** Vorschriften wird angeordnet, dass sich die Unverhältnismäßigkeit der Behandlungskosten nicht allein aus einer erheblichen Überschreitung des materiellen Wertes des Tieres ergeben soll. Damit soll die **Wertrelation** nicht irrelevant sein. Sie soll nur nicht allein **den Ausschlag geben**. Ob es darüber hinaus eine absolute, wenn auch im einzelnen verschiedene Obergrenze der erstattungsfähigen Heilungskosten gibt (dafür MünchKomm/OETKER Rn 58), ist zweifelhaft: Die Gesetzesformulierung legt eher den Schluss nahe, dass es immer auf weitere Momente ankommen soll, insbes das Affektionsinteresse des Eigentümers. § 251 Abs 2 S 2 soll nicht zum Mittel werden, Abneigung gegenüber dem Schädiger mit Zuneigung für das eigene Tier zu bemänteln. Entscheidend ist, was der Eigentümer in seiner konkreten Lage ohne die Fremdschädigung für sein Tier aufgewendet hätte. Beim Schoßhündchen der wohlhabenden alten Witwe wird dies einen anderen Umfang haben als bei der Bauernkatze (vgl AG Frankfurt aM NJW-RR 2001, 17; **aA** MünchKomm/OETKER Rn 64). Zwar hat der Gesetzgeber nicht eine Regelung wie § 1332a öster ABGB aufgenommen, nach dem die Kosten am Maßstab eines verständigen Tierhalters in der Lage des Geschädigten auszurichten sind (dazu MÜHE NJW 1990, 2238, 2239). Der hier angegebene Standard entspricht aber dem allgemein für die Herstellungskosten nach § 249 Abs 2 S 1 geltenden (§ 249 Rn 229). Wegen des im Vordergrund stehenden immateriellen Interesses ist dieser Standard eher großzügig anzuwenden.

29 Wesentliche Faktoren für die **Bestimmung der Verhältnismäßigkeitsgrenze** sind die Tierart (als Indikator typischerweise engerer oder nicht so enger gefühlsmäßiger Bindung) und der Zustand des Tieres wie Alter und allgemeine Gesundheit (zutreffend MünchKomm/OETKER Rn 63). Daraus ist jedoch nicht zu schließen, dass die Schutzfunktion des § 251 Abs 2 S 2 endet, wenn das Tier hilflos und moribund geworden ist und daher materiell überhaupt keinen Wert mehr hat: Die „Heilbehandlung" im Wortlaut der Vorschrift ist auch im Sinne der Hilfe und Linderung für das Tier zu verstehen. Gerade das Einschläfern des schwerverletzten Tieres fällt unter den Schutzbereich des § 251 Abs 2 S 2. Aber auch sonst gebietet es das Tierschutzinteresse, das bei der Vorschrift Pate gestanden hat, nicht entscheidend auf den Erfolg der Heilung abzustellen. War der Erfolg von vornherein unsicher und ist auch tatsächlich nicht eingetreten, kommt dennoch ein Ersatz in Frage (MünchKomm/OETKER Rn 59). Je unwahrscheinlicher der Erfolg ist, um so eher wird die Behandlung freilich unvernünftig und unverhältnismäßig sein.

30 Fraglich ist, **welche Tiere** unter § 251 Abs 2 S 2 fallen. Da die Vorschrift keine selbständige Anspruchsgrundlage schafft, kommen nur solche Tiere in Betracht, die im Eigentum von jemandem stehen oder an denen ein Aneignungsrecht (Jagdrecht) begründet ist. Wegen des Zieles, zum Tierschutz beizutragen, wird man Jagdtiere jedenfalls nicht von vornherein aus dem Anwendungsbereich der Vorschrift ausschließen können (aA MünchKomm/OETKER Rn 56: nur Haustiere). Andere herrenlose Tiere (zB wilde Katzen), die erst nach der Verletzung in Obhut und Eigentum von Tierschutzvereinen genommen werden, fallen nicht unter § 251 Abs 2 S 2, da schon eine Anspruchsgrundlage (Eigentumsverletzung) fehlt. Für reine Nutztiere (zB Milchkühe) gilt die Vorschrift hingegen ihrem Wortlaut nach. Das im Vergleich zum Haushund möglicherweise geringere Affektionsinteresse des Eigentümers schließt die Berücksichtigung auch solcher Tiere wegen des Tierschutzzieles nicht aus. Freilich wird sich aus dem allgemeinen Standard des vernünftigen Eigentümers in der Lage des Geschädigten (oben Rn 28) idR eine engere Grenze des Ersatzes ergeben als bei stärker „affektionsbesetzten" Tieren.

VII. Entsprechende Anwendung

31 Eine entsprechende Anwendung von § 251 wird vor allem für die nicht auf Schadensersatz gerichteten **dinglichen Ansprüche** aus §§ 985, 1004 erörtert. Bei **§ 251 Abs 1** ist die Analogie nach zutreffender hM zu verneinen: Für § 985 ist die Unmöglichkeit der Herausgabe in §§ 989 ff gesondert geregelt, und für § 1004 setzt der Beseitigungsanspruch die Möglichkeit des Schuldners zur Beseitigung voraus (MünchKomm/MEDICUS § 1004 Rn 47 mNw). Eine „genügende Entschädigung" endlich iSd 2. Alt von § 251 Abs 1 kann der Gläubiger bei §§ 985, 1004 überhaupt nicht beanspruchen. Dagegen soll § 251 Abs 2 S 1 nach hM bei § 1004 (u konsequenterweise wohl auch bei § 985, doch wird dort der nicht ganz undenkbare Fall einer unverhältnismäßig teuren Herausgabe kaum erörtert) entsprechend anwendbar sein (BGHZ 62, 388, 391; BGH NJW 1970, 1180, 1181; 1977, 908; Betrieb 1974, 673; WM 1979, 783, 784; BayObLG NJW-RR 1990, 1168, in der Lit vor allem vTUHR JherJb 46 [1904] 39, 54 ff; WESTERMANN/PINGER[6] § 36 III 1; MünchKomm/OETKER Rn 37; SOERGEL/MÜHL § 1004 Rn 114;

Erman/Ebbing § 1004 Rn 100; Palandt/Heinrichs Rn 2). Auch auf einen Erfüllungsanspruch wendet der BGH § 251 Abs 2 an (BGH NJW 1976, 235; vgl BGHZ 59, 365, 366 f zur Mängelbeseitigung). Diese Analogie ist jedoch abzulehnen (so etwa RGZ 51, 408; 95, 100; § 1004 Rn 144 mNw; ausf Picker, FS Lange 1992, 625 ff). Denn die Analogie würde Sondervorschriften (zB §§ 904, 912 Abs 1) überspielen und iE zu einer Art privater rechtswidriger Enteignung führen. Die §§ 985, 1004 schützen nämlich (anders als Schadensersatzansprüche) einen inneren Kern des Eigentums (u anderer negatorisch geschützter Rechte und Rechtsgüter), der nicht durch § 251 Abs 2 relativiert werden darf (vgl zur Einschränkung des § 1004 in ganz extremen Lagen durch § 242 aber Staudinger/ Gursky [1999] § 1004 Rn 150 u Lange, in: Lange/Schiemann 242 f).

VIII. Fallgruppen

1. Beschädigung oder Zerstörung von Kfz*

Im Jahre 1999 betrug der Aufwand deutscher Versicherungsunternehmen für Kfz-Haftpflichtschäden ca 28 Mrd DM (über 14 Mrd Euro). Ca 75% davon – über 20 Mrd DM (10 Mrd Euro) – waren für Sachschäden und damit zusammenhängende Begleitschäden (Mietwagen, abstrakte Gebrauchsentschädigungen, Sachverständige, Rechtsverfolgung usw) aufzuwenden (Kötz/Wagner, DeliktsR [9. Aufl 2001] Rn 511; vgl auch für 1994 Geier VersR 1996, 1457). Wirtschaftlich gesehen ist die Regulierung von Kfz-Sachschäden (in diesem weiten Sinne) daher der bei weitem wichtigste Bereich des ganzen Schadensrechts. Rechtlich erfolgt die Abwicklung der Sachschäden teilweise nach § 249 und teilweise nach § 251. Dabei ist nach der Rspr der Anwendungsbereich des § 249 bedeutend größer: Zum einen werden auch bloß aus Anlass der Sachbeschädigung entstehende Kosten (zB für Mietwagen) unter § 249 Abs 2 S 1 gebracht (vgl § 249 Rn 231), zum andern beurteilt die Rspr die Entschädigung für den Totalschaden nach § 249, weil sie in der Wiederbeschaffung eines Gebrauchtwagens zutreffend eine Form der Herstellung sieht (vgl § 249 Rn 184). Beschränkt man § 249 Abs 2 S 1 seinem Wortlaut entsprechend auf die Reparatur der Sache nach

---

* **Schrifttum,** vgl auch zu § 253: Cavada, Unfallersatztarife – eine Problematik im Spannungsfeld zwischen Unfallgeschädigten, Versicherungen und Kraftfahrzeugvermietern (Diss Tübingen 2000); Eggert, Entschädigungsobergrenzen bei der Abrechnung „fiktiver" Reparaturkosten – ein Dreistufenmodell, DAR 2001, 20; Escher-Weingart, Nutzungsausfall als Schaden und sein Ersatz (1993); Etzel/Wagner, Anspruch auf Mietwagenkosten bei Straßenverkehrsunfällen, VersR 1993, 1192; dies, Aktuelle Tendenzen zum Ersatz von Mietwagenkosten bei Straßenverkehrsunfällen, DAR 1995, 17; Himmelreich/Halm/Bücken, Kfz-Schadensregulierung (Stand 2001); Möller/Durst, Probleme des Mietwagenkostenersatzes im Haftpflichtschadensfall, VersR 1993, 1070; K Müller, Grundprobleme der Mietwagenkosten im Rahmen der Unfallregulierung, JuS 1985, 279; Notthoff, Nebenkosten im Rahmen der Unfallschadensregulierung, VersR 1995, 1399; Pielmeier, Der Ersatz fiktiver Reparaturkosten bei Eigenreparatur im Totalschadensfall, NZV 1989, 222; Riedmaier, Der KFZ-Schaden im Lichte der neueren Rechtsprechung, VersR 1986, 728; Sanden/Voeltz, Sachschadenrecht des Kraftverkehrs (7. Aufl 2000); Splitter, Der merkantile Minderwert, DAR 2000, 49; Ernst Wolf, Die Unhaltbarkeit der Rechtsprechung des BGH zum Schadenersatz bei Totalschäden an Kraftfahrzeugen (1984, dazu Kellmann AcP 187 [1987] 607); Würthwein, Schadensersatz für Verlust der Nutzungsmöglichkeit einer Sache oder für entgangene Gebrauchsvorteile? (2001).

deren Beschädigung (vgl § 249 Rn 232), fallen die meisten Aufwandskosten bei Kfz-Schäden hingegen unter § 251 Abs 1. Für das Ergebnis ist freilich die Einordnung meist nicht entscheidend. Wichtiger ist eine Interpretation des gesamten Schadensrechts, die dessen Ziel eines gerechten Ausgleichs ohne eine Überstrapazierung des längst kollektivierten Kostentragungssystems gerecht wird.

33 a) Die Regulierung des **Sachschadens am Kfz** hängt davon ab, ob der Schaden durch Herstellung (Reparatur oder Ersatzbeschaffung) oder durch Geldentschädigung (Ersatz des Wertinteresses, vgl oben Rn 3) ausgeglichen werden soll. Die **Herstellung durch Reparatur** muss technisch möglich sein; sonst liegt technischer Totalschaden vor und nur Wiederbeschaffung bleibt möglich; die Reparatur muss auch wirtschaftlich angemessen sein; sonst liegt wirtschaftlicher oder konstruktiver Totalschaden vor. Dagegen kann der Gläubiger bei erheblicher Beschädigung eines neuen oder fast neuen Wagens die Reparatur ablehnen, weil der reparierte Wagen nicht mehr neuwertig wäre, so dass Herstellung auf diese Art unmöglich oder unzulänglich ist: sog unechter oder uneigentlicher Totalschaden. Hier erfolgt die Herstellung durch Beschaffung oder Bezahlung eines Neuwagens: Abrechnung auf Neukaufbasis (vgl unten Rn 38 ff).

34 Die Herstellung durch Reparatur erfolgt idR nach § 249 Abs 2 S 1 (vgl § 249 Rn 218, 229 ff). Als Vermögensschaden bleibt für § 251 Abs 1 aber nach hM der **merkantile Minderwert** (vgl schon oben Rn 5, 12): Darunter ist die Wertminderung zu verstehen, die an dem Fahrzeug trotz technisch einwandfreier Reparatur eingetreten ist, weil es künftig als „Unfallwagen" gilt und der Befürchtung verborgener Spätfolgen des Unfalls ausgesetzt ist. Soweit hierdurch der Gebrauchswert unberührt bleibt, zeigt sich der merkantile Minderwert erst beim Verkauf. Deshalb hatte BGHZ 27, 181, 187 diesen Minderwert nur ersetzen wollen, sobald er bei einem Verkauf des Wagens wirksam wurde (nach BGH NJW 1961, 1571 sollte ein solcher Verkauf aber nicht gegen die Schadensminderungspflicht des Eigentümers verstoßen). Wenn der Geschädigte selbst den Wagen bis zum Schrottwert benutzte, blieb der merkantile Minderwert bei dieser Betrachtung also ganz vermieden. Nach viel Kritik hieran hat der BGH seine Meinung schließlich geändert (BGHZ 35, 396). Nunmehr soll der merkantile Minderwert sofort ersetzt werden (Bemessung im Zeitpunkt des Endes der Reparatur, BGH NJW 1967, 552). Eine unangemessene Bereicherung des Geschädigten entstehe hieraus auch dann nicht, wenn dieser das reparierte Fahrzeug behalte: Er habe sich dann nämlich mit einem im Wert geminderten Fahrzeug begnügt; dabei wird die Wertminderung aus der erhöhten Schadensanfälligkeit von Unfallwagen gefolgert. Dem wird heute überwiegend zugestimmt (zB MünchKomm/OETKER § 249 Rn 52 ff mwNw).

35 Da ein konkreter Verkauf und daraus entstandener entgangener Gewinn gerade nicht vorliegen, muss die **Höhe des merkantilen Minderwerts** geschätzt werden. Dafür werden verschiedene **Schätzungsmethoden** vorgeschlagen: Am verbreitetsten ist wohl die Methode von RUHKOPF/SAHM (VersR 1962, 593 ff). Der BGH (NJW 1980, 281, 282) hat sie als brauchbare Bewertungsgrundlage anerkannt (weitere Rechtsprechungsnachweise: LANGE/SCHIEMANN 269 Fn 127). Sie beruht auf der Bildung eines nach dem Zulassungsjahr gestaffelten Prozentsatzes aus Reparaturkosten und Zeitwert (womit aber wohl der Wiederbeschaffungswert gemeint ist, PALANDT/HEINRICHS Rn 15). In der hiernach aufzustellenden Tabelle wird eine **Bagatellgrenze** berücksichtigt: Liegen die Reparaturkosten unter 10% des Wiederbeschaffungswertes oder der Wiederbeschaffungswert unter 40% des Listenpreises, scheidet ein merkantiler Minderwert aus (dazu differenzierend NOTTHOFF VersR 1995, 1399, 1402). Noch etwas differenzierter ist die Methode von HALBGEWACHS (Der merkantile Minderwert [12. Aufl 1997]): Auch sie beruht auf Reparaturkosten und Zeitwert (= Wiederbeschaffungswert), schlüsselt aber die Reparaturkosten noch nach Lohn- und Materialkosten auf (gleichfalls zust BGH aaO). Bedenken hat der BGH (aaO) gegenüber einer dritten Methode erkennen lassen, die vor allem von JORDAN (13. Deutscher Verkehrsgerichtstag 1975, 201, 217) entwickelt und vom OLG Hamburg (VersR 1981, 1186) zugrundegelegt worden ist (daher „Hamburger Modell"). Bei dieser Methode bilden die Betriebsleistung des Fahrzeuges und die Höhe der Reparaturkosten die maßgeblichen Parameter. Weniger Verbreitung hat offenbar die Methode von NÖLKE/NÖLKE (DAR 1972, 321 ff) gefunden. Alle diese Methoden bieten aber nur Anhaltspunkte. Letztlich entscheidend sollen die individuellen Umstände sein (vgl Nw LANGE/SCHIEMANN 270 Fn 134). Vielfach wird das Gericht daher einen Sachverständigen heranziehen, der sich aber wiederum weitgehend an den in der Lit angegebenen Methoden orientiert. Die bestehende Unsicherheit über die Berechnung ist ein bei der Massenhaftigkeit der Kfz-Schäden unbefriedigender Zustand.

Str ist, ob der Ersatz für den merkantilen Minderwert voraussetzt, dass ein **Verkauf** **36** des Fahrzeugs überhaupt **möglich oder** gar einigermaßen **wahrscheinlich** ist. Zwar gibt es keinen Grund, Nutzfahrzeuge generell von der Erstattung solchen Minderwerts auszunehmen (so für Lkw BGH NJW 1980, 281 mNw; schon vorher zB KG VersR 1974, 876; OLG Stuttgart VersR 1969, 838, seitdem zB KG VersR 1988, 361). Jedoch ist Ersatz verweigert worden bei einem Straßenbahnbetriebwagen (OLG Köln VersR 1974, 761) und einem Krankentransportwagen der Feuerwehr (KG VersR 1979, 260), weil für sie kein Gebrauchtwagenmarkt bestehe. Dagegen ist der Ersatz gewährt worden bei einem Gelenkomnibus des Linienverkehrs (OLG Stuttgart VRS 54, 97, dazu KLIMKE VersR 1978, 529) und einem Bundeswehrfahrzeug (LG Kiel VersR 1979, 167). Das OLG Schleswig (VersR 1979, 1037 mNw) verneint hingegen einen merkantilen Minderwert bei einem Bundeswehr-Volkswagen nur deshalb, weil die Bundeswehr ihre Fahrzeuge nicht zu verkaufen pflege. Der BGH hat in seiner Grundsatzentscheidung (BGHZ 35, 395, 398) den Gesichtspunkt „größerer Schadensanfälligkeit von Unfallwagen" als entscheidenden Grund für die Entschädigung des merkantilen Minderwerts betont. Folgerichtig muss der BGH auch den merkantilen Minderwert bei nicht marktgängigen Fahrzeugen ersetzen (MünchKomm/OETKER § 249 Rn 53 mNw Fn 171; SOERGEL/MERTENS § 249 Rn 83 a; ERMAN/KUCKUK Rn 8; **aA** SCHLUND BB 1976, 908, 910).

An der – mindestens über lange Zeit – widersprüchlichen Rspr zu den Nutzfahr- **37** zeugen dürfte sich eine dem merkantilen Minderwert anhaftende **Unklarheit** bemerkbar machen: Sieht man ihn bloß als Ausdruck einer sachlich unbegründeten Mängelbefürchtung des Marktes, so ist der merkantile Minderwert bei Fahrzeugen ohne Markt zu verneinen. Sieht man seinen Grund hingegen darin, dass ein erheblicher Unfall zu Spätfolgen führen kann, deren Zusammenhang mit dem Unfall sich nicht mehr erweisen lässt, so trifft er auch denjenigen Eigentümer, der sein Fahrzeug behält. Hierauf nehmen auch die gängigen Berechnungsmethoden insofern Rücksicht, als sie überhaupt nicht auf den Markt abstellen, sondern auf die Reparaturkosten und den unfallfreien Wert. Dies passt nicht zum Vermögensschadenskonzept des BGB. Unwägbarkeiten künftiger Schadensfolgen können zwar bei immateriellen Schäden im Schmerzensgeld berücksichtigt werden, bei materiellen Schäden jenseits der Grenze des nach § 287 ZPO Zulässigen aber gerade nicht. Bei der Beurteilung der Rspr zum merkantilen Minderwert bei Kfz ist zu berücksichtigen, dass deren Grundlagen inzwischen über 40 Jahre alt sind. Seitdem hat sich gerade die Unfallreparaturtechnik außerordentlich verbessert. Der Markt hat darauf längst reagiert und bewertet Unfallfahrzeuge heute vielfach praktisch ohne Preisabschlag (GEIGEL/RIXECKER, Der Haftpflichtprozess[24] [2004] Rn 3.62; EGGERT VersR 2004, 280, 282 hält diese Einschätzung freilich für naiven Fortschrittsglauben, gepaart mit Marktunkenntnis). Der Gebrauchtwagenmarkt ist inzwischen auch so groß und differenziert, dass es kaum schwieriger ist, einen „Gebrauchtwagenmarktspiegel" aufzustellen als einen Mietspiegel. Eine stärkere Orientierung am Marktgeschehen ist daher nicht nur möglich, sondern aus Gerechtigkeitserwägungen angebracht: Wer sein Fahrzeug reparieren lässt, statt auf der Basis des Wiederbeschaffungspreises abzüglich Restwert abzurechnen, wird durch die gegenwärtige Rechtslage gleich mehrfach privilegiert. Durch den Vorrang der Restitution vor der Kompensation ist das in diesem Umfang nicht gerechtfertigt: Dem Geschädigten wird im Falle der Reparatur ein Integritätszuschlag gewährt (oben Rn 22), zu dessen Berechnung wird der Restwert vernachlässigt, und obendrein kann der Geschädigte uU noch den merkantilen Minderwert beanspruchen. Dies läuft idR bei heutigen Marktverhältnissen auf einen „zweifachen Integritätszuschlag" hinaus. Freilich ist durch die Beschädigung ein unmittelbarer Wertverlust im Vermögen des Geschädigten eingetreten. Es ist auch nicht auszuschließen, dass nach der Reparatur ein Rest dieses Wertverlustes (wegen entsprechend geringerer Marktbewertung oder wegen einer Verkürzung der Nutzungsdauer) bleibt, zumal der Geschädigte kaufrechtlich verpflichtet ist, den Schaden einem etwaigen Abkäufer zu offenbaren (insofern zutr EGGERT VersR 2004, 280 ff). Der Regelfall ist ein solcher Wertverlust heute aber keineswegs. Daher ist **Ersatz für** einen – angeblichen – **merkantilen Minderwert** bei Kfz **abzulehnen** (krit gegenüber der bisherigen Praxis auch PALANDT/HEINRICHS Rn 15; aA vGERLACH DAR 2003, 49 ff). Nur wenn aus den erwähnten Gründen des konkreten Marktwerts oder der Nutzungsverkürzung ein wirklicher Schaden entstanden ist, muss dieser (aktuell) vergütet werden. Da es sich hierbei um eine Frage der Schadenshöhe handelt, dürfen die Anforderungen an die Substantiierung und den Beweis eines solchen Schadens nicht übertrieben werden. Unterstellt werden darf er aber keinesfalls. Sämtliche Schätzungsmethoden für einen solchen Minderwert, die in der Lit vorgeschlagen werden (Rn 35), sind zu wenig marktbezogen und gelangen zu überhöhten Ergebnissen.

38 b) Da ein neues oder fast neues Kfz eine vertretbare Sache darstellt, kann hier Herstellung auch durch Lieferung oder Bezahlung eines **gleichen Neuwagens (Abrechnung auf Neukaufbasis)** geleistet werden (vgl oben Rn 13, 33; § 249 Rn 184). Hierfür sind zwei verschiedene Begründungen möglich: Entweder kann man die Kosten der Ersatzbeschaffung als Herstellungskosten oder wegen des Neuwagen-Charakters des Fahrzeuges vor der Beschädigung eine Reparatur als nicht zumutbar iSd 2. Alt des § 251 Abs 1 ansehen. IE läuft beides auf dasselbe hinaus. Dabei zieht die Praxis die Neuwertigkeitsgrenze oft bei einer Fahrleistung von 1000 km (OLG Bremen VersR 1971, 912; 1978, 236 m Anm KLIMKE 1117; OLG Nürnberg VersR 1975, 960; OLG München VersR 1966, 1082; 1974, 65; OLG Schleswig VersR 1971, 455). Der BGH (NJW 1982, 433; 1993, 781) hat dem als Faustregel zugestimmt. Abgelehnt worden ist Neuwertigkeit dagegen bei 1748 km (OLG Bamberg NJW 1972, 828) und 1600 km Fahrleistung

(OLG Düsseldorf VersR 1976, 69). Vereinzelt wird Neuwertigkeit auch bei 1000 km schon verneint (OLG Düsseldorf VersR 1972, 984). Manche Gerichte legen statt einer festen Grenze einen individuellen Maßstab zugrunde: Die Fahrleistung soll nur ein Gesichtspunkt unter mehreren sein; daneben sollen die Dauer der Zulassung (OLG Nürnberg NJW-RR 1995, 919: Grenze bei zwei Monaten), der äußere Zustand des Fahrzeugs, das Fabrikat und die Bedürfnisse des Geschädigten in Betracht kommen (zB OLG Oldenburg VersR 1972, 76 u vor allem KG VersR 1971, 648; 1973, 1070; 1975, 450; 1976, 861). Gegenüber der Annahme, auch bei einer Fahrleistung über 1000 km liege noch ein Neuwagen vor, ist der BGH sehr zurückhaltend. So hat er (VersR 1984, 46) Abrechnung auf Neuwagenbasis bei 1300 km Fahrleistung, Reparaturkosten über 2000 DM (1000 Euro) und einwandfreier Wiederherstellung abgelehnt (vgl auch BGH VersR 1983, 658).

Nach jeder Ansicht ist die **Art der Beschädigung** wesentlich: Keinesfalls genügt ein **39** folgenlos zu behebender Schaden. Str ist dagegen, ob es schon genügt, dass der Schaden das Fahrzeug zum „Unfallwagen" macht (also nach hM einen merkantilen Minderwert begründet hat, so etwa OLG Bremen VersR 1978, 236; KG DAR 1976, 241; zur Abgrenzung des relevanten Schadensgewichtes ferner zB OLG Celle ZfS 1989, 340; OLG Hamm ZfS 1989, 112; OLG Karlsruhe ZfS 1992, 12; OLG Köln VersR 1990, 1251; OLG Zweibrücken NZV 1989, 355), oder ob darüber hinaus eine „empfindliche Beeinträchtigung der Sachsubstanz des Fahrzeugs" verlangt werden muss (so KLIMKE VersR 1978, 1117, 1119 mNw, zB OLG Düsseldorf VersR 1968, 505; 1972, 769; abl bei 16% des Neuwagenpreises OLG Hamm VersR 1981, 788; bejahend bei 30% OLG Frankfurt VersR 1980, 235; in diese Richtung auch OLG Hamm MDR 2002, 89). Soweit man den merkantilen Minderwert anerkennt (vgl oben Rn 34 ff), kompliziert die Abrechnung nach dem zuletzt erwähnten Zusatzkriterium durch die Behauptung eines kaum präzisierbaren Unterschieds zum merkantilen Minderwert die Regulierung grundlos. Denn für ihn bedarf es ja schon der ernsthaften Befürchtung verbliebener Schäden, welche die künftige Benutzung des Wagens beeinträchtigt (oben Rn 34); das bedeutet wenigstens den Verdacht einer „empfindlichen Beeinträchtigung der Sachsubstanz".

Bei einem Schadensersatzanspruch wegen **Vertragsverletzung** kann auch noch nach **40** erheblich längerer Zeit und höherer Fahrleistung Lieferung eines Neuwagens verlangt werden (vgl BGH NJW 1983, 2194). Dann ist vom Neuwagenpreis jedenfalls ein **Abzug wegen der** mit dem beschädigten Fahrzeug **schon gefahrenen Strecke** vorzunehmen (das ist ein Abzug neu für alt, vgl § 249 Rn 176). Die Praxis rechnet vielfach mit 1% je 1000 km (zB KG NJW 1972, 769; OLG Hamm DAR 1980, 285; OLG Karlsruhe VersR 1973, 471; OLG Stuttgart VersR 1976, 766). Im allgemeinen dürfte dieser Satz von einer zu niedrigen Gesamtfahrleistung während der Lebensdauer des Fahrzeuges ausgehen (BGH NJW 1983, 2194, 2195 mNw) Manchmal wird ein solcher Abzug schon bei Fahrstrecken bis 1000 km (oben Rn 38) vorgenommen. Doch düfte das abzulehnen sein: Das „Einfahren" eines Neuwagens ist eher eine Last.

c)   Bei Reparaturen tritt oft die Frage auf, ob eine **Teillackierung** genügt oder ob **41** wegen der sonst etwa entstehenden Farbunterschiede eine **Ganzlackierung** verlangt werden kann. Dabei stellt sich die außerhalb der Kompetenz des Juristen liegende Vorfrage nach der technischen Unvermeidbarkeit solcher Unterschiede. Wenn sie zu verneinen ist (LG München VersR 1974, 65; KG Betrieb 1978, 1541, selbst bei Metallic-Effekt; OLG Düsseldorf VersR 1985, 69) genügt die Teillackierung sicher (SOERGEL/MER-

TENS § 249 Rn 83). Aber auch wenn sich leichte Unterschiede nicht vermeiden lassen, sind sie bei einem älteren Wagen nach § 251 Abs 2 hinzunehmen (OLG München VersR 1970, 261; OLG Köln VersR 1972, 547, noch weitergehend OLG Düsseldorf DAR 1976, 184).

42 d)   Dass der Geschädigte einen Neuwagen wegen eines **Werkrabatts** unter dem Neupreis erwerben kann, soll dem Schädiger zugute kommen (BGH VersR 1975, 127; KG DAR 1973, 156; OLG Stuttgart VersR 1974, 374; OLG München ZfS 1989, 158). Nach den Regeln der Vorteilsausgleichung ist das zweifelhaft, weil das Werk, das den Rabatt gewährt, sicher nicht den Schädiger begünstigen will (vgl § 249 Rn 151; OLG Celle VersR 1993, 624). Jedenfalls kann der Geschädigte auf die günstigere Bezugsmöglichkeit dann nicht verwiesen werden, wenn er im Rahmen seines Kontingents den Wagen erst später erhalten kann (MünchKomm/OETKER Rn 23. Ein Preisnachlass wegen Verwandtschaft oder Freundschaft kommt überhaupt nur dem Geschädigten zugute (OLG Hamm VersR 1977, 735). Ein Kfz-Händler bekommt idR nur den Preis, den er selbst für einen Neuwagen zahlen muss (BGH NJW 1965, 1756, 1757; OLG Schleswig VersR 1976, 1183; OLG Hamm NJW-RR 1990, 469; NZA-RR 2000, 298; MünchKomm/OETKER Rn 22; PALANDT/HEINRICHS Rn 13). Zusätzlich seine Handelsspanne erhält er nur nach § 252, nämlich wenn ihm durch den Verlust des Wagens ein Geschäft entgangen ist (KG NJW 1972, 496; OLG Frankfurt aM SP 1995, 400).

43 e)   Soweit Reparatur (oben Rn 33) oder Abrechnung auf Neukaufbasis (oben Rn 38 ff) ausscheiden, ist nach § 251 Abs 1 das **Wertinteresse zu ersetzen**. Nach allg betriebswirtschaftlichen Grundsätzen besteht dieses Interesse auch bei Kfz in dem **Zeitwert** oder Verkaufswert (also dem Betrag, den der Eigentümer durch Verkauf des unbeschädigten Fahrzeugs hätte erzielen können). Hiervon abweichend ist nach hM (so auch noch Vorauft) auf der Basis des **Wiederbeschaffungswerts abzurechnen (aA** E WOLF, Die Unhaltbarkeit der Rechtsprechung des BGH zum Schadensersatz bei Totalschäden an Kfz [1984] 37 ff): Dem Geschädigten steht hiernach mindestens der Betrag zu, den er für den Erwerb eines gleichartigen Gebrauchtwagens aufwenden müsste. Der BGH (seit NJW 1972, 1800) und als im Gesetzeswortlaut unausgesprochene Voraussetzung des § 249 Abs 2 S 2 nunmehr auch der Gesetzgeber verstehen eine solche Wiederbeschaffung als Form der Naturalrestitution (BT-Drucks 14/7752, 13, 23; so jetzt auch PALANDT/HEINRICHS § 249 Rn 15). Vorzugswürdig erscheint vielen aber die Annahme einer Geldentschädigung nach § 251 Abs 1 (MünchKomm/OETKER Rn 11 mNw Fn 23 sowie STOLL, Haftungsfolgen im Bürgerlichen Recht [1993] 159 ff). Dabei wird diese Entschädigung deshalb nach dem Wiederbeschaffungswert und nicht nach dem Verkaufswert berechnet, weil dem Geschädigten sonst bei Fehlen eines Kfz höhere Folgeschäden entstünden (OLG Hamburg VersR 1964, 1175, 1176; MEDICUS JuS 1973, 211, 2212 u ausf JORDAN VersR 1978, 688 mwNw). Dieses Argument erledigt sich aber, wenn die wirklich vorgenommene Ersatzbeschaffung nach § 249 Abs 2 S 1 voll entschädigt wird und Folgeschäden aufgrund des Unterlassens einer Ersatzbeschaffung entweder nach § 251 Abs 1 zusätzlich zu entschädigen sind oder nach § 254 Abs 2 S 1 ersatzlos zu bleiben haben.

44   Einen wichtigen Anhaltspunkt für die **Höhe** des nach fast einhelliger Meinung maßgeblichen Wiederbeschaffungswertes wie auch des zutreffend anzusetzenden Verkaufswertes bieten die monatlich erscheinenden **Marktberichte** über den Gebrauchtwagenmarkt (SCHWACKE-Liste). Der ADAC veröffentlicht ebenfalls regelmäßig Tabellen mit Gebrauchtwagenpreisen. Eine unkritische Übernahme der

Marktberichte wäre jedoch bedenklich, da der Gebrauchtwagenmarkt regional sehr differenziert ist und genau darauf geachtet werden muss, ob die Endverkaufspreise oder die Händlerpreise zugrundegelegt werden. Für die Schadensberechnung nach § 251 Abs 1 können nur die Händlerpreise ohne die Preise des privaten Gebrauchtwagenmarktes angesetzt werden, weil sie die hypothetischen Verkaufspreise sind, die der Geschädigte hätte erzielen können.

f) Viel diskutiert wird, ob der Eigentümer eines zerstörten **Ersthandwagens** zum Wiederbeschaffungswert noch einen **Zuschlag** fordern kann, weil der von ihm zu beschaffende Gebrauchtwagen dann mindestens ein Zweithandwagen ist, was den bei einem Weiterverkauf erzielbaren Preis mindern könnte. Fraglich ist auch ein Risikozuschlag, der die Gefahr einer höheren Reparaturanfälligkeit des Gebrauchtwagens ausgleichen soll. Der BGH hat sowohl den Zweithandzuschlag (BGH NJW 1978, 1373) als auch idR den Risikozuschlag abgelehnt (BGH NJW 1966, 1454; in beiden Urteilen Angaben zum Streitstand). **45**

Der **Ablehnung des Zweithandzuschlags** durch den BGH ist schon aus tatsächlichen Gründen zu folgen: Auch in diesem Punkt ist die Wirklichkeit des Gebrauchtwagenmarktes längst über die Erwägungen der Kfz-Juristen hinweggegangen. Entscheidend für die Markteinschätzung ist nicht, was der Erwerber seinerseits bei einem (hypothetischen) künftigen Verkauf erlöst, sondern der Marktwert des eigenen beschädigten Fahrzeugs wie derjenige des vom Geschädigten ersatzweise zu erwerbenden wird dadurch bestimmt, dass es sich eben um einen Gebrauchtwagen handelt (iE allgM, vgl nur MünchKomm/OETKER Rn 19 Fn 61 mNw). **46**

Hinsichtlich der Verweigerung eines besonderen **Risikozuschlages** hatte MEDICUS zunächst (STAUDINGER/MEDICUS[12] Rn 48) Bedenken gegen den BGH erhoben, hat sie jetzt (Schuldrecht I Rn 622) aber aufgegeben, und das mit Recht: Das Risiko eines Gebrauchtwagens ist vom BGH bereits durch den Standard für das dem Geschädigten zustehende Ersatzfahrzeug (unten Rn 48) aufgefangen worden. Ein Erfahrungssatz, dass die Risiken eines unter Werkstattgarantie erworbenen Gebrauchtwagens größer sind als diejenigen eines behaltenen, besteht nicht (**aA** E WOLF aaO 62 f). **47**

Der **BGH** hat das **Gebrauchtwagenrisiko** auf folgende Weise beachtet: Der Geschädigte soll idR den Betrag erhalten, der nötig ist, um „einen ähnlichen Wagen nach einer gründlichen technischen Überprüfung von einem seriösen Gebrauchtwagenhändler zu erwerben und sich von diesem Händler für eine gewisse Zeit eine Werkstättengarantie geben zu lassen" (BGH NJW 1966, 1455; bestätigt durch BGH NJW 1982, 1864, 1865; zust zB OLG Celle VersR 1973, 928; OLG Nürnberg MDR 1974, 843; H W SCHMIDT NJW 1966, 2159; ESSER/SCHMIDT I 2 § 32 II 2 a; MünchKomm/OETKER Rn 19; SOERGEL/MERTENS § 249 Rn 86). Einige Gerichte (OLG Karlsruhe VersR 1979, 384; LG Offenburg VersR 1979, 1134 mNw; AG Mainz NJW 1979, 272) wollen jedoch die Inspektionskosten nur gewähren, soweit sie wirklich entstanden sind. Für die hier (Rn 43) befürwortete Lösung, wonach über § 249 Abs 2 S 1 nur die Kosten der wirklich ausgeführten Wiederbeschaffung, über § 251 Abs 1 hingegen der vor dem Schadensfall anzunehmende **Verkaufswert** (oder dessen Minderung) zu ersetzen ist, stellt sich die Frage des Gebrauchtwagenrisikos von vornherein nicht. Erwirbt der Geschädigte ein Fahrzeug zum Preis unter dem Verkaufswert des beschädigten, bleibt es bei der **48**

Entschädigung in Höhe des Verkaufswertes: Zu einem Ersatzerwerb in dieser Höhe ist der Geschädigte auch nach § 254 ebenso wenig gehalten wie zur Beschaffung eines Ersatzwagens aus Privathand. (OLG Stuttgart VersR 1970, 263).

49 g)   Ausnahmsweise will der BGH dem Geschädigten mehr gewähren als den die Inspektions- und Garantiekosten enthaltenden Wiederbeschaffungswert: Bei teueren Wagen, die nach ganz geringer Fahrleistung zerstört werden, oder bei alten Wagen mit großer Fahrleistung, deren Marktwert praktisch Null sei, komme ein **vom Zeitwert abweichender Gebrauchswert** in Betracht (NJW 1966, 1456). Doch dürften solche Abweichungen auch unter den Prämissen der hM unnötig sein: Der erste Fall ist schon durch die Abrechnung auf Neukaufbasis gedeckt (oben Rn 38). Die sehr alten Wagen des zweiten Falls mögen zwar keinen nennenswerten Verkehrswert haben, doch kommt ihnen (nach Inspektion und mit Garantie) ein genügender Wiederbeschaffungswert zu.

50 h)   Soweit der Wiederbeschaffungswert als maßgeblich für den Anspruch angesehen wird, ist dieser nach allgM **unabhängig davon, wie der Geschädigte den Schaden wirklich ausgleicht**, insbes ob er das Geld für einen Gebrauchtwagen verwendet (BGH NJW 1966, 1454; 1982, 1864; BGHZ 143, 189, 193; Dittmann DAR 1980, 6; MünchKomm/Oetker Rn 19). Dies folgt nach der überwiegend vertretenen Ansicht (vgl Rn 43) schon daraus, dass der Wiederbeschaffungswert das Wertinteresse darstellt: Dessen Ausgleich geschieht durch die Zahlung und nicht durch eine Wiederbeschaffung. Bei der Berechnung der Geldentschädigung nach dem Verkaufswert versteht es sich ohnehin von selbst, dass der Schadensersatz unabhängig von allen Dispositionen des Geschädigten zu gewähren ist.

51   Aus der Orientierung des Wertersatzes am Wiederbeschaffungswert ergibt sich für die Anhänger dieses Standpunkts in der Lit das Problem, ob der Geschädigte die im Wiederbeschaffungswert enthaltene **MWSt** des Händlers für seine Spanne auch dann bekommt, wenn sie im konkreten Fall – etwa wegen eines Kaufs aus Privathand – nicht entstanden ist. Denn der nach dieser Auffassung geltende Standard für die Wiederbeschaffung (oben Rn 48) enthält mindestens die beim Händler anfallende Differenzbesteuerung nach § 25a UStG. Nach § 249 Abs 2 S 2 soll aber die MWSt nur entschädigt werden, wenn sie tatsächlich angefallen ist, und der Gesetzgeber (vgl Rn 43) hat dies ausweislich der Materialien auch auf den Wiederbeschaffungswert beziehen wollen, zugleich allerdings die Ausdehnung des § 249 Abs 2 S 2 auf § 251 Abs 1 abgelehnt. Um aus diesem Widerspruch herauszukommen, bieten sich vor allem zwei Wege an: Entweder gibt man (wie Palandt/Heinrichs § 249 Rn 15) die Einordnung des Wiederbeschaffungswertes bei § 251 Abs 1 auf und folgt der Rspr darin, die Wiederbeschaffung selbst als Restitution zu behandeln. Oder aber man hält sich an den vom Gesetzgeber verfolgten Zweck, eine bloß fiktive MWSt auch beim Wiederbeschaffungswert nicht zuzulassen, genauso gegenüber § 251 Abs 1. Dann muss man wegen der in dieser Sicht fehlerhaften dogmatischen Einordnung des Wiederbeschaffungswertes durch den Gesetzgeber **§ 249 Abs 2 S 2** entgegen der allg Absicht des Gesetzgebers **auf den Wiederbeschaffungswert** bei § 251 Abs 1 **analog** anwenden. Einen dritten Weg schlägt Oetker (MünchKomm Rn 21) vor: Der nicht angefallene Umsatzsteuerbetrag solle im Wege der Vorteilsausgleichung abgeschöpft werden. Allerdings soll die für das beschädigte oder zerstörte Fahrzeug bei dessen Erwerb gezahlte MWSt gegengerechnet werden. Soweit das Fahrzeug durch den Gebrauch abzuschreiben ist, erstreckt sich die Abschreibung jedoch auf die (anteilige) MWSt, so dass bei der Schadensberechnung nur derjenige Anteil der ursprünglichen Umsatzsteuer in Ansatz gebracht werden dürfte, der rechnerisch noch im Verkaufswert enthalten ist. Demnach gelangt man beim Vorschlag OETKERS auf einem komplizierten Umweg zum selben Ergebnis, wie wenn man gleich die Differenzbesteuerung nach § 25a UStG gemäß § 249 Abs 2 S 2 (analog) vom Wiederbeschaffungswert abzieht.

i) Soweit nicht der Schaden durch Reparatur ausgeglichen wird (oben Rn 33) – also bei jeder Art von Totalschaden sowie bei der Abrechnung nach dem Wiederbeschaffungswert anstelle der Reparaturkosten gemäß der hM (vgl 249 Rn 213) oder nach dem Verkaufswert (Rn 2, 43) –, entsteht die Frage nach dem **Schicksal des Fahrzeugwracks** (dazu vor allem SCHLECHTRIEM DAR 1975, 122; MARSCHALL vBIEBERSTEIN, in: FS Hauß [1978] 241; FLEISCHMANN ZfS 1989, 1) und damit zusammenhängend nach der Bedeutung des **Restwertes** für die Abrechnung des Schadens (grundlegend BGHZ 143, 189; vgl ferner STEFFEN DAR 1997, 297 ff; C HUBER DAR 2002, 337 ff, 385 ff; TROST VersR 2002, 795 ff). Soweit das Wrack für den Geschädigten zu Nachteilen führt (Sicherungs- und Beseitigungskosten), gehören diese zu seinem nach § 251 ersatzfähigen Schaden; für ausbaufähige Teile gilt dasselbe wie für das verwertungsfähige Wrack im ganzen (vgl BGH VersR 1983, 758 sowie unten Rn 53 ff). Umgekehrt mindert ein etwa verbleibender Restwert des Wracks den Schaden (BGHZ 115, 364, 373). Die Bestimmung des Restwertes gehört aber zu den umstrittensten Fragen der Kfz-Schadensregulierung (GEIGEL/RIXECKER, Haftpflichtprozess[24] [2004] Rn 3.44). **52**

Str ist, ob der Geschädigte, statt sich den Wert des Wracks anrechnen zu lassen, dieses **zur Verwertung dem Schädiger oder seiner Haftpflichtversicherung überlassen** kann. Das wird von der hM bejaht (BGH NJW 1965, 1756; 1983, 2694; KG NJW 1972, 496, vorwiegend sogar für geschädigte Kfz-Händler, weil diese fast ausschließlich mit Neuwagen handelten; MARSCHALL vBIEBERSTEIN aaO mNw Fn 15 f; MünchKomm/OETKER Rn 27, 32; aA LG Hamburg VersR 1973, 328; SANDEN/VÖLTZ, Sachschadenrecht Rn 111, freilich unter unzutr Berufung auf BGH NJW 1993, 1849; JORDAN VersR 1978, 688, 696 f, für den Anspruch gegen den Haftpflichtversicherer auch OLG Hamburg VersR 1974, 392). Zuzustimmen ist der hM: Auch die Notwendigkeit zur Verwertung des Fahrzeugwracks ist eine schädliche Unfallfolge und muss daher idR beim Schadensersatz berücksichtigt werden. Dass der Schädiger richtigerweise (oben Rn 43) nach § 251 (und sein Versicherer immer nach § 3 Nr 1 S 2 PflVersG) nur Geld schuldet, steht dem nicht entgegen: Die Streitfrage betrifft nur die Berechnung des geschuldeten Geldbetrags, und diese muss auch bei § 251 so geschehen, dass alle schädlichen Vermögensfolgen ausgeglichen werden. Eine solche Folge wäre die Last zur Verwertung aber schon wegen des damit verbundenen Risikos (ausf MARSCHALL vBIEBERSTEIN aaO, auch rechtsvergleichend). Nur ausnahmsweise kann der Geschädigte nach § 254 zur Verwertung gehalten sein, nämlich wenn sich ihm eine besonders günstige, dem Schädiger nicht erreichbare Verwertungsmöglichkeit bietet (BGH NJW 1992, 903, 904). **53**

Ob dazu insbes die Möglichkeit gehört, das dem Geschädigten vom Schädiger überlassene Wrack **beim Kauf eines Neuwagens** zu einem über dem Wert liegenden Anrechnungsbetrag in Zahlung zu geben, ist ebenfalls str. Die Abrechnung nach dem Wiederbeschaffungswert gemäß § 249 Abs 2 S 1 nach st Rspr oder die Kompensation in Höhe des Verkaufspreises nach der hier vertretenen Ansicht erfolgen **54** gerade ohne Rücksicht darauf, ob der Geschädigte einen Neuwagen oder überhaupt ein anderes Fahrzeug kauft; sein hiervon abweichendes wirkliches Verhalten soll unbeachtet bleiben (oben Rn 51). Für Vorteile beim Kauf eines Neuwagens oder teureren Gebrauchtwagens ist das auch billig, weil der Geschädigte dabei idR erhebliche eigene Geldmittel zuschießen muss. Fehlt hiernach eine Obliegenheit zur Inzahlunggabe des Wracks, dann sind auch die Vorteile aus der wirklich erfolgten Inzahlunggabe unbeachtlich (BGHZ 66, 239, 248; BGH NJW 1985, 2469, 2470; vgl auch BGH NJW 1992, 903, 904; ferner LG Hagen VersR 1966, 1016; SCHLECHTRIEM DAR 1975, 122, 124 f; MARSCHALL VON BIEBERSTEIN aaO 246; aA OLG Oldenburg VersR 1959, 219).

55 Eine weitere Streitfrage zur Verwertung des Restfahrzeugs betrifft die **Maßgeblichkeit des Sachverständigengutachtens**. Nach der Rspr darf der Geschädigte idR die Veräußerung zu dem vom Sachverständigen ermittelten Restwert vornehmen (BGH NJW 1992, 903; BGHZ 143, 189). Anderes gilt nur, wenn der Geschädigte seine (geringen) Obliegenheiten bei der Auswahl des Sachverständigen oder bei der Verwertung seines Gutachten verletzt hat (BGH NJW 1993, 1849). Er muss sich aber nicht erst durch Vergleichsangebote Markttransparenz verschaffen (BGH NJW 1993, 1849). Weist der Schädiger oder sein Haftpflichtversicherer dem Geschädigten eine ihm ohne weiteres zugängliche günstigere Verwertungsmöglichkeit nach, ist diese der Schadensberechnung zugrunde zu legen. Ein einfacher Hinweis des Ersatzpflichtigen auf günstigere Verwertungsmöglichkeiten genügt dafür aber nicht. (BGHZ 143, 189). Eine praktikable Lösung des schwierigen Restwertproblems läge in einer verstärkten Bereitschaft der Versicherer, das Unfallfahrzeug (im Rahmen des kartellrechtlich Zulässigen) zu übernehmen und selbst zu verwerten, dafür aber den vollen Wiederbeschaffungswert zu erstatten. Weitgehend könnte dadurch die Einschaltung eines Gutachters überhaupt gespart werden (so der Vorschlag von GRUNSKY JZ 1997, 826). Noch nicht hinlänglich ausgeschöpft werden auch vielfach die Möglichkeiten, die sich aus der neueren Rspr zur Haftung von Gutachtern gegenüber Dritten bei gegenläufigen Interessen des Auftraggebers und seines Regulierungsgegners ergeben (zB BGHZ 127, 378; BGH NJW 1998, 1059). Demnach muss der Sachverständige für sein Gutachten auch Angebote der Restwertaufkäufer einschließlich der Onlinebörse berücksichtigen (LG Koblenz VersR 2003, 1050; TROST VersR 2002, 795 ff; PALANDT/HEINRICHS § 249 Rn 24).

56 **k)** Neben den Kosten für Reparatur oder Wiederbeschaffung kann die Beschädigung eines Kfz noch mannigfache **Begleit- und Folgeschäden** bewirken. Ein besonders wichtiger Posten sind dabei die **Kosten für einen** vom Geschädigten während der Reparaturzeit oder bis zur Beschaffung eines Ersatzwagens **genommenen Mietwagen**. Sie werden meist als Herstellungskosten nach § 249 Abs 2 S 1 behandelt. Aus den oben (§ 249 Rn 230 ff) genannten Gründen ist dies abzulehnen. Die Prüfung der Erstattungsfähigkeit nach § 251 Abs 1 führt aber auch hier idR zu keinen anderen Ergebnissen. Freilich macht die Einordnung nach § 251 Abs 1 deutlich, dass bei der Prüfung des Ersatzes sowohl zu erwägen ist, ob die Reparatur des Fahrzeugs nicht bereits zur Entschädigung genügt, als auch, ob der Geschädigte durch die Miete des Ersatzwagens im Rahmen seiner Schadensminderungsobliegenheiten nach § 254 Abs 2 S 1 geblieben ist (dazu genauer unten Rn 65 ff). Die gegenwärtige Praxis des Mietwagenersatzes nimmt auf diese Fragen nur punktuell und unvollkommen Rücksicht. Sie ist nicht zuletzt aus diesem Grunde eine der unübersichtlichsten Materien des Schadensrechts geworden.

Vorab ist zu den Mietwagenkosten allgemein festzustellen: Ihre Ersatzfähigkeit wird **57** begrenzt durch die anzuwendende **Abrechnungsart für den Kfz-Schaden selbst**. Insbes kann bei Abrechnung nach dem Wiederbeschaffungswert nach Rspr und hM (oben Rn 43) der Geschädigte die Mietwagenkosten nur bis zu dem Zeitpunkt verlangen, zu dem die Beschaffung eines angemessenen Gebrauchtwagens möglich war, und nicht auch bis zur (späteren) Lieferung eines Neuwagens. Soweit man eine Abrechnung auf der Basis fiktiver Reparaturkosten zulässt, begrenzt die fiktive Reparaturdauer zugleich die Zeit der erstattungsfähigen Kfz-Miete. Diese kann sich weiter verkürzen, wenn der Geschädigte in Wahrheit ein Ersatzfahrzeug erwirbt und dieser Erwerb früher zustande kommt als das hypothetische Ende der fiktiven Reparaturzeit (vgl BGH 66, 239, 249 für die Nutzungsentschädigung).

aa) Zusatzkosten zum (reinen) Mietpreis entstehen, wenn der Mieter durch Zah- **58** lungen an den Vermieter oder durch Versicherung **Risiken** ablöst, **die mit der Benutzung eines Mietwagens zusammenhängen**. Solche Kosten sind jedenfalls ersatzfähig, soweit sich der Geschädigte mit ihnen für die Benutzung des Mietwagens nur den Schutz verschafft, den er auch bei seinem eigenen Wagen haben würde. Daher sind die Prämien für eine Insassenunfallversicherung nur zu ersetzen, wenn der Geschädigte eine solche Versicherung auch bei seinem Wagen hat (OLG Nürnberg VersR 1977, 1016; BORN VersR 1978, 778, 780 mNw Anm 33). Dagegen kommt der Ersatz anderer Kosten auch dann in Betracht, wenn sie für eine Sicherung aufgewendet werden, die beim eigenen Wagen nicht besteht, nämlich soweit die durch sie abzuwehrenden Risiken dem Mietwagen eigentümlich sind (grundlegend BGHZ 61, 325, fortführend BGH VersR 1974, 331; 657; die ältere widersprüchliche Rspr ist hierdurch überholt).

Ein solches der Mietwagenbenutzung eigentümliches Risiko ergibt sich nicht schon **59** aus der Gefahr einer zu vertretenden Beschädigung des Wagens: Eine entsprechende Gefahr hat der Geschädigte auch bei seinem eigenen Wagen, weil die Wahrscheinlichkeit eines Unfalls bei dem Mietwagen idR nicht spürbar größer ist. Wohl aber kann **bei dem Mietwagen ein größerer Schaden zu erwarten** sein: Da es sich hierbei meist um recht neue Wagen handelt, liegt deren Zeitwert höher; der Geschädigte hätte bei seinem Wagen die Möglichkeit, Schäden nicht oder nur notdürftig auszubessern, während der Vermieter für seinen Wagen volle Reparatur verlangen wird; der Nutzungsausfall ist bei einem Mietwagen oft höher als beim eigenen Wagen des Geschädigten. Der auf eine Gefahrerhöhung entfallende Teil der Haftungsfreistellungskosten ist daher auch dann zu ersetzen, wenn der Geschädigte für sein Fahrzeug keine Vollkaskoversicherung hatte (BGHZ 61, 325, 329 ff).

Die Ermittlung dieses Risikoteils überlässt der BGH dem Tatrichter nach **§ 287** **60** **ZPO**. Viele instanzgerichtliche Entscheidungen ersetzen pauschal die Hälfte, wenn keine Anhaltspunkte für eine andere Verteilung vorgetragen worden sind (zB OLG Schleswig VersR 1975, 268; 673; OLG Hamburg VersR 1976, 371; OLG München VersR 1976, 1145, 1147, vgl dazu BORN VersR 1978, 783). Andere Gerichte verlangen für die Schätzung überhaupt einen konkretisierenden Vortrag des Geschädigten (OLG Karlsruhe VersR 1975, 526; KG VersR 1976, 370); den Absichten des BGH entspricht diese Vorgehensweise wohl nicht. Die Rspr der Tatsachengerichte ist aber bis in die jüngste Zeit kontrovers geblieben: Die Überwälzung der vollen Kaskoversicherungsprämien wird ebenso vertreten (OLG Frankfurt NJW-RR 1995, 664) wie deren vollständige Verneinung (OLG Hamm NJW-RR 1994, 793). So ist noch immer die Folgerung berechtigt:

„Die Lösung des BGH taugt nicht für die Praxis" (MAGNUS, Schaden und Ersatz [1987] 96; zust MünchKomm/OETKER § 249 Rn 409 m Fn 1367).

61 bb) Dass der Geschädigte sich die durch Mietwagenbenutzung **ersparten Kosten** und Nachteile bei der Benutzung seines eigenen Wagens anrechnen lassen muss, ist im Prinzip unstreitig; es handelt sich um einen Fall der Vorteilsausgleichung (§ 249 Rn 168 f; vgl insbes BGH NJW 1963, 1399, 1400; ferner etwa OLG Frankfurt aM NZV 1998, 31). Zwar kommen die Benzinkosten hier nicht in Betracht, die der Geschädigte auch hinsichtlich des Mietwagens tragen muss. Hingegen sind zu berücksichtigen: die Betriebskosten für Schmierstoffe, Reifenabnutzung, Reparaturen und Inspektionen sowie der ersparte Verschleiß am Wagen des Geschädigten. Analytisch und rechnerisch sind Betriebskosten und Verschleiß sehr wohl zu trennen (vgl sogleich). Die Praxis fasst sie idR jedoch zusammen und nimmt einen pauschalen Abzug von den Mietkosten vor. Hierbei haben die Erwägungen zu den ersparten Betriebskosten das entscheidende Gewicht. Ein Abzug hat jedoch zu unterbleiben für die erst durch den Unfall nötig gewordenen Fahrten, weil insoweit eine durch den Unfall hervorgerufene Ersparnis fehlt (OLG Düsseldorf VersR 1965, 770 m Anm H W SCHMIDT 962).

62 Die **ersparten Betriebskosten** lassen sich nicht mit zumutbarem Aufwand ermitteln, also derart, dass gerade Ölverbrauch und Reparaturanfälligkeit des Wagens des Geschädigten zugrundegelegt werden können; eine gewisse Pauschalierung lässt sich nicht vermeiden. Hierfür sind vier verschiedene Methoden vorgeschlagen worden, die teils von nach Fahrzeugtypen gegliederten Betriebskostentabellen ausgehen und teils prozentuale Abzüge von den Mietwagenkosten vorsehen (Übersicht bei BORN VersR 1978, 777; vgl auch MünchKomm/OETKER § 249 Fn 1343 zu Rn 404). Im Interesse der Vereinfachung dürfte ein prozentualer Abzug von den Mietwagenkosten vorzuziehen sein (BORN 777 f mNw Anm 8: Vorschlag in Höhe von 15%, dazu OLG Frankfurt VersR 1978, 1044; ZfS 1987, 327; KG VersR 1989, 56). Diese Methode wird in der Praxis am meisten angewendet. Eine Erhöhung des Satzes auf 20% ist früher häufiger vorgenommen worden, aber auch eine Verminderung auf 10% ist im Einzelfall als berechtigt angesehen worden, nämlich wenn die Inanspruchnahme des Mietwagens sehr hoch (zB über 80 km/Tag) oder gering (zB unter 15 km/Tag) war (vgl BORN 778 f). Teilweise werden heute sehr viel geringere Sätze angewendet (nur 3% nach MEINIG DAR 1993, 281 u dem folgend OLG Stuttgart ZfS 1994, 206; OLG Karlsruhe DAR 1996, 56). Diese Ersparnis tritt auch bei einer nur kurzen Mietwagenbenutzung ein (vgl BGH NJW 1963, 1399); ihre Erfassung in Zahlen macht nach der von BORN vorgeschlagenen Methode gleichfalls keine Schwierigkeiten (vgl zu deren Anwendung zuletzt etwa OLG Köln NJW-RR 1993, 913; OLG Hamm VersR 1996, 774). Daher gibt es nach richtiger Ansicht insoweit keine Bagatellgrenze (vgl BORN 779, bejahend aber etwa KG VersR 1977, 82).

63 Beim **Abzug für ersparten Eigenverschleiß** geht es darum, dass der Wagen des Geschädigten während der Reparaturzeit nicht gefahren worden ist und daher auch keine durch die Fahrstrecke bedingte Wertminderung erlitten hat. Diese Ersparnis wird von der Praxis für kürzere Mietwagenstrecken mit zweifelhaftem Recht vernachlässigt. Dafür, wann eine Strecke idS kurz ist, lässt sich jedoch kein fester Betrag angeben. Denn je jünger der Wagen ist, um so spürbarer mindert schon eine kleine Mehrleistung den erzielbaren Verkaufserlös. So sind für einen recht „jungen" Wagen mit nur 26 000 km Fahrleistung schon 1000 km Fahrstrecke als erheblich angesehen worden (BGH NJW 1963, 1399, 1400; vgl auch BORN VersR 1978, 780 Anm 31).

Soweit die Bagatellgrenze überschritten ist, wurde früher idR ein Abzug von 1% des Wiederbeschaffungswerts (oben Rn 43 ff) je 1000 km Fahrstrecke berechnet (Born 780 mNw Anm 32); inzwischen sind deutlich höhere Fahrleistungen für die gesamte Lebensdauer des Fahrzeuges anzusetzen (vgl BGH NJW 1983, 2194, 2195).

Häufig wollen Geschädigte die Abzüge (oben Rn 61) vermeiden, indem sie einen **64** Mietwagen einer **geringeren Klasse** (und daher auch mit geringeren Kosten) nehmen. Zur Förderung dieser Praxis hatten der HUK-Verband und der Gesamtverband Kfz-Mieter zum 1. 7. 1972 ein Rahmenabkommen geschlossen, das aber nach wenigen Jahren gekündigt und nicht mehr erneuert worden ist (Text: AnwBl 1972, 312, dazu ausf Born VersR 1979, 877; Cavada [Schrifttum vor Rn 32] passim). Einzelne Haftpflichtversicherungen haben aber mit großen überregionalen Kfz-Vermietern Verträge geschlossen, nach denen die Versicherung bei Miete eines kleineren Fahrzeugs von einem Abzug für die Eigenersparnis absieht (dazu Empfehlung des HUK-Verbandes NJW 1993, 376). Versuche von Versicherungsunternehmen, die Mietwagenkosten durch ein unmittelbares Engagement im Mietwagenmarkt zu senken, sind am Widerstand des BKartA gescheitert (Beschluss des BKartA v 7. 7. 1995, NZV 1995, 346). Nach mindestens früher hM verhindert die Wahl eines billigeren Mietwagens den Abzug wegen Eigenersparnis nicht (BGH NJW 1967, 552; OLG Celle DAR 1976, 130; KG VersR 1971, 939; 1989, 56; OLG Düsseldorf VersR 1969, 429; DAR 1976, 184; OLG Hamburg VersR 1965, 1182 m Anm H W Schmidt VersR 1966, 170; OLG Nürnberg VersR 1978, 578; OLG Karlsruhe VersR 1980, 390; NJW-RR 1989, 1112; SP 1996, 348; OLG Frankfurt ZfS 1985, 230; **aA** OLG Köln VersR 1965, 905 u nunmehr OLG Celle NJW-RR 1993, 1052; OLG Frankfurt NJW 1990, 3112; NJW-RR 1995, 664; 1996, 984; OLG Hamm NJW-RR 1999, 1119; OLG Nürnberg NJW-RR 1994, 924; zust dazu MünchKomm/Oetker § 249 Rn 407; Palandt/Heinrichs § 249 Rn 32). Nach früher hM fehlt schon ein Vermögensschaden, wenn der Geschädigte nur zeitweise einen Wagen einer kleineren Klasse benutzt (vgl unten Rn 83). Wer die „Mobilitätsgarantie" des geltenden Schadensrechts durch die Miete irgendeines Ersatzfahrzeuges ausgenutzt hat, für den ist die Entbehrung idR nicht mehr „fühlbar" (vgl BGHZ 45, 212, 219, seitdem stRspr). Zudem ließe sich ein solcher Schaden auch nicht ohne weiteres gegen die Eigenersparnis ausgleichen. Manche (zB OLG Düsseldorf VersR 1969, 429; MünchKomm/Grunsky[3] § 249 Rn 29 b) wollen in solchen Fällen die ersparten Eigenkosten nur nach der niederen Wagenklasse berechnen, doch lässt sich dies kaum begründen: Erspart sind die Kosten desjenigen Wagens, den der Geschädigte ohne den Unfall benutzt hätte. Dagegen kann sich der Abzug mindern, wenn der Geschädigte die Abnutzung des beschädigten Wagens nicht selbst hätte tragen müssen (OLG München VersR 1976, 1045, zust Born 779).

cc) Der dritte Problemkreis im Zusammenhang mit dem Ersatz von Mietwagen- **65** kosten ist die vom Geschädigten zu verlangende **Sparsamkeit** (vgl auch § 254 Rn 90 zu den erforderlichen Bemühungen um schnelle u preiswerte Reparatur). Dabei geht es zunächst um die Frage, ob der Geschädigte sich **ohne Mietwagen** behelfen muss, insbes durch die Benutzung von öffentlichen Verkehrsmitteln oder Taxis. Eine solche Obliegenheit wird bejaht, wenn der voraussehbare Fahrbedarf nur gering ist, öffentliche Verkehrsmittel oder Taxis leicht erreichbar sind und deren Benutzung nicht aus besonderen Gründen unzumutbar ist. Wegen dieser Mehrheit von Gesichtspunkten scheidet die Angabe einer festen Zahl für den nötigen Mindestbedarf (zB 20 km/ Tag) aus (vgl dazu Born VersR 1978, 777, 784 ff mNw Anm 84; Koller DAR 1979, 289 f u insbes zB OLG Karlsruhe VersR 1972, 567; OLG Frankfurt VersR 1992, 620; OLG Hamm NZV 1995, 217;

2002, 82; OLG München VersR 1993, 769, zu weiteren Entscheidungen MAGNUS, Schaden und Ersatz [1987] 89 f; CAVADA, passim). Umgekehrt kann auch ein besonders großer Fahrbedarf (zB für eine weite Ferienreise) der Ersatzfähigkeit von Mietwagenkosten entgegenstehen, nämlich wenn sich dieser Bedarf in zumutbarer Weise hätte verschieben oder wesentlich billiger befriedigen lassen (vgl BORN 787 f mNw, zB OLG Stuttgart VersR 1977, 44; OLG Nürnberg VersR 1974, 677; OLG Köln VersR 1979, 965 für einen extremen Fall; OLG Karlsruhe VersR 1974, 1005). IdR hat der Geschädigte bei entsprechendem Fahrbedarf auch sonntags Anspruch auf einen Mietwagen (OLG Celle VersR 1962, 532). Selbst bei vergleichsweise hohen Mietwagenkosten (im Streitfall mehr als das Doppelte des zu erwartenden Gewinns) hat der BGH (NJW 1993, 3321) die Ersatzmiete gebilligt, wenn dafür nachvollziehbare Gründe sprechen (fortdauernde Präsenz am Markt als Taxiunternehmer).

66 Hinsichtlich der **Mietkonditionen** hat der BGH sehr stark auf die Verhältnisse des Einzelfalles abgestellt: Für einen Fall, der eine Schädigung unmittelbar vor einer mit eigenem Pkw geplanten dreiwöchigen Urlaubsreise betraf, hat der BGH (VersR 1985, 1090) dem Geschädigten die Obliegenheit auferlegt, vor dem Abschluss eines Mietvertrages zwei Konkurrenzangebote einzuholen (ähnlich BGH VersR 1985, 1092). Etwa zur selben Zeit hat der BGH (VersR 1985, 283, 285) aber auch ausgesprochen, dass der Geschädigte nicht vor Anmietung eines Ersatzfahrzeuges eine Art Marktforschung betreiben müsse. Angesichts der Praxis der Mietwagenunternehmen, von Unfallgeschädigten einen meist etwa 25% teureren Mietwagentarif zu verlangen, haben zahlreiche Instanzgerichte dem Geschädigten auferlegt, sich nach günstigeren Tarifen zu erkundigen und diese zu wählen (OLG Hamm NJW-RR 1994, 923; OLG Köln VersR 1993, 767; 1996, 121; OLG München NZV 1994, 360; OLG Nürnberg VersR 1994, 235, zust PALANDT/HEINRICHS § 249 Rn 31). Demgegenüber hat der BGH (NJW 1996, 1958) entschieden, dass der Geschädigte nicht verpflichtet ist, den Vermieter nach Sonderkonditionen oder günstigen Pauschalpreisen zu fragen, wenn der Vermieter ihm ein spezielles Unfallersatzangebot unterbreitet. Zu verlangen sein dürfte freilich nach wie vor bei voraussichtlich länger dauernder Inanspruchnahme eines Mietwagens die Einholung von Vergleichsangeboten – aber eben von Vergleichsangeboten für Unfallgeschädigte (vgl OLG Düsseldorf NJW-RR 1999, 907; OLG Dresden NZV 2000, 123; GEIGEL/RIXECKER, Der Haftpflichtprozess Rn 3, 75). Für seinen Standpunkt konnte sich der BGH gleichfalls auf zahlreiche Instanzgerichte stützen (BGH NJW 1996, 1959 mNw; seitdem OLG Düsseldorf NZV 2000, 366) sowie auf einige Stimmen in der Lit (RIXECKER NZV 1991, 369, 372; GREGER NZV 1994, 11, 13; 337, 339 f). Gelingt es dem Geschädigten dennoch, einen Mietwagen zu einem der zahlreichen günstigen Tarife zu erhalten, wird man dies konsequenterweise als überobligationsmäßigen Vorteil des Geschädigten ansehen müssen, so dass er auch in einem solchen Fall zu den „Unfallersatztarifen" abrechnen darf.

67 Der Geschädigte kann idR ein dem beschädigten **typengleiches Fahrzeug** mieten (BGH VersR 1970, 547; 1974, 657; OLG Karlsruhe NJW 1956, 552; GOTTHARDT, Wandlungen schadensrechtlicher Wiedergutmachung [1996] 105 ff). Ist dieser Typ nicht mehr am Markt, so tritt an seine Stelle der Nachfolgetyp. Insbes bei sehr alten Wagen führt diese Regelung jedoch zu fragwürdigen Ergebnissen, weil Mietwagen meist neuwertig sind und daher bei Typengleichheit einen viel höheren Wert haben als der beschädigte Wagen. Daher wird in der Lit für solche Fälle teilweise Wert- statt Typengleichheit gefordert (JORDAN 13. Deutscher Verkehrsgerichtstag 1975, 201, 235 ff; BORN 788 ff).

Hiergegen sprechen jedoch erhebliche Gründe: Wertgleichheit ist insbes für den Geschädigten wesentlich schwerer zu ermitteln als Typengleichheit; bei Wertgleichheit wird der Geschädigte häufig zum Wechsel des Typs gezwungen, was die Unfallgefahr erhöhen kann; der Wechsel des Typs kann auch sonst (zB wegen eines kleineren Kofferraums) unzumutbar sein. Zum Übergang auf ein wertgleiches Fahrzeug geringeren Typs ist der Geschädigte deshalb nur gehalten, wenn entweder sein eigenes Fahrzeug schon sehr stark im Wert gemindert war (OLG Hamburg VersR 1980, 879; LG Freiburg DAR 1994, 404) oder wenn für ein typengleiches Fahrzeug besonders hohe Kosten entstehen, zB bei einem seltenen ausländischen Modell (BGH NJW 1967, 552; 1982, 1518).

68 Bei langer Reparatur- bzw Wiederbeschaffungszeit und hohem Fahrbedarf kann dem Geschädigten auch der **Erwerb eines Interimsfahrzeugs** obliegen (BGH NJW 1982, 1518, 1519; OLG Schleswig DAR 1991, 24; OLG Nürnberg VersR 1974, 677; OLG Frankfurt MDR 1965, 481; OLG Oldenburg VersR 1961, 956; OLG Celle VersR 1961, 642). Doch kann das wegen der mit Kauf und Verkauf verbundenen Mühen und Risiken nur ausnahmsweise verlangt werden (OLG Frankfurt VersR 1978, 452; KG VersR 1978, 426; OLG Hamburg VersR 1960, 450). Zu den Folgen der Verletzung dieser Obliegenheit vgl § 254 Rn 127.

69 **dd)** Bei der Bewertung **besonderer Beschaffungsmöglichkeiten** geht es vor allem um die Miete von Angehörigen oder Freunden (vgl auch KG VersR 1978, 1072 zur Vermietung an einen Gesellschafter durch dessen OHG). Der BGH (NJW 1975, 255) hat im Prinzip auch den vom Geschädigten an seine Ehefrau für ein Ersatzfahrzeug gezahlten Mietzins als Schaden anerkannt. Doch sei zu prüfen, ob dabei nicht ein Preis durchzusetzen gewesen wäre, der unter den bei gewerbsmäßiger Vermietung üblichen Sätzen liege. Auch sei zu fragen, ob der Geschädigte nicht ohnehin schon die Unkosten für den Wagen trage. Andererseits könne aber auch ein Zuschlag zu den Sätzen der abstrakten Nutzungsvergütung (unten Rn 73 ff) „als finanzieller Anreiz für die Überlassung des Fahrzeugs rechtlich noch vertretbar sein" (BGH aaO 257). Ähnlich hat das LG Mainz (NJW 1975, 1421) dem Geschädigten nach § 254 vorgeworfen, bei der Miete aus Privathand mehr als 50% des gewerblichen Mietpreises zugestanden zu haben. Beide Entscheidungen sind auf Kritik gestoßen (Fenn NJW 1975, 684; Eggert NJW 1975, 2018). Das Problem liegt in dem sich aufdrängenden Verdacht, das Entgelt werde nur mit Rücksicht auf die Ersatzpflicht des Schädigers (wenn auch nicht durch Scheingeschäft) festgesetzt (ähnlich wie LG Mainz daher LG Karlsruhe NJW-RR 1989, 732). Angemessene Preise für nichtgewerbliche Vermietung kann man nicht richterlich dekretieren (vgl bereits oben Rn 66 zu den „Unfallersatztarifen"). Die schamlose Ausnutzung des Systems kollektiver Schadenstragung, die sich auch in solchen Fällen zeigen kann, lässt sich nicht durch eine „Normativierung" auch noch des Ersatzes für Mietwagenkosten bekämpfen.

70 **ee)** Überblickt man den Ersatz für Mietwagenkosten nach der gegenwärtigen Rspr insgesamt, sind die **Auswirkungen** nicht nur in extremen Einzelfällen **unerfreulich**. Daher besteht Anlass zu der Frage, ob die Praxis gerade bei den Mietkosten nicht viel zu großzügig ist. Es muss nahezu anstößig erscheinen, dass von den Haftpflichtversicherungen 1994 jährlich um etwa **25% mehr** für Mietwagen **als für** unfallbedingte **Schmerzensgelder**, 1999 immer noch 80% der Schmerzensgeldsumme für Mietwagen ausgegeben wurden (Geier VersR 1996, 1459; Kötz/Wagner, DeliktsR[9] [2001]) Rn 511.

71 Die Erstattungsfähigkeit der Aufwendungen für ein Mietfahrzeug in dem gegenwärtig praktizierten Umfang ist denn auch **keineswegs** rechtlich selbstverständlich. Das RG (RGZ 71, 212, 216) hatte zunächst die Miete einer Ersatzsache im Schadensfall als Aufwand zur Vermeidung und Minderung weiterer Schäden verstanden. Daraus ergibt sich in einer Art Umkehrschluss, dass bloße Vereitelung der Nutzung noch nicht als Schaden angesehen wurde und somit auch nicht Gegenstand eines Herstellungsanspruchs nach § 249 oder eines Wertersatzanspruchs nach § 251 Abs 1 sein sollte. Besonders deutlich hat diesen Gedanken für das schweizerische Recht OFTINGER (Schweizerisches Haftpflichtrecht I[4] [1975] 257) ausgesprochen: Der Ausfall eines Kfz, das ohne jeden „wirtschaftlichen Einschlag" benutzt werde, sei die Verhinderung einer bloßen Annehmlichkeit und daher kein Schaden, der auf Kosten des Schädigers beseitigt werden könne. Darüber ist freilich die deutsche Rechtsentwicklung hinausgegangen: Mit der Anerkennung einer abstrakten Gebrauchsvorteilsentschädigung durch den GS (BGHZ 98, 212) sind Gegenstände von zentraler Bedeutung für die Lebenshaltung wie vor allem Kfz und Wohnung mindestens „normativ" aus dem Bereich bloßer Annehmlichkeit herausgehoben (unten Rn 97). Die zwingende Konsequenz daraus besteht dann darin, dass Mietwagenkosten zum Ersatz der Nutzung von „eigenwirtschaftlich" verwendeten Kfz Aufwendungen zur Beseitigung des mit der Gebrauchsvorteilsentschädigung umschriebenen Schadens sind. Betrachtet man – wie dies hier (oben Rn 56) geschehen ist – den Ersatz für Mietwagenkosten als Entschädigung nach § 251 Abs 1, ergibt sich für den Anwendungsbereich der Nutzungsentschädigung eine krass widersprüchliche Lage: Für ein und denselben Schaden (vgl dazu nur GREGER NZV 1994, 337, 338) soll gleichermaßen die Möglichkeit eines Ersatzes in Höhe des abstrakten Vorteils und in der meist etwa dreifachen Höhe der konkreten Aufwendungen für einen Mietwagen bestehen. Im Blick auf die Mietaufwendungen ist dann nicht zu erkennen, warum die Entschädigung in Höhe des Gebrauchsvorteils nicht genügend ist. Vollends unverständlich aber muss es erscheinen, dass auf die Mietkosten nicht § 254 Abs 2 anzuwenden ist.

72 Dieser Widerspruch lässt sich nicht dadurch **aufheben**, dass man die Gebrauchsvorteilsentschädigung als Kompensation nach § 251 Abs 1 versteht, den Mietwagenersatz hingegen als Restitution nach § 249 Abs 2 S 1. Denn dann müsste wegen des großen Unterschieds der Beträge für die „normale", nicht durch die Abwehr weitergehender Schäden veranlasste Miete allemal § 251 Abs 2 gelten, so dass der Ersatzpflichtige den Geschädigten auch bei dieser dogmatischen Konstruktion immer auf die Gebrauchsausfallentschädigung verweisen könnte (**aA** GOTTHARDT, Wandlungen schadensrechtlicher Wiedergutmachung [1996] 108 f wegen der Einordnung des Nutzungsausfalls als – freilich durch Restitution nach § 249 Abs 2 S 1 ausgleichsfähigen – immateriellen Schaden). Eine Differenzierung ist auch nicht dadurch zu erreichen, dass man von der Gewährung vollen Mietwagenersatzes als Regelfall ausgeht und die Entschädigung beim Unterlassen einer Ersatzwagenmiete als Sparsamkeitsprämie für den verzichtenden Geschädigten auffasst (MEDICUS, SchuldR I Rn 632; ähnlich STEFFEN NJW 1995, 2057, 2061). Rechtspolitisch mag dies ein sinnvoller Gesichtspunkt sein; aber in den dogmatischen Zusammenhang des Schadensrechts lässt er sich nicht einfügen (so ausdrücklich STAUDINGER/MEDICUS[12] § 253 Rn 36). Der GS (BGHZ 98, 212) hat diesen Gedanken denn auch nicht aufgenommen. Zudem fehlen bis heute alle empirischen Daten darüber, ob die „Prämie" ihr rechtspolitisches Ziel überhaupt erreicht. Daher lässt sich der geschilderte Verstoß gegen das Gleichbehandlungsgebot (u somit gegen das Gebot rechtlicher Stimmigkeit überhaupt) wohl nur vermeiden, wenn die Gewährung des höheren Ersatzes für Mietwagenkosten an zusätzliche, über die Regelanforderungen hinausgehende Kriterien geknüpft wird. Die notwendige Differenzierung besteht darin, dass Mietwagenkosten nur dann kompensationsfähig sind, wenn sie der **Abwehr oder Verringerung** von (weiteren) **Vermögensschäden** zu dienen bestimmt und geeignet sind (so im Ansatz auch WÜRTHWEIN, Schadensersatz für Verlust der Nutzungsmöglichkeit [2001] 347 ff, allerdings mit abw Folgerungen 355 ff). Im privaten Bereich wird das nur selten der Fall sein, zB bei großer Entfernung zwischen Wohnung und Arbeitsplatz und schlechter oder ganz fehlender Anbindung an den öffentlichen Nahverkehr.

l) In stRspr gewährt der BGH für die Entbehrung des Kfz während der Reparatur oder bis zum Erwerb eines Ersatzfahrzeuges eine **Nutzungsentschädigung**, auch wenn der Geschädigte keinen Mietwagen genommen hat. Dies hat der BGH erstmals in BGHZ 40, 345 ausgesprochen. **73**

aa) Für die **Anspruchsbegründung** ist dort zunächst offengeblieben, ob § 249 S 2 aF = Abs 2 S 1 nF die Grundlage bilde, weil die Herstellung auch die Beschaffung eines Ersatzwagens umfasse, oder ob diese Vorschrift sich auf die eigentlichen Reparaturkosten beschränke (BGHZ 40, 345, 351 f): Denn jedenfalls könne der Anspruch wegen der Nutzungsentschädigung auf § 250 gestützt werden, weil gegenüber dem die Ersatzleistung verweigernden Schädiger keine Fristsetzung nötig sei. Von dieser Begründung des III. ZS ist der VI. ZS in dem zweiten Urteil zur Nutzungsentschädigung abgewichen: Zwar falle zunächst auch der Anspruch auf Stellung eines Ersatzwagens unter § 249. Aber sobald dem Geschädigten sein eigener Wagen wieder zur Verfügung stehe, sei die Ersatzwagenstellung unmöglich geworden. Daher beruhe der Anspruch auf die Nutzungsvergütung auf **§ 251 Abs 1**. So erkläre sich auch, dass der Geschädigte nicht die vollen Mietwagenkosten fordern könne. Vielmehr seien der Unternehmergewinn und die allgemeinen Betriebskosten des gewerblichen Vermieters ebenso abzuziehen wie die Kosten, die der Geschädigte durch Nichtverwendung des eigenen Wagens erspart habe (BGHZ 45, 212, 216, 220 f). Diese Begründung ist dann meist durchgehalten worden (zB auch in BGHZ 56, 214, 215 ff). Insbes hat sie der GS (BGHZ 98, 212, 220 f) übernommen. Doch gibt es Ausnahmen (zB VI. ZS BGHZ 66, 239, 249: der Nutzungsausfall sei ein nach § 249 S 2 aF zu ersetzender Schaden). **74**

Das größte Gewicht für die Einordnung des Gebrauchsvorteils als selbständiges Vermögensgut nach § 251 Abs 1 hat der **Kommerzialisierungsgedanke**: Ein Bedürfnis verliert seinen immateriellen Charakter, wenn es käuflich geworden ist, wenn also ein leicht feststellbarer Marktpreis zur Befriedigung des Bedürfnisses besteht. Dann scheint jedenfalls § 253 Abs 1 einer Entschädigung nicht mehr entgegenzustehen. Bereits am Anfang der Rspr zur abstrakten Nutzungsentschädigung an Kfz hat sich der BGH (BGHZ 40, 345, 349 f) darauf gestützt, dass die Möglichkeit zur Benutzung eines Pkw „tatsächlich kommerzialisiert" sei, weil sie idR nur durch entsprechende Vermögensaufwendungen „erkauft" werden könne. Daher sei eine Beeinträchtigung dieser Benutzungsmöglichkeit auch eine Beeinträchtigung des mit den Aufwendungen erstrebten vermögenswerten Äquivalents. Einen Anhaltspunkt für die Höhe des Schadens gebe der übliche Mietzins für einen gleichartigen Pkw (aaO 355). Der GS betrachtet die Kommerzialisierung freilich nicht als dogmatischen Gesichtspunkt, mit dem einfach die Einordnung von § 253 Abs 1 zu § 251 Abs 1 „verschoben" werden könnte. Vielmehr spricht er ausdrücklich von einer „Ergänzung des **75**

Gesetzes" (BGHZ 98, 212, 222). Daraus hat der GS insbes eine fortdauernde prinzipielle Relevanz des § 253 Abs 1 entnommen und daher die Ersatzfähigkeit auf die Nutzung solcher Sachen beschränkt, auf deren ständige Verfügbarkeit die eigenwirtschaftliche Lebenshaltung typischerweise angewiesen sei. Die Kommerzialisierung eines Bedürfnisses allein reicht also auch nach der Rspr nicht, um einen Ersatz für dessen Entbehrung zu begründen (aA iS einer „reinen" Kommerzialisierungstheorie insbes MünchKomm/GRUNSKY[3] vor § 249 Rn 17, 19; auf der Linie des GS jetzt aber MünchKomm/ OETKER § 249 Rn 63 ff).

76 bb) Mit der Einordnung bei den §§ 249–251 und der Reichweite des Kommerzialisierungsgedankens hängt die Frage nach der **Höhe des Anspruchs** zusammen: Nachdem der BGH (BGHZ 45, 212, 220) erhebliche Abzüge von den gewerblichen Mietpreisen begründet hatte, formulierte die Praxis hierfür unterschiedliche Prozentsätze. Eine umfassende Berechnung für die verschiedenen Fahrzeugtypen ist dann von SANDEN/DANNER vorgelegt und jeweils in Anpassung an die Preisänderungen fortgeschrieben worden (seit VersR 1966, 697; später SANDEN/DANNER/KÜPPERS-BUSCH/RÄDEL/SPLITTER, Nutzungsausfallentschädigung für Pkw, Geländewagen und Transporter, NJW 1998, 2106 ff uö, vgl auch PALANDT/HEINRICHS, Anh zu §§ 249, 250 bis zur 56. Aufl, jetzt aber abzurufen bei EurotaxSchwacke GmbH). Der BGH hat diese Berechnungen gebilligt (BGHZ 56, 214, 217). Er ging hierbei davon aus, dass die von SANDEN/DANNER errechneten Beträge die gebrauchsunabhängigen Gemeinkosten (Vorhaltekosten, also hier den Frustrierungsschaden, vgl § 249 Rn 123 f) nur maßvoll überschreiten. Damit hat sich der BGH, dem die Praxis jetzt wohl einhellig folgt, weit von seinem Ausgangspunkt, nämlich dem die Kommerzialisierung begründenden Marktpreis für Fahrzeugmiete (vgl BGHZ 40, 345, 355), entfernt: Die Beträge der Nutzungstabellen erreichen nur etwa 30% der Mietpreise (vgl dazu unten Rn 85).

77 cc) Als weitere Voraussetzung für den Anspruch auf Nutzungsentschädigung hat der BGH (BGHZ 45, 212, 219) die **Fühlbarkeit** der Nutzungsbeeinträchtigung für den Halter aufgestellt (seitdem stRspr, BGHZ 56, 214, 216; BGH NJW 1968, 1778; 1974, 33; 1985, 2471): Der Anspruch setze den Nutzungswillen und die hypothetische Nutzungsmöglichkeit voraus (so im Ansatz schon BGHZ 40, 345, 353). Dabei ist aber zunächst nur eine Nutzungsbehinderung aus unfallunabhängigen Gründen für erheblich gehalten worden (BGHZ 45, 212, 219). Das hat der BGH (NJW 1968, 1778, 1780) alsbald korrigiert: Auch wenn die Fahrunfähigkeit des Halters aus demselben Unfall stamme, der auch zum Fahrzeugschaden geführt hat, entfalle der Anspruch auf Nutzungsentschädigung; dann sei nämlich der Nutzungsausfall gleichfalls nicht fühlbar geworden, und es habe auch kein Grund für die Miete eines Ersatzwagens bestanden.

78 Das Kriterium der Fühlbarkeit ist vom GS (BGHZ 98, 212, 221 f) der Sache nach gebilligt worden. Man kann es daher als **Bestandteil einer** rein rechtspolitischen, nicht dogmatisch begründeten **richterrechtlichen Rechtsfortbildung** ansehen (vgl unten Rn 85). Dann erscheint das Kriterium auch sachgerecht, um einer „Uferlosigkeit" des Schadensersatzes gegenzusteuern. Einen diskussionswürdigen Begründungsweg hat GOTTHARDT (Wandlungen schadensrechtlicher Wiedergutmachung [1996] 44 ff) vorgeschlagen: Da er im Verhalten des Geschädigten, der sich nach der Beschädigung des Kfz ohne Ersatzmiete behilft, eine Naturalherstellung durch den Geschädigten selbst sieht, ergibt sich für ihn zwangsläufig, dass der Geschädigte zur Herstellung in der Lage sein muss. Das ist der Sache nach die „Fühlbarkeit". Diese Auffassung ist freilich mit der hier (§ 249 Rn 230, 232) vertretenen Sicht des § 249 Abs 2 S 1 unvereinbar, wonach die Begleitschäden gerade nicht nach § 249 sondern nach § 251 Abs 1 zu entschädigen sind. Zudem hat diese Auffassung Schwierigkeiten, die Höhe der Entschädigung für bloß abstrakte Ausfälle zu begründen (vgl GOTTHARDT aaO 168 ff; den BGH stützend aber auch WÜRTHWEIN [Schrifttum vor Rn 32] 293 ff).

Aus dem Kriterium der Fühlbarkeit ergibt sich die weitere Frage, inwieweit die **79** **Nutzungsbereitschaft** und der **Nutzungswille** des Halters durch diejenige **anderer Personen** ersetzt werden: Es genügt, dass Familienangehörige des Halters den Wagen hätten benutzen können (BGH NJW 1974, 33 f; OLG Hamm VersR 1997, 506; OLG Bremen NJW-RR 2002, 383). Dasselbe gilt für die Verlobte (BGH NJW 1975, 922 f, vgl auch KG VerkMitt 1973 Nr 89: „ernsthaft" Verlobte), aber auch für „andere Personen" (BGH aaO; OLG Düsseldorf DAR 1974, 215). Teilweise wird dafür die Voraussetzung aufgestellt, dass der Wagen zum gemeinsamen Gebrauch der Eheleute, Verlobten usw angeschafft und von der anderen Person auch wirklich benutzt worden war (OLG Köln VersR 1977, 937; vgl OLG Düsseldorf VersR 1985, 149). Das ist wohl zu eng: Der Fahrbedarf zB der Ehefrau kann sich ja gerade daraus ergeben, dass der Ehemann wegen seiner Verletzung keine Einkaufsfahrten mehr durchzuführen vermag.

Die Fühlbarkeit der Beeinträchtigung steht ferner in Frage, wenn dem Geschädig- **80** ten statt des ausgefallenen **ein anderes Fahrzeug** zur Verfügung steht: Ein Anspruch auf Nutzungsentschädigung soll entfallen, wenn der Geschädigte selbst ein zweites, sonst ungenutztes Fahrzeug hat, dessen Einsatz ihm zumutbar ist (BGH NJW 1976, 286 für ein Möbelgeschäft mit mehreren Lkw; OLG Brandenburg SP 1998, 167; OLG Frankfurt aM SP 1999, 347). Auch Vorhaltekosten für das Ersatzfahrzeug seien jedenfalls dann nicht zu erstatten, wenn die Reserve nur mit dem Blick auf eine geschäftsreichere Saison gehalten wurde (vgl § 249 Rn 110 f). Dagegen soll es dem Schädiger nicht zugute kommen, wenn der Geschädigte von seiner Ehefrau vorübergehend deren Wagen erhält (OLG Celle VersR 1973, 281; vgl auch SP 1996, 11). Das entspricht den Regeln über die Vorteilsausgleichung, weil die Ehefrau idR nicht den Schädiger begünstigen will (vgl § 249 Rn 151). Weitergehend hat der BGH (NJW 1975, 255) der Ehefrau sogar gestattet, einen Mietpreis für ihr Fahrzeug zu berechnen, den dann der Ehemann und Geschädigte vom Schädiger ersetzt verlangen kann (vgl oben Rn 69). Ebenso wie für das Fahrzeug der Ehefrau entscheidet der BGH (NJW 1970, 1120, 1122), wenn der Arbeitgeber des Geschädigten diesem unentgeltlich einen Ersatzwagen stellt.

dd) Gläubiger eines Anspruchs auf Nutzungsentschädigung kann nach der älteren **81** Rspr auch eine Handelsgesellschaft sein (KG VersR 1970, 185), ferner eine öffentlich-rechtliche Körperschaft oder eine gemeinnützige Einrichtung, zB für einen Polizeistreifenwagen (LG Köln VersR 1967, 986; LG Nürnberg-Fürth MDR 1968, 1006; AG Köln VersR 1970, 70, dort auch zur Fühlbarkeit des Ausfalls), für ein Bundeswehrfahrzeug (BGH NJW 1985, 2471; AG Hamburg VersR 1979, 43, doch ist dort ein Ausgleich durch Reservefahrzeuge angenommen worden) und für einen Müllwagen (KG MDR 1972, 50). Alle diese Entscheidungen liegen vor dem Beschluss des GS (BGHZ 98, 212). Die dort (216) genannte Voraussetzung einer abstrakten Nutzungsentschädigung ist bei den hier erwähnten Fällen nicht erfüllt: Diese Fahrzeuge werden erwerbswirtschaftlich oder zu fremdem oder öffentlichem Nutzen eingesetzt, also gerade nicht „eigenwirtschaftlich" (vgl schon § 249 Rn 113, 122). Richtigerweise sind bei den hier zu beurteilenden Fahrzeugen nur Entschädigungen nach § 252 oder durch Ersatz für Mietwagenkosten zu begründen (verfehlt daher OLG München NZV 1990, 348; im wesentlichen wie hier MünchKomm/Oetker § 249 Rn 64 mNw Fn 245; Palandt/Heinrichs vor § 249 Rn 24).

82 ee) Der Anspruch auf Nutzungsentschädigung soll ferner nur bei einer **Beeinträchtigung des Eigentums** (krit gegenüber dieser „Objektbezogenheit" Würthwein [Schrifttum vor Rn 32] 297 ff m Folgerungen für den Gebrauchsvorteil 384 ff, 401 ff) an dem Kfz gegeben sein (oder seiner vertragswidrigen Vorenthaltung, BGHZ 85, 11, 14 f; 88, 11, 15 f; BAG NJW 1995, 348; 1996, 1271). Es genügt also nicht, dass der Berechtigte nur aus persönlichen Gründen zur Nutzung des unversehrt bleibenden Fahrzeugs außerstande gesetzt wird (OLG Hamm NJW 1998, 2292). So liegt es bei der unberechtigten Entziehung der Fahrerlaubnis oder Vorenthaltung des Führerscheins; hier soll Ersatz nur für die konkret entstandenen Kosten oder anderen Nachteile (zB Verdienstentgang) verlangt werden können (BGHZ 63, 203, 207). Das ist auf den Fall erweitert worden, dass einem Arbeitnehmer infolge der Sicherstellung seines Führerscheins die Nutzung eines Fahrzeugs entgeht, das er für privaten Gebrauch von seinem Arbeitgeber beanspruchen kann (BGHZ 65, 170, 173 f m krit Anm Stoll JZ 1976, 281; gegen eine abstrakte Nutzungsentschädigung bei Entziehung der Fahrerlaubnis aber auch zB OLG Celle NdsRpfl 1973, 103; OLG Düsseldorf VersR 1973, 1148, der Rspr zust MünchKomm/ Oetker § 249 Rn 68; Jahr AcP 183 [1983] 793 f). Anders ist hingegen der Fall zu beurteilen, dass dem Halter eines Fahrzeugs das amtliche Kennzeichen vorenthalten wird: Dann ist das Eigentum am Fahrzeug selbst betroffen (OLG Hamm NJW-RR 1989, 56).

83 ff) Die Nutzungsentschädigung wird für den **Typ des Wagens** gewährt, dessen Nutzung **dem Geschädigten entgeht** (vgl insbes OLG Celle VersR 1973, 281: hohes Alter des Unfallwagens mindert die Nutzungsentschädigung idR nicht). Wenn der Geschädigte einen kleineren (billigeren) Wagen mietet, so soll der Unterschied zwischen den Wagenklassen allein keinen Anspruch auf eine zusätzliche Nutzungsentschädigung begründen (BGH NJW 1967, 552, dazu Steindorff JZ 1967, 361). Auch der erzwungene Verzicht auf ein Autotelefon berechtigt nicht zu einer solchen Entschädigung (LG Hamburg DAR 1978, 323; LG Traunstein NZV 1993, 156, vgl OLG Köln NJW 1967, 370). Dagegen soll der Geschädigte die abstrakte Nutzungsentschädigung wählen können, wenn diese die Kosten des konkreten Ersatzwagens übersteigt (Opel-Rekord statt Mercedes 600): In solchen Fällen eines extremen Typenunterschieds bilde der Ersatzwagen keine ausreichende Entschädigung (BGH NJW 1970, 1120).

84 gg) Im übrigen unterliegen die Ansprüche auf eine abstrakte Nutzungsentschädigung nach der Rspr denselben **Einschränkungen** wie diejenigen auf Ersatz der Kosten eines wirklich **gemieteten Ersatzwagens**: Soweit eine solche Miete nicht erforderlich ist (oben Rn 65), besteht auch kein Anspruch auf die Nutzungsentschädigung (BGHZ 45, 212, 219). Hinsichtlich der Zeitdauer gilt Entsprechendes (vgl oben Rn 57; § 254 Rn 90). Eine Nutzungsentschädigung kommt insbes auch in Betracht, sofern der Wagen des Geschädigten zerstört worden ist (OLG Nürnberg VersR 1968, 1049, vgl auch OLG Bremen VersR 1969, 333). Wenn die Beschaffung eines Ersatzwagens infolge Verzögerung der Ersatzleistung lange Zeit dauert, ist die Nutzungsentschädigung ebenso lang zu zahlen (OLG Köln VersR 1973, 323: dort 321 Tage!). Ist eine lange Dauer von Anfang an absehbar, kann dem Geschädigten die Anschaffung eines Interimsfahrzeugs zugemutet werden. Dann steht ihm keine Nutzungsentschädigung zu (OLG Schleswig NZV 1990, 150). Die fiktive Nutzungsentschädigung bei einer nur gedachten Reparatur ist nicht zu ersetzen, wenn der Geschädigte zwar auf Reparaturkostenbasis abrechnet, aber den Unfallwagen beim Kauf eines neuen unrepariert in Zahlung gegeben hat (BGHZ 66, 239, 249 f u dazu § 249 Rn 221 f): Die Nutzungsentschädigung sei im Gegensatz zu den Reparaturkosten nicht von Anfang an fixiert, sondern hänge von der wirklichen Entwicklung ab. Folglich gibt es auch keine Nutzungsentschädigung für die Dauer einer fiktiven Reparatur, wenn der Geschädigte das Fahrzeug unrepariert weiterbenutzt (OLG Nürnberg VersR 1973, 865; aA LG Düsseldorf VersR 1975, 244). Repariert der Geschädigte selbst, kann er für die Reparaturzeit, die bei einer Vertragswerkstatt nötig wäre, die Nutzungsentschädigung verlangen (BGH NJW 1992, 1618).

hh) Stellungnahme (dazu auch die Überblicke von ESCHER-WEINGART [Schrifttum vor Rn 32]; **85** GRAF, Die Entschädigung des Ausfalls allgemeiner und alltäglicher Nutzungen [1994]; NEHLSEN, Nutzungsausfallersatz: ein notwendiges Übel? [1997] u insbes WÜRTHWEIN [Schrifttum vor Rn 32] 30 ff mNw): Durch die Entscheidung des GS vom 9. 7. 1986 (BGHZ 98, 212) ist die jahrzehntelang andauernde überaus lebhafte Diskussion über die Nutzungsentschädigung im allgemeinen und daher insbes auch die Nutzungsentschädigung am Pkw (Überblick bei LANGE/SCHIEMANN 283 ff) zu einem gewissen Abschluss gekommen: In der Rechtslehre mögen die Bedenken gegen eine solche Entschädigung noch immer weitergetragen werden. Für die Praxis ist das entscheidende Wort zur Berechtigung der Entschädigung überhaupt gefallen. Dennoch bleibt es wichtig, mögliche Gründe für die Entscheidung des GS aufzuspüren und nachzuformen, um mit der vom GS gegebenen Leitlinie umgehen zu können. Für die Nutzung mindestens der privat gehaltenen Pkw gilt dies freilich weniger als für andere Güter (vgl unten Rn 99, 102). Denn für den Gebrauchsvorteil an beschädigten, zerstörten oder vorenthaltenen Pkw hat der GS nur die längst herrschende Praxis bestätigt. Dieser Standpunkt ist auch gut nachvollziehbar: Die Nutzungsentschädigung für Pkw hat einen so festen Platz in der Schadensregulierung durch die Kfz-Pflichtversicherung, dass die Rücknahme dieser Rspr eine millionenfach geübte Praxis durcheinanderbringen würde. Zudem ist es immerhin denkbar, dass die Abwendung von der abstrakten Gebrauchsentschädigung zu einer erheblichen Zunahme der deutlich teureren Pkw-Vermietungen führen würde (Gebrauchsvorteilsentschädigung als Sparsamkeitsprämie, MEDICUS SchuldR I Rn 632; ders, in: 50 Jahre BGH [2000] I, 201 ff). Gerade der hier zu den Mietwagenkosten vertretene Standpunkt (oben Rn 72) geht von der Gebrauchsvorteilsentschädigung für Pkw als einer feststehenden Tatsache aus und versucht deshalb, eine „Sparsamkeitserwägung" in den Mietwagenersatz hineinzutragen. Dies enthält freilich nur die Feststellung, dass ein gesamtwirtschaftlicher „Spareffekt" durch die Gebrauchsvorteilsentschädigung erreicht wird (oder erreicht werden kann). Mit einer Argumentation „von unten nach oben", durch die der Mietwagenstandard am Nutzungsausfallstandard gemessen wird, ist eine Argumentation „von oben nach unten", durch die der Verzicht auf die teurere Variante „belohnt" werden soll, logisch nicht vereinbar. ME ist ein praktisch sinnvoller Umgang mit der Entscheidung des GS nur möglich, wenn man die Entschädigung für den Kfz-Gebrauchsvorteil als eine Art **Richterrecht** anerkennt (dazu genauer SCHIEMANN, Argumente und Prinzipien bei der Fortbildung des Schadensrechts [1981] 298 ff; iErg ebenso MünchKomm/OETKER § 249 Rn 63). Der GS hat hierfür aber dadurch eine Präzisierung gebracht, dass die Gebrauchsentschädigung als (wichtigster) Anwendungsfall einer Entschädigung für die „eigenwirtschaftliche Lebenshaltung" eingeordnet worden ist. Daraus folgt zwingend, dass die Erwägungen zu Gebrauchsentschädigungen für gewerblich, behördlich oder gemeinnützig verwendete Fahrzeuge überholt sind (oben Rn 81).

86 m) Von den verschiedenen weiteren **Begleit- und Folgeschäden** aufgrund von Kfz-Schäden sind zwei Fallgruppen besonders zu behandeln:

aa) Als Folge eines Unfalls können auch **versicherungsrechtliche Nachteile** entstehen. Für ihre Ersatzfähigkeit ist zu unterscheiden:

Der Geschädigte kann wegen der gegen ihn selbst erhobenen Ansprüche seine **Haftpflichtversicherung** in Anspruch genommen und deswegen seinen Schadensfreiheitsrabatt ganz oder zum Teil verloren haben. Der BGH (BGHZ 44, 382, 387) hatte hierin zunächst einen ersatzpflichtigen Sachfolgeschaden gesehen, hat das aber später mit Recht korrigiert (BGHZ 66, 398, dazu HONSELL JuS 1978, 745; ferner BGH VersR 1978, 235): Die Inanspruchnahme der Haftpflichtversicherung beruht darauf, dass der Geschädigte seinerseits ersatzpflichtig geworden ist, und nicht auf der Beschädigung seines Fahrzeugs, auch nicht auf der Verletzung einer ihn schützenden Amtspflicht. Ein Ersatz des Rückstufungsschadens in der Haftpflichtversicherung kommt daher nur ausnahmsweise in Betracht, zB bei Schadensersatz für eine Schwarzfahrt, die zu einem den Halter ersatzpflichtigmachenden Unfall geführt hat (BGHZ 66, 400), oder bei der Halterhaftung eines Arbeitgebers wegen einer Trunkenheitsfahrt seines Arbeitnehmers (BAG NJW 1982, 846). Auch wird dann Ersatz geschuldet, wenn der Schädiger die Schadensersatzleistung und damit die Anschaffung eines Ersatzwagens derart verzögert hat, dass der Geschädigte seine für den Unfallwagen erworbene Prämienvergünstigung nicht mehr auf den Ersatzwagen übertragen kann (OLG Köln VersR 1973, 323).

87 Auch bei der **Kaskoversicherung** kann der Geschädigte einen Rückstufungsschaden erleiden. War die Inanspruchnahme der Versicherungsleistung zur Vermeidung weiterer Schäden angezeigt, dann ist der Verlust des Prämienvorteils vom Schädiger zu ersetzen (OLG Celle VersR 1968, 1070; OLG Frankfurt NJW 1985, 2955, 2956; OLG München ZfS 1984, 136; OLG Stuttgart DAR 1989, 27; OLG Hamm NZV 1993, 65). Trifft den Geschädigten ein Mitverschulden, ist die Inanspruchnahme der Versicherung nicht obliegenheitswidrig, wenn der Betrag, mit dem er den Schaden selbst zu tragen hat, deutlich höher ist als der Rückstufungsnachteil. Dieser Nachteil ist dann vom Schädiger entsprechend seiner Quote zu ersetzen (BGHZ 44, 382, 387 f).

88 bb) Viele **weitere Nebenkosten** kommen als Folgeschaden einer Kfz-Schädigung in Betracht: Kosten der Rechtsdurchsetzung einschließlich der Sachverständigenkosten (unten Rn 122 f), die für die Rechtsdurchsetzung vom Geschädigten aufgewendete Zeit und Arbeitskraft (unten Rn 125), die Kosten für die Abmeldung des Unfallwagens und die Zulassung des Ersatzwagens, beim Neuwagen auch für die Überführung (OLG Köln NZV 1991, 429; zu Unrecht pauschal – und somit wenigstens teilweise fiktiv – abgerechnet von OLG Stuttgart DAR 2000, 35) und die Abschleppkosten für das Unfallfahrzeug. Außerdem erkennt die Rspr dem Geschädigten ohne weitere Darlegungen noch eine **Unkostenpauschale** zu, mit der Porti, Telefonkosten uä abgegolten sein sollen, idR 15 Euro (KG NZV 1995, 312, 315). Untergerichte gewähren zum Teil mehr (zB LG Braunschweig NJW-RR 2001, 1682). Doch sind bei Nachweis auch höhere Kosten ersatzfähig.

2. Zerstörung oder Beschädigung von Bäumen

Verhältnismäßig oft hat die Rspr in Schadensfällen über den Wert von **zerstörten** **89** **oder beschädigten Bäumen** zu entscheiden. Rechtlich handelt es sich bei der Verletzung von Bäumen, da der Baum einen rechtlich unselbständigen Grundstücksbestandteil darstellt, um eine Beschädigung des Grundstücks. Ersatz für beschädigte Bäume ist also idR nach § 249 Abs 2 S 1 Ersatz der für die Herstellung des Grundstücks erforderlichen Kosten (BGH NJW 1975, 2061; BGHZ 143, 1, 9).

a) Bei **Zerstörung** eines **jungen Baumes** sind hiernach erstattungsfähig die Kosten **90** für Erwerb, Transport, Anpflanzung und Anfangspflege eines gleichen Ersatzbaums. Bei einem **älteren, ausgewachsenen Baum** ergeben sich hierfür aber sehr hohe Beträge (bei BGH NJW 1975, 2061 für eine 40jährige Kastanie insgesamt fast 18 000 DM = 9000 Euro). Das übersteigt fast immer die durch den Verlust eines solchen Baums eingetretene Minderung des Grundstückswerts erheblich, so dass idR § 251 Abs 2 eingreifen könnte (so auch der Ausgangspunkt des BGH aaO; ebenso KG VersR 1979, 139; NJW-RR 2000, 160); eine Ausnahme ist nach dem BGH (aaO) nur zu machen, „wenn Art, Standort und Funktion des Baumes für einen wirtschaftlich vernünftig denkenden Menschen den Ersatz durch einen gleichartigen Baum wenigstens nahe legen würden". Daran kann man etwa in einem Botanischen Garten denken. Für den Regelfall gewährt der BGH dennoch nicht bloß den Betrag der Minderung des Verkaufswerts des Grundstücks. Vielmehr soll zunächst Kostenersatz für eine Teilherstellung verlangt werden können (Erwerb eines jüngeren Baumes im pflanzfähigen Alter, Transport, Anpflanzung u Anfangspflege). Die verbleibende Wertminderung des Grundstücks (kleiner statt großer Baum) soll aber immer noch nicht nach der Minderung des Verkaufswerts ermittelt werden, sondern nach den Herstellungskosten für das Aufwachsen eines Baumes vom Alter des Ersatzbaumes bis zum Alter des zerstörten. Das berechnet der BGH (aaO, ihm folgend wieder KG aaO) im wesentlichen nach den Angaben von KOCH (zuletzt VersR 1990, 573; vgl jetzt BRELOER, Was ist mein Baum wert? [4. Aufl 2004]).

Diese Methode ist aber nicht nur sehr aufwendig (vgl FRANZKI DRiZ 1976, 113); sie **91** entfernt sich auch weit von § 251 Abs 2 und ist daher **bedenklich** (sehr zurückhaltend denn auch OLG München VersR 1995, 843; OLG Düsseldorf NJW-RR 1997, 856). Denn wenn man zunächst die Kosten einer Teilherstellung zuspricht und dann auch noch die verbleibende Wertminderung nach den Kosten einer (freilich modifizierten) Herstellung berechnet, wird der als Schadensersatz geschuldete Betrag viel zu sehr durch die Kosten der unverhältnismäßig teueren Herstellung bestimmt. Zu rechtfertigen wäre das allenfalls mit der ökologischen Bedeutung von Bäumen. Dies passt aber nur für einen Teil der Bäume und gerade für Straßenbäume wohl eher selten. Auch muss der Geschädigte den Entschädigungsbetrag dann wirklich für die Ersatzbeschaffung von Blattgrün verwenden, etwa iSv § 16 Abs 2 UmweltHG, also unter Gewährung eines Vorschusses und bei Erstattungspflicht aus § 812, wenn der Betrag tatsächlich nicht zur Restitution verwendet wird. Endlich ist die längere Lebenserwartung für den jüngeren Ersatzbaum zu berücksichtigen: Dadurch entstehen dem Geschädigten die Kosten für eine erneute Ersatzbeschaffung erst später. Dem dürfte die vom BGH übernommene Schadensberechnung KOCHs nicht ausreichend Rechnung tragen (krit auch PALANDT/HEINRICHS Rn 11 mNw; GEIGEL/RIXECKER, Der Haftpflichtprozess[24] [2004] Rn 3.119).

92 b) Ähnliche Fragen ergeben sich bei der **Beschädigung** von Bäumen: Der nach § 249 Abs 2 S 1 geschuldete Geldbetrag müsste die Kosten für die Heilung, uU auch Nachbehandlung und Kontrolle des Baumes umfassen. Hinzu käme eine Geldentschädigung für die hierdurch nicht zu beseitigenden Nachteile: die verkürzte Lebenserwartung für den Baum und das Haftungsrisiko bei bleibender Schwäche. Ein „merkantiler Minderwert" ist hier schon deshalb unangebracht, weil gerade Bäume, die mehr als ihren Holzwert repräsentieren sollen, nicht verkauft werden (anders noch STAUDINGER/MEDICUS[12] Rn 79). Auch die bei Beschädigung entstehenden Aufwendungen sind an § 251 Abs 2 zu messen. Nur bei strikter Bindung des Ersatzbetrages an die Durchführung der Restitution ist dann die erheblich über das Wertinteresse hinausgehende Belastung des Schädigers zu rechtfertigen. Waren die beschädigten Bäume zum Verkauf bestimmt (Baumschulen, Weihnachtsbäume), ist nur ihr Sachwert vor der Beschädigung zu ersetzen (OLG Hamm NJW-RR 1992, 1438).

3. Zerstörung oder Beschädigung von Bauwerken

93 Die Verletzung von Bauwerken ist ebenso wie die von Bäumen (oben Rn 89) rechtlich eine **Beschädigung des Grundstücks**. Ausgenommen sind nur die Fälle, in denen das Bauwerk keinen Grundstücksbestandteil darstellt (insbes § 95 Abs 1): Dann gelten die gewöhnlichen Regeln über die Beschädigung von Sachen. Bei alten Gebäuden unter Denkmalschutz kommt eine Abwägung nach § 251 Abs 2 in Betracht. Hierbei sind auch die immateriellen Interessen an der Herstellung einzubeziehen (vgl oben Rn 19; vgl aber auch BGH NJW 1988, 1837: Durch die Zerstörung eines Hauses war der Denkmalschutz hinfällig und das Grundstück selbst infolgedessen wertvoller geworden. Dieser Vorteil war auszugleichen).

94 a) Ähnlich wie nach hM bei Kfz (oben Rn 34) kann auch durch eine erhebliche Beschädigung eines Gebäudes ein **merkantiler Minderwert** entstehen. Dessen Anerkennung bei Wohngrundstücken ist erheblich älter als bei Kfz (vgl schon RGZ 85, 252 zum Schwammverdacht). Er kann auch schon bei Errichtung des Gebäudes entstehen (BGH NJW 1986, 428 mNw; BauR 1979, 158). Auch bei Zuerkennung des Minderwerts von Hausgrundstücken spielt es keine Rolle, ob das Grundstück veräußert werden soll (BGH BB 1961, 1216). Der Ersatz für merkantilen Minderwert von Grundstücken ist jedenfalls eher berechtigt als von Kfz. Denn idR sind Reparaturen bei Häusern erheblich schwieriger und aufwendiger als bei Kfz und ihr Ergebnis ist weit weniger sicher. Demzufolge wird am Markt der Verdacht etwaiger Spätschäden bei Hausgrundstücken bewertet und der Verkäufer zur Offenlegung solcher Mängel verpflichtet.

95 Bei Zerstörung von Gebäuden und bei irreparablen Schäden wird die Frage nach der Wertberechnung des Grundstücks entscheidend wichtig (vgl dazu u zu den anzuwendenden Bewertungsverfahren BGH NJW 1970, 2018 bei überwiegender Eigennutzung; BGH BB 1960, 798 bei Hausruine; OLG Celle VersR 1966, 964 bei landwirtschaftlichen Gebäuden; OLG Düsseldorf VersR 1966, 1055 bei ohnehin erneuerungsbedürftiger Hausfassade). Insbesondere bildet die Wertermittlung die wichtigste Grundlage für die **Verhältnismäßigkeitsprüfung** nach § 251 Abs 2. Die bei Kfz eingespielte 130%-Grenze (Rn 22) passt schon deshalb nicht ohne weiteres, weil sie nach hM vom Wiederbeschaffungswert gebildet wird, während es für bebaute Grundstücke nur auf den Verkaufs- oder Abschreibungswert ankommen kann. Zudem ist gerade bei Gebäudeschäden eine etwaige Minderung der Ersatzleistung wegen des Abzuges „neu für alt" zu berücksichtigen (§ 249 Rn 175 f). So mag ein Reparaturaufwand von mehr als der Hälfte der Wertminderung noch verhältnismäßig sein (bedenkl daher BGHZ 59, 365: Verhältnis 13 zu 7; zu streng andererseits OLG Hamm VersR 1999, 237: Verhältnis 58 zu 43 als zu hoher Aufwand). Bei sehr weitgehender Beschädigung kann freilich nach § 254 Abs 2 S 1 die Obliegenheit erwogen werden, das Haus abzureißen und stattdessen einen Neubau (mit Abzug „neu für alt") zu errichten (zu krass unverhältnismäßigen Reparaturen einzelner Einbauten OLG Düsseldorf MDR 2000, 885; OLG Hamm NJW-RR 2001, 1390).

b) Besondere Bedeutung hat für Grundstücke die Frage einer Entschädigung des **96** **Gebrauchsvorteils** ohne konkrete Ersatzaufwendungen (wie Miete einer Interimswohnung, Hotelaufenthalt, zu fiktiven Hotelkosten bei schuldhaft fehlerhafter Werkleistung BGH NJW-RR 2003, 1021 u dazu § 249 Rn 223). Die Rspr dazu war jahrzehntelang sehr uneinheitlich: Die Nutzung von Gebäuden und Wohnungen ist gewiss nicht weniger kommerzialisiert als diejenige von Kfz. Auf dieser gedanklichen Grundlage hatte der BGH (NJW 1963, 2020, 2021 u dazu STOLL JuS 1968, 504, 511) schon früh für den Eigentümer eines durch Lärm beeinträchtigten eigengenutzten Wohnhauses ohne weiteres einen Vermögensschaden bejaht: Der Störer müsse sich so behandeln lassen, als sei das Haus vermietet gewesen und wegen des Lärms der Mietzins gemindert worden. Später hat der BGH (NJW 1967, 1803) sogar ausdrücklich die Rechtsähnlichkeit der gestörten Grundstücksnutzung mit den Fällen des Nutzungsentgangs bei Kfz betont (einen Ersatzanspruch bejahen auch ua OLG München BB 1964, 1147; KG NJW 1967, 1233 u für eine privatgenutzte Schwimmhalle OLG Köln NJW 1974, 560, freilich unter Berufung auf den Frustrierungsgedanken, vgl § 249 Rn 123 f, abl aber BGHZ 76, 179, dazu unten Rn 102).

Dagegen ist in anderen Urteilen eine abstrakte Entschädigung für die Störung der **97** Nutzung von Grundstücken **verweigert** worden: Zunächst hat das OLG Düsseldorf (NJW 1973, 659) die zeitweilige Beeinträchtigung der Nutzung eines eigenen Wohnhauses nicht als Vermögensschaden angesehen: Hier gehe es in erster Linie um Bewegungsfreiheit, Bequemlichkeit und Wohlbefinden. Solche immateriellen Güter erlangten aber nicht dadurch Vermögenswert, dass sie mit früheren Vermögensaufwendungen erkauft worden seien. Die Rspr zur Nutzungsentschädigung bei Kfz (oben Rn 73 ff) beruhe auf einer „Überbewertung der Bedeutung des Automobils" und sei jedenfalls nicht erweiterungsfähig. Dem hat der BGH (BGHZ 66, 277, dazu Anm HANSEN VersR 1977, 510) für den Fall weitgehend zugestimmt, dass ein Wohnhaus verspätet übergeben wurde: Die dogmatischen Grundlagen der Rspr zur Nutzungsentschädigung bei Kfz seien „noch nicht endgültig gesichert"; eine Übertragung auf andere Fallgruppen erscheine daher bedenklich. Zur Begründung eigne sich insbes nicht der Kommerzialisierungsgedanke: „Genussmöglichkeiten lassen sich heute so weitgehend mit Geld erkaufen, dass sich daraus eine sachgemäße Einschränkung für entgangene Gebrauchsvorteile nicht ergäbe" (aaO 279 f). Nach weiteren verneinenden Entscheidungen (BGHZ 71, 234; 75, 366; 76, 179) hat der V. ZS in einem detailliert und eindringlich begründeten Vorlagebeschluss (NJW 1986, 2037) den GS angerufen, der daraufhin auch für selbstgenutzte **Wohnungen und Häuser** die Nutzungsentschädigung grundsätzlich **anerkannt** hat (BGHZ 98, 212). Freilich muss es sich um erhebliche Beeinträchtigungen handeln, die nicht durch Umdispositionen aufgefangen werden können (BGH NJW 1993, 1793, 1794). Auch für Wohngrundstücke gilt die Voraussetzung des GS, dass es sich in concreto um ein Gut von zentraler Bedeutung für die eigenwirtschaftliche Lebenshaltung handeln muss. Deshalb ist zB der Nutzungsersatz für eine Einliegerwohnung verneint worden (BGHZ 117, 260, 262), ebenso für eine Garage, die unzugänglich geworden war (BGH NJW 1993, 1793), einen Keller (OLG Schleswig SchlHA 2002, 45) und einen Hobbyraum (OLG Düsseldorf MDR 2000, 389).

98 Bei der **Berechnung** des Gebrauchsvorteils an Grundstücken knüpft der BGH (BGHZ GS 98, 212, 225 f) an die Grundsätze zur Kfz-Nutzungsentschädigung an. Daher wird auch hier nicht eine hypothetische Ersatzmiete zugrundegelegt, sondern den Maßstab bilden die anteiligen Vorhaltekosten, also Kapitalzins, laufender Aufwand und Abschreibung durch Alterung. Gleichfalls wie bei der Kfz-Entschädigung kann der Nutzungsersatz für Grundstücke die genannten Beträge maßvoll überschreiten (zu dem allen genauer KAISER BauR 1988, 133 ff).

99 Vor allem die **Vereinheitlichung** des Rechts der Nutzungsentschädigungen für Grundstücke und Kfz durch den GS ist zu billigen. Denn ein „Kfz-Sonderrecht", wie es sich in der jahrzehntelangen Rspr des VI. ZS (nicht nur, aber vor allem) zum abstrakten Gebrauchsvorteil abzeichnete, ist mit dem Allgemeinheitsanspruch des Schadensrechts nach §§ 249 ff schlechthin nicht zu vereinbaren (ebenso LANGE, in: LANGE/SCHIEMANN 18; MünchKomm/GRUNSKY³ vor § 249 Rn 19, anders insoweit noch unter einem zu „dogmatischen" Blickwinkel SCHIEMANN, Argumente und Prinzipien bei der Fortbildung des Schadensrechts [1981] 301). Die Lösung des GS in der Sache selbst vermag freilich kaum zu befriedigen, weil sie das Nutzungsproblem eher rechtspolitisch als rational-dogmatisch zu bewältigen sucht und auch für Grundstücksfälle **nicht** immer **hinlänglich sichere Beurteilungsgrundlagen** liefert. Dies zeigt sich zB daran, dass bei der Kfz-Nutzung schon vor dem Beschluss des GS eine Nutzungsentschädigung auch bei der Nutzung durch Dritte (zB die Ehefrau) anerkannt worden ist (BGH NJW 1974, 33 f; 1975, 922 f u dazu oben Rn 79), während der BGH dies bei Grundstücken auch nach der Entscheidung des GS nicht genügen lässt (BGHZ 117, 260). Der GS verlangt eine „zeitweise Unbewohnbarkeit" und lässt bloß „kurzfristige Beeinträchtigungen" nicht genügen. Weder zeitlich noch räumlich sind diese Kriterien klar. Das in der Entscheidung anklingende „Luxusargument" (MEDICUS NJW 1989, 1889) bezieht sich nicht auf die Ausgestaltung des betroffenen Schadensobjektes, sondern auf dessen Bedeutung für die Lebenshaltung des Inhabers im allgemeinen. Daher ist die Entschädigung richtigerweise selbst dann zu gewähren, wenn zB nur der Teil eines Hauses unbewohnbar ist, die Lebenshaltung des Geschädigten aber auf die Nutzung des ganzen Hauses angelegt war (anders noch BGHZ 75, 366).

4. Zerstörung oder Beschädigung anderer Sachen

100 a) Da im allgemeinen Schadensrecht für ein Kfz-Sonderrecht kein Platz ist, gelten die oben (Rn 33 ff) entwickelten Grundsätze zur Bewertung des Kfz-Schadens auch für andere Sachen. Meist fehlt allerdings ein ähnlich funktionsfähiger Markt für die Ersatzbeschaffung wie der Gebrauchtwagenmarkt. Daher wird der Geschädigte bei Zerstörung seiner Sache eher eine neuwertige Sache als Ersatz erwerben. Dies rechtfertigt jedoch noch nicht, den Neuwert etwa iS einer „Neuwertversicherung" für die Kompensation nach § 251 Abs 1 zugrunde zu legen. Denn mit einer neuen Sache würde der Geschädigte im allgemeinen bereichert (vgl § 249 Rn 175 ff zum Abzug neu für alt). Zur Feststellung des Wertinteresses bleibt daher meistens nur der **Zeitwert** übrig. Darunter kann hier nicht der Verkaufswert verstanden werden (vgl oben Rn 43), der mangels Gebrauchtmarkt genauso wenig zu ermitteln wäre wie der Wiederbeschaffungswert. Vielmehr ist der Anschaffungswert abzüglich **Abschreibungen** für die Alterung zugrunde zu legen (aA SOERGEL/MERTENS § 249 Rn 69, der stets vom Wiederbeschaffungswert ausgehen will).

Dass selbst mit dieser Methode nicht immer sichere Ergebnisse zu erzielen sind, zeigt der viel besprochene „Modellboot-Fall" (BGHZ 92, 85, dazu insbes MEDICUS JZ 1985, 42; E SCHMIDT JuS 1986, 517): Da es sich bei dem zerstörten Modellboot um ein in langer Zeit selbst gebasteltes Stück handelte, war eine Anknüpfung an Marktwerte kaum möglich: Der besondere Wert durch „Bastlerglück und Bastlerstolz" (MEDICUS aaO) ließ sich nicht in Kategorien des Marktes ausdrücken. Gerade hierin liegt aber ein wichtiges Indiz dafür, dass es sich insoweit um ein reines, nicht entschädigungsfähiges **Affektionsinteresse** handelte (vgl § 253 Rn 16). Dieses immaterielle Interesse lässt sich auch nicht dadurch schadensrechtlich erfassen, dass man die Restitution möglichst weit versteht: Anders als bei den Fällen des „ökologischen Schadens" (§ 249 Rn 187) ist kein Allgemeininteresse daran erkennbar, den in einem größeren „System" entstandenen Schaden durch eine restitutionsähnliche Maßnahme einzudämmen. Vor allem fehlt aber fehlt bereits der Zusammenhang mit einem Grundstück, der bei den ökologischen Schäden immerhin die Interpretation ermöglicht, das zerstörte Naturobjekt zugleich als bloßen Bestandteil eines beschädigten Grundstücks anzusehen. Soweit die Restitution nicht wirklich durchgeführt wird, erscheint ein Ersatz nach § 249 Abs 2 S 1 nicht gerechtfertigt (vgl zur – mE fehlenden – Verwendungsfreiheit des Geschädigten über den Restitutionsbetrag § 249 Rn 224–226). Entschließt sich der Geschädigte hingegen, in vielen hundert Stunden das Modellboot nachzubauen, mag zwar ansatzweise eine Entschädigung für die geleisteten Restitutionsarbeiten in Frage kommen (§ 249 Rn 227); jedoch erweist sich dieser Arbeitswert als unverhältnismäßig iSd § 251 Abs 2 S 1. Die Lösung kann also nur darin bestehen, den (Wiederbeschaffungs-)Wert eines am Markt erhältlichen, „objektiv" vergleichbar anspruchsvollen Modellbootes zu vergüten und das Affektionsinteresse unentschädigt zu lassen. **101**

b) Die bei weitem größte praktische Bedeutung für die Rspr haben bei Schäden an anderen Sachen als Kfz und Grundstücken die **Gebrauchsvorteile**. Dies liegt an dem Sog der Begehrlichkeit, der durch die Rspr zur Nutzungsentschädigung für Kfz (oben Rn 73 ff) ausgelöst worden ist. So ist zB eine Entschädigung für die Unbenutzbarkeit eines Privatflugzeuges gewährt worden (OLG Karlsruhe MDR 1983, 575), ebenso für das Stillliegen einer Segelyacht (LG Kiel SchlHA 1973, 34). Nach der Entscheidung des GS (BGHZ 98, 212) müssten diese Urteile anders ausfallen: Weder das Privatflugzeug noch die Segelyacht gehören zu den Gütern, auf deren ständige Verfügbarkeit ihr Eigentümer für die eigenwirtschaftliche Lebenshaltung angewiesen ist. Auf der Linie des GS liegen hingegen frühere Entscheidungen, in denen Nutzungsentschädigungen für eine private Schwimmhalle (BGHZ 76, 179, anders noch OLG Köln NJW 1974, 560), für einen Wohnwagen (BGHZ 86, 128, anders für ein Wohnmobil wegen dessen Kfz-Eigenschaft OLG Hamm VersR 1990, 864), für ein Motorboot (BGHZ 89, 60) oder für einen Ottermantel (BGHZ 63, 393) abgelehnt worden sind. Ebenso wenig sind die Entbehrung eines Reitpferdes (OLG Hamburg VersR 1984, 242; LG München I VersR 1979, 384) oder eines Autotelefons und einer Funksprechanlage (LG Hamburg VersR 1978, 1049) Mängel von zentraler Bedeutung für die Lebensführung. Für viele Güter bleibt die Abgrenzung aber unklar. So ist der Nutzungsersatz für einen Fernseher vor wie **102**

nach der Entscheidung des GS abgelehnt worden (LG Berlin VersR 1980, 830; AG Frankfurt aM NJW 1993, 137) obwohl er unbezweifelbar zur „Grundausstattung" eines modernen Haushalts gehört. Zu eng für das Anliegen des GS, eine gewisse Vergleichbarkeit mit § 252 gerade für die private Lebenshaltung zu erreichen, dürfte der Ansatz sein, sich an § 811 Abs 1 Nr 1 ZPO zu orientieren (dafür aber MünchKomm/ OETKER § 249 Rn 72; KANNOWSKI VersR 2001, 555, 557). Widersprüchlich geblieben ist die Rspr zu wichtigen Teilen der Wohnungsausstattung wie Küchen- oder Badezimmereinrichtung (Nutzungsersatz gewährt: LG Tübingen NJW 1989, 1613; LG Kiel NJW-RR 1996, 559; Nutzungsersatz versagt: LG Stuttgart NJW 1989, 2823; LG Kassel NJW-RR 1991, 790). Insgesamt spiegelt sich in der neueren Rspr wider, dass die Unterscheidung des GS nach Gütern von allgemeiner, zentraler Bedeutung für die Lebenshaltung noch keine sichere Abgrenzung gebracht hat (zutreffende Kritik am Maßstab des BGH insbes bei MEDICUS NJW 1989, 1889 ff; HONSELL/HARRER JuS 1991, 441, 447 f; gegen den Weg des GS auch WÜRTHWEIN [Schrifttum vor Rn 32] 70 ff m d Gegenvorschlag 302 ff zur Begrenzung durch § 254 Abs 2). Zu viel hängt auch vom individuellen Lebenszuschnitt ab: ZB Fahrräder können für den einen durchaus ein zentrales Fortbewegungsmittel sein, für den anderen reines Sportinstrument. Bei Pkw und Wohnhäusern wird aber nicht zwischen „Luxusausführung" (zB Mercedes 600) und schlichtestem „fahrbaren Untersatz" (zB Fiat Uno) unterschieden. Das spricht dafür, bestimmte Güter in eine allgemeine Typik einzuordnen, also zB das Fahrrad allgemein als zentrales Gut zu betrachten oder überhaupt nicht. Um sich nicht in dem Ersatz für Bagatellschäden zu verlieren, ist es erforderlich, die „allgemeine, zentrale Bedeutung" auch so zu verstehen, dass für das fragliche Gut eine nach durchschnittlichem Maßstab nicht ganz unbeträchtliche Investition vorliegen muss. Bei Kfz und der eigenen Wohnung ist diese Voraussetzung stets erfüllt, beim Fernseher oder gar Radio und beim Fahrrad nicht.

103 Eine Fallgruppe ist zwar anscheinend noch nicht höchstrichterlich entschieden (vgl aber immerhin OLG München NJW-RR 1986, 964 zur Vereitelung einer Kreuzfahrt), doch besteht über die Lösung im Schrifttum nahezu völlige Einigkeit: Mit dem Kommerzialisierungsgedanken wird der Ersatz für eine verfallene Eintrittskarte oder für einen anderen geldwerten Vorteil (zB den Anspruch auf eine Dienstleistung) begründet, der durch das schädigende Ereignis (zB eine Körperverletzung) **endgültig verfällt** (WÜRTHWEIN 401 ff; ausf zum Meinungsstand KÜPPERS, Verdorbene Genüsse und vereitelte Aufwendungen [1976] 12 Fn 32). Dies ist sozusagen der Musterfall der Kommerzialisierung: Der Ersatz des Marktpreises (uz ohne Rücksicht darauf, wie viel der Geschädigte konkret bezahlt hat) stößt hier deswegen auf keine Gegenargumente, weil nicht Nutzungs- und Substanzwert nebeneinander stehen, sondern die Vereitelung der Nutzung zugleich den Substanzwert vernichtet.

104 Für die **Bemessung** der Nutzungsentschädigung kann auch bei anderen Sachen als Kfz und Grundstücken nicht auf die Miete einer Ersatzsache zurückgegriffen werden; sonst entstünde ein nicht zu begründender Wertungswiderspruch gegenüber diesen beiden anderen Gütern. Die Berechnung auf der Grundlage der Gemeinkosten ist hier idR einfacher, weil nur von den zeitanteiligen Kapitalkosten (Zins und Alterungsabschreibung) auszugehen ist, die dann konsequenterweise um einen „maßvollen" Aufschlag zu erhöhen sind (zu den einzelnen Faktoren insbes WÜRTHWEIN 110 ff, 455 ff).

5. Schädigung der Arbeitskraft

Da es im heute praktisch angewandten Recht als entschädigungsfähiger Nachteil **105** angesehen wird, wenn das Vermögenspotential des Geschädigten, das in seinem Kfz oder in seiner Wohnung enthalten ist, brachliegt, ist es ein **Gebot der Wertungskonsequenz**, dass mindestens auch die infolge einer Gesundheitsverletzung brachliegende Arbeitskraft als entschädigungsfähiges Gut anerkannt wird. Dennoch gehören nach hM (BGHZ 54, 45, 50; 67, 119, 128; 90, 334, 336; 106, 28, 31 f; BGH NJW 2002, 292; MünchKomm/OETKER § 249 Rn 81 f; ERMAN/KUCKUK § 249 Rn 53; PALANDT/HEINRICHS vor § 249 Rn 36) Arbeitskraft und Erwerbsfähigkeit **nicht zum Vermögen**, sondern ausschließlich zur Persönlichkeitssphäre; die Beeinträchtigung der Arbeitskraft allein stellt hiernach also noch keinen nach § 251 Abs 1 in Geld zu ersetzenden Vermögensschaden dar. Darin sieht man den grundlegenden Unterschied des zivilen Schadensersatzrechts vom Sozialrecht, das die abstrakt ermittelte Minderung der Erwerbsfähigkeit entschädigt (u damit insbes bei geringen Minderungen oft über die konkret eintretenden Nachteile hinaus Ersatz gewährt). Diese Minderung der Erwerbsfähigkeit ist nach hM für einen zivilrechtlichen Ersatzanspruch nicht maßgeblich (vgl zB BGHZ 54, 45, 55 ff; 67, 119, 128; 90, 334, 336; 106, 28, 31 f; BGH VersR 1965, 489; 1153; 1978, 1170), auch nicht als Maximum (missverständlich OLG Nürnberg VersR 1960, 1007): Bisweilen kann auch eine geringe Minderung zum Wegfall des ganzen Verdienstes führen (BGH VersR 1968, 396). Zu ersetzen sein soll nach § 252 also immer nur der konkret entgangene Verdienst.

Diese hM, die den Vermögenswert der nicht zur Erzielung von Lohn oder Gewinn **106** eingesetzten Arbeitskraft leugnet, ist freilich schon seit einiger Zeit mehrfach auf Widerspruch gestoßen, vor allem bei GRUNSKY (Aktuelle Probleme zum Begriff des Vermögensschadens [1968] 73 ff; JZ 1973, 425, ebenso ESSER/SCHMIDT I 2 § 31 II 2 d; HAGEN JuS 1969, 61, 66 ff; Drittschadensliquidation im Wandel der Rechtsdogmatik [1971] 193 ff; KILIAN AcP 169 [1969] 443, 457; E SCHWERDTNER JR 1971, 330, vgl unter Einbeziehung rechtsvergleichender Gesichtspunkte STOLL, Haftungsfolgen im Bürgerlichen Recht [1993] 377 ff; C HUBER, Fragen der Schadensberechnung [1993] 210 ff, 441 ff). Das **Gleichbehandlungsargument** der neueren Auffassung gegenüber den abstrakten Entschädigungen für den Ausfall der Sachnutzung, insbes am Kfz, hat durch die Entscheidung des GS zum Ausfall von Sachnutzungen (BGHZ 98, 212) wesentlich größeres Gewicht erhalten. Denn mit dieser Entscheidung ist nicht nur die Gebrauchsvorteilsentschädigung auf absehbare Zeit fest etabliert; auch die Begründung des GS mit der typischen Angewiesenheit der eigenwirtschaftlichen Lebenshaltung auf die ständige Verfügbarkeit (BGHZ GS 98, 212, 222) passt für die Arbeitskraft des Geschädigten mindestens so sehr wie für bestimmte ihm gehörende Sachgüter. Ein weiteres Argument des GS zwingt zu einer Neubewertung der Schädigung der Arbeitskraft: Die Entscheidung beruht ua auch auf einer erweiternden Sicht des von § 252 umschriebenen Schadensumfanges. Der GS sieht es nämlich als ein Gebot der Gerechtigkeit an, eine Benachteiligung des eigenwirtschaftlichen Einsatzes gegenüber dem erwerbswirtschaftlichen zu vermeiden. Die wichtigste Quelle für den erwerbswirtschaftlichen Gewinn, bei dessen Entgehen Schadensersatz nach § 252 in Betracht kommt, ist die menschliche Arbeitskraft. Soll die Vereitelung des eigenwirtschaftlichen Einsatzes der Verhinderung eines gewerblichen oder beruflichen Gewinns gleichgestellt werden, kann man nicht vor der Entschädigung für die Entziehung der Arbeitskraft halt machen.

107 Nicht gefolgt werden kann freilich dem Argument GRUNSKYS (MünchKomm³ vor § 249 Rn 24), dass die Arbeitskraft schon deshalb einen Vermögenswert haben müsse, weil auch das Eigentum ganz unabhängig von der Art seiner (beabsichtigten) Nutzung wegen seines Marktpreises entschädigungsfähig ist. Denn einen Marktpreis hat **die Arbeitskraft „als solche"** gerade nicht. Sie wird immer erst dadurch vermögensrelevant, dass sie in irgendeiner Weise Werte schafft. Der entscheidende Gleichbehandlungsdruck geht von der schadensrechtlichen Anerkennung der **Nutzung** von Gütern aus, nicht von deren Zugehörigkeit zum Vermögen mit ihrem Substanzwert. Träger des „Substanzwertes" der Arbeitskraft ist der Mensch selbst. Als Person hat er gerade keinen Vermögenswert, wie nicht zuletzt GRUNSKY in dem hier vergleichbaren Zusammenhang der Herstellung der Gesundheit einer Person besonders klar herausgearbeitet hat (NJW 1983, 2465 ff). Aber die Grundsätze der Rspr zum Nutzungsausfallschaden zwingen auch nicht zur Anerkennung des Vermögenswertes für die Arbeitskraft selbst. Im Gegenteil wird vom GS die Entschädigung für den Nutzungsausfall davon abhängig gemacht, dass dieser für den Betroffenen „fühlbar" war, er also zur Nutzung fähig und bereit war (oben Rn 77 f). Dieselbe Umschreibung ist für die Nutzung der Arbeitskraft möglich und sinnvoll: Entschädigung kommt nur für eine Vereitelung von Arbeit in Betracht, zu der der Geschädigte fähig und willens war. Sonst ist die Verletzung der Arbeitskraft für ihn nicht „fühlbar". Mit dieser Leitlinie sind auch einige neuere Entscheidungen zu erklären: Muss der Geschädigte wegen der Beeinträchtigung seiner Arbeitskraft Handwerkerarbeiten, die er sonst selbst in seinem Haushalt ausgeführt hätte, gegen Entgelt in Auftrag geben, kann er hierfür Schadensersatz verlangen (BGH NZV 1989, 387 ff), ebenso derjenige, der für seinen Eigenheimbau erhebliche Eigenleistungen erbringen wollte, wegen deren unfallbedingter Verhinderung aber einen höheren Finanzierungsbedarf hat, der seine Zinsbelastung erhöht (BGH NJW 1990, 1037, 1038). Treffend hat der BGH (BGHZ 131, 220, 226) zur Bewertung von Arbeitsleistungen formuliert, es sei nicht entscheidend, „ob durch die Arbeitsleistung ein gewinnbringender anderweitiger Einsatz der Arbeitskraft unterblieben ist, sondern ob die Arbeitsleistung einen Geldwert, dh einen Marktwert, hat und bei wertender Betrachtung vom Schadensersatz nicht auszugrenzen ist".

108 Das entscheidende **systematische Argument** für den hier vertretenen Standpunkt ergibt sich aus § 842. Die Vorschrift hat nach hM lediglich klarstellende Bedeutung (BAMBERGER/ROTH/SPINDLER § 842 Rn 1 mNw; PALANDT/SPRAU § 842 Rn 1; vgl auch STAUDINGER/ VIEWEG [2002] § 842 Rn 3). Einer Klarstellung, dass das allgemeine Schadensrecht und somit auch § 252 auf den Deliktsanspruch anwendbar ist, bedarf es aber nicht. Es dürfte daher angemessener sein, § 842 als Grundlage eines Schadensersatzes gerade dann heranzuziehen, wenn ein konkreter Verdienstausfall nicht entstanden ist. § 842 ist dementsprechend als Grundlage eines Ersatzes für die Verhinderung des Einsatzes der Arbeitskraft auch dann anzusehen, wenn die Arbeitskraft vor dem Schadensfall nicht gegen Lohn, Gehalt oä eingesetzt worden ist (ebenso STAUDINGER/VIEWEG [2002] § 842 Rn 3; MünchKomm/WAGNER §§ 842, 843 Rn 16 ff; SOERGEL/ZEUNER § 842 Rn 3 mNw; Überblick bei FUCHS, Zivilrecht und Sozialrecht [1992] 218 ff). Durch den Hinweis auf das Fortkommen soll hierbei deutlich gemacht werden, dass auch für solche Erwerbsaussichten Schadensersatz zu leisten ist, auf die der Verletzte noch keinen rechtlich gesicherten Anspruch erworben hat (RGZ 163, 40, 44; BGH NJW 1985, 791; NJW-RR 1989, 606). Zu weit geht hingegen der BGH (BGHZ 90, 334 ff) mit der Gewährung von Schadensersatz selbst dann, wenn die bloße Bereitschaft zum Einsatz der Arbeitskraft durch einen Arbeitslosen infolge der unerlaubten Handlung aufgehoben worden ist, so dass der Arbeitslose Krankengeld statt Arbeitslosengeld oder Arbeitslosenhilfe bezogen hat (dem BGH folgend aber MünchKomm/WAGNER §§ 842, 843 Rn 84; MEDICUS, SchuldR I Rn 654). Diese Entscheidung widerspricht nicht nur dem Ausgangspunkt der stRspr, wonach für die Arbeitskraft als solche kein Ersatz zu leisten ist; sie wird auch durch den hier vertretenen weitergehenden Schutz der Arbeitskraft nicht gefordert, da der Arbeitslose schon vor dem Schadensfall nicht berufstätig sein konnte. Wird die Versorgung eines Arbeitslosen von einem anderen Sozialversicherungsträger statt von der Arbeitsverwaltung übernommen, haben die gewährten Sozialleistungen eben nicht die Funktion eines Schadensausgleichs, sondern allgemeine Versorgungsfunktion (zu weiteren Einzelheiten vgl § 252 Rn 34).

6. Vereitelung von Urlaub und Freizeitbeschäftigungen

a) Sowohl bei Vertragsverletzungen, insbes im Bereich des Urlaubsvertrages nach §§ 651a ff, als auch infolge von deliktischen Gesundheits- oder Eigentumsverletzungen kann es dazu kommen, dass dem Geschädigten Urlaub und Freizeit verloren gehen. Schon die stationäre Behandlung im Krankenhaus nach einem fremdverschuldeten Unfall bringt es mit sich, dass der Geschädigte seine üblichen Freizeitbeschäftigungen (Sport, Musik, Geselligkeit usw) nicht ausüben kann. Darin allein bereits einen Vermögensschaden sehen zu wollen, ist offensichtlich abwegig: Der Verlust an Lebensfreude ist ein **immaterieller Schaden**, der durch das Schmerzensgeld in gewissem Umfang ausgeglichen werden muss. Mit der zunehmenden „Organisation" von Urlaub und Freizeit ist daraus aber zugleich ein Gegenstand gewerblicher Dienstleistungen geworden, die sich der Konsument uU teuer erkauft. Der Urlaub ist zudem bei allen, die eine (entgeltliche oder unentgeltliche) regelmäßige Arbeit ausüben, Kompensation für die Arbeitszeit und Bestandteil der Gegenleistung für die Arbeit selbst. Es liegt also nahe, auch Urlaub und Freizeit als kommerzialisiert anzusehen (so vor allem MünchKomm/GRUNSKY[3] vor § 249 Rn 30 m dem Ansatz, Freizeit als potentielle Arbeitszeit zu bewerten; ähnlich iE ESSER/SCHMIDT I 2 § 32 II 2 c; anders jetzt aber MünchKomm/OETKER § 249 Rn 90).

Die Spezialvorschrift zum Reisevertragsrecht, **§ 651f Abs 2**, wird von der hM aber nicht als Anerkennung der Urlaubszeit als Vermögenswert verstanden, sondern als Grundlage eines Ersatzes für das immaterielle Interesse am „Urlaub als solchen" (STAUDINGER/ECKERT [2001] § 651f Rn 59; MünchKomm/TONNER § 651f Rn 35/36; SOERGEL/MERTENS § 249 Rn 134; PALANDT/HEINRICHS vor § 249 Rn 39 unter Berufung auf EuGH NJW 2002, 1255). Nur mit dieser Interpretation ist auch die Rspr des BGH (BGHZ 85, 168) vereinbar, nach der auch ein noch nicht erwerbstätiger Schüler Anspruch auf die Entschädigung hat. Mit dieser Einordnung hat die Frage des Schadensersatzes für Urlaub als solchen keinen Platz mehr beim Ersatz für Vermögensschäden nach § 251 Abs 1. Liegt kein Reisevertrag in der engen Definition des § 651a vor, hängt die richtige Lösung des Urlaubsschadensproblems davon ab, ob § 651f Abs 2 analog angewendet werden kann. Dem scheint § 253 Abs 1 entgegenzustehen. Hierüber hat sich jedoch der BGH (NJW 1985, 906) mit Recht hinweggesetzt: Der Dienstleistungsvertrag über einen Urlaub richtet sich gerade auf ein immaterielles Interesse. Deshalb ist im Zweifel davon auszugehen, dass die Sperre des § 253 gegen Ersatz für ein solches Interesse in einem auf die Urlaubsgestaltung gerichteten Vertrag nicht gelten soll (grundlegend STOLL JZ 1975, 252, 255; ebenso MünchKomm/OETKER § 249 Rn 90/

91). Daher ist § 651f Abs 2 im allgemeinen auch auf Urlaubsverträge anwendbar, die nicht Reiseverträge iSd § 651a Abs 1 sind (einschränkend aber BGH NJW 1995, 2629: Charter einer Hochseeyacht für Urlaubszwecke kann auch bloßer Mietvertrag sein).

111 Gerade weil es sich bei § 651f Abs 2 um die gesetzliche Anerkennung eines für Verträge entschädigungsfähig ausgestalteten immateriellen Interesses handelt, ist diese Vorschrift auf Ansprüche **aus Deliktsrecht** nicht anwendbar: Wird jemand durch eine Gesundheitsverletzung daran gehindert, den schon gebuchten Urlaub anzutreten, ist ihm nicht Ersatz für einen kommerzialisierten „Urlaub als solchen" zu gewähren, sondern bei der Bemessung des ihm zustehenden Schmerzensgeldes ist auch die Vereitelung seiner Urlaubspläne zu berücksichtigen (BGHZ 86, 212; vor Geltung des § 651f Abs 2 auch schon BGHZ 60, 214; abl hierzu aber MünchKomm/GRUNSKY³ vor § 249 Rn 30 c; ESSER/SCHMIDT I 2 § 32 II 2 c; wie hier jetzt MünchKomm/OETKER § 249 Rn 90). Zur Begründung ist wiederum die Entscheidung des GS zur Nutzungsentschädigung ergänzend heranzuziehen: Bei der Gestaltung des Urlaubs als solchen wird weder ein gegenständliches Vermögensgut genutzt, noch die Arbeitskraft, sondern vielmehr einfach die Zeit. Ein erwerbswirtschaftlicher Einsatz von Zeit als solcher, also ohne Hilfe zB eines Geldkapitals, das verzinst wird, oder eines Spekulationsobjekts, dessen Marktwert sich erhöht, ist schlechthin nicht denkbar. Daher fehlt auch jeder Ansatzpunkt dafür, den „eigenwirtschaftlichen" Einsatz der Zeit nach dem Modell eines – nicht vorhandenen – erwerbswirtschaftlichen Einsatzes zu aktivieren.

112 b) Folgerichtig zu dieser Bedeutung der Zeit ist denn auch bisher nur ausnahmsweise der **Verlust von Freizeit** außerhalb einer Urlaubsreise in Geld entschädigt worden, nämlich bei einer durch grob schuldhaften Verzug mit der Mängelbeseitigung an einem Möbelstück entstandenen Beeinträchtigung (OLG Frankfurt NJW 1976, 1320, dazu abl STOLL JZ 1977, 97). Das OLG bezog sich hierfür auf die inzwischen überholte (oben Rn 110) Begründung des BGH zur Kommerzialisierung von Urlaub (BGHZ 63, 98): Der dem Urlaub zugesprochene Vermögenswert müsse auch für die Freizeit gelten, „die den gleichen Erholungswert wie der Urlaub hat und die für den arbeitenden Menschen noch eine stärkere Notwendigkeit für seine Lebensexistenz als der Urlaub besitzt". Zusätzlich verlangte das OLG freilich grobes Verschulden. Aber die Begründung ist schon im Ansatz verfehlt: Bei § 253 Abs 1 geht es nicht um die Notwendigkeit (zB erhält auch Schlaf nicht dadurch Vermögenswert, dass er notwendig ist). Und an einer zur Genugtuung verpflichtenden erheblichen Persönlichkeitsverletzung (vgl § 253 Rn 58) fehlt es gewiss bei der Nichterfüllung von Nachbesserungsansprüchen (STOLL aaO).

113 Sonst wird in der Rspr ein Geldersatz für verlorene Freizeit **abgelehnt** (zB BAG NJW 1968, 221; Betrieb 1972, 2404; BGHZ 106, 32; BGH NJW 1996, 922; OLG Celle DAR 1964, 190; OLG Köln MDR 1971, 215; OLG Hamm Betrieb 1973, 2296, vgl BGH NJW 1975, 972, 974: kein Geldersatz für 123 Stunden Zeitverlust als Folge einer pflichtwidrig nachlässigen Betriebsprüfung).

7. Rechtsverfolgungskosten*

a) Die Kosten aus der **zivilrechtlichen Verfolgung** eines Schadensersatzanspruchs **114** fallen zwar nicht unter § 249 Abs 2 S 1 (§ 249 Rn 231 f; aA BGHZ 127, 348). Sie bilden aber idR eine adäquate Folge aus dem zum Ersatz verpflichtenden Umfang im Schutzbereich der verletzten Norm; der aus ihm entspringende Schadensersatzanspruch umfasst daher auch diese Kosten als Vermögensfolgeschaden (BGH NJW 1986, 2243, 2244 f; gegen die Zurechenbarkeit zum Schadensersatzanspruch aber WENDEHORST, Anspruch und Ausgleich [1999] 107 ff, die jedoch 584 ff auf anderer dogmatischer Grundlage dennoch zum Erg der Erstattungsfähigkeit gelangt). Dabei ist gleichgültig, ob nur die Verletzung bestimmter Rechtsgüter (wie bei §§ 823 Abs 1 BGB, 7 StVG) oder eine Vermögensverletzung schlechthin den Haftungsgrund bildet (PALANDT/HEINRICHS § 249 Rn 39; OLG Nürnberg VersR 1969, 765; unrichtig BGH NJW 1968, 1962, 1964 für § 12 aF StVG). Schuldnerverzug ist zur Ersatzfähigkeit der Rechtsverfolgungskosten unnötig (zB OLG Hamburg VersR 1974, 238; aA AK-BGB/RÜSSMANN §§ 249, 250 Rn 13). Anders ist es bei Ansprüchen mit anderem Inhalt als Schadensersatz, zB auf Erfüllung oder Herausgabe: Sie erlangen erst über § 280 Abs 2 die Eignung zum Ersatz von Schäden. Jedoch kann ein Vorwurf aus § 254 begründet sein, wenn der Geschädigte erhebliche Rechtsverfolgungskosten verursacht, ohne den Schädiger zuvor gemahnt zu haben (unten Rn 121).

Dass der Geschädigte einen **prozessualen Kostenerstattungsanspruch** (insbes aus **115** §§ 91 ff ZPO) hat, steht einem auf Kostenersatz gerichteten materiellen Schadensersatzanspruch nicht entgegen (BGHZ 66, 112, 114; MünchKomm/OETKER § 249 Rn 180 mwNw Fn 672; umfassend LORITZ, Die Konkurrenz materiellrechtlicher und prozessualer Kostenerstattung [1981]). Ob eine Beschränkung der prozessualen Erstattung auch den materiellen Schadensersatzanspruch ergreift, lässt sich schon deshalb nicht allgemein sagen, weil der Schadensersatzanspruch meist an strengere Voraussetzungen geknüpft ist (idR Verschulden). Die Frage muss aus dem Zweck der prozessualen Beschränkung beurteilt werden (BGHZ 75, 230, 231; 76, 216, 218; 111, 168, 177 f). Überwiegend bejaht wird sie für den Ausschluss des Kostenersatzes durch § 12a Abs 1 S 2 (früher § 61 Abs 1 S 2) ArbGG (BAG 10, 39; 21, 1; 24, 486; 65, 139, 145; MünchKomm/ OETKER § 249 Rn 180 mNw Fn 673). Das BAG (AnwBl 1978, 310; NJW 1990, 2643) erstreckt das auch auf die außerprozessual entstandenen Anwaltskosten. Andererseits soll die Beschränkung in § 91 Abs 1 S 2 ZPO, wonach Zeitversäumnis nur für Terminswahrnehmungen und Reisen ersetzt wird, keine zwingende schadensersatzrechtliche Bedeutung haben (RGZ 150, 31, 41; BGHZ 66, 112, 115, vgl unten Rn 125). Für die Kostenerstattung bei § 840 Abs 2 S 2 ZPO bildet § 12a Abs 1 S 2 ArbGG kein Hindernis (BAGE NJW 1990, 2643). Zu beachten ist freilich nach der Rspr auch die Rechtskraft der prozessualen Kostenentscheidung: Vermag der Geschädigte keine neuen Sachverhaltselemente vorzutragen, zB eine sittenwidrige Schädigung iSd § 826, dann kann derselbe Sachverhalt, der bei der Kostenentscheidung maßgeblich war, nicht

---

* **Schrifttum:** Grundlegend BECKER-EBERHARD, Grundlagen der Kostenerstattung bei der Verfolgung zivilrechtlicher Ansprüche (1985); M LIPP, Eigene Mühewaltung bei außergerichtlicher Rechtsverfolgung – ersatzfähige Einbuße oder Nachteil im eigenverantwortlichen Pflichtenkreis des Betroffenen?, NJW 1992, 1913; SCHNITZER, Die schadensrechtliche Ersatzfähigkeit außergerichtlicher Rechtsverfolgungsschritte (2000); SPENGLER, Erstattung von Schadensbearbeitungskosten, VersR 1973, 115.

erneut im Schadensersatzprozess zur Nachprüfung gestellt werden (BGHZ 45, 251, 256 f; BGH NJW-RR 1995, 495 u dazu krit BECKER-EBERHARD JZ 1995, 814 ff).

116 Der prozessuale Erstattungsanspruch ist an das **Obsiegen des Gläubigers** geknüpft, zB nach § 91 Abs 1 S 1 ZPO. Dagegen ist für die schadensersatzrechtliche Kostenerstattung str, ob auch sie nur proportional zur Höhe des Betrages stattfindet, mit dem der geltend gemachte Schadensersatzanspruch durch Urteil bestätigt oder sonst (durch Erfüllung, Anerkenntnis, Vergleich) außer Streit gestellt wird. Den Ausschluss einer weiterreichenden Erstattung vertritt vor allem die Rspr (BGHZ 39, 60; 39, 73; BGH NJW 1970, 1122; OLG München VersR 1977, 1036, ebenso zB PALANDT/HEINRICHS § 249 Rn 39). Der BGH (NJW 1970, 1122, 1123) begründet das folgendermaßen: Wenn der Schädiger – zB mangels Verschuldens – überhaupt nicht auf Schadensersatz hafte, brauche er nicht für Rechtsverfolgungskosten des Geschädigten aufzukommen. Daher müsse Gleiches gelten, soweit der erhobene Anspruch nur der Höhe nach (teilweise) unbegründet gewesen sei. Doch dürfte das ein Fehlschluss sein: Wer schon dem Grunde nach nicht auf Schadensersatz haftet, kann allerdings mangels eines Haftungsgrundes auch nicht die Kosten der deshalb vergeblichen Rechtsverfolgung schulden. Das darf man aber nicht auf denjenigen übertragen, der zum Schadensersatz verpflichtet und nur auf einen zu hohen Betrag in Anspruch genommen worden ist: Er muss ja den Schaden ersetzen, und dazu gehören nach allgemeinen Regeln auch Aufwendungen, die adäquat und ohne eigenes Verschulden des Geschädigten aus der Unklarheit der Rechtslage entstanden sind. Daher sind die Rechtsverfolgungskosten hinsichtlich desjenigen Betrages ersatzfähig, den „eine einsichtige, die Umstände des Streitfalles abwägende Partei" (BGH NJW 1962, 637, 638) geltend gemacht hätte (ebenso RUHKOPF VersR 1968, 22; KUBISCH NJW 1970, 1456; MünchKomm/OETKER § 249 Rn 176). Entsprechend ist bei Einschaltung eines Inkassobüros zu entscheiden: Auch sie hängt nicht vom Erfolg der Forderungseintreibung ab, sondern allein davon, ob sie aus der Sicht eines vernünftigen Geschädigten sinnvoll und erfolgversprechend war (MünchKomm/OETKER § 249 Rn 178, ausf JÄCKLE JZ 1978, 675; ders, Die Erstattungsfähigkeit der Kosten eines Inkassobüros [1978] mNw).

117 Ersatzfähig können auch nach Ansicht des BGH aber die Kosten des zunächst erfolglosen Vorgehens gegen den Schädiger oder einen Dritten sein, wenn der Schädiger den Geschädigten dazu bei einer für diesen nicht aufklärbaren Sachlage durch unrichtige Angaben über den Verletzungshergang veranlasst hat (BGH NJW 1971, 135; WM 1972, 43, vgl auch NJW 1959, 933, aber keine Haftung nach BGH GRUR 1988, 313). Ebenso gehören bei § 839 diejenigen Kosten zum ersatzfähigen Schaden, die der Geschädigte vernünftigerweise aufgewendet hat, um die nach § 839 Abs 1 S 2 vorrangige Möglichkeit zu klären, von einem Dritten Ersatz zu erlangen (BGH NJW 1956, 57; VersR 1964, 872). Das Kriterium, dass der Schädiger den Geschädigten durch seine Angaben auf eine falsche Fährte gesetzt hat, wendet der BGH auch bei der Erstattung von Nebeninterventionskosten an (BGH NJW 1969, 1109).

118 Nicht ersatzfähig sollen dagegen **Kosten eines Strafverfahrens** sein. Das trifft idR sicher zu für die Kosten aus einer Strafverfolgung **des Geschädigten** selbst. Das wird damit begründet, diese Kosten befänden sich nicht im Schutzbereich der den Schadensersatzanspruch begründenden Norm (so für § 823 Abs 1 BGHZ 27, 137; 75, 230, 235, zust MünchKomm/OETKER § 249 Rn 181). MEDICUS (STAUDINGER/MEDICUS[12] Rn 88) hat noch gemeint, die Zurechnung schon deshalb verneinen zu können, weil die äquivalente

Kausalität fehlt. Aber der Geschädigte ist typischerweise gerade deshalb in den Verdacht, eine strafbare Handlung begangen zu haben, geraten, weil er durch das Fehlverhalten eines anderen in einen Unfall verwickelt worden ist (insoweit zutreffend BGHZ 26, 69, 76 f). Die Tatsache, dass die Strafverfolgung von staatlichen Organen nach besonderen Voraussetzungen vorgenommen wird, braucht die zivilrechtliche Zurechnung ebenfalls nicht auszuschließen (§ 249 Rn 71). Gerade hinsichtlich der Strafverfolgung gibt es jedoch besondere Vorschriften wie § 164 StGB für die Zurechnung an einen Privaten. Aus ihnen ist zu schließen, dass ohne die Qualifikation als Straftatbestand die Veranlassung eines Strafverfahrens nicht zugerechnet werden soll. Andernfalls würde es wohl zu riskant, auch nur eine Anzeige möglicher Straftaten zu erstatten. Wenn aber schon die objektiv falsche Anzeige noch nicht für die Zurechnung genügen kann, gilt dies für ein gar nicht an die Strafverfolgungsorgane gerichtetes Verhalten wie die Verursachung eines Unfalles erst recht. Nur wenn gerade wegen der Erregung des Verdachts strafbarer Handlungen gehaftet wird (zB nach §§ 823 Abs 2 BGB, 164 StGB), umfasst der Schadensersatz also auch die Verteidigungskosten. Gleiches gilt für den Ersatz nach § 7 des G über die Entschädigung für Strafverfolgungsmaßnahmen (BGHZ 65, 170, 177 ff).

Zweifelhafter ist der Ausschluss der Erstattung der Kosten, die dem Geschädigten **119** aus der Strafverfolgung **des Schädigers** entstanden sind: Verneint worden ist der Ersatz für eine Strafanzeige (OLG Frankfurt VersR 1975, 1111; LG Stuttgart MDR 1969, 574), für die Privatklage (OLG Düsseldorf VersR 1972, 52) und für die Nebenklage (BGHZ 24, 263 bei Freispruch, LG Köln NJW 1964, 2064 bei Einstellung nach § 153 StPO; **aA** LEONHARD NJW 1976, 2152, gegen ihn FREUNDORFER NJW 1977, 2153, vgl auch REINECKE VersR 1955, 593; 1956, 675), schließlich für Verdienstausfall durch Zeugenvernehmung (AG Waiblingen VersR 1977, 922). Der BGH (BGHZ 24, 263, 267) beruft sich hierfür auf die abschließende (stabilisierende) Bedeutung der Erstattungsregelung in der StPO, doch überzeugt das nicht: Auch die Erstattung nach der StPO lässt wie diejenige nach der ZPO die für die Begründung eines Schadensersatzanspruchs wesentlichen Umstände (zB Verschulden) unberücksichtigt (oben Rn 16). IdR trifft es zwar zu, dass die Strafverfolgung für die Realisierung des Schadensersatzanspruchs nicht erforderlich ist (so MünchKomm/OETKER § 249 Rn 182). Aber davon gibt es Ausnahmen, insbes wenn der Geschädigte die Ermittlungen gar nicht hätte durchführen können; auch können die Ermittlungen im Rahmen des Strafverfahrens dem Geschädigten Kosten gespart haben (vgl BGHZ 24, 263, 267: Die Anschließung an das Strafverfahren könne der Durchsetzung von Schadensersatzansprüchen „dienlich sein"). In solchen Fällen sollte Ersatz für die hierbei entstandenen Kosten gewährt werden.

b) Zur Geltendmachung seiner Schadensersatzansprüche kann sich der Geschä- **120** digte idR vorprozessual (BGHZ 127, 348; BGH AnwBl 1969, 15) und prozessual **eines Rechtsanwalts** bedienen; dessen Gebühren sind (nach der Rspr im Rahmen des oben Rn 116 Gesagten) ein ersatzfähiger Schaden (BGHZ 30, 154; 39, 73; BGH ZIP 2002, 1144; MünchKomm/OETKER § 249 Rn 175/176; PALANDT/HEINRICHS § 249 Rn 39). Man kann vom Geschädigten nur ausnahmsweise erwarten, dass er sich ohne rechtskundigen Rat behilft. Auch die Zusage sofortiger Regulierung eines Schadens erübrigt solchen Rat nicht schlechthin: Gerade bei Verkehrsunfällen ist oft schon die Höhe des ersatzfähigen Schadens zweifelhaft; der Geschädigte kann nicht erwarten, der Schädiger oder dessen Versicherer werde in allem die Interessen des Geschädigten wahrnehmen. Freilich kann der Geschädigte nicht willkürlich einen Schadensbearbeitungsaufwand, den er aufgrund anderer Erwägungen selbst tragen muss (unten Rn 125 f), dadurch auf den Schädiger überwälzen, dass er einen Anwalt einschaltet. Dies hat den BGH hinsichtlich der Bundesautobahnverwaltung mehrfach beschäftigt: Zunächst (vgl BGHZ 66, 112 u dazu schon § 249 Rn 120) hatte sie die Kosten für die bei ihr tätigen Schadensbearbeiter anteilig von den Verantwortlichen für Schäden an Autobahneinrichtungen verlangt. Nachdem ihr dies der BGH verweigert hatte, schaltete sie in entsprechenden Fällen einen Anwalt ein. Die Kosten hierfür hat der BGH (BGHZ 127, 348) gleichfalls nicht als ersatzfähigen Schaden anerkannt. Zugleich hat er bekräftigt, dass in Schadensfällen, die von vornherein schwieriger gelagert sind, oder wenn in einfach gelagerten Fällen der Schaden nicht bereits aufgrund der ersten Anmeldung reguliert wird, der Geschädigte sogleich einen Rechtsanwalt mit der weiteren Geltendmachung beauftragen darf und sodann dessen Kosten im Rahmen des materiellrechtlichen Schadensersatzanspruchs geltend machen kann. Im zu entscheidenden Fall erschien die Schadensbearbeitung dem BGH aber so einfach, dass er den Arbeitsaufwand des Rechtsanwalts selbst allenfalls für unwesentlich höher hielt als den Aufwand für die Information, der ohnehin bei der geschädigten Autobahnverwaltung blieb. Die Ersatzpflicht umfasst auch die Anwaltsgebühren aus den Verhandlungen mit dem Kaskoversicherer des Geschädigten (KG VersR 1973, 926, 927 mNw; LG Hanau VersR 1974, 687; MünchKomm/OETKER § 249 Rn 176; PALANDT/HEINRICHS § 249 Rn 39, anders SCHMALZL VersR 1975, 387): Auch diese Verhandlungen gehören zur Schadensabwicklung und damit zu den Schadensfolgen, für die der Schädiger idR einstehen muss. Statt eines Anwalts kann der Geschädigte auch einen **Rechtsbeistand** beauftragen. Für dessen Gebühren gilt Entsprechendes wie beim Anwalt, Art IX KostÄndG. Ein geschädigter Anwalt, der seinen Ersatzanspruch **selbst durchgesetzt hat**, soll als eigenen Schaden ebenfalls die Anwaltsgebühren nach dem Muster des § 91 Abs 2 S 4 ZPO verlangen können (LG Mainz NJW 1972, 161; LG Frankfurt DAR 1972, 15; vgl auch BAG ZIP 1995, 502; LG Darmstadt MDR 1972, 779; LG Mannheim AnwBl 1975, 68, mit Recht einschränkend aber LG München I VersR 1972, 793; NJW 1972, 162, sogar verneinend VersR 1973, 168 u für Rechtsbeistände AG Neumünster VersR 1972, 990; bejahend aber H SCHMIDT NJW 1970, 1406).

121 Der **Vorwurf des Mitverschuldens** kommt aber auch bei Anwaltskosten in Betracht mit der Folge, dass der Schädiger insoweit entlastet ist (vgl § 254 Rn 105): So liegt es etwa, wenn der Geschädigte ein die gesetzlichen Gebühren übersteigendes Honorar vereinbart (LG Hamburg VersR 1968, 263; AG Köln VersR 1973, 72; mit Recht differenzierend für geringen Streitwert MünchKomm/OETKER § 254 Rn 94), oder wenn er mit der Durchsetzung der Forderung einen Anwalt betraut, der beim Prozessgericht nicht zugelassen ist, so dass unter Entstehung von Mehrkosten ein weiterer Anwalt beauftragt werden muss (OLG Düsseldorf VersR 1975, 1032). Bei besonders hohen Forderungen kann auch ein unbeschränkter Beitreibungsauftrag schon kurz nach Eintritt des Verzuges unter § 254 fallen (OLG München VersR 1974, 178 zu einer Forderung von 8 Millionen DM = über 4 Millionen Euro gegen die Bundesrepublik).

122 **c)** Insbesondere bei Verkehrsunfällen fallen häufig Kosten eines **Sachverständigengutachtens** an, vor allem über die technische und wirtschaftliche Reparaturfähigkeit eines Unfallfahrzeugs, oft auch zur Schätzung des Restwertes (oben Rn 33). IdR sind die hierdurch entstehenden Kosten ersatzfähig (BGH NJW-RR 1989, 953, 956; OLG Stuttgart NJW-RR 1996, 255), uU auch schon bei ersichtlich niedrigem Reparaturaufwand (LG Bielefeld VersR 1972, 163). Im allgemeinen wird freilich eine Bagatell-

grenze von 500 Euro bis 750 Euro angenommen (AG Berlin VersR 1995, 1322; GEIGEL/
RIXECKER, Der Haftpflichtprozess[24] [2004] Rn 3.111; für eine Grenze von 1000 Euro MünchKomm/
OETKER § 249 Rn 372). Auf die Brauchbarkeit des fertigen Gutachtens kommt es nicht
an (OLG Hamm NZV 2001, 433; KG DAR 2003, 318; vgl § 254 Rn 89, 106), wenn nur der
Geschädigte bei der Erteilung des Auftrags sorgsam vorgegangen ist. Entsprechendes gilt für die Höhe der Vergütung: Dem Geschädigten wird hier so wenig wie bei
den Mietwagenkosten (Rn 66 insbes zu BGH NJW 1996, 1958) zugemutet, vor der Erteilung des Gutachtens „Marktforschung" zu betreiben (OLG Hamm aaO; OLG Nürnberg OLG Rspr 2002, 471; GEIGEL/RIXECKER Rn 113; aA AG Hagen NZV 2003, 144, dem
PALANDT/HEINRICHS § 249 Rn 40 zuneigt). Allerdings hat der Vertrag mit dem Sachverständigen nach den allgemeinen Grundsätzen für Verträge mit Schutzwirkung trotz
der gegenläufigen Interessen von Schädiger und Geschädigtem (vgl Rn 55) Schutzwirkung auch für den Ersatzpflichtigen, woraus ein Anspruch des Ersatzpflichtigen
auf Erstattung der überhöhten Vergütung abgeleitet werden könnte (vgl STEFFEN
DAR 1997, 297, 298; HÖRL VersR 1998, 1257; ähnl PALANDT/HEINRICHS § 249 Rn 40: Abtretung
der Rechte des Geschädigten aus §§ 315 Abs 3, 812 an den Ersatzpflichtigen gemäß § 255 [analog]).
Dass der Schädiger oder sein Versicherer bereits selbst ein Gutachten eingeholt hat,
schließt die Ersatzfähigkeit der Kosten für ein vom Geschädigten eingeholtes
Zweitgutachten nicht ohne weiteres aus: Entscheidend ist, ob der Geschädigte der
Objektivität des vom Schädiger veranlassten Gutachtens vertrauen konnte (vgl KG
OLGZ 1977, 317; OLG Hamm NZV 1994, 393; OLG Düsseldorf VersR 1995, 107; PALANDT/
HEINRICHS § 249 Rn 40; ROSS NZV 2001, 321).

123 Ob die Sachverständigenkosten im gegenwärtigen Umfang zu einer sicheren und
gerechten Schadensregulierung wirklich erforderlich sind, erscheint zweifelhaft. Sie
bilden einen besonders auffälligen Posten der „Transaktionskosten", die durch das
Unfallgeschehen verursacht werden. Vielfach kann zB hinsichtlich der Reparaturkosten der Sachverständige keine sichereren Angaben machen als die Werkstatt in
einem **Kostenvoranschlag** (vgl dazu NOTTHOFF VersR 1995, 1399). Und eine Restwert-
begutachtung wäre überflüssig, wenn sich die Versicherer in größerem Umfang
entschließen würden, den Wiederbeschaffungswert in voller Höhe zu vergüten und
das Fahrzeugwrack zu übernehmen (oben Rn 53). Dadurch würde sich auch der
Standard des „Erforderlichen" nach § 249 Abs 2 S 1 bzw des Obliegenheitsgemäßen
nach § 254 Abs 2 (vgl zur Einordnung der Begleitschäden § 249 Rn 231 f) zu Lasten des
Geschädigten verändern, ohne dass diesem ein wirklicher Nachteil entstehen müsste. Den „ersten Schritt" müssten freilich die Haftpflichtversicherer gehen, indem sie
sich idR mit Kostenvoranschlägen begnügen und die Wrackverwertung anbieten.

124 **d)** Als **ersatzfähige Kosten der Rechtsverfolgung** sind weiter anerkannt worden:
die Kosten eines Beweissicherungsverfahrens, sofern es im Einzelfall zweckmäßig
war (OLG Köln VersR 1973, 91; OLG Düsseldorf VersR 1997, 501; OLG Karlsruhe MDR 2000,
199; MünchKomm/OETKER § 249 Rn 179) und eine vom Geschädigten ausgelobte Belohnung für die Wiederbeschaffung gestohlener Sachen (BGH VersR 1967, 1168; BAG
Betrieb 1970, 500; MünchKomm/OETKER aaO). Das gilt nach richtiger Ansicht auch für
die gegen Ladendiebe ausgelobte „Fangprämie" (§ 249 Rn 116, 121).

125 **e)** Häufig erörtert worden ist der **Zeitaufwand des Geschädigten** selbst für die
Rechtsverfolgung, insbes von Schadensersatzansprüchen (vgl SPENGELER VersR 1973,
115; THEDA VersPrax 1970, 53; 1974, 117; KLIMKE NJW 1974, 81, 85; WEIMAR NJW 1989, 3246; LIPP

NJW 1992, 1913). Eine Sonderregelung hierfür findet sich in § 91 Abs 1 S 2 ZPO (Zeitversäumnis für notwendige Reisen oder Terminswahrnehmungen); nach STOLL (JZ 1977, 97) ist das eine ausnahmsweise zulässige abstrakte (also vom wirklich eingetretenen Ausfall absehende) Bewertung eines Erwerbsschadens. Im übrigen aber ersetzt die hM weder diesen Zeitaufwand noch die vom Gläubiger eingesetzte eigene Arbeitskraft. Vielmehr soll der Gläubiger konkret nachweisen müssen, aber jenseits von § 91 Abs 1 S 2 ZPO auch dürfen, dass ihm durch diesen Einsatz anderer Erwerb entgangen ist, § 252 (vgl RGZ 150, 37, 41; BGHZ 66, 112, 114, insoweit iE zust J SCHMIDT NJW 1976, 1932 f mNw; 75, 230, 231 f; 76, 216, 218 f; 111, 168, 177; 127, 348; BGH NJW 1969, 1109; 1977, 35). Demgegenüber tritt GRUNSKY (MünchKomm/GRUNSKY[3] vor § 249 Rn 25, ebenso iE WEIMAR NJW 1989, 3246, 3248 ff, teilweise auch J SCHMIDT NJW 1976, 1932 f; wie die hM jetzt MünchKomm/OETKER § 249 Rn 79 m Fn 303, Rn 83) für Ersatzfähigkeit ein. Dies erscheint auf den ersten Blick konsequent zu der Verselbständigung der Arbeitskraft als kommerzialisiertes Vermögensgut: Wenn die Verhinderung des Einsatzes von Arbeitskraft ein Vermögensschaden ist, dann ist der Gebrauch der Arbeitskraft aus Anlass des Schadensfalles jedenfalls eine vermögenswerte Aufwendung, die ebenso wie finanzielle Opfer des Geschädigten im Rahmen des § 254 Abs 2 als Folgeschaden liquidiert werden könnte. Bei Anwendung des hier entwickelten Ansatzes zur schadensrechtlichen Bewertung der Arbeitskraft und der Freizeit (oben Rn 106 ff) ist diese Sicht aber abzulehnen: Die Arbeitskraft ist nicht betroffen, weil der Geschädigte den eigenen Aufwand zur Rechtsverfolgung idR zusätzlich zu seiner beruflichen Arbeit verrichtet. Und für die Inanspruchnahme von Freizeit kann keine Vergütung verlangt werden, weil die Zeit selbst kein Vermögensgut ist. Allerdings können Arbeiten während der Freizeit Aufwendungen zur Restitution nach § 249 Abs 2 S 1 sein und sind dann vom Ersatzpflichtigen zu vergüten, so wie auch die Vergütung für Arbeitsleistungen Dritter zur Behebung des Schadens vom Ersatzpflichtigen zu erstatten sind (§ 249 Rn 227). Denn hierdurch wird eine Vermögensminderung, die infolge des Schadens eingetreten war, wieder aufgefüllt. Rechtsverfolgungskosten und andere Begleitkosten der Schadensregulierung begründen hingegen allenfalls selbst erst einen Vermögensnachteil dadurch, dass mit ihnen schadensbedingt ein Vermögenswert, insbes Geld oder die Eingehung einer geldwerten Verpflichtung geopfert wird. Die eigene Arbeit zur Schadensregulierung „opfert" aber nichts als Freizeit. Sie wegen des Opfers zum Vermögensgut zu erklären, wäre eine petitio principii. Rechtspolitisch ausgedrückt würde bei einer Vergütung der Schadensbearbeitung der Schadensfall zu einer Gelegenheit des Geschädigten, zusätzliches Geld zu verdienen. Dazu aber ist der zivilrechtliche Schadensausgleich nicht da.

126 Wirkliche Aufwendungen durch die Schadensregulierung scheinen angefallen zu sein, wenn größere Unternehmen oder Behörden für die Schadensbearbeitung **eigenes Personal** einsetzen. Dennoch verneint der BGH (dort für die Bundesautobahnverwaltung) in der Leitentscheidung dazu den Ersatz (BGHZ 66, 112, 117, insoweit abl J SCHMIDT NJW 1976, 1932, 1933, Berufungsurteil dazu: OLG Hamm VersR 1976, 298; vgl auch BGHZ 127, 348 u dazu oben Rn 120): Andernfalls käme es zu einer sachlich nicht zu rechtfertigenden Bevorzugung von Behörden und Privatunternehmen mit hoher Verkehrsfrequenz; auch sie dürften nicht wegen ihrer Organisation ersetzt verlangen können, was bei einer Einzelperson nicht ersatzfähig wäre. Nach anderen Entscheidungen (BGH NJW 1969, 1109; 1977, 35; vgl BGHZ 75, 230, 233; 76, 216, 219) soll dieser Rahmen des ersatzlos Hinzunehmenden jedoch überschritten sein, wenn für die Feststellung oder Abwicklung eines Schadens Mitarbeiter „für einen gewichtigen Zeitraum" von ihrer üblichen Tätigkeit freigestellt werden müssen, oder wenn es der Einstellung zusätzlichen Personals bedarf (ähnlich aus KG VersR 1973, 749; aA LG Münster VersR 1974, 348). Medicus (SchuldR I Rn 639) meint, die in der Leitentscheidung (BGHZ 66, 112) vorgenommene Abweichung vom Prinzip der Totalreparation gehe über einen bestehenden sachlichen Unterschied zwischen zwei Sachverhalten mit je eigener Prägung hinweg (ähnl Lieb, in: FS Steindorff [1990] 705 ff). Schon die vom BGH selbst andeutungsweise geteilte Prämisse, dass von der Totalreparation abgewichen werde, ist jedoch zu bezweifeln: Die geschädigte größere Organisation hat gar nicht nach dem Schadensfall eine Abteilung für Regulierung des konkreten Schadens gebildet, sondern unterhält diese Abteilung für viele Schadensfälle von langer Hand. Deshalb fehlt es an der Kausalität der Schädigung für den Einsatz der Schadensbearbeiter (§ 249 Rn 120; zust MünchKomm/Oetker § 249 Rn 199). Erst wenn die Mitarbeiter des Geschädigten durch die Schadensbearbeitung an anderen Tätigkeiten gehindert werden und hierdurch dem Organisationsträger Gewinn entgeht, liegt darin ein (Folge-)Schaden. Bei einer Bundesverwaltung ist das aber nicht der Fall.

8.   Schaden aus Geldentwertung

Angesichts der schleichenden Geldentwertung bedeutet die verspätete Erfüllung **127** einer auf einen festen Geldbetrag lautenden Schuld für den Gläubiger idR einen Nachteil: Die spätere Leistung verschafft nur ein geringeres Maß an Kaufkraft. Das kommt bei Geldforderungen aus allen Rechtsgründen als Verzugsschaden nach §§ 286 iVm 280 Abs 1 u 2 in Betracht und gilt auch für den Verzug des Schadensersatzschuldners (dazu ie Staudinger/Löwisch [2004] § 286 Rn 170 ff). Besonderheiten für **Schadensersatzforderungen** ergeben sich, soweit diese nicht auf einen festen Geldbetrag gerichtet sind: Dann kann schon die Veränderlichkeit des Schuldinhalts die Wirkungen der Geldentwertung ausgleichen. Das gilt insbes für den Anspruch auf den für die Herstellung erforderlichen Geldbetrag nach § 249 Abs 2 S 1: Dieser Betrag sollte nicht nach den Preisen im Zeitpunkt der Schadenszufügung bemessen werden. Vielmehr sollte man auf denjenigen späteren Zeitpunkt abstellen, in dem die Herstellung wirklich möglich ist (also wenn die etwa nötigen Gutachten vorliegen u die erforderlichen Mittel bereitstehen). Dann trifft eine inzwischen eingetretene Kostensteigerung ohne weiteres den Schädiger. Ein außerdem noch aus Verzug ersatzfähiger Geldentwertungsschaden ist dann nur zu erwägen, soweit erst nach diesem späteren Zeitpunkt bezahlt wird.

9.   Weitere Anwendungsfälle der Geldentschädigung

a)   Ein typischer reiner Vermögensfolgeschaden besteht in den **Kosten** eines zur **128** Schadensbehebung aufgenommenen **Kredits**. Die Berechtigung des Geschädigten zur Kreditaufnahme ist lange umstritten gewesen. Heute ist anerkannt, dass Kreditkosten ersetzt werden müssen, wenn ein verständiger Mensch in der besonderen Lage des Geschädigten Kredit aufgenommen haben würde (BGHZ 61, 346). Nach Meinung des BGH gehören solche Kosten zu den erforderlichen Herstellungskosten iSv § 249 Abs 2 S 1 (vgl § 249 Rn 231 f). Sie müssten also unabhängig vom Vorliegen von Schuldnerverzug ersetzt werden. Dies gilt jedoch auch bei einer Begründung der Entschädigung mit § 251 Abs 1: Aus § 249 Abs 1 und Abs 2 S 1 ergibt sich, dass der Geschädigte die Herstellung sofort verlangen kann. Aus dem Grundsatz der

Totalreparation ergibt sich zudem, dass der Geschädigte auch hinsichtlich seines Vermögens nicht nur überhaupt in einen im Vergleich zu früher möglichst äquivalenten Zustand zu bringen ist, sondern dass ihm dies sogleich zusteht. Soweit er also zB wirklich berechtigt ist, einen Mietwagen zu nehmen, muss er dazu gleich in der Lage sein. Zu diesem Zweck seine Mittel umzudisponieren, ist ihm nicht zumutbar. Umgekehrt kann es bei größerem Finanzierungsbedarf zur Schadensbeseitigung dem Geschädigten unzumutbar sein, zur Abwendung weiteren Schadens, zB entgangenen Gewinns, einen Kredit aufzunehmen (vgl dazu § 254 Rn 92). Setzt der Geschädigte aber, statt Kredit aufzunehmen, eigene Mittel zur Schadensbeseitigung ein, bilden auch die ihm dadurch entgehenden Kapitalerträge als **Schadensminderungskosten** einen ersatzfähigen Schaden (vgl BGH NJW 1995, 733; 2002, 2553; PALANDT/ HEINRICHS § 254 Rn 40; ERMAN/KUCKUK § 254 Rn 55). Kreditkosten sind jedoch dann nicht erstattungsfähig, „wenn der Schädiger oder sein Haftpflichtversicherer bei rechtzeitiger Unterrichtung über die Notwendigkeit einer Kreditaufnahme den Geschädigten von seinen Aufwendungen freigestellt haben würde" (BGHZ 61, 346, 350). Den Geschädigten trifft also eine Mitteilungsobliegenheit (ebenso PALANDT/HEINRICHS § 254 Rn 40).

129 b) Im allg nur Geldentschädigung statt der Naturalrestitution kann der Geschädigte beim Ersatz für positives und negatives Interesse verlangen (§ 249 Rn 194 ff). Hierzu gehört auch der Ersatz für eine durch fehlerhafte Beratung oder unterlassene Aufklärung verlorene **Kapitalanlage**. Hat der Anleger zur Finanzierung seines Engagements Kredit aufgenommen, umfasst der Schadensersatz regelmäßig sowohl die Erstattung des eingesetzten Eigenkapitalbetrages als auch die Befreiung von den Kreditverbindlichkeiten (zB BGH NJW 1997, 1361 mNw, zum Zinsschaden vgl § 252 Rn 55 ff). Hält der Investor an seiner Kapitalanlage fest, kann er nach der Rspr (grundlegend BGHZ 69, 53, 57 f zu falschen Bilanzzahlen beim Unternehmenskauf; zum Anspruch bei einer Kapitalanlage GEIBEL, Der Kapitalanlegerschaden [2002] 203 ff mNw) Anpassung des Vertrages an die Bedingungen verlangen, die er ohne das Verschulden des Schädigers billigerweise hätte erwarten können. Auf den Nachweis einer entsprechenden Bereitschaft des Vertragsgegners zu solchen Bedingungen im Zeitpunkt des Vertragsschlusses soll es nicht ankommen. Auch falsche Informationen über die steuerlichen Abschreibungsmöglichkeiten sollen zu dieser Rechtsfolge führen können (BGH WM 1988, 1685, 1688; zu etwaigen schutzzweckabhängigen Grenzen des Anspruchs allg aber BGHZ 116, 209, 213, vgl – auch zu weiteren Fällen des „Garantieinteresses" – GEIBEL 339 ff). Ein solcher Anspruch auf Vertragsanpassung aus *culpa in contrahendo* (§ 311 Abs 2 u 3 nF) ist ein Fremdkörper im Recht des Schadensersatzes (vgl zur Kritik § 249 Rn 196 mNw).

130 c) War die Erzielung von **Steuervorteilen** Gegenstand eines selbständigen **Beratungsvertrages** oder auch der Beratungspflicht im Rahmen der Vermittlung oder der Begründung einer Kapitalanlage, kann der Gläubiger Geldersatz dafür verlangen, dass ihm steuerliche Vorteile entgehen. Der Schaden aufgrund der Schlechterfüllung eines typischen Steuerberatungsvertrages unterscheidet sich insofern nicht von anderen Schäden aufgrund mangelhafter Dienstleistungen von Angehörigen vermögenssorgender Berufe. Zur Ermittlung des Schadens ist ein Vergleich zwischen der wirklichen Steuerbelastung und der Steuerbelastung bei ordnungsgemäßer Beratung erforderlich (vgl BGH VersR 1979, 183, zur Schadensabwendungspflicht des Steuerberaters BGH NJW 1993, 1139; STAUDINGER/MARTINEK [1995] § 675 Rn C 42; HIRTE, Berufshaftung [1996]

40 ff; Geibel 287 ff mNw). Besondere Erwägungen zu einer Anrechnung schadensbedingter Vorteile sind hierfür idR nicht unbedingt erforderlich (vgl zur Berücksichtigung von Steuervorteilen im Wege der Vorteilsanrechnung § 249 Rn 171 ff). Meist handelt es sich bei dieser Einordnung ohnehin um eine rein terminologische Frage: Zwar würde nach allgemeinen Regeln der Haftpflichtige die Darlegungs- und Beweislast für das Vorliegen anrechenbarer Vorteile tragen (BGHZ 94, 195, 217; Baumgärtel/Strieder, Hdb der Beweislast § 249 Rn 26); dieser Grundsatz wird jedoch von der beweisrechtlichen Sphärentheorie überlagert, und bei deren Anwendung ist der Geschädigte idR näher daran, die in seinem Bereich eingetretenen Vorteile aufzudecken, wenn nur der Schädiger die ernstliche Möglichkeit solcher Vorteile hat darlegen können (ähnlich Lange, in: Lange/Schiemann 533; vgl auch ausführl Geibel 417 ff mNw).

131 Etwas anders ist die Rechtslage bei einer **Kapitalanlage mit dem** für die Investition entscheidenden **Ziel der Steuerersparnis** (grundlegend BGHZ 74, 103, dazu krit Piltz BB 1979, 1336; vLinstow NJW 1980, 424). Hier ist der Steuervorteil Bestandteil der Renditeerwartungen, das Ausbleiben des Vorteils daher entgangener Gewinn (§ 252 Rn 58). Gegenstand des Schadensersatzes sollte daher nicht der Gesamtvergleich etwaiger steuerlicher Be- und Entlastungen sein, sondern der Unterschied der erzielten Rendite zum Durchschnittszins, der sich bei vergleichbaren Anlageobjekten unter Zugrundelegung des (Grenz-)Steuersatzes des Geschädigten ergeben hätte. Die Rspr kommt wirtschaftlich gesehen vielfach zu ähnlichen Ergebnissen, jedoch mit dogmatisch wenig klaren Erwägungen zur Erleichterung der Schadensschätzung nach § 287 ZPO und mit Schutzzwecküberlegungen, die eine minutiöse Berechnung von schadensbedingten Nachteilen und steuerlichen Vorteilen entbehrlich erscheinen lassen sollen (BGHZ 74, 103, 113 ff; BGH WM 1986, 517; 1988, 220; auch hierzu Geibel aaO mNw zur weit Rspr).

132 d) In vielen weiteren Fällen können sich aus einem Schadensfall **steuerliche Belastungen** ergeben, so dass sich die Frage erhebt, ob hierfür ebenfalls Geldersatz verlangt werden kann, sowie die Folgefrage, ob etwaige Entlastungen auf den Ersatz als Vorteil anzurechnen sind. Nach der Differenzhypothese wäre es erforderlich, die gesamte Besteuerung des Geschädigten in die Schadensbetrachtung einzubeziehen und mit der hypothetischen Steuerbelastung ohne den Schadensfall zu vergleichen. Bei Verdienstausfallschäden (dazu § 252 Rn 31, 49) könnte dies womöglich zu einem lebenslänglichen Steuervergleich führen. Gerade bei Erwerbsschäden ist ein solcher Perfektionismus weder praktisch durchführbar noch rechtlich erforderlich: Für den „entgangenen Gewinn" aus Erwerbstätigkeit ist von der Bruttotheorie auszugehen (§ 252 aaO), und eine Vorteilsausgleichung beim Schadensersatz für entgangenen Arbeitsverdienst scheitert, wie oben entwickelt (§ 249 Rn 173), am fehlenden Bezug des Ertragssteuerrechts auf die Ersatzverpflichtung des Schädigers (**aA** aber die hM, vgl § 249 Rn 171 f mNw; zusammenfassend Kullmann VersR 1993, 385). Folglich ist zB die Ersatzfähigkeit zu verneinen für den Verlust der Vorteile aus dem Ehegatten-Splitting und den für Ehegatten günstigeren Pauschal- und Höchstbeträgen für Werbungskosten und Sonderausgaben nach §§ 9 a, 10 EStG (vgl für den Sonderfall der Witwenbesteuerung bei § 844 Abs 2 BGH NJW 1979, 1501, 1502) und der früheren Berlin-Präferenz (KG Betrieb 1979, 170): Diese Vorteile tragen besonderen Lasten oder Risiken Rechnung, deren Wegfall durch das schädigende Ereignis auch den ersatzlosen Wegfall des Steuervorteils rechtfertigt.

133 Allein aus der **steuerlichen Leistungsfähigkeit** des Geschädigten in den jeweiligen Veranlagungszeiträumen ergeben sich zT unterschiedliche Steuerbelastungen, die daher ebenfalls dem Eigenbereich des Geschädigten angehören; weder Be- noch Entlastungen sind zu berücksichtigen. Unzulänglich bleibt diese Betrachtung freilich bei Unterhaltsersatzleistungen nach § 844 Abs 2, wenn sie ausnahmsweise zu versteuern sind. Da Ausgangsbetrag die Berechnung des Ersatzanspruchs wie schon des Unterhaltsanspruchs das Nettoeinkommen des Getöteten ist, muss der hieraus berechnete Unterhaltsersatz dem Berechtigten ungeschmälert zufließen. Dies ist nur zu erreichen, wenn die Steuer dem Ersatzanspruch hinzugerechnet wird (BGH NJW 1979, 1501, 1502; NJW-RR 1987, 604; BGHZ 137, 237, 243 und dazu STAUDINGER/RÖTHEL [2002] § 844 Rn 238 mNw). Wird hingegen eine Schadensrente nach § 843 Abs 3 durch eine Kapitalsumme abgefunden, kann dies an der allgemein für die Ertragssteuern geltenden Beurteilung nichts ändern. Hier scheitert eine hypothetische Steuerrechnung schon an der viel zu großen Unsicherheit der Schätzungsgrundlagen (BGHZ 79, 187, 196 ff; aA NEHLS VersR 1981, 286 f). Übersteigt die Schadensersatzleistung den Abschreibungswert eines zu ersetzenden Wirtschaftsgutes, entsteht steuerlich ein Gewinn, der sonst erst später, zB nach Ende der ursprünglichen Abschreibungen, angefallen wäre. Zum Zeitpunkt der Ersatzleistung ergibt sich also rechnerisch ein Nachteil durch die Gewinnbesteuerung. Dieser Nachteil ist jedoch nicht als ersatzfähiger Folgeschaden anzusehen, weil sich auch hier die genaue Differenz allenfalls aus einem über viele Jahre andauernden Vergleich ergeben würde. Spiegelbildlich zur fehlenden Anrechenbarkeit von Vorteilen (§ 249 Rn 173) sind auch derartige (augenblickliche) Nachteile nicht entschädigungsfähig (STEINLE, Schadensersatz und Ertragsteuerrecht [Diss Tübingen 1982] 143 ff; aA MünchKomm/OETKER § 252 Rn 16; SOERGEL/MERTENS vor § 249 Rn 275). Wird eine Ehefrau gemeinsam mit ihrem wesentlich mehr verdienenden Ehemann veranlagt, so soll nach Meinung des BGH (NJW 1970, 1271 zur von BGHZ 127, 391 weitgehend aufgegebenen modifizierten Nettoberechnung des Verdienstausfalls, dazu § 252 Rn 30/31) die vom Schädiger zu ersetzende Steuer sich nur auf den Betrag belaufen, der sich bei Alleinveranlagung der Geschädigten ergäbe. Dagegen bedeute der aus der Zusammenveranlagung folgende höhere Betrag in Wahrheit einen Vorteil für das Einkommen des besser verdienenden Ehemanns und könne gegenüber dem Schädiger nicht ins Feld geführt werden. Dem ist mit Recht widersprochen worden (etwa von WAIS NJW 1970, 637; SOERGEL/MERTENS vor § 249 Rn 276; HARTUNG VersR 1986, 308, 316; KULLMANN VersR 1993, 387): Der Schädiger muss den Geschädigten auch steuerlich so nehmen, wie er ist (vgl § 249 Rn 32).

134 Führt die Schadensersatzleistung zu einer Steuerbelastung, die der Geschädigte sonst nicht hätte tragen müssen, hat dies **außerhalb des Ertragssteuerrechts** allgemein eine Erhöhung der Schadensersatzpflicht zur Folge, auch wenn deren Grund nicht in der Verletzung eines Vertrages mit steuerberatendem oder steuervermeidendem Inhalt liegt. Dies ist insbes bei der MWSt der Fall. Ist der Steuernachteil schadensrechtlich anzuerkennen, gilt aber dasselbe auch für einen Vorteil aus dieser Steuerart. Deshalb ist die MWSt um einen etwaigen Vorsteuerabzug zu kürzen (BGH JZ 1987, 574). Kein Anlass besteht freilich, einen nur fiktiven Steuerbetrag zuzusprechen, weil der Geschädigte einen Weg des Ersatzes hätte wählen können, bei dem eine Steuer angefallen wäre. Für den Schadensersatz wegen Reparaturen in Eigenoder Schwarzarbeit und für den Ersatz des Wiederbeschaffungswertes (wenn man ihn – wie die hM – überhaupt ohne konkreten Ersatzerwerb für erstattungsfähig hält, vgl § 249 Rn 224/224a) schließt § 249 Abs 2 S 2 die Berechnung einer solchen fiktiven

Titel 1 §252
Verpflichtung zur Leistung

Steuer jetzt ausdrücklich aus. – Zu den Steuerarten, bei denen Be- wie Entlastungen zu berücksichtigen sind, gehören ferner zB die Erbschaftssteuer (vgl SPÄTH VersR 1974, 307, 315) und die Grunderwerbssteuer.

§ 252
Entgangener Gewinn

Der zu ersetzende Schaden umfasst auch den entgangenen Gewinn. Als entgangen gilt der Gewinn, welcher nach dem gewöhnlichen Lauf der Dinge oder nach den besonderen Umständen, insbesondere nach den getroffenen Anstalten und Vorkehrungen, mit Wahrscheinlichkeit erwartet werden konnte.

Materialien: E I § 218; II § 214; III § 246; Mot II 18 = MUGDAN II 10; Prot I 291 ff = MUGDAN 510 f; JAKOBS/SCHUBERT, Recht der Schuldverhältnisse I 18 ff.

Schrifttum

BAUER, Zur Schadensregulierung bei Invalidität oder Tod eines freiberuflich Tätigen infolge Verkehrsunfalls, DAR 1970, 63

BECKER, Arbeitskraft und Schadensrecht (Diss Darmstadt 1974)

ders, Schadensersatz in Geld für Arbeitsleistungen des Geschädigten zum Zwecke der Schadensabwehr, BB 1976, 746

BELKE, Abstrakte Schadensberechnung und Anscheinsbeweis am Beispiel des Zinsschadens, JZ 1969, 586

BELOW, Die Haftung für lucrum cessans im röm Recht (1964)

BRUNCK, Schadensersatz bei Verletzung unternehmerisch tätiger Personen (1994)

BUSNELLI, Der Personenschaden, VersR 1987, 952

BYDLINSKI, Unerlaubte Vorteile als Schaden, in: FS Deutsch (1999) 63

DELANK, Haushaltsführungsschaden bei Verletzungen von Kindern, NZV 2002, 392

DREES, Schadenersatzansprüche nach unfallbedingter Pensionierung, VersR 1987, 739

DRESSLER, Neugewichtung bei den Schadensersatzleistungen für Personen- und Sachschäden, DAR 1996, 81

ders, Der Erwerbsschaden des im Betrieb des Partners mitarbeitenden Ehegatten, in: FS Steffen (1995) 121

DUNZ, Haftungsverhältnisse nach Pensionierung eines durch Drittverschulden verletzten Beamten, VersR 1984, 905

ders, Vereitelung von gruppen- bzw. fremdnütziger Arbeitsleistung als Deliktsschaden des Verletzten, in: FS Steffen (1995) 135

EBEL, Schadensersatz bei Personenschäden, Jura 1985, 561

ECKELMANN/NEHLS, Schadensersatz bei Verletzung und Tötung (1987)

FLEISCHER, Schadensersatz für verlorene Chancen im Vertrags- und Deliktsrecht, JZ 1999, 766

FRANK, Schadensersatzansprüche bei Tötung des Versorgers (§ 844 Abs 2 BGB), in: FS Stoll (2001) 143

FUCHS, Der Ersatz von Sozialversicherungsbeiträgen im Rahmen von Schadensersatzansprüchen, NJW 1986, 2343

FUNK, Das Zukunftsrisiko bei jugendlichen Verkehrsopfern, DAR 1985, 42

GANTER, Der Ersatz eines entgangenen „rechtswidrigen" Vorteils in der Berufshaftung rechtlicher und steuerlicher Berater, NJW 1996, 1310

GEIBEL, Der Kapitalanlegerschaden (2002)

GOTTHARDT, Schadensersatz bei Verletzung eines Gewerbetreibenden oder Freiberuflers, DAR 1988, 397
ders, Schadensersatz bei Ausfall einer Tätigkeit außerhalb des Erwerbslebens, JuS 1995, 12
GROSS, Forderungsübergang im Schadensfall, DAR 1999, 337
GRUNSKY, Zur Ersatzfähigkeit von Betreuungsaufwand für den Geschädigten, BB 1995, 937
ders, Schadensersatz bei Verletzung eines Gewerbetreibenden oder Freiberuflers, DAR 1988, 397
HAGEN, Fort- oder Fehlentwicklung des Schadensbegriffs? – BGH (GSZ) NJW 1968, 1823, JuS 1969, 61
ders, Menschenwürde und gute Sitten, in: GS Sonnenschein (2003) 581
HÄNLEIN, Der Ersatz des Beitragsschadens im Lichte neuerer Entwicklungen, NJW 1998, 105
HALFPAP, Der entgangene Gewinn (1999)
HARTUNG, Steuern beim Personenschaden, VersR 1986, 520
ders, Sozialversicherungsbeiträge beim Personenschaden, VersR 1986, 520
vHOYNINGEN-HUENE/BOEMKE, Beweisfragen bei Berufsfortkommensschäden, NJW 1994, 1757
JAHNKE, Abfindung von Personenschadenansprüchen (2001)
ders, der Verdienstausfall im Schadenersatzrecht (2000)
KISSEL, Straßenverkehr und Arbeitsrecht, DAR 1982, 344
KLIMKE, Erstattungsfähigkeit von Verdienstausfall des Unternehmers aus Anlass eines Kfz-Unfalls, Betrieb 1978, 1323
KOLLHOSSER, Lohnfortzahlung, Schadensersatz und Regressinteressen beim Unfall eines Angestellten, AcP 166 (1966) 277
KOLLPACK, Die abstrakte Schadensberechnung (Diss Köln 1960)
LANGE, Familienrechtsreform und Ersatz für Personenschäden, FamRZ 1983, 1181
LIEB, „Wegfall der Arbeitskraft" und normativer Schadensbegriff, JZ 1971, 358
MARSCHALL vBIEBERSTEIN, Zur Schadensberechnung bei Verdienstausfall, VersR 1975, 1065
ders, Schadensersatz für Gewinnentgang bei Eigentumsverletzung, in: FS vCaemmerer (1978) 411
MEDICUS, Normativer Schaden, JuS 1979, 233
ders, Schadensersatz bei Verletzung vor Eintritt in das Erwerbsleben, DAR 1994, 442
G MÜLLER, Der Ersatz entwerteter Aufwendungen bei Vertragsstörungen (1991)
MÜLLER-LAUBE, Vertragsaufwendungen und Schadensersatz wegen Nichterfüllung, JZ 1995, 538
PARDEY, Vereitelte fremdnützige Arbeitsleistung, individueller Vermögenswert und „sozialer" Vermögensschaden, NJW 1997, 2094
ders, Berechnung von Personenschäden (2. Aufl 2001)
POHLMANN, Entgangener Gewinn trotz Deckungsverkaufs, NJW 1995, 3169
RIEDMAIER, Schadensersatz wegen Arbeitsunfähigkeit, VersR 1978, 110
ROSS, Der Erwerbsschaden des Nichtselbständigen, NJW 1999, 276
RÖTHEL, Ehe und Lebensgemeinschaft im Personenschadensrecht, NZV 2001, 329
RUHKOPF/BOOK, Über die Haftpflichtansprüche körperlich verletzter, freiberuflich tätiger Personen und Gewerbetreibender wegen Gewinnentgangs, VersR 1970, 690 ff; 1972, 114
SCHEFFEN, Erwerbsausfallschaden bei verletzten und getöteten Personen (§§ 842–844 BGB), VersR 1990, 926
SCHIMMEL, Entgangener Spekulationsgewinn als Verzugsschaden?, WM 2000, 946
SCHLEICH, Berechnung von Verdienstausfallschäden der Gewerbetreibenden, VersPrax 1975, 34
SCHLUND, Juristische Aspekte bei der Kapitalisierung von Renten- und Unterhaltsansprüchen, BB 1993, 2025
SCHULZ-BORCK/HOFMANN, Schadensersatz beim Ausfall von Frauen und Müttern im Haushalt (6. Aufl 2000)
SEETZEN, Entgangener Gewinn und Mehrwertsteuer, NJW 1977, 1384
SPÄTH, Zur Berechnung des Schadensersatzanspruchs wegen entgangener Einnahmen, VersR 1978, 1004
STEFFEN, Ersatz von Fortkommensnachteilen und Erwerbsschäden aus Unfällen vor Eintritt in das Erwerbsleben, DAR 1984, 1

ders, Abkehr von der konkreten Berechnung des Personenschadens und kein Ende?, VersR 1985, 605
STOLL, Ersatz für Erwerbsschäden nach deutschem Recht, Deutsche Länderberichte XII Internat Kongress für Rechtsvergleichung (1987) 151
STÜRNER, Der entgangene rechtswidrige oder sittenwidrige Gewinn, VersR 1976, 1012
ders, Der Erwerbsschaden und seine Ersatzfähigkeit, JZ 1984, 412 ff; 461

VESPERMANN, Schadensersatz bei Beeinträchtigung rechts- oder sittenwidriger Interessen im deutschen und französischen Recht (1996)
WEIMAR, Der Ersatz der eigenen Arbeitskraft im Schadensersatzrecht, NJW 1989, 3246
WETTICH, Die überobligationsmäßige Abwehr des Verdienstausfallschadens (1999)
WÜRTHWEIN, Beeinträchtigung der Arbeitskraft und Schaden, JZ 2000, 337

Systematische Übersicht

I. Funktion
1. S 1 als Ergänzung der Differenzhypothese — 1
2. Spezialvorschriften zu S 1 — 2
3. S 2 als Beweiserleichterung für den Geschädigten — 3

II. Der entgangene Gewinn und seine Ersatzfähigkeit
1. Entgangener Gewinn als Teil des Gesamtschadens — 6
2. Entgangener Gewinn und negatives Interesse — 7
3. Einschränkungen und Ausschluss des Ersatzes für Gewinnentgang — 8

III. Gesetz- oder sittenwidriger Gewinn
1. Der Grundsatz: kein Ersatz — 10
2. Einzelheiten zum Gewinn aus gesetzwidrigen und ungenehmigten Geschäften — 11
3. Der Gewinnentgang aus sittenwidrigen Geschäften — 15

IV. Einzelheiten zu § 252 S 2
1. Verhältnis zu § 287 ZPO — 18
2. Der maßgebliche Zeitpunkt — 19
3. Gewöhnlicher Verlauf und besondere Umstände — 20

V. Konkrete und abstrakte Schadensberechnung
1. Stufen der Abstraktion — 21
2. Abstrakte Schadensberechnung? — 22
   a) Keine abstrakte Schadensberechnung bei Kaufleuten — 22
   b) Entgangener Gewinn bei Deckungsverkäufen — 24
   c) Maßgeblicher Zeitpunkt bei Schuldnerverzug — 25

VI. Deliktsansprüche bei Vertragsverletzung — 26

VII. Ersatz des Entgelts für unselbständige Arbeit
1. Der Ausgangspunkt — 27
2. Höhe des ersatzfähigen Gewinnentgangs — 28
   a) für die Zeit der Entgeltsfortzahlung — 28
   b) für die Zeit nach Entgeltsfortzahlung — 29
   c) Die Zukunftsdimension des Erwerbsschadens — 33
3. Entgangener Gewinn des Dienstberechtigten — 37

VIII. Ersatz beim Ausfall selbständiger Arbeit
1. Der Ausfallschaden — 41
2. Einzelne Berufe — 45
3. Ausfall durch die Verletzung von Sachen — 46
4. Steuern und Sozialversicherung — 49

IX. Ersatz für einen Gesellschafter-Geschäftsführer — 50

X. **Ersatz für den Ausfall unentgeltlicher Tätigkeiten** 53

XI. **Der Anlegerschaden** 55

XII. **Ersatz des Verletzergewinns** 59

Alphabetische Übersicht

Abhängige Arbeit	27 ff
Abschöpfungsanspruch	59
Abstrakte Schadensberechnung	21 ff
Abstraktionsprinzip	15
Aktiengewinne	56
Anlageberater	45
Anlegerschaden	55 ff
Anspruch auf Dienstleistung	37 ff
Anspruchskonkurrenz	26
Arbeitgeberbeiträge	28 ff
Arbeitskraft	40, 42 f, 53 f
Arbeitslosenversicherung	29
Arbeitsvertragsbruch	37 f
Architekt	45
Arzt	45
Arzthelferinfall	38
Bauunternehmer	45
Behördliche Genehmigung	13
Berufliche Entwicklung	33
Berufswahl, mutmaßliche	34 ff
Betriebsergebnisse	44
Beweiserleichterung	4, 18
Bruttoentgelt	28
Bruttogewinn	49
Bruttolohnmethode	28 ff
damnum emergens	6
Deckungsgeschäft	23
Diplomchemiker-Fall	42 f
Dirnenlohn	15 ff
Ehrenamtliche Tätigkeit	53
Elektromeister	45
Entgeltsfortzahlung	28 f, 50
Erfinder	45
Ersatzkraft	37, 43 f
Erwerbsleben, wenig strukturiertes	34
Fahrlehrer	45
Filialleiterfall	38, 40
Fuhrunternehmer	45
Geschäftsführer	50 ff
Geschäftsinhaber	45
Gesellschafter	50 ff
Gesetzwidriger Gewinn	11 ff
Gewinn des Verletzers	59
Großhändler	45
Handwerksmeister	45
Hausfrau	53
Kapitalanlage	55 f
Kaufmann	45
Konkrete Schadensberechnung	41, 44
Konkurrenz von Ansprüchen	26
Kfz-Händler	45
Kfz-Werkstattinhaber	45
Landwirt	45
Legalzession	29
lucrum cessans	6
Marktpreis der Unternehmertätigkeit	52
Mittelbare Gewinnchancen	6
Modellschneider	45
Modifizierte Nettomethode	30
Nettotheorie	30
Ordensbruder	53
Prostituierte	15 ff
Schätzungsbonus	35
Schiffseigner	45
Schlachter	45
Schuldnerverzug	25
Schweinemäster	45
Selbständige Arbeit	41 ff
Sittenwidriger Gewinn	15 ff
Sozialversicherungsbeiträge	32
Spekulationsgewinn	56
Steuerberater	45
Steuerbevollmächtigter	45

Steuerpflicht	31	Verletzergewinn	59
Steuervorteile	31, 58	Vertragsverletzung	12, 37
		Vertreter	45
Tätigkeitsentgelt, Gesellschafter	50 ff		
Taxiunternehmer	45	Wahrscheinlichkeit des Gewinns	4
		Weihnachtsgeld	28
Unsittlicher Erwerb s sittenwidriger Erwerb			
Unternehmensberater	45	Zahnarzt	45
Urlaubsgeld	28	Zahntechniker	45
		Zeitpunkt der Schadensermittlung	19
Verbotswidriger Gewinn	11	Zinsschaden	55

I. Funktion

1. Der Inhalt des **Satz 1** ergibt sich schon aus der Differenzhypothese nach § 249 Abs 1 (§ 249 Rn 4 ff). Zum hypothetisch schadensfreien Zustand gehören auch Werte, die der Geschädigte zuvor noch nicht gehabt hat, die ihm aber ohne das schädigende Ereignis zugeflossen wären. Dass dieser entgangene Gewinn in S 1 besonders erwähnt wird, beruht allein auf historischen Gründen: Einige ältere Kodifikationen hatten ihn nicht immer oder nicht unter denselben Voraussetzungen wie den „positiven Schaden" für erstattungsfähig erklärt (vgl Mot II 17 f = MUGDAN II 10). **1**

2. Satz 1 wird ergänzt durch die §§ 842 (Nachteile für Erwerb und Fortkommen, vgl dazu § 251 Rn 108) und 843 Abs 1–3 (Aufhebung oder Minderung der Erwerbsfähigkeit) sowie eine Fülle von Vorschriften in den Haftpflichtgesetzen: §§ 10 ff StVG, 5 f HpflG, 35 ff LuftVG, 28 ff AtomG, 86 ff ArznmG, 7 ff ProdHaftG, 13 UmweltHG. Insbes das in § 842 genannte „Fortkommen" ist auch nach §§ 249, 252 und damit unabhängig vom Vorliegen eines Delikts zu berücksichtigen. Es bezeichnet die Möglichkeit, nicht nur das vor dem Schadensereignis vorhandene Einkommen zu wahren, sondern auch zu verbessern, zB bei Verletzung des Lehrvertrages durch den Lehrherrn, so dass der Lehrling die Gehilfenprüfung nicht besteht (BAG NJW 1965, 709 ff). **2**

3. Die Bedeutung des **Satzes 2** ist **strittig**: Manche (STEINDORFF AcP 158 [1959/60] 431, 462; GIESEN VersR 1979, 389, 392) verstehen die Vorschrift als materiellrechtliche Beschränkung des Schadensersatzes (materiellrechtliche Theorie). Hiernach wäre der Ersatz für entgangenen Gewinn enger begrenzt als der sonstige Schadensersatz. Denn Ersatzvoraussetzung soll sein, dass der Gewinn im Zeitpunkt des schädigenden Ereignisses nach dem Urteil eines sachkundigen Beobachters mit Wahrscheinlichkeit zu erwarten war. Dies ist eine strengere Anforderung als die Adäquanz: Was bei Anwendung dieses Kriteriums noch hinreichend wahrscheinlich war oder sicher bewiesen werden könnte, soll für § 252 noch nicht genügen. **3**

Demgegenüber sieht die ganz **hM** in Satz 2 nur eine **Beweiserleichterung** für den Geschädigten (Beweiserleichterungstheorie, BGHZ 29, 393, 397 ff; 74, 221, 224; BGH NJW 1979, 865, 866; 1983, 758; ESSER/SCHMIDT I 2 § 32 II 3 a; MünchKomm/OETKER Rn 31; BGB-RGRK/ALFF Rn 6; ERMAN/KUCKUK Rn 10; PALANDT/HEINRICHS Rn 5; SOERGEL/MERTENS Rn 1; ausführl HALFPAP [Schrifttum] 106 ff): Auch unwahrscheinlichen entgangenen Gewinn **4** bis zur Grenze der Adäquanz kann der Geschädigte hiernach ersetzt verlangen, wenn ihm der volle Nachweis gelingt; dagegen soll für den iSv Satz 2 wahrscheinlichen Gewinn ein erleichterter Beweis genügen. Der Grund für diese Erleichterung wird in der Schwierigkeit eines strikten Nachweises der künftigen Entwicklung gesehen.

5 Für die materiellrechtliche Theorie spricht die **Entstehungsgeschichte** (zu ihr HALFPAP 127 ff). Mit ihr stimmt auch der Wortlaut der Vorschrift überein mit dem „gilt" und der Bezugnahme auf die Vergangenheit („erwartet werden konnte"). Aber § 252 ist nur ein Anwendungsfall der Totalreparation (§ 249 Rn 2), und nichts spricht dafür, die beiden gesetzlich geregelten Arten des positiven Schadens und des entgangenen Gewinns in dieser Hinsicht zu unterscheiden. Vor allem im Rahmen einer Entschädigung von Erwerbsverlusten infolge von Gesundheitsverletzungen wäre eine engere Entschädigung verglichen mit dem Wertausgleich oder dem Herstellungsaufwand wegen Sachbeschädigungen nicht zu rechtfertigen.

II. Der entgangene Gewinn und seine Ersatzfähigkeit

6 **1.** „Entgangener Gewinn" (lucrum cessans) und **„erlittene Vermögenseinbuße"** (damnum emergens) werden nur aus historischen Gründen unterschieden (oben Rn 1): Früher wurde der entgangene Gewinn nicht in demselben Maße entschädigt, zB nicht bei leichtem Verschulden. Solche Differenzierungen wollte das BGB aber in der Nachfolge F MOMMSENS gerade überwinden (vgl Vorbem 25 zu §§ 249 ff). Tatsächlich lässt sich eine genaue Grenze ohnehin nicht ziehen: Soweit die künftige Gewinnerzielung schon als gesichert erscheint, kann man sie dem bereits vorhandenen Vermögen zurechnen. Bedeutsam wird die Beweiserleichterung von § 252 S 2 aber vor allem dann, wenn eine solche Sicherheit noch gefehlt hat: Das hindert die volle Ersatzfähigkeit nicht; es genügt auch eine bloße Erwerbsaussicht (BGHZ 67, 119, 122; BGH NJW 1973, 700). Grundlage der Erwerbsaussicht kann ebenso der Einsatz der Arbeitskraft wie von Kapital sein, aber auch jede andere Gewinnmöglichkeit. Auch bloß mittelbare Gewinnchancen sind zu entschädigen. Erforderlich sind aber immer **„Anknüpfungstatsachen"**, damit ein Wahrscheinlichkeitsurteil über den Erwerbsverlauf möglich ist (BGHZ 54, 45, 55; BGH NJW 1995, 1023; 1998, 1634; MünchKomm/ OETKER Rn 37; GEIGEL/PARDEY, Der Haftpflichtprozess [24. Aufl 2004] Rn 4.62).

7 **2.** Im Rahmen von vertraglichen und vertragsähnlichen Ansprüchen ist entgangener Gewinn nicht nur für Ansprüche auf das positive Interesse zu berücksichtigen. Beim **negativen Interesse** sind es typischerweise gerade die Ansprüche auf entgangenen Gewinn, bei denen die Begrenzung auf das positive Interesse (§§ 122 Abs 1, 179 Abs 2) relevant wird (LANGE, in: LANGE/SCHIEMANN 64).

8 **3.** Vereinzelt finden sich **einschränkende Spezialvorschriften** zum entgangenen Gewinn zB in den Vorschriften, nach denen nur Ersatz des „gemeinen Handelswerts" gefordert werden kann (zB §§ 658, 659 HGB, vgl dazu LANGE, in: LANGE/SCHIEMANN 58). Nach §§ 53 VVG, 801 HGB muss die Mitversicherung des entgangenen Gewinns besonders vereinbart sein. §§ 6 Nr 6 und 13 Nr 7 VOB/B schließen den entgangenen Gewinn vor allem bei grobem Verschulden vom Ersatz aus (dazu STAUDINGER/PETERS [2003] § 639 Rn 58). Diese Regelung findet sich nicht selten auch in anderen Verträgen, vor allem in AGB. Nach § 309 Nr 7, 8b, 11 ist eine solche

Beschränkung nur im selben engen Umfang zulässig wie für positiven Schaden (vgl Vorbem 12 zu §§ 249 ff).

Häufiger ausgeschlossen ist der Ersatz des entgangenen Gewinns bei Entschädigungen nach **öffentlichem Recht** (vgl Vorbem 16 ff zu §§ 249 ff). So ergreift der Ausschluss des mittelbaren Schadens durch § 15 TumultschadenG auch den entgangenen Gewinn (RGZ 105, 115, 118). Nicht ohne weiteres umfasst wird er auch vom Aufopferungsanspruch nach §§ 74, 75 EinlALR (RGZ 140, 276, 288, 290; BGHZ 14, 363, 366). Für die Enteignungsentschädigung kommt es auf die Einzelregelung an (BGHZ GS 11, 156, 164 f). Doch dürfte die gerechte Interessenabwägung iSv Art 14 Abs 3 S 3 GG verfehlt werden, wenn der Gewinnentgang nicht entschädigt wird, obwohl die Enteignung hauptsächlich in eine Möglichkeit zur Gewinnerzielung eingegriffen hat. **9**

III. Gesetz- oder sittenwidriger Gewinn

1. Den Verfassern des BGB (Mot II 18 = Mugdan II, 10) erschien es „als selbstverständlich", dass für § 252 „nur ein solcher Gewinn in Betracht kommt, welcher ohne Unehrenhaftigkeit hätte gezogen werden können". Andernfalls müsste sich **der Geschädigte** zur Begründung seines Ersatzanspruchs **auf seine eigene Unehrenhaftigkeit berufen**; dies soll ausgeschlossen sein *(nemo turpitudinem suam allegans auditur*, Cod Just 7,8,5 und 8,55,4 u dazu Honsell, Die Rückabwicklung sittenwidriger und verbotener Geschäfte [1974] 93 ff). Freilich gilt dieser Grundsatz nicht uneingeschränkt: **10**

2. Für den Gewinn, der nur unter Verstoß gegen ein **gesetzliches Verbot** zu erzielen gewesen wäre, ist zu unterscheiden, ob das Verbotsgesetz nicht nur die Art der Vornahme, sondern auch die zivilrechtliche Wirkung des Geschäfts missbilligt (BGHZ 75, 366; MünchKomm/Oetker Rn 7). Daher soll idR ein Gewinn ersatzfähig sein, bei dessen Erzielung nur gewerberechtliche Vorschriften verletzt worden wären (**aA** Stürner VersR 1976, 1012, 1013); ebenso auch bei „weniger schwerwiegenden Verstößen" gegen beamtenrechtliche Nebentätigkeitsvorschriften (BGH NJW 1974, 1374, 1377; OLG Stuttgart VersR 1979, 143). Bei einer Reihe anderer Verstöße ist aber der Ersatz des beabsichtigten Gewinns versagt worden, zB gegen Preisvorschriften (RGZ 96, 284, 286 für die abstrakte Schadensberechnung), gegen das SchwArbG (BGH NJW 1994, 851; OLG Köln VersR 1969, 382, denen wegen des generalpräventiven Zwecks des SchwArbG zu folgen ist, dazu Staudinger/Sack [1996] § 134 Rn 279) und gegen die Arbeitszeitordnung (BGH NJW 1986, 1486). Nicht zu ersetzen ist auch ein Gewinn, den der Verletzte nur durch unwahre Werbung hätte erzielen können (BGH NJW 1964, 1181, 1183). Ein nichtberechtigter Besitzer kann den Ersatz von Nutzungsausfall von dem Berechtigten nicht deshalb verlangen, weil dieser ihm den Besitz durch verbotene Eigenmacht entzogen hat (BGHZ 73, 355, 362). **11**

Das RG (RGZ 100, 112) qualifiziert die **Verletzung eines** mit einem Dritten geschlossenen **Vertrages** als sittenwidriges Verhalten und versagt mit dieser Begründung (vgl unten Rn 15) den Ersatz eines durch den Vertragsbruch zu erzielenden Gewinns. Doch wird so die Relativität des Schuldvertrages beiseite geschoben und ihm entgegen § 137 eine absolute Wirkung beigelegt. Daher ist mit Stürner (VersR 1976, 1012, 1014; **aA** aber Stoll, Haftungsfolgen im bürgerlichen Recht [1993] 335 f) darauf abzustellen, ob der Vertragspartner aus dem Vertragsbruch Ansprüche hergeleitet **12** (und damit den Gewinn beseitigt) hätte: Nur wenn das verneint werden kann, kommt ein ersatzfähiger Gewinnentgang in Betracht.

13 Bedarf das gewinnträchtige Geschäft zu seiner Rechtswirksamkeit einer **behördlichen Genehmigung**, so ist der Gewinn nur erstattungsfähig, wenn diese Genehmigung auf einen entsprechenden Antrag hin erteilt worden wäre (BGH NJW 1974, 1374, 1376; OLG Stuttgart VersR 1979, 143; MünchKomm/Oetker Rn 8). Allerdings dürfte die Ersatzfähigkeit zu verneinen sein, wenn der Verletzte die Genehmigung trotz Kenntnis ihrer Notwendigkeit nicht beantragt hätte: Dann hätte nämlich der Gewinn nicht rechtmäßig erzielt werden können. Für den Fall einer rechtswidrigen Verwaltungsübung in einer allerdings lange Zeit strittigen Rechtsfrage hat der BGH (BGHZ 79, 223 für eine Grunderwerbsteuerbefreiung) auf den tatsächlich erzielbaren, nicht auf den rechtmäßigen Gewinn abgestellt. Oetker (MünchKomm/Oetker Rn 8) kritisiert dies mit dem Hinweis auf die Interessenlage bei hypothetischen Gerichtsentscheidungen, für den allein auf die richtige, nicht auf die vermutlich tatsächliche Entscheidung abgestellt werde. Dieser Prämisse ist freilich nicht in allen Fällen zu folgen (§ 249 Rn 73). Dennoch ist der Kritik am BGH Recht zu geben: Soweit kein öffentlichrechtlicher Vertrauensschutz begründet worden ist (dazu Halfpap [Schrifttum] 251 ff, abl MünchKomm/Oetker Rn 8), darf sich der Bürger auf eine rechtswidrige Verwaltungspraxis nicht verlassen („keine Gleichheit im Unrecht"). Daher kann er auch seine privaten Gewinnerwartungen nicht hierauf stützen.

14 Dementsprechend sind für die enttäuschte Gewinnerwartung **subjektive Elemente** nicht zu berücksichtigen. Insbes kann es nicht darauf ankommen, ob der Verletzte schuldlos oder nur leicht fahrlässig über ein Genehmigungserfordernis geirrt hat (offen gelassen v BGH NJW 1974, 1374, 1376; 1955, 1313, 1314, ähnlich BGB-RGRK/Alff Rn 4). Denn die Versagung des Gewinnersatzes soll den Geschädigten nicht wegen eines Verschuldens bestrafen, sondern ihn nur in die Lage versetzen, in der er sich rechtmäßigerweise ohne das schädigende Ereignis befände.

15 3. ISd vom Gesetzgeber beabsichtigten Ausschlusses von Ersatzansprüchen bei „Unehrenhaftigkeit" des Gewinns (vgl oben Rn 10) läge es allein, **sittenwidrigen Erwerb** mit rechtswidrigem Erwerb gleich zu behandeln. Praktisch geworden ist dies vor allem für den **Verdienstausfall der** an Körper oder Gesundheit verletzten Prostituierten. Einzelne Gerichte haben Ersatz für den Gewinnentgang zugesprochen (zB OLG Düsseldorf NJW 1970, 1852 m abl Anm Weingart aaO 2248, Isenbeck NJW 1971, 288; LG Offenburg VersR 1973, 69). Hierbei ist teils auf die staatliche Duldung und Besteuerung (BFH NJW 1965, 79) der Prostitution hingewiesen worden (so OLG München als Vorinstanz zu BGHZ 67, 119, 120 f). Teils (OLG Düsseldorf aaO) ist auch das Abstraktionsprinzip herangezogen worden, das die Übereignung des Dirnenlohns dinglich wirksam sein lasse. Indessen überzeugen diese Argumente nicht: Staatliche Duldung und Besteuerung ändern nichts daran, dass die auf Prostitution gerichteten Verträge nach § 138 nichtig sind (vgl § 138 Rn 453 mNw). Das Abstraktionsprinzip soll nur den Rechtsverkehr schützen und nicht einen missbilligten Erwerb sichern. Mit Recht ist daher der BGH davon ausgegangen, dass der Ersatz des entgangenen Dirnenlohns nach § 252 grundsätzlich nicht gerechtfertigt sei (BGHZ 67, 119, 122 ff mit insoweit zust Anm Born VersR 1977, 118; Lindacher JR 1977, 107, dagegen abl, also für vollen Ersatz, schon nach der Rechtslage vor dem ProstG Stürner JZ 1977, 176; Soergel/Mertens Rn 10; AK-BGB/Rüssman Rn 1; ebenso wie der BGH OLG Hamburg VersR 1977, 87; iE auch Stoll, Haftungsfolgen im bürgerlichen Recht [1993] 341). Fraglich ist, ob sich diese Rechtslage mit dem Inkrafttreten des ProstituiertenG v 20. 12. 2001 (BGBl I 3983) am 1. 1. 2002 geändert hat. Die meisten Stimmen in der Lit gehen davon aus, dass mit der rechtlichen Anerkennung der Entgeltforderung nach § 1 S 1 ProstG auch der entgangene Gewinn einer Prostituierten ersatzfähig sei (SPICKHOFF JZ 2002, 970, 974; ARMBRÜSTER NJW 2002, 2763, 2764 f; MünchKomm/OETKER Rn 9; ERMAN/KUCKUK Rn 8; PALANDT/HEINRICHS Rn 4; GEIGEL/PARDEY, Der Haftpflichtprozess[24] [2004] Rn 4. 81). Dies wird jedoch der Tatsache nicht gerecht, dass die Tätigkeit der Prostituierten auch nach dem ProstG ihren sittenwidrigen und insbes die Menschenwürde verletzenden Charakter nicht verloren hat (ERMAN/PALM § 138 Rn 158; MEDICUS, AllgT Rn 701 – allerdings ohne für § 252 die Konsequenz daraus zu ziehen, vgl SchuldR I Rn 653 –; HAGEN, in: GS Sonnenschein 581 ff insbes 593 ff). Notwendig ist daher eine Differenzierung der Rechtsfolgen: Geschützt wird durch §§ 1 u 2 ProstG die Prostituierte gegenüber ihren Kunden. Diesen ist deshalb das Recht genommen, das Entgelt zu verweigern. Dadurch ist es jedoch nicht zu einem Bestandteil der Rechtsordnung geworden, die Prostitution zu fördern. Sie bleibt iAllg anstößig. Infolgedessen hat das Bestreben des BGH (BGHZ 67, 119, 122 ff), dem Ersatzpflichtigen (in der Regel einem kollektiven Schadensträger) Ausgleichsleistungen für eine gesellschaftlich und rechtlich missbilligte Tätigkeit nicht zumuten zu wollen, unter der Geltung des ProstG seine Berechtigung nicht verloren. Es wäre vielmehr schwer erträglich, wenn die Prostituierte schadensrechtlich besser gestellt würde als zB arbeitslose Erwerbsfähige. Eine solche Absicht ist dem Gesetzgeber des ProstG auch nicht zu unterstellen.

Trotz der grundsätzlichen **Versagung des Anspruchs für die Prostituierte** trägt der BGH dem Bedenken Rechnung, die Verletzte könne sonst der Sozialhilfe zur Last fallen, während der schuldige Schädiger „aus insoweit nicht überzeugenden Billigkeitsgründen ganz freigekommen wäre". Der BGH meint, dem Schädiger erwüchse durch die vollständige Versagung des Anspruchs aus der Anrüchigkeit des Dirnen- „Gewerbes", vor deren Auswirkungen er geschützt werden soll, über diesen Schutz hinaus eine unverdiente Begünstigung, uU auf Kosten der Allgemeinheit. Das gelte es zu verhindern (BGHZ 67, 119, 127). Daher soll der Verletzer einen Teilbetrag des entgangenen Dirnenlohns bis zur Höhe eines existenzdeckenden Einkommens, „das auch in einfachen Verhältnissen von jedem gesunden Menschen erfahrungsgemäß zu erreichen ist", schulden. Hingegen soll keine Rolle spielen, was die Prostituierte nach ihrer Vorbildung in einem anderen Beruf hätte verdienen können. **16**

Diese **Aufteilung** des Dirnenlohns **überzeugt nicht**. Das Argument der „unverdienten Begünstigung des Verletzers" widerspricht dem Grundsatz, dass man den Verletzten idR so nehmen muss (aber auch nehmen darf), wie er ist (vgl § 249 Rn 32). MEDICUS (SchuldR I Rn 653) hält immerhin den rechtspolitischen Ansatz des BGH zur Entlastung der Sozialhilfeträger für erwägenswert. In dem vom BGH entschiedenen Fall war die Prostituierte freilich gar nicht wirklich sozialhilferechtlich bedürftig. Wie man einen Anspruch in der Höhe des Rückgriffs des Sozialhilfeträgers konstruktiv begründen könnte, ist im übrigen in der Lit bisher nicht befriedigend geklärt worden. Vielmehr hat das Schadensrecht überhaupt nicht dem Ziel einer Entlastung des Sozialhilfeträgers zu dienen. Auch der Versuch, das Ergebnis des BGH mit der Erwägung zu stützen, dass durch die Verletzung die Prostituierte daran gehindert werde, einem erlaubten, ihr ohne die Verletzung möglichen Erwerb nachzugehen (STOLL, Haftungsfolgen im bürgerlichen Recht [1993] 341), vermag nicht zu **17** überzeugen. Denn es steht ja fest, dass die Verletzte ihre Arbeitskraft nicht zu einem sittlich unbedenklichen Zweck verwertet hätte. „Fühlbar" ist der Verletzten der Verlust der Arbeitskraft nur als Verhinderung eines sittenwidrigen Erwerbs (vgl § 251 Rn 107). Daher bleibt allein das Ergebnis richtig, einen Anspruch wegen des Gewinnentganges überhaupt zu verneinen. Dies muss für alle Fälle gelten, in denen das auf die Gewinnerzielung gerichtete Rechtsgeschäft nach § 138 nichtig wäre (zB für Schmiergeldzahlungen, vgl ERMAN/PALM § 138 Rn 85).

IV. Einzelheiten zu § 252 Satz 2

18 1. Da § 252 S 2 als **Beweiserleichterung** für den Geschädigten zu verstehen ist (vgl oben Rn 4 f), unterscheidet sich diese Vorschrift nicht nennenswert von dem für die Beurteilung des Kausalverlaufs gleichfalls anwendbaren § 287 ZPO (vgl Vorbem 101 zu §§ 249 ff). Die „freie Überzeugung" in § 287 Abs 1 S 1 ZPO dürfte kaum zu einem anderen Ergebnis führen als das nach § 252 S 2 erforderliche Wahrscheinlichkeitsurteil (vgl BGHZ 29, 393, 398 f; MünchKomm/OETKER Rn 30 mNw insbes Fn 88). Die Rspr zitiert daher idR beide Vorschriften nebeneinander (zB BGH NJW 1988, 3016; NJW-RR 1992, 852; NJW 1993, 2673; NJW 1997, 941; NJW 2001, 1640, 1641), in neuerer Zeit allerdings meist § 287 ZPO für die „Anknüpfungstatsachen" (Rn 6), § 252 für das darauf aufbauende Wahrscheinlichkeitsurteil (BGH NJW 1998, 1634; 2002, 825). Am ehesten kann man in § 252 S 2 die zusätzliche Mahnung an den Richter sehen, die Beweisanforderungen gering zu halten. Die Beweiserleichterung durch § 252 S 2 geht jedenfalls über die des Anscheinsbeweises hinaus; zur Widerlegung genügt also nicht schon der Nachweis einer ernsthaften Möglichkeit, der Gewinn könne nicht entstanden sein (ebenso zB STEFFEN VersR 1985, 605, 608; MünchKomm/OETKER Rn 40; SOERGEL/MERTENS Rn 12).

19 2. Der **maßgebliche Zeitpunkt** für die Beurteilung der Gewinnmöglichkeit liegt nach dem Gesetzeswortlaut („erwartet werden konnte") in der Vergangenheit. Sonst kommt es für die Beweisführung aber stets auf den Wissensstand zum Zeitpunkt der letzten mündlichen Tatsachenverhandlung an (vgl Vorbem 79 zu §§ 249 ff). Daher legt die ganz hM § 252 S 2 mit Recht berichtigend aus: Es kommt darauf an, ob sich jetzt vom Standpunkt eines nachträglichen objektiven Beurteilers als wahrscheinlich feststellen lässt, dass der Gewinn gemacht worden wäre (BGHZ 29, 393, 398; BGH NJW 1964, 661, 662; MünchKomm/OETKER Rn 41; BGB-RGRK/ALFF Rn 6; SOERGEL/MERTENS Rn 13; ERMAN/KUCKUK Rn 11; PALANDT/HEINRICHS Rn 6). Auch ein Gewinn, dessen Wahrscheinlichkeit sich erst nach der Verletzung ergeben hat, ist zu entschädigen (vgl BGHZ 74, 221 zum Erwerbsausfall eines Gastarbeiters, der zunächst in sein Heimatland mit geringerem Einkommensniveau zurückkehren wollte, später aber in Deutschland blieb, weil er sich hier verheiratete; zust MünchKomm/OETKER Rn 42; SOERGEL/MERTENS Rn 13; STÜRNER JZ 1984, 415 f, vgl auch unten Rn 33; vgl ferner BGH NJW 2002, 2553, 2556 zu Kursentwicklungen der Zwischenzeit bis zur Entscheidung). Umgekehrt kann kein Ersatz gefordert werden, wenn sich später herausstellt, dass ein zunächst als sicher erscheinender Gewinn doch nicht gemacht worden wäre (MünchKomm/OETKER Rn 43).

20 3. Grundlagen für die Beurteilung sind der **gewöhnliche Verlauf** der Dinge oder die **besonderen Umstände**, insbes die getroffenen Anstalten und Vorkehrungen. Dabei brauchen die Tatsachen, die zum „gewöhnlichen Verlauf der Dinge" gehören, nicht bewiesen zu werden (BGH NJW 1964, 661, 663). Sie sind gerichtsbekannt. Dagegen muss der Geschädigte die „besonderen Umstände" und die „getroffenen Anstalten und Vorkehrungen" beweisen, aus denen er einen höheren Gewinnentgang herleitet, kann sich aber auch insoweit auf die Beweiserleichterung des § 287 ZPO stützen (MünchKomm/OETKER Rn 30 mNw Fn 89). Im einzelnen ist es zB nicht zu beanstanden, dass für die Klage auf Ersatz des Gewinns aus einer verhinderten Produktion der Nachweis verlangt wurde, der Kläger habe das für diese Produktion nötige Geld zur Verfügung gehabt (BGH NJW 1964 aaO). Umgekehrt muss der Verletzer die besonderen Umstände beweisen, derentwegen der Verletzte den allgemein als wahrscheinlich zu erwartenden Gewinn konkret nicht gemacht haben würde (BGHZ 29, 393, 398; MünchKomm/OETKER Rn 32; PALANDT/HEINRICHS Rn 5). Wer unberechtigt von einem Architektenwettbewerb ausgeschlossen worden ist, kann Ersatz seiner Kosten für die Teilnahme nur verlangen, wenn er einen Preisgewinn oder einen Ankauf des Entwurfes hinlänglich wahrscheinlich machen kann (BGH NJW 1983, 442 u hierzu GRUNSKY JZ 1983, 377). Wer für die Zerstörung eines Pkw Ersatz fordert, muss beweisen, dass er diesen besonders günstig hätte verkaufen können (M J SCHMID VersR 1980, 123); ihm kann aber auch die Möglichkeit eines solchen Nachweises nicht abgeschnitten werden (aA GIESEN VersR 1979, 389 ff). Wird einem Gebrauchtwagenhändler ein Fahrzeug vertragswidrig nicht abgenommen, spricht die Vermutung – wie auch sonst bei Kaufleuten – dafür, dass der tatsächlich erfolgte Verkauf an einen Dritten den Schaden nicht aufwiegt, sondern dass er diesen weiteren Verkauf sonst zusätzlich hätte vornehmen können. Dies gilt jedenfalls dann, wenn es sich um ein auf dem Gebrauchtwagenmarkt gängiges Modell handelt, von dem der Verkäufer genügend Wagen entweder vorrätig hat oder sich unschwer beschaffen kann (BGHZ 126, 305). Sind durch ein Schadensereignis mindestens einem von mehreren Unternehmern Aufträge entgangen und steht nicht fest, welcher Unternehmer welche Aufträge erhalten hätte, so soll der entgangene Gewinn jedes der Unternehmer nach § 287 ZPO zu schätzen sein (BGHZ 29, 393, dazu krit STEINDORFF AcP 158 [1959/60] 431, 463 ff).

V. Konkrete und abstrakte Schadensberechnung*

1. Stufen der Abstraktion

Wegen der Schadensberechnung auf der Grundlage des „gewöhnlichen Laufs der Dinge" führt § 252 S 2 zu einer **Typisierung**. Der Nachweis einer Abweichung vom Typischen bleibt aber beiderseits immer möglich (vgl oben Rn 20). Man sollte hier daher nicht schon von einer abstrakten Schadensberechnung sprechen. Zu einer solchen gelangt man erst, wenn bei der Schadensermittlung bewusst von den individuellen Verhältnissen des Geschädigten abgesehen wird, wenn man also den Beweis einer Abweichung vom Typischen nicht mehr zulässt oder doch wesentlich erschwert. So kann von der Schadensberechnung nach § 376 Abs 2 HGB nur in den engen Grenzen des Abs 3 abgewichen werden. Entsprechendes gilt auch für den Mindestschaden beim Verzug mit einer Geldschuld nach §§ 288 Abs 1 BGB, 352

---

* **Schrifttum:** BARDO, Die „abstrakte" Berechnung des Schadensersatzes wegen Nichterfüllung beim Kaufvertrag (1989); KNOBBE-KEUK, Möglichkeiten und Grenzen abstrakter Schadensberechnung, VersR 1976, 401; STEINDORFF, Abstrakte und konkrete Schadensberechnung, AcP 158 (1959/60) 431; ders, Gewinnentgang und Schadensberechnung des Verkäufers, JZ 1961, 12.

Abs 1 HGB. Kaum hier einordnen lässt sich hingegen die Schadensberechnung nach der angemessenen Lizenzgebühr (vgl § 249 Rn 199), weil es sich richtiger Ansicht nach überhaupt nicht um Schadensersatz handelt (§ 249 Rn 201).

2. Abstrakte Schadensberechnung?

22 **a)** Eine früher verbreitete Meinung sah in **§ 252 S 2** über die Typisierung (oben Rn 21) hinaus die Grundlage für eine **echte abstrakte Schadensberechnung**. Vor allem das RG hat dem vertragswidrig nichtbelieferten Kaufmann eine abstrakte Berechnung seines Nichterfüllungsschadens erlaubt: Zu entschädigen sei die Differenz zwischen dem Einkaufspreis und dem Weiterverkaufspreis. Dass der nichtbelieferte Käufer weiterverkauft hätte, ist hierbei bisweilen selbst dann angenommen worden, wenn der Kauf zunächst einem anderen Zweck dienen sollte: Der Käufer hätte seine ursprüngliche Absicht ja ändern können (so etwa RGZ 101, 217, 220 für den Kauf von Erbsen durch den Militärfiskus; 101, 421, 423; 105, 293, 294; anders aber RGZ 99, 46 beim Kauf von Rum, ebenfalls durch den Fiskus). Der BGH (BGHZ 2, 310, 313) ist dieser Meinung gefolgt und hat den Differenzbetrag zwischen Markt- und Einkaufspreis zugesprochen, ohne nach der Möglichkeit eines Deckungskaufes zur Erhaltung der Gewinnchance zu fragen. In den selben Zusammenhang gehört die Rspr zur Nichtabnahme oder vorzeitigen Rückzahlung eines **Darlehens** (BGHZ 136, 161; 146, 5). Die Bank als Darlehensgeber kann, wenn sich der Kunde vertragswidrig verhalten hat, entweder die Differenz zwischen dem entgangenen Zins und den Zinsen aus einer laufzeitkongruenten Wiederanlage in sicheren Kapitalmarkttiteln verlangen (Aktiv-Passiv-Methode) oder die Differenz zwischen dem vereinbarten Zins und den Refinanzierungskosten (Aktiv-Aktiv-Methode), also einen Schadensersatz nach abstrakten Rechengrößen (vgl DERLEDER JZ 1989, 165, 173 ff; RÖSLER/WIMMER WM 2000, 164 ff).

23 In neuerer Zeit ist die Rspr zur abstrakten Schadensberechnung zugunsten des Käufers **vielfach kritisiert** worden (grundlegend RABEL, Recht des Warenkaufs I [1936] 170 ff, 456 ff; vgl ferner STEINDORFF AcP 158 [1959/70] 431, 443 f, 459 ff; JZ 1961, 12; KEUK, Vermögensschaden und Interesse [1972] 186 ff; VersR 1976, 401, 403 ff; SOERGEL/MERTENS Rn 16; teilweise auch MünchKomm/OETKER Rn 44, 48). Diese Kritik ist aus zwei Gründen berechtigt: Erstens trifft für marktgängige Waren typischerweise die Annahme nicht zu, dem nichtbelieferten Kaufmann entgehe der Gewinn aus dem Weiterverkauf. Vielmehr wird ein solcher Kaufmann sich idR anderweitig eindecken. Dazu ist er idR auch nach § 254 gehalten. Dann kann er die Möglichkeit zum Weiterverkauf mit der Ware aus dem Deckungsgeschäft wahrnehmen. Abgesehen von etwaigen Verspätungsschäden besteht der Schaden also in der Differenz zwischen vereinbartem Einkaufspreis und Preis des Deckungskaufes, nicht zwischen vereinbartem Einkaufspreis und Weiterverkaufspreis (zur Berücksichtigung der MWSt vgl SEETZEN NJW 1977, 1384). Die Differenz zwischen dem vereinbarten Preis und dem Preis des (uU auch nur hypothetischen) Deckungsgeschäftes mag man nach § 376 Abs 2 und 3 HGB abstrakt berechnen (RABEL aaO 459 ff). Das hat dann aber seine Grundlage im HGB und lässt sich jedenfalls nicht auf § 252 S 2 stützen. – Zweitens bietet § 252 S 2 keinen Anhalt dafür, in bestimmten Fallgruppen gegen die Vermutung des gewöhnlichen Laufes der Dinge (= Weiterverkauf durch den Kaufmann) keinen Gegenbeweis zuzulassen. Dass dieser Beweis gegenüber einem Kaufmann weniger leicht zu führen sein wird, bedeutet keine Abstraktion von der Wirklichkeit, sondern entspricht ihr gerade.

b) Anders ist der umgekehrte Fall zu beurteilen, dass **dem Verkäufer die Ware** **24** vertragswidrig **nicht abgenommen** und bezahlt wird: Der Nichterfüllungsschaden ist hier allemal die Differenz zwischen dem vereinbarten Preis und dem Marktpreis (oder dem Preis, zu dem er sich sonst hätte eindecken können); denn soweit eine solche Differenz besteht, ist dem Verkäufer konkret ein günstiges Geschäft entgangen. Ebenso ist der oben (Rn 20) behandelte Fall des Gebrauchtwagenhändlers (BGHZ 126, 305) zu entscheiden, weil der anderweitige Verkauf vermutlich über einen anderen Wagen hätte zustande gebracht werden können. Dasselbe gilt für Kaufleute auch bei anderen Waren (vgl BGH JZ 1961, 27, dazu krit STEINDORFF aaO 12 ff, zu einem Weinhändler). In all diesen Fällen bleibt der Gegenbeweis möglich, die Schadensberechnung also konkret. Daher bleibt insbes die Möglichkeit eines Vorteilsausgleichs zu bedenken. Freilich besteht nicht zwischen allen vorteilhaften Vermögensänderungen und dem Nichterfüllungsschaden die für eine Anrechnung des Vorteils erforderliche Kongruenz (BGH NJW 1997, 2378 u dazu § 249 Rn 137 aE; vgl zur Vorteilsausgleichung beim Deckungsverkauf auch POHLMANN NJW 1995, 3169 f).

c) Soweit sich der Schadensersatzanspruch auf **Schuldnerverzug** gründet, soll der **25** Gläubiger die Differenzrechnung statt auf den Zeitpunkt des Verzugseintritts auch auf den (späteren) Zeitpunkt beziehen können, in dem die Frist nach § 281 Abs 1 S 1 abgelaufen ist (Bedenken hiergegen aber ua bei MünchKomm/OETKER Rn 51; SOERGEL/ WIEDEMANN § 325 Rn 49). Bei einer verspäteten Fertigstellung eines Mietshauses soll der Gläubiger den Schaden abstrakt in Höhe der während der Verzugszeit aufgelaufenen Finanzierungskosten berechnen können, allerdings nur bis zur entgangenen Nettomiete (BGHZ 121, 210, 213). Unzulässig ist jedoch auch gegenüber einem Kaufmann eine Pauschalierung des nach § 281 Abs 1 S 1 geschuldeten Schadensersatzes in Allgemeinen Geschäftsbedingungen, wenn sie sich nicht am gewöhnlichen Lauf der Dinge orientiert (BGH NJW 1998, 592, 593).

VI. Deliktsansprüche bei Vertragsverletzung

Nach Vertragsrecht kann der Gläubiger Schadensersatz (und damit entgangenen **26** Gewinn) auch dann verlangen und zwar selbst dann, wenn er nach §§ 323 Abs 1, 326 Abs 5 Rücktritt wählt, § 325. Dies war früher ausgeschlossen. Dann fragte sich, ob ein konkurrierender Deliktsanspruch noch auf entgangenen Gewinn gerichtet werden kann. Der BGH (NJW 1954, 145) hat dies für einen Fall unzulässiger Eingriffe eines Verlegers in ein Manuskript mit Recht verneint. Denn die vertragsrechtliche Entscheidung des Gläubigers soll auch für den Deliktsanspruch Klarheit bringen. Mit der Schuldrechtsmodernisierung dürfte sich diese Frage erledigt haben (vgl zu positivem u negativem Interesse aus Delikt auch § 249 Rn 194 f).

VII. Ersatz des Entgelts für unselbständige Arbeit

1. Ausgangspunkt

Der praktisch häufigste Fall des entgangenen Gewinns beruht auf der Arbeitsunfä- **27** higkeit infolge einer Körper- oder Gesundheitsverletzung. Geht der Verletzte einer abhängigen Arbeit nach, für die er ein laufendes **Entgelt** erhält, oder tat er dies bis zum Schadensfall, gehört geradezu selbstverständlich das Entgelt für die Zeit der Arbeitsunfähigkeit zum entschädigungsfähigen **entgangenen Gewinn**. Insbes bedarf es hierfür nicht des Rückgriffs auf eine Bewertung der Arbeitskraft als selbständiges Vermögensgut (vgl dazu § 251 Rn 105 ff). Früher hat man dennoch an einem eigenen Schaden des Verletzten gezweifelt, soweit das Arbeitsentgelt trotz der Arbeitsunfähigkeit für eine beschränkte Zeit fortgezahlt wird (vgl BGHZ 7, 30, 48 ff). Doch sind diese Zweifel inzwischen überwunden: Der Gesetzgeber hat für wichtige Fälle in §§ 87a BBG, 52 BRRG, 81a BVersG, 6 EFZG angeordnet, der zur Entgeltsfortzahlung Verpflichtete solle den Ersatzanspruch des Dienstverpflichteten gegen den Schädiger erwerben. Damit wird das Bestehen eines solchen Anspruchs vorausgesetzt und folglich auch ein Erwerbsschaden bejaht, wenn nicht fingiert. Dogmatisch bedeutet dies eine Versagung der Vorteilsausgleichung (vgl § 249 Rn 135 mNw). Seit der Einbeziehung der Angestellten in die Entgeltsfortzahlung besteht praktisch keine Lücke mehr im Recht der Legalzessionen (vgl aber unten Rn 50 für Geschäftsführer uä Organe). Insgesamt bleibt also die Entgeltsfortzahlung für die Ersatzverpflichtung bei Beeinträchtigung der Arbeitskraft außer Betracht; die Rechtslage entspricht insoweit derjenigen bei Unterhaltsleistungen Dritter nach § 843 Abs 4 (vgl § 249 Rn 151 f).

2. Höhe des ersatzfähigen Gewinnentgangs

28 a) Für die Höhe des Gewinnentgangs bei abhängiger Arbeit ist zunächst zu unterscheiden: Sie hängt davon ab, ob dem Arbeitnehmer Lohn oder Gehalt fortgezahlt wird oder ob er Lohnersatzleistungen aus der Sozialversicherung erhält. In der Fortzahlungszeit ist der Arbeitgeber zur vollen Gehaltszahlung verpflichtet (§ 4 Abs 1 EFZG). Dann geht auf ihn nach § 6 EFZG das aufgewendete **Bruttoentgelt** über, also einschließlich der Arbeitgeberanteile zur Sozialversicherung. Dies entspricht heute gefestigter Rspr (BGHZ 42, 76 für Beamte; 43, 378 für Angestellte; BGH VersR 1965, 793; NJW 1966, 199). Bestandteil der Bruttobezüge ist auch der Teil von Sonderzuwendungen, der auf die Zeit der Arbeitsunfähigkeit entfällt, also ein Teil der Fortzahlung der Bezüge während des Urlaubs und etwa des zusätzlichen Urlaubsgeldes sowie ein Teil des Weihnachtsgeldes (BGH NJW 1996, 2296; vgl auch BGHZ 59, 109; 154; BGH NJW 1972, 766). Die im Arbeitsrecht teilw vertretene Auffassung, dass Sonderzuwendungen nicht Entgelt für die geleistete Arbeit, sondern Belohnung für die Betriebstreue seien (BAG NZA 1996, 432), hat für die Praxis des Schadensrechts keine Bedeutung (zur arbeitsrechtlichen Würdigung GRUNSKY Anm zu BGH LM § 249 [Hd] BGB Nr 47). Beträge für Aufwendungsersatz uä (zB Trennungsentschädigung, Fahrtkostenersatz) fallen hingegen während der Arbeitsunfähigkeit nicht an und sind daher nach § 4 Abs 1a EFZG nicht zu ersetzen.

29 b) **Nach Ende der Entgeltsfortzahlung** erhält der Arbeitnehmer nur noch Lohnersatzleistungen (Krankengeld, Verletztengeld, Arbeitslosengeld I oder II). Hierfür hat der jeweilige Sozialversicherungsträger idR Beiträge abzuführen, die nach **§ 116 Abs 1 S 2 SGB X** einen Regress beim privatrechtlich gegenüber dem geschädigten Ersatzpflichtigen begründen. Einschließlich dieser Beiträge haben die Ersatzleistungen ein niedrigeres Niveau als die Entgeltzahlungen (ebenfalls einschließlich Sozialversicherungsbeiträgen) durch den Arbeitgeber. Dies kommt dem Haftpflichtigen jedoch nicht zugute: Nach **§ 119 Abs 1 S 1 SGB X** gehen die Ansprüche auf diejenigen Beiträge, die nicht der Arbeitgeber abzuführen braucht, unmittelbar vom Geschädigten selbst auf den Sozialversicherungsträger über. Im Wortlaut der Vorschrift kommt der Umfang des übergeleiteten Anspruchs freilich nicht deutlich zum

Ausdruck: Hiernach scheinen (nur) solche Beitragsansprüche erfasst zu werden, die der Geschädigte (aus anderen Gründen) ohnehin hat. Mindestens seit Inkrafttreten des § 62 SGB VI am 1.1.1992 für die Rentenversicherung kann aber kein Zweifel mehr daran bestehen, dass bei Anwendung des § 119 SGB X die „Bruttotheorie" anzuwenden ist: Selbst wenn der Verletzte aus sozialversicherungsrechtlichen Gründen eine „unfallfeste Position" erlangt hatte, also keine Beiträge zahlen müsste, findet in solchen Fällen der Beitragsregress statt (vgl nur BGH NJW 2000, 1338). Dasselbe gilt nach § 224 SGB V für die Krankenversicherung (vgl nur BGH NJW 1999, 3711). Für beide Sozialversicherungen fingiert § 119 SGB X iVm den Vorschriften der SGB V und VI somit einen „normativen" Beitragsschaden. Für die Unfallversicherung gilt dies jedoch nicht, weil sie allein vom Arbeitgeber zu tragen ist, und auch die Arbeitslosenversicherung fällt nicht unter § 119 SGB X: Während der Zahlung von Ersatzleistungen besteht für diese Versicherungsarten schon die ursprüngliche Voraussetzung der ganzen Regelung nicht, dass sich der Verletzte selbst durch freiwillige Beitragsleistungen (höher)versichern könnte. Insgesamt ist daher sozialversicherungsrechtlich für die Zeit der Lohnersatzleistungen hinsichtlich der Berechnung des Entgeltschadens von den **Bruttobezügen** auszugehen. Beitragsminderungen (wie bei der Arbeitslosenversicherung) sind jedoch im Wege der Vorteilsausgleichung zu berücksichtigen (so auch die überwieg M in der Lit, zB HARTUNG VersR 1981, 1008 ff; 1986, 308 ff; STÜRNER JZ 1984, 461 f; MünchKomm/OETKER Rn 18; PALANDT/HEINRICHS Rn 10).

Vor allem der VI. ZS des BGH hat jedoch lange Zeit der **Nettolohnmethode** den **30** Vorzug gegeben (BGH VersR 1980, 529; 1983, 149; 1986, 162; 1988, 183, ihm folgend zB E HOFMANN NZV 1993, 139). Bei ihr bilden die Nettobezüge vor dem Schadensfall den Ausgangspunkt der Berechnung, die aber um bestimmte Beträge für Steuern und Sozialabgaben zu berichtigen ist (daher auch „modifizierte Nettolohnmethode"). Als wichtigster Unterschied beider Berechnungsarten wurde die Beweislast angesehen (vgl PALANDT/HEINRICHS Rn 10): Nach der Bruttobetrachtung ist es Sache des Ersatzpflichtigen, das Erfordernis von Abzügen zum Ausgleich von schadensbedingten Vorteilen darzulegen und zu beweisen. Bildet der Nettobetrag den Ausgangspunkt, muss hingegen der Geschädigte die Notwendigkeit von Aufschlägen dartun. Der VI. ZS (BGHZ 127, 391 = NJW 1995, 389) hat jedoch betont, dass beide Methoden bei richtiger Anwendung zum selben Ergebnis führen. Auch einen Unterschied hinsichtlich der Behauptungs- und Beweislast sieht der Senat nicht (mehr) als relevant an: Nach der beweisrechtlichen „Sphärentheorie" soll es auch bei Anwendung der Bruttomethode Sache des Geschädigten sein, die steuer- und sozialversicherungsrechtlichen Auswirkungen darzutun. Im Falle eines Mitverschuldens des Geschädigten ergibt sich allerdings bei einer linearen Kürzung des Bruttobetrages rechnerisch für die Entschädigungsleistung meist ein geringerer prozentualer Steuerbetrag. Dies ist die Folge der Steuerprogression. Nach der Nettomethode stünde dieser Vorteil dem Geschädigten von vornherein nicht zu. Nach Meinung des VI. ZS (BGHZ aaO) soll sich aber auch bei Anwendung der Bruttomethode nichts anderes ergeben: Die Progressionsdifferenz sei dann ebenfalls abzuschöpfen, weil sie nach den Grundsätzen des Vorteilsausgleichs dem Schädiger zustehe (zust GRUNSKY JZ 1997, 827; GEIGEL/PARDEY, Der Haftpflichtprozess[24] [2004] Rn 4.99/100).

Auch die neue Sichtweise des VI. ZS überzeugt jedoch nicht in allen Punkten: Die **31** prozentual geringere **steuerliche Belastung** des nur quotalen Schadensersatzes beruht auf der geringeren steuerlichen Leistungsfähigkeit des Empfängers. Besonders deutlich tritt dies zutage, wenn die Ersatzleistung aufgrund der bloß quotalen Entschädigung überhaupt steuerfrei bleibt. Diese Steuerfreiheit gilt, weil der Steuerpflichtige nicht einmal das Existenzminimum erreicht. Dem Geschädigten einen aus diesem Grund erwachsenen „Steuervorteil" entziehen zu wollen, wäre geradezu zynisch. Dogmatisch zeigt dies, dass der „Vorteil" daraus, unter das Existenzminimum gefallen zu sein, dem Nachteil der Schädigung **nicht kongruent** ist. Aber auch, wenn der Entschädigungsbetrag über dem steuerfreien Existenzminimum liegt, hat der Progressionsvorteil schadensrechtlich außer Ansatz zu bleiben, eben weil der Gesichtspunkt der steuerlichen Leistungsfähigkeit (oder auch konkret: der größeren Nähe zum Existenzminimum) schlechterdings nichts mit dem Grund des Schadensersatzes und dem Grund seiner quotalen Minderung zu tun hat. Vielfach beruht im übrigen schon die Annahme eines Progressionsvorteils auf einer rechnerisch falschen Prämisse: Zu Unrecht wird die prozentuale Gesamtbelastung der hypothetischen Gesamtentschädigung mit derjenigen der wirklichen Quotenentschädigung verglichen, während innerhalb der Linearzone der hypothetische Steuersatz des „Selbstbehaltes" genau dem Grenzsteuersatz der Entschädigungsleistung entspricht. Das vorzugswürdige Ergebnis, den „Steuervorteil" aufgrund des geringeren Einnahmebetrages schadensrechtlich nicht zu berücksichtigen, ist nur durch die Anwendung der „Bruttomethode" zu erreichen, und deshalb ist an ihr festzuhalten (für die Nettomethode aus steuerrechtlicher Sicht dennoch DITTMAYER, Das Zusammenspiel von Steuerrecht und Schadensrecht bei der Erwerbsschadensberechnung [1987] 104 ff).

32 Einzuräumen ist freilich, dass im Bereich der **Sozialversicherungsbeiträge** von der Bruttomethode herkommend bestimmte **Abzüge** im Wege des Vorteilsausgleichs vorzunehmen sind. Teilw handelt es sich hierbei nur um vorläufige Vorteile, weil das Unterlassen der Beitragsleistung zu einer geringeren Sozialleistung führt; diese spätere Einkommensminderung ist wiederum entgangener Gewinn nach § 252. Für die Renten- und Krankenversicherung gilt dasselbe wie in den Fällen der Teil-Fortzahlung des Entgelts (oben Rn 29). Durch den Beitragsregress der Sozialversicherungsträger nach § 119 SGB X bleibt also der Ersatzpflichtige insgesamt (einschließlich der Ersatzleistung an den Geschädigten selbst für die Differenz zwischen der sozialversicherungsrechtlichen Versorgung und dem Arbeitsentgelt) zur Zahlung nahezu desselben Betrages wie bei einer 100%igen Entgeltsfortzahlung verpflichtet. Nur Beiträge zur Arbeitslosenversicherung (BGHZ 87, 181, 187) und an die Berufsgenossenschaft sind nach Ende der Lohn- oder Gehaltsfortzahlung nicht mehr zu entrichten. Um diese Beiträge ist daher der Schadensersatz für den Ausfall des Bruttoentgelts zu kürzen. IdR stehen die einzelnen Teile des Entgelts demnach ganz verschiedenen Gläubigern zu: meist der größte Teil einschließlich der darauf entfallenden Sozialversicherungsbeiträge dem Sozialversicherungsträger, der Krankengeld oder Rente zahlt, nach § 116 SGB X, einem anderen Sozialversicherungsträger ein Teil nach § 119 SGB X und der hiernach verbleibende, um die erwähnten Abzüge bereinigte Rest dem Verletzten selbst.

33 c) Besondere Schwierigkeiten ergeben sich aus der **Zukunftsdimension** des Erwerbsschadens. Da die Schädigung der Arbeitskraft nicht abstrakt nach festen (Mindest)Werten ersetzt werden soll (vgl § 251 Rn 106) sondern möglichst individuell, ist eine konkrete Prognose des hypothetischen Erwerbslebens erforderlich. Der BGH (NJW 1995, 1023) verlangt „hinreichende Anhaltspunkte dafür, wie sich die

Erwerbstätigkeit des Verletzten ohne das Unfallereignis voraussichtlich entwickelt hätte". Geradezu selbstverständlich gehört hierzu, dass die Lohn- oder Gehaltssteigerungen für die Angehörigen des Berufs, dem der Verletzte nachgegangen war, bei Berechnung der Schadensersatzrente nachvollzogen werden (OLG Düsseldorf VersR 1980, 931). Dasselbe gilt für Aufstiegschancen, wenn der Geschädigte sie mit überwiegender Wahrscheinlichkeit hätte wahrnehmen können (vgl BGH VersR 1956, 175; 1986, 162). Umgekehrt endet der Ersatz für den Verdienstausfall, wenn der Arbeitgeber des Geschädigten später insolvent wird und anzunehmen ist, dass der Geschädigte danach ohne seine Verletzung (zB wegen seines Alters) wahrscheinlich keinen anderen Arbeitsplatz gefunden hätte (BGH VersR 1967, 285; vgl auch OLG Hamm ZfS 1998, 459). Nicht hierher gehört der ganz besonders gelagerte Fall von BGHZ 74, 221: Ein Gastarbeiter hatte nach seiner unfallbedingten Berufsunfähigkeit geheiratet und sich erst dann und deshalb entschlossen, länger als die zunächst geplanten acht Jahre in Deutschland zu bleiben. IE zu Recht hat der BGH dem Geschädigten den höheren Verdienstausfall zugesprochen, der sich aus seinem dauernden Verbleib in Deutschland ergab. Denn maßgeblich für den Ersatz ist der wirklich entgangene Gewinn, der sich hier zweifelsfrei aus dem höheren Vergütungsniveau in Deutschland ergab. Die höchstpersönliche Entscheidung des Geschädigten zur Heirat ist als Faktor der „Schadensrechnung" hinzunehmen, auch wenn sie sich entschädigungserhöhend auswirkt. Die Heirat des Geschädigten ist für den Schädiger genauso „Schicksal" wie wenn der Geschädigte von vornherein für einen höheren Schaden „anfällig" ist (vgl § 249 Rn 32). Es wäre absurd, aus dem Schadensfall eine Obliegenheit zum Zölibat ableiten zu wollen. – Fraglich ist der Endzeitpunkt der Ersatzleistung aber auch dann, wenn keine besonderen Ereignisse und Entwicklungen dazwischengekommen wären: Die Rspr neigt dazu, allgemein von einem hypothetischen Eintritt in den Ruhestand mit 65 Jahren auszugehen (BGH VersR 1988, 464; 1989, 855, 857; NJW 1995, 3313). Gerade dies ist aber heute vielfach keineswegs der wahrscheinliche Zeitpunkt (zust STAUDINGER/VIEWEG [2002] § 842 Rn 21). Liegen keine Anhaltspunkte für eine andere Gestaltung des persönlichen Karriereverlaufs vor, dürfte dem „gewöhnlichen Lauf der Dinge" gemäß S 2 am ehesten das Durchschnittsalter für den Ruhestandsbeginn in dem vom Geschädigten ausgeübten Beruf entsprechen (aA DREES VersR 1987, 739, 741; PALANDT/HEINRICHS Rn 10).

Die Schwierigkeiten der Prognose vergrößern sich weiter, wenn der Geschädigte **34** zum Zeitpunkt der Schädigung **arbeitslos** war oder überhaupt **noch nicht im Arbeitsleben** stand. Der BGH hat mit Recht aus der aktuellen Arbeitslosigkeit eines Geschädigten vor der Gesundheitsverletzung nicht den Schluss gezogen, dass dieser Zustand ohne den Schadensfall hätte anhalten müssen. Mindestens bei einem Menschen jüngeren Alters dürfe ohne konkrete Anhaltspunkte nicht angenommen werden, dass er auf Dauer Möglichkeiten für eine Erwerbstätigkeit nicht nutzen und ohne Einkünfte bleiben werde (BGH NJW 1997, 937; vgl auch BGH NJW 1991, 2422; BGH NJW-RR 1990, 286). Selbst ohne entsprechenden Parteivortrag müssen berufliche Alternativen für den Geschädigten erwogen werden. Auch bei einem „wenig strukturierten" bisherigen Erwerbsleben (verschiedene Berufe, Arbeitsbeschaffungsmaßnahmen, Umschulungen) ist die zeitweilige Arbeitslosigkeit kein Indiz dafür, dass der Geschädigte später ohne die Verletzung keinen Arbeitsplatz mehr gefunden hätte (BGH NJW 1995, 1023). Wegen der Schwierigkeit einer einigermaßen verlässlichen Prognose bei dieser Ausgangslage dürfen an die Darlegung und den Beweis eines Erwerbsschadens keine zu hohen Anforderungen gestellt werden (BGH NJW

1993, 2673; 1995, 1023). Freilich betont der BGH zugleich, dass selbst bei derart gelagerten Fällen keine abstrakte Schadensberechnung allein aufgrund der Beeinträchtigung der Arbeitskraft als solcher möglich sei (vgl dazu § 251 Rn 106). Ein weniger problematischer Teil des Erwerbsschadens bei noch nicht Erwerbstätigen ist der Schaden durch die verletzungsbedingte Verlängerung der Ausbildung und den dementsprechend späteren Eintritt in den Beruf (BGH NJW 1985, 791; NJW-RR 1992, 791; NJW 2000, 3287).

35 Konkrete Feststellungen über die voraussichtliche berufliche Entwicklung sind auch dann erforderlich, wenn der Verletzte noch vor Berufsbeginn geschädigt worden ist. Hatte der Geschädigte wenigstens mit der **Berufsausbildung begonnen**, kann man an das Einkommensniveau des entsprechenden Berufes anknüpfen. Voraussetzung dafür ist freilich, dass ein erfolgreicher Abschluss der Ausbildung überwiegend wahrscheinlich gewesen wäre. Es dürfen also keine Tatsachen vorliegen, aus denen sich ernsthafte Zweifel am hypothetischen Ausbildungserfolg ergeben. In der Konsequenz der oben (Rn 34) wiedergegebenen Entscheidungen ist aber sogar noch bei einer negativen Prognose hinsichtlich eines Erfolges des konkreten Ausbildungsganges weiter zu fragen, welche anderen Tätigkeiten dem Geschädigten wahrscheinlich offengestanden hätten. Überwiegend unwahrscheinlich ist jedenfalls auch in Zeiten hoher Arbeitslosigkeit, dass der Geschädigte zeitlebens arbeitslos geblieben wäre. Von dieser letzten Alternative darf daher erst bei Vorliegen gewichtiger Indizien ausgegangen werden. Teilw wird ein „Schätzungsbonus" zugunsten des Geschädigten vorgeschlagen, und zwar als Ausgleich dafür, dass der Geschädigte ohne die Verletzung gar nicht in die schwierige Beweislage hinsichtlich seiner Erwerbsmöglichkeit geraten wäre (STEFFEN DAR 1984, 1, 4; GEIGEL/PARDEY, Der Haftpflichtprozess[24] [2004] Rn 4.96, abl MEDICUS DAR 1994, 442, 446). Schon § 252 S 2 selbst (im Verständnis der hM als Beweiserleichterung, oben Rn 4) beruht aber gerade auf dieser Schwierigkeit des Geschädigten: Statt der nach § 286 ZPO erforderlichen nahezu sicheren Wahrscheinlichkeit genügt die überwiegende Wahrscheinlichkeit. Um ein solches Wahrscheinlichkeitsurteil fällen zu können, sind alle erreichbaren Daten heranzuziehen. Ein Schätzungsbonus könnte hingegen leicht als Ermächtigung zu rein diskretionären, auf die Tatsachengrundlage verzichtenden Entscheidungen verstanden werden.

36 Hatte der Geschädigte zZ der Verletzung **noch nicht mit der Berufsausbildung begonnen**, steht für die Prognose freilich nur ein äußerst dürftiges Tatsachenmaterial zur Verfügung. In der Lit ist vorgeschlagen worden, in solchen Fällen die berufliche und soziale Stellung der Eltern als Indiz für die mutmaßliche berufliche Entwicklung des Verletzten zu verwenden (FUNK DAR 1985, 42, 50; MEDICUS DAR 1994, 447; ROSS, NZV 1999, 276, 277; vgl auch STAUDINGER/VIEWEG [2002] § 842 Rn 146). Aber nicht einmal der Anspruch eines unterhaltsbedürftigen Kindes gegen seine Eltern orientiert sich an deren Lebensstandard; maßgeblich für den Unterhalt ist nach § 1610 Abs 1 vielmehr die Lebensstellung des Bedürftigen selbst (vgl PALANDT/DIEDERICHSEN § 1610 Rn 2 u speziell zum Ausbildungsunterhalt Rn 22). Die Annahme, dass sich Lebensstellungen gleichsam vererben, ist in einer egalitären Gesellschaft zudem problematisch. Aber auch die Orientierung des Schadensersatzes am Existenzminimum oder an einem Einkommen aus gering qualifiziertem Beruf wäre willkürlich. Wenn keine Schadensbemessung auf die überwiegende Wahrscheinlichkeit einer hypothetischen Entwicklung gestützt werden kann, bleibt in solchen Fällen dann – ähnlich wie beim

hypothetischen Eintritt in den Ruhestand (oben Rn 33) – nur der Ausweg, auf ein statistisches Durchschnittseinkommen zurückzugreifen. Alle Tatsachen, die einen plausiblen Schluss auf einen individuell abweichenden Verlauf zulassen (zB Art und Erfolg des bisherigen oder auch eines künftigen Schulbesuchs, Gutachten zu intellektuellen und praktischen Anlagen), sind jedoch erschöpfend zu würdigen, ehe diese letzte mögliche Lösung gewählt werden muss.

3. Entgangener Gewinn des Dienstberechtigten

Der Ausfall unselbständig zu leistender Arbeit kann auch einen ersatzfähigen Gewinnentgang **für den Arbeitgeber** darstellen. Allein durch eine Körper- oder Gesundheitsverletzung des Arbeitnehmers ist der Arbeitgeber allerdings in keinem geschützten Rechtsgut betroffen. Ansprüche des Arbeitgebers kommen aber bei Vertragsverletzungen des Arbeitnehmers, ferner zB bei wettbewerbs- oder sittenwidrigem Verhalten des Schädigers in Betracht. Greift eine Anspruchsgrundlage zugunsten des Arbeitgebers ein, kann der Ausfall der Arbeitskraft des Arbeitnehmers ua zu einer **Belastung** des Arbeitgebers **mit Verpflichtungen** (zB durch den Verfall einer Vertragsstrafe) geführt haben. Ein solcher Haftungsschaden ist nach § 249 Abs 1 (vgl dort Rn 202 f) auszugleichen. Der Arbeitgeber kann den Ausfall auch dadurch abgewendet haben, dass er **eine Ersatzkraft** eingestellt hat. Dann sind die hierfür entstandenen Mehrkosten (im Vergleich zum Entgelt des ausgefallenen Arbeitnehmers) nach §§ 249 Abs 1, 251 zu ersetzen (vgl § 249 Rn 190). 37

Höchst zweifelhaft und umstritten ist die Rechtslage, wenn der Arbeitgeber den Ausfall der geschuldeten Arbeit durch eigene **Mehrarbeit** oder durch nicht gesondert zu vergütende Bemühungen des übrigen Personals **ausgeglichen** hat. Dies ist vor allem aus Anlass von zwei Entscheidungen des BAG diskutiert worden: Im **Arzthelferinfall** (BAG NJW 1968, 221 = AP Nr 7 zu § 249 BGB m Anm LARENZ) hatte eine Arzthelferin ihren Arbeitsplatz vertragswidrig verlassen; ihr Arbeitgeber erledigte durch überobligationsmäßige Mehrarbeit auch die Aufgaben der Helferin. Das BAG hat die Helferin nicht etwa iSd versagten Vorteilsausgleichung (dafür LARENZ aaO, vgl oben § 249 Rn 145 f) zum Ersatz desjenigen Gewinnentgangs verurteilt, der ohne die Mehrarbeit entstanden wäre. Vielmehr stellt das BAG in unklarer Weise (vgl LARENZ aaO) auf den „wirtschaftlichen Nutzeffekt" der unterbliebenen Arbeitsleistung der Helferin für den Facharzt ab (insoweit in NJW 1968, 221, 223 nicht abgedr; am Marktwert der unternehmerischen Arbeitsleistung orientiert den Schadensersatz demgegenüber BGH NJW-RR 2001, 887). – Im **Filialleiterfall** (BAG JZ 1971, 380 = AP Nr 5 zu § 60 HGB m Anm WEITNAUER) war der Filialleiter einer Speditionsfirma mit Recht fristlos entlassen worden. Der Arbeitgeber hatte deshalb andere Angestellte in die betroffene Filiale schicken müssen. Das BAG hat dem Arbeitgeber ua den Betrag der an diese Angestellten gezahlten Gehälter zuerkannt, obwohl der Arbeitgeber sie ja ohnehin hätte zahlen müssen. Denn der Schaden sei hier normativ zu bestimmen. Er bestehe schon darin, dass die Arbeitskraft der Angestellten für den eigentlichen Zweck nicht zur Verfügung gestanden habe. Ob deren gewöhnliche Arbeit später von ihnen selbst nachgeholt, von anderen übernommen worden oder ob sie liegengeblieben sei, gehe den Schädiger nichts an (ausführl zu beiden Fällen des BAG WETTICH, Die überobligationsmäßige Abwehr des Verdienstausfallschadens [1999] 80 ff). 38

Diese Rspr hat neben Zustimmung (so zT BECKER BB 1976, 746 mwNw; ders, Arbeitskraft 39 und Schadensrecht [Diss Darmstadt 1974]; iErg auch WÜRTHWEIN JZ 2000, 337, 341; ähnlich dem BAG LAG Frankfurt NJW 1967, 162 m abl Anm TRINKNER für die Kosten einer notwendigen, aber nicht wirklich eingestellten Ersatzkraft) **überwiegend Kritik** gefunden (vor allem LIEB JZ 1971, 358; KNOBBE-KEUK VersR 1976, 401, 409 ff; vgl weiter BEUTHIEN BB 1973, 92, zumindest erheblich einschränkend auch BVerwG NJW 1979, 885 für den Entzug der Arbeitsleistung von Soldaten; BGHZ 63, 34, 36 für den vergeblichen Einsatz der Arbeitskraft; VG Koblenz JZ 1977, 307 für die Mängelbeseitigung durch nicht zusätzlich zu vergütendes Personal; LAG Schleswig BB 1972, 1229 – Aushilfe ohne Ersatzkraft –; LAG Frankfurt Betrieb 1969, 1658 – Verlust eines Lehrlings).

40 Der Kritik am BAG und dessen Verwendung des „normativen Schadens" **ist zu folgen**. Zwar kommt der Nutzung der Arbeitskraft „als solcher" schadensrechtliche Bedeutung zu (§ 251 Rn 106 ff). Dies gilt jedoch nur in Anknüpfung an § 842 und somit für denjenigen, der durch Körper- und Gesundheitsverletzung am Einsatz seiner Arbeitskraft gehindert worden ist. Hat sich jemand fremde Arbeitsleistungen vertraglich versprechen lassen, unterscheidet sich der Ausfall einer solchen Vertragsleistung schadensrechtlich nicht von anderen zum Ersatz verpflichtenden Leistungsstörungen: Haben die Vertragsparteien keine besonderen Vereinbarungen, insbes über eine Vertragsstrafe, getroffen, ist dem Gläubiger Ersatz für sein Äquivalenzinteresse einschließlich seines entgangenen Gewinns zu leisten. Dies geschieht durch den Ausgleich von rechnerischen Nachteilen unter Beachtung der Grundsätze der versagten Vorteilsausgleichung (vgl § 249 Rn 132, 168). Für den Ersatz eines „normativen Schadens" unter Verzicht auf einen rechnerisch zu erfassenden Vermögensschaden ist hier kein Raum. Der Arbeitgeber muss also darlegen und ggf beweisen, dass ihm ein Schaden entstanden ist, der über dem Betrag liegt, den er zur Vergütung der Dienste des Schädigers hätte aufwenden müssen. Daher hätte das BAG im Filialleiterfall (oben Rn 38) die anteiligen Löhne nicht ohne weiteres ersetzen dürfen: Die von den Ersatzkräften in der verwaisten Filiale geleistete Arbeit war durch die Ersparnis des dem entlassenen Filialleiters versprochenen Gehalts aufgewogen. Anders wäre möglicherweise zu entscheiden gewesen, wenn der Arbeitgeber die Ersatzkräfte für ihren besonderen Einsatz durch einen Aufschlag auf ihr Gehalt entlohnt hätte. – Auch in dem Arzthelferinfall (oben Rn 38) bestimmt die Gleichwertigkeit der Gehaltsersparnis gegenüber der Helferin mit der Mehrleistung von eigener Arbeit durch den Arzt selbst die richtige Entscheidung (ebenso WETTICH [Rn 38] 83 ff). Allerdings dürfte dem Arzt ein „Überstundenzuschlag" zustehen, weil er die Dienste neben seiner normalen Berufstätigkeit geleistet hat (ähnlich wie im Fall v BGHZ 55, 329, vgl § 249 Rn 146; wie hier etwa auch KNOBBE-KEUK VersR 1976, 401, 411).

VIII. Ersatz beim Ausfall selbständiger Arbeit

1. Der Ausfallschaden

41 Bei selbständiger Arbeit kann die Entschädigung nicht ohne weiteres nach einer festen Gegenleistung bestimmt werden. Wirtschaftlich gesehen wirkt sich der Ausfall der Arbeit am sinnfälligsten in einer **konkret festzustellenden Gewinnminderung** (oder Verlusterhöhung) aus. Deren Feststellung erfolgt idR durch den Vergleich der Betriebsergebnisse vor und nach dem Arbeitsausfall. Dieser Vergleich ist freilich um andere Faktoren wie saisonale, branchenmäßige oder konjunkturelle Schwankungen zu bereinigen. Andererseits kann sich der Ausfall der Arbeitsleistung auch erst mit großer zeitlicher Verzögerung und mit langen Nachwirkungen (zB durch den Verlust von Kunden) auf das Betriebsergebnis auswirken, so dass zunächst nur auf Feststellung der Ersatzpflicht geklagt werden kann.

Das Betriebsergebnis beruht aber meist nicht nur auf dem Einsatz der eigenen **42** Arbeitskraft des Inhabers, sondern wird auch durch **fremde Arbeit** oder den Einsatz von **Kapital** bestimmt. Um angesichts dessen zu einer angemessenen Bewertung der Arbeitsleistung des Selbständigen zu gelangen, liegt eine **pauschalierende Berechnung** nach den Kosten einer gleichwertigen Ersatzkraft nahe, uz auch dann, wenn eine solche nicht beschafft worden ist. Dies hat der BGH im „Diplom-Chemiker-Fall" (BGHZ 54, 45) jedoch abgelehnt: Die Behinderung des selbständigen Diplom-Chemikers bei der Führung seiner kleinen Chemisch-Pharmazeutischen-Fabrik und bei der Entwicklung neuer Präparate könne nicht nach dem Gehalt eines Diplom-Chemikers bewertet werden. Der Wegfall der Arbeitskraft allein sei kein Schaden; eine „völlig abstrakte Berechnung des Erwerbsschadens, nämlich ohne jede Berücksichtigung der tatsächlichen Entwicklung des Unternehmens", sei nicht zulässig (ebenso BGH NJW-RR 1992, 852; OLG Oldenburg VersR 1998, 1285; OLG Saarbrücken VersR 2000, 985).

Diese Entscheidung ist ganz überwiegend auf **Kritik** gestoßen (LIEB JZ 1971, 358, 361; **43** KNOBBE-KEUK VersR 1976, 401, 408; ESSER/SCHMIDT I 2 § 32 II 3 b; MünchKomm/GRUNSKY³ vor § 249 Rn 42 u ausf GRUNSKY DAR 1988, 400, 404; LARENZ I § 29 III a; PALANDT/HEINRICHS Rn 16; MAGNUS, Schaden und Ersatz [1987] 265, eher zust aber STOLL, Begriff und Grenzen des Vermögensschadens [1973] 26 u wie der BGH jetzt MünchKomm/OETKER Rn 27). IE ist der Kritik **Recht zu geben**: Der Diplom-Chemiker hatte vor dem Schadensfall tatsächlich in seinem Betrieb gearbeitet. Daher war die zeitweilige Verhinderung des Einsatzes seiner Arbeitskraft für ihn „fühlbar" (vgl § 251 Rn 107). Mithin ist ihm der Marktwert seiner Arbeitsleistung entzogen worden. Dafür ist er zu entschädigen. Auf die Gewinnentwicklung des Unternehmens insgesamt kommt es nur für einen über den Arbeitswert hinausgehenden Schaden an. Die Ablehnung der BAG-Rechtsprechung zur Normativierung der Arbeitskraft (oben Rn 40) steht hierzu nicht in Widerspruch: In jenen Fällen hatte der Geschädigte wenigstens die Vergütung für die nicht erbrachten Fremdleistungen, also idR deren Marktpreis, erspart; fraglich war nur ein darüber hinausgehender Schaden, der auch nach der hier vertretenen Meinung erst durch einen Gewinnvergleich des Unternehmens ermittelt werden kann. Grundlage für die Bemessung des Marktpreises der entgangenen Arbeitsmöglichkeit ist das Gehalt eines leitenden Managers in einem Unternehmen gleicher Art und Größe. IS des Ersatzes der Kosten für einen Vertreter hat wohl auch der BGH (BGHZ 63, 98), freilich ohne jede Problemerörterung, für den Inhaber einer Kleiderfabrik entschieden. Vor allem aber entspricht der hier befürwortete Lösungsweg der Rspr über die Bewertung der Arbeitskraft einer Hausfrau (vgl insbes BGHZ GS 50, 304, 306; BGHZ 51, 109, 111). Auf derselben Linie liegt auch die Entschließung des 18. Deutschen Verkehrsgerichtstages 1980 zum Erwerbsschaden bei Selbständigen (VersR 1980, 221): Dort wird wenigstens für den kurzfristigen Arbeitsausfall Selbständiger gefordert, es sollten die Kosten einer fiktiven Ersatzkraft ersetzt werden, wenn der Geschädigte nur die Wahrscheinlichkeit eines nicht ganz unbeträchtlichen Arbeitsausfallschadens beweisen könne.

Obwohl der BGH an der Ablehnung jeder abstrakten Berechnung des Verdienst- **44** ausfallschadens bei Selbständigen festhält, ist vor allem in letzter Zeit eine Verbesserung der prozessualen Situation solcher Geschädigter durch die Verringerung der **Anforderungen an Darlegung und Beweis** des konkreten Schadens durch den BGH zu beobachten. Ein Vorläufer dieser Entwicklung ist die schon lange von RG und BGH angewandte Rentabilitätsvermutung für die zur Gewinnerzielung unternommenen Investitionen (vgl § 249 Rn 126). Wenn der Gewinnentgang nicht auf einer Schädigung der Arbeitskraft, sondern auf einer Sachbeschädigung oder einer Vertragsverletzung beruht, spricht eine (widerlegliche) Vermutung dafür, dass sich durch die vereitelten Geschäftschancen die vorangegangenen Investitionen bezahlt machen. Verwertet jemand seine Ausbildung und berufliche Qualifikation statt in einer abhängigen Berufstätigkeit als Selbständiger, spricht die Lebenserfahrung dafür, dass die betreffende Person die Selbständigkeit ua auch deshalb gewählt hat, weil sich die vorangegangene Investition in die eigenen beruflichen Fähigkeiten dort besonders gut bezahlt macht. Für Körper- und Gesundheitsverletzungen Selbständiger ist dieses Argument vom BGH freilich bisher, soweit ersichtlich, noch nicht herangezogen worden. Hingegen betont der BGH inzwischen regelmäßig (zB NJW 1988, 3016; 1993, 2673; NJW-RR 1991, 470; 1992, 852; NJW 2001, 1640), dass wegen der Schwierigkeiten bei der Darstellung hypothetischer Entwicklungen eines Geschäftsbetriebes keine zu hohen Anforderungen an die Darlegung der konkreten Anhaltspunkte für die Gewinnermittlung gestellt werden dürfen. Daher hat es der BGH zB (NJW 1993, 2673) bei einem noch jungen Unternehmen genügen lassen, dass aus einer nachgewiesenen, durch den Unfall abgebrochenen konkreten Geschäftsbeziehung ein Gewinn erwirtschaftet worden war, um daraus zu schließen, dass ein entsprechender Gewinn auch weiterhin erzielt worden wäre. Zwei weitere Vergünstigungen gewährt der BGH (NJW 1997, 941) dem Verletzten, wenn er Ersatzkräfte wegen seines eigenen Ausfalls eingestellt hat: Zum einen spricht eine Vermutung dafür, dass der tatsächlich erzielte Gewinn des Unternehmens in der Ausfallzeit bei eigener Tätigkeit des Verletzten nicht geringer gewesen wäre; daher ist zu vermuten, dass die Kosten für die Ersatzkräfte in vollem Umfang dem sonst vom Verletzten erzielten Gewinn entsprechen. Aber selbst wenn trotz des Einsatzes der Ersatzkräfte kein Gewinn erzielt worden ist, können die Kosten für die Ersatzkräfte in vollem Umfang als entgangener Gewinn geltend gemacht werden, wenn es angesichts der Gewinnerwartungen nicht von vornherein kaufmännisch unvertretbar war, die Mehraufwendungen für die Ersatzkräfte entstehen zu lassen. Darin kommt zum Ausdruck, dass für die langfristige Entwicklung eines Unternehmens eine kontinuierliche Geschäftstätigkeit unerlässlich ist. Insofern besteht auch über einzelne Gewinnermittlungsperioden hinaus eine Rentabilitätsvermutung wenigstens für die Kosten der tatsächlich herangezogenen Ersatzkräfte (zum Erwerbsschaden von Gesellschaftern ausführl STAUDINGER/VIEWEG [2002] § 842 Rn 102 ff).

2. Einzelne Berufe

45 Zur Berechnung des Gewinnentgangs vgl allgemein vor allem GRUNSKY DAR 1988, 400, sowie KLIMKE Betrieb 1978, 1323; RUHKOPF u BOOK VersR 1970, 690; 1972, 114; 1973, 781; BAUER DAR 1970, 63 zu Invalidität und Tod; SCHLAICH VersPrax 1975, 35; STÜRNER JZ 1984, 412; 461. Zur Berechnung des Gewinnentgangs bei einzelnen Berufen für **Anlageberaterin** LG Dortmund VersR 1972, 1180; **Apotheker** OLG Saarbrücken OLG Rspr 1999, 196; **Architekt** OLG Frankfurt VersR 1979, 87; OLG Köln MDR 1971, 215; **Arzt** BGH NJW-RR 1988, 410; OLG Düsseldorf VersR 1973, 929; OLG Nürnberg VersR 1960, 1007 zu einem Landarzt; OLG München

NJW 1987, 1484; **Bauunternehmer** LG Passau MDR 1975, 230; LG Rottweil VersR 1973, 1177; **Betriebswirt** BGH VersR 1972, 1068; **Bewachungsunternehmen** KG NZV 2003, 191; **Bildhauer u Porträtmaler** BGH VersR 1969, 376; **Einzelhändler** BGH VersR 1968, 970; **Elektromeister** BGH VersR 1961, 1140; **Erfinder** BGH VersR 1967, 903; **Fahrlehrer** BGHZ 55, 329; **Fuhrunternehmer** BGH VersR 1960, 526; 1971, 82; 1979, 936; OLG Neustadt VRS 17, 327 für ein Unternehmen in der Anfangsphase; OLG Karlsruhe VRS 81, 99; **Gastwirt** OLG Hamburg VersR 1997, 248; OLG Oldenburg VersR 1998, 1285; **Geschäftsinhaber** BGH VersR 1968, 970; OLG Karlsruhe VersR 1959, 56; **Großhändler** BGH VersR 1961, 703; **Handelsvertreter** BGH VersR 1988, 1164; **Handwerksmeister** BGH NJW 1997, 941; OLG Stuttgart VersR 1968, 1074; LG Osnabrück VersR 1982, 255; **Institutsleiter** BGH NZV 1988, 134; **Kaufmann** BGH VersR 1961, 247; 1962, 49; **Kfz-Händler** BGH VersR 1966, 851; OLG Celle VersR 1970, 472; OLG Schleswig VersR 1976, 1183; **Kfz-Werkstatt-Inhaber** BGH VersR 1969, 466; **Landwirt** BGH VersR 1966, 1158; Beil Soz Sicherheit in der Landwirtschaft (1978) 334; **Modellschneiderin** BGH VersR 1964, 76; **Rechtsanwalt** OLG Saarbrücken VersR 2000, 985; **Rohrleitungsbauer** BGH NJW 2001, 1640; **Schiffseigner** OLG Hamm ZfS 1988, 202; **Schlachter** BGH VersR 1965, 141; **Schweinemäster** BGH NJW 1997, 2943; **Sportler** LG München I SpuRt 2001, 238; **Steuerberater** BGH VersR 1966, 957; **Steuerbevollmächtigter** OLG Düsseldorf NJW-RR 1990, 608; **Taxiunternehmer** BGH VersR 1966, 595; NJW 1979, 2244; KG VerkMitt 74 Nr 14; OLG München MDR 1975, 755; Spengler VersR 1972, 1008; Klimke VersR 1973, 397, vgl auch unter Rn 46; **Tischlermeister** BGH NJW-RR 1991, 47; **Transportunternehmer** BGH NJW 1998, 1634; **Unternehmensberater** KG VersR 1995, 978; **Vertreter** BGH VersR 1963, 682; VersW 1972, 326; OLG München VersR 1960, 1101 für einen Versicherungsvertreter; **Zahnarzt** OLG Nürnberg VersR 1968, 481; OLG Hamm NZV 1995, 316, 318; **Zahntechniker** BGH VersR 1966, 445.

3. Ausfall durch die Beschädigung von Sachen

Die vorstehend wiedergegebenen Entscheidungen betreffen die Ersatzfähigkeit **46** entgangenen Gewinns nicht nur unabhängig von der jeweiligen Anspruchsgrundlage, sondern auch vom jeweils verletzten Rechtsgut. Deshalb kommt Ersatz des entgangenen Gewinns wegen **Vereitelung von Arbeitsleistungen** außer bei Körperverletzungen auch bei Sachbeschädigungen in Betracht, zB von Taxis, Mietwagen oder Fahrschulwagen (vgl dazu BGHZ 55, 329; BGH VersR 1977, 331, 332, auch BGH VersR 1965, 373 für ein Binnenschiff; OLG Oldenburg VRS 51, 81 für den Ausfall eines Abschleppkranwagens, sowie oben Rn 45 zu „Taxiunternehmer"). Mindestens bei größeren Betrieben ist freilich zu prüfen, ob der Geschädigte den Schaden durch Einsatz seiner Betriebsreserve hätte gering halten können oder ob ihm vorgeworfen werden muss, keine ausreichende Reserve zur Verfügung zu haben (vgl § 254 Rn 89). Für die zweite Alt ist dabei als Gegengesichtspunkt der Grundsatz zu beachten, dass der Ersatzpflichtige im allgemeinen keinen Anspruch darauf hat, so gestellt zu werden, als wenn der Geschädigte robuster und weniger schadensanfällig wäre (vgl § 249 Rn 32). Wenn er wegen fehlenden Kapitals nicht zur Unterhaltung einer Betriebsreserve in der Lage ist, mindert deren Fehlen die Ersatzpflicht daher nicht. Eine Möglichkeit des Geschädigten zur Schadensbegrenzung durch Aussetzung oder Beendigung von Arbeitsverhältnissen seiner Arbeitnehmer kommt kaum in Betracht (optimistischer insoweit Marschall vBieberstein, in: FS vCaemmerer [1979] 411, 419 f). Die ohne entsprechende Arbeitsleistung wegen der Sachbeschädigung weiterzuzahlenden Löhne und Gehälter sind deshalb gleichfalls Bestandteil des entgangenen Gewinns. Insoweit greift wiederum die „Rentabilitätsvermutung" ein, und sei es im oben (Rn 44 aE) entwickelten weiteren Sinn.

47 MARSCHALL vBIEBERSTEIN (aaO 431 ff) hat sich dafür ausgesprochen, den deliktsrechtlichen Ersatz für entgangenen Gewinn aus der gewerblichen Verwendung von Investitionsgütern allgemein auf den Ausfall der Nutzung dieses Gutes selbst zu beschränken. Weitergehende (mittelbare) Schäden sollen vom **Zweck des Eigentumsschutzes** nach § 823 Abs 1 nicht umfasst werden. Das Ges bietet jedoch keinen Anhaltspunkt dafür, gewerblich genutztes Eigentum in geringerem Umfang zu schützen als sonstiges Eigentum (MünchKomm/WAGNER § 823 Rn 119). Die dogmatische Entwicklung zur Anerkennung eines „Rechts am Gewerbebetrieb" als sonstiges Recht iSd § 823 Abs 1 deutet sogar in die entgegengesetzte Richtung: Wenn der Deliktsschutz so weit reichen soll, dass er unternehmerische Betätigungsformen auch unabhängig von einer Eigentumsverletzung umfasst, muss das unternehmerisch eingesetzte Eigentum erst recht in vollem Umfang zum „Schutzbereich" des § 823 Abs 1 gehören.

48 Als **Berechnungsgrundlage** für den entgangenen Gewinn aus einer Sachbeschädigung kommt das an einen Arbeitnehmer gezahlte Entgelt dann nicht in Frage, wenn der Arbeitnehmer selbst verletzt worden ist (wie im Fall BGH NJW 1979, 2244: Verletzung eines Taxifahrers bei gleichzeitiger Beschädigung des Fahrzeuges): Der Anspruch wegen des entgangenen Entgelts steht (im oben Rn 28 beschriebenen Umfang) dem Arbeitnehmer selbst zu, geht aber nach § 6 EFZG auf den Arbeitgeber über. Dann kann derselbe Betrag nicht nochmals vom Arbeitgeber als Teil seines Gewinnentgangs liquidiert werden. Wenn die Sachbeschädigung nicht ein Investitionsgut betroffen hat, sondern ein künftiges Produkt während des Herstellungsprozesses, ist ebenfalls die kaufmännische und organisatorische Verbindung der beschädigten Sache mit dem Betrieb im Ganzen zu berücksichtigen. Deshalb kann der entgangene Gewinn in solchen Fällen nicht nach der Differenz zwischen dem voraussichtlichen Verkaufserlös und der Summe der voraussichtlichen Kosten berechnet werden. Vielmehr ist der Bruttoerlös nur um diejenigen (hypothetischen) Kosten zu kürzen, die der Unternehmer durch die Vereitelung der Möglichkeit zur Fertigstellung des Produkts tatsächlich erspart hat (BGH NJW 1997, 2943).

4. Steuern und Sozialversicherung

49 Soweit hiernach anstelle eines Gewinns aus unternehmerischer Tätigkeit Schadensersatz zu leisten ist, sollte (teilw im Gegensatz zur Rspr, vgl § 249 Rn 172 mNw) wie beim Schaden von Arbeitnehmern der **Bruttobetrag** der entgangenen Einnahmen zugrundegelegt werden. Nur Verkehrssteuern und ähnliche Steuern sind als Kosten des Erwerbs oder der Veräußerung vom hypothetischen Reinerlös abzuziehen. Hinsichtlich der Personensteuern und der Sozialversicherung ist eine Anrechnung von „Vorteilen" nicht angemessen und nicht erforderlich (dazu genauer § 249 Rn 173).

IX. Ersatz für einen Gesellschafter-Geschäftsführer

50 Wird einem Gesellschafter-Geschäftsführer die Geschäftsführervergütung für die

Dauer der Arbeitsunfähigkeit weiterbezahlt, gilt für ihn dasselbe wie für Arbeitnehmer: Der Geschäftsführer hat einen Arbeitsausfallschaden erlitten, der durch die **Fortzahlung des Entgelts** nur im Innenverhältnis zwischen Gesellschaft und Geschäftsführer, nicht im Außenverhältnis zum Schädiger ausgeglichen ist. Die Anrechnung des Vorteils der Gehaltsfortzahlung ist dem Ersatzpflichtigen zu versagen. Freilich wird der Geschäftsführer, wenn er nicht Alleingesellschafter ist, idR aus seinem Geschäftsführervertrag (ausdrücklich oder durch Auslegung im Lichte der Treuepflicht des Geschäftsführers) verpflichtet sein, den Schadensersatzanspruch an die Gesellschaft abzutreten. Eine solche Pflicht war früher für Angestellte anerkannt (BGHZ 7, 30; 21, 112; BGH NJW 1978, 536). Für Angestellte in abhängiger Tätigkeit ist dies nunmehr durch die Legalzession des § 6 EFZG ersetzt worden. Für Geschäftsführer und andere Dienstnehmer mit Arbeitgeberfunktion sind die für Angestellte entwickelten Grundsätze aber weiterhin gültig.

Die Rspr (insbes BGH NJW 1978, 40) hat die Geschäftsführervergütung aber nur **51** insoweit als ersatzfähigen entgangenen Gewinn anerkannt, wie sie die **Tätigkeit des Geschäftsführers entgilt**. Dazu können außer dem Gehalt auch gewinnabhängige Tantiemen gehören. Der BGH (aaO 40 f) will jedoch berücksichtigen, dass hochqualifizierte Dienstleistungen mit strategischen Entscheidungsbefugnissen weit überdurchschnittlich vergütet werden und dass die Vergütung gerade hinsichtlich der grundlegenden unternehmenspolitischen Entscheidungen weitgehend nicht auf einzelne Zeitabschnitte bezogen werden könne. Daraus hat der BGH gefolgert, dass die (Weiter-)Zahlung der entsprechenden Vergütungsteile während der Arbeitsunfähigkeit insoweit gar nicht der verhinderten (zeitanteiligen) Arbeitsleistung entspreche. Für die Feststellung, in welchem Umfang eine Vergütung tätigkeitsbezogen ist, soll nach der Rspr die steuerliche Anerkennung wertvolle Anhalte bieten können (vgl BGH aaO sowie VersR 1962, 622; 1964, 1243; 1965, 592; 1967, 83; BGH NJW 1970, 95; 1271; 1971, 1136; 1977, 1283; Schmidt VersR 1965, 320; Kollhosser ZHR 129 [1966] 121; Marschall vBieberstein, Reflexschäden und Regressrechte [1967] 128 ff, 241 ff; Knobbe-Keuk VersR 1976, 401, 408 f; Lange, in: Lange/Schiemann 531; Kuckuk BB 1978, 283; Ganssmüller VersR 1978, 805).

Der BGH behandelt den Schaden des Gesellschafter-Geschäftsführers somit iE **52** ähnlich wie denjenigen des Selbständigen. Dem stehen dieselben Bedenken entgegen, wie sie oben (Rn 43) gegen die Schadensberechnung bei Selbständigen erhoben worden sind. Wie bei einem Selbständigen ist vielmehr die Arbeitsleistung bei einem Geschäftsführer mit höherer Tätigkeit idR gemäß ihrem **Marktpreis** zu bewerten. Daher sollte, auch wenn für den verletzten Gesellschafter-Geschäftsführer keine Ersatzkraft eingestellt worden ist, der Schaden des Geschäftsführers selbst zunächst auf den hierfür zu zahlenden Betrag geschätzt werden. Dieser Betrag bildet dann den Anteil der Vergütung für die Tätigkeit unabhängig davon, wie die Parteien sie im Gesellschafts- oder Anstellungsvertrag ausgestaltet haben (vgl auch Knobbe-Keuk aaO). Ein höherer Schaden des Geschäftsführers bedürfte allerdings des Nachweises, dass die gewinnabhängige Vergütung konkret gemindert ist (genauer zu dieser Seite des Arbeitsausfallschadens Vorbem 61 zu §§ 249 ff).

X. Ersatz für den Ausfall unentgeltlicher Tätigkeiten

Vielfach werden Arbeitsleistungen im Haushalt, für die „Eigenwirtschaft" über- **53** haupt, in einem Ehrenamt oder (wie von den Angehörigen einer Ordensgemeinschaft) für „Gotteslohn" erbracht. Werden solche Arbeitsleistungen durch einen Dritten (also insbes durch eine schuldhafte Gesundheitsverletzung) vereitelt, entsteht beim Verletzten selbst **kein finanzieller Nachteil**. Diejenigen, denen die Arbeitsleistung zugute gekommen wäre, haben zwar einen nach dem Marktwert der Arbeit messbaren Schaden, jedoch – abgesehen vom Fall des heute überholten § 845 – keinen Ersatzanspruch. Wie oben (§ 251 Rn 106 ff) entwickelt, steht dem Verlust des finanziellen Vorteils aus der entgeltlichen Arbeit der Verlust einer konkreten Möglichkeit zum **Einsatz der Arbeitskraft** ohne finanziellen Gewinn gleich. Dies gilt nicht nur für Arbeitsleistungen in der eigenwirtschaftlichen Sphäre, sondern auch für Arbeitsleistungen, die Dritten zugute kommen sollten. IdS hat die Rspr der verletzten **Hausfrau** (was entsprechend für den Hausmann gilt) Entschädigung für die vereitelte Arbeitsleistung in Höhe der fiktiven Kosten einer Ersatzkraft zugesprochen (BGHZ 38, 55; GS 50, 304, vgl BGHZ 59, 172 für die Mitarbeit im Betrieb des Ehegatten). Diese Rspr ist in der Lit nicht bestritten (STAUDINGER/VIEWEG [2002] § 842 Rn 118 ff mNw). Umstritten war hingegen die Ausdehnung auf Arbeitsleistungen in einer nichtehelichen Gemeinschaft (dafür LG Zweibrücken NJW 1993, 2307; C HUBER, in: FS Steffen 1995, 193 ff; teilw auch GOTTHARDT JuS 1995, 12 ff, dagegen G H RAISER NJW 1994, 2672). Sie dürfte heute kaum noch bestr sein (vgl STAUDINGER/VIEWEG [2002] § 842 Rn 132 f mNw). Die Entscheidungen zu anderen unentgeltlichen Tätigkeiten widersprechen einander. So hat das OLG Celle (NJW 1988, 2618; zust GEIGEL/PARDEY, Der Haftpflichtprozess[24] [2004] Rn 4.80) einem Ordensbruder wegen der Vereitelung seines Einsatzes als Kirchenmusiker und in der Klostergärtnerei einen Anspruch verweigert, das LG Karlsruhe (NJW-RR 1996, 1239) bei ehrenamtlicher Tätigkeit im sozialcaritativen Bereich hingegen Schadensersatz zugesprochen (dazu DUNZ, in: FS Steffen [1995] 135 ff; PARDEY NJW 1997, 2094; WÜRTHWEIN JZ 2000, 337, 345 ff).

54 Entspr dem oben (§ 251 Rn 107 f) näher begründeten Ansatz ist mit dem V. ZS des BGH (BGHZ 131, 220, 226) davon auszugehen, dass es für die schadensrechtliche Bewertung von Arbeitsleistungen nicht auf einen gewinnbringenden anderweitigen Einsatz ankommt, sondern darauf, ob die vereitelte Arbeitsleistung selbst einen Geldwert hat. Folgt man dem, sind auch die Arbeitsleistungen in solidarischen Lebensgemeinschaften – kirchlichen Orden wie nichtehelichen Gemeinschaften oder dem Zusammenleben mit nicht unterhaltsberechtigten Verwandten – als entschädigungsfähiges Gut anzuerkennen. Auch die Vereitelung unentgeltlicher Tätigkeiten ist somit „entgangener Gewinn". Voraussetzung für die Entschädigung ist jedoch iSd Rspr des GS zu den Gebrauchsvorteilen an Sachen (BGHZ 98, 212), dass der vereitelte Einsatz der Arbeitskraft von zentraler Bedeutung für die Lebensführung des Geschädigten gewesen wäre. Bei Tätigkeiten im Umfang weniger Stunden während der Freizeit ist diese Voraussetzung nicht erfüllt. Insoweit besteht daher auch kein Gleichbehandlungsdruck von der Nutzung einer Wohnung oder eines Pkw auf die Nutzung der Arbeitskraft. Ist aber diese Grenze überschritten, erscheint die **Anerkennung der Ersatzfähigkeit** vereitelter unentgeltlicher Tätigkeiten als einzige wertungskonsistente Entscheidung (zust STAUDINGER/VIEWEG [2002] § 842 Rn 148).

XI. Der Anlegerschaden

55 Ersatzfähig ist auch ein Gewinn, den der Geschädigte durch die Verhinderung oder

Störung einer Geldkapitalanlage gemacht hätte. Einem etwaigen **Zinsschaden** steht hierbei das Zinseszinsverbot des § 248 nicht entgegen (RGZ 152, 166, 174 f). Ist der Geschädigte zu der konkreten Anlage durch die Erwartung einer überdurchschnittlichen Verzinsung veranlasst worden und hat die Anlage keine entsprechende Rendite erzielt, kann der Geschädigte Ersatz für die erwarteten Zinsen aber nur verlangen, wenn sie ihm zugesichert oder in ein Garantieversprechen aufgenommen worden sind (ASSMANN, in: FS Lange 345, 360; GEIBEL, Der Kapitalanlegerschaden [2002] 44 ff mNw). Sonst steht dem enttäuschten Anleger nur Ersatz dafür zu, dass er wegen der Bindung seines Kapitals eine andere Anlage unterlassen hat. In dieser Hinsicht unterscheidet sich der Ersatz wegen einer schlechten Anlage nicht vom Ersatz für den Verzug des Schuldners mit einer Geldschuld.

Nach § 252 S 2 sind dem Geschädigten keine nachträglichen **Spekulationen** gestattet, **56** denen das entscheidende Element der Spekulation gerade fehlen würde: die Ungewissheit über den Erfolg. Erleichterungen des Beweises in dem Ausmaß wie bei Erwerbsschäden (oben Rn 44) kommen daher nicht in Betracht. Der Geschädigte muss vielmehr entweder die erfolgreiche Spekulation mit besonderen Vorkehrungen belegen, die er dafür vorher getroffen hatte, oder doch wenigstens dartun und beweisen, dass er Kapital auch sonst üblicherweise spekulativ anlegt und dass ihm eine entsprechende Spekulation konkret möglich gewesen wäre (so für hypothetische Aktiengewinne bereits RG JW 1929, 2508; 1931, 3088, ferner BGH NJW 1983, 758 u insbes NJW 2002, 2553; für „Zero-Bonds" auch OLG Frankfurt NJW-RR 1988, 1107, vgl auch § 249 Rn 197). Ohne solche besonderen Anhaltspunkte ist aber nicht anzunehmen, dass der Geschädigte das Kapital unverzinst gelassen hätte. Nach dem „gewöhnlichen Verlauf" ist vielmehr von einer Anlage zu einem allgemein üblichen Zins auszugehen (BGH NJW 1992, 1223, 1224 mNw). Gerade hinsichtlich der Verzinsung sind freilich verschiedene Anlageformen nicht ohne weiteres vergleich- und austauschbar. So spricht nichts dafür, dass ein Anleger, der sich an einem „Steuersparmodell" beteiligt hat, bei Kenntnis der Erfolglosigkeit seiner Anlage ausgerechnet einen Sparvertrag, zB über Festgeld, abgeschlossen hätte (vgl aber LG Düsseldorf WM 1982, 1212, 1217; MünchKomm/OETKER Rn 36). Für den Vergleichszins sind vielmehr die konkreten Erwartungen des Anlegers auch dann zu berücksichtigen, wenn eine bestimmte Anlagealternative nicht nachzuweisen ist. Deshalb ist zB ein Anleger, der Geld in Aktien anlegen wollte, durch falsche Beratung aber zu hochspekulativen Engagements in Optionen (vgl BGHZ 114, 117) oder unter erheblicher Kreditaufnahme (vgl BGH NJW 1997, 1361) veranlasst worden ist, so zu stellen, als ob er eine solide Aktienanlage gewählt hätte; die Entwicklung des DAX-Indizes gibt dann einen wahrscheinlicheren Verlauf des alternativen Engagements wieder als der durchschnittliche Zinssatz für Termingelder oder der Diskontsatz der Bundesbank (genauer zu den Beweisanforderungen GEIBEL 281 ff).

Den notwendigen **Grad von Wahrscheinlichkeit** für einen spekulativen anderweitigen **57** Gewinn kann der Geschädigte am ehesten begründen, wenn er seine Absichten zu Kauf und Verkauf dem Schuldner frühzeitig mitteilt (BGH WM 1960, 861; abl *in casu* NJW 2002, 2553, 2554). Damit erfüllt der Gläubiger zugleich die Warnungsobliegenheit nach § 254 Abs 2 S 1, die sonst seinem Ersatzanspruch entgegenstünde (dazu GEIBEL 267 ff). Der Anspruch ist auch dann ausgeschlossen, wenn der Geschädigte die beabsichtigten gewinnbringenden Geschäfte mit anderen Mitteln (notfalls auch unter Kreditaufnahme, vgl § 254 Rn 92) hätte durchführen können (vgl BGH BB 1965,

926; Keuk, Vermögensschaden und Interesse 1972, 206 f; bedenkl daher BGH NJW 2002, 2553 m krit Anm Gsell BKR 2002, 504, 506 f).

58 In Fällen fehlerhafter Beratung über eine Anlage, bei der das Steuersparmotiv im Vordergrund stand, fragt sich, ob und wie die ausgebliebenen und möglicherweise stattdessen eingetretenen **Steuervorteile** zu behandeln sind. Crezelius (BB 1985, 209, 217) möchte entgangene Steuervorteile aus dem Anwendungsbereich des § 252 überhaupt ausnehmen, weil durch diese Vorschrift nur Erwerbsschäden erfasst würden. Dies ist jedoch mit dem Grundsatz der Totalreparation, der durch § 252 nur konkretisiert wird (oben Rn 1), nicht vereinbar. Der wirtschaftlich wie eine Verzinsung wirkende Steuerspareffekt wird auch nicht dadurch absorbiert, dass er vielfach in Wahrheit nur eine Steuerstundung bis zur vollen Versteuerung späterer Gewinne, insbes eines Veräußerungsgewinns, enthält. Denn es ist idR davon auszugehen, dass der Anleger spätere Gewinne dann erneut steuersparend anlegen würde. Der passende Maßstab für den entgangenen Gewinn ist auch bei solchen Anlagen das durchschnittlich „funktionierende" Steuersparmodell. Die daraus beim Steuersatz des Geschädigten errechnete Bruttoverzinsung ist als entgangener Gewinn zu ersetzen (ähnl MünchKomm/Oetker Rn 36; Assmann, in: FS Lange 360 ff; zurückhaltender Geibel 287 ff).

XII. Ersatz des Verletzergewinns

59 Nicht am entgangenen Gewinn des Geschädigten sondern am tatsächlich erzielten Gewinn des Schädigers orientiert sich die „dritte Berechnungsmethode" bei **Verletzung von Immaterialgüterrechten** (§ 249 Rn 200 f). Dies ist kein Anwendungsfall des § 252, in Wahrheit vielmehr überhaupt kein Schadensersatz, sondern ein gewohnheitsrechtlich entwickelter Abschöpfungsanspruch, der am ehesten mit der Gewinnherausgabe bei Geschäftsanmaßung nach § 687 Abs 2 zu vergleichen ist (vgl genauer Staudinger/Wittmann [1995] § 687 Rn 21 f; **aA** aber die st Rspr und ihr folgend zB MünchKomm/Oetker Rn 56 ff).

§ 253
Immaterieller Schaden

(1) Wegen eines Schadens, der nicht Vermögensschaden ist, kann Entschädigung in Geld nur in den durch das Gesetz bestimmten Fällen gefordert werden.

(2) Ist wegen einer Verletzung des Körpers, der Gesundheit, der Freiheit oder der sexuellen Selbstbestimmung Schadensersatz zu leisten, kann auch wegen des Schadens, der nicht Vermögensschaden ist, eine billige Entschädigung in Geld gefordert werden.

Materialien: E I § 221; II § 248; III § 247; Mot II 21 ff = Mugdan II 12; Prot I 298 = Mugdan II 515 ff (umfassender); Jakobs/Schubert, Recht der Schuldverhältnisse I 110 ff; RegE BR-Drucks 742/01 = BT-Drucks 14/7752; Stellungnahme des Bundesrates BR-Drucks 742/01 = BT-Drucks 14/7752 Anl 2; Gegenäußerung der Bundesregierung BT-Drucks 14/7752 Anl 3; Beschlussempfehlung und Bericht des Rechtsausschusses BT-Drucks 14/8780.

Schrifttum

ADAMS, Warum kein Ersatz von Nichtvermögensschaden?, in: Schäfer/Ott (Hg), Allokationseffizienz in der Rechtsordnung (1989) 210
ASKENASY, Über den immateriellen Schaden nach dem BGB, Gruchot 70 (1929) 373
vBAR, Das Schadensersatzrecht nach dem Zweiten Schadensersatzrechtsänderungsgesetz, in: Karlsruher Forum 2003 (2004) 7
BÖTTICHER, Die Einschränkung des Ersatzes immateriellen Schadens und der Genugtuungsanspruch wegen Persönlichkeitsminderung, MDR 1963, 353
BRASCHOS, Der Ersatz immaterieller Schäden im Vertragsrecht (1979)
BYDLINSKI, Der Ersatz ideellen Schadens als sachliches und methodisches Problem, JurBl 1965, 173 ff; 237
ders, Der immaterielle Schaden in der österreichischen Rechtsentwicklung, in: FS vCaemmerer (1978) 785
CAHN, Einführung in das neue Schadensersatzrecht (2003)
CANARIS, Gewinnabschöpfung bei Verletzung des allgemeinen Persönlichkeitsrechts, in: FS Deutsch (1999) 85
CHANG, Auf dem Weg zu einer Materialisierung des Immateriellen? (1996)
COESTER-WALTJEN, Der Ersatz immaterieller Schäden im Deliktsrecht, Jura 2001, 133
DEUTSCH, Über die Zukunft des Schmerzensgeldes, ZRP 1998, 291
ders, Schmerzensgeld für Vertragsverletzungen und bei Gefährdungshaftung, ZRP 2001, 351
ders, Die Medizinhaftung nach dem neuen Schuldrecht und dem neuen Schadensrecht, JZ 2002, 588
DRESSLER, Neugewichtung bei den Schadensersatzleistungen für Personen- und Sachschäden?, DAR 1996, 81
EBERT, Pönale Elemente im deutschen Privatrecht (2004)
EHLERS, Der Geldersatz für immaterielle Schäden bei deliktischer Verletzung des allgemeinen Persönlichkeitsrechts (1976)
FOERSTE, Schmerzensgeldbemessung bei brutalen Verbrechen, NJW 1999, 2951

vGERLACH, Die prozessuale Behandlung von Schmerzensgeldansprüchen, VersR 2000, 525
GROSSMANN, Die Schmerzensgeldklage (1983)
GROSSFELD, Die Privatstrafe (1961)
HACKS/RING/BÖHM, Schmerzensgeld-Beträge (24. Aufl 2004)
HENNE, Schmerzensgeldansprüche nach Sexualtaten – Anmerkungen zu den geplanten Reformen im Gesetz zur Änderung schadensersatzrechtlicher Vorschriften, ZRP 2001, 493
ders, „Gedruckt gelogen ist teurer als tatsächlich getan" und andere aktuelle Probleme beim Schmerzensgeldanspruch nach Sexualtaten, Jura 2002, 335
ders, Gesamtschuldnerschaft beim Schmerzensgeldanspruch trotz ausgeschlossener Kausalität?, NJW 2001, 1472
HONSELL, Die Funktion des Schmerzensgeldes, VersR 1974, 205
C HUBER, Das neue Schadensersatzrecht (2003)
ders, Schmerzensgeld ohne Schmerzen bei nur kurzzeitigem Überleben der Verletzung im Koma – eine sachlich gerechtfertigte Transferierung von Vermögenswerten an die Erben?, NZV 1998, 345
JAEGER, Höhe des Schmerzensgeldes bei tödlichen Verletzungen im Lichte der neueren Rechtsprechung des BGH, VersR 1996, 1177
ders, Schmerzensgeldbemessung bei Zerstörung der Persönlichkeit und alsbaldigem Tod, MDR 1998, 450
ders, Verlagerung der Schmerzensgeldregelung vom Deliktsrecht in das allgemeine Schuldrecht, ZGS 2002, 54
JAEGER/LUCKEY, Das neue Schadensersatzrecht (2002)
KADNER, Schmerzensgeld für Angehörige – Angemessener Ausgleich immaterieller Beeinträchtigungen oder exzessiver Ersatz mittelbarer Schäden?, ZEuP 1996, 135
KADNER-GRAZIANO, Angehörigenschmerzensgeld im europäischen Privatrecht – die Schere schließt sich, ZEuP 2002, 834
KATZENMEIER, Die Neuregelung des Anspruchs auf Schmerzensgeld, JZ 2002, 1029
ders, Schuldrechtsmodernisierung und Scha-

densersatzrechtsänderung – Umbruch in der Arzthaftung, VersR 2002, 1066
E Kaufmann, Dogmatische und rechtspolitische Grundlagen des § 253 BGB, AcP 162 (1962) 421
Kern, Haftung für Zufügung seelischer Schmerzen (1983)
Kern, Die Genugtuungsfunktion des Schmerzensgeldes – ein pönales Element im Schadensrecht, AcP 191 (1991) 247
ders, Schmerzensgeld bei totalem Ausfall aller geistigen Fähigkeiten und Sinnempfindungen, in: FS Gitter (1995) 447
Köndgen, Haftpflichtfunktionen und Immaterialschaden (1976)
Küppers, Verdorbene Genüsse und vereitelte Aufwendungen (1976)
Larenz, Der Vermögensbegriff im Schadensersatzrecht, in: FS Nipperdey (1965) I 489
ders, Zur Abgrenzung des Vermögensschadens vom ideellen Schaden, VersR 1963, 312
Lieberwirth, Das Schmerzensgeld (3. Aufl 1965)
Looschelders, Die Auswirkungen des neuen Schadensersatzrechts auf die Haftpflichtversicherung, in: Karlsruher Forum 2003 (2004), 31
E Lorenz, Immaterieller Schaden und „billige Entschädigung in Geld" (1981)
ders, Schmerzensgeld für die durch eine unerlaubte Handlung wahrnehmungs- und empfindungsunfähig gewordenen Verletzten?, in: FS Wiese (1998) 261
G Müller Zum Ausgleich des immateriellen Schadens nach § 847 BGB, VersR 1993, 909
P Müller, Punitive Damages und deutsches Schadensersatzrecht (2000)
Nehlsen-vStryk, Schmerzensgeld ohne Genugtuung, JZ 1987, 119
Niemeyer, Genugtuung des Verletzten durch Buße (1972)
Nixdorf, Mysterium Schmerzensgeld, NZV 1996, 89
D Nörr, Zum Ersatz des immateriellen Schadens nach geltendem Recht, AcP 158 (1959/60) 1
Odersky, Schmerzensgeld bei Tötung naher Angehöriger (1989)
Ott/Schäfer, Schmerzensgeld bei Körperverletzungen, JZ 1990, 563

Scheffen, Tendenzen bei der Bemessung des Schmerzensgeldes für Verletzungen aus Verkehrsunfällen, ärztlichen Kunstfehlern und Produzentenhaftung, ZRP 1999, 189
Schmitz, Ersatz immaterieller Schäden nach Vertragsrecht (1980)
Schulte, Schadensersatz in Geld für Entbehrungen, (1977)
Seitz, Prinz und die Prinzessin – Wandlungen des Deliktsrechts durch Zwangskommerzialisierung der Persönlichkeit, NJW 1996, 2848
Slizyk, Becksche Schmerzensgeldtabelle (4. Aufl 2001)
Spickhoff, Schmerzensgeld und einstweilige Verfügung, VersR 1994, 1155
Steffen, „Das Schmerzensgeld soll den Verleger ruhig schmerzen", ZRP 1996, 366
ders, Schmerzensgeld bei Persönlichkeitsverletzung durch Medien. Ein Plädoyer gegen formelhafte Berechnungsmethoden bei der Geldentschädigung, NJW 1997, 10
ders, Die Aushilfeaufgaben des Schmerzensgeldes, in: FS Odersky (1996) 723
Störmer, Der Ersatz des Affektionsinteresses in geschichtlicher Entwicklung (Diss Hamburg 1977)
Strasser, Der immaterielle Schaden im österreichischen Recht (1964)
Thüsing, Schadensersatz für Nichtvermögensschäden bei Vertragsbruch, VersR 2001, 285
Tolk, Der Frustrierungsgedanke und die Kommerzialisierung immaterieller Schäden (1977)
Verhandlungen des 45. DJT (1964) mit Gutachten Stoll („Empfiehlt sich eine Neuregelung der Verpflichtung zum Geldersatz für immaterielle Schäden?") und Referaten von Bötticher u Krüger-Nieland
Voss, Vererblichkeit und Übertragbarkeit des Schmerzensgeldanspruchs, VersR 1990, 821
ders, Ersatz immaterieller Schäden im Rahmen höchstpersönlicher Verträge, ZRP 1999, 452
G Wagner, Geldersatz bei Persönlichkeitsverletzungen, ZEuP 2000, 200
ders, Das neue Schadensersatzrecht (2002)
Wansleben, Teure Tränen. Ein Beitrag zur Behandlung des Nichtvermögensschadens mit rechtsvergleichendem Überblick (Diss Köln 1975)

WIESE, Der Ersatz des immateriellen Schadens (1964)

ders, Kein Anspruch auf Entschädigung des immateriellen Schadens in Geld wegen Verletzung eines Persönlichkeitsrechts bei gleichzeitiger Vertragsverletzung?, Betrieb 1975, 2309

WINTER, Die Wiedergutmachung immaterieller Beeinträchtigung bei Körperverletzung und Tötung (Diss Zürich 1976)

ZEYTIN, Zur Problematik des Schmerzensgeldes (2001)

vgl auch die Angaben bei § 249 Rn 233 (Schrifttum).

Systematische Übersicht

I. Gesetzgebungsgeschichte und Funktion	
1. Das Analogieverbot des Abs 1 und seine Gründe	1
2. Geldersatz für die Rechtsgüter des Abs 2	3
II. Die Beschränkung des Geldersatzes für immaterielle Schäden nach Abs 1	
1. Gesetzlich bestimmte Fälle der Geldentschädigung außer Abs 2	4
2. Kein Geldersatz für Vertragsverletzungen im Allgemeinen	6
3. Berücksichtigung des Nichtvermögensschadens beim Herstellungsanspruch	7
4. Vertragliche Vereinbarungen zum Ersatz des Nichtvermögensschadens	9
5. Immaterielle Interessen bei § 251 Abs 2 S 1	11
6. Nicht kommerzialisierte immaterielle Interessen	12
7. Umwandlung immaterieller in materielle Interessen durch den Kommerzialisierungsgedanken	15
III. Schmerzensgeld bei Verletzung der in Abs 2 genannten Rechtsgüter	
1. Rechtsgutsverletzung	20
2. Bagatellschwelle?	23
3. Differenzierung der Anspruchshöhe nach dem Haftungsgrund?	26
4. Ausschluss des Schmerzensgeldes	27
5. Funktionen des Schmerzensgeldes: Ausgleich und Genugtuung	28
6. Keine (selbständige) Präventionsfunktion	33
7. Die Abwägung	34
a) Die Methode der Abwägung	34
b) Art und Dauer des Schadens	35
c) Insbesondere Verlust wirtschaftlicher Möglichkeiten als ideeller Schaden	37
d) Körperliche Dauerschäden	38
e) Umstände beim Geschädigten	39
f) Verschuldensgrad	40
g) Persönliche Verbundenheit	41
h) Vermögensverhältnisse	42
i) Verantwortlichkeit mehrerer	44
8. Art und Höhe des Anspruchs	45
9. Vererbung, Übertragung, Verpfändung	48
10. Prozessuales	49
IV. Geldersatz für die Verletzung des Allgemeinen Persönlichkeitsrechts	
1. Geldentschädigung trotz fehlender Regelung in § 253	51
2. Voraussetzungen der Geldentschädigung im einzelnen	58
a) Schwere-Kriterium	58
b) Subsidiarität	59
3. Höhe der Entschädigung	60
4. Haftung mehrerer	61

I. Gesetzgebungsgeschichte und Funktion

1. Das Analogieverbot des Abs 1 und seine Gründe

§ 253 bestand bis zum 1. 8. 2002 allein aus dem jetzigen Abs 1. Abs 2 ist die leicht **1** geänderte Fassung des früheren § 847, der aber durch die neue systematische Stellung einen erheblich weiteren Anwendungsbereich erhalten hat. Abs 1 beschränkt die Entschädigung in Geld nach § 251 Abs 1 für Nichtvermögensschäden: Immaterielle Werte sollen – abgesehen von Abs 2 und den sonstigen gesetzlich vorgesehenen Ausnahmen – nicht in Geld umgerechnet werden. Die folgenden historischen **Gründe** waren dafür maßgeblich: Zum einen sollte die Rechenhaftigkeit des Schadensersatzrechts in möglichst weitem Umfang gewahrt bleiben. Daher wandte man sich gegen ein zu weites Schätzungsermessen des Richters: Ein Geldersatz für immaterielle Interessen „würde dem Richter jene dem deutschen Recht fremde Souveränität seiner Stellung gegenüber dem Rechtsverhältnisse beilegen, welche bei der Beratung der CPO nach reiflicher Prüfung als bedenklich erfunden und deshalb verworfen wurde" (Mot II 22 f = Mugdan II 12). Die Ausübung einer solchen „Souveränität" lasse sich durch den Revisionsrichter kaum überprüfen. Es bestehe insoweit auch keine Schutzlücke: Dem Geschädigten bleibe die Möglichkeit zur Vereinbarung einer Vertragsstrafe. Außerdem verwies man auf die Vorschriften des StGB über die Buße. Einen ideellen Schaden in Geld aufzuwiegen widerspreche dem modernen deutschen Rechts- und Sittlichkeitsbewusstsein und den „zumal in den besseren Volkskreisen vertretenen Anschauungen" (Prot I 622 = Mugdan II 517). Aus einer Geldentschädigung insbes für Persönlichkeitsverletzungen „würden nur die schlechteren Elemente Vorteil ziehen, Gewinnsucht, Eigennutz und Begehrlichkeit würden gesteigert und aus unlauteren Motiven zahlreiche schikanöse Prozesse angestrengt werden".

2 Diese historischen Gründe **vermochten** jedenfalls schon lange **nicht** mehr **zu überzeugen**: Richterliches Ermessen bei der Festlegung der Entschädigung wird in weitem Umfang ausgeübt, und dies entspricht auch der rechtsvergleichenden Erfahrung (vgl insbes Stoll, Haftungsfolgen im bürgerlichen Recht [1993] 345 ff mNw). Für den wichtigsten Fall einer Entschädigung immaterieller Interessen, die Gewährung von Schmerzensgeld für Körper- und Gesundheitsverletzungen, sieht Abs 2 (früher § 847) selbst die Möglichkeit des Richters zur Gewährung einer billigen Entschädigung vor. Es ist nicht recht nachvollziehbar, wenn der Gesetzgeber dem Richter in Abs 1 generell gerade eine solche Ermessensausübung verbietet, zu der er ihn in Abs 2 ausdrücklich verpflichtet. Die Ersatzlösungen, auf die in den Materialien verwiesen wird, sind entweder abgeschafft (zB die Buße nach § 188 StGB) oder wirklichkeitsfremd (wie der Hinweis auf die Vereinbarung einer Vertragsstrafe). Die Erwähnung der „besseren Volkskreise" ist geistes- und sozialgeschichtlich vollständig überholt und unter der Geltung des GG illegitim. Freilich ist es auch heute noch ein sinnvolles und angesichts der Beschränktheit finanzieller Mittel geradezu unumgängliches Ziel jeder Regelung des allgemeinen Schadensrechts, den Ersatzumfang zu begrenzen. Die Fragwürdigkeit der Regelung des Abs 1 hat aber diesem Ziel eher geschadet als genutzt.

2. Geldersatz für die Rechtsgüter des Abs 2

3 Der Gesetzgeber des **Zweiten Schadensersatzrechtsänderungsgesetzes** (2. SchadÄndG) hat daraus wenigstens teilweise Konsequenzen gezogen und in Abs 2 ganz generell – ohne Beschränkung auf bestimmte Anspruchsgrundlagen – einen Ersatz in Geld für die Beeinträchtigung der Rechtsgüter körperliche Integrität, Freiheit und sexuelle Selbstbestimmung angeordnet. In Fällen von Beeinträchtigungen aller anderen Rechte und Rechtsgüter, insbesondere des Eigentums und des Vermögens, bleibt es hingegen wie nach früherem Recht beim grundsätzlichen Ausschluss der Ersatzfähigkeit immaterieller Schäden in Geld mit dem Vorbehalt davon abweichender ausdrücklicher gesetzlicher Regelungen. Nicht in Abs 2 aufgenommen hat der Gesetzgeber den seit langem praktizierten Geldersatz für schwere Verletzungen des Allgemeinen Persönlichkeitsrechts. Hiermit sollte am bisher erreichten Rechtszustand aber nach der Begründung zum Entwurf des Gesetzes nichts geändert werden. Diese „gemischte" Gesetzestechnik wurde schon im Bundesrat bemängelt und ist verfassungsrechtlich nicht unproblematisch. Die in Abs 2 niedergelegte Regelung unterscheidet sich daher äußerlich nur wenig vom früheren § 847. Die altertümliche Formulierung des § 847 Abs 2 aF ist freilich modernisiert und nunmehr geschlechtsunabhängig gefasst worden. Eine geplante Bagatellklausel hat man in der letzten Phase aus dem Entwurf für das Gesetz gestrichen. Dadurch steht der Wortlaut des § 254 Abs 2 dem früheren § 847 noch näher. In grundlegendem Unterschied zum früheren Recht führt die neue Stellung im Gesetz aber dazu, dass nunmehr insbesondere bei Ansprüchen aus **Vertrag** oder **Gefährdungshaftung** für die genannten Schäden ein billiger Ausgleich in Geld verlangt werden kann.

II. Die Beschränkung des Geldersatzes für immaterielle Schäden nach Abs 1

1. Gesetzlich bestimmte Fälle der Geldentschädigung außer Abs 2

Die gesetzlich geregelten **Ausnahmen** von § 253 Abs 1 sind im BGB §§ 611a Abs 2 und 651 f Abs 2, außerhalb des BGB vor allem §§ 40 Abs 3 SeemG, 97 Abs 2 UrhG (nur bei schwerwiegender Beeinträchtigung, BGH Ufita 76, 313), 7 Abs 3 StrEG, 7 Abs 2 BDSG, 52 Abs 2 BundesgrenzschutzG, 43, 45 BEG, 81 Abs 2 S 2 Nr 2 SGB IX und 5 Abs 5, 50 EMRK. Nur klarstellende Bedeutung neben Abs 2 haben die Vorschriften zum Ersatz immateriellen Schadens bei Körper- und Gesundheitsverletzungen in Spezialgesetzen zur Gefährdungshaftung, wie §§ 11 S 2 StVG, 6 S 2 HPflG, 8 S 2 ProdHG, 13 S 2 UmweltHG, 32 Abs 5 S 2 GenTG, 87 S 2 AMG. Dies gilt auch für § 29 Abs 2 S 2 AtomG, der schon früher ein Schmerzensgeld vorsah, und für § 36 S 2 LuftVG, der die Ausnahmeregel des § 53 Abs 3 LuftVG aF für Militärflugzeuge überflüssig gemacht hat. Die Tatsache, dass im WHG keine Regelung enthalten ist, darf andererseits angesichts des klaren Wortlauts des § 253 Abs 2 nicht als Ausschluss des Geldersatzes für immaterielle Schäden verstanden werden (C Huber, Schadensersatzrecht § 2 Rn 10).

Unter den Ausnahmevorschriften ist § 651f Abs 2 teilweise als Entschädigung eines Vermögensschadens aufgrund einer Kommerzialisierung des Urlaubs verstanden worden (dazu Nw bei Staudinger/Eckert [2003] § 651f Rn 48). Für die Frage, ob ein Urlaub „verdorben" ist, gibt aber nicht mehr den Ausschlag, dass der Erholungsurlaub „der Erhaltung oder Wiederherstellung der Arbeitskraft dient, wenn der Urlaub durch Arbeitsleistung verdient oder durch besondere Aufwendungen für eine Ersatzkraft ermöglicht wird" (so noch BGHZ 63, 98, 101). Vielmehr kommt es auch etwa auf die Intensität der Urlaubsbeeinträchtigung an, die wiederum von individuellen Faktoren (zB der Empfindlichkeit gegenüber Lärm) abhängt. Der BGH (BGHZ 85, 168) hat zu Recht Schadensersatz nach § 651f Abs 2 einem Schüler zugesprochen. Der Zusammenhang mit der Erzielung von Einkommen ist daher aufgegeben. Richtigerweise ist § 651f Abs 2 somit als weitere Ausnahme von § 253 Abs 1 zu verstehen (Überblick über den Meinungsstand bei W MÜLLER, Schadensersatz auf Grund verdorbenen Urlaubs [1986], vgl auch § 251 Rn 109 ff).

2. Kein Geldersatz für Vertragsverletzungen im Allgemeinen

6 Vom Grundsatz, dass wegen Schäden, die nicht Vermögensschäden sind, Geldersatz nur in den gesetzlich bestimmten Fällen verlangt werden kann, sind vor allem die persönlichen Beeinträchtigungen der Gläubiger bei reinen Sachbeschädigungen und bei Vertragsverletzungen betroffen: Die Frustration über den Schuldner, der erst auf Mahnung zahlt, der Ärger über den Handwerker, der erst lange nicht kommt und dann fehlerhaft arbeitet, die nervenaufreibende und zeitaufwendige Auseinandersetzung mit einer Haftpflichtversicherung über Mitverschuldensquote und „erforderlichen" Kostenaufwand bleiben weiterhin ohne Entschädigung. Dasselbe gilt sogar bei „frivolem" (JHERING), vorsätzlichem Vertragsbruch. Auch der seelische „Schock" einer Braut über die verpatzte Hochzeitsfeier ist daher mit Recht dem unzuverlässigen Gastwirt und Vertragsschuldner nicht als schmerzensgeldbegründende Gesundheitsverletzung zugerechnet worden (OLG Saarbrücken NJW 1998, 2912).

3. Berücksichtigung des Nichtvermögensschadens beim Herstellungsanspruch

7 Nicht durch Abs 1 ausgeschlossen ist der **Herstellungsanspruch** (allgM, zB LANGE in: LANGE/SCHIEMANN 422; MünchKomm/OETKER Rn 6)). Dazu gehört auch der Kostenersatz nach § 249 Abs 2 S 1 (vgl § 249 Rn 217). Dies folgt schon aus dem Wortlaut von § 253 Abs 1 und wird auch durch dessen Sinn gestützt: Bei der Herstellung wird das immaterielle Interesse nicht in Geld umgerechnet und bewertet. Auch die Herstellungskosten nach § 249 Abs 2 S 1 machen nicht den ideellen Wert aus. Daher wird vermieden, was Abs 1 verhindern will: das immaterielle Interesse „zu Geld zu machen". Ua im Lichte dieser Zwecksetzung ist auch die Frage zu beurteilen, ob der Verletzte in der Verwendung des Betrages für die Herstellungskosten frei ist: Nach dem hier (§ 249 Rn 224) eingenommenen Standpunkt hat der Geschädigte ohnehin keine Dispositionsfreiheit über den Herstellungsbetrag. Aber auch nach Meinung des BGH (BGHZ 97, 14, 18 ff) ist der Verletzte bei **Körper- und Gesundheitsschäden** an die Verwendung zur Herstellung gebunden (ebenso insbes GRUNSKY NJW 1983, 2465 ff; MEDICUS VersR 1981, 593, 599 f; DAR 1982, 352, 356 [anders noch STAUDINGER/MEDICUS[12] Rn 10] sowie die heute hM, MünchKomm/OETKER § 249 Rn 357 mNw Fn 1230 ff; BAMBERGER/ROTH/GRÜNEBERG § 249 Rn 10. Differenzierend LANGE in: LANGE/SCHIEMANN 425).

8 Wichtigster Fall der Herstellung bei Nichtvermögensschäden ist neben der Heilung und dem Ersatz der Heilungskosten bei Körper- und Gesundheitsverletzungen der **Widerruf** bei einer Ehrverletzung. Hier kommt auch ein Anspruch auf Ersatz von Kosten in Betracht, die der Geschädigte selbst für die öffentliche Richtigstellung aufgewendet hat (zu den Grenzen insbes bei der Möglichkeit einer presserechtlichen Gegendarstellung vgl BGHZ 66, 182, 191 ff; 70, 39, 42 ff; BGH NJW 1979, 2197, 2198). Daneben besteht aber auch ein verschuldensunabhängiger Widerrufsanspruch als quasinegatorischer Abwehranspruch in Analogie zu § 1004 (vgl etwa BGHZ 128, 1, 6). Er gilt nach der Rspr des BVerfG aber nur für ehrkränkende Tatsachenbehauptungen, nicht für Werturteile, und im Zweifel wird eher ein Werturteil als eine Tatsachenbehauptung angenommen (vgl GRIMM NJW 1995, 1697 mNw).

4. Vertragliche Vereinbarungen zum Ersatz des Nichtvermögensschadens

Durch Vertrag kann § 253 Abs 1 **abbedungen** werden (aA STRÖFER, Schadensersatz und **9** Kommerzialisierung [1982] 171 ff). Insbes kann wegen eines immateriellen Interesses eine Vertragsstrafe vereinbart werden; für deren Angemessenheit ist das immaterielle Interesse zu berücksichtigen, § 343 Abs 1 S 2. Die Vertragsparteien können einem immateriellen Interesse vertraglich einen bestimmten Geldwert beilegen (MünchKomm/OETKER Rn 8; SOERGEL/MERTENS Rn 12, beide mNw; nach STAUDINGER/MEDICUS[12] Rn 12 ist auch diese Vereinbarung als Vertragsstrafe einzuordnen). § 253 Abs 1 hindert auch nicht eine Vereinbarung, dass ein bereits entstandener Nichtvermögensschaden in Geld entschädigt werden soll (LANGE, in: LANGE/SCHIEMANN 428; MünchKomm/OETKER Rn 8; BGB-RGRG/ALFF Rn 4). Doch können solche Vereinbarungen gegen § 138 verstoßen, insbes wenn sich hinter ihnen ein sittenwidriges Schweigegeld verbirgt (vgl BGH JZ 1955, 580 zu einem Zahlungsversprechen wegen Ehebruchs des Versprechenden mit der Ehefrau des Versprechensempfängers).

Dass § 253 Abs 1 abbedungen sein soll, kann sich auch aus einer **konkludenten** **10** **Vereinbarung** ergeben oder **durch Vertragsauslegung** gewonnen werden. Dies darf jedoch nicht zu einer bloßen Willensfiktion führen (weitergehend für rein hypothetische Auslegung STOLL JZ 1975, 252, 255 u ihm folgend SOERGEL/MERTENS Rn 12). Deshalb genügt es zur Annahme eines Ausschlusses des § 253 Abs 1 jedenfalls nicht, dass eine versprochene Leistung immateriellen Interessen dient, zB der Verschaffung von Urlaubsfreude (LANGE, in: LANGE/SCHIEMANN 428). Gesetzlich vorgesehen ist eine Geldentschädigung für den verdorbenen Urlaub in § 651f Abs 2 nur für den Reisevertrag iSd § 651a mit einer Gesamtheit von geschuldeten Leistungen. Die Interessenlage bei einem Hotelurlaub für Selbstfahrer oder bei der Vermittlung von Ferienhäusern und -wohnungen unterscheidet sich jedoch nicht erkennbar von derjenigen, die § 651f Abs 2 voraussetzt. Deshalb erscheint eine analoge Anwendung dieser Vorschrift auf andere Verträge über Reiseleistungen angemessen. Das Analogieverbot des § 253 Abs 1 steht dem nicht entgegen. Denn der Gesetzgeber selbst hat in § 651f Abs 2 zum Ausdruck gebracht, dass er das vertraglich begründete immaterielle Interesse am „gelungenen" Urlaub für ersatzfähig hält, und hinsichtlich dieses Interesses dann zwischen einer Leistungsgesamtheit und einer Einzelleistung zu differenzieren, besteht schlechthin kein sachlicher Grund. Man muss daher die Anerkennung des immateriellen Interesses an der vertraglich versprochenen Urlaubsfreude selbst als den durch das Gesetz bestimmten Fall iSd § 253 Abs 1 verstehen (ähnlich MünchKomm/OETKER § 249 Rn 90; SOERGEL/MERTENS vor § 249 Rn 134; vgl auch § 251 Rn 110. **AA** aber STAUDINGER/ECKERT [2003] § 651f Rn 61; ERMAN/SEILER § 651f Rn 11). Nicht anwendbar ist § 651f Abs 2 hiernach aber auf deliktische Ansprüche wegen Körperverletzung oder Sachbeschädigung (vgl BGHZ 86, 212, 216).

5. Immaterielle Interessen bei § 251 Abs 2 S 1

Berücksichtigt werden kann ein immaterielles Interesse auch bei dem Urteil über **11** die **Unverhältnismäßigkeit** des Herstellungsaufwandes **nach § 251 Abs 2 S 1** (vgl § 251 Rn 19 f). Dies führt dann idR zu einem Anspruch auf Erstattung von Herstellungskosten nach § 249 Abs 2 S 1, auch wenn sich die Herstellung unter dem rein wirtschaftlichen Gesichtspunkt gegenüber dem wenigstens teilweise (nur) immateriellen

Wert der beschädigten Sache nicht lohnen würde. Ein Problem ergibt sich hieraus freilich, wenn man der hM folgt und den Aufwendungsersatzanspruch ohne Rücksicht darauf gewährt, ob der Geschädigte die Herstellung wirklich vorgenommen hat. Dann fällt der Sachgrund für die Privilegierung des Herstellungsaufwandes wegen des immateriellen Interesses des Geschädigten weg. Dennoch erhält der Geschädigte den Herstellungsaufwand, freilich nicht bis zu dem nach § 251 Abs 2 S 1 oder dessen Wertung zulässigen Betrag (bei Kfz 130% des Wiederbeschaffungswertes), sondern bis zum vollen Wiederbeschaffungswert ohne Abzug eines Restwertes, aber gemäß § 249 Abs 2 S 2 ohne den fiktiven Mehrwertsteuerbetrag (dazu genauer § 249 Rn 184, 233).

6. Nicht kommerzialisierte immaterielle Interessen

12 Praktisch womöglich noch wichtiger als die Einschränkung des § 253 Abs 1 durch den Ausbau des Anspruchs auf die Kosten der Herstellung ist die **Grenzverschiebung** zugunsten materieller Interessen durch die „**Kommerzialisierung**" immaterieller Bedürfnisse: Solche immateriellen Bedürfnisse können heute in viel größerem Umfang als vor hundert Jahren durch entgeltliche Leistungen befriedigt werden. Sie haben daher einen leicht feststellbaren Marktpreis. Dadurch können immaterielle Werte in Geld umgerechnet werden. Ein wesentliches Motiv für § 253 Abs 1 passt auf solche Interessen daher nicht mehr. Fraglich ist jedoch, ob die Kommerzialisierung eines Interesses allein genügt, um Geldersatz nach § 251 Abs 1 zu gewähren und § 253 Abs 1 zu überwinden.

13 Zweifelsfrei fallen bloße Unlustgefühle unter § 253 Abs 1, zB Ärger, körperlicher oder seelischer Schmerz, Trauer über den **Verlust von Angehörigen oder Freunden**. An dem immateriellen Charakter ändert sich auch dann nichts, wenn die Unlust in gewissem Maß durch Annehmlichkeiten kompensiert werden könnte, die für Geld erhältlich sind. Solche Kompensation ist gerade die Aufgabe von § 253 Abs 2 bzw § 847 aF (vgl BGHZ GS 18, 149, 154). Freilich zeigt sich daran auch eine rechtspolitisch fragwürdige Lücke im Schutz immaterieller Interessen: Die gesetzliche Entscheidung gegen ein Schmerzensgeld für nahe Angehörige wird vielfach als ungerecht empfunden und ist zB von französischen Gerichten ausdrücklich als weniger gerecht im Vergleich zum französischen Recht bezeichnet worden (vgl Deutsch, Allgemeines Haftungsrecht Rn 913 mNw Anm 477; Stoll, Haftungsfolgen im bürgerlichen Recht 359 ff). Nur zu einem Teil wird diese Lücke durch den Ersatz für Schockschäden und (zugunsten von Erben) durch die Gewährung von „Schmerzensgeld" für schwerstgeschädigte Opfer, die nicht mehr aus dem Koma erwachen, geschlossen (§ 249 Rn 43 ff; unten Rn 36). Im Ausland ist Schmerzensgeld hingegen sogar bei bloßer Verletzung naher Angehöriger verbreitet (Stoll 374 f mNw). Dennoch hat sich der Reformgesetzgeber nicht entschließen können, im 2. SERÄndG ein Angehörigenschmerzensgeld einzuführen. Dies mag, wie C Huber (Schadensersatzrecht § 2 Rn 11) vermutet, an der Ablehnung eines solchen Anspruchs gerade durch ehemalige und aktive Richter des für Unfallschäden zuständigen VI. ZS liegen (vgl Steffen, in: FS Odersky 723, 730 f; Müller VersR 1995, 489, 494 und ZRP 1998, 258, 261; Dressler, DAR 1996, 81). Angesichts der Vergrößerung des Entschädigungsaufwandes durch die Erweiterung der Schmerzensgeldansprüche für die unmittelbar Verletzten nach Abs 2 wäre es aber auch wirtschaftlich riskant gewesen, die Prämienzahler der Haftpflichtversicherungen zusätzlich durch die Ausdehnung des Anspruchs auf

Angehörige zu belasten. Der Vergleich mit dem amerikanischen Recht ist schief, vor allem weil dort die Schmerzensgeldansprüche Dritter auch für Schadensposten stehen, die nach geltendem deutschen Recht durch Sozialversicherungsansprüche und durch § 844 Abs 2 gedeckt sind (für die Einführung eines Angehörigenschmerzensgeldes aber ua ODERSKY, Schmerzensgeld bei Tötung naher Angehöriger [1989] 10 ff; KÖTZ, IN: FS v Caemmerer [1978] 389, 406 ff).

Unter § 253 Abs 1 fällt ferner jede Beeinträchtigung eines **Affektionsinteresses** **14** **(Liebhaberwert)**: Das ist das Interesse, das allein der Berechtigte an einem Gegenstand hat und das daher den erzielbaren Preis nicht beeinflusst (zB der Wert als Andenken an die Mutter). Die Grenzen zwischen Affektionsinteresse und Vermögensschäden sind aber fließend. So werden Wertschätzungen, die sonst nicht in Geld meßbar sind, zu einem Vermögenswert, sobald ein Interessent nachweisbar bereit war, einen Liebhaberpreis zu bezahlen (vgl OLG Köln VersR 1962, 1074 zum Wert v Bildern). In die Grenzzone zwischen materiellem und immateriellem Interesse gehört auch der „Modellbootfall" (BGHZ 92, 85, vgl § 251 Rn 101). Obwohl das zerstörte Unikat vor allem wegen der darin investierten Freizeit und bastlerischen Geschicklichkeit für den Geschädigten einen Wert hatte, hat der BGH einen Marktwert angenommen, der freilich bei weitem nicht das Affektionsinteresse des Geschädigten erreichte.

7. Umwandlung immaterieller in materielle Interessen durch den Kommerzialisierungsgedanken

Nahezu obsolet würde § 253 Abs 1, wollte man mit dem **Kommerzialisierungsgedan-** **15** **ken** ernst machen: Auf diese Weise könnte man mindestens außerhalb der reinen Privatsphäre **alle immateriellen Güter in materielle umwandeln.** Hierdurch würde jedoch der Schadensersatzumfang gerade dort auf unerträgliche Weise ausgeweitet, wo das Bedürfnis dafür am verhältnismäßig geringsten ist. Dies würde auch die Kalkulierbarkeit und Versicherbarkeit des Haftpflichtrisikos noch weiter erschweren (LANGE in: LANGE/SCHIEMANN 56). Die Rspr hat sich daher zunehmend vom Kommerzialisierungsgedanken abgewendet.

Gerade in der **Rspr** hat dieser Gedanke allerdings schon Tradition. So wurde eine **16** Kommerzialisierung früh bejaht für die Benutzung eines Reitpferdes (OLG Dresden AnnSächsOLG 63 [1902] 53) und einer Villa (OLG Colmar Recht 1907 Nr 3058). Dagegen hat das RG (SeuffA 63 [1907] Nr 37) bei einer Störung des Wohnens durch üble Gerüche einen Vermögensschaden verneint. Wie eine „Initialzündung" wirkte in der Rspr des BGH sodann die Entscheidung im **„Seereise"-Fall** (BGH NJW 1956, 1234): Wegen eines Verschuldens der Zollverwaltung war das Gepäck eines Ehepaares nicht an Bord eines Vergnügungsdampfers gekommen; die Eheleute konnten daher auf der mit 1800 DM bezahlten Seereise die Kleidung nicht in der gewohnten und gewünschten Weise wechseln. Der BGH erklärte hier den aus der Seereise erwarteten Genuss, weil er idR erkauft werde, als „in gewissem Umfang kommerzialisiert". Daher bedeute eine Beeinträchtigung dieses Genusses einen Vermögensschaden. Dass es hier in Wahrheit um einen Nichtvermögensschaden ging, zeigt sich aber schon daran, dass der BGH dem Ehemann 100 DM und der Ehefrau 200 DM als Geldersatz zugebilligt hat: Weder sind Seereisen für Frauen teurer, noch lässt sich angeben, welcher andere Genuss außer dem Kleiderwechsel bei einer solchen

Reise, die ja für beide denselben Preis kostet, für Männer 100 DM mehr wert ist als für Frauen.

17 Mit der Seereise-Entscheidung hatte der BGH zugleich die Grundlagen für die **Urlaubs-Rspr** geschaffen. Gerade für diesen Bereich ist die Entscheidung jedoch durch die Einführung des § 651f Abs 2 und dessen richtige Einordnung als Ersatz für einen Nichtvermögensschaden (oben Rn 5) überholt. Ähnliches gilt für den möglichen Hauptanwendungsfall des Kommerzialisierungsarguments: die Entschädigung für den Entzug der dauernden **Möglichkeit zur Benutzung eines Pkw** (§ 251 Rn 73 ff): Der GS (BGHZ 98, 212) hat sich nicht mehr ausdrücklich auf die Kommerzialisierung berufen, den Gedanken freilich auch nicht geradezu verworfen. Jedenfalls die seit langem „eingespielte" und vom GS bestätigte Höhe der Entschädigung ist mit dem Kommerzialisierungsgedanken nicht vereinbar. Vielmehr ist der Beschluss des GS als rein rechtspolitische richterrechtliche Entscheidung überhaupt nicht zur Begründung einer allgemeinen dogmatischen Theorie für die Grenzziehung zwischen materiellem und immateriellem Schaden geeignet (§ 251 Rn 85).

18 Deutlicher hat der BGH gegen die Umwandlung eines Nichtvermögensschadens in eine geldwerte Einbuße bei **Luxusgütern** Stellung genommen: Die zeitweilige Entbehrung solcher Güter ist nicht nur im Sinne des GS kraft rechtspolitischer Entscheidung von der Ersatzfähigkeit auszuschließen, weil die Güter nicht von zentraler Bedeutung für die private Lebensführung sind. Trotz der Möglichkeit, entsprechende Genüsse für Geld zu erwerben, gehört deren Vereitelung vielmehr in den Bereich persönlicher Unlustgefühle. Auch die Wiederholbarkeit einer beeinträchtigten Annehmlichkeit für Geld macht diese nach der Rspr folgerichtig nicht ohne weiteres (vgl aber § 251 Rn 104) zum Vermögenswert (vgl zur diesem Gedanken nahestehenden Frustrationstheorie § 249 Rn 123 ff sowie die Jagd-Fälle BGHZ 55, 146; 112, 392, 399; OLG Köln OLGZ 1973, 7: Die Jagdfreude als solche hat keinen Vermögenswert).

19 In der **Lit** wird die Kommerzialisierungstheorie heute kaum noch vertreten (AK-BGB/RÜSSMANN vor §§ 249–253 Rn 26 ff). Begründet wurde sie im wesentlichen damit, dass sie alternativlos sei, weil nicht aufgezeigt werden könne, nach welchen Kriterien sich die Grenzziehung zwischen Vermögens- und Nichtvermögensschäden sonst richten solle (MünchKomm/GRUNSKY[3] vor § 249 Rn 12 c). Dies trifft jedoch nicht zu: Nur finanziell spürbare Schäden sind Vermögensschäden, hingegen nicht schon finanziell berechenbare, also in Geld bewertbare Schäden. Werden vorhandene finanzielle Werte zerstört oder versprochene geldwerte Vorteile nicht erbracht oder lässt sich eine konkrete Möglichkeit, finanzielle Vorteile zu erzielen, nicht verwirklichen, liegt ein Vermögensschaden vor. Ein darüber hinausreichender Verlust ergibt sich aber immer erst, wenn ein finanzieller Aufwand erbracht worden ist. Ohne einen solchen Aufwand ist die Beeinträchtigung nur mögliche Schadensquelle, nicht selbst Schaden. Ob der Aufwandsschaden dann ersatzfähig ist, steht noch unter der Kautele der Einhaltung schadensbegrenzender Obliegenheiten des Geschädigten nach § 254.

III. Schmerzensgeld bei Verletzung der in Abs 2 genannten Rechtsgüter

1. Rechtsgutsverletzung

20 Wichtigster Teil des § 253 ist die Regelung des „klassischen" Schmerzensgeldes in

Abs 2. Die Vorschrift hat nicht nur § 847 aF ersetzt, sondern geht über dessen Anwendungsbereich weit hinaus, weil sie nicht mehr von einem bestimmten Haftungsgrund abhängt, sondern für alle Fälle gilt, in denen eines der aufgeführten Rechtsgüter durch die Verwirklichung **irgendeines Haftungstatbestandes** (Delikt, Gefährdungshaftung, Vertrag, Geschäftsführung ohne Auftrag und Aufopferung) betroffen ist.

Entscheidende Voraussetzung für § 253 Abs 2 ist daher eine **Rechtsgutsverletzung**. **21** Hinsichtlich der Rechtsgüter Körper, Gesundheit und Freiheit stimmen die Voraussetzungen mit § 823 Abs 1 überein. Mit der Herauslösung des Anspruchs aus dem Abschnitt über die unerlaubten Handlungen sollten diese Rechtsgüter keinen anderen Inhalt bekommen, als sie dort bei der Anwendung auf das Schmerzensgeld gehabt haben (BT-Drucks 14/7752, 24). Daher ist insbesondere die Freiheit in demselben engen Sinne zu verstehen wie bei § 823 Abs 1: Entziehung oder Beeinträchtigung der Freiheit liegen nur vor, wenn die körperliche Bewegungsfreiheit eingeschränkt oder ausgeschlossen ist. Eine Beeinträchtigung der wirtschaftlichen Betätigungsfreiheit oder der allgemeinen Entschließungsfreiheit genügt nicht. Die Beschränkung des Anspruchs auf Schmerzensgeld auf die Entziehung der Freiheit (§ 847 Abs 1 aF) ist in der Neufassung hingegen weggefallen. – Als (Körper- und) Gesundheitsverletzung betrachtet der BGH (zB BGH NJW 1995, 2407) ua die **ungewollte Schwangerschaft**, etwa aufgrund fehlgeschlagener Sterilisation, und zwar auch des Mannes, oder sogar aufgrund pflichtwidrig unterlassener Aufklärung über die Möglichkeit einer nicht rechtswidrigen Abtreibung (BGH NJW 1995, 2412), dann allerdings mit der Folge eines Schmerzensgeldes nur, soweit die Beschwerden über eine komplikationslose Schwangerschaft und Geburt hinausgehen (ebenso OLG Zweibrücken NJW-RR 2000, 235; aA BAMBERGER/ROTH/SPINDLER Rn 23).

Anders als nach § 847 Abs 2 aF und § 825 aF sieht § 253 Abs 2 ein Schmerzensgeld **22** bei Verletzungen der sexuellen Selbstbestimmung **unabhängig vom Geschlecht** des Opfers vor. Der Tatbestand ist weiter gefasst als § 825 nF. Er liegt daher nicht nur bei einer „Bestimmung zu sexuellen Handlungen" vor. Der genaue Schutzbereich des Rechts zur **sexuellen Selbstbestimmung** bedarf der Konkretisierung. Im Zivilrecht findet der Begriff keine Entsprechung. Er stimmt aber überein mit der Überschrift des 13. Abschnitts (§§ 174 ff) des StGB. Bei Verwirklichung eines dieser Straftatbestände kommt gemäß der Einheit der Rechtsordnung daher auch ein Geldersatz für den immateriellen Schaden in Betracht. Er dürfte sich wegen des Unwertgehalts dieser Tatbestände unmittelbar aus der Erfüllung von deren objektiven und subjektiven Merkmalen ergeben (aA MünchKomm/OETKER Rn 25). Die §§ 174 ff StGB umschreiben jedoch nur das strafbare Minimum des Schutzbereichs sexueller Selbstbestimmung. Jenseits dieser Tatbestände kommt eine Anspruchsbegründung außer durch § 825 durch die Verletzung des Allgemeinen Persönlichkeitsrechts in Betracht. Die ausdrückliche Nennung der sexuellen Selbstbestimmung in § 253 Abs 2 spricht dafür, dass Eingriffe auch dann einen Anspruch auf Ersatz des immateriellen Schadens begründen können, wenn sie nicht als schwer gemäß der Rspr zum Geldersatz für Verletzungen des Allgemeinen Persönlichkeitsrechts zu werten wären. Freilich hat der Gesetzgeber die Schadensersatzsanktion nicht schon an den Tatbestand der sexuellen Belästigung geknüpft, die ihrerseits bei schweren Eingriffen zu Geldersatz wegen der Persönlichkeitsverletzung führen kann. Eine Ersatzpflicht nach § 253 Abs 2 kommt deshalb nur beim Vorliegen eines Willensbeugungselements beim Opfer in Betracht (ähnlich BAMBERGER/ROTH/SPINDLER Rn 59 mNw: Vorspiegelung einer späteren Heiratsabsicht genügt nicht).

2. Bagatellschwelle?

23 Ist die einschlägige Haftungsnorm erfüllt, sieht § 253 Abs 2 wie schon § 847 aF eine Geldentschädigung nach dem Maßstab der **Billigkeit** vor. Unter der Geltung des alten Rechts wurde dies von der Rspr ua so verstanden, dass in **Bagatellfällen** von der Zuerkennung eines Schmerzensgeldes auch ganz abgesehen werden könne (BGH NJW 1992, 1043; BGHZ 122, 363, 366 ff). Noch der RegE für das 2. SERÄndG hatte dies aufgenommen und eine gesetzliche Bagatellklausel vorgesehen (§ 253 Abs 2 Nr 2 des Entwurfs). Darin hätte ein wichtiger Beitrag zur Rechtseinheit liegen können; denn viele Instanzgerichte haben auch sehr geringe Schmerzensgeldbeträge zugesprochen (zB LG Göttingen NJW 1991, 236; AG Regensburg NJW-RR 1999, 1402; AG Frankfurt aM NJW 2002, 2253. Zahlreiche weitere Beispiele bei HACKS/RING/BÖHM, Schmerzensgeldtabelle [24. Aufl 2004]). Der Rechtsausschuss des Bundestages hat die vorgeschlagene Vorschrift jedoch gestrichen (BT-Drucks 14/8780, 34 ff), und dem ist das Plenum gefolgt. Man hat dies als Kapitulation vor den Interessen der Automobilclubs und der Anwaltschaft bewertet (WAGNER, Schadensersatzrecht Rn 37; C HUBER, Schadensersatzrecht § 2 Rn 94). In den Materialien wird allerdings die Praxis vom Gesetzgeber ausdrücklich ermuntert, ihr richterliches Ermessen gerade auch in Fällen unwesentlicher Beeinträchtigungen auszuüben, also weiterhin von einem Schmerzensgeld ganz abzusehen, wenn es dem Tatrichter im konkreten Fall nicht erforderlich erscheint, den Schmerz und die vielleicht sogar traumatische Erfahrung des Opfers durch eine Geldentschädigung auszugleichen.

24 Die Begründung des RegE zum 2. SERÄndG führt unter den möglichen Fällen einer Versagung des Schmerzensgeldes ausdrücklich das leichte **HWS-Trauma** an (BT-Drucks 14/7752, 25). Bei der Frage, ob ein solches Trauma überhaupt einen zurechenbaren Schaden darstellt, hat der BGH (BGHZ 137, 142; BGH NJW 2000, 862; 2003, 1116) allerdings entschieden, dass selbst eine nur wenige Tage andauernde Arbeitsunfähigkeit jedenfalls keine Bagatelle darstellt. Daraus ist jedoch nicht zu folgern, dass eine derartige Verletzung über den materiellen Schadensersatz für die Behandlungskosten und den Verdienstausfall hinaus auch eine Entschädigung der immateriellen Beeinträchtigung rechtfertigt. Denn sonst wäre konsequenterweise für jede Körper- und Gesundheitsverletzung ein Schmerzensgeld zu gewähren. Die Überlegung, in „Bagatell"-Fällen kein Schmerzensgeld zuzuerkennen, wäre dann also überhaupt unsinnig. Sog nicht objektivierbare HWS-Traumata ersten Grades sind daher im Lichte der Billigkeitsabwägung nach § 253 Abs 2 regelmäßig als geringfügig zu betrachten. Eine Geldentschädigung für die immaterielle Beeinträchtigung sollte deshalb in Fällen dieser Art auch unter Geltung der Gesetz gewordenen Fassung des § 253 Abs 2 nicht gewährt werden.

25 Weder mit der Billigkeitsabwägung im allgemeinen noch mit dem nicht Gesetz gewordenen Merkmal, dass der immaterielle Schaden nach „Art und Dauer nicht unerheblich" sein müsse, lässt sich eine **feste** numerische **Schwelle** der Ersatzfähigkeit rechtfertigen, etwa bei 1000 DM (vgl aber Erläuterungen zum RegE BT-Drucks 14/7752, 26) oder 500 €. Der Ausschluss des Schmerzensgeldes soll eben nicht das Ergebnis schematischer Anwendung bestimmter Geldbeträge sein, sondern das Ergebnis einer Ermessensausübung. Deshalb kann bei Vorliegen besonderer Umstände, zB Vorsatz des Täters, die Zuerkennung eines Schmerzensgeldes in geringer Höhe angemessen sein (so ausdrücklich, aber zu schematisch die Vorsatzklausel in § 253 Abs 2 Nr 2 des Entwurfs vor der Änderung im Rechtsausschuss). Dasselbe hat bei fahrlässigem, aber gewissenlosem Verhalten im Straßenverkehr zu gelten, hingegen nicht bei jedem vorsätzlichen Übermut Jugendlicher (LANGE, in: LANGE/SCHIEMANN 433).

3. Differenzierung der Anspruchshöhe nach dem Haftungsgrund?

Obwohl der Anspruchsinhalt nach § 253 Abs 2 unabhängig von der Anspruchsgrundlage gelten soll, kann bei der Festlegung der **Anspruchshöhe** eine Differenzierung nach der Art des Anspruchs sinnvoll sein. Dies ergibt sich schon daraus, dass auch gegenüber dem Schadensersatz nach § 253 Abs 2 ein etwaiges Mitverschulden innerhalb der Billigkeitsabwägung zu berücksichtigen ist. Daher kann zB trotz gleichartiger Verletzungsfolgen der Anspruch aus Gefährdungshaftung bei „echtem" Mitverschulden des Geschädigten geringer ausfallen als der Anspruch aus schuldhaftem Verhalten des Schädigers bei bloßer Berücksichtigung einer mitwirkenden Betriebsgefahr auf der Seite des Verletzten. Eine ähnliche Differenzierung würde sich ergeben, wenn man bei § 253 Abs 2 eine Genugtuungsfunktion der Schadensersatzleistung als Kriterium für die Höhe des Anspruchs in Betracht zieht (dazu unten Rn 29). Dann müsste der Anspruch aus Verschuldenshaftung regelmäßig höher sein als derjenige aus Gefährdungshaftung. Gerade eine solche Differenzierung wollte der Gesetzgeber des 2. SchadÄndG aber nicht zuletzt zur Vereinfachung der Schadensregulierung und zur Vermeidung von Haftungsprozessen vermeiden (BT-Drucks 14/7752, 15). Freilich findet sich in den Materialien auch der hiermit auf den ersten Blick nicht zu vereinbarende Hinweis, der Genugtuungsgedanke solle bei der Bemessung des Schmerzensgeldes (weiterhin) berücksichtigt werden. Dies wird man aber in dem Sinne verstehen müssen, dass für die große Masse der Schadensersatzfälle, in denen allenfalls eine Fahrlässigkeitshaftung neben der Gefährdungshaftung in Frage kommt, die Genugtuungsfunktion wie auch schon in der bisherigen Praxis wenigstens bei Fällen einfacher Fahrlässigkeit keine Rolle spielen soll (WAGNER, Schadensersatzrecht Rn 30). 26

4. Ausschluss des Schmerzensgeldes

Trotz der Ausdehnung des Schmerzensgeldanspruchs auf alle Haftungsgrundlagen hat sich der Gesetzgeber nicht entschließen können, den Ausschluss des Schmerzensgeldanspruchs nach §§ 104, 105 SGB VII (ebenso § 46 Abs 1 BVersG und § 91a SoldVersG) aufzuheben. Obwohl der Anspruchsausschluss nach der früheren Rechtslage auch verfassungsrechtlich unbeanstandet geblieben war (BVerfGE 34, 118; BVerfG NJW 1995, 1607), war die Versagung des Schmerzensgeldes schon bisher sozialpolitisch bedenklich. Durch die Erweiterung des Schmerzensgeldes auf alle Gefährdungshaftungen und auf Vertragsverletzungen werden die Regelungen zum Anspruchsausschluss erst recht zum Fremdkörper. Der Gerechtigkeitsgehalt der unfallversicherungsrechtlichen Regelung ist heute kaum noch zu erkennen. Die Neuregelung des § 253 Abs 2 gibt daher Anlass, die §§ 104, 105 SGB, 46 Abs 1 BVersG, 91 SoldVersG zu überdenken (ebenso KATZENMEIER JZ 2002, 1029, 1035 f). 27

5. Funktionen des Schmerzensgeldes: Ausgleich und Genugtuung

28 Nach dem Wortlaut des § 253 Abs 1 und 2 ist Gegenstand der dort vorgesehenen Geldleistung ein Schadensersatz für einen Nichtvermögensschaden. Mit dieser Formulierung wie mit der systematischen Einordnung in §§ 249 ff hat der Gesetzgeber eine dogmenhistorische Entscheidung von großer Tragweite getroffen: **gegen** die Möglichkeit, eine **Privatstrafe** zu verlangen, und **für** eine Übereinstimmung mit der allgemeinen Funktion privater Ersatzleistungen, dem **Schadensausgleich**. Diese Weichenstellung war vorbereitet durch die gemeinrechtliche Diskussion im letzten Drittel des 19. Jahrhunderts. Bis dahin war im gemeinen Recht gelehrt worden, dass Schmerzen und Geld schlechthin nicht in Beziehung zueinander gesetzt werden könnten und dass deshalb die auch nach gemeinem Recht gewährte Geldleistung bei persönlichen Verletzungen gar nichts anderes als eine Privatstrafe sein könne (repräsentativ WINDSCHEID, Lehrbuch des Pandektenrechts Bd II [1865] § 455 Anm 31). Unter dem entscheidenden Einfluss einer knappen Monographie WAECHTERS (Die Buße bei Beleidigungen und Körperverletzungen nach dem heutigen gemeinen Recht [1874]) erfolgte der Umschwung. Von nun an vertrat WINDSCHEID (aaO ab 4. Aufl 1875) die Auffassung, es handle sich um eine wirkliche Entschädigung, „wenn die dem Verletzten verursachte schmerzliche Empfindung durch Verursachung einer angenehmen Empfindung wieder aufgewogen wird". Dies war nach dem Inkrafttreten des BGB für Jahrzehnte auch der Standpunkt der Rspr.

29 Seit der bekannten Entscheidung des Großen Senats des BGH aus dem Jahre 1955 (BGHZ 18, 149) ist diese Ausgleichsfunktion der immateriellen Entschädigung jedoch zu **ergänzen** um eine **Genugtuungsfunktion**. Diese Funktion ist später sogar weitgehend verselbständigt worden bei der Begründung für einen Geldersatz wegen Verletzung des Allgemeinen Persönlichkeitsrechts (BGHZ 26, 349, 358; 35, 363, 369). Sowohl nach der neueren Rspr als auch nach Einschätzung des Gesetzgebers des 2. SchadÄndG ist die Geldentschädigung in solchen Fällen jedoch kein Schmerzensgeld nach § 253 Abs 2. Vielmehr wird sie unmittelbar aus dem verfassungsrechtlichen Rang des Persönlichkeitsrechts gemäß Art 1, 2 Abs 1 GG abgeleitet (grundlegend BGHZ 35, 363). Soweit man den Anspruch auf Geldersatz wegen der Persönlichkeitsverletzung mit der Rspr als Schadensersatzanspruch verstehen will (dazu unten Rn 53 ff), gelten für ihn daher eigene Gesichtspunkte, darunter neben dem Genugtuungsgedanken vor allem in letzter Zeit nicht zuletzt der Präventionsgedanke (BGHZ 128, 1, 15 f; BVerfG NJW 2000, 2187).

30 Die Berechtigung einer Genugtuungsfunktion im allgemeinen Schadensrecht ist bis heute **umstritten** geblieben. Viele sehen in ihr die Rückkehr zum Gedanken einer – vom Gesetzgeber gerade nicht gewollten und jedenfalls in der deutschen Dogmatik überwundenen – Privatstrafe. Eine solche Einordnung wäre bedenklich, weil die Strafe vom Zivilrichter verhängt würde, ohne dass darauf die bei öffentlichen Strafen geltenden Verfahrensgarantien der Verfassung und der Verfahrensgesetze angewandt werden (insbesondere H J HIRSCH, in: FS Engisch [1969] 304 ff. Gegen die Privatstrafe ferner ua SOERGEL/ZEUNER § 847 Rn 14 mwN). Aber auch unabhängig hiervon wird der Gedanke einer Genugtuung durch Geldersatz kritisiert, weil es sich bei einer Genugtuung um die Reaktion auf einen überhaupt nicht objektiv zu ermittelnden Gefühlsschaden (E LORENZ, in: FS Wiese [1998] 261, 272 ff) bzw um die Besänftigung von Aggressionen des Verletzten handle, die dadurch eine Anerkennung erhielten, obwohl sie sonst doch gesellschaftlich missbilligt würden (KÖNDGEN, Haftpflichtfunktionen und Immaterialschaden [1976] 84 f, 100 f uö).

Pragmatisch betrachtet spielte die Genugtuungsfunktion freilich schon bisher bei **31** Körper- und Gesundheitsverletzungen kaum eine Rolle (so auch aus richterlicher Sicht G MÜLLER VersR 1993, 909, 916). Diese Tendenz dürfte sich durch die Neuregelung in § 253 Abs 2 noch verstärken. Denn im Bereich der wichtigsten Erweiterung des Schmerzensgeldes, bei der Gefährdungshaftung, findet die Genugtuungsfunktion kaum einen Anhaltspunkt. Entsprechend der gesetzgeberischen Absicht zur Vereinfachung der Schadensregulierung und somit der Angleichung der Rechtsfolgen bei Gefährdungshaftung und bei Haftung aus einfacher Fahrlässigkeit (oben Rn 26) ist daher in Zukunft erst recht davon auszugehen, dass die Genugtuungsfunktion **im Verkehrsunfallrecht** nahezu **keine Rolle** spielen wird. Denkbar ist jedoch ein Einfluss **vorsätzlicher** Begehungsweisen im allgemeinen und eines **grob rücksichtslosen** Verhaltens im Straßenverkehr im besonderen auf die Höhe der Entschädigung. Ein solches dem Gerechtigkeitsempfinden wohl unmittelbar entsprechendes Ergebnis lässt sich begrifflich am ehesten einordnen, wenn man wenigstens für derartige Fälle eine Genugtuungsfunktion in beschränktem Rahmen anerkennt (ähnlich LANGE in: LANGE/SCHIEMANN 438 f; SOERGEL/ZEUNER § 847 Rn 15).

Ohne eine Genugtuungsfunktion dürfte ferner die Entschädigung für Eingriffe in **32** das **Recht zur sexuellen Selbstbestimmung** nicht zureichend erfasst werden können. Dies ergibt sich schon aus der Nähe des betroffenen Rechtsguts zum Allgemeinen Persönlichkeitsrecht. Auch bei Verletzungen der hier fraglichen Art liegt das Bedürfnis nach finanzieller Entschädigung im Wunsch nach „Wiedergutmachung" der Beeinträchtigung von persönlicher Würde und individueller Freiheit. Diese Verletzungen können durch keine Art der Naturalrestitution aus der Welt geschaffen werden. Zur rechtlichen Anerkennung des beeinträchtigenden Persönlichkeitswerts bleibt daher nur die Kompensation. Ihre Grundlage kann aber nicht der „Wert" der Beeinträchtigung sein. Eine solche Betrachtungsweise würde die Verletzung eher perpetuieren als ausgleichen. Gleichsam im Wege der Subtraktion bleibt daher nur die Anknüpfung an das Genugtuungsbedürfnis des Opfers.

6. Keine (selbständige) Präventionsfunktion

Über den Gedanken reinen Schadensausgleichs hinaus weist neben dem Genug- **33** tuungsgedanken der Gesichtspunkt der **Prävention** durch die Verpflichtung zur Zahlung eines Schmerzensgeldes. Ob dies außer in den Fällen der Verletzung des Allgemeinen Persönlichkeitsrechts ein selbständiger Faktor sein sollte, ist zweifelhaft. So müsste bei ökonomischer Analyse ein Schmerzensgeld mit verhaltenssteuernder Wirkung deutlich höher ausfallen als die bisher in Deutschland üblichen Beträge (vgl OTT/SCHÄFER JZ 1990, 563, 573), und die Präventionsfunktion kann auch nur dann ihre Wirkung entfalten, wenn die Ersatzleistung nicht von einer Haftpflichtversicherung gedeckt wird. Die bis in die Gegenwart anhaltende Tendenz der Entwicklung des Schadensrechts ist aber gerade – nicht zuletzt zum Schutze potentieller Opfer – der Ausbau der Haftpflichtversicherung und nicht deren Einschränkung. Hierzu würde ein „Präventions-Schmerzensgeld" nicht passen. Im übrigen gelten dagegen dieselben Bedenken wie gegen den Gedanken der Privatstrafe im allgemeinen. – In der Rechtsprechung spielt die Prävention bei deutlich **verzögerter**

Schadensregulierung eine Rolle (OLG Karlsruhe NJW 1973, 851; OLG München NZV 1993, 434; OLG Frankfurt aM DAR 1994, 21 f; OLG Nürnberg VersR 1997, 502; VersR 1997, 1108; OLG Frankfurt aM NJW 1999, 2447; OLG Naumburg NZV 2002, 459; LG Saarbrücken ZfS 2001, 255). Dies richtet sich vor allem gegen den Haftpflichtversicherer und nicht gegen den Schädiger selbst. In solchen Fällen passt der Präventionsgedanke von vornherein nur, wenn der Haftpflichtversicherer Schuldner des Opfers ist (§ 3 Nr 1 S 1 PflVG). Aber selbst dort ist eine solche Verselbständigung dieses Gedankens nicht mit der geltenden Gesetzeslage zu vereinbaren. Denn zögerliche Erfüllung berechtigter Ansprüche und sogar mutwilliger Bruch bestehender Verpflichtungen ist keine Eigenheit von Schadensersatzverpflichtungen wegen Verletzung der in § 253 Abs 2 genannten Rechtsgüter. Auch der Gesetzgeber des 2. SchadÄndG hat sich jedoch nicht dazu entschlossen, Schmerzensgeld zB für groben Vertragsbruch vorzusehen. Daher erscheint es willkürlich, aus den vielen oft bedenklichen Fällen mangelnder Zahlungsmoral gerade die zahlungsunwilligen Haftpflichtversicherer bei Verpflichtungen zum Schadensersatz wegen Verletzung der nach § 253 Abs 2 geschützten Rechtsgüter herauszugreifen und ihnen einen „Denkzettel" zu erteilen (wenigstens vorsichtige Einschränkungen gegenüber der Rspr auch in der Lit, zB LANGE in: LANGE/SCHIEMANN 444; BAMBERGER/ROTH/SPINDLER Rn 44; Kommentarlose Wiedergabe der Rechtsprechung etwa von MünchKomm/OETKER Rn 52; SOERGEL/ZEUNER § 847 Rn 30; PALANDT/HEINRICHS Rn 20; auch noch ERMAN/SCHIEMANN[10] [2000] § 847 Rn 11). Ähnlich wie die Leistungsverzögerung ist das sonstige Verhalten bei der Regulierung und in der prozessualen Auseinandersetzung zu beurteilen (**aA** zB OLG Karlsruhe NJW-RR 1995, 94; OLG Düsseldorf VersR 1995, 1317). Bei schwerem Fehlverhalten (zB Beleidigungen und Verleumdungen) kommt jedoch ein Schadensersatz wegen Persönlichkeitsverletzung in Betracht. Auch (weitere) Gesundheitsschäden, die durch das Regulierungsverhalten mitverursacht worden sind, müssen unter Berücksichtigung des § 253 entschädigt werden.

7. Die Abwägung

a) Maßstab für die Geldleistung nach § 253 Abs 2 ist die **Billigkeit**. Der Inhalt des Anspruchs ist demnach vom Richter aufgrund seines Ermessens festzulegen. Irreführend ist jedoch die verbreitete Bezeichnung dieses Ermessens als frei. Vielmehr hat der Richter eine **Abwägung** aller maßgeblichen Gesichtspunkte vorzunehmen. Dazu gehören insbesondere Art und Dauer der Schäden, die individuellen Umstände des Geschädigten, die Tatsituation einschließlich der eigenen Mitwirkung des Geschädigten, die persönliche Beziehung zwischen Schädiger und Geschädigtem, die wirtschaftlichen Belange des Ersatzpflichtigen – auch und gerade wenn es sich letztlich um die Versichertengemeinschaft handelt (BGH VersR 1976, 967; VersR 1993, 585; BGHZ 127, 186, 189 ff) – und die in vergleichbaren Fällen bisher gewährten Beträge. Hat der Richter die genannten Gesichtspunkte in sein Kalkül aufgenommen, erfolgt die Abwägung allerdings nach „freier Überzeugung" im Sinne des § 287 Abs 1 S 1 ZPO (vgl dazu BGH NJW-RR 2002, 166). Aber auch diese Überzeugungsbildung ist in Wahrheit nicht völlig frei. Zu den für die Abwägung relevanten Tatsachen gehören auch Entscheidungen zu vergleichbaren Sachverhalten. Sie sind in den gängigen **Schmerzensgeldtabellen** (insbesondere HACKS/RING/BÖHM, ADAC-Handbuch Schmerzensgeldbeträge, Buch mit CD-ROM [24. Aufl 2004]; SLIZYK/SCHLINDWEIN, IMM-DAT, Die Schmerzensgeld-Datenbank, CD-ROM mit Handbuch) leicht zugänglich. Auch wenn es im Gegensatz zum Sozialversicherungsrecht keine „Gliedertaxen" oä bei § 253 Abs 2 geben soll, sind die bisher in vergleichbaren Fällen gewährten Beträge ein Anhaltspunkt; will der Richter hiervon abweichen, hat er dies zu begründen (BGH VersR 1976, 967; OLG Düsseldorf NJW-RR 1993, 156, 158 f); sonst mag der Hinweis genügen, dass es sich um einen „typischen" Fall handelt. Allerdings sind die Beträge vor allem in älteren Vergleichsfällen daraufhin zu würdigen, dass inzwischen eine Geldentwertung eingetreten sein kann oder auch das Schmerzensgeldniveau insgesamt gestiegen ist. Der Richter muss ferner in Betracht ziehen, dass die Präzedenzentscheidung auf einem zu niedrigen Klageantrag beruhen kann (vgl OLG Köln VersR 1995, 550; LG Flensburg NJW 1999, 1640). Erst 1996 hat der BGH (BGHZ 132, 341) entschieden, dass dem Richter durch die Angabe eines Mindestbetrages oder einer Größenordnung im Klageantrag keine Grenze nach oben zur Festsetzung der billigen Entschädigung gesetzt ist. Mit diesen Maßgaben sind die in den Tabellen erfassten Vergleichsbeträge für die meisten Fälle nach Inkrafttreten des 2. SchadÄndG weiterhin brauchbare Anhaltspunkte.

b) Als **Schadensart** kommen sowohl körperliche als auch psychische Schäden in Betracht. Ebenso wenig ist die in der Gesundheitsbeeinträchtigung liegende Störung des gewohnten oder geplanten Lebensvollzuges etwa deshalb unterschiedlich zu bewerten, weil sie auf eine organische Verletzung oder auf einen „Schock" zurückgeht. Eine Wesensänderung des Verletzten bis hin zu einer unfallbedingten Neigung zu kriminellem Verhalten bildet daher einen wichtigen Faktor für die Schmerzensgeldbemessung (BGH NJW 1979, 1654), ebenso die Zerstörung einer Ehe (vgl BGH VersR 1982, 1141; ablehnend aber OLG Köln NJW-RR 1996, 986), eines Verlöbnisses oder einer nichtehelichen Partnerschaft (Münch/Komm/OETKER Rn 42; allgemein zur Reduzierung sozialer Kontakte OLG Hamm VersR 2002, 491, 493). **35**

Bei **Dauerschäden** ist als individuelle Komponente zu berücksichtigen, ob das Leben des Verletzten weithin vor ihm liegt oder ob er nur noch eine geringe Lebenserwartung hat. Dies soll nach BGH (BGHZ 138, 388, 394) auch dann gelten, wenn die Lebenserwartung durch die Verletzung selbst verkürzt worden ist. Richtiger wird zu differenzieren sein: Schon die sichere Aussicht auf eine Verkürzung des Lebens gehört zu den schwersten immateriellen Schäden (OLG Koblenz NJW 1996, 1600; Münch-Komm/OETKER Rn 43). Kämpft ein Schwerverletzter bei Bewusstsein wochen- oder monatelang letztlich erfolglos um sein Leben, liegt auch gerade darin eine erhebliche Minderung seiner Lebensqualität, die bei der Bemessung des Schmerzensgeldes nicht vernachlässigt werden darf (LANGE in: LANGE/SCHIEMANN 441; vgl auch insbesondere OLG München VersR 1970, 643; MünchKomm/STEIN[3] § 847 Rn 8, 31). Dem Einfluss dieses Faktors kann freilich rein finanziell gesehen die Tatsache gegenüberstehen, dass der Verletzte wegen seines Todes die sehr schweren Verletzungen während einer relativ kurzen Zeit zu tragen hat; dies wirkt sich dann mindernd auf das Schmerzensgeld aus (BGH NJW 1976, 1147; OLG München NZV 1997, 440; MünchKomm/OETKER Rn 43). Hat der Geschädigte durch die Schwere der Verletzung die **Wahrnehmungsfähigkeit** für sein Leiden überhaupt **verloren**, ist auch dies eine schwerste Beeinträchtigung, für die ein Schmerzensgeld mit Ausgleichsfunktion angemessen ist (und nicht mehr nur eine Leistung symbolischen Charakters wie noch nach BGH NJW 1976, 1147; 1982, 2123). In diesem Sinne hat der BGH zunächst in Fällen langdauernder Wirkung einer Persönlichkeitszerstörung entschieden (BGHZ 120, 1; BGH NJW 1993, 1531). Später (BGHZ 138, 388) hat er jedoch klargestellt, dass auch beim alsbaldigen Tod des Verletzten ein Schmerzensgeld zum Ausgleich der Schwerstverletzung in Betracht kommt (ablehnend dazu C HUBER NZV 1998, 345 ff). Wacht der **36**

Verletzte gar nicht mehr aus dem Koma auf und stirbt kurze Zeit nach der Verletzung, ist ein Schmerzensgeldanspruch aber jedenfalls zu verneinen (BGHZ 138, 388. Zu den Beträgen bei abgrenzbaren Verletzungen vor dem späteren Tod LANGE in: LANGE/SCHIEMANN 441 Fn 98, 99). Wonach die Entschädigung bemessen werden soll, wenn die Persönlichkeit des Geschädigten zerstört und die verbliebene Lebensdauer noch nicht abzusehen ist, bleibt noch zu klären. Die bisher gewährten Beträge weichen stark voneinander ab (vgl OLG Oldenburg VersR 1994, 1071; OLG Hamm VersR 1994, 441; VersR 2001, 1384).

37 c)   Der Verlust wirtschaftlicher Möglichkeiten kann nicht bei der Bemessung des Ersatzes für immaterielle Schäden herangezogen werden. Der Verlust der Arbeitsfähigkeit ist vielmehr als materieller Schaden unter der Voraussetzung der §§ 842f zu ersetzen (vgl BGH NJW 1982, 1589). Da der entscheidende Grund für die Gewährung von Schmerzensgeld jedoch der Eingriff in den Lebensvollzug des Opfers ist, kann die über den materiellen Ertrag hinausgehende **Selbstverwirklichung in der Arbeit**, insbesondere bei der Erfüllung eines gehobenen, besonders angesehenen Berufs, für die Höhe des Ersatzes immaterieller Schäden bedeutsam sein (BGH VersR 1976, 967; vgl auch die Fälle der Berufsaufgabe wegen Verlusts des Geruchssinnes OLG Frankfurt aM VersR 1987, 1140; OLG Oldenburg DAR 1991, 302). Nicht weniger kann die Vereitelung eines Berufsziels noch während oder vor der Ausbildung als immaterieller Folgeschaden Berücksichtigung finden (OLG Köln VersR 1992, 714). Dieser Nachteil kann freilich im Einzelfall, auch wenn es beim Schmerzensgeld keine Vorteilsausgleichung im strengen Sinne gibt, dadurch gemindert oder aufgehoben werden, dass der Geschädigte letztlich trotz Vereitelung des „Traumberufs" eine befriedigende Berufstätigkeit ergreifen konnte (LANGE in: LANGE/SCHIEMANN 442). Auch schon der verletzungsbedingte Zwang zu einem Schulwechsel kann als ein immaterieller Schaden berücksichtigt werden (OLG Hamm OLG-Rp 1999, 256).

38 d)   Dauerschäden an Körper und Gesundheit begründen schon ohne Auswirkungen auf den sonstigen Lebensvollzug regelmäßig einen Schmerzensgeldanspruch. Dazu gehört etwa die Erhöhung des Infektionsrisikos durch den Verlust eines Organs (OLG Düsseldorf OLG-Rp 1998, 74; OLG Celle OLG-Rp 2001, 252) oder eine sichtbare Entstellung, wobei diese entsprechend der sozialen Einschätzung zB bei jüngeren Frauen höher bewertet werden muss als bei Männern (OLG Köln VersR 1990, 434; KG VersR 1992, 974; OLG Frankfurt aM DAR 1994, 119; OLG Nürnberg DAR 1994, 157). Weitere hier in Betracht kommende Schäden sind verletzungsbedingte Depressionen (MünchKomm/OETKER Rn 40), Verlust eines Auges oder Erblindung (OLG Hamm NJW-RR 2000, 1193; OLG Köln ZfS 1998, 328; OLG Nürnberg VersR 2002, 499), Verlust des Geruchssinns (OLG Köln NJW-RR 1993, 919), Verlust der Zeugungs- oder Gebärfähigkeit (OLG Jena OLG-NL 1998, 30).

39 e)   **Individuelle Umstände des Geschädigten** können sich anspruchsmindernd auswirken, zB wenn das Wohlbefinden des Verletzten durch Vorschäden oder eine Schadensdisposition (vor allem bei psychischen Schäden) mindestens latent bereits beeinträchtigt war (BGH VersR 1981, 1178; NJW 1997, 455; OLG München VersR 1992, 508; NZV 1993, 434; OLG Köln NJW-RR 1993, 919; OLG Oldenburg VersR 1997, 375). Besondere Probleme bereiten Fälle dispositionsbedingter mangelhafter Schadensverarbeitung. Seit BGHZ 132, 341 ist jedoch höchstrichterlich entschieden, dass abgesehen von Bagatellfällen als Auslösern der Reaktion auch neurotische Fehlverarbeitungen durch den Verletzten dem Schädiger zuzurechnen und dann auch durch ein Schmerzensgeld zu entschädigen sind. Die besondere Schadensanfälligkeit wirkt sich dann nur noch anspruchsmindernd aus (BGH VersR 1991, 704; BGHZ 132, 349). – Nicht ohne weiteres zu berücksichtigen ist der Verlust von Freizeitbeschäftigungen wie Hobbys, Wandern, Sport (LANGE in: LANGE/SCHIEMANN 442; aA zB OLG Frankfurt aM DAR 1994, 21). Erst wenn es sich um einen wesentlichen Teil des Lebensinhaltes handelte, kommt eine Entschädigung für deren Verlust in Betracht (MünchKomm/OETKER Rn 41 mNw Fn 117). Andererseits kann nach der Rspr schon ein verdorbener Urlaub Grund für ein höheres Schmerzensgeld sein (BGHZ 86, 212, 217). Dies gilt verstärkt und unbezweifelbar für die Zerstörung wesentlicher persönlicher Beziehungen (siehe schon oben Rn 35), zB für den Verlust des Partners bei demselben Unfall (OLG Celle VersR 1987, 993) oder für den Schockschaden infolge des Verlusts von gleich drei Kindern bei einem grob verkehrswidrig herbeigeführten Verkehrsunfall (OLG Nürnberg DAR 1995, 447 und dazu BVerfG NJW 2000, 2187).

f) Wie bereits oben (Rn 31) erwähnt, kann bei der Abwägung uU auch der **40** **Verschuldensgrad** eine Rolle spielen. Dies gilt jedenfalls für grob verkehrswidriges, leichtfertiges und vorsätzliches Verhalten. In noch größerem Umfang zu berücksichtigen ist die **Mitwirkung des Geschädigten** durch Mitverschulden oder mitwirkende Betriebsgefahr (BGHZ 20, 259; BGH NJW 1983, 624; NZV 1991, 305). Hierbei ist jedoch nicht ein zunächst „an sich" angemessenes Schmerzensgeld zu bilden und dann quotal zu kürzen. Vielmehr bildet die Mitwirkung einen von vielen Abwägungsgesichtspunkten für die Begründung des billigen Betrages. Bei überwiegendem Mitverschulden kann der Anspruch auf Schmerzensgeld ausgeschlossen sein (OLG Frankfurt aM NJW 2000, 1424). Davon wird aber bei schwersten Verletzungen mit Recht eine Ausnahme gemacht (OLG Köln VersR 1993, 114; OLG Hamm NZV 2002, 235).

g) Das Gefühl der „Kränkung" durch die aufgezwungene Änderung der Lebens- **41** weise kann geringer als in anderen Fällen sein, wenn zB Täter und Opfer im **gemeinsamen Sport** oder durch eine **Gefälligkeit** des Ersatzpflichtigen miteinander verbunden waren (BGHZ 18, 149, 158 f; OLG Frankfurt aM VersR 1975, 1053; OLG Karlsruhe VersR 1977, 936; OLG Köln ZfS 1989, 77; aA für Gefälligkeitsfahrt und langjährige Freundschaft OLG Hamm VersR 1999, 1376). **Familienrechtliche Beziehungen** zwischen den Parteien können sich unter diesem Blickwinkel gleichfalls auf das Schmerzensgeld auswirken, stehen ihm aber nicht grundsätzlich entgegen (BGHZ 61, 101, 105 ff; OLG Karlsruhe VersR 1977, 232; OLG Hamm VersR 1998, 1392).

h) Die beiderseitigen **Vermögensverhältnisse** sind nur ausnahmsweise für den **42** Anspruch von Belang (BGH NJW 1995, 1438). Mittellosigkeit befreit den Schädiger nicht von der Ersatzpflicht. Tritt eine Haftpflichtversicherung ein, kommt es auf die geringe Leistungsfähigkeit des Schädigers selbst nicht an (BGH VersR 1966, 561; NJW 1993, 1531). Dies bedeutet aber nur, dass ein sonst aus Billigkeit geringer zu bemessendes Schmerzensgeld auf das „Normalmaß" erhöht wird. Ein besonders hoher Betrag nur wegen der Einstandspflicht einer Versicherung ist nicht gerechtfertigt (LANGE in: LANGE/SCHIEMANN 445). Die schlechte Vermögenssituation des **nicht versicherten** Schädigers ist kein Grund, dem Geschädigten überhaupt kein Schmerzensgeld zuzuerkennen (OLG Köln VersR 2002, 65). Bei leichtfertigem Verzicht auf Versicherungsschutz und bei Vorsatztaten wird regelmäßig auf die geringe Leistungsfähigkeit des Schuldners keine Rücksicht zu nehmen sein. Bei schädigendem Verhalten eines Erwachsenen tragen auch die Gründe nicht, die das Bundesverfassungsgericht zur Begrenzung der Einstandspflicht aus Interzessionsverträgen veranlasst hat (vgl BVerfGE 89, 214, 231 f).

43 Auf die **Vermögenslage des Geschädigten** kommt es **nicht** an (aA BGHZ 18, 149, 159). Denn der Wert der Persönlichkeit darf nicht nach Reichtum oder Armut der Person beurteilt werden. Wie der Verletzte das Schmerzensgeld verwendet, ist allein seine Sache. Demzufolge braucht er auch nicht darzulegen, auf welche Weise er sich mit der Entschädigung einen Ausgleich für seine Einbußen an Lebensfreude verschaffen will und dass die beabsichtigte Verwendung der Entschädigung wirtschaftlich sinnvoll ist (BGH NJW 1991, 1544). Ebenso wenig ist zu berücksichtigen, ob der Geschädigte aufgrund des Unfalls eine nach abstrakten Maßstäben berechnete Unfallrente erhält, obwohl er keine Erwerbseinbuße erleidet (BGH NJW 1982, 1589; LANGE in: LANGE/SCHIEMANN, 445) oder ob ihm ein Unfallausgleich nach § 35 BVersG gezahlt wird (OLG Hamm NJW-RR 1994, 991). Ist wegen der Verletzung sogar eine **Strafe oder** ein **Bußgeld** verhängt worden oder ein Strafverfahren gegen Zahlung einer **Buße** nach § 153a StPO eingestellt worden, soll hingegen das Schmerzensgeld wegen der hierdurch bereits erfüllten Genugtuung gemindert werden (OLG Celle JZ 1970, 548; OLG Düsseldorf NJW 1974, 1289; VersR 1997, 66). Dem ist jedoch nicht zu folgen, weil der Gedanke einer Genugtuung von einer privaten Strafe gerade unterschieden werden muss (vgl oben Rn 28 ff).

44 i)   Zusätzliche Schwierigkeiten der Abwägung ergeben sich bei der **Verantwortlichkeit mehrerer** für das Schmerzensgeld, insbesondere wenn der Geschädigte selbst zum schädigenden Geschehen beigetragen hat, so dass beim Ersatz des materiellen Schadens ein Mitverschulden des Gläubigers zu berücksichtigen ist. Wie auch sonst kann, was „angemessen" im Sinne des § 253 Abs 2 ist, in diesen Fällen nicht Resultat einer Rechenoperation sein. Hinzu kommt, dass die Genugtuungsfunktion jeweils gegenüber einzelnen Verursachern unterschiedliches Gewicht haben kann. Das von der Rspr sonst bei Nebentätern bevorzugte Modell einer Kombination von Gesamtschau und Einzelabwägung (dazu genauer § 254 Rn 137 ff), uU ergänzt durch den Gedanken einer Haftungseinheit zwischen einzelnen Beteiligten, passt daher für den Anspruchsinhalt des § 253 Abs 2 nicht (BGHZ 54, 283, 286 f; OLG Düsseldorf NJW-RR 1995, 281; für eine Gesamtschau auch bei § 253 Abs 2 aber H ROTH, Haftungseinheiten bei § 254 BGB, 1982, 127 ff und im Ergebnis LOOSCHELDERS, Die Mitverantwortlichkeit des Geschädigten im Privatrecht [1999] 637 f wegen der dem Schmerzensgeld allein zukommenden Ausgleichsfunktion).

8.   Art und Höhe des Anspruchs

45 Regelmäßig wird das Schmerzensgeld als **Kapitalbetrag** geschuldet. Dieser Betrag kann auch in Raten zugesprochen werden. Dadurch darf aber nicht die Einheitlichkeit der Entschädigung beeinträchtigt werden. Deshalb ist eine Zerlegung in einzelne Zeitabschnitte nicht zulässig (OLG Düsseldorf NJW-RR 2001, 890), ebenso wenig eine zeitliche Begrenzung (OLG Hamm VersR 2001, 1386). Wegen der Funktion des Schmerzensgeldes, eine Kompensation für Dauerschäden zu bewirken, ist ferner über den Wortlaut der Vorschrift hinaus eine **Rente** statt des Kapitalbetrages oder in Ergänzung zu ihm möglich (BGH NJW 1957, 383; 1973, 1653). Ein Kapitalbetrag empfiehlt sich für bereits eingetretene, eine Rente für künftig andauernde Schäden. Die

Rente ist die der Billigkeit entsprechende Entschädigung, wenn eine dauernde schwere Beeinträchtigung vorliegt, die sich immer wieder erneuernd fortwirkt und immer wieder als schmerzlich empfunden wird (BGH VersR 1968, 475; 1976, 967). Die Rente ist nach der neueren Rechtsprechung des BFH (NJW 1995, 1238), wie schon immer der Kapitalbetrag, mangels Nennung unter den Einkunftsarten des § 2 Abs 1 EStG steuerfrei. Für eine Rente soll auch sprechen, dass sie vom Ersatzpflichtigen uU leichter aufgebracht werden kann (BGHZ 18, 149, 167). Bei Deckung durch die Haftpflichtversicherung spielt dies aber jedenfalls keine Rolle. Eine Dynamisierung der Rente ist währungsrechtlich bedenklich (vgl zum früheren § 3 WährG BGH NJW 1973, 1653). Eine Anpassungsklausel im Rentenurteil wäre wie in Verträgen genehmigungsbedürftig nach § 2 Abs 1 PaPkG. Deshalb braucht der Geschädigte bei Änderungen des Geldwertes aber nicht allein auf den Weg der Anpassungsklage nach § 323 ZPO verwiesen zu werden (dazu OLG Nürnberg VersR 1992, 623: 10% Entwertung genügen nicht). Möglich erscheint die Auferlegung einer Anpassungspflicht der Parteien selbst nach dem Muster der Neuverhandlungspflicht bei Verträgen, die in § 313 Abs 1 nF die gesetzliche Anerkennung gefunden hat.

Obwohl die Zuerkennung einer Rente auf dem Billigkeitsermessen des Richters beruht, wird vielfach bezweifelt, dass die Verurteilung zu einer Geldrente auch ohne einen entsprechenden **Klageantrag** erfolgen könne. Während der BGH (BGHZ 132, 341, 350 ff) die Höhe der Verurteilung entgegen § 308 Abs 1 ZPO nicht davon abhängig macht, dass der Kläger den Betrag in dieser Höhe oder wenigstens in dieser Größenordnung geltend gemacht hat, neigt er (BGH NJW 1998, 3411) bei der Verurteilung zu einer Geldrente zu der Anwendung des § 308 Abs 1 ZPO. Dieses Ergebnis wird ua damit begründet, dass die Rente gegenüber dem Kapitalbetrag kein *plus* sondern ein *aliud* sei (MünchKomm/Oetker Rn 57). Dies überzeugt aber nicht angesichts der gleichen gemeinsamen Wurzel in der Billigkeitsentscheidung des Richters. Für die Maßgeblichkeit eines entsprechenden Verlangens des Geschädigten spricht immerhin dessen Autonomie (vgl OLG Schleswig VersR 1992, 462), wie er ja auch in der Verwendung des Schmerzensgeldes frei ist (oben Rn 43). Ausreichend ist aber ein Hilfsantrag auf Rente (Geigel/Pardey Rn 7.26). Die Rente selbst kann auf Lebenszeit oder auf begrenzte Zeit (BGH NJW 1975, 1463), in gleichbleibenden Beträgen oder mit Abschlägen bei allmählichem Nachlassen der Dauerwirkung wie auch mit Aufschlägen bei voraussehbarer Steigerung der Verletzungswirkungen zugesprochen werden (Lange, in: Lange/Schiemann 448). Üblich ist eine **Verbindung der Rente mit einem Kapitalbetrag**: Letzterer wird für die schon eingetretene Beeinträchtigung gewährt, die Rente für die fortdauernden immateriellen Schäden. In solchen Fällen müssen Kapital und Rente in einem ausgewogenen Verhältnis stehen (Geigel/Pardey Rn 7.21). Um dies feststellen zu können, muss der Kapitalwert der Rente berechnet werden. Maßgeblich dafür ist regelmäßig die durchschnittliche Lebenserwartung (MünchKomm/Oetker Rn 63).

Die **Höhe** des Schmerzensgeldes ist vor allem für schwerste Verletzungen lange als unzureichend empfunden worden, ist jedoch in den letzten Jahrzehnten kontinuierlich weit über die Inflationsrate hinaus gestiegen: Während bis zum Ende der siebziger Jahre noch höchstens 100 000 DM (50 000 Euro) gewährt wurden (vgl Scheffen ZRP 1999, 189), hat inzwischen der Höchstbetrag 500 000 Euro erreicht (OLG Hamm VersR 2002, 1163 für eine Hirnschädigung mit schwerster Behinderung infolge eines ärztlichen Fehlers bei der Geburt). Hiermit nimmt das Ersatzniveau europaweit eine

Spitzenstellung ein (Beispiele ua bei LANGE in: LANGE/SCHIEMANN 447; GEIGEL/PARDEY Rn 7. 63–66, 79; rechtsvergleichend vBAR, in: FS Deutsch [1999] 27 ff). Nachholbedarf scheint noch bei Sexualdelikten (Übersicht bei GEIGEL/PARDEY Rn 75) und bei Schockschäden (aaO Rn 7. 72) zu bestehen (so auch die Einschätzung von LANGE in: LANGE/SCHIEMANN 447).

9. Vererbung, Übertragung, Verpfändung

48 Der Anspruch auf Schmerzensgeld ist wie jeder vermögensrechtliche Anspruch **vererblich und übertragbar**. Dies ist erst durch G v 14. 3. 1990 (BGBl 1990, I, 478) mit Wirkung zum 1. 7. 1990 eingeführt worden. Bis dahin sah § 847 Abs 1 S 2 vor, dass der Anspruch unübertragbar und unvererblich war, es sei denn, er war vor dem Tode des Verletzten rechtshängig geworden oder der Schädiger hatte ihn anerkannt. Diese Regelung, die wegen der allgemeinen Zurückhaltung des BGB-Gesetzgebers gegenüber einem Ersatz von Drittschäden und somit auch einem Schmerzensgeld wegen des Verlusts naher Angehöriger (dazu oben Rn 13) verständlich war, führte zuweilen zu einem unguten „Wettlauf mit dem Tode". Unter der von § 847 Abs 1 in § 253 Abs 2 übernommenen Regelung bleibt es freilich eine schwierige Aufgabe vor allem für Ärzte und Betreuer, nunmehr einen „Wettlauf um das Überleben" zu vermeiden, bei dem der Schwerstverletzte nur deshalb eine Weile künstlich am Leben gehalten wird, weil sich die Erben davon einen auf sie übergehenden Schmerzensgeldanspruch nach den oben (Rn 36) dargestellten Grundsätzen erhoffen. Mit der Übertragbarkeit ist der Anspruch **pfändbar** und verpfändbar (§§ 851 Abs 1 ZPO, 1247 Abs 2 BGB), fällt in die **Insolvenzmasse** und in das **Gesamtgut** einer Gütergemeinschaft (§ 1416 Abs 2).

10. Prozessuales

49 Der **Klageantrag** auf Schmerzensgeld braucht entgegen § 253 Abs 2 Nr 2 ZPO nicht beziffert zu werden. Dann muss die Größenordnung, die sich der Kläger vorstellt, aber wenigstens auf andere Weise ermittelt werden können. Dies ist möglich, wenn dem Gericht die tatsächlichen Grundlagen für die Ermittlung des angemessenen Betrages unterbreitet werden (BGHZ 132, 341, 350; GEIGEL/PARDEY Rn 7.25 mNw). Ausreichend ist auch die Angabe eines Mindestbetrages. Das Gericht ist daran nach oben nicht gebunden (BGHZ 132, 341). Eine **Beschwer** liegt dann jedoch nur vor, wenn dieser Betrag unterschritten wird (BGH VersR 1977, 861; NJW 1999, 1339). Fehlt es hieran, genügt die Annahme eines Mitverschuldens des Klägers durch das Gericht entgegen dem Klägervortrag nicht für eine Beschwer (BGH NJW 2002, 212).

50 Der **Streitwert** des Schmerzensgeldprozesses ergibt sich entweder aus dem vom Kläger verlangten Mindestbetrag oder – wenn das Gericht über der vom Kläger genannten Größenordnung bleibt – aus dem zugesprochenen Betrag (BGHZ 132, 341, 352). Für das **Urteil** gelten folgende Besonderheiten: Auch über das Schmerzensgeld ist ein Grundurteil möglich. Zweifelhaft ist jedoch die Behandlung eines Mitverschuldens darin. Der Angabe einer Haftungsquote steht entgegen, dass materiellrechtlich überhaupt keine Quote gebildet wird (oben Rn 40; **aA** OLG Bremen NJW 1966, 781; OLG Nürnberg NJW 1967, 1516). Vielmehr kann nur festgestellt werden, dass bei der Bemessung der billigen Entschädigung ein (prozentual festzulegender) Mitverschuldensanteil zu berücksichtigen ist (OLG Celle NJW 1968, 1785; OLG Köln VersR 1989, 206; MünchKomm/OETKER Rn 70 mwNw). Ein Teilurteil kann in dem Umfang erlassen werden, soweit die Zuerkennung eines Teilbetrages überhaupt zulässig ist (oben Rn 45). Dies ist der Fall, wenn noch nicht alle immateriellen Schäden feststehen (BGH NJW 1975, 1463). In Betracht kommt dann eine Verbindung von Grund- und Teilurteil (MünchKomm/OETKER Rn 61 mNw). Ein Urteil, das die Verpflichtung zum Ersatz jedes weiteren Schadens **feststellt**, erstreckt sich im Zweifel auf die Verpflichtung zu Schmerzensgeld (BGH NJW 1985, 2022). Für ein Feststellungsurteil über künftiges Schmerzensgeld genügt die Möglichkeit, dass aus der Verletzung (weitere) immaterielle Schäden entstehen können (BGH NJW 1988, 2300; 1991, 2707; 1998, 160). Andererseits sperrt die Rechtskraft eines Schmerzensgeldurteils regelmäßig eine neue Klage wegen weiterer erheblicher Beeinträchtigungen (BGH NJW 1995, 1614; MünchKomm/OETKER Rn 71 mwNw Fn 205).

IV. Geldersatz für die Verletzung des Allgemeinen Persönlichkeitsrechts

1. Geldentschädigung trotz fehlender Regelung in § 253

Nicht erwähnt wird in § 253 Abs 2 neben den aufgezählten Lebensgütern das Allgemeine Persönlichkeitsrecht. Da mit dem Recht auf sexuelle Selbstbestimmung eine konkrete Ausformung des Allgemeinen Persönlichkeitsrechts ausdrücklich durch einen Schmerzensgeldanspruch geschützt wird (oben Rn 22), ist nach allgemeinen Auslegungsregeln eine Begründung für Geldersatz wegen Verletzung des Allgemeinen Persönlichkeitsrechts mit Hilfe des § 253 Abs 2 nicht möglich. Da § 253 Abs 1 ein Analogieverbot enthält, müsste der Geldersatz für den immateriellen Schaden an der Persönlichkeit überhaupt ausgeschlossen sein. Der BGH hat sich jedoch schon seit 1958 für Geldentschädigungen bei Verletzungen des Persönlichkeitsrechts offen über § 253 aF (jetzt § 253 Abs 1) hinweggesetzt. Das ist zunächst mit einer Analogie zu § 847 aF (Freiheitsverletzung) begründet worden (BGHZ 26, 349 m abl Anm LARENZ NJW 1958, 827 „Herrenreiter"). § 253 aF wird in dieser ersten Entscheidung nicht einmal erwähnt. Auf die hiergegen gerichtete Kritik hin hat der BGH (BGHZ 35, 363, 367 „Ginsengwurzel") die Auseinandersetzung mit § 253 aF nachgeholt: Die dort bestimmte Einschränkung des Geldersatzes bei Nichtvermögensschäden widerspreche der Wertentscheidung von Art 1 u 2 Abs 1 GG für einen umfassenden Schutz der menschlichen Persönlichkeit. Diese Rechtsfortbildung ist inzwischen verfassungsrechtlich anerkannt (BVerfGE 34, 269; dazu krit E HIRSCH AcP 175 [1975] 471). **51**

Eine **überzeugende Begründung** für diese Abwendung vom Gesetz ist dem BGH freilich **nicht gelungen**. So ist niemals deutlich herausgearbeitet worden, warum die Verstärkung des Schutzes der Persönlichkeit, die durchaus dem Sinn des GG entspricht, gerade durch einen zivilrechtlichen Anspruch auf Geldentschädigung zu erfolgen hatte (so auch GIESEN NJW 1971, 801, 802 mwNw). Eine andere Möglichkeit wäre zB die Ausweitung der Bußvorschriften des Strafrechts gewesen. Stattdessen sind diese Vorschriften (vor allem §§ 188, 231 StGB) durch das EinführungsG zum StGB v 2. 3. 1974 ohne nennenswerten Widerstand aufgehoben worden. **52**

Tragende zivilrechtliche Grundlage für die Gewährung eines Schmerzensgeldes bei Persönlichkeitsverletzungen ist dessen **Genugtuungsfunktion** (so schon BGHZ 26, 349, 358 unter Hinweis auf BGHZ GS 18, 149). Mit ihr hat das Schmerzensgeld gerade bei Persönlichkeitsverletzungen ein pönales Element erhalten (KERN AcP 1991 [1991] **53**

247 ff; E LORENZ, Immaterieller Schaden und „billige Entschädigung" in Geld [1981]) und die Grenze zu den Aufgaben des Strafrechts überschritten. Deshalb wird vielfach vertreten, das Schmerzensgeld sei bei krimineller Bestrafung des Täters zu mindern (vgl DEUTSCH, Allgemeines Haftungsrecht Rn 941; siehe dazu aber schon oben Rn 43). Der Geldersatz wegen Persönlichkeitsverletzung gerät so aber in gefährliche Nähe zu einer Verletzung von Art 103 Abs 2 GG (dazu schon oben Rn 30).

54 Später hat der BGH (BGHZ 128, 1; BGH NJW 1996, 984, „Caroline von Monaco I und II") zur Begründung des Anspruchs dessen **Präventionsfunktion** ganz in den Vordergrund gerückt. Dies war der Grund dafür, dass die Höhe der Entschädigung in eine neue Dimension gehoben worden ist, auch wenn der Abschreckungseffekt gegenüber den Medien selbst nach der spürbaren Erhöhung der Beträge auf über 100 000 Euro angesichts der Umsätze und Gewinne des betroffenen Wirtschaftszweiges bezweifelt werden muss (dazu PRINZ NJW 1996, 993). Andererseits erwecken die nunmehr festgelegten Beträge wegen der nach wie vor bestehenden Verwandtschaft zum „echten" Schmerzensgeld Bedenken, wenn man sie mit Entscheidungen zu Geldentschädigungen wegen Körper- und Gesundheitsverletzungen (dazu BVerfG NJW 2000, 2187) oder gar wegen Eingriffen in das Recht zur sexuellen Selbstbestimmung vergleicht. Der BGH (BGHZ 128, 1) hat betont, dass von der Entschädigung ein „echter Hemmungseffekt" gegenüber „rücksichtsloser Zwangskommerzialisierung" und „rücksichtsloser Vermarktung der Persönlichkeit" „unter vorsätzlichem Rechtsbruch zum Zwecke der Gewinnerzielung" als deren „Gegenstück" ausgehen müsse. Diesen Ansatz hat das BVerfG (NJW 2001, 1639) auch gegenüber dem Grundrecht der Medienfreiheit aus Art 5 Abs 1 S 2 GG als grundrechtlich legitimierten Persönlichkeitsschutz anerkannt.

55 Gerade bei der vom BGH vorgenommenen **Verbindung** von Prävention und **Gewinnabschöpfung** fragt sich jedoch, ob es sich zivilrechtsdogmatisch überhaupt um einen Anspruch auf Ersatz eines immateriellen Schadens handelt. Der BGH selbst (BGHZ 143, 214, „Marlene Dietrich") hat wenige Jahre später beim postmortalen Persönlichkeitsschutz die **vermögenswerten** Bestandteile des Persönlichkeitsrechts hervorgehoben, die daher auf die Erben übergehen können. Die unerlaubte Vermarktung der Persönlichkeit begründet nach BGH (aaO 231 f) ua einen Anspruch auf Gewinnherausgabe analog den Ansprüchen bei Verletzung des Urheberrechts (§ 97 Abs 1 S 2 UrhG) und gewerblicher Schutzrechte. Man kann bezweifeln, ob es sich hierbei überhaupt um einen Schadensersatzanspruch handelt (§ 249 Rn 200 f). Wenn man dies dennoch mit der st Rspr (seit RGZ 35, 63, „Ariston") bejaht, liegt aber jedenfalls ein Anspruch auf Ersatz materiellen Schadens (als „dritte Berechnungsmethode") vor, nicht auf immaterielle Entschädigung. Eine „Gewinnabschöpfung" unter dem bloßen Etikett eines Ersatzes für immaterielle Schäden wäre daher verfehlt (für „schon wieder" überholt hält BGHZ 128, 1 insoweit daher ERMAN/EHMANN Anh § 12 Rn 381).

56 Trotz dieser mE durchschlagenden methodischen Bedenken (dazu zusammenfassend insbesondere DIDERICHSEN AcP 198 [1998] 171, 193 ff) sind die meisten Ergebnisse der Rspr zum Persönlichkeitsrecht rechtspolitisch durchaus erwünscht. Nach der früheren Rechtslage wäre wohl auch ein Weg zur **analogen Anwendung des § 847 Abs 1 aF** in Anknüpfung an die dort genannten Persönlichkeitsgüter zu finden gewesen (LARENZ/CANARIS, Schuldrecht II 2 § 80 I 4a; CANARIS, in: FS Deutsch [1998] 99 f; H P WESTER-

MANN, in: Symposium für Canaris [1998] 131; LANGE in: LANGE/SCHIEMANN 452 f), zumal wenn man von einer Verwerfungskompetenz der Zivilrechtsprechung hinsichtlich des vorkonstitutionellen § 253 aF ausging. Gerade dieser Weg ist durch den Gesetzgeber des 2. SchadÄndG versperrt. Denn durch die Aufrechterhaltung des § 253 aF als § 253 Abs 1 nF ist die analoge Anwendung des § 253 Abs 2 nF ausdrücklich ausgeschlossen, und dies lässt sich auch nicht durch eine zivilrichterliche Verwerfung oder verfassungskonforme Reduktion des nunmehr unbezweifelbar nachkonstitutionellen § 253 Abs 1 heilen.

Demnach muss es als entscheidender **Mangel des 2. SchadÄndG** betrachtet werden, **57** dass es der Gesetzgeber unterlassen hat, die Geldentschädigung für die immaterielle Beeinträchtigung des Persönlichkeitsrechts nunmehr positiv zu regeln. Die dadurch besonders deutlich gewordene Lücke im Gesetz provoziert die Frage, ob die immer schon zweifelhafte Legitimationsgrundlage (vgl aus neuerer Zeit außer DIEDERICHSEN [oben Rn 56] nur GOUNALAKIS AfP 1998, 10, 14 ff; CANARIS, Grundrechte und Privatrecht [1999] 82 f) für die gefestigte Rspr zum Ersatz immaterieller Schäden bei Persönlichkeitsverletzungen nunmehr gänzlich weggefallen ist. Auch die vom BVerfG (NJW 2000, 1287) freilich nicht beanstandete Ungleichbehandlung der Fälle „echten" Schmerzensgeldes gegenüber den Fällen der Persönlichkeitsverletzung Prominenter erscheint auf Dauer nur hinnehmbar, wenn schon bei der Anspruchsbegründung genau differenziert und die „Entschädigung" für Persönlichkeitsverletzungen **ganz von § 253 Abs 2 gelöst** und stattdessen unmittelbar auf Ansprüche zur Gewinnabschöpfung (insbesondere § 687 Abs 2) gestützt wird. Nur so lässt sich der ungute Zustand überwinden, dass die Geldleistung wegen Persönlichkeitsverletzungen zwar Schadensersatz sein soll, aber im Schadensersatzrecht nicht geregelt ist. Zu beachten ist dabei auch, dass mindestens in den Fällen der Inanspruchnahme fremder Persönlichkeitsrechte durch die Medien die quasi-tatbestandlichen Voraussetzungen einer Entschädigung gar nicht (mehr) vorliegen: Wenn entsprechend der „Marlene Dietrich"-Doktrin ein Anspruch auf Gewinnabschöpfung als materieller Ausgleich begründet ist, kann keine Rede mehr davon sein, dass die Beeinträchtigung nicht in anderer Weise befriedigend ausgeglichen werden könne (dazu unten Rn 59). Jedenfalls kann man die Gewinnerzielung des Verletzers nicht (wie BGHZ 128, 1) als Argument für die Notwendigkeit einer immateriellen Entschädigung verwenden, wenn einerseits Ansprüche auf Gewinnabschöpfung bestehen und andererseits die „Entschädigung" doch nur deutlich hinter dem erzielten Gewinn zurückbleibt. Freilich könnte man gegenüber einem „echten" Abschöpfungsanspruch das Beweisproblem anführen wollen. Dies wird aber schon nach § 666 gemildert, und obendrein ist der Präventionsgesichtspunkt gerade im Beweisrecht eine legitime Grundlage für Erleichterungen zugunsten des Anspruchstellers (dazu der Vorschlag eines Anscheinsbeweises aus der Umsatzsteigerung von LANGE, in: LANGE/SCHIEMANN 454). Die Rspr scheint sich allerdings durch das gesetzgeberische Unterlassen eher bestätigt und bestärkt als behindert zu fühlen (in diesem Sinne G MÜLLER VersR 2003, 1,5). Zuzugeben ist ihr auch, dass bei der hier wiedergegebenen Sicht Lücken im Persönlichkeitsschutz für die Fälle bleiben, in denen nicht die Medien oder andere gewerbliche Nutzer fremder Persönlichkeitsrechte als Verletzer in Anspruch genommen werden, also etwa für die Fälle schwerer Ehrverletzungen unter „Normalbürgern". Aber gerade diese Lücke bedarf zunächst noch genauerer Beleuchtung unter dem Gesichtspunkt der Subsidiarität (unten Rn 59): Es mag sein, dass die mit Privatklage verfolgten strafrechtlichen Sanktionen das Genugtuungsbedürfnis nach heutigen Wertvorstellungen in solchen Fällen nicht mehr zu befriedigen vermögen (vgl oben Rn 2). Aber der insoweit vielleicht verfehlte Rückzug des Strafgesetzgebers enthält gewiss keine Rechtfertigung für eine widersprüchliche (Nicht-)Regelung durch den Zivilrechtsgesetzgeber und für eine methodisch nicht zu haltende Rspr von BGH und BVerfG. Verfehlte Rspr hat als Alibi für fehlende Gesetzgebung einen schwer erträglichen Zustand geschaffen. Zu ändern ist er aber wohl leider nicht (ähnlich LANGE in: LANGE/ SCHIEMANN 452).

2. Voraussetzungen der Geldentschädigung im Einzelnen

58 a) Der BGH (BGHZ 35, 363, 369 „Ginsengwurzel") hat zunächst den Anspruch auf Geldersatz davon abhängig gemacht, dass „den Schädiger der Vorwurf einer **schweren Schuld** trifft oder ... es sich um eine objektiv erheblich ins Gewicht fallende Beeinträchtigung des Persönlichkeitsrechts handelt". Doch hat die Rspr an dieser alternativen Fassung nicht konsequent festgehalten. So erscheint schon 1970 (BGH NJW 1970, 698, 699 „Helga" mNw) das einheitliche Erfordernis der **„schweren Verletzung"**. Zusätzlich verlangt der BGH dort, dass sich die Beeinträchtigung nicht in anderer Weise (zB durch Widerruf) befriedigend ausgleichen lasse (dazu unten Rn 59). Das BVerfG (BVerfGE 34, 269) stellt zwar die schwere Schuld und die erhebliche Beeinträchtigung zunächst nebeneinander, führt aber später (286) beides kumulativ auf. Nur diese Kumulation dürfte zivilrechtsdogmatisch zu halten sein (aA MünchKomm/RIXECKER § 12 Anh Rn 214). Denn häufig haben Persönlichkeitsverletzungen nicht dasselbe Gewicht wie Verletzungen des Körpers oder der Gesundheit (LARENZ/CANARIS, Schuldrecht II 2 § 80 I 4b). Vereinzelt hat der BGH (NJW 1982, 635) freilich auf das Erfordernis eines erheblichen Verschuldens verzichtet: Er hat dem Verletzer sogar das Risiko eines Rechtsirrtums aufgebürdet, dem er selbst in derselben Sache (NJW 1978, 1797) vor Aufhebung seiner Entscheidung durch das BVerfG erlegen war. Diese Entscheidung ist jedoch unrichtig und nicht verallgemeinerungsfähig. Der BGH ergänzt seit langem (grundlegend BGH VersR 1971, 465, 467 f „Pariser Liebestropfen") die Voraussetzungen „Bedeutung und Tragweite des Eingriffs" sowie „Grad des Verschuldens" durch das Merkmal **„Anlass und Beweggrund des Handelnden"** (st Rspr, vgl etwa BGHZ 132, 13, 27 „Lohnkiller" mwNw). In der Einzelprüfung spielen Anlass und Beweggrund aber kaum je eine Rolle, wenn die Abwägung zwischen Art 5 GG oder der Wahrnehmung berechtigter Interessen und der Persönlichkeitsbeeinträchtigung überhaupt zur Beurteilung als Verletzung des Persönlichkeitsrechts geführt hat. Die einzelnen Merkmale sind flexibel zu handhaben. So kann eine leichte Verletzung durch hartnäckige Wiederholungen zu einer schwerwiegenden werden (BGH NJW 1996, 985 „Prinz von Monaco"). Eine nicht erweislich wahre Behauptung kann sich jedenfalls als schwere Verletzung darstellen, wenn die Behauptung nicht sorgfältig recherchiert ist (BGHZ 132, 13 „Lohnkiller").

59 b) Aus der Methode der Lückenfüllung durch Zuerkennung einer Geldentschädigung zum Persönlichkeitsschutz hat sich die Voraussetzung der **Subsidiarität** erhalten. Hiernach kommt eine Geldentschädigung nur in Betracht, wenn die Beeinträchtigung nicht in anderer Weise ausgeglichen oder beseitigt werden kann (so schon BGHZ 35, 363, 369 „Ginsengwurzel"; 39, 124, 133 „Fernsehansagerin"). Als vorrangige Reaktionsmöglichkeit kommt etwa die Naturalrestitution in Betracht. Auch der (quasinegatorische) Widerruf, die vorbeugende Unterlassungsklage, eine presserechtliche Gegendarstellung (zu ihr ausführlich BAMBERGER/ROTH/BAMBERGER § 823 Anh Rn 111 ff) und eine Ehrenerklärung kommen in Betracht. Würde man das Subsidiaritätsmerkmal hinlänglich ernst nehmen, wären hier ferner der Gewinnabschöpfungsanspruch (oben Rn 55) und überhaupt die materiellen Ausgleichsansprüche (Ansprüche auf entgangenen Gewinn oder „abstrakte" Lizenzgebühr, § 249 Rn 199) zu nennen. Die Rspr (BGHZ 128, 1, 9) hat den Widerruf bei Verletzungen von Seiten der Medien dadurch gestärkt, dass sie die Veröffentlichung an gleicher Stelle wie die inkriminierte Darstellung verlangt. Aber selbst neben dieser Sanktion gewährt die Rspr aus Präventionsgründen zusätzlich eine Geldentschädigung bei vorsätzlicher, auf eigenen Gewinn zielender Verletzung (BGHZ 128, 1, 15 f). Bei Verletzungen der Privatsphäre versagen die genannten Abwehrmöglichkeiten von vornherein, weil sie das Besondere des Eingriffs – eben das Eindringen in die Privatsphäre – nicht beseitigen können.

3. Höhe der Entschädigung

Die Kriterien für die Zuerkennung einer Geldentschädigung überhaupt setzen sich **60** in der Bestimmung ihrer **Höhe** fort. Durch das Erfordernis einer schweren Verletzung erledigt sich die Frage nach Bagatellfällen von selbst (zweifelhaft daher zB AG Berlin-Mitte NJW 1995, 2639: 1500 DM wegen Gehaltsveröffentlichung für einen Fußballspieler. Richtiger war die Entschädigung mangels „Schwere" der Beeinträchtigung ganz zu versagen). Entschädigungsbeträge unter 1000 Euro dürften nicht in Betracht kommen. Das Urteil über die Legitimität der inzwischen erreichten Höchstbeträge um 100 000 Euro (vgl OLG Hamburg NJW 1996, 2870) hängt entscheidend von der Einschätzung der Prävention durch (partielle) Gewinnabschöpfung ab (dazu oben Rn 55). Selbst wenn man dieses Ziel anerkennen würde, handelte es sich um Sonderfälle aufgrund der großen Verbreitung des Mediums und der Dreistigkeit, mit der das Interesse an der Steigerung der Auflage über die Persönlichkeitsrechte der Betroffenen gestellt wird. Höchstbeträge für „Normalfälle", insbesondere schwere Ehrverletzungen liegen eher bei ca 40 000 Euro (vgl die Übersichten ERMAN/EHMANN Anh § 12 Rn 386 f; MünchKomm/RIXECKER § 12 Anh Rn 218). Entschädigungserhöhend wirken zB besonders schwere Folgen für den Verletzten, etwa wegen seiner Bekanntheit oder seiner Stellung in der Gesellschaft, weite Verbreitung der verletzenden Darstellung (zB über das Fernsehen), die Schwere des moralischen oder rechtlichen Vorwurfs, der das Opfer bei Wahrheit der unrichtigen Darstellung träfe, die Hartnäckigkeit des (womöglich wiederholten) Verstoßes des Schädigers oder der Grad der Verfälschung des Persönlichkeitsbildes des Opfers. Da die Entschädigung „Genugtuung" und nicht Ausgleich erreichen soll, kommt es auf die Vermögensverhältnisse des Opfers nicht an (LANGE in: LANGE/SCHIEMANN § 451). Wenn die Ersatzleistung den Täter als „schmerzendes" Schmerzensgeld „treffen" soll (dazu oben Rn 54), kann hingegen dessen Vermögenslage nicht vernachlässigt werden (aA offenbar MünchKomm/RIXECKER § 12 Anh Rn 217). Sowohl unter dem Gesichtspunkt der Genugtuung wie erst recht dem der Prävention ist die Entschädigung umso höher festzusetzen, je höher der Grad des Verschuldens des Verletzers ist.

4. Haftung mehrerer

Zumal für Persönlichkeitsverletzungen in den Medien sind typischerweise **mehrere** **61** **verantwortlich**, zB Informant, Redakteur, Herausgeber und Verlag. Der Verlag muss insbesondere dafür sorgen, dass kritische Beiträge vor ihrer Verbreitung darauf überprüft werden, ob sie Persönlichkeitsrechte Betroffener verletzen (BGHZ 39,

124, 130 „Fernsehansagerin"). Fehlt eine solche Überprüfung, trifft den Verlag der Vorwurf des Organisationsverschuldens. Dies soll auch gelten, wenn die Überprüfung nicht durch einen Verlagsmitarbeiter, sondern durch einen medienrechtlich erfahrenen Rechtsanwalt erfolgte (BGH GRUR 1980, 1099, 1104, zweifelhaft). Bei Festsetzung der Entschädigung können Genugtuungs- und Präventionsfunktion, zumal in Verbindung mit dem Gedanken der Gewinnabschöpfung, zu verschiedenen Beträgen bei den einzelnen Verantwortlichen führen. Bis zur Höhe des jeweils niedrigeren Einzelbetrags sind alle Verantwortlichen Gesamtschuldner (ERMAN/EHMANN Anh § 12 Rn 394).

§ 254
Mitverschulden

(1) Hat bei der Entstehung des Schadens ein Verschulden des Beschädigten mitgewirkt, so hängt die Verpflichtung zum Ersatz sowie der Umfang des zu leistenden Ersatzes von den Umständen, insbesondere davon ab, inwieweit der Schaden vorwiegend von dem einen oder dem anderen Teil verursacht worden ist.

(2) Dies gilt auch dann, wenn sich das Verschulden des Beschädigen darauf beschränkt, dass er unterlassen hat, den Schuldner auf die Gefahr eines ungewöhnlich hohen Schadens aufmerksam zu machen, die der Schuldner weder kannte noch kennen musste, oder dass er unterlassen hat, den Schaden abzuwenden oder zu mindern. Die Vorschrift des § 278 findet entsprechende Anwendung.

Materialien: E I § 222; II § 217; III § 248; Mot II 23 = MUGDAN II 13; Prot I 300 = MUGDAN II 519; JAKOBS/SCHUBERT, Recht der Schuldverhältnisse I 114.

Schrifttum

ADRIANI, Der Schuldbegriff in § 254 BGB (1939)
AUMANN, Das mitwirkende Verschulden in der neueren jurist Dogmengeschichte (Diss Hamburg 1964)
BÄR, Anspruch auf Nutzungsausfall und Schadensminderungspflicht des Geschädigten, DAR 2001, 27
BELLING/RIESENHUBER, Beweislastumkehr und Mitverschulden, ZZP 108 (1995) 455
BERGER, Mitverursachung und Mitverschulden, VersR 1987, 542
BURSCH/JORDAN, Typische Verkehrsunfälle und Schadensverteilung, VersR 1985, 512
COHN, Untersuchungen zu § 254 BGB, Gruchot 43 (1899) 96; 376

DUNZ, Abwägungskriterien bei der Schadensausgleichung, NJW 1964, 2133
ders, Eigenes Mitverschulden und Selbstwiderspruch, NJW 1986, 2234
FINGER, Mitwirkendes Verschulden und Haftung für Dritte, JR 1972, 406
FUCHS/WISSEMANN, Mitverschulden durch Unterlassen einer schadensaufhebenden Verjährungseinrede gegenüber einem Dritten, VersR 1997, 427
GERNHUBER, Die Haftung für Hilfspersonen innerhalb des mitwirkenden Verschuldens, AcP 152 (1952/53) 69
GOTTSCHALK, Das mitwirkende Verschulden des Beschädigten bei Schadensersatzansprüchen nach § 254 BGB (1903)

GREGER, Mitverschulden und Schadensminderungspflicht, NJW 1985, 1130
GRÜNEBERG, Haftungsquoten bei Verkehrsunfällen (7. Aufl 2002)
J HAGER, Das Mitverschulden von Hilfspersonen und gesetzlichen Vertretern des Geschädigten, NJW 1989, 1640
HÄUBLEIN, Zur Bewertung des Mitverschuldens des Geschädigten bei Missachtung der Gurtpflicht, VersR 1999, 163
HENKE, Mitverursachung und Mitverschulden – Wer den Schaden herausfordert muss den Schädiger schonen, JuS 1988, 753
ders, Die Versäumnisse Dritter und die Zurechnung als Mitverschulden des Geschädigten, JuS 1990, 30
ders, Die Bewältigung des Mitverschuldens – eine anspruchsvolle juristische Technik, JuS 1991, 265
TH HONSELL, Die Quotenteilung im Schadensersatzrecht (1977)
KELLER, Mitverschulden als Generalklausel und als Spezialkorrektur von Einzelhaftungsnormen im deutschen, schweizerischen und französischen Recht (Diss Tübingen 1965)
KLEINDIENST, Die entsprechende Anwendung des § 278 BGB bei mitwirkendem Verschulden, NJW 1960, 2028
KRAFT/GIERMANN, Die Einrede der Verjährung als Obliegenheit iSd § 254 Abs 2 BGB, VersR 2001, 1475
LABOWSKY, Eigenes Verschulden bei Schadensersatzansprüchen nach gemeinem Recht und BGB (1901)
LEPA, Inhalt und Grenzen der Schadensminderungspflicht, DRiZ 1994, 161
vLEYDEN, Die sog. Kulpa-Kompensation im BGB (1902)
LOOSCHELDERS, Die Mitverantwortlichkeit des Geschädigten im Privatrecht (1999)
MAGNUS, Drittmitverschulden im deutschen, englischen und französischen Recht (1974, dazu DIETRICH AcP 176 [1976] 546)
MAMMEY, Zur Anrechnung des Aufsichtsverschuldens des gesetzlichen Vertreters als Mitverschulden des Kindes, NJW 1960, 753
MAYER-FALK, Eigenes Verschulden, Tatbestand und Rechtsfolgen nach § 254 (1929)
MEDICUS, Zum Schutzzweck schadensabwehrender Pflichten oder Obliegenheiten, in: FS Niederländer (1991) 329
ders, Zur Verantwortlichkeit des Geschädigten für seine Hilfspersonen, NJW 1962, 2081
OTZEN, Die aktuelle höchstrichterliche Rechtsprechung zur Mitverschuldensabwägung gegenüber mehreren Haftpflichtigen – ein Irrweg?, VersR 1997, 808
PETERS, Der Einwand des Mitverschuldens gegenüber Erfüllungsansprüchen, JZ 1995, 754
PLASS, Der Mitverschuldenseinwand des Notars, DNotZ 2002, 23
PRÖLSS, Die Berücksichtigung mitwirkender Betriebsgefahr (§ 254 BGB) zu Lasten des mit dem Halter nicht identischen Eigentümers, VersR 2001, 166
RODE, Das Wesen und die Wirkung des Verschuldens des Beschädigten und seiner Hilfspersonen im § 254 BGB (1933)
ROTHER, Haftungsbeschränkung im Schadensrecht (1965) 30
K SCHREIBER, „Kinder haften für ihre Eltern", Jura 1994, 164
REIMER SCHMIDT, Die Obliegenheiten (1953)
SCHNABEL, Nichterhebung der Verjährungseinrede als Mitverschulden, NJW 2000, 3191
SPLITTER, Schadensverteilung bei Verkehrsunfällen (3. Aufl 1993)
HANS STOLL, Das Handeln auf eigene Gefahr (1961)
VENZMER, Mitverursachung und Mitverschulden im Schadensersatzrecht (1960)
WAAS, Mitwirkendes Verschulden im Sinne des § 254 BGB durch Abschluss eines Vertrages mit dem Schädiger?, JR 2001, 1
WEIDNER, Mitverursachung als Entlastung des Haftpflichtigen (1970)
WENDT, Konkurrierende Fremdschädigung und kombinierte Selbst- und Fremdschädigung (1971)
WESTER, Mitverschulden im deutschen, englischen und amerikanischen Zivilrecht (Diss Köln 1976)
WETTICH, Die überobligationsmäßige Abwehr des Verdienstausfallschadens (1999)
WOCHNER, Einheitliche Schadensteilungsnorm im Haftpflichtrecht (1972).

Systematische Übersicht

I. Regelungsziel
1. Absichten des Gesetzgebers — 1
2. Die neuere Literatur — 2
3. Die Rechtsprechung — 3
4. Eigene Ansicht — 4

II. Anwendungsbereich bei Schadensersatzansprüchen
1. Verschulden bei Schädiger und Geschädigtem — 5
2. Haftung des Schädigers ohne Verschulden — 6
3. Verschuldensunabhängige Verantwortlichkeit des Geschädigten — 8
   a) Spezialgesetzlich — 9
   b) Nicht geregelte Fälle — 10
4. Zusammentreffen verschuldensunabhängiger Verantwortlichkeit von Schädiger und Geschädigtem — 13
5. Weitere Anrechnungsfragen, insbesondere im Arbeitsrecht — 15
6. Ausschluss von § 254 durch Spezialvorschriften — 18

III. Erweiterung über Schadensersatzansprüche hinaus — 20
1. Innenverhältnis zwischen Gesamtschuldnern — 21
2. Aufwendungsersatz — 22
3. Bereicherungsansprüche — 23
4. Erfüllungsansprüche — 24
5. Rückgewähransprüche — 26
6. Dingliche Ansprüche — 27
7. Öffentliches Recht — 29

IV. Die Verbindlichkeit des Geschädigten und ihre Voraussetzungen
1. Pflicht und Obliegenheit — 30
2. Kausalität — 32
3. Adäquanz — 33
4. Schutzzweck der Norm — 35
5. Zeitliche Reihenfolge der Mitwirkungsbeiträge — 37
6. Verschulden des Geschädigten — 38
   a) Objektiver Fahrlässigkeitsmaßstab — 39
   b) Anwendbarkeit der §§ 827 f — 42

7. Entsprechende Anwendung von § 829 — 44

V. Fallgruppen des Mitverschuldens bei Schadensentstehung, Abs 1
1. Verhältnis des Abs 1 zu Abs 2 — 45
2. Mitverschulden im Straßenverkehr — 46
   a) Fahrzeugkollisionen — 47
   b) Fußgänger und Radfahrer — 48
   c) Mitfahrer — 49
   d) Sicherheitsgurte und Sturzhelme — 50
   e) Einhaltung der Richtgeschwindigkeit — 52
3. Mitverschulden gegenüber der Verletzung von Verkehrspflichten — 53
4. Mitverschulden bei Körperverletzungen durch Tätlichkeiten und regellose Gefährdungen — 58
5. Mitverschulden bei der Schädigung im geschäftlichen Verkehr und gegenüber Behörden — 59

VI. Inbesondere das Handeln auf eigene Gefahr
1. Abgrenzung — 62
   a) Abgrenzung zum Haftungsausschluss — 62
   b) Gefälligkeit — 63
   c) Vereinbarte Haftungsminderung — 64
   d) Einwilligung in die Verletzung — 66
   e) Teilnahme am Sport — 67
2. Anwendungsfälle von § 254 — 68
   a) Mitfahrt in fremdem Kfz — 68
   b) Überlassung eines Kfz an unzuverlässigen Fahrer — 71
   c) Fehlen einer Versicherung — 72
   d) Widerrechtliches Eindringen in fremden Bereich — 73

VII. Fallgruppen bei Abs 2 S 1
1. Warnungsobliegenheit des Schadensersatzgläubigers — 74
   a) Gefahr eines ungewöhnlich hohen Schadens — 74
   b) Schadenshöhe — 75
   c) Voraussehbarkeit des Schadens — 76
   d) Art der Warnung — 77

Titel 1
Verpflichtung zur Leistung

e)	Überflüssigkeit der Warnung	78	2.	Die zu berücksichtigenden Umstände	112
f)	Weitere Einzelfälle der Warnungspflicht	79	a)	Überblick	112
2.	Schadensabwendungs- und -minderungspflicht	80	b)	Verursachungsbeiträge	113
a)	zur Heilung	81	c)	Verschulden	114
b)	bei Verdienstausfall	84	d)	Betriebsgefahr	116
c)	bei Unterhaltsausfall	86	e)	Gebrauch gefährlicher Vorrichtungen	118
d)	bei Belastung mit einer Unterhaltspflicht	88	3.	Das Verhältnis von Verursachung und Verschulden	119
e)	bei Sachschäden	89	4.	Einzelne Abwägungsregeln	120
f)	Finanzierungsobliegenheiten	91	a)	bei Vorsatz	121
g)	Rechtsbehelfe	93	b)	bei vermutetem Verschulden	122
h)	Deckungsgeschäfte	94	c)	beim Zusammentreffen von Gefährdungshaftung und Verschulden	123

VIII. Die Verantwortlichkeit des Geschädigten für Dritte, insbes Abs 2 S 2

1.	Der Streit um § 278	95	d)	beim Zusammentreffen von positivem Tun und Unterlassen	124
a)	Verhältnis zu Abs 1	95	e)	bei mehreren Haftungsgründen	125
b)	Erforderlichkeit eines Schuldverhältnisses	96	f)	bei Bereicherung des Schädigers	126
2.	Konsequenzen der Rechtsgrundverweisung	100	g)	bei unnötigen Kosten	127
a)	Das Schuldverhältnis nach Abs 2 S 2 in Verbindung mit § 278	100	h)	beim Schmerzensgeld	128
b)	Gesetzliche Vertreter und Erfüllungsgehilfen	104	5.	Unterschiedliche Quoten bei einzelnen Schadensposten	129
c)	Organe und Verrichtungsgehilfen	107	6.	Quotenvorrechte	130
d)	Sachbewahrungsgehilfen und Gehilfenfehler bei mitwirkender Betriebsgefahr	108	a)	Beschränkung durch Höchstbeträge	130
			b)	Teilzessionen	131
e)	Anrechnung beim Ersatz von Drittschaden	110	**X.**	**Die Abwägung bei mehreren Beteiligten**	

IX. Die Abwägung der maßgeblichen Umstände

			1.	Das Problem	137
1.	Ziel und Ergebnis der Abwägung	111	2.	Abwägung bei Mittätern, Anstiftern und Gehilfen	140
			3.	Abwägung bei Nebentäterschaft	141
			a)	Kombinationstheorie in der Rechtsprechung	141
			b)	Einschränkungen	142
			c)	Kritik in der Literatur	144
			d)	Stellungnahme	145

Alphabetische Übersicht

Abbiegeunfall	47	Anscheinsbeweis		50
Abstufung der Gefährlichkeit	117	Anschnallpflicht		50
Abtreibung	88	Anstifter		140
Abwägung unter mehreren Beteiligten	137 ff	Arbeitsobliegenheit		84 ff
Adäquanz	33 f, 113	Arbeitsvertrag		17
Adoption	88	Architekt		54, 106
Aktive Betriebsgefahr	117	Arzt		81
Allgemeine Geschäftsbedingungen	41	Auffahrunfall		47

Aufopferung im Straßenverkehr	14
Aufsichtsverschulden der Eltern	104
– des Geschädigten	107
Aufwendungsersatz	22
Ausfallschaden bei Kfz	90
Badeanstalt	53
Beamte	107
Bedienungsfehler	108
Beratungspflichten	59 f
Bereicherung des Schädigers	126
Bereicherungsansprüche	23
Berufswechsel s Umschulung	
Beseitigungsanspruch	22, 28
Betriebsgefahr	10 f, 16, 112, 116 f, 123
Bewahrungsgehilfe s Sachbewahrungsgehilfe	
Billigkeitsausgleich	44
Blindenhund	15
Culpa-Kompensation	1
Deckungsgeschäft	94
Deliktsfähigkeit	42 f
Dingliche Ansprüche	27 f
Drittschaden, Drittschadensliquidation	110
Eindringen in fremden Bereich	73
Einwilligung des Verletzten	66
Einzelabwägung	137, 141
Erfüllungsanspruch	22, 24
Erfüllungsgehilfe	105 f
Fahrerlaubnis, Fehlen der	69
Fahrlässigkeit, leichte	114
– objektive	39 f
Fahrpraxis, Fehlen von	69
Fahrzeugkollision	47
Fehler des Bedienungspersonals	108
Finanzierung	91
Freistellungsanspruch	17
Fußgänger	48
Gefährdungshaftung	6, 63, 123
– des Geschädigten	8 ff, 30
– und Verschulden	123
Gefälligkeit	63 ff, 112
Gehilfen	140
Generalklausel	12
Gesamtschau	138 ff

Gesamtschuldnerausgleich	4, 21, 100 f
Gesetzlicher Vertreter	104
Gleichbehandlung beim Mitverschulden s Korrespondenzgedanke	
Gliederung des Schadens	129
Gruppenspezifische Fahrlässigkeit	39 ff
Haftpflichtversicherung	44, 112
Haftungsausschluss	41, 62
Haftungseinheit	142 ff, 147
Haftungsprivileg	115
Halterhaftung	11 f
Handeln auf eigene Gefahr	49, 62 ff
Heilpraktiker	82
Herausforderung	56, 62
Herstellungsgehilfe	106
Hindernis auf Fahrbahn	47
Höchstbeträge	130, 134
Insolvenzrisiko	144, 146
Jugendlicher, Kfz-Überlassung	71
Jugendlichkeit	112
Kabel, Schutz	53
Käufer eines Kfz	52
Kausalität	32
Kinder im Straßenverkehr	48, 51, 143
– Sorgfaltsanforderungen	39 f
Körperverletzung	58, 81 ff
Kombinationstheorie	138, 141, 144 f
Konkludente Haftungsvereinbarung	64
Korrespondenzgedanke	4, 12 f, 31, 46, 98
Kosten der Schadensabwehr	28
Kreditaufnahme	91 f
Kreuzungszusammenstoß	47
Legalzession	130
Mehrheit von Beteiligten	137 ff
– von Geschädigten	137
Mietwagenkosten	127
Minderjährige, Kfz-Überlassung an	71
Miteigentümer	109
Mitfahrt in fremdem Kfz	46, 49, 68 ff
Mittäter	140
Narkose	83
Nebentäter	141 ff

Nutzungsausfall — 90

Obliegenheiten
— 30 ff, 35 f, 45, 50 ff, 60 f, 74 ff, 127, 129
Öffentliches Recht — 29, 103
Operation — 83
Organe juristischer Personen — 107

Passive Betriebsgefahr — 117
Personensorge — 104
Privatversicherung, Quotenvorrecht — 132

Quoten — 4, 87, 119, 129, 141, 143 f
Quotenvorrechte — 85, 87, 130 ff

Radfahrer — 48, 51 f
Rechtsanwalt — 105
Rechtsbehelfe, Nichtgebrauch — 93
Rechtsfolgeverweisung — 96, 98
Rechtsgrundverweisung — 96 f, 100 ff
Rentenneurose — 111
Reparaturkosten — 89
Richtgeschwindigkeit — 52
Rückgewähransprüche — 26

Sachbeschädigung — 89
Sachbewahrungsgehilfe — 108
Schadensteilung s Quote
Schmerzensgeld — 128, 142
Schneeglätte — 70
Schockschäden — 110
Schulbenutzungsverhältnis — 103
Schuldverhältnis — 96, 100 ff
Schutzhelm s Sturzhelm
Schutzpflichtverhältnis — 25
Schutzzweck der Obliegenheit — 35 f
Selbstgefährdung — 57, 70
Selbstwiderspruch s venire contra factum proprium
Sicherheiten — 94
Sicherheitsgurt — 30, 50, 124
Sozialversicherung, Quotenvorrecht — 133, 135
Sportplätze — 57
Sportverletzungen — 67
Sprungturm — 54
Straßenverkehr — 46 ff
Sturzhelm — 50 f, 62

Tatbeitragseinheit s Haftungseinheit
Teilkausalität — 129
Teilzession — 131
Tierhalterrisiko — 15
Treppenfälle — 56
Treu und Glauben — 3, 24
Trunkenheit — 46, 68

Übermüdung — 69
Umschulung — 84
Umwelthaftung — 6, 12
Unentgeltlichkeit — 63
Unfallhelfer — 91
Ungewöhnlich hoher Schaden — 74 f
Unterhaltsausfall — 86 f
Unterlassen — 124

venire contra factum proprium — 2, 66
Verarbeitung des Schadens — 62
Verbot widersprüchlichen Verhaltens — 2, 66
Vereinbarungen über Haftungsminderung — 64
– über Mitverschulden — 16
Verkehrspflichten — 53 ff, 66 f
– gegenüber Unbefugten — 73
Vernachlässigung eigener Interessen — 38, 46
Vermögensverhältnisse — 112
Vermutetes Verschulden — 122
Verschulden — 114 f
– beim Vertragsschluss — 19, 25
– gegen sich selbst — 30
Verschuldensanteile — 114 f
Versicherungsschutz bei Kfz-Überlassung — 72
Vertrag mit Schutzwirkung für Dritte — 102
Verursachungsanteile — 112 f, 118 f
Verwahrung — 61
Verwandtschaft — 112
Voraussehbarkeit s Adäquanz
Vorsatz — 121
Vorteilsausgleichung — 85, 136

Wahrscheinlichkeit des Schadens s Adäquanz
Warnungsobliegenheit — 74 ff
Witwe, Arbeitsobliegenheit — 86

Zeitfolge von Mitwirkungsbeiträgen — 37
Zurechnungseinheit s Haftungseinheit
Zuschauer — 57, 62

I. Regelungsziel

1. In den **Materialien** zum BGB (Mot II 23 f = MUGDAN II 13) wird das gemeinrechtliche System der Culpa-Kompensation abgelehnt, demzufolge bei mitwirkendem Verschulden des Geschädigten Schadensersatzansprüche ganz entfielen. Der historische Gesetzgeber hat sich auch gegen das Regelungsmuster des PrALR entschieden, das sehr subtil nach Verschuldensgraden und Schadensarten differenzierte. Vielmehr sollte mit einer elastischen, idR auf Schadensteilung abzielenden Regelung im wesentlichen dem Vorbild des französischen, schweizerischen und österreichischen Rechts gefolgt werden. Dabei wird ausdrücklich gesagt, die Teilung könne sogar dem Vorsatztäter zugute kommen (vgl unten Rn 121). Schon vom historischen Gesetzgeber ist freilich auch das Problem gesehen worden, dass der eigene Beitrag des Verletzten den haftungsbegründenden Tatbestand überhaupt ausschließen könnte. Man sah dies seinerzeit unter dem Gesichtspunkt der Unterbrechung des Kausalzusammenhanges. Der Wortlaut des Abs 1 stellt aber ausdrücklich die Verpflichtung überhaupt und die Beschränkung des Ersatzumfanges nebeneinander, so dass sich die Rechtsfolge zwischen der vollen Haftung und der vollen Entlastung des Schädigers bewegen kann.

2. In der **neueren Lit** wird § 254 meist auf das Verbot widersprüchlichen Verhaltens *(venire contra proprium factum)* und damit auf § 242 zurückgeführt: Der Geschädigte verhalte sich zwar nicht schon dadurch treuwidrig, dass er seine eigenen Belange vernachlässige. Treuwidrig (oder gar arglistig) sei es dann aber, trotzdem von dem nur mitursächlichen Schädiger vollen Ersatz zu verlangen (STOLL, Das Handeln auf eigene Gefahr [1961] 315 f; DUNZ JZ 1961, 406 ff; E BÖHMER VersR 1961, 771 f; HELDRICH JuS 1969, 455, 460; BGB-RGRK/ALFF Rn 1; PALANDT/HEINRICHS Rn 2; ERMAN/KUCKUK Rn 4; HENKE JuS 1988, 753 ff, für § 254 Abs 2 auch WIELING AcP 176 [1976] 334, 350 f).

3. Auch in der **Rspr** wird häufig auf das Verbot widersprüchlichen Verhaltens und damit auf § 242 verwiesen (BGHZ 34, 355, 363 f; 36, 329, 342; 50, 112, 115; 56, 57, 65; 56, 163, 169 f; 57, 137, 145; 135, 235, 240; BGH NJW 1970, 756; 1978, 2024, 2025; 1979, 495, 496; 1980, 1518; 1982, 168; 1999, 302; 2000, 217). Dabei wird die Anknüpfung an § 242 häufig dazu verwendet, den Anwendungsbereich von § 254 über den Wortlaut hinaus auszuweiten (vgl unten Rn 10), sowohl auf Fälle, in denen ein „Verschulden" des Geschädigten mitwirkt, als auch auf Fälle außerhalb des Schadensersatzrechts, zB die Anscheinsvollmacht (BGHZ 50, 112, vgl unten Rn 24) oder den enteignungsgleichen Eingriff (BGHZ 56, 57, vgl unten Rn 29). Treu und Glauben beherrscht freilich das ganze Zivilrecht (vgl LOOSCHELDERS [Schrifttum] 151 ff), und die Begründung für Analogieschlüsse sollte methodisch nach den dafür entwickelten Regeln erfolgen, nicht durch den pauschalen Hinweis auf § 242 (ebenso MünchKomm/OETKER Rn 4).

4. § 254 wirkt jedoch in der Weise, dass der Anspruch unmittelbar beschränkt ist: Seine Voraussetzungen sind nur in dem Maße erfüllt, das § 254 beschreibt. Von einem *venire contra factum proprium* und einer Billigkeitskorrektur gegenüber Ansprüchen sollte man hingegen nur sprechen, wenn der Anspruch an sich in vollem Umfang entstanden ist, der Gläubiger aber zB im Schuldner das Vertrauen geweckt hat, dass er sein Recht nicht ausüben werde. Hiermit ist § 254 nicht vergleichbar. Vielmehr zeigt sich in der Vorschrift eine **Korrespondenz von Verantwortungsbereichen**: Wer seine eigenen Güter gefährdet, muss die Folgen daraus auch dann tragen, wenn noch ein anderer durch zurechenbares Verhalten zur Gefährdung beigetragen und dadurch schließlich einen Schaden herbeigeführt hat. Hiermit wird der Gedanke konsequent fortgesetzt, der in der gesamtschuldnerischen Haftung nach § 840 bei der Verantwortung mehrerer für einen Schaden liegt: Jeder am Schadensfall Beteiligte soll seiner Verantwortung entsprechend letztlich (nämlich im Gesamtschuldnerausgleich) für den Schaden aufkommen. Die Besonderheit des § 254 liegt allein darin, dass sogleich ein „Innenverhältnis" zwischen Ersatzgläubiger und Ersatzschuldner entsteht; der Schaden muss sofort in endgültige Quoten aufgeteilt werden (MünchKomm/Oetker Rn 2; Soergel/Mertens Rn 4; Lange, in: Lange/Schiemann 549; Esser/Schmidt I 2 § 35 I 2; Larenz I § 31 I a; Greger NJW 1985, 1130; Looschelders 116 ff mNw).

II. Anwendungsbereich bei Schadensersatzansprüchen

1. Verschulden bei Schädiger und Geschädigtem

Hauptanwendungsgebiet des § 254 sind, wie schon die Stellung der Vorschrift im Gesetz ergibt, **Schadensersatzansprüche**. Dabei spielt der Grund (Rechtsgeschäft, Gesetz) nur insoweit eine Rolle, als nach § 254 Abs 2 S 2 bei Haftung aus Sonderverbindung auch der Geschädigte für das Versagen von Hilfspersonen verantwortlich ist. Für Abs 1 und Abs 2 S 1 macht es hingegen ebensowenig wie sonst für die §§ 249 ff einen Unterschied, worauf die Haftung beruht. Fraglich wird die Anwendbarkeit jedoch bei verschuldensunabhängiger Haftung (vgl unten Rn 6–16). Auch kann § 254 durch Sondervorschriften verdrängt werden, von denen einige zum gänzlichen Wegfall statt wie sonst idR nur zur Minderung von Schadensersatzansprüchen führen (vgl unten Rn 18 f).

2. Haftung des Schädigers ohne Verschulden

Wenn der Schädiger ohne Verschulden haftet, ist die Anwendbarkeit von § 254 heute (zum früheren Diskussionsstand Planck/Siber Anm 1) nicht mehr str (zB BGHZ 68, 281, 288; BGH NJW-RR 1991, 971 zu § 538; BGH NJW 1977, 1818 f zu § 231; BGH VersR 1981, 1179 zu § 833). Sie ist auch inzwischen für viele Fälle der Gefährdungshaftung spezialgesetzlich ausgesprochen: §§ 4 HpflG, 9 StVG, 27 AtomG, 34 LuftVG, 6 ProdHaftG, 11 UmweltHG, 32 GenTG. Die Geltung für die verschuldensunabhängige Haftung lässt sich mit einem einfachen erst-recht-Schluss begründen: Wenn schon die rechtlich schwerere Form der Zurechnung bei Verschulden durch die Einstandspflicht des Geschädigten für seinen eigenen Verantwortungsbereich gemildert wird, muss dies für die Zurechnung trotz fehlenden Verschuldens erst recht gelten.

Insbes gilt § 254 auch bei der verschuldensunabhängigen Haftung nach §§ 302 Abs 4, 600 Abs 2, 717 Abs 2, 945 ZPO (RGZ 54, 345, 347, bloß *obiter*; 143, 118, 122 f, für schuldhafte Mitverursachung des Arrestgrundes; BGH Betrieb 1973, 2342 für die Veranlassung einer einstweiligen Verfügung durch Nichtzahlung seiner Schulden).

3. Verschuldensunabhängige Verantwortlichkeit des Geschädigten

Wenn der Geschädigte ohne Verschulden haften würde, sofern er selbst einen Schaden angerichtet hat, passt § 254 seinem Wortlaut nach nicht: Dann hat ja kein

"Verschulden des Beschädigten" bei der Schadensentstehung mitgewirkt. Die Anwendung des in § 254 enthaltenen Rechtsgedankens auf diese Fälle ist aber teils spezialgesetzlich geregelt, teils heute Gewohnheitsrecht (LANGE in: LANGE/SCHIEMANN 557).

9 a) Spezialgesetzlich vorgeschrieben ist eine Schadensteilung nach den Umständen, insbes nach den Verursachungsanteilen (u damit auch ohne Verschulden des Geschädigten) in den §§ 414 Abs 2, 425 Abs 2 HGB, 13 Abs 1 S 2 HpflG, 17 Abs 1 S 2 StVG, 41 Abs S 2 LuftVG. Hier geht es freilich überall um das Verhältnis zwischen zwei Personen, die beide aus Gefährdung haften.

10 b) Dementsprechend haben die Gerichte in den **spezialgesetzlich nicht geregelten** Fällen die entsprechende Anwendung von § 254 zuerst vielfach auf die Fälle beschränkt, in denen auch der Schädiger bloß aus Gefährdung haftet (vgl die Angaben in BGHZ 6, 319, 320). Davon hat sich BGHZ 6, 319 ff zunächst bei § 17 StVG (damals noch KfzG) gelöst: Auch wenn der Schädiger für ein Verschulden einzutreten hat, soll sich der als Insasse geschädigte Halter die Betriebsgefahr seines Kfz anrechnen lassen müssen; die Gefährdungshaftung des Halters soll billigerweise auch zugunsten eines schuldhaft handelnden Schädigers berücksichtigt werden (aaO 323). Der BGH hat dies später gegen krit Stimmen (Angaben bei BGHZ 20, 259, 261) verteidigt und auf den verschuldensabhängigen (§ 847 aF) Schmerzensgeldanspruch ausgedehnt (BGHZ 20, 259 ff, vgl auch BGHZ 26, 69, 76 sowie BGH LM Nr 3 u 5 zu § 254 [Ba] BGB). Auch die Lit stimmt inzwischen allgemein zu (zB MünchKomm/OETKER Rn 14; BGB-RGRK/ALFF Rn 6; PALANDT/HEINRICHS Rn 3; SOERGEL/MERTENS Rn 24; JAUERNIG/TEICHMANN Rn 5; LARENZ I § 31 I b; ESSER/SCHMIDT I 2 § 35 I 4).

11 Die hM fordert jedoch, dass die zur Anrechnung führende **Gefährdungshaftung** des Geschädigten **gesetzlich begründet** ist (zB als Unternehmer- oder Halterhaftung). Dagegen soll ein anderes gefährliches Verhalten, für welches das Gesetz keine Gefährdungshaftung bestimmt, für eine Schadensminderung analog § 254 idR (Ausnahmen unten Rn 15 f) nicht genügen: Auch der Schädiger haftete für ein solches Verhalten ja nur bei Verschulden. So war die von einem mit Motorkraft angetriebenen Fahrrad ausgehende Betriebsgefahr nicht zu berücksichtigen (vgl OLG Stuttgart VersR 1961, 931), ebenso wenig die Gefahr eines laufenden Schiffsmotors (BGH VersR 1968, 350, 353). Auch braucht sich der Halter eines Kfz dem Fahrer gegenüber die Betriebsgefahr nicht anrechnen zu lassen, weil wegen § 8 StVG dem Fahrer gegenüber keine Gefährdungshaftung besteht (BGH NJW 1972, 1415 f; dazu krit HARTUNG VersR 1973, 345, wie der BGH auch OLG Karlsruhe VersR 1971, 1049; anders OLG Düsseldorf DAR 1974, 157). Auch dem Fahrer eines Kfz, der nicht zugleich Halter ist, wird bei schuldloser (hier: Fehlreaktion in lebensgefährlicher Lage) Mitwirkung an einem Zusammenstoß die Betriebsgefahr nicht auf seinen Ersatzanspruch angerechnet (BGH VersR 1963, 380, 382; NJW 1970, 1724 f). Ähnlich stellt das Halten eines Selbstbedienungsladens gegenüber dem Ladendieb keine anrechenbare Gefährdung dar (OLG Hamburg NJW 1977, 1347, 1349 f).

12 Nach einer Mindermeinung ist freilich der **Generalklauselcharakter** des § 254 Anlass genug, wenigstens bei der mitwirkenden Verursachung des Geschädigten den eher zufälligen, wenn nicht willkürlichen Numerus Clausus gesetzlich geregelter Gefährdungshaftungen zu überwinden (DEUTSCH, Allgemeines Haftungsrecht Rn 581; iE ebenso

Esser/Schmidt I 2 § 35 I 4; AK-BGB/Rüssmann Rn 7; Weidner, Die Mitverursachung als Entlastung des Haftpflichtigen [1970] 43 ff; ähnl MünchKomm/Oetker Rn 15 iAnschl an Looschelders [Schrifttum] 395 ff). Deshalb soll § 254 auch für solche Gefahren gelten, die keine Gefährdungshaftung begründen, zB Rad fahren oder den Betrieb eines Industrieunternehmens, für das die Umwelthaftung nicht gilt, oder Sportaktivitäten (zB Ski fahren). Aber mit dieser Sichtweise wird der Grundgedanke des § 254 verfehlt: Er ist ein getreues Spiegelbild der „aktiven" Haftung. Aus Gründen der ausgleichenden Gerechtigkeit sollen die Verantwortungsbereiche des Haftpflichtigen und des Geschädigten miteinander korrespondieren (oben Rn 4). Daher ist der hM zu folgen (vgl aber Rn 17 zum innerbetrieblichen Schadensausgleich).

4. Zusammentreffen verschuldensunabhängiger Verantwortlichkeit von Schädiger und Geschädigtem

Ohne eine verschuldensunabhängige Haftung muss sich der Geschädigte eine **13** schuldlose Mitwirkung an der Schädigung in Konsequenz des hier entwickelten Standpunktes allenfalls **ausnahmsweise** über § 254 anrechnen lassen: Der BGH hat eine solche Anrechnung in einem Fall bejaht, in dem der Schädiger selbst ohne Verschulden haftete: Der Anspruch aus § 122 Abs 1 soll nach § 254 gemindert werden, wenn der Anfechtungsgegner den Irrtum schuldlos veranlasst hat (BGH NJW 1969, 1380, zust Lange in: Lange/Schiemann 560; MünchKomm/Oetker Rn 18). Dabei stützt sich der BGH auf das RG (RGZ 81, 395, 398 f). Doch hat das RG gar nicht § 254 angewendet, sondern den Anspruch mit dem Arglisteinwand ganz beseitigt. Die Entscheidung des RG ließ sich wohl schon über § 122 Abs 2 (Kennenmüssen) begründen; die Entscheidung des BGH ist hingegen nicht zu billigen: Eine Verantwortung für fremde Willenserklärungen ist dem BGB außerhalb des Vertretungsrechts unbekannt. Die Haftung aufgrund vorvertraglichen Verhaltens ist hingegen aus gutem Grund auf schuldhafte Schadensverursachungen begrenzt. Nach dem Korrespondenzprinzip (oben Rn 4) muss dies auch für den Verantwortungsbereich des Geschädigten nach § 254 gelten (iE ebenso Medicus AT Rn 786).

In derselben Richtung ist auch die Frage einer Anrechnung des Betriebsrisikos in **14** Fällen der **Aufopferung im Straßenverkehr** zu beurteilen: Der BGH (BGHZ 38, 270, 278 ff; 52, 115, 123; 110, 313) hat die Frage der analogen Anwendung des § 254 auf die Risikohaftung des Auftraggebers und des Geschäftsherrn nach § 670 nicht ausdrücklich entschieden (dazu unten Rn 22), hat aber die Betriebsgefahr des Geschäftsführers oder Beauftragten angerechnet (BGHZ 38, 270, 278 ff, krit dazu Canaris JZ 1963, 655 ff). Soweit die Ausgangslage der Selbstgefährdung für den Kraftfahrer ein unabwendbares Ereignis nach § 7 Abs 2 StVG darstellte, war das Ergebnis des BGH nicht zu billigen. Dieser Einwand ist durch die Änderung des § 7 Abs 2 StVG (Haftungsausschluss nur noch bei höherer Gewalt) gegenstandslos geworden. Methodisch richtiger wäre es dann aber, die Analogie zu § 254 zu bejahen (vgl iE Looschelders [Schrifttum] 277 ff mNw).

5. Weitere Anrechnungsfragen, insbes im Arbeitsrecht

Angerechnet wird insbes das **Tierhalterrisiko** des Geschädigten (BGHZ 67, 129, 134; **15** OLG Hamm NJW-RR 1990, 1054; OLG München NJW-RR 1991, 478; OLG Koblenz NJW 1988, 1737). Von vornherein nicht hierher gehört der Fall des Fehlverhaltens eines Blindenhundes (vgl OLG Hamburg VersR 1964, 1273 f): Seinem blinden Halter ist diese „Tiergefahr" schon deshalb nicht anzurechnen, weil der Blindenhund unter § 833 S 2 fällt (ERMAN/SCHIEMANN § 833 Rn 12).

16 Die Anrechnung der Betriebsgefahr kann **durch Vereinbarung ausgeschlossen** werden. Dies kann auch in einer Vereinbarung enthalten sein, nach der § 254 (nur) bei Verschulden des Geschädigten anwendbar sein soll. Auch § 7 HpflG steht ebenso wenig entgegen (BGH VersR 1965, 883 f) wie andere Vorschriften zur Unabdingbarkeit der (Aktiv-)Haftung (zB § 14 ProdHaftG).

17 Eine besondere Risikozurechnung auf der Seite des Geschädigten enthält die Haftungsmilderung innerhalb eines **Arbeitsvertrages**. Schädigt ein Arbeitnehmer fahrlässig im Rahmen seiner Tätigkeit für den Betrieb seines Arbeitgebers diesen, haftet der Arbeitnehmer nur aufgrund einer einzelfallbezogenen Abwägung (BAG NJW 1995, 210; BGH NJW 1996, 1532, vgl dazu auch insbes Vorlagebeschluss des GS des BAG an den Gemeinsamen Senat der Obersten Gerichtshöfe NJW 1993, 1732). Im Rahmen dieser Abwägung ist (wie schon früher bei der spezielleren Haftungsmilderung für gefahr- oder schadensgeneigte Arbeit) zu berücksichtigen, ob die Arbeit ihrer Art nach eine größere Wahrscheinlichkeit für Fehler und Schädigungen durch den Arbeitnehmer mit sich bringt. Es kommt dann weiter darauf an, ob die Haftung für den Arbeitnehmer, gemessen an der Höhe seines Arbeitsentgelts, unverhältnismäßige Risiken begründen würde. Liegt diese Voraussetzung vor, ist wie bei § 254 vom gänzlichen Entfallen der Haftung bis zur vollen Einstandspflicht des Arbeitnehmers jeder Schadensersatzumfang denkbar. Der GS des BAG hat die Begründung mit § 254 in den Mittelpunkt seines Vorlagebeschlusses gestellt (NJW 1993, 1732, 1733 f). Hierbei gilt insbes, dass es auch innerhalb des Arbeitsvertrages auf Seiten des Arbeitgebers – wie bei der allgemeinen Zurechnung einer mitwirkenden Betriebsgefahr – nicht auf ein Verschulden des Geschädigten ankommt (vgl dazu auch W BLOMEYER JuS 1993, 903, 905 mNw; MünchKomm/OETKER Rn 6). Anders als § 254 wirkt der arbeitsvertragliche Risikoausgleich nicht nur haftungsbeschränkend, sondern darüber hinaus haftungsbegründend für den Arbeitgeber: Schädigt der Arbeitnehmer in Ausführung seiner vertraglichen Verpflichtungen fahrlässig einen Dritten, entsteht im Umfang der Risikoquote des Arbeitgebers gemäß der Abwägung beider Verantwortungsbereiche ein Freistellungsanspruch des Arbeitnehmers.

6. Ausschluss von § 254 durch Spezialvorschriften

18 Ausgeschlossen wird § 254 durch Spezialvorschriften (dazu VENZMER, Mitverursachung und Mitverschulden im Schadensersatzrecht [1960] 207; WOCHNER, Einheitliche Schadensteilungsnorm im Haftpflichtrecht [1972] 157 ff; LANGE, in: LANGE/SCHIEMANN 539 f). Das ist unproblematisch hinsichtlich der Bestimmungen, die sachlich zu § 254 passen und zT sogar zum Vorbild für seine Auslegung geworden sind (§ 13 Abs 1 S 2 HpflG usw, vgl oben Rn 9, ähnlich auch § 736 HGB). Probleme entstehen hingegen durch diejenigen Vorschriften, die im Gegensatz zu § 254 nicht auf Schadensteilung abzielen, sondern zum gänzlichen Wegfall des Anspruchs führen. Dies sind im BGB vor allem die §§ 122 Abs 2, 179 Abs 3 S 1, 442 Abs 1, 536b, 536c Abs 2, 651 S 2, 839 Abs 3, außerhalb des BGB besonders die §§ 61f VVG. Hier bedarf es einer Abgrenzung gegenüber der Schadensteilung nach § 254.

Die Rspr neigt in dieser Frage trotz der hieraus entstehenden Wertungswidersprü- **19** che dazu, **neben den genannten Vorschriften** noch Raum für den – als erwünschte Auflockerung des Alles-oder-nichts-Prinzips empfundene – § 254 zu lassen. So wird zB aus §§ 122 Abs 2 (vgl schon oben Rn 13), 179 Abs 3 S 1 keine allgemeine Regel für das Verschulden beim Vertragsschluss (§ 311 Abs 2 u 3) abgeleitet, sondern dort nur § 254 angewendet (RGZ 151, 357, 361). Aus demselben Motiv heraus soll § 536c Abs 2 nur Ansprüche aus Mietvertrag ausschließen, während es für Deliktsansprüche bei § 254 bleibt (RGZ 165, 155, 159; BGH WM 1969, 1481, jeweils zu § 545 Abs 2 aF). Für § 254 statt für § 536c Abs 2 soll auch Raum bleiben bei nicht evidenten Mängeln der Mietsache (BGH NJW 1977, 1236, 1237). Für das Unterlassen schadensmindernder Maßnahmen soll § 736 Abs 1 AGB die Anwendung von § 254 nicht ausschließen (OLG Bremen VersR 1976, 558 f).

III. Erweiterung über Schadensersatzansprüche hinaus

Die Tendenz zur Erweiterung des § 254 greift über Schadensersatzansprüche hinaus. **20** Dabei sind die Einzelheiten oft str; vollständig erörtert werden können sie nur bei den Vorschriften, deren Anwendung durch § 254 modifiziert (idR gemildert) werden soll. Hier werden nur die wichtigsten Fragen berührt.

1. Beim Ausgleich im **Innenverhältnis zwischen Gesamtschuldnern** wird die **21** Gleichverteilungsregel des § 426 Abs 1 S 1 von § 254 verdrängt, wenn sich die Gesamtschuld auf Schadensersatz richtet. Jeder Gesamtschuldner muss also – vorbehaltlich der §§ 840 Abs 2, 3, 841, 1833 Abs 2 S 2 und von § 426 Abs 1 S 2 – so viel von dem Gesamtschaden tragen, wie seiner ursächlichen und verschuldensmäßigen Beteiligung an der Schädigung entspricht. Das ist heute anerkannt (vgl etwa BGHZ GS 43, 227, 231 mNw; 59, 97, 103; BGH NJW 1980, 2348; BGB-RGRK/ALFF Rn 9; SOERGEL/ MERTENS Rn 10; ERMAN/EHMANN § 426 Rn 9, 53 ff; PALANDT/HEINRICHS § 426 Rn 10; LOOSCHELDERS [Schrifttum] 285 f). Ein Sonderproblem beim Zusammentreffen von Gesamtschuld und § 254 ergibt sich hinsichtlich der Haftungseinheiten (vgl unten Rn 141 ff).

2. Gegenüber Ansprüchen auf **Aufwendungsersatz** finden sich in der Rspr teils **22** befürwortende, teils zurückhaltende Entscheidungen zur Anwendung des § 254. So haben das OLG Celle (NJW 1965, 2348) in einem Fluchthilfefall und das BAG (NJW 1981, 702) für einen Schaden am eigenen Pkw bei einer Dienstfahrt und (NJW 1989, 316) für Strafverfolgungsmaßnahmen gegen einen Arbeitnehmer im Ausland wegen dessen Tätigkeit für den Arbeitgeber § 254 herangezogen, während der BGH (BGHZ 8, 222, 235; 38, 270, 271 ff; 52, 115, 123) die Anwendung des § 254 vermeidet. Auf einen Anspruch des Geschäftsführers aus § 683 im Zusammenhang mit der Beseitigung einer Störung durch den Gestörten hat hingegen auch der BGH (BGHZ 110, 313, 317) § 254 herangezogen. Dies beruhte jedoch auf der analogen Anwendung des § 254 auf den Beseitigungsanspruch aus § 1004 (dazu unten Rn 28). Richtigerweise ist § 254 auf Aufwendungsersatzansprüche anzuwenden, da diese – unabhängig davon, wie man sie genau bezeichnet – in den hier einschlägigen Fällen jedenfalls schadensersatzähnlichen Charakter haben (LANGE, in: LANGE/SCHIEMANN 542; MEDICUS, BR Rn 429; LOOSCHELDERS 274 ff mNw). Selbst für den Anspruch des Auftraggebers (u des Geschäftsherrn) nach § 667 ist § 254 herangezogen worden (OLG München NJW-RR 1995, 814 für den Fall einer weisungswidrigen Überweisung, in Fortführung von BGH BB 1978,

556, 557 u OLG Hamm BB 1978, 1686, 1687); aber hierdurch werden der Schadensersatzanspruch und der Erfüllungsanspruch unzulässig miteinander vermischt.

23 3. Bei **Bereicherungsansprüchen** passt § 254 nicht (BGHZ 57, 137, 151 f mNw; ebenso BGB-RGRK/ALFF Rn 11; für den Sonderfall, dass ein Verkäufer durch arglistige Täuschung die Anfechtung des Vertrages veranlasst und der Käufer den Unfall schuldhaft verursacht hat, **aA** LOOSCHELDERS 284). Freilich hat der BGH (aaO 152) über § 242 ein ähnliches Ergebnis wie nach § 254 erreicht.

24 4. Auf **Erfüllungsansprüche** ist § 254 idR unanwendbar (vgl schon RGZ 141, 287, 290; ebenso BGHZ 25, 300, 310 f; BGH NJW 1986, 2104, 2106). Das zeigt sich im Unterschied zu Schadensersatzansprüchen sehr deutlich nach unberechtigter Kündigung (BGH NJW 1967, 248, 250): Soweit die Ansprüche des Gekündigten sich als Erfüllungsansprüche zB aus §§ 615 BGB, 87 Abs 2 HGB ergeben, kann ihnen nicht entgegengehalten werden, der Gekündigte habe die Kündigung mitverschuldet (dazu schon DICKHOFF Betrieb 1959, 1004 ff). Gegenüber weitergehenden Schadensersatzansprüchen, zB nach § 252, ist dieser Einwand jedoch unzulässig. Auch Ansprüche auf Nacherfüllung oder Erstattung der Nacherfüllungskosten (§§ 439, 635, 637) sind Erfüllungsansprüche und daher dem § 254 entzogen; der BGH (VersR 1965, 245; Betrieb 1971, 1764, unter ausdrücklichem Hinweis auf § 254 als Ausprägung von § 242 auch BGHZ 90, 344, 348) gelangt aber über § 242 zum sachlich gleichen Ergebnis wie bei einer Anwendung des § 254 (für eine analoge Anwendung des § 254 daher LANGE in: LANGE/SCHIEMANN 542; LOOSCHELDERS 261 f; PETERS JZ 1995, 754 ff). BGHZ 50, 112, 114 f stützt sich auf den „Rechtsgedanken des § 254", der „eine besondere Ausprägung des Gedankens von Treu und Glauben" sei, um beim Nebeneinander von Vollmachtsmissbrauch und Anscheinsvollmacht die Geschäftsfolgen zu teilen; aber das ist ganz unklar und hat daher – soweit ersichtlich – keine Nachfolge in der Rspr gefunden (vgl zur Krit MEDICUS, BR Rn 118; HECKELMANN JZ 1970, 62; ROTH AcP 180 [1980] 263, 296 f). Als – nachvertraglicher – Erfüllungsanspruch kann auch das Recht des Vermieters nach § 546a Abs 1 auf Zahlung des früher vereinbarten oder des ortsüblichen Mietzinses verstanden werden. Manche (Nachweise STAUDINGER/ROLFS [2003] § 546a Rn 32) sehen ihn freilich als reinen Schadensersatzanspruch. Dann ist auch § 254 hierauf anwendbar. Der BGH (BGHZ 90, 145, 150; 104, 285, 290) betrachtet § 546a Abs 1 (§ 557 aF) demgegenüber als Vertragsanspruch eigener Art mit Erfüllungscharakter und wendet deshalb § 254 nicht an. Das erscheint bei systematischer Auslegung gerechtfertigt, da das Gesetz in § 546a Abs 2 dem Erfüllungsanspruch ausdrücklich einen echten Schadensersatzanspruch gegenüberstellt.

25 Wenigstens im Wege der Aufrechnung oder eines Zurückbehaltungsrechts kann jedoch § 254 gegenüber Erfüllungsansprüchen zur Geltung kommen, wenn der Erfüllungsschuldner dem Erfüllungsgläubiger die **Verletzung einer Schutzpflicht** (§§ 241 Abs 2, 280 Abs 1) vorwerfen kann. Dieser Schadensersatzanspruch unterliegt ohne weiteres dem § 254 und kann iE zu einer Teilung des mit der Erfüllung verbundenen Vermögensopfers führen. Hierauf aufbauend ist im Anschluss an U HUBER (Leistungsstörungen II [1999] 740 ff, zusammenfassend 766 f) auch das Problem des **beiderseitigen** Vertretenmüssens **im gegenseitigen Vertrag** zu lösen: Soweit der Schuldner nicht nach § 326 Abs 2 die volle Gegenleistung verlangen kann, steht ihm bei geringerer Verantwortlichkeit des Gläubigers gemäß § 254 analog nur eine gekürzte Gegenleistung zu. Und der Anspruch des Gläubigers aus §§ 280 Abs 3, 283 auf Schadensersatz statt der Leistung ist wegen des Mitverschuldens ohnehin nach § 254 gemindert. Hierdurch wird eine flexible Lösung je nach dem Grade der jeweiligen Verantwortlichkeit erreicht (Medicus, SchuldR I Rn 503 g; sehr ähnl zum alten Recht schon Teubner, Gegenseitige Vertragsuntreue [1975] 61 ff; aA MünchKomm/Ernst § 326 Rn 79; Jauernig/Stadler § 326 Rn 22, jeweils mNw, vgl aber auch unten Rn 36 zu BGH NJW 1987, 251 anlässlich der übermäßigen Reaktion auf geringfügige Vertragsverletzungen).

5. Für die primären Ansprüche auf **Rückgewähr** (im Gegensatz zu Schadensersatzansprüchen aus §§ 347, 989) aus Rücktritt oder Minderung passt § 254 wenigstens nicht direkt. Trotzdem ist die entsprechende Anwendbarkeit der Vorschrift gelegentlich behauptet worden (RGZ 56, 267, 270, vgl 71, 187, 191 f). Doch müsste diese Anwendung häufig schon wegen der Unteilbarkeit der zurückzugewährenden Leistung auf Schwierigkeiten stoßen. Richtiger ist daher wohl auch hier die Annahme eines die vollen Rücktrittsfolgen korrigierenden, durch § 254 geminderten Schadensersatzanspruchs aus Schutzpflichtverletzung (oben Rn 25). **26**

6. Auch bei **dinglichen Ansprüchen** passt § 254 jedenfalls nicht direkt. Bei § 985 belässt man es wegen des offensichtlichen Rechtsverfolgungscharakters bei dieser Unanwendbarkeit. So kann etwa der auf Herausgabe verklagte Besitzer nicht einwenden, den Eigentümer treffe ein Verschulden am Verlust des Besitzes und damit am Entstehen der Vindikationslage, oder er habe den Verlust verspätet angezeigt und so erst den Sacherwerb des Besitzers veranlasst (RGZ 93, 281, 282 f). Anders verhält es sich aber für Schadensersatzansprüche aus dem Eigentümer-Besitzer-Verhältnis nach §§ 987 Abs 2, 989, 990, 991: Hier wird § 254 (direkt) angewendet, obwohl diese Ansprüche zum Teil als Fortsetzung des Eigentums aufgefasst werden können (RGZ 93, 281, 283 ff, vgl auch RGZ 119, 152, 155; BGH LM Nr 4 zu § 366 HGB). **27**

Dagegen bejaht die Rspr (ihr folgend ua MünchKomm/Oetker Rn 25; Looschelders [Schrifttum] 269) bei **§ 1004** eine entsprechende Anwendung von § 254 auf den Beseitigungsanspruch, während für den Unterlassungsanspruch dasselbe gilt wie für § 985. In der Rspr ging es meist um die Kostenerstattung für die vom Eigentümer selbst vorgenommene Beseitigung (BGHZ 110, 313, 317; BGH JZ 1995, 410). Hier hat die Rspr § 254 ausnahmsweise (vgl oben Rn 11) sogar dann angewandt, wenn der Eigentümer schuldlos an der Verletzung mitgewirkt hat und insoweit auch keiner Gefährdungshaftung unterlag (RGZ 138, 327, 330 f für die eigene hypothetische Haftung des Eigentümers aus § 1004, vgl auch BGH NJW 1955, 340 f zum Einverständnis des Eigentümers; WM 1964, 1102, 1104 zur mangelhaften Bauweise des zerstörten Gebäudes, wie auch schon RGZ 127, 29, 33, 35). Diese unterschiedliche Behandlung von § 985 und § 1004 wird in der Lit überwiegend gebilligt (Nw Staudinger/Gursky [1999] § 1004 Rn 151). Gursky (aaO) hat im Anschluss an Picker und Medicus die ablehnende Gegenposition ausf dargelegt. Dem ist hier nichts hinzuzufügen (für Anwendung des § 254 auf den Beseitigungsanspruch selbst jetzt aber BGHZ 135, 235 m krit Anm H Roth JZ 1998, 94 ff). **28**

7. Im **öffentlichen Recht** gilt für die Anwendbarkeit des § 254 Ähnliches wie für die Anwendbarkeit der §§ 249–253 (vgl Vorbem 15–22 zu §§ 249 ff). Insbes passt § 254 zur Amtshaftung (vgl aber zu § 839 Abs 3 oben Rn 18) und zu den analog dem Schuldrecht zu behandelnden öffentlichrechtlichen Nutzungsverhältnissen (zB BGH NJW 1964, 1670 f; 1983, 622; NJW-RR 2000, 212). Darüber hinaus macht sich aber auch hier wieder bemerkbar, dass § 254 als Ausfluss von Treu und Glauben und damit als **29**

allgemeines Prinzip verstanden wird (vgl oben Rn 3). Daher wird § 254 häufiger angewendet als die §§ 249–253, so beim Aufopferungsanspruch (BGHZ 45, 290, 294 ff gegen die Rspr des RG, das aber auch ohne § 254 zB in RGZ 167, 14, 26 schon zu ähnlichen Ergebnissen gelangt war; BGHZ 56, 57, 64 f, im Ansatz auch schon vorher OLG Celle NJW 1954, 559 Nr 14); beim enteignungsgleichen Eingriff hinsichtlich der Schadensminderungspflicht (BGHZ 56, 57; 90, 17, 32 ff; BGH NJW 1983, 1663, 1664 f; 1986, 182, 183, vgl für die Enteignung ZUCK MDR 1962, 258 ff) und beim enteignenden Eingriff (BGHZ 140, 200, 203 f). Wenigstens sinngemäß angewendet werden soll § 254 auch bei Planungsschäden (BGH MDR 1975, 300) und beim Folgenbeseitigungsanspruch (BVerwG DÖV 1971, 857 ff m Anm BACHOF; bedenklich ist dort freilich der Satz, wegen der Unteilbarkeit der Folgenbeseitigung entfalle diese bei einem ins Gewicht fallenden Mitverschulden des Betroffenen ganz; für eine Ausgleichszahlung nach § 251 Abs 1 analog BVerwG NJW 1989, 2484, vgl dazu SCHENKE JuS 1990, 370 ff; LOOSCHELDERS 288 f). Dagegen enthält das StrEG bei der Entschädigung für Strafverfolgungsmaßnahmen in den §§ 5f eine eigene Regelung des Mitverschuldens. Ist die Entschädigungspflicht nach § 8 StrEG vom Strafgericht dem Grunde nach ohne Einschränkung festgestellt worden, darf das Zivilgericht nicht mehr auf § 254 zurückgreifen (BGHZ 63, 209, 214; 103, 113, 120. – Zu weiteren Einzelheiten LANGE in: LANGE/SCHIEMANN 544 ff).

IV. Die Verbindlichkeit des Geschädigten und ihre Voraussetzungen

1. Pflicht und Obliegenheit

30 § 254 setzt eine **Verbindlichkeit des Geschädigten** zu einem bestimmten schadenshindernden oder -mindernden Verhalten voraus. Die Art dieser Verbindlichkeit des Geschädigten ist zweifelhaft: Außerhalb des Schadensrechts besteht idR keine Rechtspflicht zum sorgfältigen Umgang mit den eigenen Rechtsgütern. Etwas anderes gilt freilich nach § 21a Abs 1, 2 StVO für die Pflichten zum Anlegen des Sicherheitsgurtes und zum Tragen des Sturzhelmes. Aus diesen sehr speziellen Regeln kann man aber nicht den Schluss ziehen, dass nunmehr die Selbstgefährdung allgemein als verboten anzusehen sei (aA GREGER NJW 1985, 1130 ff, krit dazu LANGE in: LANGE/SCHIEMANN 550). Es fehlt daher nach wie vor eine Grundlage dafür, speziell für das Schadensrecht eine Pflicht des Geschädigten zur Vermeidung eigener Schäden anzunehmen. Daher bezeichnet man die für § 254 wesentlichen Verbindlichkeiten des Geschädigten vielfach als **Obliegenheiten** (so vor allem REIMER SCHMIDT, Die Obliegenheiten [1953] 105 ff, ihm im wesentlichen folgend zB LARENZ I § 31 I a; MünchKomm/OETKER Rn 3; für eine Zuordnung zu den Obliegenheiten auch LOOSCHELDERS 216 ff, krit zB LANGE 552; SOERGEL/MERTENS Rn 4). Aus ähnlichen Gründen wird das von § 254 geforderte Verschulden bisweilen als **Verschulden gegen sich selbst** bezeichnet (im Anschluss an ZITELMANN, Recht des BGB AT [1900] 166). Andere verlegen die für § 254 maßgebliche Pflichtverletzung auf den Zeitpunkt, in dem der Geschädigte trotz seiner eigenen Mitwirkung an der Schädigung vom Schädiger vollen Ersatz verlangt (oben Rn 2). Abweichend hiervon sollen nach VENZMER (Mitverursachung und Mitverschulden [1961] 101 f) echte Pflichtverletzung und echtes Verschulden vorliegen: Es handle sich eben nicht bloß um eine Selbstschädigung, sondern mit ihr sei „begrifflich die Haftung einer anderen Person verknüpft" (101, dagegen etwa DUNZ JZ 1961, 406, 407). Wieder andere sehen den Grund für die Beteiligung des Geschädigten an der Schadenstragung in einer Art Gefährdungshaftung für seine eigene Sphäre (zB ESSER/SCHMIDT I 2 § 35 I 2 u 3). Noch andere bezeichnen die Diskussion hierüber als fruchtlos (zB

ZEUNER JZ 1966, 1 f; DEUTSCH, Allgemeines Haftungsrecht Rn 564, der dann Rn 567 ff aber im wesentlichen von einer Obliegenheitsverletzung ausgeht).

In der Tat kommt es nicht auf die terminologische Einordnung an, sondern darauf, **31** welche **konkreten Verhaltensweisen** dem Geschädigten zugemutet werden, damit er den vollen Schadensersatz beanspruchen kann (ähnl LOOSCHELDERS 211 ff: Verstoß gegen „hypothetische Verhaltensnormen"). ME ist dies durch den oben (Rn 4) entwickelten Korrespondenzgesichtspunkt für § 254 Abs 1 hinlänglich umschrieben. Zu § 254 Abs 2 ist zu beachten, dass im Zeitpunkt, zu dem diese Vorschrift eingreift, bereits ein Schuldverhältnis zwischen den Parteien besteht. Daher können hier Anspruchsausschluss- und -minderungsgründe in vorsichtiger Anknüpfung an die Pflichtstandards der §§ 241 Abs 2, 280 Abs 1, 311 Abs 2 erwogen werden. Terminologisch schließt sich die folgende Darstellung der gebräuchlichsten Ausdrucksweise an und bezeichnet die zu entwickelnden Standards als Obliegenheiten.

2. Kausalität

Die Obliegenheitsverletzung muss eine (äquivalente) Ursache für die Entstehung **32** oder den Umfang des Schadens sein. Nur dann kann von einer „Mitwirkung" des Geschädigten iSd § 254 Abs 1 die Rede sein. Wer ein Warnungsschild nicht liest, verletzt keine Obliegenheit, wenn das Schild ohnehin kein hinreichend deutliches Verbot der schädlichen Tätigkeit enthielt (OLG Stuttgart VersR 1961, 1026, 1027). Selbst bei Trunkenheit am Steuer muss deren Kausalität für einen Unfall geklärt werden (BGH VersR 1960, 479). Besondere Bedeutung hat dies für die Beziehung der Nichtbeachtung von Gurtanlege- oder Sturzhelmpflicht zu der Art der erlittenen Verletzungen (BGH NJW 1989, 2125; 1990, 2615 u dazu LANGE, in: LANGE/SCHIEMANN 561 Fn 151).

3. Adäquanz

Die Spiegelbildlichkeit zum haftungsbegründenden Tatbestand setzt sich für die hM **33** fort im Merkmal der Adäquanz der Schadensfolge. Die Obliegenheitsverletzung muss also den Eintritt oder die Vergrößerung des Schadens mit nicht bloß geringfügiger Wahrscheinlichkeit (vgl § 249 Rn 13 ff) gefördert haben. Die nach § 254 Abs 1 am Ende für die Schadensverteilung maßgeblichen Verursachungsanteile sind nach der Wahrscheinlichkeit zu bewerten, mit der sie den Schaden gefördert haben (vgl unten Rn 113). Ganz unwahrscheinliche (dh inadäquate) Verursachungsanteile müssen also außer Betracht bleiben (ebenso iE BGH NJW 1952, 537, 539; BGH VersR 1959, 739 f; VENZMER, Mitverursachung und Mitverschulden im Schadensersatzrecht [1960] 28 f; BGB-RGRK/ALFF Rn 18; PALANDT/HEINRICHS Rn 14; SOERGEL/MERTENS Rn 32; LANGE in: LANGE/SCHIEMANN 562, **aA** MünchKomm/OETKER Rn 33, der nur auf den „Schutzzweck der Norm" abstellt; ähnl LOOSCHELDERS [Schrifttum] 240 ff).

Ebenso wie bei der Zurechnung auf der Schädigerseite (vgl § 249 Rn 18) sind aber von **34** dem Adäquanzerfordernis auch zu Lasten des Geschädigten Ausnahmen zu machen, soweit es der Schutzzweck einer Rechtsnorm oder eines Vertrages erfordert. Wenn zB bestimmte Maßnahmen zur Geringhaltung des Schadens aus fremdverschuldeten Autounfällen vorgeschrieben sind, ist eine Nichtbeachtung für § 254 selbst dann erheblich, wenn die daraus folgende Schadenserweiterung ganz unwahrscheinlich war.

4. Schutzzweck der Norm

35 Darüber hinaus können Schutzzweck und Rechtswidrigkeitszusammenhang auch positiv die Anrechnung einer Mitwirkung des Geschädigten begründen: Eine Mitwirkung führt zur Minderung des Ersatzanspruchs nur hinsichtlich derjenigen Schäden, deren Entstehung die verletzte Obliegenheit verhindern sollte. Der BGH hat dieses Erfordernis allerdings zunächst verneint (VersR 1959, 135, 136: Unfall infolge der Missachtung von Geschwindigkeitsbegrenzung und Überholverbot, die einen noch gar nicht stattfindenden Gegenverkehr auf der Autobahn sichern sollten). Die Begründung des BGH war aber rein terminologisch: Auf den Rechtswidrigkeitszusammenhang könne es bei § 254 nicht ankommen, weil das mitwirkende Verschulden nicht rechtswidrig zu sein brauche. Dies lässt sich offensichtlich schon durch das Abstellen auf den Zusammenhang oder Schutzbereich der Obliegenheit (und ihrer Verletzung) beiseite räumen (ähnlich WEIDNER, Mitverursachung als Entlastung des Haftpflichtigen [1970] 14 ff; VENZMER, Mitverursachung und Mitverschulden im Schadensersatzrecht [1960] 121 f; DUNZ JZ 1961, 406, 410). Der „Schutzzweck der Norm" ist ohnehin nicht von der Rechtswidrigkeit abhängig.

36 Später hat denn auch der BGH zutreffend den Schutzzweck der verletzten Obliegenheit **beachtet**: So soll dem Ersatzanspruch des Verpächters aus der polizeilichen Wiedereinweisung des obdachlosen gekündigten Pächters nicht ein Verschulden bei der (früheren) Auswahl dieses Pächters entgegengehalten werden können (BGH VersR 1965, 484, 486 f, freilich 487 zu Unrecht unter Hinweis auf die Adäquanz). Hierhin gehört weiter, dass dem aus einem Kunstfehler in Anspruch genommenen Arzt die schuldhafte Herbeiführung der Behandlungsbedürftigkeit durch den Patienten selbst nicht zugute kommt (BGH NJW 1972, 334, 335, ebenso SOERGEL/MERTENS Rn 33; DEUTSCH, Allgemeines Haftungsrecht Rn 569): Die von dem Patienten verletzte Obliegenheit hat nicht den Schutzzweck, den Arzt vor der Haftung aus Kunstfehlern zu sichern. Genauso liegt es, wenn die Justizvollzugsanstalt gegenüber ihrer Inanspruchnahme wegen einer Fürsorgepflichtverletzung den Strafgefangenen darauf verweisen will, dass er ja selbst an seiner Verurteilung schuld sei (OLG Karlsruhe VersR 1984, 1174. Weitere Fälle: BGH NJW 1978, 2502, 2504 zugunsten eines Falschparkers, auf dessen Verschulden sich der Abschleppunternehmer nicht soll berufen dürfen; BGH VersR 1970, 812, 813 zur Vorschriftswidrigkeit des Entlüftungsrohres an einem Öltank gegenüber einem Schaden aus überlaufendem Öl, vor dem das Rohr nicht schützen sollte; BGH VersR 1972, 1016 f zur verbotenen Weiterfahrt eines Schiffes bei Nebel, wenn der Zusammenstoß erst später mit dem inzwischen haltenden Schiff erfolgt, wobei hier wohl schon die Adäquanz fehlt; BGH VersR 1964, 781 f zur unerwarteten Gefahr im Dunkeln; OLG Stuttgart VersR 1973, 324 f dazu, dass ein Parkverbot nicht vor Dachlawinen schützen soll). Nicht anders liegt es im Fall von BGHZ 96, 98: Ein Patient war in eine Heilanstalt wegen seiner Neigung zur Selbstgefährdung eingewiesen worden. Während der stationären Unterbringung kam es zu einem Selbstmordversuch des Patienten. Gerade davor aber hatte der Patient geschützt werden sollen, so dass ihm keine Obliegenheit zum Unterlassen eines Selbstmordes auferlegt werden konnte. Wer aus Verletzung einer Beratungspflicht haftet, kann dem „Beratenen" nicht entgegenhalten, er hätte selbst das Richtige erkennen können und sollen (BGH WM 1986, 675; sehr ähnlich BGH NJW 1982, 1095, 1096; WM 1988, 504, 505; NJW 2000, 734). Wer unberechtigt von einem gegenseitigen Vertrag zurücktritt, kann dem Vertragspartner nicht entgegenhalten, dass dieser seinerseits geringfügig zu wenig geleistet oder zu viel gefordert habe: Was dem einen Vertragspartner kein

Recht gibt, sich vom Vertrag zu lösen, kann auch dem anderen nicht nach § 254 vorgeworfen werden (BGH NJW 1987, 251). Dem Sinne nach passt hierhin auch folgender Fall: Das Mündel braucht sich auf seinen Amtshaftungsanspruch wegen mangelhafter Beaufsichtigung des untreuen Vormunds nicht nach §§ 254 Abs 2 S 2, 278 das Verschulden eben dieses Vormunds anrechnen zu lassen (BGHZ 33, 136, 139 ff m unklarer Begründung, dagegen SCHUSTER NJW 1961, 557; DUNZ JZ 1961, 406, 408, 410 f): Hier sollte die verletzte Amtspflicht das Mündel gerade vor den Veruntreuungen schützen; die Pflichtverletzungen dürfen also nicht gegen es ins Gewicht fallen. – Allgemein kann man sagen: § 254 kommt nicht in Betracht, wenn die durch die Obliegenheitsverletzung des Geschädigten geschaffene Situation für das Tätigwerden des Schädigers typisch ist, oder wenn der Schädiger gerade die Pflicht verletzt hat, Fehler des Geschädigten oder seines gesetzlichen Vertreters zu verhindern oder auszugleichen (für Anwendbarkeit der Schutzzwecklehre bei § 254 zB auch LANGE, in: LANGE/SCHIEMANN 123 f; MünchKomm/OETKER Rn 33; SOERGEL/MERTENS Rn 33; ERMAN/KUCKUK Rn 22).

5. Zeitliche Reihenfolge der Mitwirkungsbeiträge

Die zeitliche Reihenfolge der Mitwirkungsbeiträge von Schädiger und Geschädigtem spielt idR keine Rolle. Der Beitrag des Geschädigten kann demgemäß schon vor demjenigen des Schädigers liegen (zB BGHZ 3, 46: schuldhafte Aufforderung durch den Geschädigten zu der schadensbringenden Fahrt; daraufhin tritt der Schädiger diese Fahrt schuldhaft an). Dagegen soll der Schadensersatzanspruch statt der Leistung oder wegen des Verzögerungsschadens nach der Rspr nur durch eine dem Vertragsschluss folgende Mitwirkung des Geschädigten gemindert werden (BGH NJW 1957, 217; 1972, 1702, 1703; 1987, 251, 253; VersR 1972, 1052, 1054; ZIP 1990, 315, 318, nach SOERGEL/MERTENS Rn 32 entspr für § 311 Abs 2 [cic]: erst nach Anbahnung des Vertrauensverhältnisses): Erst der Vertragsschluss schaffe die Grundlage für den Ersatzanspruch. Auch bei einem Deliktsanspruch ist jedoch die Mitwirkung des Geschädigten nicht bloß dann erheblich, wenn dieser Anspruch oder seine „Grundlage", das Delikt, schon gegeben ist. Überdies kann es vorvertragliche Pflichten wie für den Schädiger auch für den Geschädigten geben. So hält der BGH (NJW 1993, 1191, 1192 f) ein Mitverschulden des Werkbestellers immerhin ausnahmsweise für möglich, wenn sich ihm die Einsicht in die Unfähigkeit des Unternehmers zur Ausführung der Vertragsleistungen aufdrängen musste. Hierbei geht der BGH wie selbstverständlich davon aus, dass auch eine Obliegenheitsverletzung vor Vertragsschluss relevant sein könnte (ähnl BGH NJW 1999, 3627: Kenntnis oder fahrlässige Unkenntnis des geschädigten Auftraggebers von den Organisationsmängeln beim beauftragten Spediteur). Die bei § 254 für Vertragsansprüche behauptete Ausnahme sollte daher auch ausdrücklich aufgegeben werden.

6. Verschulden des Geschädigten

Das nach § 254 erforderliche Verschulden des Geschädigten (zur Betriebsgefahr vgl oben Rn 8 ff) richtet sich nicht – wie bei der Haftungsbegründung – auf die Verletzung fremder, sondern auf die **Vernachlässigung eigener Interessen** (vgl oben Rn 30). Hieraus ergeben sich in zwei Richtungen Zweifel daran, ob die für das haftungsbegründende Verschulden geltenden Regeln auch bei § 254 passen.

a) Die hM überträgt den **objektiven Fahrlässigkeitsmaßstab** von § 276 Abs 1 S 2 mit Recht auf § 254 (zB DEUTSCH, Fahrlässigkeit und erforderliche Sorgfalt [1963] 361 u Allgemeines Haftungsrecht Rn 571 mNw; LANGE in: LANGE/SCHIEMANN 554 mNw Fn 105); das individuell geminderte Leistungsvermögen des Geschädigten soll aber bei der Abwägung berücksichtigt werden (vgl Rn 115). Dabei muss sich das Verschulden idR auf die Erkennbarkeit des Schadenseintritts beziehen (RGZ 159, 68, 76). Die bei § 276 Abs 1 S 2 geltende Abstufung der Sorgfaltsanforderungen nach Gruppen (Kinder, alte Leute, vgl vor allem BGHZ 39, 281, 283 mNw) gilt auch bei § 254 (BGH VersR 1965, 877, 878; KG VersR 1975, 770, 771; OLG Bamberg VersR 1965, 989, 990). IdR genügt es, wenn der Verletzte nach dem für seine Altersstufe geltenden Sorgfaltsmaßstab irgendeinen Schaden voraussehen konnte (so OLG München VersR 1964, 931 f für die Haftungsbegründung; vgl auch OLG Hamm VersR 1972, 1147, 1148, enger BGH VersR 1968, 470, 472: Voraussehbarkeit eines „Unfalls der in Frage stehenden Art").

40 Viele Fälle zum Mitverschulden von Kindern (vgl Nachw Voraufl) sind durch § 828 Abs 2 nF für die Verschuldensfähigkeit im Straßenverkehr überholt. Der BGH (VersR 1966, 831, 833) bejaht zB Fahrlässigkeit eines 11-jährigen Kindes, das achtlos eine Bundesstraße überschreitet. Weitere Fälle: 13-Jähriger läuft auf die Fahrbahn (OLG Hamm NZV 1996, 70), 10-jähriges Kind fährt mit Fahrrad aus verkehrsberuhigtem Bereich in eine Vorfahrtsstraße ein (OLG Köln NZV 1992, 320). Dagegen verneinte der BGH (VersR 1965, 572, 573) Fahrlässigkeit, wenn ein 7-jähriges Kind die Gefährlichkeit eines Kettenhundes falsch einschätzt; ähnlich für einen Spielunfall OLG Köln (VersR 1975, 1034, 1035; weitere Fälle nach Alter: 10 Jahre KG NZV 1999, 329; OLG Hamm ZfS 1999, 373; 13 Jahre OLG Hamm NZV 1996, 70; 15 Jahre BGH NJW 1993, 261; OLG Zweibrücken NJW-RR 2001, 595).

41 Sorgfaltsminderungen bei der Haftungsbegründung sind auf § 254 übertragbar (BGHZ 43, 188, 193 ff für § 680). Ebenso gelten bei § 254 auch **vertragliche Haftungsausschlüsse**. Wenn sie durch AGB erfolgen, passt § 309 Nr 7 nicht direkt, weil nicht die Haftung des Schuldners für einen Schaden betroffen ist. Die Gleichbehandlung von Schädiger und Geschädigtem gebietet jedoch die analoge Anwendung des Freizeichnungsverbots (ebenso LANGE in: LANGE/SCHIEMANN 557).

42 b) Viel erörtert worden ist die **Anwendbarkeit der §§ 827 f:** Vor allem geht es darum, ob sich ein noch nicht deliktsfähiges Kind eine fahrlässige (vgl oben Rn 39 f) Mitwirkung an der Schadensentstehung (zur Schadensminderung vgl unten Rn 100) nach § 254 entgegenhalten lassen muss. Die ganz hM verneint das wegen der entsprechenden Anwendung der §§ 827f bei § 254 (zB RGZ 156, 193, 202; BGHZ 9, 316, 317; 24, 325, 327; BGH VersR 1975, 133, 135; OLG München VersR 2000, 1030; LANGE in: LANGE/SCHIEMANN 555 f; LARENZ I § 31 I a; BGB-RGRK/ALFF Rn 16; SOERGEL/MERTENS Rn 29; ERMAN/ KUCKUK Rn 25; PALANDT/HEINRICHS Rn 13). Begründet wird das mit der Kindern unter 7 Jahren (bzw im Straßenverkehr unter 10 Jahren) vom Gesetz gewährten „besonders schutzwürdigen Stellung" (zB BGH VersR 1975, 133, 135). IE führt diese Ansicht dazu, dass bei Kindern unter 7 bzw 10 Jahren die eigene Mitwirkung für § 254 idR (vgl aber unten Rn 44 mit Bezug auf § 829) außer Betracht bleibt (§ 828 Abs 1). Bei Jugendlichen zwischen 7 oder 10 und 17 Jahren sind in zwei verschiedenen Zusammenhängen einander ähnliche Erwägungen anzustellen, nämlich einmal für die Deliktsfähigkeit bei § 828 Abs 3 und zum anderen für die gruppenspezifische Fahrlässigkeit nach § 276 Abs 1 S 2 (vgl oben Rn 39 f; zur entsprechenden Unterscheidung bei der Haftungsbegründung vor allem BGHZ 39, 281, 283). Dabei kann das Ergebnis insbes schon deshalb verschieden ausfallen, weil die Deliktsfähigkeit nach § 828 Abs 3 vermutet wird, während das Verschulden nachzuweisen ist (vgl etwa OLG Bamberg VersR 1965, 989, 990). – Trunkenheit entschuldigt wegen § 827 S 2 idR nicht (BGH VersR 1964, 870 f; OLG Saarbrücken VersR 1968, 905).

Die **Gegenansicht** (ROTHER, Haftungsbeschränkung im Schadensrecht [1965] 85 ff; WEIDNER, **43** Mitverursachung als Entlastung des Haftpflichtigen [1970] 55 ff; ESSER/SCHMIDT I 2 § 35 I 3 b; MEDICUS BR Rn 869, wenigstens *de lege ferenda* auch GERNHUBER AcP 152 [1952] 69, 77 f) hält die §§ 827 f bei § 254 für unanwendbar: Diese Vorschriften bestimmten nicht Voraussetzungen des Verschuldens, sondern der Verantwortlichkeit für einen Schaden, der einem anderen zugefügt wird. Eine sachliche Verschiedenheit der Mitbeteiligung am eigenen Schaden gegenüber der Verantwortlichkeit für fremden Schaden hebt vor allem GERNHUBER (aaO) hervor: Die Verantwortlichkeit für fremden Schaden bedarf eines besonderen Zurechnungsgrundes (idR Verschulden); dagegen tritt die Belastung mit dem eigenen Schaden ohne solchen Grund schon immer dann ein, wenn kein hinreichender Grund für die Überwälzung auf einen Fremdschädiger vorliegt (*casum sentit dominus*). Dieses zwischen Schädiger und Geschädigtem differenzierende Verteilungsprinzip werde von § 254 dadurch gestört, dass er die Differenzierung aufhebt und auch für die Selbsttragung des Schadens durch den Geschädigten Verschulden fordert. Wegen dieser Prinzipwidrigkeit bestehe Anlass, das Verschuldenserfordernis des § 254 eng auszulegen (dh ohne Anwendung der §§ 827 f). Aber diese systematische Sicht der Grundlagen des § 254 ist nicht die einzig mögliche: Die Gleichbehandlung und Spiegelbildlichkeit von Haftungsbegründung und Haftungsmilderung (oben Rn 4) ist nicht darauf angelegt, ein Stück der Selbsttragung des Schadens in die Schadensüberwälzung hineinzutragen, sondern den Überwälzungsgrund selbst nach der ihm innewohnenden Logik zu beschränken. Wäre das *casum sentit dominus* der Ausgangspunkt, wäre Gleichbehandlung nur bei einer reinen Verursachungshaftung des Schädigers gegeben, wie sie gerade nicht stattfindet. Erst recht die Begründung des § 254 aus dem „Gesamtschuldgedanken" des § 840 (oben Rn 4) verweist auf die Bedingungen des „Aktivtatbestandes" der Haftung als inneren Grund der Ersatzbeschränkung. Der von MEDICUS (BR Rn 869) beanstandete abrupte Übergang von völligem Haftungsausschluss zu gänzlich unbeschränkter Haftung ist auf der „Gegenseite" der aktiven Haftungsbegründung durch Minderjährige schlechthin nicht vermeidbar (zB ein spielendes Kind verletzt ein anderes – im einen Fall als fast, im anderen als knapp 7-Jähriger).

7. Entsprechende Anwendung von § 829

Bei Fehlen der Deliktsfähigkeit bleibt als Weg zur Selbstbeteiligung des Geschä- **44** digten an dem Schaden eine entsprechende Anwendung des § 829 (BGHZ 37, 102, 105 ff mNw; BGH VersR 1964, 385; NJW 1973, 1795; VersR 1975, 135; LARENZ I § 31 I a; LANGE in: LANGE/SCHIEMANN 556 f; MünchKomm/OETKER Rn 34; BGB-RGRK/ALFF Rn 16; ERMAN/KUCKUK Rn 26; PALANDT/HEINRICHS Rn 13; SOERGEL/MERTENS Rn 30; LOOSCHELDERS [Schrifttum] 361 ff; **aA** E BÖHMER MDR 1962, 778 u öfter sowie konsequent zum Rn 43 wiedergegebenen Standpunkt WEIDNER, Mitverursachung als Entlastung des Haftpflichtigen [1970] 57). Zutreffend hat sich die hM hiermit über das gelegentlich vom RG verwendete Argument hinweggesetzt, § 829 sei als Ausnahmevorschrift nicht analogiefähig. Doch verwendet der BGH den Ausnahmecharakter des § 829 dazu, eine Mitbeteiligung des deliktsunfähigen Geschädigten an seinem eigenen Schaden nur **unter engen Voraus-**

setzungen zu bejahen: Das Billigkeitserfordernis des § 829 soll nicht schon bei einer wesentlichen Beteiligung des Geschädigten an der Schadensentstehung erfüllt sein, sondern erst, wenn auch die Vermögensverhältnisse der Beteiligten einen Billigkeitsausgleich verlangen (BGH NJW 1969, 1762 f; KNIPPEL NJW 1969, 2016 f gegen OLG Celle NJW 1969, 1632 f). Auch dass der Geschädigte seinen Schadensanteil auf eine Versicherung abwälzen kann, soll für § 829 noch nicht genügen (BGH NJW 1973, 1795 f). Umgekehrt hat die Rspr § 829 nicht angewendet, wenn auf der Seite des Haftpflichtigen eine Haftpflichtversicherung für den Schaden aufkommen muss (BGH NJW 1973, 1795; OLG Frankfurt VRS 76, 97; KG VersR 1996, 235, 236). Dies sollte unabhängig davon gelten, ob es sich um eine Pflichtversicherung oder eine freiwillige Versicherung handelt (so zuletzt MünchKomm/WAGNER § 829 Rn 19 ff mNw auch zur Gegenansicht). Eine nur zurückhaltende Anwendung von § 829 bei § 254 in der Rspr ist unverkennbar (siehe auch BGHZ 73, 190, 192 f; BGH VersR 1975, 133, 135).

V. Fallgruppen des Mitverschuldens bei der Schadensentstehung, Abs 1

1. Verhältnis des Abs 1 zu Abs 2

45 Der Unterschied der Obliegenheiten des Ersatzgläubigers nach den beiden Absätzen des § 254 ist nicht sehr deutlich, obwohl sich die Rechtsfolgen nach hM in einem wichtigen Punkt unterscheiden: Für die Handlungsobliegenheiten des Abs 2 S 1 gilt nach Abs 2 S 2 die Zurechnung von Gehilfenversagen wie in einer Sonderverbindung, für die allgemeinen Obliegenheiten des Abs 1 hingegen nicht. Abs 2 S 1 passt auch nicht ganz in die Betrachtungsweise des § 254 als Spiegelbild zum haftungsbegründenden Tatbestand. Die Vorschrift begründet die Erheblichkeit eines Unterlassens. Der Gläubiger scheint dadurch in eine Art Garantenstellung gegenüber dem Schädiger gerückt zu werden: Bei Gefahr eines ungewöhnlich hohen Schadens wird zunächst explizit eine Mitteilungspflicht des Geschädigten bestimmt. Außerdem wird in Abs 2 S 1 vorausgesetzt, dass den Geschädigten auch nicht näher konkretisierte andere Handlungspflichten zur Abwendung oder Minderung des Schadens treffen können. Freilich ist der dogmatische Wert dieser Unterscheidung gering, weil sich die Abgrenzung zwischen positivem Tun und Unterlassen als wenig aussagekräftig erwiesen hat (so vor allem vCAEMMERER, Gesammelte Schriften I 481 ff). Darin finden nun die Obliegenheiten des Geschädigten denn doch wieder eine Entsprechung zu den Schutzpflichten des Schädigers aus Sonderverbindung und zu seinen Verkehrspflichten. Die folgende Gliederung der Einzelobliegenheiten folgt daher keinem aus der Sache selbst sich ergebenden inneren System, sondern beruht auf der äußeren Ordnung nach charakteristischen Lebensbereichen.

2. Mitverschulden im Straßenverkehr

46 Überwiegend in einer Mitwirkung durch positives Tun liegt der potentielle Verursachungsbeitrag des Geschädigten im Straßenverkehr. Ie kann es sich dabei um rechtswidrige Verstöße gegen Verkehrsvorschriften handeln (zB zu schnelles Fahren), aber auch um nicht rechtswidrige Missachtung von Geboten des eigenen Interesses (vgl oben Rn 30). Allerdings gibt es eine gewisse Mitwirkung des Geschädigten bei wohl jeder Verletzung, zumindest dadurch, dass er seinen Gegenstand oder seine Person in den Aktionsbereich des Schädigers gebracht oder nicht daraus entfernt hat. Doch genügt das allein für § 254 sicher nicht. Vielmehr kann die

Vorschrift nur dann eingreifen, wenn der Geschädigte die Schadensträchtigkeit durch ein irgendwie unrichtiges Verhalten erhöht hat. Wann solche Unrichtigkeit bei nicht rechtswidriger Mitwirkung vorliegt, entzieht sich einer präzisen Formulierung. Dazu trägt auch nicht bei, wenn hier sofort die Verschuldensfrage hereingemengt wird. Ein erster Anhaltspunkt ist sicher der Standard, der bei Fremdschädigung ersatzpflichtig macht. In vielen Fällen lassen sich die von § 254 Abs 1 erfassten Sachverhalte allerdings nicht ohne weiteres in eine Fremdschädigung umdenken (zB nicht das Mitfahren mit einem angetrunkenen Fahrer). Aber diese Fälle bilden als (herkömmlich sog) Handeln auf eigene Gefahr eine besondere Gruppe, die mit einer Zusatzüberlegung letztlich doch auch auf das Korrespondenzprinzip (oben Rn 4) zurückgeführt werden kann (dazu unten Rn 62, vgl auch LOOSCHELDERS [Schrifttum] 443 f, 456 f). Ie sind gerade die Fälle des Straßenverkehrs so zahlreich, dass im Folgenden nur eine Auswahl aus der überaus reichhaltigen Rspr berichtet werden kann.

a) Besonders zahlreich sind die Entscheidungen zu **Fahrzeugkollisionen**. Meist **47** führen sie schon deshalb zur Anwendung des § 254, weil selbst bei Schuldlosigkeit eines der Beteiligten idR die mitwirkende Betriebsgefahr (oben Rn 10 ff) zu berücksichtigen ist. Die Betriebsgefahr tritt aber bei **Auffahrunfällen** ganz zurück, wenn der Vorausfahrende verkehrsgerecht gebremst hat oder wegen Nebels mit sehr geringer Geschwindigkeit gefahren ist (BGH NJW 1988, 58): Dann liegt für den Vorausfahrenden ein unabwendbares Ereignis nach § 17 Abs 3 StVG vor. § 254 ist zB für folgende Situationen heranzuziehen: Selbst plötzliches Bremsen des Vorausfahrenden begründet für den Auffahrenden kein unabwendbares Ereignis, sondern nur ein Mitverschulden des Vorausfahrenden nach § 254 (BGH NJW 1987, 1075). Sogar Anhalten auf der Überholspur ist beim Auffahrunfall nur als Mitverschulden, nicht als unabwendbares Ereignis gewertet worden (OLG Saarbrücken DAR 1988, 382). Auffahrunfälle nach Fahrbahnwechsel führen idR zu überwiegender Haftung des Wechslers (KG VersR 1986, 60; OLG Karlsruhe DAR 1988, 163). Ein unbeleuchtetes Hindernis auf der Fahrbahn, insbes ein abgestelltes Kfz, ist aber ebenfalls kein unabwendbares Ereignis für einen Auffahrenden. Ihn trifft uU sogar echtes Mitverschulden (BGH VersR 1987, 1241, 1242), wenn auch kaum ein überwiegendes (OLG Hamm VersR 1987, 491, 492 f). Bei **Kreuzungszusammenstößen** hat der BGH (VersR 1982, 442) sogar eine geringfügige Überschreitung der Höchstgeschwindigkeit durch den Vorfahrtsberechtigten noch nicht zum Anlass einer Minderung der Haftung des Wartepflichtigen genommen (**aA** wohl mit Recht OLG Köln VersR 1992, 110. Zur Quotelung bei **Abbiegeunfällen**: SOERGEL/MERTENS Rn 33 u ausf GEIGEL/ZIERES, Der Haftpflichtprozess[24] [2004] 27. 260 ff).

b) Als „schwächstes Glied" des Straßenverkehrs sind **Fußgänger** besonders ge- **48** fährdet. Dies befreit sie aber nicht von vornherein von jeder Mitverantwortung (Übersicht bei GEIGEL/ZIERES Rn 27.595): Wer behindert ist, muss dem im Verkehr Rechnung tragen, so etwa eine ältere gehbehinderte Fußgängerin durch Benutzung eines Stockes (OLG Nürnberg VersR 1970, 773 f bei vereister Straße; vgl auch KG OLGZ 1971, 176; KG VersR 1972, 1143 f). Im allgemeinen braucht ein Verkehrsteilnehmer und so auch ein Kraftfahrer nicht mit ausgesprochenen Verkehrstorheiten anderer Verkehrsteilnehmer zu rechnen (vgl OLG Dresden NZV 2001, 378: alkoholisierter Fußgänger läuft auf die Fahrbahn). Auf ein unbesonnenes Verhalten von Schulkindern muss man im Straßenverkehr aber jedenfalls dann rechnen, wenn diese besonders abgelenkt sind (OLG Stuttgart VersR 1975, 1043 f). Ein Mitverschulden trifft ferner den Fußgänger, wenn er einen nahen Fußgängerübergang nicht benutzt (BGH VersR 1977, 337; OLG Celle VersR 1990, 911). Bei Dunkelheit müssen Fußgänger einem sich nähernden Kfz so weit wie möglich die Fahrbahn freilassen (OLG München VersR 1970, 628, 629; OLG Düsseldorf VersR 1975, 1052 f). Andererseits braucht ein Fußgänger nicht damit zu rechnen, dass ein Autofahrer auf einer 7 m breiten Fahrbahn nicht genug Raum zum gefahrlosen Vorbeifahren findet (BGH VersR 1969, 928 f). Nicht einmal die Benutzung von Fußwegen oder Fußgängerübergängen befreit jedoch den Fußgänger von jeder Sorgfalt (BGH NJW 1960, 2235; 1966, 1211; VersR 1983, 667). Dem stehen freilich auch Entscheidungen gegenüber, nach denen der Fußgänger darauf vertrauen darf, dass sein Vorrecht beachtet wird (zB BGH DAR 1982, 289). Auch für **Radfahrer** gilt eine Fülle von Verhaltensregeln und Obliegenheiten (vgl BOUSKA DAR 1982, 108 ff mNw). So führt zB das Befahren von Radwegen in der falschen Richtung zu erheblichen Mitverschuldensanteilen (KG DAR 1993, 257; OLG Nürnberg DAR 1993, 265). Ein Radfahrer muss sich auch auf die erkennbar zu hohe Geschwindigkeit eines anderen Fahrzeugs einstellen (BGH BB 1968, 768; weitere Einzelfälle bei GEIGEL/RIXECKER Rn 2. 55).

49 c) Hinsichtlich von **Mitfahrern** besteht nicht nur wegen des „Handelns auf eigene Gefahr" (unten Rn 62 ff) eine besondere Lage: So müssen sogar Fahrgäste eines Omnibusses mit Oberdeck sich bei der Benutzung des Treppenabgangs um einen sicheren Halt bemühen (OLG Düsseldorf VersR 1972, 1171 f). Auch dann muss sich der Fahrgast in öffentlichen Verkehrsmitteln vor dem Stürzen bei Beschleunigungs- und Bremsvorgängen, beim Aufstehen oder Hinsetzen, sichern (vgl OLG Nürnberg MDR 1977, 139; OLG Düsseldorf VersR 1986, 64; OLG Hamm VersR 1986, 43, 44). Die Obliegenheit zum Anlegen der Sicherheitsgurte (unten Rn 50 f) trifft gerade auch Mitfahrer (BGH NJW 1998, 1137, *in casu* allerdings verneint). Verhält sich ein Mitfahrer verkehrswidrig, kann aber auch den Fahrer ein Mitverschulden treffen, wenn er dem Mitfahrer in vorwerfbarer Weise Gelegenheit zur Einwirkung auf sein Fahrverhalten gegeben hat, zB ihn auf dem Vordersitz hat Platz nehmen lassen, so dass er dem Fahrer ins Lenkrad hat greifen können (OLG Hamm VersR 1977, 139).

50 d) Überaus reichhaltig ist die Rspr zu **Sicherheitsgurten** und **Sturzhelmen** gerade auch nach Einführung der Anlegepflicht durch § 21a Abs 1, 2 StVO: Nach inzwischen allgM stellt die Verletzung der Anlegepflicht ein Mitverschulden dar (BGHZ 74, 25; 119, 268; BGH NJW 1982, 985; 1998, 1137; 2001, 1485; PALANDT/HEINRICHS Rn 22; ERMAN/KUCKUK Rn 38; MünchKomm/OETKER Rn 38 mNw). Verfassungsrechtliche Bedenken gegen diese Regelung werden inzwischen wohl nicht mehr erhoben; im übrigen ist die Anwendung des § 254 nicht davon unabhängig, ob die Obliegenheit als volle Rechtspflicht normiert ist (MünchKomm/OETKER Rn 41). Fraglich ist aber die Reichweite von Befreiungen von der Anschnallpflicht. Aus gesundheitlichen Gründen kann eine Ausnahmegenehmigung nach § 46 Abs 1 S 1 Nr 5 b StVO beantragt werden. Liegen die Voraussetzungen, die auch psychischer Art sein können, für eine solche Genehmigung vor, ist dem Geschädigten die Verwendung des Gurtes nicht zumutbar und ihn trifft nicht die Obliegenheit des § 254; das formale Verfahren der Genehmigungserteilung muss dafür nicht durchgeführt und nicht einmal eingeleitet worden sein (BGHZ 119, 268). Bloße Unlustgefühle gegenüber dem Anlegen des Gurtes reichen dafür aber selbstverständlich nicht. Von der Anschnallpflicht befreit sind nach § 21a Abs 1 S 2 ua Taxifahrer und Lieferanten beim Haus-zu-Haus-Verkehr.

Dies gilt aber zB mangels persönlicher Gefährdung durch Insassen nicht, wenn ein Taxifahrer eine längere Leerfahrt macht: Dann unterliegt auch er der allgemeinen Anschnallobliegenheit (BGHZ 83, 73). Die Abwägung im Einzelfall (vgl unten Rn 111) kann freilich auch bei Bestehen der Anschnallpflicht zu einer vollen Ersatzpflicht des Unfallverursachers führen (BGH NJW 1998, 1137).- Für die (Mit-)Ursächlichkeit der Verletzung einer Anschnallobliegenheit für die eingetretene Verletzung spricht idR der erste Anschein (R WEBER NJW 1986, 2667 ff mNw, seitdem etwa BGH NJW 1991, 230, 231, im konkreten Fall aber nicht angewandt; ferner LOOSCHELDERS [Schrifttum] 305).

Seit Inkrafttreten des § 21a StVO ist es jedenfalls eine Obliegenheitsverletzung, **51** wenn der Fahrer eines Motorrads, eines Motorrollers oder eines Mopeds keinen Sturzhelm trägt. Dadurch ist insbes die Entscheidung des BGH (NJW 1979, 980) überholt, in der angenommen worden war, im Juli 1974 habe noch keine allgemeine Überzeugung bestanden, dass ein gewissenhafter Mopedfahrer einen Schutzhelm tragen müsse. Die Entscheidung bleibt aber relevant für diejenigen Bereiche, in denen noch keine Pflicht zum Tragen eines Schutzhelms gesetzlich oder verordnungsrechtlich vorgesehen ist, zB also für Radfahrer. Entgegen dieser zurückhaltenden Rspr (vgl auch OLG Saarbrücken VersR 2000, 987) scheint es jedoch sinnvoll, den Fortschritt der Sicherheitstechnik bei § 254 auch dann zu berücksichtigen, wenn der Gesetzgeber (noch) schweigt. Es ist fraglich, ob es im gesetzlich nicht geregelten Bereich wirklich auf eine allgemeine Überzeugung ankommen soll. Eine solche lässt sich oft nur schwer feststellen. Die einmütige Einschätzung der Sicherheitsexperten und die wirtschaftliche Zumutbarkeit zum Ergreifen der Sicherheitsmaßnahme sollten den Ausschlag geben. Bei **Radfahrern** dürfte das Tragen eines Sturzhelms inzwischen so verbreitet sein, dass man wohl schon von einer allgemeinen Überzeugung auch iSd von der Rspr gebrauchten Formel sprechen kann (aA noch Münch-Komm/OETKER Rn 42, aber mit der Neigung, ein Mitverschulden wenigstens bei besonders gefährdeten Radfahrern, zB Kindern u Sportfahrern, anzunehmen, sowie die Rspr: OLG Nürnberg MDR 1999, 1384; OLG Hamm MDR 2001, 330; VersR 2001, 1577, dazu krit GEIGEL/RIXECKER[24] [2004] Rn 2.3).

e) In anderen Fällen aus dem Bereich des Straßenverkehrs scheint die Rspr eher **52** dazu zu neigen, Obliegenheiten des Kraftfahrers oder anderer Verkehrsbeteiligter zu verneinen. Relevant bleibt freilich wegen der kaum übersteigbaren Hürde des § 7 Abs 2 StVG und des Ausnahmecharakters des § 17 Abs 3 StVG fast immer die mitwirkende Betriebsgefahr des geschädigten Kraftfahrers. Sie ist auch dann anzurechnen, wenn der Geschädigte die **Richtgeschwindigkeit** (130 km/h auf Autobahnen) überschritten hat (BGHZ 117, 337; OLG Hamm NZV 2002, 373, beide zu § 7 Abs 2 StVG aF). Ein Mitverschulden liegt aber zB auch dann vor, wenn man bei schlechter Sicht ein unbeleuchtetes Fahrzeug auf der Fahrbahn schiebt (BGH NJW 1996, 2023). Teilweise anders hatte der BGH (VersR 1962, 278 f) noch in folgendem Fall entschieden: Der Auftraggeber eines Möbeltransports war bei der freiwilligen Mithilfe verletzt worden, die auch das gefährliche Schieben eines Anhängers umfasste. – Weitere Beispiele für Entscheidungen, in denen § 254 **verneint** worden ist: Ein Radfahrer braucht nicht damit zu rechnen, dass eine Autotür plötzlich weit geöffnet wird (BGH VersR 1960, 1079 f, strenger aber OLG Karlsruhe VersR 1979, 62). Ein Radfahrer braucht auch nicht während des gesamten Abbiegevorgangs den Arm auszustrecken, da er für ein sicheres Fahren darauf angewiesen ist, die Lenkstange mit beiden Händen zu halten (OLG Hamm NZV 1990, 26). Dem Autofahrer, der ein ungewöhnliches Motorgeräusch hört, ist kein Vorwurf zu machen, wenn er zunächst noch eine kurze Strecke weiterfährt (OLG Köln NJW 1965, 109, 111). Der Käufer eines neuen Kfz braucht nicht zu prüfen, ob die Radmuttern fest sitzen (OLG Hamm MDR 1963, 216), ebenso wenig der Fahrzeugeigentümer nach einer Inspektion, ob das Kühlwasser frostsicher ist (OLG Frankfurt DAR 1973, 295). Den Arbeitgeber trifft kein Mitverschulden an einem Verkehrsunfall des von ihm angestellten angetrunkenen Fahrers, weil er nicht das Biertrinken auf der Baustelle verboten hatte (LAG BW Betrieb 1970, 2280). Wer seinen Wagen zur Tankstelle bringt, damit dieser dort am nächsten Morgen gewaschen wird, braucht idR den Zündschlüssel nicht abzuziehen (BAG NJW 1968, 717, 719). Wer sich auf einer Bundesstraße innerhalb einer relativ langsam fahrenden Fahrzeugkolonne bewegt, ist auch nicht verpflichtet, ständig am äußersten rechten Rand seiner Fahrbahn entlang zu fahren, um verkehrswidrige Überholmanöver zu ermöglichen (BGH VersR 1980, 849). Ein Autofahrer braucht bei übersichtlicher Fahrbahn nicht damit zu rechnen, dass eine am Rande stehende Person plötzlich auf die Fahrbahn tritt (BGH VersR 1964, 826), auch nicht, dass ein an sich vorfahrtsberechtigter Verkehrsteilnehmer das Rotlicht einer Fußgängerampel bewusst missachten wird (BGH NJW 1982, 1756). Der mitfahrende Ehegatte braucht nicht auf seinen Partner einzuwirken, wenn er merkt, dass dieser die Richtgeschwindigkeit überschreitet (OLG Hamm NJW-RR 2000, 552).

3. Mitverschulden gegenüber der Verletzung von Verkehrspflichten

53 Auch gegenüber Verkehrspflichten, insbes Verkehrssicherungspflichten, besteht eine Obliegenheit des Geschädigten, drohende Gefahren zu vermeiden. Dies setzt freilich voraus, dass überhaupt Anhaltspunkte für eine Verletzung der Pflicht erkennbar waren. An anschaulichen Beispielen hierfür aus der Rspr ist kein Mangel: Man muss damit rechnen, auf einer Ölspur ins Schleudern zu geraten (BGH VersR 1963, 925). Stürzt man über einen ungesicherten Kanaldeckel, der aus dem Boden herausragt, trifft einen der Vorwurf des Mitverschuldens (BGH VersR 1981, 482; NJW-RR 1995, 1302; OLG Köln VersR 1957, 401). In der kalten Jahreszeit muss man damit rechnen, dass eine Verkehrsfläche vereist ist (BGH NJW 1985, 482). Man sollte erkennen, wenn ungesichertes Baumaterial auf dem Fußweg liegt (OLG Stuttgart VersR 1967, 485). Wo mit einem Wassereinbruch zu rechnen ist, dürfen keine wasserempfindlichen wertvollen Sachen gelagert werden; auch bei der Bergung ist sorgsam zu verfahren (BGH VersR 1975, 165, 167). Anhaltspunkte für Gefahren bestehen ferner für den Handwerker, der ein fremdes Gerüst betritt: Er muss damit rechnen, dass Teile des Gerüstes nicht zum Betreten geeignet sind (BGH VersR 1961, 514 f). Die Anhaltspunkte für Gefahren können uU schon lange, ehe eine konkrete Verkehrspflichtverletzung droht, gegeben sein. So muss der Betreiber eines Kabelnetzes oder eines Energieversorgungsunternehmens schon beim Verlegen der Versorgungsleitungen mit der Gefahr rechnen, dass bei späteren Tiefbauarbeiten die Versorgungsanlagen gefährdet werden könnten (OLG Schleswig WM 1968, 906; OLG Köln OLGZ 1976, 87). Erkennt ein Badegast, dass ein Durchschreitebecken zum Schwimmbecken verschlammt ist, kann ihm zum eigenen Schutz eine größere Vorsicht abverlangt werden (BGH VersR 1960, 944 f; zu weiteren Fällen MünchKomm/OETKER Rn 46 mNw Fn 153–175; LANGE in: LANGE/SCHIEMANN 566 ff mNw).

54 Ausreichende Anhaltspunkte für Gefahren **fehlen** zB, wenn ein Fußgänger einen städtischen Gehweg benutzt: Mit größeren Unebenheiten braucht er nicht zu rech-

nen (BGH VersR 1969, 515, 516 f m zust Anm GAISBAUER VersR 1969, 797). Der Bauherr hat gerade gegenüber dem Architekten keinen Anlass, die von ihm in Auftrag gegebenen Arbeiten eines Bauunternehmers zu überwachen (OLG Stuttgart VersR 1970, 531 f m Anm GANTEN VersR 1970, 821). Jedenfalls gehört in dieser Beziehung das Fehlverhalten des Bauunternehmers nicht in den Schutzbereich der den Bauherrn treffenden Obliegenheit. Der Benutzer eines Sprungturmes braucht auch dann keine Anhaltspunkte dafür zu haben, dass die Wassertiefe gering ist, wenn das Springen vom Turm nur „auf eigenen Gefahr" gestattet ist (OLG Stuttgart VersR 1961, 1026 ff). Wer hingegen sogar weiß, dass in einer Wasserversorgungsanlage unhygienische Zustände herrschen, der wird im allgemeinen auch Vorsichtsmaßnahmen beim Gebrauch des Wassers treffen können. Sie sind ihm daher uU auch zumutbar (**aA** offenbar BGH VersR 1960, 257 f). Gerade gegenüber dem Wasserversorgungsunternehmen, das für die unhygienischen Zustände verantwortlich ist, wird man aber eine höhere Zumutbarkeitsschranke annehmen müssen als zB gegenüber dem Tiefbauunternehmer, der bei den Arbeiten an der Wasserversorgung unachtsam verfahren ist, oder auch gegenüber dem Einleiter von Schadstoffen. Hieran wird deutlich, dass zu den Elementen der Erkennbarkeit und Beherrschbarkeit einer Gefährdung die konkrete Abwägung hinzukommen muss (unten Rn 116 f). Ein Schafhirt braucht nicht damit zu rechnen, dass sich in einem Trog auf einem uneingefriedeten Grundstück eine giftige Flüssigkeit befindet (BGH VersR 1969, 327, 328).

55 Die Gefährdung für den Geschädigten muss, abgesehen vom Bereich mitwirkender Betriebsgefahren, nicht nur erkennbar, sondern auch **vermeidbar** sein. Das spielt beim herkömmlichen Hauptfall der Verkehrssicherungspflicht ieS, den Streu- und Räumungspflichten, eine große Rolle, wird aber in den meisten Fällen bejaht: So wird dem Fußgänger bei erkennbarer Glätte auch ein kleiner Umweg zugemutet (BGH VersR 1957, 710, vgl auch OLG Hamburg VersR 1954, 358). Auch sonst ist es meistens zumutbar, erkennbaren Gefahrenstellen auszuweichen (vgl OLG Karlsruhe VersR 1965, 624; OLG Hamm VersR 1999, 589; OLG Oldenburg VersR 2001, 117), als alter Mensch sich eines Stocks zu bedienen (vgl OLG Nürnberg VersR 1970, 776) oder generell ein Geländer zu benutzen (OLG Bamberg VersR 1953, 289; OLG Celle VersR 1982, 322). Das Urteil über die Vermeidbarkeit kann auch mehr oder weniger lange Zeit vor dem Schadensfall ansetzen. So liegt es zB bei den Anforderungen an den Geschädigten, wenn er sich in für ihn unbekanntem Gelände aufhält: Hier muss man von ihm besondere Vorsicht erwarten (BGH NJW 1959, 889; 1964, 781). Das kann freilich dann wieder anders sein, wenn es sich bei den Geschädigten um Kinder handelt und diese ihrerseits nicht hinlänglich deutlich vor den Gefahren gewarnt worden sind (vgl BGH NJW 1995, 2631, 2632 f).

56 Im übrigen spiegelt die Rspr zu den Gefährdungen durch Verkehrspflichtverletzungen auch auf der „Passivseite" der Haftung die Fülle des Lebens wider: Schon das RG hatte sich mit den Gefahren zu hoher Absätze zu befassen (HRR 1931 Nr 1083). Den Anforderungen vorsichtigen Verhaltens wird ferner derjenige nicht gerecht, der sich aus dem Fenster eines fahrenden Zuges (auch schon geringfügig) lehnt (BGH NJW 1987, 2445, 2446) oder eine Tempofahrt auf vereister Rodelbahn mitmacht (OLG Nürnberg NJW-RR 2002, 448). Viel Raum nehmen in der Rspr „Treppenfälle" ein. Die Benutzung einer Treppe kann im Einzelfall bereits vermeidbar sein; häufiger ist dem Benutzer die Gefahr durch eine bestimmte Treppe erkennbar, zB wenn es sich um den Mieter handelt. Dementsprechend bewegt sich die Einschätzung der Rspr über den Eigenanteil des Verletzten auf einer breiten Skala vom völligen Fehlen eines Mitverschuldens (BGH VersR 1967, 877 f; 1970, 129 ff) bis zu deutlich überwiegendem Mitverschulden (OLG Karlsruhe VersR 1962, 711 f m abl Anm Leuze; vgl auch BGH VersR 1965, 190 f: 1/2 zu 1/2). Mit der Kenntnis des Mieters nicht vergleichbar ist die Ortskenntnis bei Benutzung einer öffentlichen Verkehrsfläche. Dennoch hat zB das OLG Frankfurt (VersR 1975, 381) ein überwiegendes Mitverschulden eines Fahrgastes angenommen, der bei Tageslicht nach dem Aussteigen aus dem Autobus auf Glatteis gestürzt war. Und noch weitergehend hat das OLG Schleswig (VersR 1975, 431 f) den auf Glatteis Gestürzten sogar den ganzen Schaden selbst tragen lassen. Dasselbe soll für erkennbare Unebenheiten eines Gehweges gelten (OLG München VersR 1961, 383 f). Zu weit geht aber wohl jedenfalls das OLG Celle in einer älteren Entscheidung (VersR 1959, 111) mit der Annahme, das Versagen der Türsicherung eines Fahrstuhles trete gänzlich hinter die mangelnde Beachtung des Schildes „außer Betrieb" zurück. Eher leuchtet da schon die Einschätzung des BGH (VersR 1967, 187) ein, dass ein Bauunternehmer den Schaden durch die Benutzung einer erkennbar unsicheren Dachleiter allein tragen müsse. Endlich gehören in den weiteren Zusammenhang der Verkehrspflichten auch die „Verfolgungsfälle" (§ 249 Rn 48 ff): Durch die „Herausforderung" von Seiten des Verfolgten ist der Verfolger nicht jeder Sorgfaltspflicht gegenüber den eigenen Belangen enthoben. Auch wenn eine schnelle Entscheidung über die Aufnahme der Verfolgung erforderlich ist, muss er ein sich aufdrängendes Gefahrenpotential der beabsichtigten Verfolgung beachten und möglichst vermeiden (BGHZ 132, 164, vgl auch BGHZ 57, 25; 63, 189).

57 Großen Raum nehmen in der Verkehrspflicht-Rechtsprechung schließlich Fälle auf **Fest- und Sportplätzen** und Gefahren für die Zuschauer ein. Das RG (RGZ 130, 162, 168 f) hat ein Mitverschulden des Betrachters eines Autorennens von einem polizeilich dafür freigegebenen Platz aus angenommen. Dem ist teilweise widersprochen worden (MünchKomm/Oetker Rn 67; Soergel/Mertens Rn 55). Dass es sich bei diesem Sport, wie auch zB bei Flugschauen, für die Zuschauer um ein riskantes Vorhaben handelt, ist aber allgemein bekannt. Von den Verkehrssicherungspflichtigen verlangt die Rspr bei Veranstaltungen mit vielen Besuchern zu Recht die Einhaltung eines hohen Standards. Dann erscheint es iS einer gewissen Proportionalität angemessen, wenigstens bei deutlich erkennbar gefährlichen Veranstaltungen die Selbstgefährdung durch die aktive, aber auch durch die bloß passive Teilnahme zu berücksichtigen. Ebenso wie das RG hat denn auch der BGH zu Lasten eines Zuschauers entschieden, wenn dieser ein erkennbar regelwidriges Geschehen auf der Reitbahn von einer besonders gefährdeten Stelle aus betrachtet (BGH VersR 1966, 1073; anders für den Zuschauer eines Bundesliga-Eishockeyspiels mit Recht BGH NJW 1984, 801, 803).

4. Mitverschulden bei Körperverletzungen durch Tätlichkeiten und regellose Gefährdungen

58 Von einigem Gewicht sind Mitverschuldensfragen im Zusammenhang mit körperlicher Gewalt und mit ungeregelten gemeinschaftlichen körperlichen Aktivitäten von Jugendlichen und jungen Erwachsenen (Rempeleien). So kann der Schadensersatzanspruch aus einer Schlägerei zu mindern sein, wenn der Verletzte selbst die Schlägerei provoziert hat (BGH VersR 1965, 1152 f). Wer andererseits zu Unrecht die Voraussetzungen zu einer Festnahme nach § 127 StPO angenommen hat, braucht sich nicht ohne weiteres ein Mitverschulden anrechnen zu lassen, wenn der Festgenommene ihn vor dem Eintreffen der Polizei durch einen plötzlichen Schlag verletzt (OLG Nürnberg VersR 1960, 1005 f). Wer durch seinen Angriff einen anderen zur Notwehr veranlasst hat, dessen Angriff ist als Mitverschulden gegenüber der fahrlässigen Überschreitung des Notwehrrechts durch den Angegriffenen zu bewerten (BGH VersR 1967, 477). Ein Mitverschulden kann aber auch schon dann vorliegen, wenn sich der Geschädigte ohne Not der Gefahr von Körperverletzungen ausgesetzt hat, jedenfalls wenn die Gefahr von Tieren ausgeht (RG JW 1906, 739; 1909, 136; HansGZ 1911 B 269; OLG Düsseldorf VersR 1981, 1057), oder im Fall der Pannenhilfe ohne Schutzvorkehrungen (BGH NJW 2001, 149). Vereinzelt ist bei der Nichtbeachtung eines Warnschildes sogar der vollständige Ausschluss der Haftung eines Tierhalters angenommen worden (OLG Frankfurt VersR 1983, 1040). Passive **Schutzmaßnahmen** gegen Körperverletzungen werden vom Geschädigten hingegen **nicht verlangt** (BGH NJW 1982, 168; abl MünchKomm/Oetker Rn 50). Wer sich an Rempeleien oder Balgereien beteiligt, hat hingegen einen eigenen Schadensanteil zu tragen, wenn er hierbei zu Schaden kommt (BGH LM § 823 [Aa] Nr 160). Unangemessen wäre es, in solchen Fällen den Schädiger ganz von der Haftung freizustellen, wie dies zB für bestimmte gefährliche Sportarten teilweise angenommen wird (BGH aaO mNw; vgl auch unten Rn 67 zum „Handeln auf eigene Gefahr"). Ferner ist bei der Abwägung der Verursachungs- und Verschuldensanteile (unten Rn 113 f) zu berücksichtigen, ob es sich bei den Beteiligten um Erwachsene oder Jugendliche oder gar Kinder handelt.

5. Mitverschulden bei der Schädigung im geschäftlichen Verkehr und gegenüber Behörden

Bei Schädigungen im geschäftlichen Verkehr ist vor der Annahme eines Mitverschuldens zunächst zu prüfen, ob die verletzte vertragliche oder vorvertragliche Pflicht den Geschädigten nicht gerade vor dem Verhalten schützen sollte, durch das er selbst zur Entstehung des Schadens beigetragen hat. Besonders deutlich wird dies bei der Verletzung von **Beratungspflichten**: Es wäre absurd, wenn der schlechten Rat Erteilende dem Beratenen vorwerfen könnte, er habe sich an diesen Rat gehalten. Aber auch, dass er sich den Rat nicht anderweitig verschafft hat, kann kein Mitverschulden gegenüber dem vertraglich zu dem Rat Verpflichteten begründen (BGH NJW-RR 1986, 1348; NJW 1992, 307; 1997, 1302; 2000, 1263; vgl auch schon RGZ 80, 202 zum Vertrauen in die Richtigkeit eines Prospektes). Wer als Rechtsanwalt zur Überwachung von Fristen beauftragt ist, kann dem Mandanten nicht entgegenhalten, dieser habe, da rechtlich kundig, selbst die Fristen überwachen können (BGH NJW 1992, 820). Entsprechendes wie für den Rat gilt für die Auskunft: Wer falsche Auskunft gibt, darf dem Partner nicht entgegenhalten, der Auskunft vertraut zu haben (BGH WM 1965, 287, 288; 1978, 948; NJW-RR 1998, 16; NJW 2000, 1263). Eine gewisse Vertrauensseligkeit kann man auch sonst einem Kunden nicht als obliegenheitswidrig anlasten (BGH BB 1967, 391). Auch behördlichen Auskünften darf man Vertrauen schenken (BGH NJW 1978, 1522; 1980, 2576, 2577; ähnl BGHZ 149, 50: Vertrauen in die Rechtsbeständigkeit eines Verwaltungsakts). Erst wenn die Umstände der Auskunft selbst dubios sind (Bürovorsteher erteilt sie anstelle des Rechtsanwalts, MünchKomm/Oetker Rn 58) oder sich die Unrichtigkeit der Auskunft aufdrängen musste (mündliche Auskunft im Widerspruch zu den gleichzeitig ausgehändigten schriftlichen Unterlagen, BGH NJW 1980, 2576; vgl auch BGH VersR 1968, 148, 150 zu sich widersprechenden Rechtsauskünften), kommt ein Mitverschulden in Frage. Anlass zu Misstrauen besteht immerhin dann, wenn ein Anlagenvermittler erkennbar im Interesse der Gesellschaft handelt, bei der die Anlage vorgenommen werden soll (BGH NJW 1982, 1095).

60 Umgekehrt kann sich aber gerade aus der Vertragsbeziehung eine Obliegenheit des Verletzten ergeben, dafür zu sorgen, dass der **Vertragspartner nicht erst zu schädigendem Verhalten Gelegenheit** erhält: Wer einem Arzt wichtige Tatsachen verschweigt, braucht sich nicht zu wundern, eine falsche Diagnose und eine schädliche Therapie zu bekommen. Auch sonst ist er zur Mitwirkung gehalten: Befolgt er die Dosierungs- und Verhaltensvorschriften des Arztes nicht, trifft ihn wenigstens ein Mitverschulden am eingetretenen Schaden (STAUDINGER/HAGER [1999] § 823 Rn I 56). Anderes gilt entsprechend dem zur Beratungspflicht (Rn 59) Gesagten bei der Mitwirkung des Patienten an der Aufklärung durch den Arzt (BGH NJW 1997, 1635). Ein Bauherr hat die Belehrungen eines Bauunternehmers im eigenen Interesse auch dann zu befolgen, wenn die Belehrung nicht formgerecht erteilt worden ist (BGH WM 1975, 1217; 1978, 220). Auf derselben Linie liegt zB die Obliegenheit eines Bankkunden, seine Scheckformulare sorgfältig aufzubewahren (RGZ 81, 254), ihren Gebrauch zu überwachen (OLG Karlsruhe WM 1975, 460) und den Verlust der Formulare oder der Scheckkarte umgehend der Bank zu melden (BGH NJW 1968, 37). In der postalischen Übersendung eines Verrechnungsschecks über einen hohen Betrag sogar durch einfachen Brief soll nach BGH (BGHZ 139, 108) hingegen kein Mitverschulden liegen. Auch aus mangelnder Überwachung der Kontobewegungen kann sich ein Mitverschulden ergeben (BGH NJW 1968, 742 f). Ist eine Auskunft dem Empfänger nicht klar, sind in seinem eigenen Interesse Rückfragen geboten (OLG Karlsruhe VersR 1972, 203 f). Der Mitverschuldensvorwurf ist ferner dann begründet, wenn ein Mandant seinem Rechtsanwalt nicht die notwendigen Informationen gibt (BGH NJW 1999, 1391). Kann ein Bürger aus den Zuschriften einer Behörde entnehmen, dass deren Unterlagen über ihn falsch sind, ist er zur Berichtigung wenigstens dann gehalten, wenn diese ohne große Mühe möglich ist (BGH NJW 1964, 195 f). Andererseits muss der Antragsteller gegenüber einer Behörde zur Schadensabwendung nicht Voraussetzungen herbeiführen, die rechtswidrig gefordert worden sind und deren Herbeiführung für ihn selbst mit Mühe verbunden ist (BGH VersR 1967, 863, 866).

61 Ein gewisses Maß an **Sorgfalt gegenüber dem Vertragsgegenstand** kann idR auch vom Gläubiger verlangt werden. In dem besonderen Verhältnis zwischen GmbH-Gesellschaftern und dem Geschäftsführer der Gesellschaft hat der BGH (NJW 1983, 1856) freilich eine Anrechnung der von der Gesellschafterversammlung begangenen Pflichtwidrigkeit auf den Anspruch des einzelnen Gesellschafters gegen den gleichfalls pflichtwidrig handelnden Geschäftsführer mit Recht abgelehnt: Das Organverschulden kann dem einzelnen Mitglied des Organs nicht ohne weiteres zugerechnet werden. Bei der Gesellschafterversammlung gilt dies erst recht, weil andernfalls ein gesetzlich nicht vorgesehener Mitverschuldens-„Durchgriff" stattfinden würde. Mehrere Entscheidungen betreffen **Verwahrungsprobleme**: vom wertvollen Pelzmantel in einer ungesicherten Garderobe (BGH VersR 1974, 141) über die Aufgabe eines Koffers mit Wertgegenständen zur Bahn (BGHZ 24, 188, 195) bis zum Abstellen eines Pkw, in dem wertvolle Gegenstände lagen, auf einem Mietparkplatz (BGH NJW 1969, 789). Der Empfänger von Ware hat uU über die gewährleistungsrechtliche Untersuchungs- und Rügepflicht des § 377 HGB hinaus die Obliegenheit, zur Schadensabwendung die Ware auf Verunreinigungen zu untersuchen (OLG Frankfurt VersR

1969, 1121 f). Die Übernahme von Arbeiten, denen man nicht gewachsen ist, kann ebenso obliegenheitswidrig sein (BAG NJW 1967, 1631) wie die Überlassung der Ausführung an eine solche Person (NJW-RR 1988, 985; NJW 1993, 1191; 1999, 3627; vgl dazu auch oben Rn 37). Aus der Vergabe der Arbeiten in Schwarzarbeit kann jedoch noch nicht auf die Inkompetenz des Auftragnehmers geschlossen werden (BGH NJW 1991, 165). Mitverschulden liegt hingegen vor, wenn ein Bauherr einem Nichtfachmann die Ausführung eines Flachdaches ohne Plan eines Architekten anvertraut (BGH WM 1974, 311). Im Verhältnis zu Behörden darf man dann nicht auf die Wirksamkeit eines Verwaltungsaktes vertrauen, wenn es nicht ganz fern liegt, dass ein betroffener Dritter erfolgreich gegen den Verwaltungsakt vorgehen könnte (BGH NJW 1975, 1968, 1969).

VI. Insbesondere das Handeln auf eigene Gefahr*

1. Abgrenzung

a) Bei einer Reihe von Fallgestaltungen, zB der Nichtbeachtung eines Warnschildes, der Festnahme eines vermeintlichen Verbrechers oder der Teilnahme an bestimmten Sportveranstaltungen (oben Rn 57 f), besteht der eigene Beitrag des

---

* **Schrifttum:** H BAUMANN, Zur Frage der selbstgeschaffenen Gefahr bei der Mitfahrt in einem Fahrzeug eines alkoholbedingt fahruntüchtigen Kraftfahrers, SGb 1976, 231; BAUMGÄRTEL, Nochmals: Fingierter Haftungsverzicht?, VersR 1969, 788; BERG, Die Angehörigenhaftung, VersR 1975, 980; E BÖHMER, Zum Begriff Gefälligkeitsfahrt, JR 1957, 338; ders, Zur Frage der Sorgfalt des Kraftfahrers bei Gefälligkeitsfahrten, VersR 1958, 662; ders, Kann bei Gefälligkeitsfahrten § 708 BGB angewendet werden?, JR 1959, 217; ders, Zum Ausmaß der Kraftfahrzeughalterhaftung bei Gefälligkeitsfahrten, MDR 1962, 174; ders, Definition des Begriffs der Gefälligkeitsfahrt, VersR 1964, 807; ders, Zur Frage der Haftung bei einer Zuverlässigkeitsfahrt eines Automobilklubs, MDR 1964, 15; ders, Fingierter Haftungsverzicht? VersR 1969, 403 ff; ders, Unbilligkeit der Haftung des Gefälligkeitsfahrers?, JR 1970, 135 ff; GÖTZ VBÖHMER, Haftung bei Gefälligkeitsfahrten, DAR 1957, 228; DEUTSCH, Die Mitspielerhaftung im Sport, VersR 1974, 1045; GERHARDT, Die Haftungsfreizeichnung innerhalb des gesetzlichen Schuldverhältnisses, JZ 1970, 535; HABERKORN, Haftungsausschlüsse auf Gefälligkeitsfahrten, DAR 1966, 150; HAUSS, Der Haftpflichtschutz der Kraftfahrzeuginsassen in der neueren Rspr, in: FS Möhring (1965) 345; HEROLD, Wenn der Kraftfahrer Personen aus Gefälligkeit mitnimmt, VersN 1966, 146; HEUSS, Haftpflichtschutz für Kraftfahrzeuginsassen, VersR 1971, 789; E vHIPPEL, Die Haftung bei Gefälligkeitsfahrten, in: FS F vHippel (1976) 233; HITZFELD, Handeln auf eigene Gefahr (Diss Freiburg 1961); H J HOFFMANN, Der Einfluss des Gefälligkeitsmoments auf das Haftungsmaß, AcP 167 (1967) 394; KÜMMER, Die Haftpflicht bei Gefälligkeitsfahrten im Motorfahrzeug nach französischem, deutschem und schweizerischem Recht (1963) (dazu HAUSS VersR 1964, 470); OSWALD, Zur Frage des Haftungsausschlusses nach Treu und Glauben, besonders bei Verkehrsunfällen, DVersZ 1962, 43; PALLMANN, Rechtsfolgen aus Gefälligkeitsverhältnissen (Diss Regensburg 1971); PETEV, Zum Problem der Rechtswidrigkeit in bezug auf die zivilrechtliche Haftung für Sportfälle, VersR 1976, 320; REICHERT, Grundriß des Sportrechts und des Sporthaftungsrechts (1968); REUSS, Die Intensitätsstufen der Abreden und die Gentlemen-Agreements, AcP 154 (1955) 485; SCHIEMANN, Haftungsbeschränkungen, Karlsruher Forum 1999, 5; G SCHMIDT, Gefälligkeitsfahrt und stillschweigender Haftungsausschluss, NJW 1965, 2189; JAN SCHRÖDER, Verkehrssicherungspflicht gegenüber Unbefugten, AcP 179

Verletzten zur Schadensentstehung darin, dass er sich bewusst einer erhöhten Gefahr ausgesetzt hat. Man könnte dies auch als Handeln auf eigene Gefahr bezeichnen. Freilich ist von vornherein klar, dass in den genannten Fällen nur eine Minderung des Schadensersatzes (u zuweilen möglicherweise nicht einmal dies, vgl oben Rn 57 für die Zuschauer eines Autorennens) in Betracht kommt. Bis heute hingegen nicht vollständig geklärt ist die Frage, ob und wann durch das Handeln auf eigene Gefahr bereits die Anspruchsgrundlage betroffen ist. Es handelt sich hier um einen Teil des allgemeinen Problems der **Abgrenzung zwischen dem Haftungsausschluss und dem „Mitverschulden"**. Das Abgrenzungsproblem stellt sich vielfach schon dann, wenn die Zurechnung eines Schadens nach dem Schutzzweck der verletzten Norm beurteilt werden soll. Idealtypisch lässt sich freilich klar unterscheiden: Schadens- oder risikoerhöhende Momente beim Geschädigten, die ohne eigenes Zutun vorhanden sind (zB die extrem dünne Schädeldecke), gehören zur Frage der Zurechnung, vom Verletzten steuerbare oder in die von ihm zu tragende Betriebsgefahr fallende Abläufe hingegen zu § 254. Aber schon in Situationen erkennbar weniger (und sei es auch nur geringfügig) erhöhter Gefährdungen wird man von dem besonders Anfälligen Schutzvorkehrungen verlangen (zB das Tragen eines Schutzhelmes), die man einem weniger Anfälligen nicht zumuten würde. Derselbe Umstand, der als naturgegeben die Zurechnung nicht ausschließt, wird also bei § 254 zu einem Element der Begründung von Obliegenheiten. Charakteristisch für die dogmengeschichtliche Entwicklung des Handelns auf eigene Gefahr ist der Übergang in umgekehrter Richtung: Der eigene Beitrag des Geschädigten zur Erhöhung der Gefahr ist zunächst nicht als bloßes Mitverschulden gewertet worden, sondern als Grund zur Verneinung jeglicher Haftung. Hiermit war man aber der Sache nach bei der Culpa-Kompensation des gemeinen Rechts, die der Gesetzgeber durch § 254 gerade hatte überwinden wollen. Die Tendenz der neueren Rspr von den Haftungsausschlüssen weg und zu § 254 hin zu kommen, verdient daher Zustimmung. Daraus sind jedoch weiterreichende Folgerungen zu ziehen: Der Vorrang des § 254 vor der Verneinung jeglicher Haftung bei steuerbarem Verhalten des Geschädigten sollte auch dort gelten, wo bisher noch von der hM schon die Zurechnung grundsätzlich verneint wird, zB bei nicht „herausgefordertem" Verhalten des Geschädigten (§ 249 Rn 48 ff) und bei mangelhafter psychischer Verarbeitung des Schadensfalles durch ihn (§ 249 Rn 39 ff, 46; vgl zu allem genauer SCHIEMANN Karlsruher Forum 1999, 22 ff; ähnl LOOSCHELDERS [Schrifttum] 440 ff, zusammenfassend 456).

63 b) Selbst hiermit ist das Problemfeld des Verhältnisses von **Haftungsgrundlage und Mitverschulden** noch nicht vollständig abgesteckt: Zu der Selbstgefährdung durch den Geschädigten kommt häufig noch hinzu, dass der Schädiger aus **Gefälligkeit** handelt. Deshalb stellt sich wiederum schon beim Haftungsgrund die Frage, ob insbes für den unentgeltlich handelnden Schädiger gesetzliche Haftungsminderungen eingreifen. Gesetzlich vorgesehen sind solche für die Fahrlässigkeitshaftung insbes nach §§ 521, 524, 599 f, 690, 708, zudem §§ 1359, 1664 Abs 1. Entsprechendes galt bis zum 31. 7. 2002 für die Gefährdungshaftung nach § 8a StVG aF. Der BGH verneint jedoch die Anwendbarkeit der Milderungen des Verschuldensmaßstabes auf den Straßenverkehr, weil dieser keinen Raum für individuelle Sorglosigkeit

---

(1979) 567; D SCHWAB, Die deliktische Haftung bei widerrechtlichem Verweilen des Verletzten im Gefahrenbereich, JZ 1967, 13; STOLL, Das Handeln auf eigene Gefahr (1961); WEIMAR, Schadensersatzansprüche bei Begeben in Gefahr aus sittlicher Pflicht, VersPrax 1972, 168.

lasse (so BGHZ 46, 313, 317 für § 708; BGHZ 53, 352; 61, 101, 105; 63, 51, 57 für § 1359). Zudem wird eine Verallgemeinerung der genannten speziellen Haftungsprivilegien auf anderes unentgeltliches Handeln (insbes auf die Mitnahme eines anderen in einem Kfz) von der Rspr abgelehnt (RGZ 145, 390, 394; BGHZ 30, 40, 46; BGH NJW 1966, 41).

c) Die Haftung kann ferner wegen einer **vereinbarten Haftungsminderung** entfallen. Zulässig sind solche Vereinbarungen freilich nur in den vor allem durch §§ 307 ff gezogenen Grenzen (Vorbem 12 zu §§ 249 ff). Besondere Zurückhaltung ist gegenüber der Annahme bloß **konkludenter** Vereinbarungen von Haftungsmilderungen geboten, zB wieder gerade bei Selbstgefährdung und insbes bei Gefälligkeiten (idR für leichte Fahrlässigkeit). So entscheidet die Rspr sogar bei enger Verwandtschaft (BGHZ 41, 79, 81 für Eheleute; BGHZ 43, 72, 76 für Vater und Sohn; vgl auch BGH NJW 1966, 41; VersR 1967, 157; OLG Köln VersR 1970, 914; OLG Hamm VersR 1976, 547; OLG Frankfurt FamRZ 1987, 381). Auch bei gemeinsamer Teilnahme an einer Zuverlässigkeitsfahrt mit Wechsel in der Führung des Fahrzeugs soll keine Haftungsbeschränkung eintreten (BGHZ 39, 156; Schöpe NJW 1963, 1606; Böhmer JR 1964, 174; Stoll JZ 1964, 61). **64**

Vereinzelt hat sich die Rspr aber nicht an die zurückhaltende Linie gehalten. So sollte nach einer Entscheidung des OLG Stuttgart (NJW 1964, 727, 728 m abl Anm Isele) die Stieftochter, die im Haus des Stiefvaters lebt, diesem gegenüber auf die Haftung für leichte Fahrlässigkeit bei einer Gefälligkeitsfahrt insoweit konkludent verzichtet haben, wie die Haftpflichtversicherung für den Schaden nicht aufkommt. Nach den AKB (vgl § 11 Nr 4 u 5) ist dies nur noch für Sach- und Vermögensschäden relevant. Der BGH hat bei der Verabredung zu einer gemeinsamen Urlaubsfahrt wegen des gesellschaftsähnlichen Charakters ebenfalls eine Haftungsmilderung angenommen (NJW 1979, 414, vgl auch VersR 1978, 625 für die gemeinsame Heimfahrt von der Arbeitsstelle u VersR 1980, 384, 385 für die Übernahme des Steuers durch den wenig fahrerfahrenen künftigen Ehemann; einen Haftungsausschluss bejahen auch OLG Hamm NJW-RR 2000, 62; OLG Köln MDR 2002, 150). Dasselbe soll bei Beschädigung eines Kfz während einer Probefahrt gelten (BGH NJW 1972, 1363, dazu krit Batsch aaO 1706; ebenso BGH NJW 1979, 643; 1980, 1681; viel zurückhaltender OLG Köln NJW 1996, 1288). Bejaht worden ist auch eine Haftungsminderung für einen Kfz-Käufer, der vom Verkäufer für die Dauer einer Garantiereparatur einen Ersatzwagen erhalten hat und nicht auf das Fehlen einer Kaskoversicherung für diesen Wagen hingewiesen worden ist (BGH NJW 1979, 759; ähnl OLG Hamm NJW-RR 2000, 1047 für die Überlassung während einer Lieferverzögerung); die dogmatische Begründung für diese Haftungsminderung ist zweifelhaft. Schon methodisch ist es bedenklich, in solchen Fällen einen entsprechenden Parteiwillen anzunehmen. Denn es handelt sich idR um eine **reine Unterstellung**. Einen hypothetischen Willen zur Haftungsfreistellung kann man vielfach schon deshalb ausschließen, weil für den Schädiger eine Haftpflichtversicherung eintritt und diese zB wegen des Angehörigenprivilegs (§ 67 Abs 2 VVG) oder wegen der Beschränkung des „Innenregresses" auf Vorsatz und grobe Fahrlässigkeit (§ 15 Abs 2 AKB) beim Schädiger keinen Rückgriff nehmen kann (vgl in diesem Sinne BGH NJW 1993, 3067, 3068 mNw). Umgekehrt wird man freilich wenigstens im Ergebnis eine Haftungsfreistellung annehmen müssen, wenn der Schädiger im Vertrag mit dem Geschädigten die Kosten der Sachversicherung des Geschädigten übernommen hat und deshalb nicht dem Regress des Versicherers nach § 67 VVG ausgesetzt sein soll. Relevant ist dies vor allem bei Miet- und Leasingverträgen. Der IV. ZS wählt freilich zu diesem Ziel **65** nicht den Weg eines Haftungsverzichts des Vermieters, sondern eines Regressverzichts des Versicherers (BGH NJW 2001, 1353).

66 **d)** Als weiterer Haftungsausschluss kommt der Rechtfertigungsgrund der **Einwilligung** in Betracht. Die Rspr hat früher in dem „Handeln auf eigene Gefahr" vielfach eine Einwilligung in den Schaden gesehen (RGZ 141, 262; BGHZ 2, 159). In einer Grundsatzentscheidung (BGHZ 34, 355) hat der BGH dies mit Recht aufgegeben (zust etwa BÖHMER MDR 1961, 661; LARENZ I § 31 I b; ESSER/SCHMIDT 12 § 35 I 3 a; MünchKomm/OETKER Rn 64; SOERGEL/MERTENS Rn 49 ff; ERMAN/KUCKUK Rn 49; AK-BGB/ RÜSSMANN Rn 8; PALANDT/HEINRICHS Rn 76; JAUERNIG/TEICHMANN Rn 17): Einverständnis mit der Gefahr bedeute nicht Einverständnis mit der Verletzung; der Geschädigte habe idR gehofft, dass die Gefahr sich nicht verwirklichen werde. Auch sei es unangemessen, für Rechtsfolgen aus der Selbstgefährdung die Voraussetzungen einer Willenserklärung zu verlangen (Geschäftsfähigkeit, Zugang). Daher seien die Rechtsfolgen idR dem § 254 zu entnehmen (krit hierzu bei Zustimmung zur Überwindung der Einwilligungskonstruktion FLUME JZ 1961, 605). Obwohl demnach das Problem der bewussten Selbstgefährdung auch nach der Rspr idR beim Mitverschulden nach § 254 Abs 1 anzusiedeln ist, bleiben doch Fälle, in denen sich die hM nicht mit dieser Einordnung begnügt. Dies gilt insbes für kampfbetonte und gefährliche Sportarten. Hier hatte bereits die Leitentscheidung (BGHZ 34, 355, 363) die Möglichkeit offengelassen, ausnahmsweise an der Einwilligungskonstruktion festzuhalten (vgl weiterhin BGHZ 63, 140, 144; BGH VersR 1975, 155, 156; NJW 1976, 957; LM § 823 [Aa] Nr 160). Alternativ oder zusätzlich sind für solche Fälle auch andere Lösungen vorgeschlagen worden, so die Annahme einer Verkehrspflichtverletzung bei regelwidrigem Spiel (vgl ERMAN/SCHIEMANN § 823 Rn 104), eine Minderung der Sorgfaltsanforderungen aus „bereichsspezifischen" Erwägungen (SOERGEL/WOLF § 276 Rn 80, 187) und insbes das **venire contra factum proprium**, das darin liegen soll, dass der Geschädigte einen Schaden geltend macht, den er bewusst in Kauf genommen habe und ebenso gut selbst hätte zufügen wie erleiden können (BGHZ 63, 140, 144 f; BGH LM § 823 [Aa] Nr 160; BGH NJW 2003, 2018). Es ist jedoch höchst fraglich, ob das Verbot des Selbstwiderspruchs in Schadensersatzfällen überhaupt eigenständige, auf § 242 gestützte Bedeutung hat. Jedenfalls nach der Rspr ist § 254 selbst eine Konkretisierung dieses Verbotes (BGHZ 34, 355, 367 u dazu oben Rn 3 mNw). Dann bedarf es nicht mehr des Rückgriffs auf den allgemeineren Gedanken. Werden aus ihm sogar andere Rechtsfolgen entnommen, als sie die spezielle Regelung vorsieht (genereller Haftungsausschluss statt Quotelung), steht dies in Widerspruch zum System des Gesetzes selbst (ähnl LOOSCHELDERS [Schrifttum] 146 ff, speziell zur Sportausübung 446 ff mNw).

67 **e)** Insbes bei Verletzungen durch die **Teilnahme an** einem „normal" gefährlichen **Sport** zeichnet sich in der gegenwärtigen Praxis ein fein abgestuftes System von Rechtsfolgen ab (vgl die Übersicht von HEERMANN/GÖTZE, Zivilrechtliche Haftung im Sport [2002]): Regelgerechtes Verhalten ist nicht rechtswidrig, leicht regelwidriges zwar verkehrspflichtwidrig, aber nicht haftungsbegründend (Argumente: *venire contra factum proprium* oder §§ 708, 1359 analog oder kein bereichsspezifischer Sorgfaltsverstoß); anderes schädigendes Verhalten führt zu einer Haftpflicht, die aber durch das konkrete Verhalten des Geschädigten oder dadurch, dass sich dieser überhaupt auf einen immerhin gefährlichen Sport eingelassen hat, nach § 254 gemildert wird. Bei besonders gefährlichen Sportarten wie Boxen und Autorennen ist nach der Rspr sogar eine generelle Einwilligung des Verletzten anzunehmen. Auch für diese Ausnahmefälle bleibt die Einwilligungskonstruktion freilich bedenklich, da kaum zu begründen sein wird, warum zB der grob regelwidrig Boxende eine Privilegierung gegenüber dem schwer „foulenden" Fußballspieler verdient. Zudem leuchtet es nicht ein, dass jemand, der sich nicht einmal ausdrücklich einem Haftungsverzicht unterwerfen kann, wenn dieser in Allgemeinen Geschäftsbedingungen oder einem Verbrauchervertrag enthalten ist (§ 309 Nr 7 a), auf die Haftung für Körperverletzungen sogar konkludent verzichtet haben soll. Aber auch die weiteren Hilfsannahmen sind allenfalls mit Vorsicht zu verwenden: Während die Argumentation mit dem Selbstwiderspruch unschlüssig ist (oben Rn 66), erscheint eine Modifikation des Verschuldens nur ausnahmsweise angebracht. Durch die Annahme, der Haftungsgrund liege in dem Verstoß gegen eine Verkehrspflicht, wird beweisrechtlich bereits eine hohe Hürde für den Ersatzanspruch aufgestellt, weil die Rechtswidrigkeit der eingetretenen Verletzung nicht indiziert wird, sondern erst des Nachweises der Regelwidrigkeit durch den Verletzten bedarf (vgl BGHZ 63, 140, 148). Steht der Regelverstoß aber einmal fest, ist eine weitere und nochmalige Begünstigung des Schädigers für den Regelfall nicht recht einzusehen: Man fragt sich, wozu Sportregeln aufgestellt werden, wenn dies gleichsam augenzwinkernd mit der Maßgabe geschehen soll, dass der Verstoß dann aber rechtlich nichts weiter zu bedeuten habe. Hält man die Einhaltung der Regel dennoch für unzumutbar, dann mag es richtig sein, von einem Sportler nicht mehr zu verlangen, als von einem ordentlichen und fairen Sportler eben zu erwarten ist (vgl BGH NJW 1976, 2161 zu einem leichten Foul beim Basketball). Jedenfalls darf ein Regelverstoß rechtlich nicht schon deshalb akzeptiert werden, weil er üblich ist (zum Eishockeyspiel OLG München VersR 1989, 598; zu gefährlichem und grob regelwidrigem Verhalten beim Fußballspiel OLG Celle ZfS 1989, 333; OLG Hamm VersR 1999, 1115; OLG Stuttgart NJW-RR 2000, 1043; zum sog „Trockenschlag" beim Squash OLG Köln NJW-RR 1994, 1372; zum Anspielen des Gegners beim Tennis OLG Hamm VersR 2001, 346; zum Gokart-Training OLG Düsseldorf NJW-RR 1997, 408; zum Fußballspiel auf ein Tor OLG Düsseldorf VersR 2001, 345; OLG Stuttgart VersR 2001, 347; zum gefährlichen Radrenn-Training OLG Zweibrücken NZV 1995, 480).

2. Anwendungsfälle von § 254

a) Der wichtigste Fall, der entsprechend dem oben (Rn 62 ff) Ausgeführten nach § 254 zu bewerten ist, ist die **Mitfahrt in einem fremden Kfz**. Sie begründet nicht allein wegen der Unentgeltlichkeit eine Schadensbeteiligung nach § 254. Damit dieser Sachverhalt für § 254 Bedeutung erhält, müssen besondere gefahrerhöhende Umstände vorliegen, und diese muss der Geschädigte erkannt haben oder hätte sie wenigstens erkannt haben müssen. Besonders wichtig geworden ist dies für die Mitfahrt mit einem angetrunkenen Fahrer. Hier genügt nicht schon, dass der Mitfahrer weiß, der Fahrer habe getrunken; nötig ist vielmehr, dass der Mitfahrer Zweifel an der Fahrtüchtigkeit des Fahrers haben muss (so etwa BGH VersR 1960, 1146; 1964, 1047; 1966, 565; 1967, 82; 1968, 197; 1969, 380; 1970, 624 mAnm BAUMGÄRTEL aaO 810; 1971, 473; OLG Nürnberg VersR 1969, 836; OLG Hamburg VersR 1971, 258; OLG Oldenburg VersR 1998, 1390; OLG Saarbrücken MDR 2002, 392). An die Prüfungsobliegenheiten des Mitfahrers dürfen freilich, zumal bei einer spontanen Verabredung, keine strengen Anforderungen gestellt werden (BGH VersR 1966, 544). Ein höheres Maß an Mitverschulden kommt insbes dann in Betracht, wenn der Mitfahrer selbst den Fahrer zu weiterem Alkoholgenuss veranlasst (OLG Oldenburg DAR 1963, 300; vgl auch OLG Koblenz VersR 1980, 238 zu gemeinsamer Zecherei) oder die Bedenken des Fahrers gegen den Antritt der Fahrt zerstreut (BGH VersR 1962, 84). Dann kann eine Haftung des Fahrers auch ganz ausscheiden (OLG Köln VersR 1970, 914; OLG Zweibrücken VersR 1978, 1030). Von Bedeutung ist auch, dass dem Mitfahrer die Neigung des Fahrers zu unvorsichtigem Fahren bekannt ist (OLG München VersR 1962, 556). Dass der Mitfahrer selbst betrunken ist, schließt sein Mitverschulden wegen § 827 S 2 nicht aus (OLG Saarbrücken VersR 1968, 905; zum Mitverschulden von Minderjährigen vgl OLG München VersR 1963, 51).

69 Ferner ist über folgende gefahrerhöhende Umstände entschieden worden: die **erkennbare Übermüdung des Fahrers** (OLG Celle VersR 1962, 1110; OLG Düsseldorf VersR 1968, 852; 1975, 57) oder seine bekannte Neigung zu Verkehrsverstößen (BGH DAR 1960, 204), die Überladung des Fahrzeugs (BGH VersR 1964, 1047) und vor allem das erkennbare **Fehlen der Fahrerlaubnis** (BGHZ 34, 355; BGH NJW 1978, 421; OLG Düsseldorf VersR 1975, 645). Dagegen spielt das **Fehlen der Fahrpraxis** nur ausnahmsweise bei besonderer Schwierigkeit der Fahrt eine Rolle (BGH NJW 1965, 1075). Aus einer Überbesetzung des Fahrzeugs allein braucht nicht auf die Fahruntüchtigkeit des Fahrers geschlossen zu werden (KG VerkMitt 1973 Nr 79). Nicht erforderlich ist, dass der Mitfahrer die erhöhte Gefahr erkannt hat. Ein Mitverschulden liegt schon dann vor, wenn er diese hätte erkennen müssen (OLG Oldenburg VersR 1998, 1390; OLG München OLG-Rep 1998, 107; OLG Saarbrücken MDR 2002, 392).

70 Eine **erhebliche Selbstgefährdung** ist hingegen in folgenden Fällen verneint worden: Der Mitfahrer weiß, dass das Kleinkraftrad gestohlen ist (OLG Saarbrücken VerkMitt 1973 Nr 26) oder dass die Fahrt durch Schneeglätte erschwert wird (OLG Hamburg VersR 1970, 188; vgl auch BGH NJW 1965, 1075). Auch ein vorangegangener gemeinschaftlicher Selbstmordversuch soll unbeachtlich sein (OLG Nürnberg VersR 1971, 919, fraglich). Körperliche Behinderungen des Fahrers bleiben außer Betracht, wenn er gleichwohl die Fahrerlaubnis erhalten hat (BGH VersR 1965, 138). Überhaupt darf der Mitfahrer idR darauf vertrauen, der Fahrer werde seine Aufgaben ordentlich erfüllen (BGH VersR 1965, 688). Zeigen sich aber während der Fahrt erhebliche Mängel der Fahrweise, so kann der Mitfahrer zu Ermahnungen oder ggf zum Aussteigen gehalten sein (BGH VersR 1960, 950; KG VerkMitt 1973 Nr 79). Doch muss man hierbei die hohe Hemmschwelle für aktive Gegenmaßnahmen berücksichtigen, nachdem sich der Mitfahrer nun einmal zu einem ungeeigneten Fahrer ins Fahrzeug begeben hat (vgl OLG München VersR 1960, 1102; OLG Köln VersR 1966, 95).

71 b) Eine weitere Fallgruppe des Mitverschuldens ist die **Überlassung eines Kfz an einen erkennbar unzuverlässigen Fahrer**. Jugendlichkeit des Empfängers allein genügt hierfür idR nicht, wenn der Jugendliche die Fahrerlaubnis hat. Die zahlreichen Entscheidungen zur Überlassung an Minderjährige haben seit der Herabsetzung des Volljährigkeitsalters auf das Mindestalter zum Erwerb des Führerscheins weitgehend ihre Bedeutung verloren. Heute ist zB die Vermietung eines Pkw an einen Minderjährigen schon unter dem allgemeinen Gesichtspunkt der Überlassung an einen ungeeigneten Fahrer als Mitverschulden zu bewerten (überholt daher BGH NJW 1973, 1790 u dazu MEDICUS JuS 1974, 221). Auf die Zustimmung der Eltern wie überhaupt auf die Tatsache, dass ein Vertrag abgeschlossen worden, aber möglicherweise nicht rechtswirksam zustande gekommen ist, kommt es hierfür nicht an.

72 c) Ferner kann das **Fehlen einer** vorgeschriebenen oder zu erwartenden **Versi-**

cherung zu einer Beschränkung der Haftung führen. Für eine Gefälligkeitsfahrt mit einem nicht versicherten Kfz ist entschieden worden, dass der Fahrer insoweit nicht zum Ersatz verpflichtet ist, als die Versicherung für den Schaden aufgekommen wäre. Bei besonders schwerem Verschulden soll der Fahrer aber voll haften (BGH VersR 1969, 49; BAG Betrieb 1970, 546). Keinen Ersatzanspruch hat auch ein Mietwagenunternehmer, der zwar die Kasko-Versicherungsprämie vom Mieter vereinnahmt, aber die Versicherung nicht abgeschlossen hat (OLG Hamm Betrieb 1971, 1815; vgl zu nicht ordentlich versicherten Fahrzeugen weiter BGH VersR 1964, 239; 1969, 424).

d) Ein Fall bewusster Selbstgefährdung liegt auch beim **widerrechtlichen Eindrin-** **73** **gen in einen fremden Bereich** vor. Soweit man hier überhaupt eine Verkehrssicherungspflicht anerkennt (vgl zB J Schröder AcP 179 [1979] 567 ff), was vor allem gegenüber Kindern sinnvoll und erforderlich ist, führt die Tatsache mangelnder Befugnis des Verletzten, sich an dem gefährlichen Ort aufzuhalten, zur Anwendung des § 254.

VII. Fallgruppen bei Abs 2 S 1

1. Die Warnungsobliegenheit des Schadensersatzgläubigers

a) Als einzige konkrete Obliegenheit nennt das Gesetz in Abs 2 S 1 die Warnung **74** vor der **Gefahr eines ungewöhnlich hohen Schadens**. Die Warnung muss gegenüber dem Ersatzpflichtigen erfolgen. Er ist mit dem „Schuldner" nach dem Wortlaut der Vorschrift gemeint, nicht etwa nur der Schuldner eines schon vor dem Schadensfall bestehenden Schuldverhältnisses (zB aus Vertrag oder § 311 Abs 2). Dies korrespondiert auch mit der Tatsache, dass der potentiell Schadensersatzpflichtige gerade bei außervertraglicher Haftung idR bereits vor Schadenseintritt Schuldner eines negatorischen Unterlassungsanspruches ist. Die Warnpflicht ist aber nicht vom Bestehen eines solchen Anspruches abhängig.

b) Die Voraussetzung einer **ungewöhnlichen Höhe** des Schadens lässt sich nicht in **75** einem bestimmten Betrag oder einer bestimmten Wertrelation (zB zwischen dem unmittelbar gefährdeten Gut und dem Gesamtschaden) angeben. Entsprechend dem Schutzzweck der Warnungspflicht ist auf die Sicht des Schädigers abzustellen: Einer Warnung bedarf er vor solchen Schäden, die er nicht voraussehen kann. Er bedarf keiner Warnung, wenn seine Erkenntnismöglichkeiten denen des Geschädigten mindestens gleichwertig sind (BGH VersR 1953, 14). UU muss auch mitgeteilt werden, dass überhaupt ein Schaden droht, wenn der Schädiger das nicht wissen kann (MünchKomm/Oetker Rn 70).

c) Voraussetzung der Obliegenheit ist weiter, dass der **Geschädigte selbst** den **76** ungewöhnlichen Schaden **voraussehen kann**; andernfalls fehlt das für § 254 nötige Verschulden (RGZ 54, 407, 411). Für den Geschädigten voraussehbar sein muss nicht nur die Höhe des möglichen Schadens, sondern auch das Drohen seines Eintritts (BGH VersR 1964, 950, 951; 1965, 484, 487).

d) Auch wie gewarnt werden muss, ergibt sich nach den Umständen. IdR ist ein **77** konkreter Hinweis auf die Art des drohenden Schadens nötig (BGH VersR 1960, 526: durch die Nichtzahlung einer Verbindlichkeit drohende Rücknahme eines auf Abzahlung gekauften Kfz). Gegenüber einer Behörde darf der Bürger jedoch davon ausgehen, schon der abstrakte Hinweis auf das Drohen eines besonders hohen Schadens werde genügen, um die Behörde von weiteren Amtspflichtverletzungen abzuhalten (BGH VersR 1965, 484, 488).

78 e)   Überflüssig ist eine Warnung, wenn sie von vornherein als **aussichtslos** erscheint. Ein Indiz hierfür ist, dass der Schädiger seine Verpflichtung noch im Prozess bestreitet (BGH Betrieb 1956, 110). Auch sonst kann der Geschädigte geltend machen, die Warnung würde nichts genutzt haben (RG JW 1938, 555 Nr 9; RG SeuffA 62 Nr 132). Es handelt sich hierbei um den – gleichsam umgekehrten – Einwand recht-(besser: obliegenheits-)mäßigen Alternativverhaltens. Deshalb liegt die Beweislast insoweit beim Geschädigten (BGH Betrieb 1956, 110; PALANDT/HEINRICHS Rn 34; SOERGEL/MERTENS Rn 65).

79 f)   Weitere Einzelfälle: Möglichkeit zu ungewöhnlich günstiger Geldanlage (RG JW 1911, 35, krit MEYER NJW 1965, 1419; BGH NJW 2002, 2553, vgl dazu GEIBEL Der Kapitalanlegerschaden [2002] 267 ff, 464); drohender Verlust eines Patents bei nicht rechtzeitiger Ausführung eines Überweisungsauftrags (RG DJZ 1911, 1218, zweifelhaft); Fehlen der Mittel zur Vorfinanzierung der Reparatur des beschädigten Kfz (OLG Schleswig VersR 1967, 68). Erfährt ein Aussonderungsberechtigter davon, dass der Vergleichsverwalter das ihm gehörende Gut zu einem zu geringen Preis veräußert, muss er den Verwalter darauf hinweisen (BGH NJW 1993, 522).

2.   Schadensabwendungs- und -minderungspflicht

80   Auch die Obliegenheiten des Geschädigten **zur Abwendung oder Minderung des Schadens** werden in § 254 Abs 2 S 1 zwar genannt. Das Gesetz hat sie aber nicht konkret umschrieben (vgl oben Rn 45). Gesetzliche Konkretisierungen gibt es nur in Spezialgebieten, vor allem im Versicherungsrecht (etwa §§ 62, 111, 122, 126, 183 VVG). Die Rspr verwendet zur Umschreibung der Voraussetzungen für solche Pflichten oft Treu und Glauben (BGHZ 4, 170, 174; BGH VersR 1965, 484, 487; ähnlich BGH NJW 1951, 797, 798; 1979, 495 f, zust BGB-RGRK/ALFF Rn 39). Aber das ist wenig aussagekräftig. Mehr ist freilich angesichts der Mannigfaltigkeit der Fälle kaum möglich (so auch LOOSCHELDERS [Schrifttum] 473). Zur Konkretisierung der Schadensabwendungs- und -minderungspflichten ist daher die Bildung von Fallgruppen erforderlich:

81 a)   Bei **Körper- oder Gesundheitsverletzungen** spielt die Obliegenheit eine große Rolle, **ärztliche Hilfe** in Anspruch zu nehmen (RGZ 72, 219 f; BGH VersR 1964, 94, 95; über die Kostentragung vgl unten Rn 91). Nur bei ganz geringfügigen Verletzungen kann der Geschädigte von der Behandlung absehen. Eine Formulierung des RG (RGZ 60, 147, 149 f) lautet, der Verletzte müsse „alle nach dem jetzigen Stand der medizinischen Wissenschaft sich bietenden Mittel" anwenden; er müsse das veranlassen, was „bei gleicher Gesundheitsstörung ein verständiger Mensch tun würde", der keinen Ersatzanspruch gegen einen Dritten hat. Dazu soll sogar die Pflicht zur Behandlung in einer geschlossenen Anstalt gehören. Der psychische „Eingriff" durch eine solche Behandlung ist jedoch kaum geringer als der körperliche Eingriff bei einer Operation. Daher dürfen die Grenzen der Zumutbarkeit hier nicht weiter gezogen werden als dort (vgl unten Rn 83; als unzumutbar beurteilt mit Recht OLG Hamm NZV 1998, 413 eine psychiatrische Behandlung, wenn durch sie die Karriereaussichten ernsthaft beeinträchtigt werden).

Unbedenklich zumutbar ist dagegen die Einhaltung der verordneten Diät und die Ausführung von Bewegungsübungen (OLG Hamm VersR 1960, 859). Umgekehrt hat der Geschädigte idR seine Pflicht zur Schadensminderung erfüllt, wenn er den Anweisungen seines Arztes folgt (RGZ 131, 67, 75; BGH NJW 1951, 797, 798: objektiv unnötiges Ausscheiden aus dem Dienst auf ärztlichen Rat). Dabei haftet der Geschädigte auch nicht nach §§ 254 Abs 2 S 2, 278 für ein Verschulden des Arztes (vgl unten Rn 95 ff, 106).

82 Die Behandlung durch einen **Heilpraktiker** statt durch einen approbierten Arzt ist in älteren Entscheidungen nicht ohne weiteres als Verschulden angesehen worden (RG Gruchot 60, 307 ff; RG Recht 1915 Nr 2655). Vorsichtiger hat das RG (RGZ 139, 131, 135 f) es für nicht grob schuldhaft gehalten, wenn der Geschädigte außer einem Arzt auch einen Homöopathen zuziehe und zunächst abwarte, welchen Erfolg die Behandlung durch diesen bringe. Verallgemeinerungen dürften hier kaum möglich sein.

83 Einer **Operation** muss der Verletzte zustimmen, wenn sie einfach, gefahrlos und nicht mit besonderen Schmerzen verbunden ist sowie sichere Aussicht auf Heilung oder wesentliche Besserung bietet. Diese Formel der Rspr wird seit Jahrzehnten beibehalten (RGZ 129, 398 ff; 139, 131, 133; 156, 193, 205 f; BGHZ 10, 18, 19; BGH VersR 1987, 408; NJW 1994, 1592, 1593 mNw; OLG München VersR 1960, 952, 953; OLG Düsseldorf VersR 1975, 1031, 1032, dazu GÖBBELS, Die Duldung ärztlicher Eingriffe als Pflicht [1956]). Die Notwendigkeit einer Narkose begründet allein noch keine Gefährlichkeit (RGZ 139, 131, 134; MünchKomm/OETKER Rn 81; BGB-RGRK/ALFF Rn 40). Sind die Ärzte über Gefahrlosigkeit oder Erfolgsaussicht der Operation uneins, so ist die Zustimmung unzumutbar (RGZ 129, 398 ff), ebenso, wenn die mit der Operation erstrebte Verbesserung der Erwerbsfähigkeit des Geschädigten fraglich erscheint (BGHZ 10, 18, 19). Erhebliche Gefahren, die auch bei sorgfältiger Ausführung der Operation bleiben, schließen die Zumutbarkeit aus (OLG Düsseldorf VersR 1975, 1031, 1032; OLG Oldenburg NJW 1978, 1200 für Hüftgelenksoperation). Die Rspr neigt dazu, der Zumutbarkeit für den Geschädigten enge Grenzen zu ziehen. Nicht zu Unrecht spricht DEUTSCH (Allgemeines Haftungsrecht Rn 573) davon, dass gerade bei dieser Frage die Sympathie der Gerichte mit dem Opfer größer sei als die mit dem Täter und seiner Versicherung. Dies zeigt sich deutlich in einer neueren Entscheidung des BGH (NJW 1994, 1592): Eine Operation zur Versteifung eines Fußgelenks war dem Patienten von mehreren Ärzten unter Abwägung von Chancen und Risiken empfohlen worden. Allerdings war mit erheblichen Schmerzen für die Dauer von bis zu sechs Tagen zu rechnen, und es bestand auch die Gefahr einer Überlastung benachbarter Fußgelenke. IE dürfte dem BGH in der Ablehnung einer Obliegenheit zur Operation zu folgen sein, weil auch indizierte Operationen dem Geschädigten nicht gerade gegenüber dem Schädiger zugemutet werden müssen, wenn Nachteile und Risiken der im Fall relevanten Art gegeben sind (ebenso GRUNSKY JZ 1997, 83 ff).

84 **b)** Bei **Verdienstausfallschäden** als Folge einer Gesundheitsverletzung trifft den Geschädigten die Obliegenheit, seine (verbliebene) Arbeitskraft zur Schadensminderung einzusetzen. In den Grenzen des Zumutbaren hat er seine Arbeitskraft so nutzbringend wie möglich zu verwerten (BGH VersR 1983, 488, 489; NJW 1991, 1412; 1996, 652, 653; 1998, 3706, 3707). Das gilt auch für einen vorzeitig Pensionierten (BGH NJW 1967, 2053; 1984, 354). Die Zumutbarkeit wird von der Rspr selbst bei Notwendigkeit einer Umschulung bejaht; der Geschädigte soll mit der für den neuen Beruf nötigen

Ausbildung beginnen müssen, wenn „auch nur mit einiger Wahrscheinlichkeit damit zu rechnen ist, dass er in diesem Beruf eine Stellung findet" (RGZ 160, 119, 121 f). Es genügt also eine geringere Wahrscheinlichkeit als für die Zumutbarkeit einer Operation (BGHZ 10, 18, 20, dazu oben Rn 83). Unter dem Druck der Arbeitsmarktsituation wird es freilich für Geschädigte schwieriger, überhaupt eine Arbeitsmöglichkeit zu finden. Dies gilt vor allem für ungelernte Kräfte. Den BGH hat ein solcher Fall in der Entscheidung NJW 1995, 652 beschäftigt: Die Geschädigte war ohne qualifizierte Ausbildung vor dem Unfall in der Gastronomie auf einer von ihrem Mann betriebenen Segelyacht tätig gewesen. Dazu war sie nun nicht mehr in der Lage. Hier hat der BGH eine Obliegenheitsverletzung verneint, weil es keine zumutbare Tätigkeit mehr für die nunmehr über 45-Jährige am Markt gab. Soweit durch die Umschulung Kosten entstehen, hat sie der Schädiger nach § 251 Abs 1 als schadensbedingte Aufwendungen zu ersetzen. Die Unannehmlichkeiten des neuen Berufs sind für die Beurteilung der Zumutbarkeit mit denjenigen des alten Berufs zu vergleichen. Wenn bei der neuen Tätigkeit erhebliche Beschwerden spürbar bleiben, ist eine weitere Umschulung unzumutbar (BGH VersR 1961, 1018 f). Ein Umzug oder eine längere Trennung von der Familie können unzumutbar sein, zumal wenn der Geschädigte wegen fortwirkender Unfallfolgen der Betreuung bedarf (BGH VersR 1962, 1100 f). Zumutbar ist hingegen die Anschaffung eines Kfz mit eigenen Mitteln, um zu der angebotenen Ersatztätigkeit gelangen zu können (BGH NJW 1998, 3706). Auch ein Wegzug vom landwirtschaftlichen Kleinbetrieb der Ehefrau des Geschädigten kann unzumutbar sein (BGH VersR 1969, 75, 77). Von einem selbständigen Unternehmer ist nicht ohne weiteres zu verlangen, dass er wegen des fremdverschuldeten Wegfalls der Arbeitskraft seiner Ehefrau abhängige Arbeit übernimmt (BGH VersR 1967, 352 f). Unzumutbar ist auch die Eröffnung einer eigenen Arztpraxis, die erhebliche Investitionen des Geschädigten erfordert und ein wesentliches gesundheitliches und wirtschaftliches Risiko darstellt (BGH BB 1974, 63). Allgemein hat zwar ein Geschädigter zur Schadensminderung idR die Anstrengungen zu unternehmen, die er auf sich nehmen würde, wenn kein ersatzpflichtiger Schädiger vorhanden wäre. Er braucht aber keine erheblichen Risiken einzugehen, selbst wenn er sie vielleicht noch in Kauf nehmen würde, wenn er den Schaden allein zu tragen hätte (BGH aaO).

85 Setzt der Geschädigte seine Arbeitskraft **in höherem Maße** ein, als ihm zumutbar wäre, ist der Mehrverdienst nicht auf den Verdienstausfallschaden anzurechnen. Dem Schädiger wird vielmehr insoweit die Vorteilsausgleichung versagt (vgl § 249 Rn 145 f). Dies gilt auch gegenüber weiteren Schadensposten (zB Sachschäden). Hier fehlt für eine Anrechnung bereits die Kongruenz (BGH VRS 65, 89). Haftet der Schädiger wegen eines mitwirkenden Verschuldens des Geschädigten bei der Schadensentstehung gemindert, hat der Geschädigte aber hinsichtlich des von ihm erzielten Ersatzeinkommens **kein Quotenvorrecht**: Die verbleibende Verdienstminderung ist gleichermaßen auf den Eigenanteil des Geschädigten und auf den Haftungsanteil des Schädigers zu verteilen (BGH NJW-RR 1992, 1050). Man kann dies auch so verstehen, dass der Folgeschaden, um den es geht, nämlich der Verdienstausfall, eben gerade nur in der Einkommensdifferenz besteht. Für die Entstehung dieses Schadens ist der Schädiger aber nur entsprechend seiner Ersatzquote aus der Schadensverursachung überhaupt haftbar. Beim Unterhaltsersatzanspruch wird freilich anders entschieden (unten Rn 87).

c) Die Obliegenheit zur Verwertung der eigenen Arbeitskraft besteht auch bei **86**
Unterhaltsausfallschäden. Typischerweise endet bei Witwen und Witwern mit dem
Beginn des Unterhaltsersatzanspruchs zugleich eine eigene Unterhaltsverpflichtung
gegenüber dem Getöteten. Die hierdurch frei gewordene Arbeitskraft soll der
Geschädigte durch die Aufnahme einer Erwerbstätigkeit oder die Erweiterung der
bisher schon ausgeübten (Teilzeit-)Beschäftigung zur Minderung des Unterhaltsausfalls einsetzen. Im wesentlichen geht dies auf eine Entscheidung des RG aus dem
Jahre 1937 zurück (RGZ 154, 236, 237 ff). Darin wurde einer arbeitsfähigen jungen
Witwe verwehrt, auf Kosten des Ersatzpflichtigen ein Rentnerleben zu führen. Die
Entscheidung war teilweise geprägt durch nationalsozialistische Terminologie („Segen der Arbeit", aaO 241). Daher hatte der OGH (OGH BrZ 1, 317, 318 ff) gemeint,
eine Witwe, die vor dem Tode ihres Mannes keiner Erwerbsarbeit nachgegangen sei,
brauche dies auch danach nicht. Der BGH (seit BGHZ 4, 170, 173 ff) ist jedoch iE zur
Rspr des RG zurückgekehrt. Er sieht in der Obliegenheit zur (gesteigerten) Erwerbstätigkeit keine „Nötigung zur Arbeit", sondern das Ergebnis einer Zumutbarkeitsabwägung nach Treu und Glauben. IE hat der BGH einer jungen, kinderlosen,
arbeitsfähigen Witwe die Beibehaltung einer Erwerbstätigkeit zugemutet, auch
wenn diese ohne den Tod des Mannes beendet worden wäre (BGH NJW 1976, 1501).
Verneint hat die Rspr dagegen die Zumutbarkeit einer Erwerbstätigkeit für eine
52jährige Frau, die drei Kinder großgezogen hatte (BGH VersR 1962, 1176 f), und für
eine 52jährige, wegen eines Leidens erwerbsbeschränkte Frau ohne Ausbildung
(OLG München VersR 1962, 649, 650). Auch soll die Witwe berechtigt sein, für den Sohn
das unwirtschaftliche Ladengeschäft des Ehemannes fortzuführen, statt durch andere Arbeit höhere Einnahmen zu erzielen (BGH VersR 1962, 1063 f). Wenn ein kleines
Kind zu versorgen ist und dem Ehemann gegenüber keine Pflicht zur Erwerbstätigkeit bestanden hätte, besteht regelmäßig keine Erwerbsobliegenheit (BGH NJW-RR 1998, 1699). Der von der Witwe dennoch erzielte Verdienst soll dem Schädiger
nicht zugute kommen (BGH VersR 1969, 469 f). Kein geeigneter Maßstab für die
Arbeitsobliegenheit ist eine etwaige Pflicht gegenüber dem getöteten Ehegatten
zur Aufnahme oder Erweiterung der Erwerbstätigkeit (BGHZ 91, 357, 366; BGH NJW
1976, 1501). Erst recht unangemessen wäre eine schematische Übertragung der aus
der nachehelichen Solidarität begründeten Pflicht zur Erwerbsarbeit nach der
Scheidung (ebenso jetzt MünchKomm/OETKER Rn 85): Die dort geltenden Grundsätze
bezeichnen allenfalls die äußerste Grenze dessen, was bei Tötung des Unterhaltspflichtigen zumutbar ist. Im übrigen gelten weitgehend dieselben Grundsätze wie
bei der Erwerbsobliegenheit zur Minderung des Verdienstausfallschadens (oben
Rn 84 f).

Hat die Witwe oder der Witwer eine Arbeit aufgenommen, ist der Schädiger aber **87**
nach §§ 846, 254 nur zu einer **Quote** haftpflichtig geworden, so ist das Einkommen
aus der Arbeit nach der Rspr zunächst auf den eigenen Schadensteil des Unterhaltsersatzberechtigten anzurechnen (BGHZ 16, 265, 274 f; BGH VersR 1962, 1063; 1967,
259, 260; 1976, 877, 878; vgl NJW-RR 1992, 1050). Dieses Quotenvorrecht soll auch für
Renten des Drittgeschädigten gelten (BGH FamRZ 1983, 567; 1986, 1194). Es besteht
aber kein überzeugender Grund dafür, den Unterhaltsersatzberechtigten hinsichtlich der allgemeinen Schadensquote anders zu behandeln als den in seiner Erwerbsfähigkeit unmittelbar Geschädigten. Dass es sich bei § 846 um die Zurechnung
fremden, bei der unmittelbaren Anwendung des § 254 hingegen um die Zurechnung
eigenen Fehlverhaltens handelt, gibt für eine differenzierende Behandlung nichts

her. Vielmehr scheint die Lösung der hM unter dem Gerechtigkeitsaspekt höchst zweifelhaft: Wenn zB der ausgefallene (Netto-)Unterhalt um 50% über dem obligationsgemäßen Einkommen des Ersatzberechtigten liegt, ist der Anteil des Schädigers bei einer Mitverschuldensquote von 50% noch immer genauso hoch wie bei Alleinverschulden des Schädigers. Mit dem Grundgedanken des § 254, den Schädiger nur seinem Verantwortungsanteil entsprechend zu Schadensersatz heranzuziehen, ist ein solches Ergebnis nicht vereinbar (zust STAUDINGER/RÖTHEL [2002] § 844 Rn 237; offengelassen von MünchKomm/OETKER Rn 88).

88 d) Besteht der Schaden umgekehrt darin, dass der Ersatzberechtigte **mit einer Unterhaltspflicht belastet** worden ist, scheiden Schadensabwehr- oder -minderungspflichten aus: Eine Abtreibung war auch vor der Verwerfung ihrer Zulässigkeit aus sozialer Indikation durch das BVerfG (BVerfGE 88, 203 ff) der Schwangeren nicht zumutbar (BGHZ 76, 249, 257). Denn die von der Rechtsordnung der Schwangeren gewährte Hilfe zur Überwindung einer persönlichen Konfliktlage verfolgt nicht den Schutzzweck, den Schädiger von Ersatzpflichten zu entlasten. Insbes der Gesichtspunkt wirtschaftlicher Not im Rahmen der früheren sozialen Indikation konnte durch die Ersatzpflicht gemildert und daher das werdende Leben erhalten werden, so dass die Pflicht zur Freistellung von Unterhalt nicht die Obliegenheit zur Abtreibung begründete, sondern umgekehrt die Rechtfertigung ihrer Durchführung beseitigte. Aber auch eine Obliegenheit, das ungewollt geborene Kind zur Adoption freizugeben, besteht nicht (BGHZ 76, 257; zust MünchKomm/OETKER Rn 82): Eine Verpflichtung zur Adoption gegen finanzielle Zuwendungen wäre wegen der Verknüpfung der personalen Beziehung mit Geldvorteilen sittenwidrig. Dann kann auch um der finanziellen Entlastung eines Schädigers willen keine entsprechende Obliegenheit bestehen.

89 e) Ist wegen der **Beschädigung oder Zerstörung einer Sache** Ersatz zu leisten, hat der Geschädigte sich um eine möglichst billige Herstellung oder Ersatzbeschaffung zu bemühen. Ihm zugängliche günstige Möglichkeiten (eigene Reparaturwerkstatt, vgl § 249 Rn 114, 227; Erwerb mit Werksrabatt, § 251 Rn 42) hat der Geschädigte im Rahmen des Zumutbaren auszunutzen (zust MünchKomm/OETKER Rn 90/91; ebenso OLG Köln VersR 2000, 336). Solche Möglichkeiten des jeweiligen Geschädigten zu vernachlässigen, liefe auf eine Normativierung des Ersatzbedarfs hinaus, für die nach dem geltenden Recht kein Anlass besteht und die zu einer sinnlosen Aufblähung der Schadensersatzleistungen führt (vgl § 249 Rn 225 f). Daher ist der Geschädigte ua gehalten, ein gegenüber dem Sachverständigengutachten günstigeres Angebot zur Übernahme eines beschädigten Kfz durch den Ersatzpflichtigen anzunehmen (GEIGEL/RIXECKER, Der Haftpflichtprozess[24] [2004] Rn 2.49). Ein Vorwurf kann den Geschädigten auch dann treffen, wenn er die aus eigenem Interesse gegen betriebliche Störungen gebotenen Vorkehrungen unterlässt, zB eine Betriebsreserve (§ 249 Rn 109 ff) oder ein Notstromaggregat nicht einsetzt oder gar nicht unterhält. Bei größeren Schäden muss die billigste Werkstatt durch Einholung von Kostenvoranschlägen ermittelt werden (OLG Koblenz VersR 1964, 101 f). Bei kleineren Schäden ist dagegen die Einschaltung eines Sachverständigen zur Ermittlung der angemessenen Reparaturkosten nicht geboten (LG Hamburg VersR 1971, 260).

90 Auch hinsichtlich des **Ausfallschadens** (Nutzungsausfall, Mietkosten usw, vgl dazu § 251 Rn 65 ff, 84) hat der Geschädigte im Rahmen des Zumutbaren den billigsten

Weg zu wählen. Deshalb darf er der Schadensentwicklung nicht tatenlos zusehen (BGH WM 1974, 200). Er muss insbes einen Pkw alsbald zur Reparatur geben, nachdem ein Gutachten (oder ein Kostenvoranschlag, vgl § 251 Rn 122 f) die Reparaturwürdigkeit (§ 251 Abs 2 S 1, vgl dort Rn 22, 26) ergeben hat (OLG Oldenburg VersR 1961, 71 f). Andernfalls muss er sich um Ersatzbeschaffung kümmern. Hierfür werden ihm meist drei Wochen Zeit eingeräumt (OLG Stuttgart VersR 1972, 448; KG VersR 1973, 1070 f), teilweise auch vier Wochen (OLG OLdenburg VersR 1967, 362 f). Der Geschädigte soll zwar eine Überlegungsfrist haben, aber nicht in jedem Fall bis zur Entscheidung des Haftpflichtversicherers des Schädigers (OLG Celle VersR 1962, 1212 f, ähnlich OLG Oldenburg DAR 1963, 299). Hat der Haftpflichtversicherer des Schädigers dem Geschädigten mitgeteilt, er werde den Schaden durch einen Sachverständigen feststellen lassen, braucht der Geschädigte keine eigenen Ermittlungen anzustellen (aA OLG Hamm NJW 1964, 406 f m abl Anm MAASE). Auch die Anschaffung eines „Zwischenfahrzeugs" kann nötig sein (LG Mainz VersR 1972, 78, 82, auch KG VRS 54, 241 für einen Taxiunternehmer, vgl ferner § 251 Rn 68). Ausnahmsweise muss der Geschädigte sogar ein Fahrzeug bloß ähnlichen Typs nehmen (OLG Nürnberg VersR 1966, 1085). Würden die Mietwagenkosten wegen der Durchführung einer Auslandsreise unverhältnismäßig hoch, kann dem Geschädigten eine Verschiebung der Reise bis zur Fertigstellung der Reparatur oder zum Erwerb eines Interimsfahrzeugs zugemutet werden (BGH VersR 1985, 1090, 1092, teilweise anders noch OLG Stuttgart VersR 1982, 559; OLG München VersR 1983, 1064). Den Entschluss zum Verkauf des Wagens muss der Geschädigte rasch in die Tat umsetzen (OLG Düsseldorf VersR 1965, 770 f m Anm H W SCHMIDT aaO 962 f mNw) oder das Kfz alsbald dem Schädiger oder dessen Haftpflichtversicherung zur Verfügung stellen (OLG Hamburg VersR 1974, 392 f). UU kann dem Geschädigten auch obliegen, den nur leicht beschädigten oder provisorisch reparierten Wagen einstweilen weiter zu benutzen (OLG Köln VersR 1967, 1081 f; OLG München VersR 1968, 605 f: auch bei Wagen der gehobenen Klasse bestehe kein anzuerkennendes „Repräsentationsbedürfnis"; vgl auch OLG Stuttgart VersR 1981, 1061), freilich nur im Rahmen der Betriebserlaubnis (vgl § 19 Abs 2 StVZO; LG Aachen VersR 1973, 678).

f) Probleme ergeben sich häufig im Zusammenhang mit der **Finanzierung** von Herstellungsmaßnahmen und von weiteren Aufwendungen zur Schadensbeseitigung oder -minderung. IdR sind die Kosten eines Kredits, den ein verständiger Mensch in der Lage des Geschädigten aufgenommen haben würde, erstattungsfähig (§ 251 Rn 128). Der Geschädigte hat aber die Kosten aus eigenen Mitteln vorzuschießen, wenn das ohne besondere Einschränkung der gewöhnlichen Lebensführung möglich ist (BGHZ 61, 350; OLG Celle VersR 1973, 353; OLG München VersR 1975, 163). Zu dieser Lebensführung gehört auch eine Liquiditätsreserve für Notfälle. Sie braucht also nicht eingesetzt zu werden (LG Köln VersR 1974, 67 f). Macht dem Geschädigten die Kreditbeschaffung Schwierigkeiten oder läuft er Gefahr, sich mit den laufenden Zahlungen auf den Kredit zu übernehmen, braucht er auch keinen Kredit aufzunehmen (BGH NJW 1989, 291). Wendet der Geschädigte hiernach keine eigenen Mittel auf und beansprucht er auch keinen Kredit, muss ihm der Schädiger die Nachteile ersetzen, die sich aus der verzögerten Entschädigung ergeben, zB eine Vergrößerung des Schadens (BGH aaO). IdR muss aber der Geschädigte den Schädiger nach Abs 2 S 1 auf diese Gefahr hinweisen. Entschließt sich der Geschädigte zur Kreditaufnahme, ist er auch hier wieder gehalten, die billigste ihm ohne Schwierigkeiten zugängliche Kreditquelle zu wählen. Die Einschaltung eines „Unfallhelfer"-Ringes kann daher obliegenheitswidrig sein (BGHZ 61, 350).

92 Eine **Obliegenheit zur Kreditaufnahme** ist nur selten bejaht worden, zB wenn der Gläubiger sonst eine besonders günstige Aktienanlage versäumte (BGH BB 1965, 926), oder wenn ein Betrieb zum Erliegen käme (BGH VersR 1963, 1161 f, sogar trotz Ablehnung jeder Zahlung durch den Schädiger). Zu erwägen ist dies auch für den Fall, dass der Geschädigte entgangene Einnahmen aus Spekulationsgeschäften geltend macht. Denn sonst verlangt er als Schadensersatz einen Spekulationsgewinn, ohne überhaupt das Spekulationsrisiko eingegangen zu sein (Gsell BKR 2002, 504 ff; aA BGH NJW 2002, 2553). Setzt der Geschädigte hingegen Eigenmittel ein, sind ihm, auch wenn ihn keine Obliegenheit dazu traf, die entgangenen Zinsen als Folgeschaden zu ersetzen (ebenso MünchKomm/Oetker Rn 101 m dem Vorschlag, § 288 analog anzuwenden).

93 g) Dem Geschädigten kann es obliegen, zur Schadensabwendung oder -minderung einen **Rechtsbehelf** einzulegen (BGHZ 90, 17, 32; BGH NJW-RR 1991, 1458; NJW 1993, 522). Hat zB ein Vergleichsverwalter eine Sache verwertet, an der ein Aussonderungsrecht bestand, kann er dem Schadensersatzanspruch des Berechtigten entgegenhalten, dass der Berechtigte den Schaden durch die Erhebung der Aussonderungsklage hätte vermeiden können (BGH NJW 1993, 522). Auf einen Prozess mit höchst zweifelhaften Erfolgsaussichten braucht sich der Geschädigte freilich idR nicht einzulassen (BGH VersR 1966, 340 f; NJW-RR 1991, 1458). Ebenso wenig kann ihm idR wegen der Hinnahme eines erstinstanzlichen Urteils ein Vorwurf gemacht werden (BSG MDR 1968, 355), auch nicht wegen der Hinnahme eines der hM entsprechenden Steuerbescheids (BGH VersR 1970, 183 f). Vollends braucht einen kaum aussichtsreichen Steuerprozess nicht mit eigenen Mitteln zu führen, wer von einem Makler wegen unrichtiger Beratung Ersatz fordert (OLG München NJW 1961, 1534; vgl auch zum Kostenrisiko bei unsicherer Rechtslage hinsichtlich eines enteignungsgleichen Eingriffs BGH JZ 1984, 741). Auch die Nichtvollstreckung eines vorläufig vollstreckbaren Urteils kann jedenfalls derjenige dem Gläubiger nicht zum Vorwurf machen, gegen den sich das Urteil richtet (BGH VersR 1963, 942 f), uz zumal im Anwendungsbereich § 717 Abs 2 ZPO, aber auch sonst. Auf das Innenverhältnis zwischen mehreren Schuldnern braucht der Gläubiger keine Rücksicht zu nehmen (BGH LM § 254 [A] Nr 5 c; Lappe NJW 1977, 95). Entsprach der Gebrauch des Rechtsbehelfs einer Obliegenheit, hat der Schädiger auch bei Erfolglosigkeit des Rechtsmittels die Kosten als Schadensabwendungsaufwand zu tragen (BGH NJW 2000, 3358; MünchKomm/Oetker Rn 96).

94 h) Im rechtsgeschäftlichen Verkehr ist eine besonders wichtige Obliegenheit zur Schadensminderung auf die Vornahme eines **Deckungsgeschäftes** gerichtet. Freilich ist der Partner eines vertragsbrüchig gewordenen Teils nicht ohne weiteres zu einem Deckungsgeschäft verpflichtet (BGHZ 62, 107; BGH NJW 1989, 290 f; vgl auch Rn 92 zur möglichen Obliegenheit einer „Deckungs-Spekulation"). Schon das RG hat jedoch bei Kaufleuten und besonderer Marktabhängigkeit der Ware entsprechende Obliegenheiten angenommen, so zu Lasten des Verkäufers bei sinkenden, zu Lasten des Käufers bei steigenden Preisen (RGZ 101, 90, 93 f; RG JW 1914, 72). Der Gläubiger kann die Obliegenheit haben, die Anlegung eines streitigen Betrages als Festgeld hinzunehmen (BGH WM 1987, 318). Eine Bank ist hingegen nicht unbedingt zum Zweck der Schadensminderung gehalten, statt des zur Zurückzahlung geschuldeten Geldes andere Refinanzierungsmöglichkeiten auszunutzen, um die mit dem vorenthaltenen Geld beabsichtigte hochrentierliche Anlage dennoch zu ermöglichen (BGHZ 104, 337; vgl für Konsumentenkredite auch BGH NJW 1988, 1971). Vielmehr ist davon auszugehen, dass sie bei weiterer Geldaufnahme auch zusätzliche Anlagemöglichkeiten wahrnehmen konnte (vgl dazu auch § 249 Rn 148). Einen Ersatzkreditnehmer muss die Bank uU (bei gleicher Sicherheit) akzeptieren (BGH WM 1990, 174, 175 f). Scheitert ein Grundstücksverkauf an Finanzierungsschwierigkeiten des Käufers, muss der Verkäufer eine sich ihm bietende erkennbar günstige Möglichkeit eines anderweitigen Verkaufs nutzen und darf nicht ohne Anspruchsminderung einfach abwarten, ob der Käufer doch noch den Vertrag erfüllen kann (BGH NJW 1997, 1231). Eine ähnliche Obliegenheit wie diejenige zu Deckungsgeschäften richtet sich auf die Verwertung von **Sicherheiten** einschließlich Garantie und selbstschuldnerischer Bürgschaft (dazu MünchKomm/OETKER Rn 103). Ein geschädigter Anleger braucht seine Anlage nicht unter Ausnutzung der inzwischen gewonnen Erkenntnis mangelnder Seriosität zu veräußern. Dies gilt auch unterhalb der Schwelle des strafbaren Betruges gegenüber dem Erwerber (so richtig MünchKomm/OETKER Rn 104). Gerade den Angaben eines Anlagevermittlers darf man im übrigen nicht blind vertrauen: Ausnahmsweise kommt auch ihm gegenüber ein Mitverschulden des Geschädigten, hier des Anlegers, wegen Unterlassens der Schadensabwendung in Betracht (BGH ZIP 1993, 997, 999 f).

VIII. Die Verantwortlichkeit des Geschädigten für Dritte, insbes Abs 2 S 2

1. Der Streit um § 278

a) Heute besteht Einigkeit darüber, dass § 254 Abs 2 S 2 systematisch unglücklich angeordnet ist: **Abs 2 S 2 bezieht sich** nicht nur auf Abs 2 S 1, sondern **auch auf Abs 1**; Abs 2 S 2 ist also wie ein selbständiger Abs 3 zu lesen (RGZ 62, 107; BGHZ 1, 248, 249; 3, 46, 48; BGB-RGRK/ALFF Rn 61; ERMAN/KUCKUK Rn 71; PALANDT/HEINRICHS Rn 60). Es ist kein Sachgrund dafür erkennbar, den Geschädigten nur bei einer Mitwirkung durch Unterlassen (Abs 2 S 1) und nicht auch durch positives Tun (Abs 1, vgl oben Rn 45) für Dritte einstehen zu lassen. **95**

b) Nach wie vor heftig umstritten ist hingegen die Frage, inwieweit § 254 Abs 2 S 2 nicht bloß auf die Rechtsfolgen, sondern auch auf die Voraussetzungen des § 278 verweist: Die Rechtsgrundverweisung würde bedeuten, dass bei der schuldhaften Mitwirkung des Gehilfen oder gesetzlichen Vertreters bereits ein **Schuldverhältnis zwischen dem Geschädigten und dem Schädiger** bestehen muss, weil § 278 vom „Schuldner" und der „Erfüllung seiner Verbindlichkeit" spricht. Der Wortlaut des § 254 Abs 2 S 2 ist insofern mehrdeutig: Dass er nur die entsprechende Anwendung von § 278 vorschreibt, kann sowohl bedeuten, dass das bei § 278 sonst geltende Erfordernis eines Schuldverhältnisses entbehrlich sein soll, als auch dass die Begriffe „Verschulden" und „Verbindlichkeit" zur Schadensabwendung nur untechnisch zu verstehen sind (vgl oben Rn 30 f). Der Streit um den Wortlaut bringt aber schon deshalb nichts, weil der Gesetzgeber das Problem überhaupt nicht gesehen hat (GERNHUBER AcP 152 [1952/53] 69, 74, sowie TH HONSELL, Die Quotenteilung im Schadensersatzrecht [1977] 69 ff). **96**

Die Rspr versteht § 254 Abs 2 S 2 als **Rechtsgrundverweisung**, verlangt also ein Schuldverhältnis zwischen Geschädigtem und Schädiger (zB BGHZ 24, 325, 327; 116, 60, 74; BGH NJW 1964, 1670; 1965, 962; BGH VersR 1959, 1009; 1975, 133; KG VersR 1996, 235; weitere Angaben bei MünchKomm/OETKER Rn 128 Fn 455). Freilich soll schon das durch die **97**

Schädigung selbst begründete Schuldverhältnis genügen (vgl unten Rn 100), ebenso „etwas einem Schuldverhältnis Ähnliches" (vgl unten Rn 101); auch die §§ 31, 831 sollen außer § 278 entsprechend gelten (vgl unten Rn 107); Gehilfenverschulden gilt als Erhöhung der vom Geschädigten zu vertretenden Betriebsgefahr (vgl unten Rn 108); statt dieses Verschuldens wird bisweilen auch eigenes Aufsichtsverschulden des Geschädigten betont (vgl unten Rn 107 f). Insgesamt ergibt sich so ein differenziertes, von der Regel des § 254 Abs 2 S 2 als Rechtsgrundverweisung auf § 278 erheblich abweichendes Bild.

98 In der Lit wird § 254 Abs 2 S 2 demgegenüber vielfach als **Rechtsfolgeverweisung** angesehen, so dass es auf ein schon bestehendes Schuldverhältnis zwischen Schädiger und Geschädigtem nicht ankommt (GERNHUBER AcP 152 [1952/53] 69, 82 f; HEINR LANGE NJW 1953, 967; KLEINDIENST JZ 1957, 457; NJW 1960, 2028; ROTHER, Haftungsbeschränkung 1965, 145, 153; FINGER JR 1972, 406, 407 ff mNw). Aber auch die Rspr hat Zustimmung gefunden (ausfürl LOOSCHELDERS [Schrifttum] 505 ff; ferner zB VENZMER, Mitverursachung und Mitverschulden im Schadensersatzrecht [1960] 129; MünchKomm/OETKER Rn 129; BGB-RGRK/ ALFF Rn 62; ERMAN/KUCKUK Rn 72; PALANDT/HEINRICHS Rn 60; SOERGEL/MERTENS Rn 94). Andere bejahen zwar weitgehend die Zugehörigkeit von Gehilfen des Geschädigten zu dessen Einstandskreis, verneinen jedoch eine Haftung des nicht voll Geschäftsfähigen für rechtswidriges Verhalten seines gesetzlichen Vertreters (ESSER JZ 1952, 257; ESSER/SCHMIDT I 2 § 35 III 1; AK-BGB/RÜSSMANN Rn 14; WEIDNER, Mitverursachung als Entlastung des Haftpflichtigen [1970] 62 ff, 78 ff; ähnlich LARENZ I § 31 I d, ausdrücklich abl hierzu aber BGH NJW 1983, 1108, 1110; 1992, 1095).

99 Dem Gedanken der **Korrespondenz** zwischen dem Verantwortungsbereich des Schädigers und dem Einstandsbereich des Geschädigten (oben Rn 4) entspricht am ehesten der Standpunkt der Rspr und ihrer Befürworter. Dazu gehört, dass ohne schon bestehendes Schuldverhältnis zwischen Schädiger und Geschädigtem über den Wortlaut des § 254 Abs 2 S 2 hinaus § 831 auf der Seite des Geschädigten entsprechend heranzuziehen ist. Aber auch die Entwicklung zur Verlagerung der deliktischen Haftung vom Aufsichtsverschulden zu einer eigenen Verkehrspflicht des Geschäftsherrn spiegelt sich auf der Passivseite des Geschädigten in dessen Einstandskreis wider. Eine weitergehende Obliegenheitsbegründung durch Anwendung des § 278 wäre nicht nur ein Systembruch, sondern auch ein Nachteil für den Geschädigten, der nicht zu der Rolle der Zumutbarkeit bei § 254 passt: Es ist kaum zu erklären, warum dem Geschädigten ein weiter reichender Garantiebereich zugemutet werden kann als dem Schädiger. Dies gilt hinsichtlich des gesetzlichen Vertreters im gleichen Maße wie hinsichtlich des Erfüllungsgehilfen. Allerdings soll bei der Haftung mehrerer Schädiger schon ein Schuldverhältnis zu einem von ihnen genügen, damit sich die Anwendung des § 278 auf der Geschädigtenseite insoweit auch auf die übrigen, nur deliktisch haftenden Schädiger auswirkt (BGHZ 90, 86). Dies beruht aber entscheidend auf der Außenwirkung des gestörten Gesamtschuldnerausgleichs.

2. Konsequenzen der Rechtsgrundverweisung

a) Das Schuldverhältnis nach Abs 2 S 2 iVm § 278

100 Für die Anwendung des § 278 genügt das **durch die Schädigung selbst begründete** Schuldverhältnis. Daher müssen sich Kinder ein Verschulden ihrer gesetzlichen

Vertreter (Eltern usw) bei der Minderung des schon eingetretenen Schadens anrechnen lassen, zB die verspätete Konsultation eines Arztes (RGZ 156, 193, 205 mNw). Außerhalb einer solchen Sonderverbindung dagegen braucht sich ein Kind das Aufsichtsverschulden seiner Eltern nicht entgegenhalten zu lassen (BGH VersR 1962, 783 f; OLG Köln VersR 1970, 577 f). Soweit die Eltern selbst aus § 1664 wegen Verletzung ihrer Pflicht zur elterlichen Sorge dem Kind haften, kommt aber uU eine gesamtschuldnerische Haftung neben dem Drittschädiger in Betracht, und dieser kann nach §§ 840, 426, 254 insoweit gegen die Eltern Rückgriff nehmen, als deren Verursachungs- und Verschuldensanteil reicht (zB BGHZ 73, 190). Ob die Regressbehinderung, die sich zu Lasten des Drittschädigers aus der milderen Haftung der Eltern nach dem Maßstab des § 1664 Abs 1 ergeben kann, unmittelbar dem Kind entgegengehalten werden darf, ist ein allgemeines Gesamtschuldproblem und daher dort zu erörtern (STAUDINGER/NOACK [1999] § 426 Rn 154 ff insbes zu BGHZ 103, 338: volle Haftung des Drittschädigers ohne Regressmöglichkeit). Jedenfalls kann der Drittschädiger mit seinem Ausgleichsanspruch aus § 426 gegen den Aufsichtspflichtigen aufrechnen, wenn dieser wegen der von ihm selbst für das Kind aufgewendeten Kosten aus eigenem (auf §§ 677 ff oder 812 begründetem) oder (richtiger) übergegangenem Recht Erstattung vom Drittschädiger verlangt (mindestens in der Begründung unrichtig daher BGH VersR 1960, 180, 181: Einwand aus § 242).

101 Das Schuldverhältnis wird teilweise **recht weit** verstanden. So soll die Einstandspflicht des Geschädigten sogar schon vor Eintritt des Schadens mit der Vornahme der schädigenden Handlung beginnen (RGZ 141, 353, 356). Dies läuft aber für den wichtigsten Anwendungsfall, die Eigentumsverletzung, auf die bereits oben (Rn 28) abgelehnte Anwendung des § 254 auf den Beseitigungsanspruch aus § 1004 hinaus, während es zu der allgemeinen Ablehnung einer entsprechenden Anwendung auf den Unterlassungsanspruch (so richtig BGH NJW 1980, 2080) und auf § 985 überhaupt nicht passt. Richtigerweise ist der Begriff des Schuldverhältnisses iSd §§ 241 Abs 1 S 1, 278 S 1 für die Anwendung des § 254 nach denselben Grundsätzen zu bestimmen wie für die unmittelbare Anwendung des § 278 (LOOSCHELDERS [Schrifttum] 519). Bei einer Gesundheitsverletzung sind hier wiederum (bei Kindern) die Konkurrenz mit dem Anspruch des Kindes gegen die Eltern und der Gesamtschuldausgleich problematisch, und bei anderen „Gehilfen" geht es ohnehin um die Frage, wer für das Versagen von Herstellungsgehilfen aufzukommen hat (unten Rn 106 u § 249 Rn 235). Ist der Eigentumsherausgabeanspruch hingegen bereits begründet, ist die nunmehr bestehende Vindikationslage ein gesetzliches Schuldverhältnis. In ihm findet (auf den Anspruch aus §§ 989, 990) § 254 Abs 2 S 2 Anwendung (unrichtig daher RGZ 119, 152, 155 f).

102 In anderen Entscheidungen, in denen die Rspr etwas dem Schuldverhältnis Ähnliches hat genügen lassen (zB BGHZ 9, 316, 317 f; 24, 325, 327), spiegelt sich wohl nur eine heute überwundene Unsicherheit bei Annahme eines **Vertrages mit Schutzwirkung für Dritte** wider: Heute wird man kaum zweifeln, dass bei einem mit Erwachsenen reisenden Kind (darum ging es in den erwähnten BGH-Fällen) ein solcher Vertrag vorliegt. Die Rspr hat beim Vertrag mit Schutzwirkung für Dritte im allgemeinen §§ 254 Abs 2 S 2, 278 auch dann angewendet, wenn der Dritte seinen Anspruch auf Delikt oder Gefährdungshaftung stützte (BGH VersR 1956, 500; 1959, 1009 f; NJW 1957, 867, 869; 1968, 1323 f). Die davon abweichenden Entscheidungen (BGHZ 33, 247, 251, vgl auch BGH JZ 1955, 453) dürften überholt sein. Bedenken gegen die Anwendung des Abs 2 S 2 zu Lasten des begünstigten Dritten wegen § 333 bestehen nicht: Der Vertrag mit Schutzwirkung für Dritte ist kein Instrument für den Dritten, sich im Wege einer „Rosinentheorie" die jeweils günstigsten Rechtsfolgen herauszupicken. Eine „Zurückweisung" der schadensersatzbegründenden Sonderverbindung nach dem Modell des § 333 ist daher nur in der Weise möglich, dass sich der Geschädigte vom Schutzbereich des Vertrages überhaupt fernhält. Eine unterschiedliche Behandlung des Vertrages mit Schutzwirkung für Dritte und des sog vorvertraglichen Verschuldens wäre nicht zu rechtfertigen. Beide Rechtsfiguren dienen demselben Zweck, ua Lücken im System der Deliktshaftung zu schließen. Bei Anspruch aus § 311 Abs 2 und bei den hiermit konkurrierenden Deliktsansprüchen werden jedoch §§ 254 Abs 2 S 2, 278 ohne die Möglichkeit einer „Sperre" durch § 333 angewendet (BGH NJW 1968, 1966, 1967; vgl auch unten Rn 110 zur Drittschadensliquidation). Darüber hinaus fällt dem Geschädigten ein Mitverschulden des Hauptgläubigers aus dem Vertrag auch dann zur Last, wenn dieser weder Erfüllungsgehilfe noch gesetzlicher Vertreter des Dritten war (BGHZ 33, 247; BGH NJW 1965, 1757; ERMAN/KUCKUK Rn 74; PALANDT/HEINRICHS Rn 69). Dies ergibt sich aus der Tatsache, dass der Geschädigte Dritter ist; für Drittschäden enthält § 846 (vgl auch § 334) einen allgemeinen Rechtsgedanken (MünchKomm/OETKER Rn 131 u unten Rn 110; aA aber LOOSCHELDERS 526 ff).

103 Zwanglos ergibt sich hieraus die Anwendung der §§ 254 Abs 2 S 2, 278 auf Leistungsbeziehungen des **öffentlichen Rechts**, zB das Schulbenutzungsverhältnis, dort entschieden für das Mitverschulden der Eltern am Verlust eines beim Turnunterricht abgelegten wertvollen Armbandes (BGH NJW 1964, 1670); ferner die Postbenutzung nach früherem Recht, entschieden für das Mitverschulden eines untreuen Angestellten des Einlieferers (BGH NJW 1965, 962 f). Hingegen genügt es nicht, dass gegenüber dem Verletzten eine allgemeine Verkehrssicherungspflicht besteht (BGH VersR 1959, 729, 732; MünchKomm/OETKER Rn 133; ERMAN/KUCKUK Rn 75; PALANDT/HEINRICHS Rn 65; aA aber HENKE JuS 1990, 30).

b) Gesetzliche Vertreter und Erfüllungsgehilfen

104 Die Einbeziehung des gesetzlichen Vertreters in den Einstandskreis des Geschädigten kann zu einem Missverständnis führen: Gemeint ist hiermit nicht (allein) das Handeln im rechtsgeschäftlichen Verkehr (unklar daher BGHZ 33, 136, 141 f). Das entscheidende Gewicht haben Mängel bei der Beaufsichtigung des Vertretenen, zu der insbes die Eltern aus der Personensorge verpflichtet sind (BGHZ 9, 316, 319; 24, 325, 328; BGH NJW 1968, 1324). Erheblich ist bereits das Verschulden eines Elternteils allein und sogar einer Person ohne gesetzliche Vertretungsmacht, der die Aufsicht übertragen worden ist (RGZ 149, 6, 7 für eine Mutter nach dem damaligen Rechtszustand; BGHZ 24, 325, 328 für eine Angestellte des Jugendamtes; OLG Neustadt VersR 1959, 931 f für einen Lehrer bei Aufenthalt in einer Jugendherberge). Das RG (RGZ 144, 399, 402) hat sogar den Testamentsvollstrecker als „gesetzlichen Vertreter des Erben iwS" angesehen.

105 Erfüllungsgehilfen sind bei § 254 Abs 2 S 2 diejenigen Personen, deren sich der Geschädigte bei der Erfüllung der Obliegenheiten zur Wahrnehmung eigener Interessen (oben Rn 30 f) bedient (LOOSCHELDERS 532 f). Dazu gehören die Arbeitnehmer des Geschädigten, soweit sie im Verhältnis zum Schädiger eingesetzt worden sind (zB BGH NJW 1965, 962 f), aber uU auch andere Personen: So muss sich ein Ehemann das Verschulden seiner einen Transport begleitenden Ehefrau anrechnen lassen

(BGHZ 3, 46, 51 f), oder eine Bank das Verschulden eines für sie tätigen Finanzmaklers, der einem Architekten Anweisungen für eine Grundstücksbewertung erteilt hat (OLG Saarbrücken NJW 1972, 55, 57 f), oder der Geschädigte das Verschulden seines **Rechtsanwalts**, der ein unnötiges Schadensgutachten eingeholt hat (LG Hagen VersR 1973, 531 f). Übersehen zwei nacheinander in derselben Sachen eingeschaltete Anwälte beide die Möglichkeit und Notwendigkeit, die Verjährung eines Anspruchs zu unterbrechen, braucht sich der Mandant gegenüber dem Anspruch gegen den ersten Anwalt nicht das Versagen des zweiten nach §§ 254 Abs 2 S 2, 278 zurechnen zu lassen (BGH NJW 1993, 1779): Der zweite Anwalt war ja nicht zu dem Zweck eingeschaltet worden, die Interessen des Mandanten gegenüber dem ersten Anwalt wahrzunehmen. Deshalb war der allgemeine Grundsatz einschlägig, dass sich niemand dadurch entlasten kann, dass sich außer ihm selbst noch jemand rechtswidrig verhalten hat (§ 249 Rn 71, vgl speziell zum Versagen zweier Ärzte hintereinander § 249 Rn 69). Beide Anwälte haften dann als Gesamtschuldner für den ganzen Schaden. Hat der zweite Anwaltsvertrag hingegen zum Inhalt, dass auch gerade ein etwaiges Versagen des ersten Anwaltes wieder gutgemacht (oder schlimmstenfalls im Wege des Regresses ausgeglichen) werden soll, sind §§ 254 Abs 2 S 2, 278 auf den Regressanspruch anwendbar, falls der zweite Anwalt eine Möglichkeit, den Schaden noch abzuwenden, versäumt (BGH NJW 1994, 1211). In einem solchen Fall haftet der erste Anwalt gemindert, der zweite entsprechend für den Rest. Beide sind dann Teilschuldner. – Als weitere Fälle seien herausgegriffen: Ein Konnossementsinhaber muss sich das Verschulden einer Bank anrechnen lassen (BGHZ 36, 329, 338 ff); der Eigentümer des an einem Schiffszusammenstoß schuldlos beteiligten Schiffes soll sich auf seinen Ersatzanspruch gegen den Eigner des Schiffes mit der schuldigen Besatzung das für den Unfall ebenfalls ursächliche Mitverschulden der Besatzung eines dritten Schiffes anrechnen lassen müssen, das dem Eigentümer des Schiffes mit schuldloser Besatzung ebenfalls gehört (BGH NJW 1969, 1899, 1900, dort auch zu §§ 736 Abs 1, 738 HGB, 92 BinSchG).

106 Nicht Erfüllungsgehilfe ist dagegen ein Vereinsmitglied im Verhältnis zu anderen (BGH NJW 1965, 1757, 1759 f). Gleichfalls nicht Erfüllungsgehilfe ist der Architekt des Bauherrn in dessen Verhältnis zum Bauunternehmer: Dem Bauherrn obliegt es nicht, die Leistung des Bauunternehmers zu überwachen, so dass auch der Architekt nicht in die Erfüllung eingeschaltet werden kann (OLG Karlsruhe VersR 1962, 188 f m zust Anm SCHMALZL). § 278 ist gleichfalls abgelehnt worden für einen Vertreter des Geschädigten, der mit dem Schädiger betrügerisch zusammengearbeitet hatte (OLG Celle WM 1966, 714). – Nicht unter § 278 fallen ferner die **Herstellungsgehilfen**, also die Personen, deren sich der Geschädigte bedient, wenn er bei Verletzung einer Person oder Beschädigung einer Sache die Herstellung selbst übernimmt (§ 249 Abs 2 S 1; vgl BGHZ 63, 182 u dazu § 249 Rn 235). Dasselbe gilt für den vom Geschädigten eingeschalteten Sachverständigen (vgl auch unten Rn 127).

c) Organe und Verrichtungsgehilfen

107 Fehlt jede Sonderverbindung, kommt nur eine entspr Anwendung der §§ 31, 831 auf der Seite des Geschädigten in Betracht. So müssen sich juristische Personen, Personenhandelsgesellschaften und Stiftungen das Verhalten ihrer Organe als Grund der Schadensersatzminderung entgegenhalten lassen (BGHZ 68, 142, 151; BGH LM § 126 HGB Nr 1). Besonderheiten gegenüber dem Erfüllungsgehilfen ergeben sich bei der Abwägung: Während Vorsatz des Gehilfen den Schadensersatz mindert, führt Vorsatz des Organs nach der allgemeinen Vorsatzregel (unten Rn 121) meistens zum Ausschluss jeglichen Ersatzes (BGH NJW 1984, 921, 922; 2087, 2088; 1991, 3208, 3210; MünchKomm/Oetker Rn 136; Palandt/Heinrichs Rn 53). Entspr der spiegelbildlichen Funktion des § 254 zur Haftungsbegründung muss sich der Geschädigte schließlich die Mitwirkung eines Gehilfen an der Schadensentstehung gemäß § 831 entgegenhalten lassen (zB BGHZ 1, 248; 3, 46; BGH VersR 1975, 134; MünchKomm/Oetker Rn 137; Palandt/Heinrichs Rn 61; BGB-RGRK/Alff Rn 72; Erman/Kuckuk Rn 77). Dies bedeutet, dass der Geschädigte hinsichtlich des Gehilfen den Entlastungsbeweis nach § 831 Abs 1 S 2 führen kann. Dann steht ihm der Schadensersatz in vollem Umfang zu. Dasselbe wie für juristische Personen des Privatrechts gilt zB hinsichtlich einer Stadtgemeinde nach Art 34 GG, § 839 (OLG Stuttgart BB 1961, 1144): Für ein Mitverschulden dieses Personals muss die Gemeinde dann auch nach § 254 einstehen.

d) Sachbewahrungsgehilfen und Gehilfenfehler bei mitwirkender Betriebsgefahr

108 Nach §§ 4 HpflG, 9 StVG, 34 LuftVG, 27 AtomG, 6 ProdHaftG, 11 UmweltHG steht bei der Beschädigung einer Sache das Verschulden desjenigen, der die tatsächliche Gewalt über die Sache ausübt, dem Verschulden des Geschädigten gleich. Obwohl hier kein Schuldverhältnis vorliegt, muss der Geschädigte also für diese sog **Sachbewahrungsgehilfen** wie nach § 278 ohne die Möglichkeit eines Entlastungsbeweises eintreten. Diese Haftungsmilderung ist freilich auf Sachschäden begrenzt, und auch auf konkurrierende Vertrags- und Deliktsansprüche ist sie nicht anzuwenden (BGH NJW 1965, 1273 f). Steht jedoch fest, dass der Geschädigte einen eigenen Anteil wegen der von seinen Rechtsgütern ausgehenden Betriebsgefahr zu tragen hat, dann soll der Geschädigte nach st Rspr zusätzlich auch für Fehler seines Bedienungspersonals einstehen müssen, uz unabhängig davon, ob für das Bedienungspersonal §§ 254 Abs 2 S 2, 278, 831, 31 gegeben sind (zB BGHZ 12, 124, 128 f; BGH VersR 1959, 729, 732; 1965, 712 f; zust jetzt MünchKomm/Oetker Rn 114). Diese erhöhte Betriebsgefahr ist aber genau genommen nur ein Spezialfall der konkreten Ermittlung der Betriebsgefahr innerhalb der Abwägung beider Tatbeiträge (vgl unten Rn 117, 123). Der bereits als Erhöhung der Betriebsgefahr berücksichtigte Bedienungsfehler darf nicht noch einmal als Gehilfenverschulden ins Gewicht fallen (so zutreffend Esser/Schmidt I 2 § 35 IV 4).

e) Miteigentümer

109 Eine besondere Form der Anrechnung fremden Mitverschuldens ergibt sich bei Verletzung von Sachen in Miteigentum. Dies gilt freilich nur für den Schaden an der Sache selbst. Die Folgeschäden betreffen die jeweiligen Miteigentümer individuell, zB wenn einer von ihnen in einem zerstörten Gebäude ein Gewerbe betrieben hat und ihm persönlich deshalb ein hoher Gewinn entgangen ist (Beispiel nach MünchKomm/Oetker Rn 139). Für solche Schäden kommt es nur auf die etwaige Mitverschuldensquote des jeweiligen Geschädigten an. Anders ist der Substanzschaden zu behandeln, für den nach § 1011 von allen Miteigentümern einzeln der gesamte Schadensersatz geltend gemacht werden kann. Da bei Mitverschulden nur eines der Miteigentümer ein anderer Miteigentümer die Berücksichtigung des § 254 leicht umgehen könnte, ist mit dem BGH (NJW 1992, 1095, zust MünchKomm/Oetker Rn 139) das Mitverschulden des einen Miteigentümers auch bei allen anderen anzurechnen. Der BGH stützt sich hierfür auf § 242. Des Rückgriffes auf Treu und Glauben bedarf es aber nicht: Die durchaus sachgerechte (Staudinger/Gursky [1999] § 1011 Rn 2) Anwendung des § 1011 auf obligatorische Ansprüche wie denjenigen auf

Schadensersatz dient der technischen Vereinfachung der Rechtsdurchsetzung, nicht eigentlich einer Erweiterung der materiellen Position der einzelnen Mitberechtigten. Würde der Miteigentümer, den kein Vorwurf nach § 254 trifft, nur den ihm ohne § 1011 zustehenden Anspruch geltend machen können, könnte er diesen Anteil gewiss ungeschmälert verlangen. Aber § 1011 gestattet ihm ohnehin, noch mehr zu verlangen. Dies darf dann nicht über das hinausgehen, was alle Miteigentümer einzeln in ihrer Summe verlangen könnten. Die sinn- und zweckgerichtete Auslegung des § 1011 selbst ergibt also, dass der „Gesamtanspruch" um den Mitverschuldensanteil des einzelnen Miteigentümers zu kürzen ist – uz um genau den Anteil, der auf den hypothetischen Teilanspruch des unter § 254 fallenden Miteigentümers fällt, also zB bei 50% Mitverschulden eines von drei gleichberechtigten Eigentümern 50% von 1/3 = 1/6.

3. Anrechnung beim Ersatz von Drittschaden

Das Mitverschulden anderer Personen als der in §§ 254 Abs 2 S 2, 278, 831, 31, 839 **110** BGB, Art 34 GG erfassten gesetzlichen Vertreter, Gehilfen oder Organe muss idR unerheblich sein, weil diese anderen Personen den Geschädigten nichts angehen. Eine Ausnahme bestimmt § 846 für den Drittgeschädigten: Er muss sich das Verschulden desjenigen anrechnen lassen, aus dessen Verletzung er seinen Schaden (u seinen Anspruch) herleitet. Das RG (RGZ 157, 11) hatte dies analog auf den Schockschaden (vgl § 249 Rn 43 ff) angewandt (ebenso m ausführl Begründung LOOSCHELDERS 541 ff). Der BGH (BGHZ 56, 163, 168 ff) hat dem in der Begründung widersprochen, aber über §§ 254, 242 (vgl oben Rn 3) im wesentlichen das gleiche Ergebnis erzielt (insoweit abl SELB JZ 1972, 124; vgl SCHÜNEMANN VersR 1978, 116; zur Anwendung des eigenen Aufsichtsverschuldens der Mutter auf deren Ersatzanspruch OLG Karlsruhe VersR 1978, 575). Eine ähnliche Anrechnung des Mitverschuldens muss auch bei der **Drittschadensliquidation** gelten (MünchKomm/OETKER Rn 132). Der BGH (NJW 1972, 289 f, zust OLG Hamm NJW 1976, 2077, 2078) beruft sich zur Begründung hierfür auf das Bestehen eines vertragsähnlichen Verhältnisses (vgl oben Rn 101) zwischen dem Schädiger und dem Geschädigten; deshalb soll diesem das Mitverschulden einer Hilfsperson des Vertragspartners des Schädigers über §§ 254 Abs 2 S 2, 278 zuzurechnen sein. Damit stellt der BGH erklärtermaßen insoweit die Drittschadensliquidation dem Vertrag mit Schutzwirkung für Dritte gleich. Angesichts der zunehmenden Annäherung beider Rechtsfiguren und der Ähnlichkeit der Wertungsgrundlagen für Verschulden beim Vertragsschluss, Vertrag mit Schutzwirkung für Dritte und Drittschadensliquidation ist dem iE zu folgen.

IX. Die Abwägung der maßgeblichen Umstände

1. Ziel und Ergebnis der Abwägung

Als Rechtsfolge des § 254 wird für den Regelfall die Teilung des Schadens nach **111** Quoten gelehrt. Für die ganz große Mehrheit der Fälle kommt es auch wirklich zur Teilung. Nach dem Wortlaut der Vorschrift hängt aber zunächst die **Verpflichtung des Schädigers überhaupt** von der Abwägung ab. Ebenso kann die Abwägung die volle Einstandspflicht des Schädigers ohne jeden Eigenanteil des – an sich obliegenheitswidrig handelnden – Verletzten ergeben (BGH NJW 1998, 1137, 1138). Darin ist ein wichtiges Indiz dafür zu sehen, dass bei eigenen Beiträgen des Geschädigten zum

Schadensfall nicht vorab die Zurechnung an den Schadensverursacher verneint werden sollte (vgl § 249 Rn 46 u oben Rn 62 zum „Handeln auf eigene Gefahr"). Dies gilt nicht nur für die Ersatzpflicht insgesamt, sondern auch für einzelne Schadensposten. So kann zB der schuldhafte Unfallverursacher für Heilungskosten und Schmerzensgeld allein verantwortlich sein, während hinsichtlich weiteren Verdienstausfalls wegen einer die Ersatzpflicht ausschließenden „Rentenneurose" des Geschädigten (§ 249 Rn 39 ff) oder wegen einer (anderen) Obliegenheitsverletzung jeder Ersatzanspruch zu verneinen ist.

2. Die zu berücksichtigenden Umstände

112 **a)** Für die Abwägung selbst enthält das Gesetz kaum mehr als Andeutungen. Ausdrücklich als Abwägungsgesichtspunkt erwähnt wird nur das Gewicht der jeweiligen **Verursachungsbeiträge**. Da sie aber nur „insbesondere" zu berücksichtigen sind, steht fest, dass weitere Umstände relevant sind. Für das „Verschulden" des Geschädigten und für die **mitwirkende Betriebsgefahr** liegt dies auf der Hand: Wenn sie schon den Anlass für die Ersatzkürzung bilden, ist es ein Gebot einfacher Konsequenz, dass diese Umstände auch die Höhe der eigenen Schadensquote des Geschädigten beeinflussen. Als weitere berücksichtigungsfähige Umstände sind zB vorgeschlagen worden: der Gefälligkeitscharakter derjenigen Handlung, die zu dem Schaden geführt hat, verwandtschaftliche Beziehungen zwischen den Beteiligten, Jugendlichkeit und sogar die beiderseitigen Vermögensverhältnisse einschließlich des Bestehens von Versicherungsschutz (vgl insbes SCHLIERS NJW 1965, 676, ferner BÖHMER MDR 1962, 442). Aber hierdurch würde § 254 zu einem Billigkeitsanspruch ähnlich den Ansprüchen aus den §§ 829, 847. Die dort maßgeblichen Gründe fehlen bei dem durch § 254 modifizierten Schadensersatzanspruch jedoch: Weder verlangt das Gesetz selbst einen „billigen" Ausgleich, noch beruht die Ersatzpflicht auf dem Fehlen eines Verschuldens oder deren Umfang auf der Unwägbarkeit immaterieller Interessen. Zudem würde durch die Notwendigkeit, außer Verursachungs- und Verschuldensanteilen zahlreiche weitere Umstände festzustellen, die Abwicklung von Schadensersatzansprüchen praktisch außerordentlich belastet. Endlich würde die ohnehin schon schwierige (vgl unten Rn 119) Abwägung durch eine Vermehrung der Faktoren weiter kompliziert und schwerer vorhersehbar gemacht (ebenso iE MünchKomm/OETKER Rn 116; SOERGEL/MERTENS Rn 114; PALANDT/HEINRICHS Rn 49; ERMAN/KUCKUK Rn 91). Nur im Rahmen des Verschuldens können die Gefälligkeit, die persönliche Nähe der Beteiligten und die Jugendlichkeit eine Rolle spielen.

113 **b)** Eher theoretische als praktische Schwierigkeiten macht die Feststellung unterschiedlicher **Gewichte der** jeweiligen **Verursachungsbeiträge**. Auf den ersten Blick kann eine Handlung nur entweder ursächlich sein oder nicht. Es ist daher vertreten worden, eine Teilung sei nur über die – oft unmögliche – Teilung des Schadenserfolges erreichbar; sonst sei eine vorwiegende Verursachung undenkbar (zB ROTHER, Haftungsbeschränkung im Schadensrecht [1965] 55 ff). Dieser Einwand lässt sich jedoch ausräumen, wenn man die Verursachung ähnlich wie bei der Adäquanztheorie (vgl § 249 Rn 12 ff) iSd Wahrscheinlichkeit versteht: Vorwiegend verursacht hat einen Schaden derjenige, der dessen Eintritt nicht nur objektiv ermöglicht, sondern darüber hinaus in einem höheren Maße wahrscheinlich gemacht hat als der andere Beteiligte (so etwa BGH NJW 1952, 537, 539; 1969, 789, 790; 1998, 1137; BGH VersR 1968, 1093; 1988, 1238; NJW-RR 2000, 272; VENZMER, Mitverursachung und Mitverschulden im Schadensersatzrecht [1960] 140 ff; DUNZ NJW 1964, 2134, dem Sinne nach auch KLAUSER NJW 1965, 1894; krit aber jetzt vor allem LOOSCHELDERS [Schrifttum] 570 ff). Hierbei dürfte auf den Zeitpunkt abzustellen sein, in dem die vom Schädiger und die vom Geschädigten in Gang gesetzten Kausalreihen im schädigenden Ereignis zusammentreffen (DUNZ NJW 1964, 2133, 2134 f, krit KLAUSER aaO): Erst dann kann von einer „Verursachung **des Schadens**" die Rede sein. Zwischen dem Handeln der Beteiligten und diesem Zusammentreffen verändert sich uU die Gefährlichkeit jeder Kausalreihe durch mitwirkende Zufälle oder durch das Eingreifen Dritter. So kann die Schadenswahrscheinlichkeit aus einer kleinen Unachtsamkeit bei der Aufsicht über ein Kind noch gering sein, während diese Wahrscheinlichkeit stark anwächst, sobald das Kind infolge der Unachtsamkeit auf eine belebte Straße läuft. Man darf also die Gefährlichkeit der Handlung nicht mit derjenigen des Verursachungsbeitrags des Handelnden gleichsetzen.

c) Weiterhin muss nach § 254 Abs 1 ein **Verschulden** des Geschädigten mitgewirkt haben. Es ist oft von dem Verursachungsbeitrag nicht klar zu trennen: Die Nichtbeachtung der verkehrserforderlichen Sorgfalt (§ 276 Abs 1 S 2) liegt idR gerade in der Vernachlässigung der Gefährlichkeit. Das Verschulden bezieht sich jedoch auf die Handlung des Beteiligten, während die Gefährlichkeit seinem – möglicherweise weiterreichenden – Kausalbeitrag zukommt. In solchen Fällen kann das Verschulden geringer wiegen als der Kausalbeitrag. Bewertet wird das Verschulden ferner nach seinem Grad (BGH NJW 1997, 2236, 2238; 2002, 1236, 1264), also entsprechend der Skala Vorsatz (dazu unten Rn 121) – Fahrlässigkeit, diese unterschieden nach ihren Arten (grobe, mittlere, leichte).

114

Der Vorwurf der Fahrlässigkeit hängt auch vom **persönlichen Leistungsvermögen des Handelnden** ab (vgl dazu oben Rn 39): eine Nichtbeachtung der im Verkehr erforderlichen Sorgfalt fällt um so weniger ins Gewicht, je weniger der Handelnde zur Aufbringung dieser Sorgfalt imstande war. Man könnte im Rahmen der Abwägung zugunsten des Geschädigten berücksichtigen, dass ihm die Maßnahmen der Schadensabwehr oder -beseitigung sozusagen vom Schädiger aufgedrängt werden: Der Geschädigte kann ohne sein Zutun in eine Lage gebracht worden sein, in der er Dinge tun muss, von denen er nichts versteht oder denen er nicht gewachsen ist. Daher sei zu erwägen, dem Geschädigten in solchen Fällen das vom BGB in §§ 300 Abs 1, 680 für aufgedrängte Tätigkeiten anerkannte Haftungsprivileg zuzubilligen (vgl MEDICUS 17. Deutscher Verkehrsgerichtstag 1979, 65). Diese Erwägung kann freilich von vornherein nur bei den Obliegenheiten des Abs 2, nicht bei der Mitwirkung des Geschädigten nach Abs 1 relevant sein. Die Abwendungs- und Minderungspflicht besteht aber nur im Rahmen des Zumutbaren (vgl oben Rn 81 ff). Dadurch ist bereits eine Einschränkung der Obliegenheiten auch aufgrund der konkreten Schadenssituation möglich. Ob darüber hinaus eine allgemeine Einschränkung des Einstandsbereiches in Analogie zu §§ 300 Abs 1, 680 erforderlich und sinnvoll ist, erscheint fraglich. Insbes sollte das „Verschulden" des Geschädigten nicht zweimal, und dann noch nach verschiedenen Maßstäben, für § 254 geprüft werden müssen: zunächst als das – allgemeine – Mitverschulden nach dem objektiven Fahrlässigkeitsmaßstab zur Begründung der Anwendung des § 254 überhaupt, dann noch einmal nach dem für den Geschädigten günstigeren Maßstab der §§ 300 Abs 1, 680 zur Abwägung.

115

d) Da die Einstandspflicht des Geschädigten, wie oben (Rn 8 ff) dargelegt, auch

116

die mitwirkende **Betriebsgefahr** umfasst, muss schließlich auch sie als ein Umstand in die Abwägung eingehen. Den maßgebenden Gesichtspunkt bildet auch bei ihr die Gefährlichkeit, also die durch sie bewirkte Erhöhung der Wahrscheinlichkeit des Schadenseintritts. Der Unterschied zu der gewöhnlichen Verursachung (vgl oben Rn 113) besteht nur darin, dass die ursächliche Handlung auch verschuldet sein muss, während das bei der Betriebsgefahr unnötig ist.

117 Insbes ergibt sich aus § 17 Abs 4 (Abs 2 aF) StVG kein Hinderungsgrund gegenüber einer **Abstufung der Gefährlichkeit**. Denn § 17 Abs 4 StVG verweist nur auf die vorangegangenen Absätze, insbes Abs 1, und dieser hebt auf die Umstände, insbes die vorwiegende Verursachung ab (teilweise aA Esser/Schmidt I 2 § 35 IV 2.). Damit bleibt Raum für eine graduelle Unterscheidung innerhalb der Betriebsgefahr. So verfährt auch die Rspr, zB in dem Fall, dass die Bauart eines Kfz den Überblick erschwert (BGH VersR 1969, 539, 541 f), oder wenn eine Straßenbahn dadurch, dass sie eine „unechte Einbahnstraße" entgegen der allgemeinen Verkehrsrichtung befährt, auf eine deutlich gefährlichere Weise betrieben wird (BGH VersR 1966, 1142, 1143). Allgemein formuliert der BGH (VersR 1965, 712, 713), anzurechnen sei die Betriebsgefahr „in der konkreten Auswirkung beim Unfallgeschehen". Entspr will das OLG Oldenburg (VRS 34, 244) die Erhöhung der Betriebsgefahr eines Mopeds durch die Mitnahme eines Kindes als Soziusfahrer berücksichtigen. Erheblich müssen daher auch die Unterschiede sein, die zwischen der aktiven (schadensbringenden) und der passiven (schadenserleidenden) Betriebsgefahr bestehen: Die aktive ist zB bei einem Lkw, die passive bei einem Motorrad größer. Der Wert der Betriebsgefahr ist dann verschieden anzusetzen je nach dem, ob der Halter als Geschädigter oder als Schädiger auftritt (anders wohl BGB-RGRK/Alff Rn 31, nach dem stets die aktive Betriebsgefahr maßgeblich sein soll; ähnl MünchKomm/Oetker Rn 114 mNw Fn 410). – Infolge von Fehlern des Bedienungspersonals kann das Gewicht der Betriebsgefahr schwerer wiegen als sonst (vgl oben Rn 108 zur fälschlich sog „erhöhten Betriebsgefahr").

118 e) Trifft den Geschädigten ein Mitverschulden, kann dessen Gewicht bei der Abwägung dadurch schwerer sein, dass er sich bei seinem schuldhaften Verhalten einer gefährlichen Vorrichtung bedient hat. Dies gilt auch, wenn keine gesetzliche Haftung für die Gefahr dieser Vorrichtung (zB eines Fahrrads) vorgesehen ist (BGH VersR 1957, 518; OLG Stuttgart VersR 1960, 1023, 1024). Denn durch den Gebrauch der Vorrichtung hat der Geschädigte einen **Verursachungsbeitrag von höherem Gewicht** zu dem Schadensgeschehen geleistet.

3. Das Verhältnis von Verursachung und Verschulden

119 Dazu, wie Verursachung (oben Rn 113) und Verschulden (oben Rn 114 f) von Gläubiger und Schuldner zueinander in Beziehung zu setzen sind, enthält das Gesetz nur eine Andeutung: Durch das „insbesondere" in § 254 Abs 1 wird ein **Übergewicht der Verursachung** begründet. Das betont auch die Rspr (zB RGZ 142, 356, 368; 156, 193, 202; BGH NJW 1952, 537, 539; 1969, 789, 790; 1998, 1137, 1138; NJW-RR 2000, 272, 273). Dabei bleibt aber meist offen, wie dieses Übergewicht der Verursachung und wie überhaupt die Verknüpfung von Verursachung und Verschulden im einzelnen aussehen soll. Hierzu sind genaue Angaben auch kaum möglich (aA zu Unrecht Aurnhammer VersR 1974, 1060). Am ehesten wird man dem Verhältnis beider Abwägungselemente gerecht, wenn man zunächst aus dem Vergleich der beiderseitigen Verursachungsbeiträge

Quoten bildet und diese sodann mit Rücksicht auf das Verschulden korrigiert (LOOSCHELDERS [Schrifttum] 593). Mathematisch genau lässt sich weder die vorläufige, aus den Verursachungsbeiträgen gewonnene, noch die endgültige Quote vorherbestimmen. Hier ist vielmehr dem Richter durch Anwendung des § 287 ZPO die nötige Freiheit zur individuellen Entscheidung zu lassen. Die Anwendbarkeit des § 287 ZPO auf das Mitverschulden ergibt sich schon daraus, dass es sich bei § 254 systematisch um eine Vorschrift über den Schadensumfang handelt, und entspricht der hM (BGHZ 60, 177, 184; BGH VersR 1961, 368, 369; NJW 1968, 984; 1986, 2945, 2946; MünchKomm/OETKER Rn 117; SOERGEL/MERTENS Rn 133; PALANDT/HEINRICHS Rn 82). Die Entscheidung des Tatrichters über die Abwägung kann daher vom Revisionsgericht nur daraufhin überprüft werden, ob die maßgeblichen Umstände einwandfrei festgestellt und bei der Abwägung rechtsirrtumsfrei verwertet worden sind und ob kein Verstoß gegen Denkgesetze und Erfahrungssätze unterlaufen ist (BGHZ 51, 275, 279; 108, 386, 392; BGH VersR 1959, 290; 1967, 288; NJW 1983, 622, 623; 1991, 3208, 3210; MünchKomm/ OETKER Rn 148; SOERGEL/MERTENS Rn 137; PALANDT/HEINRICHS Rn 82; für weiterreichende revisionsgerichtliche Überprüfung aber LOOSCHELDERS 612 ff). Unangebracht wäre es demnach, wenn der Richter den Eindruck einer Genauigkeit erwecken würde, die es in diesem Bereich gar nicht geben kann. Daher sollten auch nur Quoten mit nicht zu großen Bruchzahlen (zB bis 1/6 oder 1/7) oder mit auf Zehner lautenden Prozentzahlen (zB ab 20%, vgl OLG Hamm VersR 1971, 914) gebildet werden. Beachtliche Kritik an der Quotenteilung überhaupt übt TH HONSELL (Die Quotenteilung im Schadensersatzrecht [1977]), der eine Aufteilung des Schadens in einzelne Posten vorzieht: Jeder von ihnen soll dann ganz dem Schädiger oder dem Geschädigten zugeteilt werden. Dem Ziel des Gesetzgebers, möglichst flexible Lösungen zu ermöglichen, wird die Bildung von Quoten – die dann für einzelne Posten durchaus verschieden sein können – jedoch besser gerecht.

4. Einzelne Abwägungsregeln

120 Als Grundlage einer individuellen und flexiblen Beurteilung des Einzelfalles entzieht sich § 254 weitgehend der Formulierung allgemeiner Abwägungsregeln. In der Rspr haben sich jedoch einzelne – idR billigenswerte – Erfahrungssätze herausgebildet, die in einer ersten Annäherung angewendet werden können, wenn die Besonderheiten des Einzelfalles keine abweichende Entscheidung gebieten.

121 **a)** So soll gegenüber **Vorsatz** eine bloß fahrlässige Mitverursachung durch den anderen Teil idR unerheblich sein (RGZ 162, 202, 208; BGHZ 98, 148, 158; BGH NJW 1998, 302, 305; VersR 1958, 672, 673; 1964, 1045, 1046 f; BAG AP § 242 – Verwirkung – Nr 36; BAG NJW 1970, 1861, 1862; MünchKomm/OETKER Rn 112; BGB-RGRK/ALFF Rn 20; PALANDT/HEINRICHS Rn 53; ERMAN/KUCKUK Rn 93). Doch wird diese Regel in mehrfacher Hinsicht eingeengt. So muss der Vorsatz den Schaden umfassen und darf nicht bloß auf die Verletzung einer Verhaltenspflicht gerichtet sein (BGHZ 57, 137, 145 f; BGH NJW 1965, 962, 963 f; BAG NJW 1970, 1861, 1862; vgl BGH WM 1970, 633, 637; ähnlich BGH VersR 1966, 282 bei vorsätzlicher Körperverletzung in fahrlässigem Notwehrexzess). Ferner hat der BGH mehrfach darauf hingewiesen, dass Vorsatz des Schädigers für den Geschädigten nicht zum „Freibrief für jeden Leichtsinn" werden dürfe (NJW 1984, 921; 1992, 310; 2002, 1643, 1646). Bei direktem Schädigungsvorsatz (zB Verkauf durch einen Hehler) tritt dann aber sogar grobe Fahrlässigkeit hinter den Vorsatz zurück (BGH NJW 1992, 310, 311). Auch wer vorsätzlich eine Aufklärungspflicht verletzt hat, kann sich nicht darauf berufen, der Geschädigte habe sich nicht auf die Richtigkeit seiner Angaben verlassen dürfen (BGH WM 1978, 946, 948; NJW-RR 1988, 855, 856; NJW 1998, 302, 305). Wer für das vorsätzliche Verhalten eines Gehilfen eintreten muss, wird nicht selbst wie ein Vorsatztäter behandelt (RGZ 157, 228, 232; BGH NJW 1965, 962, 963 f; 1997, 2236, 2237 f). Das soll auch bei „besonderen Vertretern" nach § 30 gelten, nicht aber bei Organen nach § 31 (BGH BB 1966, 600; NJW 1984, 921; zu § 30 anders aber RGZ 162, 202, 208). Auch die vorsätzliche Nichterfüllung einer fremden Verbindlichkeit soll milder bewertet werden (BGH VersR 1969, 637, 639). Endlich besteht auch einem vorsätzlichen Schädiger gegenüber die Obliegenheit des Geschädigten zur Schadensminderung (RGZ 148, 48, 58 ff; BGH VersR 1964, 94, 95; vgl auch BGH WM 1970, 633, 637 VENZMER, Mitverursachung und Mitverschulden im Schadensersatzrecht [1960] 179; vgl auch unten Rn 127, 129).

122 b) Bloß **vermutetes Verschulden** soll umgekehrt bei der Abwägung ganz unberücksichtigt bleiben (BGH VersR 1961, 249, 250 f; 1966, 164 f zu § 18 StVG; BGH NJW 1957, 99 f zu § 831). Auch § 280 Abs 1 S 2 ist bei § 254 jedenfalls nicht iS einer Vorsatzvermutung anwendbar (BGH NJW 1967, 622, 625; vgl weiter OLG Oldenburg AgrarR 1974, 353). Doch bedeutet dies wohl nicht, dass der Vermutungsgegner als schuldlos behandelt werden soll (was die ihn bei der Abwägung treffende Quote auf Null reduzieren könnte). Aber die genannte Regel ist insgesamt zweifelhaft (der Regel zust jedoch MünchKomm/OETKER Rn 110). Denn sie bedeutet, dass für § 254 teilweise eine andere Beweislastregelung gelten soll als für die Haftungsbegründung; und dafür besteht jedenfalls von dem hier eingenommenen Standpunkt zur Struktur des „Mitverschuldens" als Spiegelbild des haftungsbegründenden Verschuldens aus (oben Rn 4) kein Anlass. Es vermag wohl auch kaum zu überzeugen, wenn die Rspr zunächst § 831 auf der Geschädigtenseite analog anwendet (dazu zust oben Rn 107), dann aber bei der Abwägung diese Analogie iE wieder zurücknimmt (wie hier STAUDINGER/BELLING/EBERL-BORGES [2002] § 831 Rn 40; LOOSCHELDERS 584 f).

123 c) Beim **Zusammentreffen von Gefährdungshaftung und Verschulden** lässt die Praxis häufig die normale (also nicht durch einen Bedienungsfehler erhöhte, vgl oben Rn 108) Betriebsgefahr gegenüber grobem Verschulden zurücktreten (vgl zB BGH NJW 1990, 1483, 1484, im Ansatz auch BGH NJW 2000, 3069, 3070 f). Das gilt etwa für die Betriebsgefahr eines Straßenfahrzeugs gegenüber dem Verschulden eines achtlos den Fahrdamm überquerenden Fußgängers (BGH VersR 1961, 592 f; 1964, 168 f; 1069 f; 1966, 877 f; OLG Düsseldorf VersR 1968, 652 f; OLG Nürnberg VersR 1969, 672). Gleiches gilt für die Betriebsgefahr eines Autobusses gegenüber der Sorglosigkeit stehender Fahrgäste, die sich nicht um einen festen Halt gekümmert haben (OLG Stuttgart VersR 1971, 674 f). Es kommt jedoch auch auf die Umstände an, zB wenn die Möglichkeit eines festen Halts fehlt, weil Griffe nicht erreichbar sind oder die Fahrgäste sich um Erwerb und Entwertung des Fahrausweises kümmern müssen (vgl auch OLG Hamm VersR 1972, 405 f). Eine Anrechnung des Mitverschuldens der Fahrgäste kommt jedenfalls nicht in Frage, wenn sie durch eine Schnellbremsung geschädigt werden, die auf einen Bedienungsfehler des Fahrers zurückgeht (OLG Nürnberg MDR 1977, 139). Auch das in einer Vorfahrtsverletzung liegende Verschulden kann die Betriebsgefahr des Vorfahrtsberechtigten ganz zurücktreten lassen (OLG Hamburg VersR 1976, 893; vgl ferner BGH VersR 1963, 87 f; 1964, 870 f; 1966, 39; KG VersR 1979, 355). In Einzelfällen kann grobes Verschulden sogar eine durch einen leichten Bedienungsfehler erhöhte Betriebsgefahr völlig überwiegen (zB BGH VersR 1960, 609 f; OLG München VersR 1963,

739). Andererseits tritt die Betriebsgefahr sogar gegenüber grobem Verschulden nicht zurück, wenn der Vorwurf eines besonderen Sorgfaltsverstoßes nicht auch altersspezifisch begründet ist (BGH NJW 1990, 1483).

d) Als Anwendungsfall der Grundregel, nach der es für die Abwägung in erster Linie auf die Verursachung und in diesem Rahmen wiederum auf die Wahrscheinlichkeit des Schadenseintritts ankommt (oben Rn 113), lässt sich als eine weitere Abwägungsmaxime formulieren, dass beim Zusammentreffen von positivem Tun mit einem Unterlassen das Letztere so viel geringeres Gewicht haben kann, dass es ganz oder doch weitgehend zurückzutreten hat. Entscheidend kommt es hierbei freilich auf das Gewicht der verletzten Handlungspflicht oder -obliegenheit an: Unterlässt zB jemand einen Rat, zu dem er vertraglich verpflichtet wäre, und trifft ua deshalb der Gläubiger leichtfertig Dispositionen, die ihm Schaden bringen, hat die verletzte Beratungspflicht in der Abwägung entscheidendes Gewicht (vgl BGH NJW 1998, 302, 305). Auch das Unterlassen der Erfüllung der Anschnallobliegenheit kann wegen des besonderen Gewichtes, das diese Obliegenheit durch die Regelung in der StVO und die nachhaltige Diskussion darüber erhalten hat, nicht einfach hinter den aktiven Verkehrsverstoß des Schädigers zurücktreten. Sonst würde die Anordnung einer „Anschnallpflicht" wirkungs- und sinnlos. Gerade bei ihr nimmt freilich die Rspr auf indirektem Wege eine geringere Gewichtung gegenüber aktivem Tun vor: Während für § 254 als Vorschrift über den Haftungsumfang idR § 287 ZPO anzuwenden ist, stellt die Rspr an den vom Schädiger zu führenden Beweis für die Kausalität des Unterlassens der Anschnallobliegenheit die strengeren Anforderungen des § 286 ZPO (vgl BGH NJW 1981, 287, 288 u hierzu R Weber NJW 1986, 2667 ff mwNw).

e) Kein Grund zur Erhöhung des Beitrages eines Beteiligten liegt in der Tatsache, dass er **aus mehreren Rechtsgründen einzustehen** hat (BGH NJW 1957, 99; VersR 1960, 609 f; 1969, 850 f). Denn die Konkurrenz mehrerer Haftungsgründe bedeutet nicht, dass das Gesetz diesem Umstand erhöhtes Gewicht beimisst.

f) Vereinzelt ist der Schaden ohne Abwägung ganz dem Schädiger auferlegt worden, weil dieser den Ersatz ohne eigenen Vermögensaufwand leisten konnte (BGH MDR 1962, 473). Dem ist jedenfalls dann zu folgen, wenn der **Schädiger durch die Schädigung bereichert** ist, aber nicht schon deshalb, weil Haftpflichtversicherungsschutz besteht.

g) Eine erhöhte Quote und uU sogar die alleinige Schadenstragung muss für **erkennbar unnötige Kosten** gelten, die der Geschädigte **durch eigenen Entschluss** verursacht hat (zB Kosten für Mietwagen, Kredit, Anwalt, Sachverständige usw). Diese Kosten sind ganz in der Sphäre des Geschädigten entstanden, und idR konnte der Schädiger die Entstehung nicht hindern. Die schuldhafte Mitwirkung an der Entstehung solcher Kosten setzt sich sogar gegenüber dem Vorsatz des Schädigers durch (vgl oben Rn 121); und gegenüber bloßer Fahrlässigkeit oder Betriebsgefahr des Schädigers wird eine solche schuldhafte Mitwirkung des Geschädigten häufig als derart überwiegend angesehen, dass der Schädiger völlig entlastet wird (für den methodischen Vorrang der Quotenbildung auch in solchen Fällen Looschelders [Schrifttum] 561 ff). Ein Beispiel aus der Rspr dafür sind die Mietwagenkosten für eine nicht mehr angemessene Mietdauer, wenn sich der Eigentümer des beschädigten Kfz nicht rechtzeitig um Reparatur oder Ersatzbeschaffung gekümmert hat (vgl etwa OLG Oldenburg VersR 1961, 71 f; OLG Hamm VersR 1962, 555 f; 1017 f; OLG Nürnberg VersR 1963, 489; OLG Düsseldorf VersR 1969, 429 f; vgl auch § 251 Rn 71 f zum hier vertretenen Ansatz, Mietwagenkosten im konsumtiven Bereich idR schon deshalb vom Ersatz auszuschließen, weil der Geschädigte nach § 254 auf den billigeren Weg der Gebrauchsvorteilsentschädigung zu verweisen ist). Ferner soll Ersatz von Verdienstausfall nicht für die Zeit verlangt werden können, in der eine Körperverletzung schon geheilt sein könnte (OLG Oldenburg VersR 1965, 909 f; vgl zur prozessualen Seite auch BGH NJW 1970, 1229 f; zu alldem Th Honsell, Quotenteilung [1977] insbes 112 ff). Die Obliegenheitsverletzung ist für den vom Geschädigten selbst zu tragenden Schaden freilich nur bis zu der Höhe kausal, in der der Schädiger für einen anderen, billigeren Weg des Ersatzes hätte aufkommen müssen, bei den Mietwagenkosten also zB nur, soweit sie die Gebrauchsvorteilsentschädigung übersteigen.

128 h)   Überhaupt nicht unter § 254 fällt schließlich richtiger Ansicht nach (BGH VersR 1961, 711; 1970, 624; MünchKomm/Oetker Rn 118; Soergel/Mertens Rn 8; vgl auch § 253 Rn 40) die richterliche Festlegung des **Schmerzensgeldes**. Der Sache nach findet freilich auch hier eine Abwägung statt. Sie ist jedoch ein Teil der umfassenderen Billigkeitsentscheidung, die unter Berücksichtigung aller Umstände (BGHZ GS 18, 149), also auch der beiderseitigen Einstandsbereiche, zu fällen ist (für ein „zweistufiges" Verfahren durch Festlegung eines nach der Lebensbeeinträchtigung angemessenen Betrages u anschließende Quotelung nach dem Mitverschuldensanteil aber Looschelders 608).

5.   Unterschiedliche Quoten bei einzelnen Schadensposten

129 Die Obliegenheitsverletzung kann sich auf einzelne Schadensposten beschränken. So ist das Nichttragen eines Schutzhelms (vgl oben Rn 51) idR nur für Kopfverletzungen kausal, aber nicht zB für einen Beinbruch. Auch das verspätete Aufsuchen eines Arztes (oben Rn 81) erhöht nur den Körperschaden, aber nicht einen aus demselben Unfall stammenden Sachschaden, oder das Verweigern einer Umschulung (oben Rn 84) erhöht zwar den Verdienstausfall, aber nicht die Heilungskosten. In solchen Fällen muss die durch § 254 veranlasste **Teilung** auf denjenigen **Schadensposten beschränkt** werden, für den der Kausalzusammenhang vorliegt (BGH VersR 1981, 57, 58). Für einen anderen Schadensposten kann aber auch eine andere Obliegenheitsverletzung wirksam geworden sein, so dass dort der Schaden mit einer anderen Quote zu teilen ist. Daraus ergeben sich verschiedene Quoten bei mehreren Schadensposten (dazu Venzmer, Mitverursachung und Mitverschulden im Schadensersatzrecht [1960] 178 ff für § 254 Abs 2; E Schneider MDR 1966, 455, auch zur Fassung des Urteilstenors; Mössner VersR 1969, 499 mNw; Medicus, Unmittelbarer und mittelbarer Schaden [1977] 32 f). In der Rspr unterbleibt diese Bildung verschiedener Quoten allerdings oft (anders aber zB BGH NJW 1979, 980). Das ist unschädlich, wenn man bereits den ganzen Schaden überblickt und die einheitliche Quote auf den Mittelwert ansetzt (zB der Geschädigte hat von 1000 Euro ein Viertel und von weiteren 1000 Euro drei Viertel zu tragen; der Mittelwert ist ein Halb des Gesamtschadens). Wenn aber die Schadensentwicklung noch nicht für alle Posten überschaubar ist, insbes also wenn ein Grundurteil ergehen soll, lässt sich ggf die Unterscheidung zwischen den Schadensposten und den dazugehörenden Quoten nicht vermeiden (vgl dazu iE Grüneberg, Haftungsquoten bei Verkehrsunfällen [8. Aufl 2004]).

6. Quotenvorrechte

a) Ist der Schadensersatzanspruch durch einen **Höchstbetrag** begrenzt oder zu einem Teil durch **Legalzession** übergegangen, muss entschieden werden, ob das Mitverschulden zunächst nur den ohnehin vom Geschädigten selbst zu tragenden oder – bei Zession – in erster Linie den übergegangenen Teil des Anspruchs betreffen soll. Dann hat der Geschädigte ein Quotenvorrecht. In diesem Sinne wird die Frage bei den Höchstbeträgen entschieden (zB RGZ 87, 402, 404 ff zum Vorläufer von § 12 StVG; BGHZ 32, 149, 151 mNw zu § 702 Abs 1; MünchKomm/Oetker Rn 114; ERMAN/KUCKUK Rn 100; PALANDT/HEINRICHS Rn 55). Denn die Höchstbeträge sollen lediglich das finanzielle Risiko des Schädigers beschränken und nicht einen geringeren materialen Einstandsbereich umschreiben. 130

b) Für den Bereich der Zessionen kann die Lösung nicht schon den vielfach nach dem Muster des § 67 Abs 1 S 2 VVG gestalteten Vorschriften entnommen werden, nach denen der Übergang nicht zum Nachteil des Gläubigers (= Geschädigten) geltend gemacht werden darf. Denn sie regeln nicht das Verhältnis von Kürzung und Teilzession, sondern haben nur eine eingeschränkte Bedeutung: Wenn der Schuldner (= Schädiger) nicht voll leistungsfähig ist, darf der Zedent den ihm verbleibenden Anspruchsteil **mit Vorrang** vor dem zedierten Teil geltend machen (LANGE in: LANGE/SCHIEMANN 695 mNw; **aA** aber MünchKomm/OETKER Rn 125). 131

Im **Privatversicherungsrecht** gilt nach hM ein Quotenvorrecht des Versicherungsnehmers (auch als Differenztheorie bezeichnet): Der Versicherer erwirbt also den Ersatzanspruch nur, soweit er den zur Deckung des Restschadens beim Versicherten erforderlichen Betrag übersteigt (st Rspr, zB BGHZ 13, 28; 47, 308; 82, 338, 340; LANGE aaO mNw). Freilich beschränkt sich das Vorrecht auf denjenigen Teil des Ersatzanspruchs, der dem versicherten Risiko entspricht (Kongruenzprinzip, vgl § 249 Rn 144; LANGE aaO; PRÖLSS/MARTIN, VVG[27] [2004] § 67 Rn 22/23). 132

Im Sozialversicherungsrecht geht nach § 116 Abs 3 S 1 SGB X idR der Anspruch anteilmäßig entsprechend der vom Ersatzpflichtigen geschuldeten Quote auf den Sozialversicherungsträger über. Hier hat also weder der Zessionar noch der Geschädigte ein Quotenvorrecht. Der Gesetzgeber hat für diesen Fall die „relative Theorie" gesetzlich niedergelegt (LANGE in: LANGE/SCHIEMANN 718). Wenn zB der kongruente Schaden 10 000 Euro beträgt, das Mitverschulden 1/4 und die Sozialversicherungsleistung 5000 Euro, dann geht der Schadensersatzanspruch in Höhe von 3/4 der geleisteten 5000 Euro auf den Sozialversicherungsträger über (= 3750 Euro), während dem Geschädigten selbst 3/4 von seinem nicht durch Sozialversicherungsleistungen abgedeckten Schaden (ebenfalls = 3750 Euro) vom Schädiger zu ersetzen sind. Dem Geschädigten fließen dann insgesamt (vom Sozialversicherungsträger u vom Ersatzpflichtigen) 8750 Euro zu. 133

Nach § 116 Abs 2 SGB X hat der Geschädigte aber ein Vorrecht, wenn der Schadensersatzanspruch durch Gesetz auf einen **Höchstbetrag** beschränkt ist. Nach Ansicht des BGH (BGHZ 135, 70) bezieht sich dieser Vorrang des Geschädigten nicht nur auf kongruente Schäden, sondern auf den gesamten Schaden. Dies ist eine eher fragwürdige Erweiterung des Wortlauts (LANGE in: LANGE/SCHIEMANN 719). Da bei Haftungshöchstsummen das Mitverschulden zu einem Quotenvorrecht des Geschä- 134 digten führt (oben Rn 130), wäre es ein Gebot der Konsequenz, dies auch im Verhältnis zum Sozialversicherungsträger bei Zusammentreffen von Haftungshöchstsumme und Mitverschulden aufrechtzuerhalten (so iE für die geltende Rechtslage KÜPPERSBUCH VersR 1983, 193, 203). Eine so weit gehende Begünstigung des Geschädigten hat der Gesetzgeber des SGB aber nicht gewollt und deshalb in § 116 Abs 3 S 2 SGB X angeordnet, dass auch beim Zusammentreffen des Mitverschuldens mit einer Höchstsumme die „relative Theorie" mit der anteiligen Anrechnung des Mitverschuldens auf den zedierten und den nicht zedierten Teil der Forderung gelten soll. Dies führt jedoch zu dem absurden Ergebnis, dass der Geschädigte um so besser steht, je höher sein Mitverschuldensanteil ist (grundlegend vOLSHAUSEN VersR 1983, 1108 ff; vgl auch ders VersR 2001, 936 ff). Eine vernünftige Regelung, die wenigstens noch einigermaßen mit dem Wortlaut zu vereinbaren ist („Dies gilt auch" iSv „geht der Anteil über, welcher dem Vomhundertsatz entspricht"), lässt sich dann gewinnen, wenn man in den Fällen des Mitverschuldens die Haftungshöchstsumme in einen Vomhundertsatz des Gesamtschadens umrechnet. Fällt die Ersatzsumme wegen des Mitverschuldens unter den Höchstbetrag, ist wieder allein § 116 Abs 3 S 1 SGB X maßgeblich, weil für den konkreten Fall der Höchstbetrag gar nicht zur Anwendung kommt. Die Tatsache, dass hierbei für den Bereich niedriger Mitverschuldensquoten trotz unterschiedlich hoher Prozentsätze dieses Postens derselbe Gesamtbetrag für den Geschädigten übrig bleibt, stimmt mit dem allgemeinen Quotenvorrecht bei Höchstbeträgen überein. Beträgt zB der Schaden 40 000 Euro, die Sozialversicherungsleistung 30 000 Euro, der Höchstbetrag 20 000 Euro und die Mitverschuldensquote 25 %, dann gehen 20 000 : 40 000 = 50 % von 30 000 = 15 000 auf den Sozialversicherungsträger über und 30 000 + 5000 = 35 000 verbleiben dem Geschädigten. Beträgt seine Mitverschuldensquote 50 %, kommt er noch immer auf denselben Gesamtbetrag, kann aber wenigstens nicht „dank" seiner höheren Mitverschuldensquote mehr verlangen. Beträgt die Mitverschuldensquote 60 %, hat der Ersatzpflichtige nur insgesamt 16 000 Euro zu leisten, und es können auch nur 16 000 : 40 000 = 40 % der 30 000 Euro auf den Sozialversicherungsträger übergehen. Der Geschädigte erhält dann immer noch den Rest, also 4000 Euro, vom Schädiger und 30 000 Euro vom Sozialversicherungsträger, insgesamt also 34 000 Euro. Ähnlich berechnet der BGH (BGHZ 146, 84) die Quoten: Zunächst nimmt er eine Aufteilung nach § 116 Abs 3 S 1 SGB X ohne Berücksichtigung der Höchstbeträge vor. Übersteigt der so errechnete Gesamtbetrag der Ersatzleistung durch den Schädiger den Haftungshöchstbetrag, so ist die Differenz „proportional" zwischen Sozialleistungsträger und Geschädigtem aufzuteilen. Die Formulierung des BGH („der Haftungshöchstgrenze anteilig anzupassen") lässt zunächst offen, wie die Anteile der Differenz zu berechnen sind: entsprechend der Mitverschuldensquote, entsprechend dem Verhältnis des Höchstbetrages zum Gesamtschaden oder entsprechend den Anspruchshöhen, die sich ohne den Höchstbetrag ergeben würden. Aus einem späteren Hinweis im selben Urteil ergibt sich, dass die zuletzt genannte Alternative gemeint ist: eine Kürzung entsprechend dem Verhältnis der Ansprüche des Geschädigten (gegen den Schädiger unmittelbar) zu den Ansprüchen der Sozialleistungsträger. Für das obige Beispiel ergibt sich hieraus folgende Rechnung: Ohne den Höchstbetrag hätte der Schädiger 30 000 Euro von dem Gesamtschaden in Höhe von 40 000 Euro zu ersetzen, und zwar nach der „relativen Theorie" 22 500 Euro an die Regressgläubiger und 7500 Euro unmittelbar an den Geschädigten. Da der Schädiger aber tatsächlich nur 20 000 Euro zu zahlen hat, ergibt sich eine Differenz von 10 000 Euro, die entsprechend den bisher errechneten Leistungen an Regresgläubiger und Geschädigten im Verhältnis 3:1 aufzuteilen ist. Daher sind die Ansprüche aus Regress um 7500 Euro, der Anspruch des Geschädigten um 2500 Euro zu kürzen. Letztlich erhalten somit auch nach der Berechnungsweise des BGH die Regressgläubiger 15 000 Euro, der Geschädigte 5000 Euro.

Eine weitergehende Vergünstigung erhält der Ersatzberechtigte, wenn der Sozialversicherungsträger durch das Schadensereignis **insgesamt keine höheren Leistungen** erbringen muss als vorher (zB Hinterbliebenenansprüche nach dem Tod eines versorgungsberechtigten Rentners): Nach § 116 Abs 5 SGB X hat der Ersatzberechtigte in solchen Fällen sowohl beim Mitverschulden (zB des Getöteten nach § 846) als auch bei Haftungshöchstsummen ein Vorrecht für den ganzen ihm nach der Sozialversicherungsleistung bleibenden Schaden (so auch schon zur Rechtslage vor § 116 Abs 5 SGB X BGH JZ 1978, 444). **135**

Ähnliche Fragen eines Quotenvorrechtes ergeben sich bei Verdienstausfall- und Unterhaltsschäden hinsichtlich der **Vorteilsausgleichung** für überobligationsmäßigen Erwerb (zu dem nach der hier vertretenen Ansicht in beiden Fällen geltenden Quotenvorrecht des Geschädigten oben Rn 85, 87). **136**

X. Die Abwägung bei mehreren Beteiligten*

1. Das Problem

§ 254 beruht auf einem Zwei-Personen-Verhältnis: Er geht von nur einem Schädiger und einem Geschädigten aus. Häufig sind aber an einer Schädigung mehrere auf der Geschädigten- und/oder der Schädigerseite beteiligt. Hierfür enthält § 254 **137**

---

* **Schrifttum:** BRAMBRING, Mittäter, Nebentäter, Beteiligte und die Verteilung des Schadens bei Mitverschulden des Geschädigten (1973); DUBISCHAR, Richtiges und Missverständliches zum Begriff der „Haftungseinheit", NJW 1967, 608; DUNZ, Berücksichtigung des eigenen Mitverschuldens gegenüber mehreren Haftpflichtigen, JZ 1955, 727; ders, Zum Mitverschuldensausgleich gegenüber Mehreren, JZ 1959, 592; ders, Abwägungskriterien bei der Schadensausgleichung, NJW 1964, 2133; ders, Der Sinn der Haftungseinheiten in der Schadensaufteilung, NJW 1968, 679; EIBNER, Die deliktische Haftung von Nebentätern bei Mitverschulden des Geschädigten, JZ 1978, 50; ENGELHARDT/ DUNZ, Nochmals: Berücksichtigung eigenen Mitverschuldens gegenüber mehreren Haftpflichtigen, JZ 1957, 369; FÜLLBIER, Haftungseinheit bei mehreren gesamtschuldnerisch haftenden Ehepaaren, NJW 1989, 2801; HARTUNG, Die Höhe der Gesamtschuld im Rahmen der Gesamtabwägung, VersR 1974, 106; ders, Haftungseinheit und Verantwortungsabwägung, VersR 1979, 97; KEUK, Die Solidarhaftung der Nebentäter, AcP 168 (1968) 175; KLAUSER, Abwägungsgrundsätze der Schadensverteilung bei Mitverschulden und Mitverursachung, NJW 1962, 369; KOCH, Probleme der Schadensabwägung zwischen Nebentätern und einem mitschuldigen Verletzten, NJW 1967, 181; E LORENZ, Die Lehre von den Haftungs- und Zurechnungseinheiten und die Stellung des Geschädigten in Nebentäterfällen (1979); MESSER, Haftungseinheit und Mitverschulden, JZ 1979, 385; OTZEN, Die Haftung der Nebentäter bei Mitverschulden des Geschädigten nach dem Deckungsprinzip (1997); ders, Die aktuelle höchstrichterliche Rechtsprechung zur Mitverschuldensabwägung gegenüber mehreren Haftpflichtigen – ein Irrweg?, VersR 1997, 808; REINELT, Schadensverantwortlichkeit mehrerer gegenüber einem mitschuldigen Verletzten (Diss Regensburg 1969); ders, Gesamtschau und Einzelabwägung, Haftung mehrerer gegenüber

keine Regelung. Nur bei einer **Mehrheit von Geschädigten** ist diese Lücke unproblematisch zu schließen: Soweit einzelne Geschädigte nicht zugleich für andere Geschädigte nach § 254 Abs 2 S 2 oder nach § 831 analog einzustehen haben, ist das Verhältnis des Schädigers zu den verschiedenen Geschädigten je für sich zu betrachten. Hier findet dann jeweils eine **Einzelabwägung** nach den individuellen Quoten von Verursachung, Verschulden usw statt (ebenso MünchKomm/Oetker Rn 124).

138 Bei einer **Mehrheit von Schädigern** kann man verschiedene Lösungen erwägen, die auch alle in Rspr oder Lit vertreten werden: (1) Man kann es auch hier bei Einzelabwägungen belassen, also jeweils die Beiträge eines Schädigers und eines Geschädigten zueinander in Beziehung setzen. Das ist die für den Geschädigten ungünstigste Lösung: Er erhält insgesamt nur so viel, wie die für ihn günstigste Einzelabwägung ergibt. (2) Stattdessen kann man die mehreren Schädiger als Einheit ansehen. Dann wird in einer **Gesamtschau** der Verursachungs- und Verschuldensbeitrag dieser Einheit mit dem Beitrag des Geschädigten verglichen. Das ist die für den Geschädigten günstigste Lösung: Ihm kommt die Mehrzahl der Schädiger durch eine Senkung der Quote seines Selbstbehalts zugute. (3) Endlich kann man die Einzelbetrachtung von (1) mit der Gesamtschau von (2) **kombinieren**. Dann erhält der Geschädigte insgesamt so viel wie nach (2), jeder Schädiger muss aber nur so viel leisten wie nach (1). Der Unterschied zu (2) besteht in der Verlagerung des Insolvenzrisikos auf den Geschädigten.

139 Die verschiedenen Lösungen lassen sich an folgendem **Beispiel** (nach Staudinger/ Medicus[12] Rn 121) veranschaulichen: G ist von A und B geschädigt worden, wobei der Beitrag jedes Beteiligten gleich schwer wiegen soll. Dann erhält G nach Lösungsvorschlag (1) nur 1/2, nach (2) aber 2/3 (seinem Schadensbeitrag steht ja ein doppelt so hoher Beitrag der Schädigerseite gegenüber). Nach Lösungsvorschlag (3) erhält G insgesamt 2/3, doch müssen A und B nur höchstens bis zu 1/2 zahlen. Anders als bei (2) trägt hier aber G zu einem Teil das Risiko einer Zahlungsunfähigkeit von A oder B.

2. Abwägung bei Mittätern, Anstiftern und Gehilfen

140 In den relativ seltenen Fällen des § 830 Abs 1 S 1, Abs 2 wird der Tatbeitrag jedes an der Schädigung Beteiligten jedem anderen zugerechnet, weil der andere auch den fremden Beitrag gewollt hat. Dementsprechend gilt hier nach allgM die **Gesamtschau** nach Lösung (2): Der zu einer Einheit zusammenzuziehende Beitrag aller Schädiger wird gegen den Beitrag des Geschädigten abgewogen; auf den hiernach ersatzfähigen Schadensteil haften alle Schädiger als Gesamtschuldner. Sie allein tragen daher das Insolvenzrisiko beim Ausfall eines der Schädiger (so zB BGHZ 30,

---

einem mitschuldigen Verletzten, JR 1971, 177; Ries, Zur Haftung der Nebentäter nach § 830 und § 840 BGB, AcP 177 (1977) 543; Herb Roth, Haftungseinheiten bei § 254 BGB (1982); Selb, Schadensausgleich mit und unter Nebentätern, JZ 1975, 193; Steffen, Die Verteilung des Schadens bei Beteiligung mehrerer Schädiger am Verkehrsunfall, DAR 1990, 41; Wagenfeld, Ausgleichsansprüche unter solidarisch haftenden Deliktsschuldnern im englischen und deutschen Recht (1972); Weckerle, Die deliktische Verantwortlichkeit mehrerer (1974).

203, 206; OLG Saarbrücken OLGZ 1970, 9, 11; MünchKomm/OETKER Rn 112; PALANDT/HEINRICHS Rn 56; ERMAN/KUCKUK Rn 101; SOERGEL/MERTENS Rn 122).

3. Abwägung bei Nebentäterschaft

a) Wenn mehrere ohne gewollten Zusammenhang an einer Schädigung mitwirken, gilt die Zurechnung nach § 830 Abs 1 S 1, Abs 2 nicht. Die Rspr hat diese Fälle lange Zeit iSd Einzelabwägung nach Lösung (1) entschieden (RG DR 1940, 453; BGHZ 12, 213, 220; BGH VersR 1957, 167). Im Anschluss an DUNZ (JZ 1955, 722) hat der BGH in einer Leitentscheidung (BGHZ 30, 203, 207 ff) die Lösung solcher Fälle auf der Grundlage einer **Gesamtschau** begründet, diese aber **mit einer Einzelabwägung kombiniert**, also iSd Lösung (3) entschieden: § 840 Abs 1 passe an sich auch bei Nebentätern. Aber die für eine Gesamtschuld nötige Identität des Leistungsinhalts sei nur bei Haftung auf den vollen Schaden gegeben. Dagegen fehle die Identität bei nur quotaler Haftung mindestens teilweise. Durch eine reine Quotenhaftung jedes der mehreren Schädiger nach dem Muster von § 736 Abs 1 HGB (dazu BGH VRS 1960, 23) sei das Problem gleichfalls nicht zu lösen. Erst die Kombinationslösung passe daher die Gesamtschuldregeln dem § 254 an: Kein Schädiger brauche dem Geschädigten mehr zu zahlen als die aus der Einzelabwägung folgende Quote. Insgesamt erhalte der Geschädigte aber den der Gesamtschau entsprechenden Anteil. **141**

b) In der Folgezeit hat der BGH (BGHZ 54, 283) diese Lösung mit zwei Einschränkungen versehen: Erstens soll die Gesamtschau beim **Schmerzensgeld** ausscheiden. Denn hier bestimme sich die von § 253 Abs 2 (§ 847 aF) geforderte „Angemessenheit" (Billigkeit) jedem Schädiger gegenüber nach den besonderen Umständen. Und zweitens soll die Gesamtschau unanwendbar sein, wenn mehrere Schädiger eine **Haftungseinheit** bilden. Dieses Rechtsinstitut war schon vorher zum Innenausgleich bei § 426 entwickelt worden: Auf die an der Haftungseinheit Beteiligten entfällt beim Ausgleich nur eine einzige Quote, auf die sie gesamtschuldnerisch haften (vgl zB BGH NJW 1966, 1262 m Anm DUNZ aaO 1810). Eine solche Haftungseinheit (oder Tatbeitragseinheit, Zurechnungseinheit) ist beim Zusammentreffen mit einem eigenen Tatbeitrag des Geschädigten nach der Rspr ua anzunehmen, wenn die Verhaltensweisen mehrerer Schädiger zu demselben unfallverursachenden Umstand geführt haben, ehe der Verursachungsbeitrag des Geschädigten hinzugetreten ist: Dann bestehe nämlich kein Anlass, den Schadensanteil des Geschädigten durch die Gesamtschau einzuschränken. Sinn dieser Rechtsfigur soll es aber nur sein, zu vermeiden, dass im wesentlichen identische Verursachungsfaktoren zum Nachteil der Schädiger doppelt in Ansatz gebracht werden. Hingegen soll hiermit nicht einem Nebentäter über die Fälle der §§ 31, 278, 830 Abs 1 S 1, Abs 2 hinaus ein Fremdverschulden zugerechnet werden (BGH NJW 1995, 1150, 1151). Den Anlass für die Begründung der Haftungseinheit bildete folgender Sachverhalt (BGHZ 54, 283): Vier Personen waren dafür verantwortlich, dass ein Anhänger nachts unbeleuchtet auf einer Bundesstraße stand, auf den der Geschädigte dann auffuhr. Hier solle es dem Geschädigten nicht im Rahmen einer Gesamtschau nützen, dass nicht bloß eine Person den Anhänger hatte stehen lassen. **142**

Diese **Sonderstellung der Haftungseinheit** bei § 254 ist durch den BGH mehrfach bestätigt worden, zB alsbald in einem zum Ausgangsfall sehr ähnlichen Sachverhalt (BGHZ 61, 213, dazu Anm DEUTSCH JZ 1974, 712; HEINZE JR 1974, 378): Auch dort ging es **143** darum, dass mehrere Personen (vier Streifenpolizisten und ein alkoholisierter Kraftfahrer) durch unsorgsames Abstellen ihrer Fahrzeuge die Fahrbahn verengt hatten; ein anderer Fahrer fuhr mit überhöhter Geschwindigkeit in das Hindernis. Für die Ansprüche gegen diesen Fahrer hat der BGH eine Haftungseinheit zwischen den Streifenpolizisten und dem alkoholisierten Kraftfahrer (der zugleich auch Schädiger war) angenommen. Eine weitere Entscheidung (BGH NJW 1978, 2392, dazu E Lorenz, Die Lehre von den Haftungs- und Zurechnungseinheiten [1979] 9 ff, 54 ff; Hartung VersR 1979, 97) betraf folgenden Sachverhalt: Ein von seiner Großmutter nicht sorgsam beaufsichtigtes Kind läuft vor einen zu schnell herankommenden Kraftwagen. Der BGH hat eine Haftungseinheit zwischen der Großmutter (die wieder zugleich Schädigerin war) und dem Kind angenommen. Dabei war in einem rechtskräftig entschiedenen Vorprozess diese Haftungseinheit verkannt und daher der Kraftfahrer mit einer nach Ansicht des BGH zu hohen Quote belastet worden. Der BGH hat diesem Kraftfahrer gegen die Großmutter als Nebentäterin einen Ausgleich nach § 426 verweigert (aber einen Ausgleich nach § 812 für möglich gehalten, wofür es keine ausreichende Begründung gibt). Eine Haftungseinheit ist auch in einem Fall bejaht worden, in dem zwei 11-jährige Kinder mit einem Seil aneinandergebunden eine Straße überqueren. Vor einem zu schnell fahrenden PKW konnte sich das eine Kind retten, während das andere, das sich erfolglos vom Seil loszumachen versucht hatte, schwer geschädigt wurde (BGH NJW 1983, 623 m krit Anm Hartung VersR 1983, 634 ff). Trotz des gegenläufigen Verhaltens der Kinder (das eine zog, das andere versuchte loszukommen) hat der BGH eine Haftungseinheit zwischen ihnen angenommen. Sehr ähnlich zum Ausgangsfall lag wieder einer der letzten vom BGH (NJW 1996, 2023) zu den Haftungseinheiten entschiedenen Fälle: Die Verletzte hatte gemeinsam mit einem anderen einen unbeleuchteten Pkw geschoben. Der Schädiger war wegen überhöhter Geschwindigkeit aufgefahren. Das Schieben trotz fehlender Beleuchtung war hier als Mitverschulden der Verletzten zu bewerten. Der BGH hat dieses Verhalten aber mit der Tatsache zusammengezogen, dass der unbeleuchtete Pkw selbst eine erhebliche Verkehrswidrigkeit bedeutete, und hat deshalb den Halter und die Verletzte zu einer Haftungseinheit verbunden.

144 c) Die vom BGH vertretene, durch die Zulassung von Haftungseinheiten (Zurechnungseinheiten) **modifizierte Kombinationstheorie** stößt in der Lit vor allem aus folgenden Gründen überwiegend auf **Kritik**: (1) Die Einzelbetrachtung des Schadensereignisses, die von der Mitwirkung der weiteren Täter absieht, ist künstlich; sie scheitert überhaupt, wo der Schaden erst durch das Zusammentreffen der mehreren Tatbeiträge eingetreten ist (vgl insbes Koch NJW 1967, 181, 182 m Beispielen; E Lorenz 33). – (2) Bei mehr als zwei Schädigern (einschließlich Zurechnungseinheiten) gelingt keine angemessene Verteilung des Insolvenzrisikos: Bereits bei drei Tätern und gleichen Quoten aller vier Beteiligten muss der Geschädigte das Risiko der Insolvenz eines Täters allein tragen (vgl insbes Keuk AcP 168 [1968] 175, 201 f; E Lorenz 33 f). – (3) Damit hängt zusammen, dass unter den Anhängern dieser Auffassung nicht einmal Einigkeit darüber erzielt werden konnte, in welcher Höhe denn nun Gesamtschuld anzunehmen ist: in Höhe der aus der Einzelabwägung ermittelten Quote des Gesamtschadens oder nur des von allen Schädigern zu leistenden Betrages (im zuletzt gebildeten Beispiel m vier Beteiligten also: 50% oder nur 37,5% des Gesamtschadens, vgl MünchKomm/Oetker Rn 121 mNw). – (4) Gegen die Haftungseinheiten wird eingewendet, dass sie eben doch (trotz der Bemerkung des BGH NJW 1995, 1150, 1151) eine Zurechnung fremden Verschuldens ohne gesetzliche Grundlage bewirken können und im Widerspruch zu §§ 254 Abs 2 S 2 278 stehen (vgl vor allem HARTUNG VersR 1979, 97). Es leuchte auch nicht ein, dass dem Geschädigten aufgrund einer besonders engen Verbindung der Schädiger eine geringere Haftungsquote zustehen soll, obwohl bei der allerengsten Verbindung zwischen ihnen, der Mittäterschaft nach § 830 Abs 1 S 1, eine einfache gesamtschuldnerische Haftung aller vorgesehen ist (vgl SOERGEL/MERTENS Rn 129). Nur bei den gesetzlich begründeten Haftungseinheiten, zB zwischen Geschäftsherrn und Verrichtungsgehilfen, sei iSd Rspr zu entscheiden.

d) Eine **Stellungnahme** zu diesem Streit muss an die Überlegung anknüpfen, dass beim mitwirkenden Verschulden von vornherein eine dem Gesamtschuldnerausgleich ähnliche Situation gegeben ist (vgl oben Rn 4): Sind mehrere an der Entstehung des Schadens beteiligt, müssen sie zwar idR nach § 840 zunächst einmal für den ganzen Schaden aufkommen, können aber wenigstens im Wege des Regresses erreichen, dass letztlich jeder nur nach dem Maße seines Verantwortungsanteils für den Schaden aufkommen muss. Ist einer der „Schädiger" der Geschädigte selbst, wird dieser Gedanke nur dadurch modifiziert, dass dessen Anteil sogleich – schon bei der Erhebung des Anspruchs – im Wege der Kürzung berücksichtigt wird. Im übrigen, wenn mehr als ein aktiver Schädiger beteiligt ist, bleibt es aber dabei, dass der Geschädigte sie alle nach § 840 als Gesamtschuldner in Anspruch nehmen kann. Daher wäre es ungerecht und systemwidrig, den Geschädigten hinsichtlich des Schadensteils, der außerhalb seines eigenen Einstandsbereichs liegt, allein wegen der eigenen Mitbeteiligung nun auch für diesen „Rest" schlechter zu stellen, als wenn die Schädiger den ganzen Schaden zu tragen hätten. Es wäre nicht mehr nur eine angemessene Beteiligung des „mitschuldigen" Geschädigten, sondern eine darüber hinausgehende Sanktion, wenn man den Geschädigten wegen einer eigenen Beteiligung gleich mit dem „Verlust" des Gesamtschuldprivilegs „strafen" würde. Dass er für den von ihm selbst zu tragenden Schaden aufkommen muss, ist bereits durch die Anspruchskürzung berücksichtigt worden. Dafür, ihn anschließend auch noch in den Gesamtschuldnerausgleich hineinzuziehen, besteht kein Anlass. Genau dies geschieht aber teilweise, wenn nach der Gesamtschau zu deren Berichtigung auch noch eine Einzelabwägung vorgenommen wird. Die **Kombinationstheorie** des BGH, die zudem erhebliche praktische Nachteile hat (dazu genauer in: LANGE/SCHIEMANN 631 ff), ist daher **abzulehnen** (ebenso zB E LORENZ 28 ff; H ROTH, Haftungseinheiten bei § 254 BGB 1982, 136; KEUK aaO 175 ff; A O SCHMIDT, Nebentäterhaftung und § 254 BGB [Diss Münster 1992] 53 ff; LOOSCHELDERS [Schrifttum vor Rn 1] 623 ff, dem BGH folgend aber ua STAUDINGER/NOACK [1999] § 426 Rn 83 ff, 102 ff; MünchKomm/OETKER Rn 120; SOERGEL/MERTENS Rn 127; PALANDT/HEINRICHS Rn 57; ERMAN/KUCKUK Rn 103; LARENZ/CANARIS II 2 § 82 III 3 a, weitgehend auch STAUDINGER/VIEWEG [2002] § 840 Rn 44 ff).

Andererseits bedeutet die „Vorwegnahme" des Ausgleichs nach individuellen Verantwortungsbereichen gegenüber dem Geschädigten, dass im Außenverhältnis der Schädiger zum Geschädigten diejenigen Umstände zu berücksichtigen sind, die auch bei einem hypothetischen Gesamtschuldausgleich unter Einschluss des Geschädigten zu einer Änderung des Betrages führen würden, für den die Beteiligten letztlich aufkommen müssen: Ließe man die Nebentäter das gesamte **Insolvenzrisiko** hinsichtlich eines von ihnen tragen, würden sie mit einem höheren Schadensteil belastet, als wenn auch der Geschädigte ein Gesamtschuldner wäre. Hier würden also die Schädiger durch die Beteiligung des Geschädigten einen Nachteil erleiden. Zwar trägt der Geschädigte ohnehin als Gläubiger das Risiko, dass keiner der Schädiger hinreichend solvent oder feststellbar ist. Dies unterscheidet den Schadensersatzgläubiger aber nicht von anderen Gläubigern und insbes auch nicht von Regressgläubigern im Gesamtschuldausgleich. Daher ergibt sich hieraus kein Grund, den Geschädigten zu privilegieren. Als einer der „Schädiger" (nämlich gegen sich selbst) ist der Geschädigte vielmehr am Insolvenzrisiko zu beteiligen. Dies geschieht einfach dadurch, dass man schon für das Außenverhältnis zwischen den Nebentätern und dem Geschädigten den Fall so behandelt, als existierte der insolvente Schädiger überhaupt nicht (grundlegend KEUK aaO 203 f; zust vor allem E LORENZ 41, 49 f; LOOSCHELDERS 636; iE ebenso, von der Kombinationstheorie herkommend MünchKomm/OETKER Rn 121; AK-BGB/RÜSSMANN Rn 20; LARENZ/CANARIS II 2 § 82 III 3 b).

147 Nicht zu folgen ist dem BGH auch in der Modifikation der Gesamtschau durch die Annahme von **Haftungseinheiten**: Allerdings sieht das Gesetz selbst (zB in § 840 Abs 2, 3) vor, dass der Beitrag bestimmter Tatbeteiligter nur einmal berücksichtigt werden soll. Dies ist aber ausdrücklich „in ihrem Verhältnis zueinander" angeordnet. Es gilt also erst für den Gesamtschuldausgleich und gerade nicht für das Außenverhältnis (aA SOERGEL/MERTENS Rn 127). Ferner haben die Haftungs- (Zurechnungs-)einheiten für § 254 insofern einen Begründungswert, als sie an etwas im Grunde Selbstverständliches erinnern: Ein Umstand, der (wie der auf der Straße stehende Anhänger, vgl BGHZ 54, 283 u hierzu oben Rn 142) nur einmal bei der Schadensentstehung mitgewirkt hat, darf bei der Abwägung nicht mehrfach gewertet werden. Im übrigen aber muss gelten: Eine Beschränkung der gesamtschuldnerischen Haftung in bestimmten Fällen nur deshalb, weil eine „Haftungseinheit" am Schadensgeschehen beteiligt war, ist nicht zu rechtfertigen. Auch sie würde zu einer Sanktion gegen den mitverantwortlichen Geschädigten führen und den Gedanken, die den Geschädigten treffende Quote vorweg als Anspruchskürzung herauszufiltern, ohne inneren Grund überschreiten (abl zur Haftungs- oder Zurechnungseinheit mit überzeugender Begründung auch LOOSCHELDERS 629 f; an der „Haftungseinheit" halten aber ua fest: STAUDINGER/VIEWEG [2002] § 840 Rn 46/47; MünchKomm/WAGNER § 840 Rn 26/27; MünchKomm/OETKER § 254 Rn 123).

Sachregister

Die fetten Zahlen beziehen sich auf die Paragraphen, die mageren Zahlen auf die Randnummern.

Ablehnungsandrohung
Herstellungsanspruch **250** 1 ff
Abschöpfungsanspruch
s. Gewinnabschöpfung
Abschreibungen
Zeitwertbestimmung **251** 100
Abstrakte Gebrauchsvorteile
s. Nutzungsentschädigung
Abstrakte Schadensberechnung
Vorteilsausgleich, ausgeschlossener **249** 141
Abtretung
Schadensersatzanspruch **Vorbem 249 ff** 52
Schmerzensgeldanspruch **253** 48
Abwägung
Mitverschulden
s. dort
Abwehr eines Schadens
Schadensersatz **249** 57
Abwehranspruch
Sachbedrohung **249** 218
Widerrufsanspruch bei Ehrverletzung **253** 8
Adäquanzlehre
Schadenszurechnung **249** 12 ff
Adoptiveltern
Unterhaltsanspruch des Unfallwaisen, Vorteilsausgleich **249** 157
Äquivalenzlehre
Schadenszurechnung **249** 8 ff
Affektionsinteresse
Begriff **Vorbem 249 ff** 47
Immaterieller Schaden **253** 14
und Zeitwertbestimmung **251** 101
Aktualneurose
und Kausalitätsfrage **249** 40
Allgemeine Geschäftsbedingungen
Ersatzpauschale und Vertragsstrafe **Vorbem 249 ff** 13
Freizeichnung/erweiterte Schadensersatzpflichten **Vorbem 249 ff** 13
Gesellschaftsverträge/Inhaltskontrolle **Vorbem 249 ff** 14
Allgemeines Lebensrisiko
s. Lebensrisiko
Allgemeines Persönlichkeitsrecht
s. Persönlichkeitsrecht
Allokatorisches Modell
Schuldrechtlicher Ausgleich von Verteilungsstörungen **Vorbem 249 ff** 40
Alternativverhalten
Berufung auf rechtmäßiges – **249** 102 ff

AMG
Beweisregeln/gesetzliche **Vorbem 249 ff** 89
Deckungsvorsorge **Vorbem 249 ff** 29
Geldentschädigungsfälle bei Nichtvermögensschäden **253** 4
Haftungshöchstbetrag **Vorbem 249 ff** 8
und Schadensersatzrecht **Vorbem 249 ff** 5
Amtshaftung
Naturalrestitution, ausgeschlossene **249** 179
und rechtmäßiges Alternativverhalten **249** 104
Schadensersatzrecht (Anwendung von §§ 249 ff) **Vorbem 249 ff** 15
Analogieverbot
Geldersatz für Nichtvermögensschäden **253** 1 ff
und Schmerzensgeld für Persönlichkeitsverletzung **253** 51, 57
Anfechtung
und Vertragsaufhebung **249** 195
Angehörige
Schmerzensgeldausschluß **253** 13
Angehörigenbesuche
Erstattungsfähigkeit der Kosten **249** 239 ff
Anlage zum Schadensereignis
s. Schadensanlage
Anlageberater
Gewinnentgang **252** 45
Anlegerschutz
Anlageschaden **252** 55 ff
Beratungs- und Auskunftsverträge/Schutzzweck **249** 30
Culpa in contrahendo **249** 197
Ersatz für verlorene Kapitalanlage **251** 129
Anschaffungen
als Heilungskosten **249** 242
Anscheinsbeweis
als Indizienbeweis **Vorbem 249 ff** 99
Zulässigkeit **Vorbem 249 ff** 99 ff
Arbeitsausfallschaden
des Gesellschafters **Vorbem 249 ff** 61
Arbeitskampfrecht
Berufung auf rechtmäßiges Alternativverhalten **249** 104
Arbeitskraft
Anrechnung eigenen Arbeitsverdienstes/Vorteilsausgleich **249** 145
Ausfall unentgeltlicher Tätigkeiten **252** 53
Entgangener Gewinn **252** 27 ff
als entschädigungsfähiges Gut **251** 105 ff

Arbeitskraft (Forts.)
und Schadensbegriff **Vorbem 249 ff** 33
Verdienstausfallschaden und Schadensminderungspflicht **254** 84
Verlust als materieller Schaden/immaterielle Schadensfolgen **253** 37
Arbeitsrecht
Dienstberechtigter, entgangener Gewinn für ihn **252** 37 ff
Ersatz des Entgelts für unselbständige Arbeit **252** 27 ff
Haftungsmilderung für den Arbeitnehmer **254** 17
Arbeitsverdienst
Überstundenvergütung **249** 146
und Vorteilsausgleich **249** 145
Architekt
und Bauunternehmer, Verhältnis **254** 106
Gewinnentgang **252** 45
ArzneimittelG
Unterhaltsersatzansprüche Dritter bei Tötung **Vorbem 249 ff** 50
Arzt/Ärztliche Behandlung
Aufklärungspflichtverletzung und hypothetische Einwilligung **249** 107 f
Behandlungsbedürftigkeit/schuldhaft herbeigeführte **254** 36
Beratungs- und Auskunftsverträge/Schutzzweck **249** 30
Beweislast/Beweiserleichterungen/Beweislastumkehr **Vorbem 249 ff** 94 ff
Entgangener Arztgewinn **252** 45
Schadensabwendungspflicht durch ärztliche Hilfe **254** 81
AtomG
Haftungshöchstbetrag **Vorbem 249 ff** 8
und Schadensersatzrecht **Vorbem 249 ff** 5
Unterhaltsersatzansprüche Dritter bei Tötung **Vorbem 249 ff** 50
Atypische Abweichungen
Kausalverlauf **249** 77
Atypische Schadensfolgen
Zurechnung eingetretener Folgen/Risikosteigerung oder allgemeines Lebensrisiko **249** 78 ff
Aufklärung
Beweislast für Beachtung einer erfolgten Aufklärung **249** 11
Beweislast bei Pflichtverletzung **Vorbem 249 ff** 97
Culpa in contrahendo bei Pflichtverletzung **249** 195
Hypothetische Einwilligung bei Verletzung einer Pflicht zur – **249** 107, 108
Aufopferung
Entschädigungsanspruch **Vorbem 249 ff** 20
Ersatz des Sonderopfers **Vorbem 249 ff** 17

Aufopferung (Forts.)
Schadensersatzrecht, Frage der Anwendbarkeit **Vorbem 249 ff** 16
im Straßenverkehr, Anrechnung des Betriebsrisikos **254** 14
Aufwendungsersatz
Ersatz nutzlos gewordener Aufwendungen **249** 123 ff
und Mitverschulden **254** 22
Zeitaufwand des Geschädigten **251** 125
Ausgleichsfunktion
Immaterielle Entschädigung
s. Schmerzensgeld
Auskunft
Schutzzweck für Dritte **249** 30
Auskunftsvertrag
Vertrag mit Schutzwirkungen für Dritte **Vorbem 249 ff** 65
Auslegung des Gesetzes
Verfassungskonforme Auslegung des Schadensersatzrechts **Vorbem 249 ff** 32
Auslegung von Willenserklärungen
Vereinbarungen zum Ersatz eines Nichtvermögensschadens **253** 10
Autotelefon
Nutzungsentschädigung **251** 102

Bagatellfälle
Persönlichkeitsverletzung **253** 60
und Schmerzensgeldanspruch **253** 23
Bargeldloser Zahlungsverkehr
Störungen Dritter **Vorbem 249 ff** 66
Baumbeschädigung/zerstörung
Geldentschädigung **251** 90
als Grundstückszerstörung **251** 93
Naturalrestitution **251** 89
Bausummenüberschreitung
Vorteilsausgleich **249** 177
Bauwerkbeschädigung/zerstörung
als Grundstücksbeschädigung **251** 93
Bearbeitungskosten
Ladendiebstahl, Ersatzfähigkeit von – **249** 120
Bedrohung einer Sache
Quasi-negatorischer Abwehranspruch **249** 218
Befreiung von einer Verbindlichkeit
s. Schuldbefreiung
Begehrensneurose
und Kausalitätsfrage **249** 40 ff
Begleitschäden
Ausschluß fiktiver Kosten **249** 236b
Behandlungskosten
als Heilungskosten **249** 99, 237 ff
für Tierverletzung **251** 27 ff
Behördliche Entscheidungen
Schaden aufgrund – **249** 71 ff

Beratung
Schutzzweck für Dritte **249** 30
Beratungsvertrag
Beweislast bei verletzter Beratungspflicht
Vorbem 249 ff 97
und Kapitalanlage, verlorene **251** 129
Mitverschulden des Beratenen **254** 59 ff
Steuervorteile **251** 130
Bereicherungsverbot
und Schadensberechnung, Zeitpunkt
Vorbem 249 ff 81
Schadensersatz **Vorbem 249 ff** 2
und Totalreparation **249** 143
Berufliche Rehabilitation
als Heilungskosten **249** 242
Berufsausbildung
Prognose des Erwerbslebens **252** 35, 36
Beschädigung
Baumbeschädigung
s. dort
Bauwerkzerstörung
s. dort
Kfz-Sachschäden
s. dort
Beseitigung eines Schadens
Schadensersatz **249** 57
Beseitigungsanspruch
Mitverschulden **254** 28, 101
Besuchskosten
Ersatz für nahe Angehörige **249** 239;
Vorbem 249 ff 56
Betriebsgefahr
Einstandspflicht des Geschädigten **254** 8 ff, 116
Sachbewahrungsgehilfen und Gehilfenfehler bei mitwirkender – **254** 108
Betriebskosten
Mietwagen und ersparte – **251** 62
Beweisrecht
Beratungs- und Aufklärungspflichten/ verletzte **Vorbem 249 ff** 97
Mehrwertsteueranfall **249** 236h
Produkthaftung, Umwelthaftung/Beweiserleichterungen **Vorbem 249 ff** 98
Schadensersatzansprüche/Beweiserleichterungen für den Geschädigten
Vorbem 249 ff 89 ff
Unterlassen, Kausalität **249** 10
Vertragspflichtverletzung/gesetzliche Beweisregel **Vorbem 249 ff** 89
Billigkeit
Schmerzensgeldbemessung **253** 23, 34
Billigkeitshaftung
und Mitverschulden **254** 42, 43
Bußgeld
Bußgeldverhängung und Schmerzensgeldbemessung **253** 43

CISG
Schadensersatz bei Vertragsverletzungen
Vorbem 249 ff 106
Culpa in contrahendo
Aufklärungspflicht, verletzte **249** 195
Gesetzliche Beweisregel **Vorbem 249 ff** 89
Integritätsschutz durch vertragliche Ansprüche **Vorbem 249 ff** 1
Kapitalanlageschäden **249** 197
Minderung der Gegenleistung als Folge einer – **249** 196
Negatives Interesse **249** 195
Negatives Interesse/Vorteilsausgleich **249** 149
Vorteilsausgleich **249** 149

Damnum emergens
Positiver Schaden **249** 2
Darlehen
Vorteilsausgleich bei vorzeitiger Rückzahlung **249** 148
Dauerschäden
und Schmerzensgeldbemessung **253** 36
Deckungsgeschäft
als Schadensminderung **254** 94
und Vorteilsausgleich **249** 147, 148
Diebstahl
Ersatz für Überwachungsmaßnahmen **249** 116
Differenzhypothese
und entgangener Gewinn **252** 1
Hausfrauenschaden/Bemessung
Vorbem 249 ff 38
und normativer Schadensbegriff
Vorbem 249 ff 38
und Reserveursachen **249** 94, 96
und Schadensbegriff **Vorbem 249 ff** 35 ff
und Totalreparation **Vorbem 249** 5 ff
Vermögensschäden **Vorbem 249** 6
Dingliche Ansprüche
Mitverschulden **254** 27
Dispositionsfreiheit
Fortdauer des Schadensersatzes nach Veräußerung **249** 224
Neufassung des § 249 Abs 2 **249** 224a
als Verletztenmaxime **249** 222
Dritter, Dritte
Geschädigtenverantwortlichkeit für – **254** 95 ff
Hypothetische Haftpflicht eines – **249** 95, 96
Schadensersatz für – **Vorbem 249 ff** 49
Schäden aus fahrlässigen Fehlern – **249** 64 ff
Schäden aus vorsätzlichem Verhalten – **249** 58 ff
Vorteilsausgleich und fürsorgliche Leistungen **249** 151

Drittschaden
Anrechnung beim Ersatz von – **254** 110
Drittschadensliquidation
Dritter, Rechtsstellung **Vorbem 249 ff** 67
Eigentümer-Besitzer-Verhältnisse
Vorbem 249 ff 73
Gastwirtshaftung **Vorbem 249 ff** 72
Gefahrentlastung, obligatorische
Vorbem 249 ff 74
Gläubiger als der unmittelbar Verletzte
Vorbem 249 ff 67
Gläubigerinteresse, dogmatische Durchbrechung **Vorbem 249 ff** 62
Interessenlage, vergleichbare
Vorbem 249 ff 76
Kommissionsgeschäft **Vorbem 249 ff** 69
Leasinggegenstand **Vorbem 249 ff** 77
und Legalzession **Vorbem 249 ff** 75
bei mittelbarer Stellvertretung
Vorbem 249 ff 69
Obhutsverhältnisse **Vorbem 249 ff** 72
Produzentenhaftung **Vorbem 249 ff** 78
Sachschäden **Vorbem 249 ff** 66
Schadensersatz, Umfang **Vorbem 249 ff** 70
Schadensverlagerung **Vorbem 249 ff** 62
Sonderverbindung **Vorbem 249 ff** 62
Treuhandverhältnisse **Vorbem 249 ff** 71
Überleitungskonstruktionen
Vorbem 249 ff 67
kraft Vereinbarung **Vorbem 249 ff** 68
Vertrag mit Schutzwirkung für Dritte,
Abgrenzung **Vorbem 249 ff** 64 ff
Durchgriff
Gesellschafterfreundlicher –
Vorbem 249 ff 59

Ehrverletzung
Aufwendungen für die Folgenabwehr
251 19
Schmerzensgeld wegen Persönlichkeitsverletzung **253** 60
Widerrufsanspruch **249** 193; **253** 8
Eigentümer-Besitzer-Verhältnis
Drittschadensliquidation **Vorbem 249 ff** 73
Mitverschulden **254** 27
Eigentum
Ausgleichspflichtige Inhaltsbestimmung
Vorbem 249 ff 16, 19
Eigentumsverletzung
Mitverschulden **254** 101
Einreden/Einwendungen
Drittschadensersatz **Vorbem 249 ff** 67
Einwilligung
Aufklärungspflicht, verletzte und hypothetische – **249** 107, 108
als Rechtfertigungsgrund **254** 66

Elterliche Sorge
Haftung der Eltern wegen Pflichtverletzung
254 100
Eltern
Unterhaltspflicht gegenüber einem ungewollten Kind als Schadensersatz **249** 209
EMRK
Schadensersatz bei unberechtigter Festnahme, Haft **Vorbem 249 ff** 107
Enteignender Eingriff
Entschädigungsanspruch, Voraussetzungen **Vorbem 249 ff** 18
Schadensersatzrecht, Frage der Anwendbarkeit **Vorbem 249 ff** 16
Enteignung
Entschädigungsbemessung
Vorbem 249 ff 16
Schadensersatzrecht, Frage der Anwendbarkeit **Vorbem 249 ff** 16
Enteignungsgleicher Eingriff
Ersatz des Sonderopfers **Vorbem 249 ff** 17
Schadensersatzrecht, Frage der Anwendbarkeit **Vorbem 249 ff** 16
Entgangener Gewinn
Abstrakte Schadensberechnung **252** 22 ff
Anlageschaden **252** 53 ff
Arbeitsunfähigkeit **252** 27 ff
Behördliche Genehmigung des Geschäfts
252 13
Berufsbeispiele **252** 45
Besondere Umstände **252** 20
Beweiserleichterung **252** 4, 18
Deckungsgeschäft **252** 23
aufgrund Deliktsrechts **252** 26
des Dienstberechtigten **252** 37 ff
Gesellschaft/Gesellschafter
Vorbem 249 ff 40
Gesetz- oder sittenwidriger Gewinn
252 10 ff
Gewöhnlicher Verlauf **252** 20
Immaterialgüterrechte **252** 59
Mehrarbeit und Vorteilsausgleich **249** 146
Negatives Interesse **252** 7
Nichtabnahme von Waren **252** 24
Normen, weitere außer § 252 BGB **252** 2
Öffentliches Recht **252** 9
Ordensbruder **252** 53
und positiver Schaden, Verhältnis **249** 2
Prostituierte, Verdienstausfall **252** 15 ff
Sachverletzung **252** 46 ff
Schadensanlagen **249** 98
und Schadensersatz, sonstiger **252** 3
Selbständige Arbeit, Ausfall **252** 41 ff
Spezialvorschriften, einschränkende **252** 8
Typisierung **252** 21
Unentgeltliche Tätigkeiten, Ausfall
252 53 ff
Unselbständige Arbeit, Ausfall **252** 27 ff

Entgangener Gewinn (Forts.)
Verbotsgesetz und – **252** 11
Verletzergewinn **252** 59
und Vermögenseinbuße, erlittene **252** 6
Verzug des Schuldners **252** 25
Zeitpunkt für die Beurteilung **252** 19
Entgeltfortzahlung
und Verdienstausfallschaden **252** 30
Entschädigung
Entgangene Kfz-Nutzung
s. Kfz-Nutzungsentschädigung
Geldersatz
s. dort
Immaterielle Entschädigung
s. Schmerzensgeld
Persönlichkeitsverletzung
s. dort
Erbrecht
Schadensersatzpositionen **Vorbem 249 ff** 52, 53
Schmerzensgeldanspruch/Vererblichkeit **253** 48
Unvererbliche Rechte, Ersatz für vorzeitiges Ende **Vorbem 249 ff** 54
Erbschaft
und Vorteilsausgleich **249** 164 ff
Erbschaftsteuer
Vorteilsausgleich durch ersparte – **249** 172
Erforderlichkeit
von Herstellungskosten **249** 228 ff
Erfüllung
Schadensberechung im Zeitpunkt der – **Vorbem 249 ff** 81
Erfüllungsansprüche
Mitverschulden **254** 24
und Nichterfüllungsschaden **249** 180
Erfüllungsgehilfe
des gesetzlichen Vertreters **254** 104 ff
Erlaubtes Verhalten
und zivilrechtliche Verantwortlichkeit **249** 50
Ersatz in Geld
Integritätsinteresse (Herstellungsanspruch)
s. Geldersatz (§ 249 BGB)
Wertinteresse
s. Geldentschädigung (§ 251 BGB)
Ersatz Neu-für-alt
Vorteilsausgleich **249** 175 ff
Ersatzbeschaffung
als Restitution **249** 184
Unverhältnismäßiger Aufwand **249** 236e
Ersatzsache
als Naturalrestitution **249** 183
Ersatzwagen
als Herstellungskosten
s. Mietwagen

Ersetzungsbefugnis
bei Unverhältnismäßigkeit der Herstellungskosten **251** 24
Ersparnisse des Geschädigten
und Vorteilsausgleich **249** 168 ff
Erwerbsschäden
Prognose des Erwerbslebens **252** 33
Schadensanlagen **249** 97, 98
Europäische Rechtsvereinheitlichung
Allgemeines Schadensrecht/Study Group on a European Civil Code **Vorbem 249 ff** 110
Fahrlässigkeit
Mitverschulden des Geschädigten **254** 115
eines zweiten Schadensverursachers **249** 64 ff
Fahrrad
Nutzungsentschädigung **251** 102
Fahrzeug
s. Kfz
Fahrzeugwrack
Verwertung **251** 53
Familienrecht
Unterhaltsleistungen
s. dort
Familienrechtliche Beziehungen
und Schmerzensgeldanspruch **253** 41
Fangprämie
Ladendiebstahl, Ersatzfähigkeit von – **249** 120
Festplätze
Zuschauergefahren und Mitverschuldensproblematik **254** 57
Fiktive Kosten
Einschränkung durch 2.SERÄndG 2002 **249** 1a
Günstigere Reparaturdurchführung **249** 225
Personenschäden **249** 237 ff
Reparatur, unterbliebene **249** 226
Sachschäden, Personenschäden **249** 224
Finanzierung
von Herstellungsmaßnahmen als Schadensminderung **254** 91
Finanzierungskosten
Ersatz als Herstellungsanspruch **249** 231
Flucht
und zivilrechtliche Verantwortlichkeit **249** 50
Flugzeug
Nutzungsentschädigung **251** 102
Folgenbeseitigungsanspruch
und Naturalrestitution, Abgrenzung **Vorbem 249 ff** 22
Folgeschäden
Ausschluß fiktiver Kosten **249** 236b
Begriff **Vorbem 249 ff** 44

Folgeschäden (Forts.)
  Schadensschätzung § 287 ZPO
    Vorbem 249 ff 101
Frachtführer
  Drittschadensliquidation **Vorbem 249 ff** 69
Freiheit
  Rechtsgutsverletzung und Schmerzensgeldanspruch 253 21
Freizeitbeschäftigung
  Vereitelung 251 109 ff
Fristsetzung mit Ablehnungsandrohung
  Herstellungsanspruch des Gläubigers, Geltendmachung 250 5 ff
Frustrierungsschaden
  Ersatz 249 124
Funksprechanlage
  Nutzungsentschädigung 251 102
Funktionaler Schaden
  Ersatzfähigkeit/Schutzwürdigkeit des Verletzten **Vorbem 249 ff** 39

Gebäudeschäden
  und Wegfall der Bindung des Denkmalschutzes 249 214
Gebrauchsvorteile
  Kfz-Nutzungsentschädigung
    s. dort
  Mietwagen
    s. dort
  Nutzungsentschädigung
    s. dort
  Schadensminderungspflicht 254 90
  Schadensproblematik 251 72
Gebrauchtwagen
  s. Kfz-Gebrauchtwagen
Gefährdendes Vorverhalten
  Flucht nach – 249 50, 51
Gefährdungshaftung
  und Adäquanztheorie 249 18, 25
  Geldentschädigungsfälle bei Nichtvermögensschäden 253 4, 26
  Mitverschulden 254 6 ff, 123
  und Schadensersatzrecht **Vorbem 249 ff** 5
  Schmerzensgeld
    s. dort
Gefälligkeit
  und Mitverschulden 254 63
Gefahrsteigerung
  fehlende – 249 79
  und Zweiteingriff 249 58 ff
Gefahrtragung
  Drittschadensliquidation **Vorbem 249 ff** 74, 75
Geldentschädigung (§ 251 BGB)
  Arbeitskraft, Schädigung 251 105 ff
  Baumzerstörung/beschädigung 251 90
  Berechnungsunterschiede zwischen Herstellungsanspruch und – 249 211

Geldentschädigung (§ 251 BGB) (Forts.)
  Beschänkung bei Nichtvermögensschäden/Gründe 253 1 ff
  Ersatz in Geld 250 3
  Geldentwertungsschaden 251 127
  Gesetzlich bestimmte Fälle (Übersicht) 253 4 f
  Integritätsinteresse oder Wertersatz 250 2
  Kapitalanlage, Ersatz 251 129
  Kompensation oder Restitution 249 210
  Kreditaufnahme 251 128
  neben Naturalrestitution 251 5
  für positives, negatives Interesse 251 129
  Rechtsverfolgungskosten 251 114 ff
  Sachschäden, Vorrang des Herstellungsanspruchs gegenüber der – 249 233
  statt Naturalrestitution 249 183
  Ungenügen der Naturalrestitution 251 14
  Unmöglichkeit der Herstellung 251 6 ff
  Unverhältnismäßigkeit der Herstellung 251 16 ff
  Zeitwert 251 100
  Zweithandzuschlag 251 45 ff
Geldentwertung
  Schaden als Folge der – 251 127
Geldersatz (§ 249 Abs 2 BGB)
  s. a. Naturalrestitution
  Berechnungsunterschiede zwischen Kompensation (§ 251 BGB) und – 249 211
  Ersatz in Geld 250 3
  als Herstellungsanspruch 249 210
  Integritätsinteresse oder Wertersatz 250 2
  Kfz-Haftpflichtversicherung 249 212
  Kfz-Totalschaden 251 32
  oder Kompensation § 251 BGB 249 210
  Mietwagenkosten, Ersatz als – 251 32
  Personenschäden 249 217
  und Versicherungsrecht **Vorbem 249 ff** 10
Geldstrafe
  Belastende Verbindlichkeit 249 203
Geldverlust
  Naturalrestitution 249 190
GEMA-Rechtsprechung
  Kosten der Überwachungsmaßnahmen 249 118
Gemeines Recht
  Schadensersatzrecht **Vorbem 249 ff** 24
Genetische Beratung
  Fehlerhafte – 249 208
GenTG
  Beweisregeln/gesetzliche **Vorbem 249 ff** 89
  Geldentschädigungsfälle bei Nichtvermögensschäden 253 4
  Haftungshöchstbetrag **Vorbem 249 ff** 8
  Schadensausgleich 249 186
  und Schadensersatzrecht **Vorbem 249 ff** 5

GenTG (Forts.)
Unterhaltsersatzansprüche Dritter bei
Tötung **Vorbem 249 ff** 50
Genugtuungsfunktion
Immaterielle Entschädigung
s. Schmerzensgeld
Gerechtigkeitsgedanke
im Schadensersatzrecht **Vorbem 249 ff** 3
Gerichtliche Entscheidungen
Schaden aufgrund – **249** 71 ff
Gesamtschuldnerausgleich
und Mitverschulden **254** 21
Geschäftlicher Verkehr
Mitverschulden **254** 59
Geschäftsanmaßung
und Gewinnherausgabe **252** 59
Gesellschafter
Arbeitsausfallschaden **Vorbem 249 ff** 61
Schaden eines Dritten/gesellschafterfreundlicher Durchgriff
Vorbem 249 ff 59 f
Gesellschafter-Geschäftsführer
Arbeitsausfallschaden **252** 50 ff
Vergütungen und Vorteilsausgleich **249** 153
Gesellschaftsvertrag
Inhaltskontrolle **Vorbem 249 ff** 14
Gesetzliche Vertretung
und Erfüllungsgehilfe **254** 104 ff
Verschulden bei Minderung bereits eingetretenen Schadens **254** 100
Gesundheit
Rechtsgutverletzung und Schmerzensgeldanspruch **253** 21
Gesundheitsschäden
s. Personenschäden
Gewerbebetrieb
Entschädigung bei Eingriffen
Vorbem 249 ff 17
Gewerkschaft
Berufung auf rechtmäßiges Alternativverhalten **249** 104
Gewinn
Entgangener Gewinn
s. dort
Verletzergewinn als Abschöpfungsanspruch **252** 59
Gewinnabschöpfung
Abgrenzung zum Schadensersatz **252** 59
Persönlichkeitsverletzung/Schmerzensgeld **253** 57
Gewinnminderung
Ersatz beim Ausfall selbständiger Arbeit **252** 41
Gewohnheitsrecht
Mittelbarer Stellvertreter, Liquidationsrecht **Vorbem 249 ff** 69

Gläubigerinteresse
und Drittschadensliquidation
Vorbem 249 ff 62
und Schadensersatz **Vorbem 249 ff** 49 ff
Gläubigerwechsel
Abtretung eines Schadensersatzanspruchs
Vorbem 249 ff 52
aufgrund Legalzession **Vorbem 249 ff** 51
Grünstreifenfälle
Zurechnung **249** 58 ff
Grundeigentum
Entschädigung bei Eingriffen
Vorbem 249 ff 17
Grundstück
Veräußerung eines beschädigten – **249** 221, 223
Grundstücksbeschädigung
Baumbeschädigung
s. dort
Bauwerksbeschädigung **251** 93
Gebrauchsvorteile, Entschädigung **251** 96
Merkantiler Minderwert **251** 94
Härtefälle
Schadensersatzansprüche/Verhältnismäßigkeit **Vorbem 249 ff** 32
Haftpflichtgesetz
und entgangener Gewinn **252** 2
Gehilfenfehler bei mitwirkender Betriebsgefahr **254** 108
Geldentschädigungsfälle bei Nichtvermögensschäden **253** 4
Haftungshöchstbetrag **Vorbem 249 ff** 8
und Schadensersatzrecht **Vorbem 249 ff** 5
Unterhaltsersatzansprüche Dritter bei
Tötung **Vorbem 249 ff** 50
Haftpflichtversicherung
und Risikobegrenzung **Vorbem 249 ff** 49
und Schmerzensgeld **253** 33
Haftungsausfüllung
und Adäquanztheorie **249** 23
Haftungsbegründung
Schadensersatzansprüche **Vorbem 249 ff** 4
Schutzzwecklehre **249** 28
Haftungsgrundlage
und Mitverschulden **254** 62 ff
und Schmerzensgeldanspruch **253** 20
Haftungsschaden
und Tilgungsunvermögen **249** 202, 203
Handeln auf eigene Gefahr
Abgrenzung Haftungsausschluß und
Mitverschulden **254** 62 ff
Hausfrau
Bemessung des Hausfrauenschadens/
normativer Schadensbegriff
Vorbem 249 ff 38
Ersatz für Ausfall unentgeltlicher Tätigkeit **252** 53

Heilungskosten
Körper- und Gesundheitsschäden **253** 8
Kostenersatz **249** 237 ff
und Schadensanlage **249** 99
Herausforderungsfälle
Kausalitätsfrage **249** 48 ff
Herstellungsanspruch
s. Naturalrestitution
Herstellungsgehilfe
Erfüllungsgehilfe, Abgrenzung **254** 106
HWS-Trauma
und Schmerzensgeldanspruch **253** 24

Immaterialgüterrecht
Abschöpfung des Verletzergewinns **252** 59
Schadensersatz als vertragliches Entgelt **249** 198 ff
Immaterielle Interessen
Geldentschädigung
s. Geldentschädigung (Nichtvermögensschaden)
und Herstellungsaufwand, unverhältnismäßiger **251** 19
Immaterieller Schaden
Affektionsinteresse (Liebhaberwert) **253** 14
Angehörigenverlust/Freundesverlust **253** 13
Beschränkung der Geldentschädigung (§ 251 BGB)/Gründe **253** 1 f
Gesetzlich bestimmte Geldentschädigungsfälle/Übersicht **253** 4 f
Herstellungsanspruch **253** 7
Kommerzialisierung immaterieller Interessen **253** 15 ff
Kommerzialisierung immaterieller Interessen/Rechtsprechungshinweise **253** 16 ff
Lücke im Schutzsystem **253** 13
Schmerzensgeld
s. dort
Vereinbarungen hierzu **253** 9 f
Verlust an Lebensfreude **251** 109
Vorteilsausgleich **249** 141
Inkassozession
Drittschadensliquidation **Vorbem 249 ff** 69
Insassenunfallversicherung
und Vorteilsausgleich **249** 162
Insolvenzrecht
Sozialversicherungsträger/Anspruchsverwirklichung und Restschuldbefreiung **Vorbem 249 ff** 32
Integritätsinteresse
als Geldersatzanspruch (§ 249 Satz 2 BGB)
s. Geldersatz (§ 249 BGB)
Integritätsschutz
Vertragliche Ansprüche **Vorbem 249 ff** 1
Integritätszuschlag
und Reparaturkosten **251** 22, 23

Integritätszuschlag (Forts.)
für Restitution von Sachschäden **249** 233, 234
Interesse
und Schadensbegriff **Vorbem 249 ff** 36
Interessenlehre
Friedrich Mommsen **Vorbem 249 ff** 25

Juristische Personen
Durchgriff, gesellschafterfreundlicher **Vorbem 249 ff** 59, 60
Schadensersatzminderung, Einstehen für Organe und Verrichtungsgehilfen **254** 107

Kapitalanlage
s. Anlegerschutz
Kapitalbetrag
Schmerzensgeldanspruch **253** 45
Kaskoversicherung
Rückstufungsschaden, ersatzfähiger **251** 87
Kaufhausdiebstahl
Ersatz für Überwachungsmaßnahmen **249** 116
Kaufleute
und Freizeichnungsklausel **Vorbem 249 ff** 12
Kaufvertrag
Deckungsgeschäft und Vorteilsausgleich **249** 141
Kausalität
Abwehraufwendungen **249** 57
Abwehrmaßnahmen, Vorsorgekosten **249** 115 ff
Adäquanz **249** 12 ff, 139
Äquivalenz **249** 8, 12, 137 ff
Allgemeines Lebensrisiko **249** 36, 46, 89
Alternativverhalten, rechtmäßiges **249** 102 ff
Anwaltsregreß **249** 73 ff
Arzthaftung **Vorbem 249 ff** 94 ff
Atypische Schadensfolgen **249** 78
Aufklärungspflicht, verletzte und hypothetische Einwilligung **249** 107
Aufklärungspflichten **249** 11
Aufwendungen, Ersatz vergeblicher **249** 123 ff
Außergewöhnliche Abweichungen **249** 77
Bearbeitungskosten beim Ladendiebstahl **249** 120
Behördliche Entscheidungen **249** 71
Beseitigung des Schadens, Aufwendungen hierfür **249** 57
Beweislast **Vorbem 249 ff** 93
Conditio sine qua non **249** 8
Diebstähle und Überwachungsmaßnahmen **249** 116 ff
Differenzhypothese **249** 94

370

Kausalität (Forts.)
  Dritter 249 58 ff
  Drittfehler, fahrlässige 249 64 ff
  Erwerbsausfallfälle 249 98
  Fallgruppen problematischer Zurechnung 249 34 ff
  Fangprämie 249 121
  Frustrationslehre 249 124 ff
  Gefährdungshaftung 249 25
  Gefahrsteigerung 249 79
  GEMA-Rechtsprechung 249 118
  Gerichtliche Entscheidungen 249 71
  Geringhaltung des Schadens, Aufwendungen hierfür 249 57
  Gewinne, zukünftige und Schadensanlagen 249 98
  Haftungsausfüllung und § 287 ZPO **Vorbem 249 ff** 101
  Haftungsbegründung und § 287 ZPO **Vorbem 249 ff** 101
  Haftungsgrund und Schadenshöhe **Vorbem 249 ff** 102
  Heilungskosten und Schadensanlagen 249 99
  Herausforderungsfälle 249 48 ff
  Hypothetische Haftpflicht eines Dritten 249 95, 96
  Hypothetische Kausalität 249 93; **Vorbem 249 ff** 93
  Mehrheit von Verursachern 249 90 ff
  Mitverschulden 254 32
  Mitverschulden, überwiegendes 249 85 ff
  Mitverschulden: Verhältnis Verschulden und Verursachung 254 119
  Mitwirkung weiterer Ursachen 249 35 ff
  Neurosen 249 40 ff
  Notarhaftung 249 76
  Psychische Kausalität 249 47 ff
  Psychische Schadensbereitschaft 249 39
  Reaktionen, unnötige des Betroffenen 249 81 ff
  Rechtmäßiges Alternativverhalten 249 102 ff
  Reservefahrzeug 249 110 ff
  Reserveursache s. dort
  Rettungskosten 249 122
  Schadensanlage bei Geschädigten, bereits vorhandene 249 35
  Schadensanlagen und Reserveursache 249 97 ff
  Schadensbegründung ohne – 249 109 ff und Schadensteilung 254 9
  Schockschäden 249 43
  Schutzzwecklehre 249 27 ff
  Seelische Reaktion des Verletzten 249 39
  Spätschäden 249 84
  Überholende Kausalität 249 93

Kausalität (Forts.)
  Überwachungsmaßnahmen 249 115 ff
  Unterlassen 249 9, 10
  Vorsorgeaufwendungen des Geschädigten 249 109 ff
  und Wahrscheinlichkeit 249 13 ff
Kettenunfälle
  Zurechnung fahrlässigen Verhaltens Dritter 249 65
Kfz-Gebrauchtwagen
  Kfz-Totalschaden, Wiederbeschaffung mittels – 251 32
  Markt 251 100
  Risikolage für Eigentümer zerstörten Ersthandwagens 251 49
  Tabellen mit Gebrauchtwagenpreisen 251 44
Kfz-Haftpflichtversicherung
  Direktanspruch des Dritten **Vorbem 249 ff** 9
  Fahrzeugwrack, Verwendung 251 53
  Geldersatzanspruch als Herstellungsanspruch 249 212
  Schadensersatz in Geld 249 181; **Vorbem 249 ff** 10
  Schadensfreiheitseinbuße als Folgeschaden 251 86
  Schadensstatistik 1994 251 32
Kfz-Mitfahrt
  und Mitverschulden 254 68 ff
Kfz-Neukauf
  Abrechnung eines Kfz-Schadens auf – 251 33, 38 ff
  Restwertverwertung 251 53
  Vertragsverletzung 251 40
  Vorteile für den Geschädigten 251 54
  Werkrabatt 251 42
Kfz-Neuwagen
  Beschaffung als Restitution 249 184a
Kfz-Nutzungsentschädigung
  Anderes Fahrzeug, zur Verfügung stehendes 251 80
  Anspruchshöhe 251 76
  Eigentumsbeeinträchtigung, erforderliche 251 82
  Erforderlichkeit 251 84
  Fahrzeugtyp 251 76, 83
  Fühlbarkeit der Nutzungsbeeinträchtigung 251 77, 78
  als Geldentschädigung 251 74
  Gläubiger 251 81
  Kommerzialisierungsgedanke 251 75; 253 17
  Nutzungsbereitschaft, Nutzungswille 251 79
  Richterrecht 251 95
  Sanden/Danner-Tabelle 251 76
  Vorhaltekosten für Reservefahrzeuge und abstrakte – 249 112, 113

Kfz-Nutzungsentschädigung (Forts.)
  bei Zerstörung **251** 84
Kfz-Pflichtversicherung
  Ergänzung des Schadensersatzrechts
    Vorbem 249 ff 29
Kfz-Sachschäden
  s. a. Straßenverkehr
  Abschleppkosten **249** 231
  Begleit- und Folgeschäden **251** 56 ff, 86 ff
  Beschädigungsart **251** 39
  Billigere Reparatur **249** 227
  Erforderlichkeit der Reparaturkosten **249** 228 ff
  Ersatzbeschaffung und Restitution **249** 184
  Finanzierungskosten **249** 231
  Herstellung/Ersatz der Herstellungskosten und Bedeutung des 2.SERÄndG 2002 **249** 1a
  Herstellungsaufwand und immaterielle Geschädigteninteressen **253** 11
  Integritätszuschlag **249** 233
  Kostenvoranschlag **251** 123
  Lackierungsproblematik **251** 41
  Mehrwertsteuer und Wiederbeschaffung **251** 51
  Mehrwertsteuererstattung/Ausschluß bei Berechnung fiktiver Kosten (2.SERÄndG 2002) **249** 1a, 171 f, 225, 227, 236a ff
  Merkantiler Minderwert
    s. dort
  Mietwagen
    s. dort
  Mißlungene Reparatur **249** 235
  Naturalrestitution durch Reparatur/Ersatzbeschaffung **249** 218, 229 ff; **251** 33, 34
  Naturalrestitution, vorrangige **251** 32
  Neukaufbasis, Abrechnung **251** 33, 38 ff
  Rechtsverfolgung **249** 231
  Reparatur in Eigenarbeit **249** 227
  Reparatur in eigener Werkstatt **249** 114
  Reparatur, mögliche/wirtschaftlich angemessene **251** 33
  Reparaturdurchführung, günstigere Möglichkeit **249** 225
  Reparaturkosten und merkantiler Minderwert **251** 35
  Reparaturkostenbasis als Abrechnungsgrundlage **249** 221, 223
  Sachverständigengutachten zur Reparaturfähigkeit **251** 122
  Schadensentwicklung **Vorbem 249 ff** 34
  Totalschaden **251** 33
  Totalschaden, Entschädigung als Naturalrestitution **251** 32
  Unkostenpauschale **251** 88
  Versicherungsrechtliche Nachteile **251** 86

Kfz-Sachschäden (Forts.)
  Wertinteresse (Geldentschädigung) **251** 43
  und Wiederbeschaffungswert **249** 233
  Wiederbeschaffungswert als Abrechnungsbasis **251** 43 ff
  Wiederbeschaffungswert, Zahlungsanspruch **251** 50
  Wirtschaftlichkeitsgebot **249** 184
  vom Zeitwert abweichender Gebrauchswert **251** 49
  Zweithandzuschlag **251** 45 ff
Kfz-Zerstörung
  Ersatzbeschaffung und Restitution **249** 184
  Ersatzmöglichkeit **249** 184
  Nutzungsentschädigung **251** 84
  Wirtschaftlichkeitsgebot **249** 184
Kind
  und Schadensproblematik **Vorbem 249 ff** 33
  Unterhaltspflicht gegenüber einem nicht gewollten – **249** 204 ff
  Verschulden gesetzlicher Vertreter bei Minderung eingetretenen Schadens **254** 100
Klage/Klagbarkeit
  Schadensersatzanspruch
    Vorbem 249 ff 86 ff
  Schmerzensgeldanspruch **253** 46, 49 ff
Körper
  Rechtsgutsverletzung und Schmerzensgeldanspruch **253** 21
Körperschäden
  s. Personenschäden
  Dauerschäden und Schmerzensgeldanspruch **253** 38
Körperverletzung
  Mitverschulden durch Tätlichkeiten **254** 58
Kommerzialisierung
  Immaterielle Interessen **253** 12 ff
Kommissionsgeschäft
  Drittschadensliquidation **Vorbem 249 ff** 69
Kompensation
  s. Geldentschädigung (§ 251 BGB)
Kostenersatz
  als Herstellungsanspruch (Naturalrestitution)
  s. Geldersatz (§ 249 BGB)
Kostenerstattungsanspruch
  und materieller Schadensersatzanspruch wegen Rechtsverfolgung **251** 115
Kostenvoranschlag
  eines Sachverständigen zur Kfz-Reperatur **251** 123
Krankenhausaufenthalt
  und Risikosteigerung **249** 78
Krankenhausleistungen
  Kostenersatz **249** 237 ff
Kreditaufnahme
  Kosten als ersatzfähiger Schaden **251** 128

Kreditaufnahme (Forts.)
Schadensminderungspflicht **254** 92

Lackierungsfrage
nach Kfz-Reparatur **251** 41
Ladendiebstahl
Bearbeitungskosten **249** 120
Fangprämie **249** 121
Lastschriftabkommen
Vertrag mit Schutzwirkungen für Dritte **Vorbem 249 ff** 65
Leasing
Drittschadensliquidation **Vorbem 249 ff** 77
Schadensregulierung **249** 236
Lebensfreude
Verlust **251** 109
Lebensführung
und Nutzungsentschädigung **251** 102
Lebensrisiko
Grippefall **249** 78
Schockschäden **249** 46
oder Spätrisiko **249** 84
Verwirklichung des allgemeinen – **249** 89
Legalzession
Fürsorgliche Drittleistungen **249** 152
Mitverschulden und Quotenvorrecht **254** 130
Sozialrechtliche – **Vorbem 249 ff** 75
Überleitung des Geschädigtenanspruchs **Vorbem 249 ff** 51
und Vorteilsausgleich **249** 135
Liebhaberwert
s. Affektionsinteresse
Immaterieller Schaden **253** 14
Lizenzgebühren
Entgeltanspruch auf angemessene – **249** 199
Lucrum cessans
s. Entgangener Gewinn
LuftVG
Geldentschädigungsfälle bei Nichtvermögensschäden **253** 4
Haftungshöchstbetrag **Vorbem 249 ff** 8
und Schadensersatzrecht **Vorbem 249 ff** 5
Unterhaltsersatzansprüche Dritter bei Tötung **Vorbem 249 ff** 50
Luxusgüter
Kommerzialisierungsgedanke **253** 18

Mehrarbeit
und Vorteilsausgleich **249** 146
Mehrheit von Verletzern
Persönlichkeitsverletzung **253** 61
und Schmerzensgeldbemessung **253** 44
Mehrheit von Verursachern
Zurechnung der Schadensfolgen **249** 90 ff
Mehrwertsteuer
Beweis für deren Anfall **249** 236h

Mehrwertsteuer (Forts.)
Fiktive Steuerbelastung/ausgeschlossener Ersatz (2.SERÄndG 2002) **249** 19, 171 f, 225, 227, 236a ff
Wiederbeschaffungswert **251** 51
Merkantiler Minderwert
Bauwerksbeschädigung **251** 94
Beschädigungsart **251** 39
Entschädigung als Mindestschaden **Vorbem 249 ff** 37
Kfz-Sachschaden **251** 34, 35
Reparaturkosten und Höhe des – **251** 35
Schadensanfälligkeit von Unfallwagen **251** 36
Verkauf des Fahrzeugs **251** 36
Zeitpunkt der Berechnung **Vorbem 249 ff** 85
Mietvertrag
Schönheitsreparaturen, vom Nachmieter durchgeführte **249** 148
Mietwagen
Abrechnungsart und Kosten eines – **251** 57
Absehen von einem – **251** 65
Beschaffungsmöglichkeiten, besondere **251** 69
Betriebskosten **251** 62
Eigenverschleiß, ersparter **251** 63
Ersparte Kosten **251** 61 ff
oder Erwerb eines Interimsfahrzeugs **251** 68
Geringere Klasse des – **251** 64
Konditionen **251** 66
Konkurrenzangebote **251** 66
Kritik der Sach- und Rechtslage **251** 71
Mitverschulden wegen unnötiger Kosten **254** 127
Naturalrestitution durch Kostenersatz für – **249** 231; **251** 32, 56, 72
Nutzungsvereitelung und Schadensfrage **251** 71
Praktische Handhabung **251** 70
Sparsamkeit, vom Geschädigten zu verlangende **251** 65
Typengleiches Fahrzeug **251** 67
Zusatzkosten zum reinen Mietpreis **251** 58 ff
Minderung
der Gegenleistung aufgrund fehlerhafter Aufklärung **249** 196
und Mitverschulden **254** 26
Wertminderung als Geldentschädigung s. Geldentschädigung (§ 251 BGB)
Miteigentümer
Anrechnung fremden Mitverschuldens **254** 109
Mitfahrt
und Mitverschulden **254** 68 ff
Mittelbare Stellvertretung
Drittschadensliquidation **Vorbem 249 ff** 69

Mittelbare Verletzung
  Schadensfolgen **249** 33
Mittelbarer Schaden
  Bedeutung der Unterscheidung unmittelbarer und– **Vorbem 249 ff** 43
Mitverschulden
  Abwägung bei mehreren Beteiligten **254** 137 ff
  Abwägung und Schadensteilung **254** 111
  Abwägungsregeln **254** 120 ff
  Adäquanz **254** 33
  Anstifter und Abwägung **254** 140
  Arbeitsvertrag und Risikozurechnung **254** 17
  Aufrechnungslage **254** 25
  Aufwendungsersatzansprüche **254** 22
  Ausschluß durch Spezialvorschriften **254** 18, 19
  gegenüber Behörden **254** 59
  Bereicherungsansprüche **254** 23
  Beseitigungsanspruch **254** 28
  Betriebsgefahr **254** 116
  Betriebsrisiko, anrechenbares **254** 14
  Beweislast **Vorbem 249 ff** 91
  Billigkeitshaftung § 829 BGB **254** 44
  Deliktsunfähiges Kind **254** 42, 43
  Dingliche Ansprüche **254** 27
  Dritte, Verantwortlichkeit des Geschädigten **254** 95 ff
  Drittschaden, Anrechnung beim Ersatz **254** 110
  Eigentümer-Besitzer-Verhältnis **254** 27
  Einwilligung als Rechtfertigungsgrund **254** 66
  Erfüllungsansprüche **254** 24
  Erweiterung über Schadensersatzansprüche hinaus **254** 20 ff
  Fahrlässigkeitsmaßstab, objektiver **254** 39
  Fahrlässigkeitsvorwurf **254** 115
  Fallgruppen **254** 45 ff
  Gefährdungshaftung und Verschulden **254** 123
  Gefälligkeit des Schädigers **254** 63
  Gehilfen und Abwägung **254** 140
  Generalklauselcharakter **254** 12
  Gesamtschuldnerausgleich **254** 21
  Geschädigtenreaktion **249** 85
  Geschäftlicher Verkehr **254** 59
  Haftpflichtversicherungsschutz für den Schädiger **254** 126
  Haftungsausschlüsse, vertragliche **254** 41
  Haftungseinheit **254** 143
  Haftungsgrundlage und Mitverschulden **254** 63
  Haftungsminderung **254** 64
  Handeln auf eigene Gefahr **254** 62 ff
  Kausalität **254** 32
  Kfz-Mitfahrt **254** 68 ff

Mitverschulden (Forts.)
  Kinder, Jugendliche **254** 42, 43
  bei Körperverletzungen **254** 58
  Kombinationstheorie **254** 144
  Konkrete Verhaltensweise, dem Geschädigten zumutbare **254** 31
  Kosten, unnötig verursachte **254** 127
  Mehrheit von Geschädigten/Schädigern **254** 137 ff
  Mittäter und Abwägungsfrage **254** 140
  Nebentäterschaft und Abwägung **254** 141 ff
  Obliegenheit und Schutzzweck **254** 36
  Obliegenheiten des Geschädigten **254** 30
  Öffentliches Recht **254** 29
  Positives Tun und Unterlassen, Zusammentreffen **254** 124
  Privatversicherungsrecht und Quotenvorrecht **254** 132
  Quotenunterschiede bei einzelnen Schadensposten **254** 129
  Quotenvorrechte **254** 130 ff
  Rückgewähransprüche **254** 26
  Schadensschätzung § 287 ZPO **Vorbem 249 ff** 102
  Schädigerbereicherung **254** 126
  Schmerzensgeld **254** 10, 142
  Schmerzensgeldanspruch/Billigkeitsabwägung **253** 26, 40
  Schuldlose Mitverursachung des Geschädigten **254** 13
  Schutzpflichtverletzung **254** 25
  Schutzzweck der Norm **254** 35
  Sozialversicherungsrecht und Quotenvorrecht **254** 133, 134
  Straßenverkehr
    s. dort
  Tierhalterrisiko des Geschädigten **254** 15
  Überwiegendes Mitverschulden und Schadenszurechnung **249** 87, 88
  Umstände, zu berücksichtigende **254** 112 ff
  Unterlassungsanspruch **254** 28
  Verbindlichkeit des Geschädigten **254** 30, 31
  Verkehrspflichtverletzung **254** 53 ff
  Verschulden, bloß vermutetes **254** 122
  Verschulden des Geschädigten und Verursachungsbeitrag **254** 114
  als Verschulden gegen sich selbst **254** 30
  Verschulden (Vernachlässigung eigener Interessen) **254** 38 ff
  und Verschuldensfrage **254** 6 ff
  Verschuldensprinzip bei Gehilfenverantwortlichkeit **254** 100 ff
  Verursachung und Verschulden **254** 119
  Verursachungsbeiträge, Gewicht **254** 113
  Vorsatz und fahrlässige Mitverursachung **254** 121

Mitverschulden (Forts.)
  Warnungsobliegenheit des Schadensersatzgläubigers **254** 74 ff
  Zeitliche Reihenfolge der Mitwirkungsbeiträge **254** 37
Modellboot-Fall
  Zeitwertbestimmung **251** 101
Motorboot
  Nutzungsentschädigung **251** 102

Natürlicher Schaden
  Differenzhypothese **Vorbem 249 ff** 35
  Gegenposition zum natürlichen Schadensbegriff **Vorbem 249 ff** 37
  und Interesse **Vorbem 249 ff** 36
Naturalrestitution
  s. a. Geldersatz (§ 249 BGB)
  Ablehnungsandrohung **250** 1 ff
  Abschleppkosten **249** 231
  Amtshaftung, Ausschluß der –
    Vorbem 249 ff 15
  Amtspflichtverletzung **249** 179
  Angehörigenbesuche im Krankenhaus **249** 239 ff
  Aufklärungspflicht, verletzte **249** 195
  Baumzerstörung/beschädigung **251** 89 ff
  Befreiung von einer Verbindlichkeit **249** 202
  Berufliche Rehabilitation **249** 242
  Culpa in contrahendo **249** 195 ff
  Ehrverletzungen **249** 193
  Erforderlichkeit von Herstellungskosten **249** 228 ff
  Ersetzungsbefugnis des Gläubigers **249** 215
  Finanzierung von Maßnahmen **254** 91
  und Folgenbeseitigungsanspruch, Abgrenzung **Vorbem 249 ff** 22
  Fristsetzung mit Ablehnungsandrohung **250** 1 ff
  Gebrauchsvorteilsentschädigung **251** 72
  Gehilfenversagen und Schädigerrisiko **249** 235
  Geldentschädigung neben – **251** 5
  und Geldersatzanspruch § 251 BGB, Abgrenzung **249** 210 ff
  Geldüberweisung, vertragswidrige **249** 190
  Geldverlust, Einnahmenverlust **249** 190
  GenTG **249** 186
  Gesetzlicher Regelfall/Praktische Ausnahme **249** 178
  Großer Schadensersatz **249** 194
  Grundstücke und Ersetzungsbefugnis des Gläubigers **249** 223
  Haftungsschaden **249** 202 ff
  Heilungskosten **249** 237 ff
  Heilungsversuche, besondere **249** 242
  für Herstellung erforderliche Kosten **249** 211

Naturalrestitution (Forts.)
  Herstellung/Ersatz der Herstellungskosten **249** 1a
  Herstellungsinteresse und Vermögensintegrität, Abgrenzung **249** 210 ff
  Herstellungskosten, Zahlung **249** 210 ff
  Herstellungsmöglichkeit bei Zahlung der Herstellungskosten **249** 219 ff
  Immaterialgüterrecht **249** 198 ff
  und Integritätsinteresse **250** 2
  Integritätszuschlag bei Sachschäden **249** 233
  Kapitalanleger **249** 197
  Kfz-Haftpflichtversicherung, Ausschluß der – **249** 181, 212
  Kfz-Sachschäden
    s. dort
  Kleiner Schadensersatz **249** 194
  Körper- und Gesundheitsschäden **253** 7
  Kosten für die Herstellung **249** 211
  Krankenhausleistungen **249** 238
  Leasing **249** 236
  Mängelbeseitigungskosten **249** 194
  Mehrheit von Berechtigten **249** 236
  Mietwagen
    s. dort
  Minderung einer Gegenleistung **249** 196
  Negatives Interesse **249** 195
  Nichterfüllungsschaden (positives Interesse) **249** 194 ff
  Nichtvermögensschaden **249** 185; **253** 7 f
  Ökologischer Schaden **249** 186 ff, 244
  Personenverletzung und Zahlung der Herstellungskosten **249** 217, 218
  Positives und negatives Interesse **249** 194 ff
  Privatautonomie **249** 243
  Rechtsverfolgungskosten **249** 231
  Restitutionsprinzip
    s. Naturalrestitution
  Risikosphäre des Schädigers **249** 235
  Sachschäden und Integritätszuschlag **249** 233
  Sachverständigenkosten **249** 231
  Sachzerstörung **249** 218
  Schadensersatz wegen Nichterfüllung **249** 180
  Schuldbefreiung **249** 189
  Sicherheitengestellung **249** 192
  Störung organisatorischer Einheit **249** 218
  und Totalreparation **249** 3
  UmweltHG **249** 186, 188, 245
  Ungenügen der – **251** 12, 13
  Unmöglichkeit **251** 6 ff
  Unmöglichkeit der Herstellung, nachträgliche objektive **249** 220
  Unterhaltspflicht als Belastung **249** 204 ff

Naturalrestitution (Forts.)
 Unverhältnismäßiger Herstellungaufwand/immaterielle Interessen **253** 11
 Unverhältnismäßigkeit **251** 16 ff
 Unvermögen der Herstellung, nachträgliche **249** 221
 Vereinbarungen **249** 243 ff
 und Versicherungsrecht **Vorbem 249 ff** 10
 Verwaltungsrechtliches Schuldverhältnis **Vorbem 249 ff** 21
 Vorenthaltung einer Sache **249** 218
 Vorrang gegenüber Kompensation § 251 BGB **249** 233; **Vorbem 249 ff** 37
 Währungsschaden **249** 190
 Wahlrecht des Geschädigten **249** 215
 Wettbewerbsrecht **249** 191
 Wiederbeschaffung als Form der – **251** 43, 184
 Wiederbeschaffungswert beschädigter Sache **249** 214
 Wiederbeschaffungswert als Obergrenze **249** 234
 Wirtschaftliche Gleichwertigkeit **249** 182
 Zahlung der Herstellungskosten **249** 210 ff
 bei Zerstörung **249** 183
 Zerstörung **249** 218

Negatives Interesse
 Geldentschädigung als Ersatz **251** 129
 Vermögensherstellung **249** 195
 Vorteilsausgleich **249** 149

Neu-für-alt
 Vorteilsausgleich **249** 175 ff

Neuerwerb
 nach Sachzerstörung **251** 100

Neurosen
 Fehlverarbeitungen durch den Verletzten **253** 39
 Renten- oder Begehrensneurosen **249** 40 ff

Nichteheliche Lebensgemeinschaft
 und Vorteilsausgleich bei Begründung einer – **249** 156

Nichterfüllungsschäden
 Naturalrestitution **249** 180
 Positives Interesse **249** 194
 Vergebliche Aufwendungen **249** 126
 Zeitpunkt der Berechnung **Vorbem 249 ff** 84

Nichtvermögensschaden
 s. Immaterieller Schaden

Nichtvermögensschäden
 Begriff **Vorbem 249 ff** 46
 Naturalrestitution **249** 185, 193; **251** 19

Normativer Schaden
 und Differenzhypothese **Vorbem 249 ff** 38
 Hausfrauenschaden/Bemessung **Vorbem 249 ff** 38

Notar
 Beratung, fehlerhafte und Schadensanlage **249** 100
 Haftung aufgrund Beurkundung unsicherer Rechtslage **249** 76

Nothilfe
 Gefährdungshaftung, Deliktshaftung **249** 53

Nutzlose Aufwendungen
 Ersatz **249** 123 ff

Nutzungsausfall
 s. Gebrauchsvorteile

Nutzungsentschädigung
 Andere Sachen als Kfz/Grundstücke (Fälle) **251** 102
 Arbeitskraft als entschädigungsfähiges Gut **251** 107
 Bauwerksbeschädigung **251** 96 ff
 als Geldentschädigung **251** 74
 Kfz-Nutzungsentschädigung s. dort
 Kommerzialisierungsgedanke **251** 75

Obhutsverhältnisse
 Drittschadensliquidation **Vorbem 249 ff** 72.73

Öffentliches Recht
 Mitverschulden **254** 29
 Schadensersatzansprüche (Anwendung von §§ 249 ff) **Vorbem 249 ff** 15 ff

Ökologischer Schaden
 Naturalrestitution **249** 183, 186 ff
 Vereinbarung über die Herstellung bei – **249** 244

Ökonomische Analyse
 des Schadensrechts **Vorbem 249 ff** 40

Operation
 Schadensabwehrpflicht **254** 83

Ordre public
 Schadensersatz und Bereicherungsverbot **Vorbem 249 ff** 2

Organe juristischer Personen
 Schadensersatzminderung, Einstehen für die – **254** 107

Persönlichkeitsrechtsverletzung
 Anlaß und Beweggrund des Handelnden **253** 58
 Anspruchsgrundlage/Ablösung von § 253 Abs 2 **253** 57
 Bagatellfälle **253** 60
 Ehrverletzungen **253** 60
 Geldentschädigung/Abgrenzung zum Schmerzensgeld **253** 29
 Geldersatz **Vorbem 249 ff** 28; **253** 51 ff
 Genugtuungsfunktion **253** 53
 Höhe der Entschädigung **253** 60
 Mehrheit von Haftenden **253** 61

Persönlichkeitsrechtsverletzung (Forts.)
Methodische Bedenken/Rechtspolitische Würdigung **253** 56
Postmortaler Schutz **253** 55
Präventionsfunktion **253** 54
Prävention/Verbindung mit Gewinnabschöpfung **253** 55
Schadenregulierung und Persönlichkeitsverletzung **253** 33
Schadensrechtsänderungsgesetz 2002/Mängel **253** 57
Schmerzensgeldanspruch und Analogieverbot § 253 Abs 1 **253** 51
Schwere der Verletzung **253** 58
Sexuelle Selbstbestimmung **253** 22
Subsidiarität **253** 59
Zwangskommerzialisierung der Persönlichkeit **253** 54

Personenschäden
Ärztliche Hilfe, Inanspruchnahme **254** 81
Angehörigenbesuche, Ersatz **249** 239 ff
Arbeitskraft, Schädigung als Folge **251** 105 ff
Fiktive Kosten, ausgeschlossene Abrechnungsbasis **249** 224
Geldersatz als Herstellungsanspruch **249** 224
Geldersatzanspruch **249** 217
und Genugtuungsfunktion **253** 31
Heilungskosten **249** 237 ff
Mitverschulden **254** 101
Operation, erforderliche **254** 83
Rechtsprechungsschwerpunkt **Vorbem 249 ff** 33
Regreßansprüche der Sozialversicherungsträger/Arbeitgeber **Vorbem 249 ff** 33
Schadensanlagen **249** 97
Schadensminderungspflicht **254** 81 ff
Schmerzensgeld s. dort
Unterhaltspflicht/behindertes, nicht gewünschtes Kind **Vorbem 249 ff** 33
Vertrag mit Schutzwirkungen für Dritte **Vorbem 249 ff** 66

Positive Forderungsverletzung
Gesetzliche Beweisregel **Vorbem 249 ff** 89
Integritätsschutz durch vertragliche Ansprüche **Vorbem 249 ff** 1

Positiver Schaden
und entgangener Gewinn, Verhältnis **249** 2
und entgangener Gewinn/Bedeutung der Unterscheidung **Vorbem 249 ff** 45

Positives Interesse
Geldentschädigung als Ersatz **251** 129
Vermögensherstellung **249** 194

Pränataldiagnostik
und Schadensvermeidung **Vorbem 249 ff** 33

Prävention
Schmerzensgeldanspruch **253** 33

Privatautonomie
Schadensbeseitigung, Vereinbarungen über die Art **249** 243 ff

Privatstrafe
und Schmerzensgeldfunktion **253** 28

Produkthaftung
Beweislast **Vorbem 249 ff** 98
Geldentschädigungsfälle bei Nichtvermögensschäden **253** 4
Haftungshöchstbetrag **Vorbem 249 ff** 8
und Schadensersatzrecht **Vorbem 249 ff** 5, 29
Unterhaltsersatzansprüche Dritter bei Tötung **Vorbem 249 ff** 50

Produzentenhaftung
als Drittschadensliquidation **Vorbem 249 ff** 78

Prozeßstandschaft
Drittschadensliquidation **Vorbem 249 ff** 67

Psychische Kausalität
Herausforderungsfälle **249** 48 ff

Psychische Schadensbereitschaft
und Zurechnung einer Schadenslage des Verletzten **249** 39

Publikumsgesellschaften
Inhaltskontrolle von Gesellschaftsverträgen **Vorbem 249 ff** 14

Punitive damages
Sinn und Zweck **Vorbem 249 ff** 104

Quasi-negatorischer Abwehranspruch
bei Sachbedrohung **249** 218

Quotenvorrecht
aufgrund Arbeitseinkommens des Verletzten **249** 143
bei Leistungen einer Schadensversicherung **249** 160

Rahmenrecht
Schadensfolge aufgrund Eingriff **249** 33

Reaktionen des Verletzten
Ersatzfähigkeit der Kosten aus angemessenen – **249** 82

Rechtmäßiges Alternativverhalten
Berufung auf – **249** 102 ff

Rechtsanwalt
Anwaltsregreß aufgrund fehlerhafter Tätigkeit, Kausalitätsfrage **249** 73 ff
Beratungs- und Auskunftsverträge/Schutzzweck **249** 30
als Erfüllungsgehilfe des Geschädigten **254** 105
Gebühren als ersatzfähiger Schaden **251** 120
Mitverschulden wegen unnötiger Kosten **254** 127

Rechtsanwalt (Forts.)
  Mitverursachung bei Schadensverursachung durch – **254** 59
Rechtsbehelf
  zur Schadensabwendung, Schadensminderung **254** 93
Rechtsgutsverletzung
  und Schmerzensgeldanspruch **253** 20 ff
Rechtsverfolgungskosten
  als ersatzfähiger Schaden **251** 114 ff
Rechtsvergleichung
  Schadensrecht Vorbem **249** ff 104 ff
Rechtswidrigkeit
  Schutzzwecklehre **249** 28
Reform
  Schadensersatzrecht Vorbem **249** ff 26 ff
Rehabilitationskosten
  als Heilungskosten **249** 242
Reisevertrag
  Geldentschädigung für verdorbenen Urlaub **253** 10
  und Urlaubszeit **251** 109 ff
Reitpferd
  Nutzungsentschädigung **251** 102
Rentabilitätsvermutung
  Schadensersatz statt der Leistung **249** 126 f
Rentenleistungen
  Schmerzensgeldanspruch **253** 45
Rentenneurose
  und Kausalitätsfrage **249** 40 ff
Reparaturkosten
  Fiktive Kosten **249** 236c
  Herstellungsmöglichkeit **249** 219 ff
  und Integritätszuschlag **251** 22, 23
  Kfz-Reparatur
    s. Kfz-Sachschäden
  und Kostenansätze eines Sachverständigen **249** 219
  Mißlungene Reparatur **249** 235
  Veräußerung beschädigter Sachen **249** 221 ff
  Vorlagepflicht/Reparaturrechnung **249** 225
  Wiederbeschaffungswert als Abrechnungsbasis statt –
    s. Wiederbeschaffungswert
Reservefahrzeug
  Kostenersatz für die Vorratshaltung **249** 110
Reserveursache
  Differenzhypothese **249** 94
  Fälle unbeachtlicher – **249** 101
  Gesetzliche Anknüpfungspunkte **249** 94
  Hirnarteriosklerose-Fall **249** 86
  Hypothetische Haftpflicht eines Dritten **249** 95, 96
  Hypothetische Kausalität **249** 93
  Schadensanlage **249** 97

Reserveursache (Forts.)
  und Zurechnung **249** 86, 92 ff
Restfahrzeug
  Maßgeblichkeit des Sachverständigengutachtens **251** 55
Restitutionsprinzip
  s. Naturalrestitution
Restwert
  und Reparaturkosten **249** 233
Rettungskosten
  Ersatzfähigkeit **249** 122
Risikoablösung
  bei Mietwagengestellung **251** 58
Risikobegrenzung
  und Drittschadensliquidation Vorbem **249** ff 62
  und Schadensersatzrecht Vorbem **249** ff 49
Risikosteigerung
  Zurechnung eingetretener Folgen/Risikosteigerung oder allgemeines Lebensrisiko **249** 78 ff
  und Zweiteingriff **249** 58 ff
Römisches Recht
  Schadensersatzrecht Vorbem **249** ff 23
Rückgewährsansprüche
  Mitverschulden **254** 26
Rücktritt
  und Deliktsanspruch, konkurrierender **252** 26
  und Mitverschulden **254** 26

Sachbedrohung
  Abwehranspruch, quasi-negatorischer **249** 218
Sachschäden
  s. a. Kfz-Reparatur
  Drittschadensliquidation Vorbem **249** ff 66
  Entgangener Gewinn **252** 46 ff
  Fiktive Kosten als Abrechnungsbasis **249** 224
  Geldersatz als Herstellungsanspruch **249** 224
  Geldersatzanspruch **249** 218
  Grundsätze **251** 100
  Herstellungskosten, Geldersatz **249** 213
  Integritätszuschlag **249** 233
  Kfz-Haftpflichtversicherung (Geldersatzanspruch) **249** 212
  Kfz-Sachschäden
    s. dort
  und merkantiler Minderwert **251** 39
  Naturalrestitution, Vorrang gegenüber der Kompensation **249** 233
  Schadensanlagen **249** 97
  Veräußerung beschädigter Sachen **249** 221 ff
  Zeitwert **251** 100

Sachverständigengutachten
 Ersatzfähigkeit der Kosten **249** 236 b; **251** 122
 Mitverschulden wegen unnötiger Kosten **254** 127
 Reparaturkosten und Kostenansätze eines – **249** 219
 Restfahrzeugverwertung **251** 55
 Sachverständigenkosten, Ersatz als Herstellungsanspruch **249** 231
Sachvorenthaltung
 kein Herstellungsanspruch bei – **249** 218
Sachzerstörung
 Herstellungsanspruch **249** 183, 184
 Herstellungsanspruch, ausgeschlossener **249** 218
 Naturalrestitution **249** 183
 und Neuerwerb **251** 100
 und Nutzungsentschädigung **251** 84
 Totalschaden, Entschädigung als Naturalrestitution **251** 32
 Wiederbeschaffung als Restitution/ MSt-Ersatz **249** 236d
Sanden/Danner-Tabelle
 Kfz-Nutzungsentschädigung **251** 76
Schaden
 Begriff **Vorbem 249 ff** 35
 Behauptungs- und Beweislast für den Umfang des – **Vorbem 249 ff** 88 ff
 Bereicherungsverbot **Vorbem 249 ff** 2, 81
 Differenzhypothese **Vorbem 249 ff** 37
 Drittschaden **Vorbem 249 ff** 49 ff
 Drittschadensliquidation
  s. dort
 Eigenschaden **Vorbem 249 ff** 49 ff
 Entgangener Gewinn **Vorbem 249 ff** 45
 Folgeschaden **Vorbem 249 ff** 44
 Funktionaler Schaden **Vorbem 249 ff** 39
 Hypothetisch schadensfreier Zustand **Vorbem 249 ff** 2
 Integritätsinteresse **Vorbem 249 ff** 37
 und Interesse **Vorbem 249 ff** 36
 Kommerzialisierungsgedanke **253** 12 ff
 Künftige Entwicklung **Vorbem 249 ff** 79
 Maßstab, vom Gesetz vorausgesetzter **Vorbem 249 ff** 2
 Mindestschaden **Vorbem 249 ff** 37
 Mittelbarer Schaden **Vorbem 249 ff** 43
 Natürlicher Schaden **Vorbem 249 ff** 35
 Nichterfüllungsschäden **Vorbem 249 ff** 48
 Nichtvermögensschäden **Vorbem 249 ff** 46
 Normativer Schaden **Vorbem 249 ff** 38
 Objektiver Schaden **Vorbem 249 ff** 37
 Ökonomische Analyse **Vorbem 249 ff** 40
 und Prävention **Vorbem 249 ff** 2, 40, 81
 Rechnerisch (richtig) zu ermittelnder – **Vorbem 249 ff** 2
 und Sanktion **Vorbem 249 ff** 37

Schaden (Forts.)
 Sanktionserwägungen **Vorbem 249 ff** 37
 und Schadensversicherung **Vorbem 249 ff** 9
 Schätzung §§ 286, 287 ZPO **Vorbem 249 ff** 101
 und Schmerzensgeld **253** 35
 und Schuld **Vorbem 249 ff** 5
 Spätschaden **249** 84
 Suche nach dem richtigen Schadensbegriff/Würdigung **Vorbem 249 ff** 41
 Totalreparation **Vorbem 249 ff** 81
 Unmittelbarer Schaden **Vorbem 249 ff** 43
 Unterhaltsverpflichtung/Kind als Schaden **Vorbem 249 ff** 33
 Veränderungen des Schadensverlaufs **Vorbem 249 ff** 80
 Verletzungsschaden **Vorbem 249 ff** 44
 Vermögensschäden **Vorbem 249 ff** 46
 Vertrauensschaden **Vorbem 249 ff** 48
 Weiterfressender Schaden **Vorbem 249 ff** 44
 und Wirtschaftlichkeitsprinzip **Vorbem 249 ff** 40
 Zeitliche Grenzen **Vorbem 249 ff** 79
 Zurechnung
  s. Kausalität
Schadensabwendung/Schadensminderung
 Geschädigtenobliegenheiten/Fälle gesetzlicher Konkretisierung **254** 80 ff
Schadensanlage
 Abwägung von Verantwortungsbereichen **249** 36
 Entgangener Gewinn **249** 98
 Erwerbsausfälle **249** 98
 Fälle **249** 37, 38
 Heilungskosten **249** 99
 Personenschäden **249** 98
 Psychische Schadensbereitschaft **249** 39 ff
 und Reserveursachen **249** 36, 86, 92 ff, 97
 Sachschäden **249** 97, 98, 100
 Vermögensschäden **249** 100
Schadensbearbeitung
 Aufwendungen für die – **251** 126
Schadensbereitschaft
 Psychische Schadensbereitschaft **249** 39 ff
Schadensersatz statt der Leistung
 Unmöglichkeitseintritt **Vorbem 249 ff** 84
Schadensersatzansprüche
 Abwicklung **Vorbem 249 ff** 3
 AGB-Beeinflussung **Vorbem 249 ff** 12 ff
 Anspruchsgrundlagen **Vorbem 249 ff** 5 ff
 Anspruchsgrundlagen (Übersicht) **Vorbem 249 ff** 5 f
 Entgangener Gewinn
  s. dort
 Folgeschäden
  s. dort

Schadensersatzansprüche (Forts.)
   Geldentschädigung (§ 251 BGB)
      s. dort
   Geldersatz (§ 249 BGB)
      s. dort
   und Genugtuungsfunktion 253 30
   Gesellschaftsrecht **Vorbem 249 ff** 14
   Gläubigerinteresse **Vorbem 249 ff** 49 ff
   Härtefallproblematik **Vorbem 249 ff** 32
   Haftungsbegründung und – **Vorbem 249 ff** 4
   Herstellungsanspruch (§ 249 BGB)
      s. Naturalrestitution
   Klage, Klagbarkeit **Vorbem 249 ff** 86 ff
   Mitverschulden
      s. dort
   Naturalrestitution
      s. dort
   Negatives Interesse **Vorbem 249 ff** 48
   Nichterfüllungsschäden
      s. dort
   Nichtvermögensschäden
      s. dort
   Öffentliches Recht **Vorbem 249 ff** 15 ff
   Positives Interesse **Vorbem 249 ff** 48
   Rechenhaftigkeit des Schadensersatzrechts 253 1
   und Rechtsverfolgungsfunktion/Abgrenzung **Vorbem 249 ff** 37
   Restitutionsprinzip
      s. dort
   und richterliche Stellung **Vorbem 249 ff** 34
   und Risikobegrenzung **Vorbem 249 ff** 49
   Schadensregulierung/deutlich verzögerte 253 33
   Surrogatfunktion **Vorbem 249 ff** 3
   Totalreparation
      s. dort
   Totalreparation als Grundsatz 252 1, 58
   Verhältnismäßigkeit **Vorbem 249 ff** 32
   Vermögensschäden
      s. dort
   Verschuldensfrage **Vorbem 249 ff** 5
   Vertragliche Regelung **Vorbem 249 ff** 11
   Zwingendes Recht **Vorbem 249 ff** 11
Schadensgefahr
   und Warnungsobliegenheit 254 74 ff
Schadensrechtsänderungsgesetz 2002
   Fiktive Kostenberechnung/Mehrwertsteuerausschluß 249 1a, 224a, 236a ff; **Vorbem 249 ff** 26
   Persönlichkeitsbeeinträchtigung und Schmerzensgeldfolge/offengebliebene Lücke 253 57
   Schadensrecht/Gesetzeswortlaut, Gesetzesaufbau **Vorbem 249 ff** 1
   Schmerzensgeld und Anspruchsgrundlage **Vorbem 249 ff** 26; 253 3

Schadensteilung
   nach Verursachungsteilen 254 9
Schadensversicherung
   s. Versicherungsrecht
Schmerzensgeld
   Abgrenzung zur Geldentschädigung bei Persönlichkeitsverletzung 253 29
   Abtretung 253 48
   Abwägung nach freier Überzeugung 253 34
   und altes Recht (§ 847 BGB) 253 20 f
   Angehörigenausschluß 253 13
   Anspruchshöhe und Haftungsgrund 253 26
   Arbeit/Selbstverwirklichung 253 37
   Art und Höhe des Anspruchs 253 45
   Ausgleichsfunktion 253 28 f
   Ausschluß unerheblicher Schäden 253 25
   Besucherkosten 249 241
   Billigkeit und Abwägung 253 34
   Billigkeitsmaßstab/Bagatellschwelle 253 23 f
   Bußgeldverhängung 253 43
   Dauerschäden 253 36, 38
   Dogmatische Bedeutung 253 28
   Ehezerstörung 253 35
   Familienrechtliche Beziehungen 253 41
   Freiheitsbeschränkung 253 21
   Geld und Schmerzen/Dogmatik 253 28
   Genugtuungsfunktion 253 29, 53
   HWS-Trauma 253 24
   Individuelle Geschädigtenumstände 253 39
   Insolvenzmasse 253 48
   Kapitalbetrag/Rentenleistungen 253 45 ff
   Klageantrag 253 49
   Körperliche/psychische Schäden 253 35
   Lebensvollzug des Opfers/Bedeutung 253 37
   Mehrheit von Verantwortlichen 253 44
   Mitverschulden 253 26, 40; 254 10, 142
   Ökonomische Analyse 253 33
   Persönlichkeitsrecht
      s. dort
   Persönlichkeitsrechtsverletzung **Vorbem 249 ff** 28
   Persönlichkeitszerstörung 253 36
   Pfändbarkeit 253 48
   Prävention/Gewinnabschöpfung 253 55
   Präventionsgedanke 253 33, 54
   Rechtsgutverletzung 253 21
   Schadensarten 253 35
   Schadensregulierung, verzögerte 253 33
   Schockschäden 253 40
   Schwangerschaft/ungewollte als Gesundheitsverletzung 253 21
   Sexuelle Selbstbestimmung/Genugtuungsfunktion 253 32
   Sexuelle Selbstbestimmung/Geschlechtsunabhängigkeit 253 22
   SGB VII-Ausschluß 253 27

Schmerzensgeld (Forts.)
　Strafverhängung 253 43
　Streitwert 253 50
　Tabellen 253 34
　Vererblichkeit 253 48
　Vererblichkeit des Anspruchs
　　Vorbem 249 ff 53
　Verkehrsunfallrecht 253 31
　Vermögensverhältnisse 253 42 f
　Verschuldensgrad 253 40
　Wahrnehmungsfähigkeit für eigenes Leid
　　253 36
　Wesensänderung des Verletzten 253 35
　Wirtschaftliche Möglichkeiten/Verlust
　　253 37
Schockschäden
　und Kausalitätsfrage 249 43 ff
　und Schmerzensgeld 253 13, 40, 47
Schuldbefreiung
　als Naturalrestitution 249 189
　Unterhaltspflicht gegenüber dem nicht
　　gewollten Kind 249 204 ff
　und Unvermögen zur Tilgung 249 202
Schuldrechtsmodernisierung
　Mangel/Mangelschaden/Mangelfolge-
　　schaden **Vorbem 249 ff** 44
Schuldverhältnis
　Geschädigtenverantwortlichkeit für Dritte
　　254 95 ff
　und Schadensersatzverbindlichkeiten
　　Vorbem 249 ff 5, 21
Schutzrechtsverletzung
　und rechtmäßiges Alternativverhalten
　　249 104
Schutzzwecklehre
　und Adäquanztheorie 249 17, 27 ff
　Begrenzung der Ersatzpflicht
　　Vorbem 249 ff 4
　Fallgruppen problematischer Zuordnung
　　249 34 ff
　Kaufvertrag 249 29
　Mitverschulden 254 35
　und rechtmäßiges Alternativverhalten
　　249 105
　und Rechtswidrigkeit 249 28
　Unerlaubte Handlung 249 31, 32
　Vertrag mit Schutzwirkung für Dritte
　　249 30
　Vertragshaftung 249 29, 30
Schwacke-Liste
　Marktberichte über den Gebrauchtwagen-
　　markt 251 44
Schwangerschaft
　Gesundheitsverletzung durch ungewollte–
　　253 21
Schwimmhalle
　Nutzungsentschädigung 251 102

Seelische Reaktionen
　des Verletzten 249 39
Seereise-Fall
　Kommerzialisierungsgedanke 253 16
Segelyacht
　Nutzungsentschädigung 251 102
Selbständige Arbeit
　Ersatz beim Ausfall 252 41 ff
Selbstbedienungsladen
　Ersatz für Überwachungsmaßnahmen
　　249 116
Selbstbegünstigung
　und zivilrechtliche Verantwortlichkeit
　　249 50
Selbsttötung
　Zurechenbarkeit zum Verletzer 249 82
Sexuelle Selbstbestimmung
　Genugtuungsfunktion einer Entschädigung
　　253 32
　Schutzbereich/Schmerzensgeldanspruch
　　253 22
Sicherheitengestellung
　Naturalrestitution 249 192
Sittenwidrigkeit
　Schweigegeldvereinbarung 253 9
Sonderverbindung
　und Drittschadensliquidation
　　Vorbem 249 ff 62 ff
Sozialversicherung
　und entgangener Gewinn 252 49
　Ersatz des Entgelts für unselbständige
　　Arbeit 252 27 ff
　Mitverschulden und Quotenvorrecht
　　254 133, 134
Sozialversicherungsrecht
　SGB VII-Ausschluß eines Schmerzensgel-
　　des 253 27
　Sozialverträglichkeit einer Anspruchsver-
　　wirklichung **Vorbem 249 ff** 32
Sozialversicherungsträger
　Wiederverheiratung der Unfallwitwe
　　249 155
Spätschäden
　und adäquater Zusammenhang 249 84
Speditionsvertrag
　Drittschadensliquidation **Vorbem 249 ff** 69
Spitzhackenfall
　Außergewöhnliche Abweichung vom
　　Kausalverlauf 249 77
Sportveranstaltung
　Teilnahme an gefährlicher – 254 67
　Zuschauergefahren und Mitverschuldens-
　　problematik 254 57
Steuerbelastung
　und entgangener Gewinn 252 49
Steuerliche Vorteile
　und Beratungsvertrag 251 130 ff
　Vorteilsausgleich aufgrund – 249 171

Strafrecht
　Sexuelle Selbstbestimmung/Zivilrechtliche Bedeutung **253** 22
　Strafzumessung und Schmerzensgeldbemessung **253** 43
Strafverfahren
　Ersatzfähigkeit der Kosten eines – **251** 118 ff
Straßenverkehr
　Abbiegeunfall **254** 47
　Auffahrunfall **254** 47
　Betriebsgefahr und Einstandspflicht des Geschädigten **254** 117
　Fahrzeugkollision **254** 47
　Geldentschädigungsfälle bei Nichtvermögensschäden **253** 4
　und Genugtuungsfunktion **253** 31
　Geschwindigkeit **254** 52
　Grünstreifenfälle **249** 58
　Haftungshöchstbetrag **Vorbem 249 ff** 8
　Kettenunfälle **249** 65
　Kfz-Sachschäden
　　s. dort
　Kreuzungszusammenstoß **254** 47
　Mitfahrer **254** 49
　Mitfahrt und Mitverschulden **254** 68 ff
　Mitverschulden **254** 46 ff
　Mitverschulden, Quotenunterschiede **254** 129
　und PflichtversicherungsG/Ergänzung des Schadensrechts **Vorbem 249 ff** 29
　Radfahrer **254** 48, 51, 52
　Sicherheitsgurte, Sturzhelme **254** 50, 51
　StVG und allgemeines Schadensersatzrecht **Vorbem 249 ff** 5
　Unfallschäden/Projet Tunc **Vorbem 249 ff** 30
　Unterhaltsersatzansprüche Dritter bei Tötung **Vorbem 249 ff** 50
　Verkehrsopferversorgung, Reformüberlegungen **Vorbem 249 ff** 30
Summeninteresse
　s. Geldentschädigung (§ 251 BGB)
Summenversicherung
　und Vorteilsausgleich **249** 161

Tatbestandsprinzip
　im Schadensersatzrecht **249** 240
Tiere
　Behandlungskosten bei Verletzung **251** 27 ff
　Restitutionsbefugnis des Geschädigten **Vorbem 249 ff** 26
　Tierhalterrisiko des Geschädigten **254** 15
Tötung
　des Unterhaltspflichtigen **Vorbem 249 ff** 50
Totalreparation
　und Bereicherungsverbot **249** 143

Totalreparation (Forts.)
　und Differenzhypothese **249** 5 ff
　und Geldleistungsersatz **249** 3
　als Grundsatz im Schadensersatzrecht **249** 3
　und Naturalrestitution **249** 3
　und Vorteilsausgleich **249** 132 ff
Totalschaden
　Wiederbeschaffungswert
　　s. dort
Transportrecht
　und Haftungsbegrenzung **Vorbem 249 ff** 8
Treu und Glauben
　Inhaltskontrolle von Gesellschaftsverträgen **Vorbem 249 ff** 14
Treuhandschaft
　Drittschadensliquidation **Vorbem 249 ff** 71

Überholende Kausalität
　Hypothetische Kausalität/Abgrenzung **249** 93
Überstundenvergütung
　und Vorteilsausgleich **249** 146
Überwachungsmaßnahmen
　Schadensersatz für – **249** 115 ff
Umsatzsteuer
　s. Mehrwertsteuer
Umwelthaftung
　Ausgleich ökologischer Schäden **249** 186, 188
　Beweislast **Vorbem 249 ff** 98
　Beweisregeln/gesetzliche **Vorbem 249 ff** 89
　Deckungsvorsorge **Vorbem 249 ff** 29
　Geldentschädigungsfälle bei Nichtvermögensschäden **253** 4
　Haftungshöchstbetrag **Vorbem 249 ff** 8
　Ökologisch wünschenswerter Ersatzzustand **249** 183
　UmweltHG und allgemeines Schadensersatzrecht **Vorbem 249 ff** 5, 29
　Unterhaltsersatzansprüche Dritter bei Tötung **Vorbem 249 ff** 50
UN-Kaufrecht
　Schadensersatz bei Vertragsverletzungen **Vorbem 249 ff** 106
Unentgeltliche Tätigkeit
　Ersatz für den Ausfall **252** 53 ff
Unerlaubte Handlung
　Billigkeitshaftung und Mitverschulden **254** 44
　Deliktsfähigkeit und Mitverschulden **254** 42, 43
　Frustrierungsschaden **249** 124
　Schmerzensgeldanspruch/Herauslösung aus dem Recht der– **253** 21
　Schmerzensgeldanspruch/2.SERÄndG 2002 **Vorbem 249 ff** 26
　Schutzzwecklehre **249** 31
　Täuschung bei Vertragsabschluß **249** 195

Unerlaubte Handlung (Forts.)
    Tatbestandsprinzip **Vorbem 249 ff** 49
    Unternehmensschutz **Vorbem 249 ff** 69
    Vertragsverletzung und Deliktsansprüche **252** 26
Unfallversicherungsrecht
    und Schadensersatzrecht **Vorbem 249 ff** 10
    SGB VII-Ausschluß eines Schmerzensgeldes **253** 27
    Verdrängung allgemeinen Schadensersatzrechts **Vorbem 249 ff** 10
Unfallwitwe
    Unterhalt und Vorteilsausgleich **249** 155
    Wiederverheiratung **249** 155
Ungerechtfertigte Bereicherung
    Bereicherungsverbot
        s. dort
    Mitverschulden **254** 23
Unkostenpauschale
    bei Kfz-Sachschäden **251** 88
Unmittelbarer Schaden
    Bedeutung der Abgrenzung mittelbarer und– **Vorbem 249 ff** 43
Unmöglichkeit
    Ersatzbeschaffung **249** 236e
    der Naturalrestitution **249** 220; **251** 6 ff
Unterhaltsleistungen
    Ersatzansprüche Dritter bei Tötung ihres Unterhaltpflichtigen **Vorbem 249 ff** 50
    Schadensersatz wegen Belastung mit – **249** 204 ff
    Schuldnerwechsel **249** 158
    Unfallwaise und Adoptiveltern **249** 157
    Unfallwitwe **249** 155
    Unterhaltsausfallschäden, Schadensminderungspflicht **254** 86 ff
    Vorteilsausgleich **249** 154
    Vorteilsausgleich durch Ersparnisse an – **249** 170
Unterlassen
    Kausalität für eine Schadensfolge **249** 9 ff
    Mitverschuldensfrage bei Zusammentreffen positiven Tuns und – **254** 28, 124
    Verkehrspflichtverletzung **249** 33
Unternehmensschutz
    Deliktischer – **Vorbem 249 ff** 69
Unverhältnismäßigkeit
    des Herstellungsanspruchs **251** 16 ff
Unvermögen
    zur Tilgung von Schulden (Haftungsschaden) **249** 202
Urheberrechtsverletzungen
    Kosten der Überwachungsmaßnahmen **249** 115, 118
Urlaub
    Kommerzialisierung **253** 5, 10, 17, 39
    Vereitelung **251** 109 ff

Venire contra factum proprium
    Mitverschuldensproblem **254** 66, 67
Verdienstausfallschaden
    Arbeitskraft als entschädigungsfähiges Gut **251** 105 ff
    Ersatz des Entgelts für unselbständige Arbeit **252** 27 ff
    Mitverschulden **254** 127
    Schadensminderungspflicht **254** 84
Verfassungsrecht/Verfassungsmäßigkeit
    Geldentschädigung bei Persönlichkeitsverletzung/GG-Ableitung **253** 29
    Schadensersatzrecht, Verhältnismäßigkeit **Vorbem 249 ff** 32
    Widerrufsanspruch bei Ehrverletzungen **253** 8
Verfolgungsfälle
    Kausalitätsfrage **249** 50
Verkehrspflichten
    Fest- und Sportplätze, Zuschauergefahren **254** 57
    Gefahrenvermeidung und Mitverschulden **254** 53 ff
    Zurechnung mittelbarer Verletzungen/Unterlassen **249** 33
Verletztenreaktion
    Ersatzfähigkeit der Kosten angemessener – **249** 82
Verletztenverantwortlichkeit
    für Dritte bei Minderung schon eingetretenen Schadens **254** 100 ff
Verletzungsschaden
    Begriff **Vorbem 249 ff** 44
Vermögensherstellung
    Positives, negatives Interesse **249** 194, 195
Vermögensschäden
    Abrechnung auf fiktiver Basis **249** 224 ff, 236a ff
    Begriff **Vorbem 249 ff** 46
    und Differenzhypothese **Vorbem 249** 6
    Finanzielle Spürbarkeit **253** 19
    Kommerzialisierungsgedanke **253** 19
    Sachschäden
        s. dort
    und Schadensanlage **249** 100
    Wertinteresse, Anspruch
        s. Geldentschädigung (§ 251 BGB)
Vermögensverhältnisse
    und Schmerzensgeldbemessung **253** 42
Vermögenswert
    Arbeitskraft **251** 105
    Urlaubszeit **251** 110
Verrichtungsgehilfe
    Schadensersatzminderung, Einstehen für – **254** 107
Verschuldenshaftung
    Geschädigtenverantwortlichkeit für Dritte, Verweisung auf § 278 BGB **254** 95 ff

Verschuldenshaftung (Forts.)
  Mitverschulden **254** 6 ff
  Mitverschulden als Verschulden des Geschädigten **254** 114
  Schadensersatzansprüche **Vorbem 249 ff** 5
  und Schmerzensgeldbemessung **253** 40
  Verschulden gegen sich selbst **254** 30
Versicherungsrecht
  Geldersatz statt Naturalrestitution **Vorbem 249 ff** 9
  Kfz-Haftpflichtversicherung s. dort
  Kfz-Schaden und ausgleichsfähige Nachteile **251** 86
  Kollektive Schadensträger **Vorbem 249 ff** 9
  Mitverschulden und Quotenvorrecht **254** 132
  Neu-für-alt-Ersatz **249** 176
  Schadensversicherung, Summenversicherung **Vorbem 249 ff** 9
  Unfallversicherungsrecht/Verdrängung allgemeinen Schadensersatzrechts **Vorbem 249 ff** 10
  Vorteilsausgleich **249** 159 ff
Vertrag mit Schutzwirkungen für Dritte
  Ausdehnung **Vorbem 249 ff** 65
  und Drittschadensliquidation, Abgrenzung **Vorbem 249 ff** 64 ff
  Personenschäden **Vorbem 249 ff** 66
  Schutzzwecklehre **249** 30
  und Verantwortlichkeit des Verletzten für Gehilfen **254** 102
  Vereinbarung, Interessenlage **Vorbem 249 ff** 68
Vertragsabschluß
  s. a. Culpa in contrahendo
  Deliktsanspruch wegen Täuschung bei – **249** 195
Vertragsaufhebung
  Aufhebungsanspruch **249** 195
Vertragspflichtverletzung
  Gesetzliche Beweisregel **Vorbem 249 ff** 89
  Integritätsschutz durch vertragliche Ansprüche **Vorbem 249 ff** 1
Vertragsrecht
  Frustrierungsschaden **249** 126
  und Schadensersatzansprüche **Vorbem 249 ff** 5
  Schmerzensgeld s. dort
  Vertragsverletzung und Geldersatzausschluß **253** 6
Vertragsstrafe
  AGB-Regelung **Vorbem 249 ff** 13
  Immaterielle Interessen **253** 9
Vertragsverletzung
  und Deliktsansprüche **252** 29

Verwahrungsvertrag
  Mitverschulden **254** 61
Verwaltungsrechtliches Schuldverhältnis
  Schadensersatz **Vorbem 249 ff** 21
Verzug (Schuldnerverzug)
  Adäquanztheorie **249** 26
VOB/B
  Schaden an baulichen Anlagen **Vorbem 249 ff** 8
Vorenthaltung einer Sache
  kein Herstellungsanspruch bei – **249** 218
Vorsatz
  und Mitverschuldensfrage bei fahrlässiger Mitverursachung **254** 121
  Verhalten im Straßenverkehr **253** 31
  eines zweiten Schadensverursachers **249** 58 ff
Vorsorgeaufwendungen
  des Geschädigten **249** 109 ff
  Reparaturleistungen in eigener Werkstatt **249** 114 ff
  Reservefahrzeug **249** 110 ff
  Überwachungsmaßnahmen **249** 115 ff
Vorsteuerabzug
  und Vorteilsausgleich **249** 172
Vorteilsausgleich
  Abstrakte Schadensberechnung **249** 141
  Adäquanz **249** 139
  Äquivalente Kausalität **249** 137 ff
  Arbeitsverdienst des Geschädigten **249** 145
  Bausummenüberschreitung **249** 177
  Culpa in contrahendo **249** 149
  Deckungsgeschäft **249** 147
  Drittleistungen, fürsorgliche **249** 151
  Durchführung **249** 142 ff
  Erbschaft und Erträge hieraus **249** 164 ff
  Ersparnisse des Geschädigten **249** 168
  Gesellschafter-Geschäftsführer-Vergütungen **249** 153
  Herstellungsansprüche **249** 141
  und hypothetische Kausalität **Vorbem 249 ff** 93
  bei immateriellen Schäden **249** 141
  Mehrarbeit eines Selbständigen **249** 146
  Mietvertrag (Schönheitsreparaturen) **249** 148
  Mietwagenbenutzung **251** 61 ff
  Negatives Interesse **249** 149
  Neu-für-alt-Ersatz **249** 175 ff
  Nichteheliche Lebensgemeinschaft, Begründung **249** 156
  Ökonomische Analyse des Schadensrechts **Vorbem 249 ff** 40
  Privatversicherung **249** 159
  Quotenvorrecht bei eigenem Arbeitseinkommen des Verletzten **249** 143
  Quotierung **249** 143
  Sondervorschriften **249** 134 ff

Vorteilsausgleich (Forts.)
Steuerbelastung **252** 49
Steuerliche Vorteile für den Geschädigten **249** 171
und Totalreparation **249** 132 ff
Unterhaltsleistungen für den Geschädigten **249** 154, 155
Werkrabatt **251** 42
Wertgewinn **249** 175
Zwangsversteigerung **249** 150

Währung
Schaden in fremder – **249** 190
Wahrscheinlichkeit
und Kausalität **249** 13 ff
Warnungsobliegenheit
und Mitverschulden **254** 74 ff
Wasserhaushaltsrecht
Geldentschädigungsfälle bei Nichtvermögensschäden **253** 4
Haftungshöchstbetrag **Vorbem 249 ff** 8
WHG und allgemeines Schadensersatzrecht **Vorbem 249 ff** 5
Werkrabatt
Vorteilsausgleich **251** 42
Werkvertrag
Mangelfolgeschaden **Vorbem 249 ff** 44
Nichterfüllungsschaden **249** 180
Wertgewinn
Vorteilsausgleich **249** 175
Wertinteresse
als Geldentschädigung nach § 251 BGB
s. Geldentschädigung (§ 251 BGB)
Wertverlust
und Herstellungskosten **249** 213
Wettbewerbsrecht
Naturalrestitution **249** 191
Widerrufsanspruch
aufgrund Ehrverletzung **253** 8
Widersprüchliches Verhalten
Verbot des – **254** 2, 3
Wiederbeschaffung
eines Gebrauchtwagens **249** 184 f; **251** 32
Wiederbeschaffungskosten
als Herstellungskosten **249** 212 ff
Wahlrecht des Geschädigten **249** 215

Wiederbeschaffungswert
Ausgleich durch Zahlung **251** 50
Fahrzeugwrack **251** 52
Integritätszuschlag **249** 233 ff
Kfz-Sachschaden und Abrechnung auf Grundlage des – **251** 43 ff
Mehrwertsteuer **251** 51
Neuwagenbasis
s. dort
und Reparaturkosten **249** 233
Wiederbeschaffung, nicht tatsächlich erforderliche **251** 50
und Zeitwert **251** 100
Zweithandzuschlag **251** 46
Wirtschaftlichkeitsprinzip
und Abrechnung fiktiver Kosten **249** 222
und Schadensersatzrecht **Vorbem 249 ff** 40
und Wiederbeschaffung im Wege der Herstellung **249** 184
Wohnungsausstattung
Nutzungsentschädigung **251** 102
Wohnwagen
Nutzungsentschädigung **251** 102

Zeitaufwand
des Geschädigten **251** 125
Zeitwert
Begriff **251** 100
Modellboot-Fall (Affektionsinteresse) **251** 101
als Wertinteresse bei anderen Sachen **251** 100
und Wiederbeschaffungswert **251** 100
Zerstörung
s. Sachzerstörung
Zurechnung
des Schadens
s. Kausalität
Zwangsversteigerung
und Vorteilsausgleich **249** 150
Zweiteingriff
und Kausalitätsfrage **249** 58 ff
Zweithandzuschlag
für Eigentümer zerstörten Ersthandwagens **251** 45

**J. von Staudingers
Kommentar zum Bürgerlichen Gesetzbuch
mit Einführungsgesetz und Nebengesetzen**

Übersicht vom 15. März 2005
Die Übersicht informiert über die Erscheinungsjahre der Kommentierungen in der 13. Bearbeitung und deren Neubearbeitungen (= Gesamtwerk STAUDINGER). *Kursiv* geschrieben sind die geplanten Erscheinungsjahre.

Die Übersicht ist für die 13. Bearbeitung und für deren Neubearbeitungen zugleich ein Vorschlag für das Aufstellen des „Gesamtwerk STAUDINGER" (insbesondere für solche Bände, die nur eine Sachbezeichnung haben). Es wird empfohlen, die Austauschbände chronologisch neben den überholten Bänden einzusortieren, um bei Querverweisungen auf diese schnell Zugriff zu haben. Bei Platzmangel sollten die ausgetauschten Bände an anderem Ort in gleicher Reihenfolge verwahrt werden.

	13. Bearb.	Neubearbeitungen	
Buch 1. Allgemeiner Teil			
Einl BGB; §§ 1–12; VerschG	1995		
Einl BGB; §§ 1–14; VerschG		2004	
§§ 21–89; 90–103 (1995)	1995		
§§ 90–103 (2004); 104–133; BeurkG	2004	2004	
§§ 134–163	1996	2003	
§§ 164–240	1995	2001	2004
Buch 2. Recht der Schuldverhältnisse			
§§ 241–243	1995		
AGBG	1998		
§§ 244–248	1997		
§§ 249–254	1998	2005	
§§ 255–292	1995		
§§ 293–327	1995		
§§ 255–314		2001	
§§ 255–304			2004
§§ 315–327		2001	
§§ 315–326			2004
§§ 328–361	1995		
§§ 328–361b		2001	
§§ 328–359			2004
§§ 362–396	1995	2000	
§§ 397–432	1999		
§§ 433–534	1995		
§§ 433–487; Leasing		2004	
Wiener UN-Kaufrecht (CISG)	1994	1999	
VerbrKrG; HWiG; § 13a UWG	1998		
VerbrKrG; HWiG; § 13a UWG; TzWrG		2001	
§§ 491–507			2004
§§ 535–563 (Mietrecht 1)	1995		
§§ 564–580a (Mietrecht 2)	1997		
2. WKSchG; MÜG (Mietrecht 3)	1997		
§§ 535–562d (Mietrecht 1)		2003	
§§ 563–580a (Mietrecht 2)		2003	
§§ 581–606	1996		
§§ 607–610	./.		
§§ 611–615	1999		
§§ 616–619	1997		
§§ 620–630	1995		
§§ 616–630		2002	
§§ 631–651	1994	2000	2003
§§ 651a–651l	2001		
§§ 651a–651m		2003	
§§ 652–704	1995		
§§ 652–656		2003	
§§ 705–740	2003		
§§ 741–764	1996	2002	
§§ 765–778	1997		
§§ 779–811	1997	2002	
§§ 812–822	1994	1999	
§§ 823–825	1999		
§§ 826–829; ProdHaftG	1998	2003	
§§ 830–838	1997	2002	
§§ 839, 839a	2002		
§§ 840–853	2002		
Buch 3. Sachenrecht			
§§ 854–882	1995	2000	
§§ 883–902	1996	2002	
§§ 903–924; UmweltHaftR	1996		

	13. Bearb.	Neubearbeitungen
§§ 903–924		2002
UmweltHaftR		2002
§§ 925–984; Anh §§ 929 ff	1995	2004
§§ 985–1011	1993	1999
ErbbVO; §§ 1018–1112	1994	2002
§§ 1113–1203	1996	2002
§§ 1204–1296; §§ 1–84 SchiffsRG	1997	2002
§§ 1–64 WEG	*2005*	

Buch 4. Familienrecht

§§ 1297–1320; NeLebGem (Anh §§ 1297 ff); §§ 1353–1362	2000	
§§ 1363–1563	1994	2000
§§ 1564–1568; §§ 1–27 HausratsVO	1999	2004
§§ 1569–1586b	*2005*	
§§ 1587–1588; VAHRG	1998	2004
§§ 1589–1600o	1997	
§§ 1589–1600e		2000 _____ 2004
§§ 1601–1615o	1997	2000
§§ 1616–1625	2000	
§§ 1626–1633; §§ 1–11 RKEG	2002	
§§ 1638–1683	2000	2004
§§ 1684–1717; Anh § 1717	2000	
§§ 1741–1772	2001	
§§ 1773–1895; Anh §§ 1773–1895 (KJHG)	1999	2004
§§ 1896–1921	1999	

Buch 5. Erbrecht

§§ 1922–1966	1994	2000
§§ 1967–2086	1996	
§§ 1967–2063		2002
§§ 2064–2196		2003
§§ 2087–2196	1996	
§§ 2197–2264	1996	2003
§§ 2265–2338a	1998	
§§ 2339–2385	1997	2004

EGBGB

Einl EGBGB; Art 1–2, 50–218	1998	
Art 219–222, 230–236	1996	
Art 219–245		2003

EGBGB/Internationales Privatrecht

Einl IPR; Art 3–6	1996	2003
Art 7, 9–12	2000	
IntGesR	1993	1998
Art 13–18	1996	
Art 13–17b		2003
Art 18; Vorbem A + B zu Art 19		2003
IntVerfREhe	1997	
Kindschaftsrechtl Ü; Art 19	1994	
Art 19–24		2002
Art 20–24	1996	
Art 25, 26	1995	2000
Art 27–37	2002	
Art 38	1998	
Art 38–42		2001
IntWirtschR	2000	
IntSachenR	1996	

Gesamtregister	*2005*	
Vorläufiges Abkürzungsverzeichnis	1993	
Das Schuldrechtsmodernisierungsgesetz	2002	2002
BGB-Synopse 1896–1998	1998	
BGB-Synopse 1896–2000		2000
100 Jahre BGB – 100 Jahre Staudinger (Tagungsband 1998)	1999	

Demnächst erscheinen

Wiener UN-Kaufrecht (CISG)		2005
§§ 581–606		2005
IntVerfREhe		2005

Dr. Arthur L. Sellier & Co. KG – Walter de Gruyter GmbH & Co. KG oHG, Berlin
Postfach 30 34 21, D-10728 Berlin, Telefon (030) 2 60 05-0, Fax (030) 2 60 05-222